第一辑

法律硕士教学案例指引

上海市法律专业学位研究生教育指导委员会 编

法律出版社
LAW PRESS·CHINA

编写说明

近年来,国内各法学院校开始引进案例教学方法,取得了很好的教学效果。由于案例教学起步较晚,具有典型意义的教学案例尚显不足。在上海市学位委员会办公室的支持下,上海市法律专业学位研究生教育指导委员会于2015年启动了上海市法律硕士专业学位案例库建设。本项目旨在通过案例库建设改变传统的教学方法,以此为契机带动教学方法的全面改革,提高教育教学质量,切实保证上海法律硕士专业学位研究生复合型、应用型人才培养目标的实现。

为了保证案例编写质量,上海市法律专业学位研究生教育指导委员会(以下简称上海法硕教指委)秘书处参照全国法律专业学位研究生教育指导委员会秘书处制定的《案例编写规范》《评审管理办法》和案例模板及使用说明书范本,开展了案例撰写培训。本书中案例主要包括刑事诉讼实务、民事诉讼实务、行政诉讼实务、非诉讼法律业务四种类型,这既符合《中国专业学位教学案例库中心法律硕士分中心建设规划》的要求,也符合当前法律硕士专业学位研究生授课需要。

华东政法大学是上海法硕教指委秘书处单位,负责案例的征集申报、专家评审、入库案例发布与管理等工作。案例库建设项目启动后,上海法硕教指委秘书处杨忠孝、洪冬英两位秘书长负责案例的组织、协调等工作,张勇、戴国立两位成员做了大量具体工作。

为了推动案例教学在法律硕士专业学位研究生教育中的运用,提高法律硕士课程教学水平,上海法硕教指委决定将入选的案例库结集出版,该书的出版得到了法律出版社的大力支持。本书中的案例来自上海市各法律硕士培养单位,在此,向所有参与案例编写的各位专家学者表示衷心的感谢!需要特别说明的是,由于案例教学在国内法学院校运用程度尚不高,案例编写也正处于积极探索阶段,虽然撰写人在案例选取和改编过程中尽量做到与法律硕士培养方案要求相契合,但由于时间和能力的限制,难免有不足之处,敬请各位读者提出宝贵意见。另外,尽管本书收录的部分案例并非新案,甚至有些陈旧,所涉法条也已然修改,但本书志于提供案例教学方法,训练案例分析思维与能力,故“面”虽旧然“理”恒新。

上海市法律专业学位研究生教育指导委员会
2020年10月

目 录

行政诉讼实务

刑事诉讼实务

民商事诉讼实务

□ 非诉讼实务

行政诉讼实务

1 CASE 葛某因旷课被开除学籍案

摘　要

本案取材于一起真实的行政法案件。师范学院学生葛某，因旷课被开除学籍；葛某不服，通过校内申诉、行政申诉、行政复议、行政诉讼以及请求学校章程保障委员会审查等救济方式，最终实现了权利。本案集中展示并澄清了我国教育行政法中若干重要理论和实践问题。在实体法方面：(1)开除学籍与退学、开除学籍与注销学籍以及行政处罚与民事合同解除等概念的区别问题；(2)教育部规章与高校章程以及高校内部规则之间的关系问题；(3)高校章程的性质及其保障问题。在程序法方面：学校学生申诉处理委员会复查、学校章程保障委员会审查、行政申诉、行政复议、民事诉讼、行政诉讼等救济方式之间的关系及衔接问题。本案具有典型性和前瞻性，在行政法学的教学和实践中具有参考价值。

关键词

开除学籍　退学　行政处罚　规章　高校章程　高校内部规则

教学目标

在法学知识方面，本案重点辨析四组概念或关系：(1)开除学籍与退学；(2)行政法律关系与民事法律关系；(3)行政规章与高校内部规则；(4)高校章程的性质及其保障。

在法学方法方面，本案重点演示并训练学生两项法学技能：(1)权利救济的路径选择；(2)法律论证。

教学案例

一、基本案情

2014年8月30日,某师范学院开学,学生葛某以陪护奶奶住院治病为由,向班级辅导员电话请假(延缓对她的报到注册);9月1日,葛某又电话告知辅导员打算退学。后辅导员多次劝她返校完成学业,但葛某以在外省找到工作为由,坚持要求退学。截至11月7日,葛某一直未返校报到,也未办理退学手续,旷课超过50学时。类似的旷课事件,另有16起。学校统一研究决定,对葛某等17名学生分别给予开除学籍的处分(校发[2014]39－55号《处分决定》)。12月8日,葛某接到《处分决定书》。原文如下:

关于给予葛某开除学籍处分的决定

(校发[2014]39号)

葛某,女,1991年9月生,本校经济与政治学院2013级行政管理专业学生。该生自本学期开学至今,累计旷课超过50学时。其间,辅导员老师多次给其做思想工作,并主动联系家长一起教育,但该生仍不思悔改,继续旷课。为严肃校纪校规,教育和警示他人,树立良好的校风学风,根据本校《学生违纪处分规定》(某校发[2009]54号)第十五条,经校长办公会研究,决定给予葛某开除学籍处分。如有异议,葛某可在接到处分决定之日起5日内向学校学生申诉处理委员会提出申诉。

某师范学院(章)

2014年12月5日

葛某不服,于12月11日,向学校学生申诉处理委员会提出申诉,要求撤销学校对她开除学籍的《处分决定》(其他被处分学生未提出异议);12月25日,学生申诉处理委员会复查后决定:维持对葛某的《处分决定》。2015年1月19日,葛某向省教育厅提出行政申诉;2月18日,省教育厅作出决定:维持学校《处分决定》。3月9日,葛某向学校监事会提出“违章审查”请求,即要求认定学校《学生违纪处分规定》(校发[2009]54号)第15条的规定违背学校《章程》;学校监事会初审后,于4月22日作出答复:对葛某的“违章审查”请求不予支持。5月6日,葛某向法院提出行政诉讼;6月15日,一审法院驳回了葛某的诉讼请求。7月1日,葛某向省高级人民法院提出上诉;8月16日,高级人民法院二审判决支持葛某的诉讼请求。

二、救济路径

(一)向学校学生申诉处理委员会提出申诉

2014年12月8日,葛某收到学校对她"开除学籍"的《处分决定》后,即准备提起行政诉讼,但其代理人(律师)建议她先进行校内申诉。其主要依据有五:(1)《教育法》(1995)第42条第4款规定,受教育者有权"对学校给予的处分不服向有关部门提出申诉。"(2)教育部《普通高等学校学生管理规定》(2005)第5条第5项规定,学生在校期间有权"对学校给予的处分或者处理有异议,向学校或者教育行政部门提出申诉。"第60条规定:"学校应当成立学生申诉处理委员会,受理学生对取消入学资格、退学处理或者违规、违纪处分的申诉。学生申诉处理委员会应当由学校负责人、职能部门负责人、教师代表、学生代表组成。"第61条规定:"学生对处分决定有异议的,在接到学校处分决定书之日起5个工作日内,可以向学校学生申诉处理委员会提出书面申诉。"第62条规定:"学生申诉处理委员会对学生提出的申诉进行复查,并在接到书面申诉之日起15个工作日内,作出复查结论并告知申诉人。需要改变原处分决定的,由学生申诉处理委员会提交学校重新研究决定。"(3)教育部《高等学校章程制定暂行办法》(2012)第15条规定:学校"章程应当体现以人为本的办学理念,健全教师、学生权益的救济机制,突出对教师、学生权益、地位的确认与保护,明确其权利义务;明确学校受理教师、学生申诉的机构与程序。"(4)涉案学校《章程》(2013)第59条规定:"学校建立学生权利申诉机制维护学生合法权益。"(5)涉案学校《学生申诉管理办法》(2014)第5条规定:"学生对学校作出的涉及本人权益的处理或处分决定有异议,须在收到处理或处分决定之日起5个工作日内向学校提出申诉。"第6条规定:"受理申诉的机关是学生申诉处理委员会。学生申诉处理委员会由学校负责人、职能部门负责人、教师代表、学生代表组成。"

然而,葛某认为校内申诉没用。按照《学生申诉管理办法》(2014)第9条第2项的规定:学生申诉处理委员会如果认为对原处理决定不当,虽然"可以变更原处理决定",但须"报校长办公会重新研究决定",并最终以学校名义送交申请人。这就是说,学生申诉处理委员会并不是一个有权最终作出决定的机构。但其代理人认为,学生申诉处理委员会虽然只是一个咨议机构,但其复查程序,特别是听证程序,对事实认定还是有价值的,尤其是在本案中,受处分者并非葛某一人,由学生参加的校内公开听证,对葛某是非常有利的。学校《学生申诉管理办法》(2014)第17条规定:"受留校察看及以上处分或作退学处理者,有要求举行听证的权利并在提出申诉申请的同时提出举行听证会的书面申请,申诉人提出书面申请的,申诉处理委员会应当举行听证会。除涉及当事人隐私或当事人申请不公开外,听证应当公开举行,允许师生旁听。"第19条规定:"听证的参加人员应包括申诉人、证人、申诉处理委员会委员以及听证主持人、记录人员以及其他相关的工作人员。"第20条规定:"提出申诉的学生及其监护人应当参加听证,并可以委托代理人1人,但须向申诉处理委员会提交书面委托书。"第21条规定:"听证会由听证主持人主持,主持人由申诉处理委员会委员中的一人兼任。听证会主持人与学生申诉有直接利害关系的,应当回避。"第25条规定:"听证应当按照下列程序进行:

(一)听证主持人宣布听证开始,宣布案由;(二)作出处分或处理的经办人就有关事实和依据进行陈述,并出示相关证据;(三)申诉人就事实、理由、证据或依据进行申辩、质证,并可以出示相关证据材料;(四)双方发表辩论意见;(五)经办人和申诉当事人作最后陈述;(六)听证主持人宣布听证结束。"第26条规定:"听证记录员应当将听证的全部活动进行笔录。听证笔录应当在听证结束时由当事人阅读确认后签名,并由听证主持人和听证记录员签名。"代理人还指出,该条虽未明确"听证笔录"必须作为"行政决定的事实根据",但其在事实认定上的实际影响力还是值得肯定的。

葛某接受了律师建议,并于2014年12月11日向学校学生申诉处理委员会提出书面申诉,同时提出了举行公开听证的书面申请。12月25日,学生申诉处理委员会组织了听证会。12月30日,学校申诉处理委员会作出《复查决定》:维持学校对葛某"开除学籍"的《处分决定》。

(二)向省教育厅申诉

收到《复查决定》后,葛某还是想提起行政诉讼,但代理律师建议她先进行行政申诉,即向省级教育行政部门申诉。其直接依据有二:(1)教育部《普通高等学校学生管理规定》(2005)第63条规定:学生对学校申诉处理委员会的复查决定有异议的,"在接到学校复查决定书之日起15个工作日内,可以向学校所在地省级教育行政部门提出书面申诉。省级教育行政部门在接到学生书面申诉之日起30个工作日内,应当对申诉人的问题给予处理并答复。"(2)学校《学生申诉管理办法》(2014)第13条规定:"学生申诉处理委员会关于留校察看(含留校察看)以下处分的复查决定,为终局决定;关于开除学籍或不予授予学位的复查决定,如果申诉人有异议,可在复查决定书送达之日起15个工作日内,向学校所在地的省级教育行政主管部门提出书面申诉。"但葛某认为行政申诉意义不大。然而,代理律师认为,行政申诉虽属系统内监督,且其性质属于行政仲裁还是行政复议也未明确,但其在行政监督上便捷高效的优点仍是值得重视的;无论申诉结果如何,作为教育厅的《申诉处理决定》,对申诉人而言,无疑是一个具体的外部行政行为,这对将来可能提起的行政复议或行政诉讼是很有价值的。

葛某接受了这一建议,于2015年1月19日向省教育厅提出行政申诉。省教育厅收到葛某书面申诉后,于2月18日(农历除夕)作出《申诉处理决定》:学校对葛某"开除学籍"的《处分决定》是正确的。其主要依据是教育部《普通高等学校学生管理规定》(2005)第17条、第53条、第54条。

事后,省教育厅法制处一位干部口头解释说,省教育厅的《申诉处理决定》,既非行政复议决定也非行政仲裁,而是教育行政部门对所辖高校的一个内部监督行为,《申诉处理决定》虽然是由申诉人的行政申诉所引起的,但申诉人并不因此而成为行政监督行为的相对人。就省教育厅的监督结论而言,申诉人至多只能在"放射性"权利的意义上,成为这一监督行为的"第三人"。葛某与其代理人虽不同意这种"内部监督行为"的定性,但对于教育厅《申诉处理决定》的性质究竟如何,也未达成一致意见:葛某倾向于认为是事实行政行为;因此,若对该

《申诉处理决定》不服，既可以申请复议，也可以提起行政诉讼。但葛某代理律师认为是行政复议决定；因此，既可提起行政诉讼，也可申请二级复议。

（三）向学校章程保障委员会提出审查请求

她面临着两条救济路线的选择：一条是行政复议，即对省教育厅的《申诉处理决定》向省人民政府申请行政复议。另一条是行政诉讼，即对学校的《处分决定》和省教育厅的《申诉处理决定》向中级人民法院提起行政诉讼。葛某主张复议。主要理由是：行政复议不仅可以对具体行政行为的合法性与适当性进行审查，还可以对该行为所依据的规范性文件进行附带性审查。《行政复议法》(1999)第7条规定："公民、法人或者其他组织认为行政机关的具体行政行为所依据的下列规定不合法，在对具体行政行为申请行政复议时，可以一并向行政复议机关提出对该规定的审查申请：(一)国务院部门的规定；(二)县级以上地方各级人民政府及其工作部门的规定；(三)乡、镇人民政府的规定。"葛某还特别强调，本案的关键恰恰是"规范性文件"的合法性问题，即"开除学籍"所依据的《学生违纪处分规定》(校发[2009]54号)第15条的合法性问题。但其代理律师却主张行政诉讼。其主要理由有三：(1)就审查范围而言，在行政诉讼中同样可以对行政行为所依据的规范性文件进行附带性审查。《行政诉讼法》(2015)第53条规定："公民、法人或者其他组织认为行政行为所依据的国务院部门和地方人民政府及其部门制定的规范性文件不合法，在对行政行为提起诉讼时，可以一并请求对该规范性文件进行审查。前款规定的规范性文件不含规章。"根据最高人民法院《关于适用〈中华人民共和国行政诉讼法〉若干问题的解释》(2015)第2条规定：行政诉讼法第49条第3项规定的"具体诉讼请求"包括"请求一并审查规章以下规范性文件"。(2)就救济目的而言，本案的主要目标是权利救济而非法律监督，是撤销学校对葛某"开除学籍"处分的决定，而不是监督涉案高校的《学生违纪处分规定》(校发[2009]54号)第15条的合法性(尽管是一个不可绕过的附带性目标)。根据最高人民法院《关于适用〈中华人民共和国行政诉讼法〉若干问题的解释》(2015)第21条的规定："规范性文件不合法的，人民法院不作为认定行政行为合法的依据，并在裁判理由中予以阐明。作出生效裁判的人民法院应当向规范性文件的制定机关提出处理建议，并可以抄送制定机关的同级人民政府或者上一级行政机关。"这就是说，只要法院认定涉案高校的《学生违纪处分规定》(校发[2009]54号)第15条不合法，它就不能作为本案"开除学籍"的依据，本案的主要救济目标即已实现。而如果先提出复议，就可能进入《行政复议法》(1999)第27条规定的程序，即"行政复议机关在对被申请人作出的具体行政行为进行审查时，认为其依据不合法，本机关有权处理的，应当在三十日内依法处理；无权处理的，应当在七日内按照法定程序转送有权处理的国家机关依法处理。处理期间，中止对具体行政行为的审查。"而这一程序的重点，显然是法律监督而非权利保障。为避免节外生枝，最好还是直接提起行政诉讼。(3)就被告或被申请人而言，本案若进行行政复议，其被申请人只能是省教育厅，而不是直接作出处分决定的高校(高校只能作为"第三人"参加到复议程序中去)；但若进行行政诉讼，就可能将省教育厅与高校作为共同被告。根据《行政诉讼法》(2015)第26

条的规定:“公民、法人或者其他组织直接向人民法院提起诉讼的,作出行政行为的行政机关是被告。经复议的案件,复议机关决定维持原行政行为的,作出原行政行为的行政机关和复议机关是共同被告;复议机关改变原行政行为的,复议机关是被告。”当然,法律虽未明确行政申诉就是行政复议,但从理论上说,省教育厅《申诉处理决定》与行政复议决定没有本质上区别。基于以上三点理由,葛某代理律师主张提起行政诉讼。但他同时又认为先宜暂缓行政诉讼,因为新修改的《行政诉讼法》要等到 2015 年 5 月 1 日起才开始实施,目前尚是“早春二月”,不妨在诉讼时效的 3 个月期间,先进行违章审查——即向学校章程保障委员会提出“违章审查”请求。

葛某的代理律师解释说:“对本案而言,能够作为直接依据的文件主要就是教育部《普通高等学校学生管理规定》(2005),而该文件层级较低,只是一个行政规章,虽不妨作为行政执法的渊源,但尚难成为司法渊源。一方面规章对法院而言并不是‘法’,只能作参考不能作为依据;另一方面在高校法人治理框架下,教学与学术是自治的,高校有权根据章程制定其内部规则。在这种情况下,让法院在对一个具体行政行为的附带性(一并)审查中,依据一个行政部门的规章去审查一所高校的内部规则的合‘法’性,这在法理和实践上还是有障碍的。然而,与行政诉讼中的附带性(一并)审查不同,学校的章程保障委员会(虽然不过是一个校内机构),却有权依照学校《章程》对校内规则进行审查,如果发现校内规则违背学校《章程》,即可宣布它无效。”其主要依据有三:(1)教育部《高等学校章程制定暂行办法》(2012)第 30 条规定:“高等学校应当指定专门机构监督章程的执行情况,依据章程审查学校内部规章制度、规范性文件,受理对违反章程的管理行为、办学活动的举报和投诉。”(2)该校《章程》(2013)第 88 条规定:“学校章程与国家或政府的法律、法规冲突时,以法律法规为准。”第 89 条规定:“学校内部管理制度或规范性文件以及具体管理行为,应以学校章程为依据。”第 90 条规定:学校“监事会是章程的监督机构,有权受理对违反章程的内部管理制度、规范性文件、具体管理行为的举报或审查请求。经监事会初审认为必要的,由监事会组建章程保障委员会对该举报或请求进行审查,对违反学校章程的行为,由章程保障委员会宣布无效。”第 91 条规定:“章程保障委员会由 13 名委员构成:(一)省编制管理部门应有 1 名委员;(二)省教育行政部门应有 1 名委员;(三)学校外部理事应有 2 名委员(不得由省编制管理部门或省教育主管部门人员兼任);(四)学校教职员工应有 2 名委员(不得由学校内部理事兼任);(五)学校在籍学生应有 2 名委员(不得由学校内部理事兼任);(六)学校监事会应有 2 名委员;(七)校外法律专业人员应有 3 名委员。章程保障委员会委员由监事会聘任。”(3)该校《章程》(2013)第 80 条“学生权利”第 5 项规定:学生“对学校给予的处分或处理有异议的,有权向学校、教育行政部门提出申诉”;第 6 项规定:学生认为“学校内部管理制度或规范性文件,违背宪法、法律、法规以及学校章程的或侵犯其人身权、财产权的,有权向学校章程保障委员会提出申诉”。就本案而言,一方面学校开除学籍的《处分决定》侵犯了葛某的实体权利;另一方面学校《学生违纪处分规定》(校发[2009]54 号)第 15 条也违背法律、法规、规章以及学校章程;而且,从章程保障委员会的构成来看,也还是比较专业和中立的;因此,与其坐等新修改的《行政诉讼法》

(2015)生效,不如乘此间隙先向学校监事会提出申诉。

2015年3月9日,葛某向学校监事会提出请求,要求组建章程保障委员会审查并认定学校《学生违纪处分规定》(校发[2009]54号)因违背学校《章程》和教育部《普通高等学校学生管理规定》(2005)而无效。学校监事会初审后认为,第一,将教育部的规章《普通高等学校学生管理规定》(2005)作为审查高校内部规则的依据,这本身是缺乏依据的。第二,学校《学生违纪处分规定》(校发[2009]54号)第15条并不违背学校《章程》。4月22日,学校监事会作出答复:对葛某请求组建章程保障委员会的请求不予支持。

(四)向人民法院提起行政诉讼

2015年5月6日,葛某以涉案高校和省教育厅为被告,向被告所在地的中级人民法院(以下简称中院)提起行政诉讼。6月15日,中院驳回了葛某的诉讼请求。主要理由是:(1)高校《处分决定》属于高校内部管理行为,法院无权干涉;(2)省教育厅《申诉处理决定》属于教育行政的内部监督行为,法院无权干预;(3)认为教育厅作出《申诉处理决定》的行为属于行政复议决定或行政仲裁,也缺乏法律依据。

葛某对中院一审的判决不服,于7月1日向省高级人民法院提起上诉。8月16日,省高级人民法院判决支持了葛某的诉讼请求:第一,撤销省教育厅的《申诉处理决定》。第二,撤销涉案高校对葛某"开除学籍"的《处分决定》(校发[2014]39号),并对由此造成葛某的直接经济损失给予赔偿。第三,要求涉案高校对其《学生违纪处分规定》(校发[2009]54号)逐条进行审查,并依照法律法规修改、完善。

三、主要争议

本案主要争议在校内申诉和行政诉讼中表现得比较集中。现摘要分述如下:

(一)在校内申诉中

在校内申诉中,以葛某及其代理人为一方(以下简称申诉人),以学校教务和学生管理部门及其法律顾问为另一方(以下简称被申诉人),主要围绕以下两个问题展开辩论:

1. 学校对"旷课50学时"的处理是公共秩序管理还是合同措施问题

被申诉人认为,葛某旷课超过50学时,违反学校规定,严重影响学校教育教学秩序,虽经多次教育,仍不思悔改,为严肃校纪校规,为教育警示他人,也为树立良好的校风学风,学校有责任也有明确的依据对其作出开除学籍的处分。第一,根据教育部《普通高等学校学生管理规定》(2005)第17条的规定:"学生不能按时参加教育教学计划规定的活动,应当事先请假并获得批准。未经批准而缺席者,根据学校有关规定给予批评教育,情节严重的给予纪律处分。"第53条所列的"纪律处分"包括:警告、严重警告、记过、留校察看、开除学籍。第二,根据学校《学生违纪处分规定》(校发[2009]54号)第15条的规定:"对未请假或请假未获批准、不按时参加学校计划规定活动(如上课、政治学习、实验、实习、设计、军训、劳动、社会实践、运动会等)的学生,根据一学期内缺旷累计时数,分别给予批评教育或纪律处分。缺旷5学时者,给予通报批评;缺旷达10学时者,给予警告处分;缺旷达20学时者,给予严重警告处分;缺旷达30学时者,给予记过处分;缺旷达40学时者,给予留校察看处分;缺旷达50学时者,开除学籍。"从以上两点看,学校对葛某作出开除学籍的处分,是有明确的规章(《普通高等学校学生管理规定》)和校内规则(《学生违纪处分规定》)依据的。第三,被申诉人还引述了其他几所高校的类似规定,其中对"旷课超过50学时"者,也都规定可以给予"开除学籍"的处分。例如,某政法大学《学生违纪处分办法(试行)》(2005)第19条规定:"学生不得违反学习、考试纪律,违者视其情节,给予以下处分:(一)学生一学期累计旷课4学时以上49学时以下者,给予警告以上留校察看以下处分;因旷课受处分后继续旷课且累计旷课超过50学时者,或因旷课受处分后继续旷课再受处分者,予以开除学籍处分;(二)学生未请假或请假未经批准擅自离校两周以内者,给予警告以上留校察看以下处分;擅自离校超过两周不归且无正当理由者,按退学处理;拒不退学者,给予开除学籍处分。"再如,上海某名牌高校的《学生违反校纪校规处分条例》(2013)第19条规定:"凡一学期内无故旷课累计达到下列学时数的学生,分别给予下列处分:1. 对达到20学时者,给予警告处分。2. 对达到30学时者,给予严重警告处分。3. 对达到40学时者,给予记过处分。4. 对达到50学时者,给予留校察看或开除学籍处分。"被申诉人特别指出,对于那些"拒不退学"或拒不办理退学手续者,给予"开除学籍"的处分,对维护学校的教育教学秩序,特别是免除学校一些不必要的风险责任,是非常必要的,也完全合法。

但申诉人认为,学校对其"旷课超过50学时"的定性及规则适用都是错误的。第一,葛某"旷课超过50学时",是在她要求退学未果的前提下发生的;因此,本案是一个教育者与受教育者之间合同关系的解除问题,而不是一个教学秩序管理的问题,是一个民法上的退学问题,而不是一个行政法上的处分或处罚问题。其实,2005年修改后的教育部《普通高等学校学生管理规定》已经明确区分了"退学"与"开除学籍"。其第27条关于"退学"的规定是:"学生有下列情形之一,应予退学:(一)学业成绩未达到学校要求或者在学校规定年限内(含休学)未完成学业的;(二)休学期满,在学校规定期限内未提出复学申请或者申请复学经复查不合格的;(三)经学校指定医院诊断,患有疾病或者意外伤残无法继续在校学习的;(四)未请假离校连续两周未参加学校规定的教学活动的;(五)超过学校规定期限未注册而又无正当事由的;(六)本人申请退学的。"从上述六项内容来看,均属于解除教育与受教育关系的情形,在性质上属于合同关系的终止或解除。而其第54条关于"开除学籍"的规定则是:"学生有下列情形之一,学校可以给予开除学籍处分:(一)违反宪法,反对四项基本原则、破坏安定团结、扰乱社会秩序的;(二)触犯国家法律,构成刑事犯罪的;(三)违反治安管理规定受到处罚,性质恶劣的;(四)由他人代替考试、替他人参加考试、组织作弊、使用通讯设备作弊及其他作弊行为严重的;(五)剽窃、抄袭他人研究成果,情节严重的;(六)违反学校规定,严重影响学校教育教学秩序、生活秩序以及公共场所管理秩序,侵害其他个人、组织合法权益,造成严重后果的;(七)屡次违反学校规定受到纪律处分,经教育不改的。"从上述七项内容看,均属因违法或违纪所受负面评价的情形,在性质上属于行政处罚。而且,从理论上说,制裁有三种:一是“公”行政上的处罚,如吊销证照、开除学籍等,具有显著的国家性、高权性、先定性;二是“私”行政上的所谓处分,如记过、留校察看等,虽在系统内也具有一定的高权性、强制性甚至先定性,但其性质是社会性的而不是国家性的;三是民事制裁,如按退学处理、勒令退学等,在本质上属于单方终止合同的行为。基于上述认识,申诉人主张,对葛某“旷课超过 50 学时”,应当适用《普通高等学校学生管理规定》(2005)第 27 条关于“退学”的规定,而不应适用第 54 条第 6、7 款关于“开除学籍”的规定。第二,至于教育部《普通高等学校学生管理规定》(2005)第 17 条的规定,申诉方认为,该条中所谓的“纪律处分”并不包括“开除学籍”。从理论上说,“开除学籍”虽由学校具体作出,但因为有国家授权即属国家行为,表面看似乎是高校对在籍学生的内部处理,其实却将相对人强行排斥于既得利益(教育权)范围之外。如果说注册学籍是将相对人从外部纳入,那么注销学籍则是将相对人从内部剥离;然而,学籍的注册与注销,不过是一种具有外部特征的确认性行为而已,而“开除学籍”(作为课以新义务或减少原有权利的损益性行为),却是一种具有外部特征的惩罚性行为,这与警告、严重警告、记过、留校察看等纯粹的内部处分行为有着本质的区别。因此,在高校作出“开除学籍”的决定时,绝对不能依据《普通高等学校学生管理规定》(2005)第 27 条的规定,而是必须依据该《规定》第 54 条之规定,对本案而言,即必须满足该条第 6、7 款规定的情形。然而,在本案中,葛某“旷课超过 50 学时”,只是一种持续性的单一状态,并非“屡次违反学校规定受到纪律处分”,也谈不上经多次“教育不改”;而所谓“开学后一直不来报到注册,也不办理退学手续”,其实不过是“不在场”而已,并不危害“学校教育教学秩序”,也未“侵害其他任何人的合法权益”,更未造成什么“严重后果”。以此来看,葛某“旷课超过 50 学时”,完全不符合《普通高等学校学生管理规定》(2005)第 54 条第 6、7 款规定的情形。第三,即便学校有权对所谓“拒不退学”或“拒不办理退学手续”的学籍进行强制处理,也只可“注销”而不能“开除”。因为,就像前面所提到的,“注销学籍”与“开除学籍”是两种性质完全不同的行为(尽管在法律效果上它们都会导致学籍的消灭)。学籍的“注册、变更、注销”,通常需依学生的申请才可作出;而学籍的“开除”,则属依职权即可作出的行为。而就算是依职权作出的“注销”,如“按退学处理”或“勒令退学”所导致的学籍消灭,也仍然不过是一个行政确认性质的问题;而“开除”所导致的学籍消灭,却是一个行政处罚。因此,对于那些“拒不退学”或“拒不办理退学手续”的学籍,若非同时具备开除学籍的法定条件,只能“注销”而不能“开除”。基于上述三点理由,申诉人认为,学校对葛某适用《普通高等学校学生管理规定》(2005)第 17 条、第 53 条、第 54 条以及学校自己的《学生违纪处分规定》(2009)第 15 条关于“开除学籍”的规定都是错误的;应该对其适用《普通高等学校学生管理规定》(2005)第 27 条关于“退学”的规定。

被申诉人反驳说,申诉方所说的这种民事合同是不存在的,在我国现阶段的高考录取中,绝大部分学生是通过行政确认(即获得入学资格)而被纳入学校管理体系之中的,并不存在一个事前的完全由双方自由订立契约的过程;而且在我国,高校(特别是公办高校)是由国家法律授权培养人才提供公共教育资源的公益事业单位,这就决定了高校教育行政的公务性质。

申诉人为此补充说,高校与学生的关系确实是复杂的,其中有外部行政(或公行政)关系,如高校在学籍和学位管理领域与学生之间的关系;也有内部行政(或私行政)关系,如高校在内部管理领域与学生之间的关系;还有民事合同关系,如学校录取那些符合条件同时又愿意接受校纪校规约束的学生入学,这本身即应视为一个双向选择的合同关系:一方面是学生的各项权利(如学习权、实验权、考试权等),另一方面是相应的义务(如学生必须遵守学校的校纪校规等)。对于如此复杂的关系,不能简单地"一刀切",通通归为行政法律关系。

2. 涉案高校《处分决定》的直接依据问题

被申诉人认为,学校《学生违纪处分规定》(校发[2009]54 号)是根据《教育法》《高等教育法》,并参照教育部《普通高等学校学生管理规定》(2005),在学校《章程》框架下制定的;而且,学校作为一个自主办学的法人,完全有权直接依据自己的内部管理规定作出一个对违纪学生的处分决定(参见前述《关于给予葛某开除学籍处分的决定》)。

但申诉人认为,高校作为事业单位法人,只有在法律、法规、规章授权的领域才是行政主体。根据《教育法》(1995)第 28 条第 4 项的规定:学校有权"对受教育者进行学籍管理,实施奖励或者处分"。《学位条例》(1980)第 8 条规定:经国务院授权的高校或科研单位,有学位授予权。这是高校在学籍管理或学位授予领域获得行政权的主要依据。因此,高校的决定如果不涉及学籍的取得或丧失,如仅仅是警告、严重警告、记过甚至留校察看等内部纪律处分,即如果不会产生任何外部法律效果的话,那么高校仅仅依据其内部规则,如学校的《学生违纪处分规定》,作出某种决定,应该是没有问题的;但是,如果学校的决定涉及学籍的取得或丧失,如"取消入学资格""注销学籍"或"开除学籍"等,即发生了外部法律效果(实际上学校的处分决定即便是警告,也都将记入学生档案,对学生离校后的工作生活难免产生事实上的影响力),那么高校的决定就必须依法(法律、法规、规章)才可作出;仅仅依据其内部规则,高校是不能行使国家或政府性行政权力的。从这个意义上说,在学校开除葛某等学籍的《处分决定书》(校发[2014]39－55 号)中,均未能正确引用合法的依据。最后,申诉人再次强调,学校应当依据教育部《普通高等学校学生管理规定》(2005)第 27 条第 4、6 款和第 28 条的规定,对葛某按"退学"处理。

(二)在行政诉讼中

1. 教育部规章、高校章程、高校内部规则三者的关系问题

在行政诉讼的一审过程中,以葛某及其诉讼代理人为一方(以下简称原告),以涉案高校和省教育厅为另一方(以下简称被告),主要围绕规章、章程、校内规则三者的关系问题展开深入的辩论。

被告认为,学校《学生违纪处分规定》(校发[2009]54 号)是根据学校《章程》并参照教育部规章(《普通高等学校学生管理规定》)制定的,其中第 15 条对"旷课超过 50 学时"给予"开除学籍"处分的规定,是高校办学自主权的体现,是完全合法的。

但原告反驳说,校内规定,尤其是涉及开除学籍的规定,在性质上属于抽象行政行为(属

于行政处罚的设定），因此必须符合法律保留原则的要求。按照法律保留原则，学校内部规则不得设定比国家法律、法规、规章更为严厉或对学生更为不利的规定。如果是纪律处分的话，则学校内部规则不得设定比国家规定更重的处分；即便是学业标准，学校的内部规则也不得设定比国家限高标准更高的标准。从理论上说，对于“授益性的行政行为”，即相对人能够从中获得好处的行为而言，如果下位规范超出上位规范边界作出某种细化规定，或许是可以允许的；但对于“损益性的行政行为”，即相对人承受某种负担的行为而言，则该下位规范对上位规范的任何超越，都应是被禁止的。学校“开除学籍”的处分决定，显然是一种“损益性的行政行为”。学校《学生违纪处分规定》（校发[2009]54 号）第 15 条对“缺旷达到 50 学时者”给予“开除学籍”处分的规定，明显超出了教育部《普通高等学校学生管理规定》（2005）第 54 条第 6、7 款规定的范围，因而是违法的，也是无效的。

被告对此提出两条反驳意见：第一，高校制定内部规则的行为是高校内部管理行为，是高校学术自治的重要方式，不是抽象行政行为，因此不受法律保留原则的约束。第二，学校内部规则的上位规范是学校《章程》，而不是教育部的规章。学校《章程》（2013）第 89 条明确规定：“学校内部管理制度或规范性文件以及具体管理行为，应以学校章程为依据。”特别是在高校自主办学和高校法人治理框架下，“大学《章程》就是大学的《宪法》”，“高校《章程》就是高校的《宪章》”。在很大程度上，高校《章程》是高校与其举办者之间的“综合性契约”（民事及行政的契约），因此，将高校《章程》定位为教育部规章的下位文件，是缺乏法律和法理依据的。从教育部《高等学校章程制定暂行办法》（2012）来看，其第 26 条第 2 款规定：对高校《章程》的核准，“有下列情形之一的，核准机关可以提出时限，要求学校修改后，重新申请核准：（一）违反法律、法规的；（二）超越高等学校职权的；（三）章程核准委员会未予通过或者提出重大修改意见的；（四）违反本办法相关规定的；（五）核准期间发现学校内部存在重大分歧的；（六）有其他不宜核准情形的。”在该条规定中，并未明确教育部规章具有高于高校《章程》的地位，只是在其第 4 项中赋予“本办法”（《高等学校章程制定暂行办法》）对高校章程制定活动的管辖权。再从涉案学校《章程》（2013）看，其第 88 条规定：“学校章程与国家或政府的法律、法规冲突时，以法律法规为准。”其中并未提及规章。被告（涉案高校）还进一步补充说，关于规章与高校《章程》的关系，高校自己大体有三种定位。第一种：明确承认规章的地位高于高校《章程》，如《清华大学章程》（2014）第 1 条规定：“为保障学校依法办学和自主管理，根据《宪法》《教育法》《高等教育法》等法律、法规和规章，制定本章程。”再如《同济大学章程》（2014）第 1 条规定：“依据《教育法》《高等教育法》《教师法》《高等学校章程制定暂行办法》等有关法律、法规与规章，结合学校实际情况，制定本章程。”又如《吉林大学章程》（2014）第 1 条也规定：“为保障学校依法自主办学，完善现代大学制度，实现学校的奋斗目标，根据法律、法规和规章，制定本章程。”第二种：并未明确承认规章的地位高于高校《章程》，如《武汉大学章程》（2014）第 1 条规定：“为实现学校发展目标，完善内部治理结构，推进依法办学，规范办学行为，根据《教育法》《高等教育法》《教师法》《高等学校章程制定暂行办法》等法律、法规以及其他有关规定，制定本章程。”第三种：不仅不承认规章的地位高于高校《章程》，甚至认为,至少从其语言的慎重表述来看,高校《章程》的地位不低于国务院的行政法规,如《北京大学章程》(2014)第1条规定:“根据宪法、教育法和高等教育法,制定本章程。”再如《复旦大学章程》(2014)第1条规定:“本章程根据教育法、高等教育法制定。”这就是说,高校《章程》的直接上位文件是法律,而不包括行政法规,更不包括规章。而特别值得注意的是,对于高校对自己《章程》的这些不同定位,教育部在章程核准中是一概予以包容的。这也至少说明,将高校《章程》定位为教育部规章的下位文件,是缺乏法律和法理依据的。

原告反驳说,教育部《高等学校章程制定暂行办法》(2012)第23条规定:“地方政府举办的高等学校的章程由省级教育行政部门核准,其中本科以上高等学校的章程核准后,应当报教育部备案;教育部直属高等学校的章程由教育部核准;其他中央部门所属高校的章程,经主管部门同意,报教育部核准。”从该核准程序来看,高校与其举办者之间并非平等的“契约”关系,而是上下级的领导关系,高校《章程》及其内部规定,必须符合教育行政规章的规定。

2. 开除学籍与高校内部规则的性质问题

在诉讼进入二审环节后,案件分歧主要发生在一审与二审法院之间。根据《行政诉讼法》(2015)第53条的规定:“公民、法人或者其他组织认为行政行为所依据的国务院部门和地方人民政府及其部门制定的规范性文件不合法,在对行政行为提起诉讼时,可以一并请求对该规范性文件进行审查。前款规定的规范性文件不含规章。”在本案中,在原告或上诉人的“具体诉讼请求”中,除请求法院撤销学校的《处分决定》和省教育厅的《申诉处理决定》外,还请求法院对所谓“规章以下规范性文件”一并审查。然而,在本案中,对于开除学籍的性质问题以及对于涉案高校的《学生违纪处分规定》(校发[2009]54号)是否属于“规章以下规范性文件”的问题,一审法院与二审法院有不同的认识。

(1)关于开除学籍的性质问题。一审法院认为,“开除学籍”属于学校内部纪律处分。主要理由是:从《普通高等学校学生管理规定》修改(1990年版到2005年版)来看,教育部《普通高校学生管理规定》(1990)第66条规定:“对学生的鉴定、奖励、处分材料,均归入本人档案,不得撤销。”第67条规定:“勒令退学的学生只发给学历证明;开除学籍的不发给学历证明。”而修改后的教育部《普通高等学校学生管理规定》(2005)只保留了第65条规定:“对学生的奖励、处分材料,学校应该真实完整地归入学校文书档案和学生本人档案。”显然,在2005年版中删掉了1990年版“勒令退学”的处分形式,并删除了1990年版第67条对开除学籍者“不发给学历证明”的规定。这说明,2005年版的“开除学籍”已经不再具有外部性和处罚性的特征。但二审法院认为,“开除学籍”不是内部处分而是外部处罚。其主要论证思路有两种。第一是演绎逻辑的思路:高校的学籍管理权,特别是学籍的“注册”“变更”“注销”“开除”等,均属于高校依法取得的行政权范畴。第二是实证分析的思路:所谓“开除学籍”处分,如果从教育部《普通高等学校学生管理规定》(2005)第54条规定的情形来看,具有显著外部性和处罚性特征;如果再从其第53条所列的“处分”种类,即警告、严重警告、记过、留校察看、开除学籍来看,也至少可以将它们分成三类:(a)即使可以将“警告”或“严重警告”理解为解除教育合同前的警告性措施,即民事制裁,那么(b)“记过”显然也具有高权性和惩戒性的特征,即纪律处分,而(c)“开除学籍”作为比“记过”更加严厉的一种驱逐性处分，则显然具有外部性和处罚性特征，即行政处罚。

(2)关于高校内部规则的性质问题。一审法院认为，校内规则并非《行政诉讼法》第53条所规定的“规章以下规范性文件”。主要理由有两种：第一，校内规则属于高校内部管理行为，并不具有外部影响力；第二，校内规则，特别是校内处分的规定，属于纪律或道德上的处分行为，并不产生法律关系，也不发生法律效果。但二审法院却认为：第一，关于校内规则的性质，应予区别对待，对于那些学术性的校内规则，自应属于高校学术自由的范围，法院不应也无权干涉；对于那些管理性的校内规则，只要没有外部效力，就仍属于高校自治的范围，法院也不应干预；但是，对于那些不涉及学术的具有外部效力的惩罚性规则，如本案中“开除学籍”这样的行政处罚的设定行为，则应纳入《行政诉讼法》第53条所谓“规范性文件”的范围，并应受到法院的附带性审查。第二，该项审查的依据，即法院对涉案高校《学生违纪处分规定》(校发[2009]54号)的合法性进行审查的依据，不应是教育部《普通高等学校学生管理规定》(2005)，而是《行政处罚法》(1996)。特别是该法第14条明确规定：除本法第9条(法律)、第10条(行政法规)、第11条(地方性法规)、第12条(国务院各部委的规章)以及第13条(较大的市以上的人民政府规章)的规定外，其他规范性文件不得设定行政处罚。

教学手册

教学对象及目标

本案例可供法律硕士、法学本科(行政法学课程)、宪法学行政法学硕士以及教育学硕士案例教学使用。

本案围绕高校“开除学籍”这一具体而特殊的处分行为展开，深入探讨高校与学生之间特殊而复杂的法律关系：外部法律关系与内部法律关系、行政法律关系与民事法律关系、行政法律学关系与行政法社会学关系等。其主要教学目标有两种：第一，在知识上，重点辨析四组概念或关系：(1)开除学籍与退学；(2)开除学籍与注销学籍；(3)行政部门规章与高校内部规则；(4)高校章程的性质及其保障。第二，在方法上，着重训练学生两个方面的法律技能：(1)权利救济路径的选择；(2)法律论证方法。

教学内容

1. 在知识上

(1)行政法律关系与民事法律关系的区别。

(2)行政处罚与行政确认的区别。

(3)行政部门规章与高校内部规则的关系与性质。

(4)高校章程的性质及其保障。

2. 在方法上

(1)权利救济(校内申诉、违章审查、行政申诉、行政复议、行政诉讼)及其选择。

(2)法律论证及其方法。

课堂时间安排

本案可以作专门的案例教学或模拟法庭来组织进行,安排3个课时,每课时45分钟。

课堂设计如下,仅供参考:教师引导:介绍教学目的、内容和方法,明确讨论主题;课堂讨论:学生阅读案例材料、分组讨论、形成小组意见;小组发言:各小组代表发言;教师点评:点评各组意见;课后计划:布置学生进一步思考相关问题。

思考题和实践题

思考题

1. 简答题

(1)本案有哪些法律关系?民事法律关系与行政法律关系的区别是什么?

(2)本案行政主体是谁?行政相对人是谁?

(3)高校是行政主体吗?

(4)本案有哪些行政行为?

(5)开除学籍与退学的区别是什么?退学与按退学处理的区别是什么?“按退学处理”的性质?

(6)开除学籍与注销学籍的区别是什么?

(7)行政确认、行政许可、行政处罚的区别是什么?

(8)高校与学生的法律关系是什么?

(9)高校学生申诉处理委员会的性质:校内行政复查,校内行政仲裁,或其他?

(10)高校章程的性质:法,行政合同,校内规则,或其他?

(11)行政规章与高校章程、校内规则的关系是什么?

(12)规章作为行政法的渊源,在司法审判和行政复议中有何不同?

(13)高校章程保障制度的意义和性质是什么?

(14)校内规则的适用范围:属地主义(校内适用)还是属人主义(在籍人员适用)?

(15)行政申诉的性质:行政裁决,行政仲裁,行政复议,或其他?

2. 评析题

(1)简要评析以下案件:北京某高校以“考试作弊”为由开除11名学生学籍,其中4名学生向北京市教委提出行政申诉,理由是:程序不当;处分过重。北京市教委以处分程序不当为由作出《申诉处理决定》:要求学校撤销开除学生学籍的决定。该高校在补上了相关程序后,重新作出决定:开除该11名学生学籍(注:在《开除处分决定》中说:“学生作弊与小偷行窃在本质上是一样的,都是通过不正当手段将不属于自己的东西据为己有。”)该4名学生不服,再次向北京市教委申诉。北京市教委向教育部请示;教育部在《对“北京市教委关于某高校四名学生申诉处理意见是否恰当的函”的答复》(以下简称《答复》)中认为:4名学生平时表现不错,且作弊也属于初犯偶发,未达“严重作弊”程度,故不应给予开除学籍的处分。北京市教委据此再次作出决定:要求该高校撤销其开除学生学籍的决定。请问:北京市教委《申诉处理决定》与教育部《答复》的性质分别是什么?

(2)简要评析以下案件:北京某高校以“对导师进行名誉攻击”为由开除博士研究生贾某的学籍,贾某即向学校学生申诉处理委员会申诉,申诉委员会维持了学校的决定,贾某又向北京市教委提出行政复议。北京市教委以学校处分决定程序不当为由(处分决定前未听取贾某的陈述和申辩)作出决定:撤销学校关于开除博士研究生贾某学籍的处分决定。请问:学校学生申诉处理委员会的决定,是建议性的还是决定性的,是复核性的还是裁决性的?贾某又向北京市教委提出救济请求,是行政申诉还是行政复议申请?

(3)简要评析以下案件:河南某高校以“考试作弊”为由开除学生朱某学籍,并口头通知了朱某。朱某向新郑市人民法院提起行政诉讼。新郑市法院以“程序违法”为由作出判决:撤销该校对朱某开除学籍的决定。学校据此给朱某出具了《复学通知书》。但随后又专门为此采取了两项措施:第一,严格依照程序,对朱某的同一作弊行为,重新作出了开除学籍的处分决定;第二,专门为朱某组建了学生申诉处理委员会,委员会由14名委员构成,其中2名学生、1名律师、1名教师、10名学校相关部门领导。请问:学校重新对朱某作出开除学籍的处分是否合法?学生申诉处理委员会可否作为诉讼后的救济方式?学生申诉处理委员会的人员构成是否合法合理?

(4)简要评析以下案件:辽宁某高校以“指使策划打架”为由,根据《辽宁省普通高等学校行政处分条例(试行)》“指使策划打架,视情节轻重,给予严重警告、记过、留校察看、开除学籍处分”的规定,作出处分决定:开除刘某学籍。刘某不服,向辽宁省教育厅申诉,教育厅口头答复:维持学校的处分决定。刘某即向辽宁省人民政府申请行政复议,要求教育厅对其申诉给予书面答复。省政府作出复议决定:要求省教育厅对刘某的申诉给予书面答复。但省教育厅仍坚持不予书面答复。省政府即向国务院请示。国务院研究该请示期间,刘某又向大连市中山区人民法院提起行政诉讼,但被法院驳回,驳回理由是:高校的学籍管理决定属于内部管理行为,不属于行政诉讼的受理范围。此时,省政府收到国务院对其请示的回复,该回复意见认为:教育厅应该对刘某的申诉给予书面答复。省教育厅据此作出“关于刘某申诉的答复”:维持学校对刘某的处分决定。刘某即以省教育厅为被申请人向教育部申请复议。教育部作出复议决定:撤销省教育厅“关于刘某申诉的答复”,并要求其对刘某的申诉重新调查处理。省教育厅据此作出第二份处理意见:建议学校对刘某“重新调查处理”;刘某若对学校的重新处理决定不满,可直接向法院起诉学校。学校据此重新调查后作出处理决定:维持原处分决定。刘某即以省教育厅为被告,向沈阳市中级人民法院提起行政诉讼。最后,原、被告达成庭外和解;刘某撤诉。请问:本案中行政申诉、行政复议、行政诉讼三种救济方式的衔接,是否合法合理?

(5)简要评析以下案件:湖北某高校以“考试作弊”为由开除学生甄某的学籍。甄某不服,向葛洲坝人民法院提起行政诉讼,请求撤销学校的处分决定。葛洲坝人民法院驳回了甄某的诉讼请求,理由是:学校的内部处分决定不属于行政审判的权限范围。根据最高人民法院《关于执行中华人民共和国行政诉讼法若干问题的解释》第44条第1项的规定,驳回甄某的诉讼请求;并根据《教育法》第42条第4项的规定,建议甄某向教育行政主管部门申诉。甄某对一审判决不服,向宜昌市中级人民法院提出上诉。宜昌市中级人民法院二审认为:学校的处分决定虽然涉及学生受教育的实体权利,但因属校内行政管理事宜,法院无权受理。故裁定驳回上诉,维持一审裁定。请问:本案中,若甄某对教育行政主管部门申诉处理决定不服,可否提起行政诉讼?谁是被告?可否以高校为被告?若以教育行政主管部门为被告,可否以高校为第三人提出行政诉讼?

(6)简要评析以下案件:天津某高校以“考试作弊”为由对杨某作出“留校察看一年”的处分。一年后,根据杨某的申请,学校解除了对他的“留校察看”处分。后在学士学位资格审查过程中,学校发现杨某不符合授予学士学位的条件。学校《关于授予本科毕业生学士学位的规定》第2条的规定:受记过以上处分者,不授予学士学位。学校据此未授予杨某学士学位。杨某不服,以学校为被告,向天津市第二中级人民法院提起行政诉讼。天津市二中院驳回了原告的诉讼请求。请问:本案中,学校《关于授予本科毕业生学士学位的规定》第2条的规定是否合法?法院是否有权对该文件第2条的合法性进行附带性(一并)审查?如果该文件第2条违背学校《章程》,学校章程保障委员会可否对其进行审查?

(7)简要评析以下案件:郑州某高校学生董某补考时请人代考,学校对其作出“勒令退学”处分。董某以学校侵犯其受教育权为由,提起行政诉讼,要求法院撤销学校对其“勒令退学”的处分决定。郑州二七区人民法院以学校侵犯原告受教育权为由,认为处分畸重,判决撤销学校对董某的“勒令退学”处分。[注:教育部后来在新修改的《普通高校学生管理规定》(2005)中,取消了“勒令退学”处分方式。]请问:“勒令退学”与“开除学籍”有何区别?

(8)简要评析以下规章的条款:教育部《普通高等学校学生管理规定》(2005)第54条规定:“学生有下列情形之一,学校可以给予开除学籍处分:(一)违反宪法,反对四项基本原则、破坏安定团结、扰乱社会秩序的;(二)触犯国家法律,构成刑事犯罪的;(三)违反治安管理规定受到处罚,性质恶劣的;(四)由他人代替考试、替他人参加考试、组织作弊、使用通讯设备作弊及其他作弊行为严重的;(五)剽窃、抄袭他人研究成果,情节严重的;(六)违反学校规定,严重影响学校教育教学秩序、生活秩序以及公共场所管理秩序,侵害其他个人、组织合法权益,造成严重后果的;(七)屡次违反学校规定受到纪律处分,经教育不改的。”《行政处罚法》(1996)第12条规定:“国务院部、委员会制定的规章可以在法律、行政法规规定的给予行政处罚的行为、种类和幅度的范围内作出具体规定。尚未制定法律、行政法规的,前款规定的国务院部、委员会制定的规章对违反行政管理秩序的行为,可以设定警告或者一定数量罚款的行政处罚。罚款的限额由国务院规定。国务院可以授权具有行政处罚权的直属机构依照本条第一款、第二款的规定,规定行政处罚。”请问:《普通高等学校学生管理规定》第54条是否违背《行政处罚法》(1996)第12条规定?

(9)简要评述以下规章的条款:教育部《普通高等学校学生管理规定》(2005)第17条规定:“学生不能按时参加教育教学计划规定的活动,应当事先请假并获得批准。未经批准而缺席者,根据学校有关规定给予批评教育,情节严重的给予纪律处分。”请问:该条所谓“纪律处分”包括“开除学籍”吗?作出一个具体的“开除学籍”处分,是否必须同时引用《普通高等学校学生管理规定》(2005)第54条的规定?为什么?学校“开除学籍”的《处分决定》可以直接引用学校内部规则作出吗?

(10)简要评析以下规章的条款:教育部《普通高校学生管理规定》(1990)第66条规定:“对学生的鉴定、奖励、处分材料,均归入本人档案,不得撤销。”第67条规定:“勒令退学的学生只发给学历证明;开除学籍的不发给学历证明。”修改后的教育部《普通高等学校学生管理规定》(2005)第65条规定:“对学生的奖励、处分材料,学校应该真实完整地归入学校文书档案和学生本人档案。”请问:该条所谓“处分归档”规定,包括哪些处分?“处分归档”是一种“中性”的历史记录还是“负面”记录?是一种“内部”行为还是“外部”行为?

(11)简要评析以下校内规则的条款:贵州某高校《学生申诉管理办法》(2014)第9条规定:学生申诉处理委员会“(一)对原处理决定,认为程序正当、证据充分、依据明确、定性准确、处分适当的,维持原处理决定;(二)对原处理决定,认为依据不当或者处理明显不当的,可以变更原处理决定,报校长办公会重新研究决定,并以学校名义送交申请人。"请问:该条"报校长办公会重新研究决定"的规定说明什么?

(12)简要评析以下校内规则的条款:贵州某高校《学生申诉管理办法》(2014)第13条规定:"学生申诉处理委员会关于留校察看(含留校察看)以下处分的复查决定,为终局决定;关于开除学籍或不予授予学位的复查决定,如果申诉人有异议,可在复查决定书送达之日起15个工作日内,向学校所在地的省级教育行政主管部门提出书面申诉。"请问:该条所谓"终局决定"的规定是否合法?为什么?

(13)简要评析以下校内规则的条款:上海某高校《学生违反校纪校规处分条例》(2013)第19条规定:"凡一学期内无故旷课累计达到下列学时数的学生,分别给予下列处分:1. 对达到20学时者,给予警告处分。2. 对达到30学时者,给予严重警告处分。3. 对达到40学时者,给予记过处分。4. 对达到50学时者,给予留校察看或开除学籍处分。"请问:该"开除学籍"条款是否合法?为什么?该条例第21条规定:"凡缺课累计超过该课程总课时三分之一的学生,不得参加该课程考试,必须重修。"请问:该规定是否合法?为什么?

(14)简要评析以下校内规则的条款:上海某高校《学生违纪处分办法》(2006)第19条规定:"受处分者,还将受到按下列规定给予的处罚:(1)受各种处分的学生,不得参与学校的各种评奖、评优。(2)受严重警告以上处分的学生,停发助学金(严重警告者,停发三个月;记过者,停发六个月;留校察看者,停发一年)。(3)受留校察看处分的学生,不授予学士学位。"请问:该条所谓"处罚"规定,是否合法?为什么?该办法第21条规定:"对警告以上的处分,由学校统一发文并向全校公布。对学生处分的材料,学校将真实完整地归入学校文书档案和学生本人档案。"请问:该条所谓"公布"和"归档"规定,是否合法?为什么?

(15)简要评析以下章程的条款:《巴黎高等师范学校章程》(2008)第37条规定:"纪律惩罚包括:1. 警告;2. 处分;3. 在规定期限内被学校开除;4. 永久开除。在征求纪律委员会意见的基础上,前两条惩罚规定由校长宣布,后两条惩罚规定由主管高等教育的部长宣布。"请问:该条分别"宣布"的规定,意味着两种纪律惩罚有何不同的性质?

(16)简要评析以下章程的条款:《新加坡国立大学章程和规则》(2009)"章程6"第4条规定了"纪律处分"的种类:(a)签发命令;(b)发出申诉;(c)罚款;(d)公开谴责;(e)撤销或终止任何学术上的或其他校内的优先权利(除了上课或考试的权利之外);(f)撤销或终止参加后续课程或考试的权利;(g)勒令退学;(h)剥夺即将授予或之前已经授予的任何学位、学历、证书或其他学术资质。请问:该条"处分"规定是"内部"行为还是"外部"行为?其"规则10"第16条规定:"纪律上诉委员会的决定应是决定性的且对有关人员具有约束力。"请问:该"决定性"的规定意味着纪律上诉委员会的决定是何性质,内部复查还是行政仲裁?

(17)简要评析以下章程的条款:《牛津大学章程》(2009)"大学纪律"一章对"禁令"的定义是,"撤销在特定时间内使用大学的特定场所、建筑物、设施或服务的权利或延迟以上权利的实现";对"开除"的定义是,"永久地剥夺他(她)的大学成员资格";对"勒令退学"的定义是,"在一定时间内或满足指定条件之前撤销使用大学所有场所、建筑物、设施或服务的权利,包括撤销使用教学、考试以及所有相关的学位服务的权利"。请问:该条"禁令""开除""勒令退学"的性质分别是什么?

(18)简要评析以下章程的条款:《剑桥大学章程》(2007)第六章"纪律与大学法庭"第4条规定:大学法

庭可以作出以下判决:"(a)剥夺或暂时剥夺大学成员资格;(b)剥夺或暂时剥夺学位或荣誉学位,推迟或取消学位授予;(c)剥夺或暂时剥夺文科硕士学位;(d)罚款;(e)赔偿令;(f)剥夺或暂时剥夺使用大学场地或设施的权利;(g)其他大学法庭认为较轻的处罚。"第5条规定:"在大学法庭宣判并公布判决的第二十八天内,被判决人可……上诉至七人法庭。"请问:该条"判决"的性质是什么?"大学法庭""七人法庭"的性质是什么?

(19)在我国行政法现行规定中,关于"对规范性文件的附带性审查"制度,行政复议与行政诉讼有何不同?"对规范性文件的附带性审查",是主动依职权审查还是被动依申请审查?

实践题

1. 请为本案原告、被告分别设计一套法律论证方案。
2. 请为本案葛某草拟一份《校内申诉书》《行政申诉书》和《行政诉状》。
3. 请为本案校方重新拟定一份《开除学籍处分决定书》。
4. 请为本案校方草拟一份《学生处分规定》。
5. 请为本案校方草拟一份《学生申诉管理办法》。
6. 请为本案学校章程保障委员会草拟一份《校内规则及管理行为违章审查程序》。

参考文献

1. 应松年主编:《行政法与行政诉讼法》,中国政法大学出版社2011年版。
2. 胡建淼:《行政法学》,法律出版社2015年版。
3. 张正钊、胡锦光:《行政法与行政诉讼法》(第六版),中国人民大学出版社2015年版。
4. 吴庚:《行政法之理论与实用》(增订八版),中国人民大学出版社2005年版。
5. 翁岳生主编:《行政法》,中国法制出版社2009年版。
6. 王名扬:《法国行政法》,北京大学出版社2007年版。
7. 张国有主编:《大学章程》,北京大学出版社2011年版。
8. 卢鹏:《大学章程——大学之宪法》,载周祖翼、裴钢主编:《探索中国大学治理之道》,同济大学出版社2015年版。
9. 卢鹏:《纠纷解决的法诗学覭视》,载《政法论丛》2015年第5期。
10. [德]奥托·迈耶:《德国行政法》,刘飞译,商务印书馆2004年版。
11. [德]弗里德赫尔穆·胡芬:《行政诉讼法》,莫光华译,法律出版社2003年版。
12. [英]彼得·莱兰、戈登·安东尼:《英国行政法教科书》,杨伟东译,北京大学出版社2007年版。
13. [日]铃木义男等:《行政法学方法论之变迁》,陈汝德等译,中国政法大学出版社2004年版。

(卢鹏,同济大学法学院,lupeng2000@hotmail.com)

2 CASE 李某与某省教育厅不履行公开信息法定职责纠纷上诉案

摘　要

本案例以一起涉及典型行政行为(政府信息公开)的行政诉讼为示例,围绕不确定法律概念的司法审查及要件构成,涉及的知识点和实践技能主要有:不确定法律概念“政府信息”的判断、不确定概念的司法审查方法及政府信息公开范围等内容。本案涉及起诉和上诉两个阶段,争议实体问题包括政府信息的构成与否、不确定法律概念的审查,涉及的事实问题主要有行政机关是否制作或者获取了政府信息。本案例对于解决后续同类或者类似案件具有重要的判例法作用,因为判决中细化了政府信息的要件,提供了司法审查的方法与路径。

关键词

信息公开　不确定法律概念　司法审查　法学方法

教学案例

一、基本案情

李某系某外语学院某学院2002级学生。2006年7月19日,李某之父李×某到教育厅高校学生工作处口头反映情况,经该处要求,李×某于2006年7月21日向教育厅递交《关于要求惩治校园恶魔赵某某的血泪控诉》,以同学赵某、龚某经常打骂欺辱李某,使其长期处于精神压迫和恐惧中,罹患亚型精神病中的“强迫症”为由,请求学校和有关教育行政管理机关和政府有关部门惩治校园恶魔。

2007年5月31日,某外语学院某学院向教育厅出具了《关于2005届毕业生李某家长冲击学校和对其反映材料调查的情况说明》,称未查实李某所反映的对其施暴和显示威风等行为。2007年6月1日,教育厅的高校学生工作处向该厅信访办公室出具了《关于李某“要求惩治校园恶魔赵某某的血泪控诉”信访材料的情况调查》后,教育厅于2007年6月8日对李×某作出信访回复称,经查没有证据表明赵某和其他同学对原告有施暴行为,以及上访材料中所述赵某曾邀约20余名校外学生在李某面前显示威风无事实依据等。2008年7月15日,李某向教育厅递交《请求给予控诉回复的申请》,请求教育厅证明李某投诉并主张权利的情况。教育厅的高校学生工作处向信访科回复后,教育厅于同日向李×某出具信访回复称,李×某上述口头和书面反映情况、再次申诉和信访,以及教育厅要求学校妥善处理等事项,于2007年6月8日按规定时限作了信访回复。2008年12月4日,李某向教育厅递交《向申请人提供李某被打致残的调查材料申请书》,申请载明李某系某外语学院某学院被打致残的毕业生,为向加害人追索赔偿,申请教育厅提供2007年6月8日和2008年7月15日信访回复中分别列举的四项内容的调查依据及相关被调查人、调查人的笔录材料,被调查人自书材料及时间地点等,并加章确认。2008年12月23日,教育厅的办公室对李某作出答复称,其申请公开的信息内容,教育厅未制作和获取;建议李某根据《某省公共企事业单位办事公开实施办法》向某外语学院某学院申请公开相关信息内容等。李某不服,向某省人民政府申请行政复议。某省人民政府受理后,于2009年4月13日以川府复驳[2009]1号《驳回行政复议申请决定书》,驳回了李某的行政复议申请。李某仍不服,遂提起行政诉讼。原审法院另查明,李某的委托代理人李×某在原审庭审中陈述:李某被打以后,行走时肢体不稳当,被评定为3级精神残疾,但思维能力不受限,意识清醒,有独立思考能力,其他行为能力受限制。

二、法院的判决状况

(一)一审

一审法院认为,根据《政府信息公开条例》(2007)第13条“除本条例第九条、第十条、第十一条、第十二条规定的行政机关主动公开的政府信息外,公民、法人或者其他组织还可以根据自身生产、生活、科研等特殊需要，向国务院部门、地方各级人民政府及县级以上地方人民政府部门申请获取相关政府信息”的规定，李某具有向教育厅申请获取相关政府信息的权利。根据《政府信息公开条例》第2条的规定，李某申请教育厅公开的政府信息，应当仅限定于教育厅在履行职责过程中制作或者获取的，以一定形式记录、保存的信息。李某申请要求教育厅提供其2007年6月8日和2008年7月15日两次信访回复中叙述的相关内容的调查笔录、被调查人自书材料及时间地点等，以及要求教育厅向李某书面说明相关情况，并加章确认。而李某于2006年以其在学校学习期间受到他人伤害并患“强迫症”为由，向教育厅提出控诉书，请求学校和有关教育行政机关和政府有关部门惩治校园恶魔。教育厅于2007年6月8日予以第一次信访回复后，李某又于2008年向教育厅提出申请，请求就其控诉及书面回复的情况予以证明。教育厅于2008年7月15日又给予了第二次信访回复。李某申请获取该两次回复所涉及的叙述内容的相关调查材料，教育厅认为其要求并非该厅应当履行的法定职责，故对李某作出答复，告知其申请公开的信息内容教育厅未制作和获取；建议李某根据《某省公共企事业单位办事公开实施办法》向某外语学院某学院申请公开相关信息内容。教育厅提交的证据基本能够证明该答复行为的事实清楚，其作出的答复符合《政府信息公开条例》第21条第3项的规定，其答复适用法律规范正确；且教育厅在收到李某申请后，在规定的时限内作出了答复，答复程序行为并无不当。李某要求判令教育厅依法依照原告申请要求公开并提供有关调查的材料，且加章确认并予以说明的诉讼请求，因教育厅并非行使调查取证及确认追究加害人责任的权力机关，且未制作和获取李某要求提供的调查材料，故对其诉讼请求不予支持，原审法院遂依照最高人民法院《关于执行若干问题的解释》第56条第1项的规定，判决驳回李某的诉讼请求。

（二）二审

后李某不服提起上诉。其上诉的主要理由为：(1)原审判决认定事实错误，被上诉人教育厅称李某申请其公开的信息内容该厅未制作和获取的说法与其2007年6月8日信访回复的内容不符。原审法院对案件相关事实未加以认真调查和研究，混淆了教育行政管理与公安治安行政管理的法律概念，进而作出错误判决。(2)原审判决适用法律错误，上诉人李某依据《政府信息公开条例》的相关规定，要求被上诉人教育厅依法向上诉人公开其在履行职责过程中制作和获取的相关信息，并予以说明。

教育厅引用《政府信息公开条例》第21条第3项的规定作出答复，系错误适用法规。请求撤销原审判决，依法作出公正判决。被上诉人教育厅向原审法院提供如下证据材料及依据：(1)2006年7月20日，李某递交给教育厅的《关于要求惩治校园恶魔赵某的血泪控诉》。(2)2007年6月8日，教育厅出具给李×某的信访回复。(3)2007年6月1日，教育厅的高校学生工作处给该厅信访办公室的《关于李某“要求惩治校园恶魔赵某的血泪控诉”信访材料的情况调查》。(4)2007年5月31日，某外语学院某学院出具给教育厅的《关于2005届毕业生李某家长冲击学校和对其反映材料调查的情况说明》。上述证据材料拟证明经教育厅调查后,李某称其被同学打伤致残的控诉不属实。(5)2008年7月,李某向教育厅递交的《请求给予控诉回复的申请》。(6)2008年7月15日,教育厅高校学生工作处出具给该厅信访科的回复。(7)2008年7月15日,教育厅出具给李×某的信访回复。(8)2008年12月4日,李某递交给教育厅的《向申请人提供李某被打致残的调查材料申请书》。(9)2008年12月23日,教育厅办公室对李某作出的答复。上述证据材料拟证明针对李某的申请,教育厅作出了答复。(10)2009年2月23日,某省人民政府给教育厅的《行政复议答复通知书》。(11)2009年3月12日,教育厅向某省人民政府提交的川教复答[2009]1号《行政复议申请答复》。(12)2009年4月13日,某省人民政府作出的川府复驳[2009]1号《驳回行政复议申请决定书》。(13)向李某送达川府复驳[2009]1号《驳回行政复议申请决定书》的送达回证。上述证据材料拟证明李某申请行政复议,某省人民政府驳回了李某的复议申请。(14)2009年4月的《证据材料目录》。(15)2009年4月10日,教育厅办公室向李某提供6份材料的答复,以及李某收到后的《材料签收单》。上述证据材料拟证明教育厅已向李某提供了某学院的公开材料。(16)《信访条例》第3条、第32条的规定。(17)《治安管理处罚法》第7条、第26条、第43条的规定。(18)《普通高等学校学生管理规定》第2条、第5条、第6条的规定。(19)国务院令第492号《政府信息公开条例》第2条、第9条、第10条、第11条、第12条、第24条的规定。(20)《行政复议法》第6条的规定。(21)《行政诉讼法》第11条第8项的规定。

二审法院认为,根据《政府信息公开条例》第17条"行政机关制作的政府信息,由制作该政府信息的行政机关负责公开;行政机关从公民、法人或者其他组织获取的政府信息,由保存该政府信息的行政机关负责公开。法律、法规对政府信息公开的权限另有规定的,从其规定"的规定,教育厅作为行政机关,具有公开其在履行职责过程中制作或获取的相关政府信息的法定职责。关于上诉人申请被上诉人公开2007年6月8日信访回复的相关信息是否属于政府信息及公开范围的问题。首先,关于是否属于政府信息的问题,《政府信息公开条例》第2条规定:"本条例所称政府信息,是指行政机关在履行职责过程中制作或者获取的,以一定形式记录、保存的信息。"即政府信息的法律概念包含以下几方面的内容:从信息产生的主体看,是行政机关;从信息产生的过程看,是产生于行政机关履行职责过程中;从信息产生的方式看,既可能是行政机关自身制作的,也可能是行政机关从其他国家机关、企事业单位等组织以及个人获取的;从信息的存在形式看,是以一定形式记录、保存的。本案中,被上诉人提供的某外语学院某学院于2007年5月31日出具给教育厅的《关于2005届毕业生李某家长冲击学校和对其反映材料调查的情况说明》等有效证据表明,作为某省教育行政主管部门的被上诉人,在根据上诉人的申请履行该次信访回复职责的过程中,从某外语学院某学院获取了相关文字信息,并由被上诉人保存,属于上述条例所规定的政府信息范畴且没有证据证明被上诉人已向上诉人予以公开。其次,关于该政府信息是否属于公开范围的问题,《政府信息公开条例》在第8条、第14条第4款对依法不予公开的政府信息范围作了原则性规定,即"行政机关公开政府信息,不得危及国家安全、公共安全、经济安全和社会稳定","行政机关不得公开涉及国家秘密、商业秘密、个人隐私的政府信息"。就本案看,上诉人申请被上诉人公开的该次信访回复的政府信息,并不属于上述条例所规定的不予公开的政府信息范围,可以予以公开。因此,本案中,上诉人具有依照《政府信息公开条例》第13条关于"除本条例第九条、第十条、第十一条、第十二条规定的行政机关主动公开的政府信息外,公民、法人或者其他组织还可以根据自身生产、生活、科研等特殊需要,向国务院部门、地方各级人民政府及县级以上地方人民政府部门申请获取相关政府信息"的规定,就2007年6月8日的信访回复向被上诉人申请公开相关政府信息的权利,被上诉人应当根据该条例第17条的规定,依法向上诉人公开该次信访回复所依据的全部政府信息。被上诉人认为的其在作出该次回复中未制作和获取相关信息的理由不能成立,本院不予支持。最后关于上诉人申请被上诉人公开2008年7月15日信访回复的相关信息是否属于政府信息的问题。根据前述条例的规定,政府信息应是行政机关在履行职责过程中制作或获取并以一定载体形式予以保存的信息,否则就不属于政府信息。就本案来看,上诉人主张被上诉人应公开2008年7月15日信访回复中涉及赵某、龚某同学已经毕业离校的调查材料,但在诉讼中没有提供相应的证据证明被上诉人在履行该次信访回复职责过程中制作或获取并现实保存了相关信息,即上诉人申请公开的该项信息不属于政府信息。故上诉人提出的要求判决被上诉人公开2008年7月15日信访回复所依据的相关政府信息的诉讼请求不能成立,本院不予支持。

综上所述,原审判决认定事实不清,适用法规错误,依法应予改判。上诉人的上诉请求部分成立。依照《行政诉讼法》第54条第3项、第61条第3项及最高人民法院《关于执行〈中华人民共和国行政诉讼法〉若干问题的解释》第56条第1项之规定,判决如下:(1)撤销成都市青羊区人民法院(2009)青羊行初字第30号行政判决。(2)责令被上诉人某省教育厅在收到本判决书之日起15个工作日内依法向上诉人李某公开2007年6月8日信访回复所依据的相关政府信息。(3)驳回上诉人李某的其他诉讼请求。

教学手册

教学对象及目标

本案例供法律硕士案例教学使用,高年级法学本科、行政法学硕士、行政诉讼法学硕士也可以参酌试用。

本案例主要就法院在行政诉讼中如何认定不确定法律概念及其对信息公开的影响进行讨论。具体要解决的问题包括:(1)在面对不确定法律概念时,法院应当从哪些角度认定;(2)法院在认定信息公开类案件时,如何处理公开为原则、不公开为例外的关系。

教学内容

1. 政府信息的解释框架如何?

一般来讲,应当从信息产生的主体、过程、方式和信息的存在形式四方面构建这一概念的核心内容,并适用到案例争议的解决之中。

判决中,法院认为,关于是否属于政府信息的问题,《政府信息公开条例》第2条规定:"本条例所称政府信息,是指行政机关在履行职责过程中制作或者获取的,以一定形式记录、保存的信息。"即政府信息的法律概念包含以下几方面的内容:从信息产生的主体看,是行政机关;从信息产生的过程看,是产生于行政机关履行职责过程中;从信息产生的方式看,既可能是行政机关自身制作的,也可能是行政机关从其他国家机关、企事业单位等组织以及个人获取的;从信息的存在形式看,是以一定形式记录、保存的。本案中,被上诉人提供的某外语学院某学院于2007年5月31日出具给教育厅的《关于2005届毕业生李某家长冲击学校和对其反映材料调查的情况说明》等有效证据表明,作为某省教育行政主管部门的被上诉人,在根据上诉人的申请履行该次信访回复职责的过程中,从某外语学院某学院获取了相关文字信息,并由被上诉人保存,属于上述条例所规定的政府信息范畴,且没有证据证明被上诉人已向上诉人予以公开。

一般意义上理解,政府信息认定标准主要包括以下要素:

行政职权的行使。行政权的存在是首要问题,其目的在于解决处于争议中的信息是否由有行政职责的机关所制作、获取。从组织法上来讲,《宪法》第89条规定的国务院的18项职权可以看作是所有行政职权的终极来源。然而,具体到各个机关,则需要在《地方政府组织法》等规范文件中寻找其职权依据并明确职权的范围和界限,特别是需要具体到细化的职权项目上来。比如在"蔡某与上海市某新区环境保护和市容卫生管理局案"中,法院认定被告上海市某新区环境保护和市容卫生管理局"仅负有对市政(公路)的设施养护等职权,并无城市道路建设等职权",依据则为沪浦编(2000)136号《关于上海市某新区环境保护和市容卫生管理局职能配置、内设机构和人员编制规定的通知》第2条的规定。从行为法上来看,也可以检视行政权的有无,比如在某一行政机关作为民事活动主体、刑事侦查活动主体出现在相关行为中时,从行为的属性即可以判断行政权是不存在的,也就当然不会产生政府信息的问题。

有了行政权的存在,还要强调行政权在职权范围内的行使,只有这样才可能产生政府信息。根据判决中法院的态度,这一情况往往出现在申请人向某一行政机关申请信息公开,经审理后发现行政机关获取的案涉信息并非其行使自身行政权而产生的情形下。比如在"王某与上海市某区住房保障和房屋管理局案"中,原告王某申请的信息为被告临时代为保管的"维修基金使用相关材料",法院认为《物业管理规定》中的临时代为保管并不是被告的法定职责,而属于职责以外的行为,因此这一信息并不构成被告获取的政府信息。作为被告本身具备行政权,但是由于案涉行为并非处于其行政权的职责范围以内,因此这一行为所获取的信息也无法构成政府信息,这是法院认定行政权存在之后提出的更进一步的要求:必须在职责范围内行使行政权。应注意的是,当行政机关在某一先行行为中出现不作为、超越职权等违法情况,那么其后续答复申请人政府信息不存在的行为应该如何来认定呢?根据法院的态度,当行政机关在某一行政行为中应当制作某一信息而未制作或者行使了不属于自身职权范围内的行政权并相应产生了某些信息,那么在后续当事人申请政府信息公开的案件中,这些信息很有可能被认定为不存在或者不属于政府信息从而不予公开。这可以从“陈某与上海市某区建设和交通委员会案”中看出一些端倪:虽然原告申请的《房屋拆迁管理承诺书》根据相关规定应当由被告来签订,但是被告并未依法签订,此时法院的结论就认为先行行为是否合法不在判断范围之列,但是专就政府信息的认定来看,这一政府信息是不存在的。由此可以合理推断在行政机关超越职权的情形下,其所形成的信息也非政府信息,但是这并不排除行政相对人可以针对超越职权行为本身采取行政复议、行政诉讼等救济手段。

行政机关的实际持有。信息是否实际存在直接关系到行政机关能否实际持有。在大量的案件特别是房屋拆迁案件中,当事人为了实现政府信息的公开,往往会去寻找相应的要求行政机关制作该信息的法规范或者行政机关、司法机关曾经在其他文件中提及的文件来证明其所申请的信息的实际存在。实践中,法院往往要求行政机关对于申请人提出申请的信息进行合理检索、查找,如果仍无法确定信息的存在,原因可以包括查找不到、预期产生而未产生、逾期销毁等,那么就会认定为信息不存在。行政机关的实际持有包含了行政机关自身制作信息和根据相应职权从其他机关、单位等获取的信息。从判决中可以看出,对于这一问题的争议焦点在于如何理解“获取”。对于信息公开的申请人而言,在很多情形下需要证明行政机关确实获取了某些信息,才有可能达到申请公开的目的;而对于行政机关而言,一般都是在职权范围内的获取才有可能产生政府信息的效果。在“朱某等诉杭州市人民政府土地行政公开纠纷案”中,法院认定案涉信息是存在的,而且根据《土地管理法实施条例》第 22 条第 1 款第 3 项、第 23 条第 1 款第 3 项的规定,被告杭州市人民政府在颁发建设用地批准书的过程中肯定实际持有被申请的信息,因此判决由被告对其进行公开。可见,法院对于实际持有的判断最终影响了对于“政府信息”的认定。

信息的实际记载。“一定形式”为解释者提供了充足的、开放性的解释空间,但是法院在对可供记录、保存的载体形式进行审查时,往往将审查的重点放在实际记载上,也即这个信息本身是可以被记载的,而且也确实做了记载,这也是从《政府信息公开条例》第 2 条所欲实现的功能——保证公民获取信息——角度进行的设置,因为毕竟“概念的建构、适用与调整当心系于该概念实现预设之价值的功能”。如前所述,电话往来这一类的口头信息、社会传闻等一般来讲没有以一定载体的形式出现,也就更谈不上记录和保存,从而也就不属于政府信息。此外,随着现实生活中信息载体的多元化,除了传统的纸、磁带、胶卷等载体以外,越来越多的信息以网络留言板、虚拟存储空间等载体出现,这也可能为政府信息的“一定形式”提供更为丰富的外延。回顾“张某与上海市规划和国土资源管理局案”中的情形,法院认定原告申请公开的“解决问题的方案”因为属于未被记载的电话口头往来,所以不属于政府信息。反过来讲,案中的电话口头往来若经过合法的记载,比如录音或者录音后的文字整理,那么根据法院的判断方式,就很可能属于“足以证明存在书面或其他形式保存的解决问题的相关方案”,也就顺理成章可能达到信息公开的目的了。

2. 不确定法律概念的审查情形是什么?

法院在面对政府信息的法律概念时,运用了文义解释的方法,并在具体要件的认定过程中融合了目的解释、体系解释等方法,这都对后续同类案件的判决具有重要的示范作用。

一般而言,法院在以下情形中存在对政府信息的认定:

信息产生的主体不确定。当前对于“行政机关”的认识本身争议较少,只有个别争议。比如在“张某某与上海市浦东新区金桥镇人民政府案”中,原告张某某申请被告公开该镇党委书记针对案外民事案件作出的批示。法院判决认为,“党委书记作出的批示”不属于《条例》第2条所规定的政府信息,一方面这一批示非镇政府作出,另一方面也不是由行政机关作出。[(2012)浦行初字第141号行政判决书]这就从信息产生主体的角度对于“政府信息”进行了判断,认定党委书记或者其所代表的党委不具有信息公开的义务。另外,对于信息公开义务主体的讨论还要关注公共企事业单位的问题。在“中国联合网络通信有限公司南阳分公司与王聚才不履行信息公开答复职责纠纷上诉案”中,法院认定包括中国联合网络通信有限公司南阳市分公司在内的邮政、电讯等行业经营者属于公用企业(即公共企事业单位),因此其制作和获取的信息也属于政府信息,应当按照《条例》的要求进行公开。[(2011)南行终字第78号行政判决书]类似的情形也出现在“张宇不服北京市西城区房屋土地经营管理中心政府信息公开行为案”中,法院考虑到“作为事业单位的房屋土地经营管理中心是该区公房的管理、经营、服务者,其社会公共服务行为无疑与人民群众的利益密切相关”,因此将该房屋土地经营管理中心制作的信息也认定为政府信息。这就说明,公共企事业单位也是负担政府信息义务的法定主体,只不过在履行公开义务的过程中可能存在特殊性。

信息产生的性质不确定。(1)行政机关有无职责的判断。在原告韩某申请公开“村民委员会选举时,大连市甘井子区某街道办事处同意村民吴某参选的会议纪要”时,法院认为某街道办事处没有相应的行政职权来同意某一村民参加选举,因此该会议纪要不是在街道办事处履行职责的范围之内制作的,也就不属于政府信息。[(2012)大行终字第84号行政判决书]另外,在申请上海市公安局公开“上海市房资产经营公司豫园某街坊动迁办公室印鉴备案”的政府信息时,法院认为公安局只有审批刻制公章的权力,而没有对印鉴进行备案的权力,因此这一信息不是履行职责过程中的信息,也就无法构成政府信息。[(2012)沪二中行终字第65号行政判决书](2)行政机关参与民事活动时的职责判断。在“陈A与上海市黄浦区绿化和市容管理局案”中,原告向被告申请公开收到《房屋拆迁期延长通知》的“记有签收时间的收文单”。法院认为,这一信息系被告作为拆迁人的身份收取的房地产行政主管部门函件的收文记录,并不存在行政职责的行使,该信息也就不是政府信息。[(2012)沪二中行终字第93号行政判决书]不仅如此,只要行政机关以拆迁人的身份出现,法院会认定为“作为拆迁人的行政机关与当事人之间产生的关系为民事法律关系,而非其在履行行政职责”,这期间所产生的各类信息均不属于行使行政权过程中的信息,也即并非《条例》第2条规定的政府信息。[(2010)沪一中行终字第69号行政判决书](3)行政机关行使刑事权力时的职责判断。在“张某与长沙市公安局案”中,当事人申请的信息均系公安局行使刑事侦查权过程中制作、获取的信息。法院在审理中的观点是,公安局具有行政管理和刑事司法双重职能,前一过程中形成的信息属于政府信息,而后一过程形成的信息则不在政府信息的范围之内。同时,在“张某与长沙市公安局案”中，法院还在判决中提到“涉黑涉恶材料”属于刑事侦查活动中的信息而不是具体行政行为的信息，因此这些材料不属于政府信息。[(2012)芙蓉行初字第61号行政判决书、(2012)芙蓉行初字第76号行政判决书]

信息产生的方式不确定。(1)法定监督行为是否构成“制作或者获取”的判断。在“卫某某与上海市浦东新区建设和交通委员会”中，原被告双方争议的问题在于被告是否获取了涉案信息——“上海浦东国际机场扩建工程(ⅳ)浦建房拆许字(2005)第97号房屋拆迁补偿安置费用发放使用情况”。依照法院的认定，虽然根据《上海市城市房屋拆迁管理实施细则》等规定，被告应当加强对拆迁补偿安置资金使用的监督，但不能据此证明被告曾制作或是获取了原告申请的政府信息。[(2012)浦行初字第114号行政判决书](2)临时保管行为是否构成“获取”的判断。在“王某与上海市某区住房保障和房屋管理局案”中，原告王某申请被告公开“维修基金使用相关材料”，认为上海市某区住房保障和房屋管理局下属梅陇房管办工作人员王某代为保管了上述信息，也即获取了这些信息从而应当加以公开。法院在判决中认为，梅陇房管办虽依据《物业管理规定》临时代管的上述材料并非房管局制作，因此这样的保管不属于法律意义上的获取。[(2012)沪一中行终字第112号行政判决书]

信息存在的形式不确定。(1)未记录的口头信息是否属于“政府信息”。在“张某与上海市规划和国土资源管理局案”中，原告要求被告公开“上海新昌房产经营有限公司的黄某某在被告处会谈之事，包括被告提出的解决问题的方案”等信息，法院认为这一信息双方未做过任何记录，而且原被告也都承认关于“解决问题的方案”是通过电话口头往来的，因此不符合政府信息的构成标准。[(2011)沪二中行终字第76号行政判决书](2)逾期销毁的信息是否属于“政府信息”。针对原告申请被告公开“被告向上海千秋动拆有限公司企业印章的准可证和相关信息材料”，法院认为“根据《关于重申刻制印章必须办理印铸刻字准许证手续的意见》的有关规定，企业刻制印章，需要由公安机关审核办理《印铸刻字准许证》。公安部门对各单位出具的申请刻制印章的证明凭据和出具准许证的存根的保存期限为3年，逾期予以销毁”。因此，原告申请的逾期销毁的信息不存在，也就无法公开。[(2012)浦行初字第162号行政判决书、(2012)浦行初字第163号行政判决书]

3. 政府信息公开中以公开为原则、以不公开为例外的精神如何在法院的判决中得以实现？

虽然法律条文没有明确规定这一精神，但是在立法者的目的和宣传过程中，都能看到这一精神的存在痕迹，因此应当在不能将信息明确置于不予公开的负面清单的情况下，认定为属于可以公开的范围。

案中的法院认为，关于该政府信息是否属于公开范围的问题，《政府信息公开条例》第8条、第14条第4款对依法不予公开的政府信息范围作了原则性规定，即“行政机关公开政府信息，不得危及国家安全、公共安全、经济安全和社会稳定”，“行政机关不得公开涉及国家秘密、商业秘密、个人隐私的政府信息”。就本案看，上诉人申请被上诉人公开的该次信访回复的政府信息，并不属于上述条例所规定的不予公开的政府信息范围，可以予以公开。

庭审中，律师的发言如何组织要点？

考虑到行政诉讼中充满了法律理念、法律原则和法律技术等内容,因此需要根据不同的诉讼目的和诉讼需要择取相应的方法。在该案中,争议双方面对的是一个不确定法律概念的解释及其后续的影响。因此,从概念解释的路径出发,应当认定为属于一个在法律原则指导下的法律技术问题,需要具体的法律解释工作,将不确定的概念予以澄清和释明。所以,律师在发言时要警惕这一点,要在法律原则阐述明白的基础上进一步将法律技术展现。

如何正确认识政府信息公开案件?

政府信息公开案件是行政诉讼案件中的一个重要部分,而且越来越多地出现在法庭之上。其基本的特点包括:涉及信息的获知和提供,因此仍然属于行政行为的范畴,也仍然需要对合法性进行考量;涉及普通公众的知情权,因此需要谨慎、仔细对待,面对依申请政府信息公开行为时,需要在政府信息公开目录中充分搜寻信息,最大程度地尽到公开的义务,以免在诉讼中被法院认定为不作为从而败诉;涉及提供与否的判断,因此更多的时候牵扯法律技术上的问题,需要从规范和实践入手讨论问题的解决方案,注重可操作性和可行性。

课堂时间安排

本案例可作实践教学和案例教学的材料,安排6个课时,每课时45分钟。

课前可以安排学生阅读大量的政府信息公开案件,了解关于政府信息公开的新闻和时事,充分关照到政府信息公开的现实目标和实践导向。

课中首先进行导读,将宏观的、整体的信息公开影响予以传授,并从案例发生的原因、背景、争议的焦点以及双方的诉求等进行追踪。其次,可以采取原告、被告分组讨论的方法,以模拟法庭的方式将不同学生的不同观点充分呈现出来,并分析观点背后的法理依据和法律依据,找出其中的症结和特点,进行统合讲授。最后,归纳总结原告、被告双方争议的核心问题和判决的难点,归纳整节课的内容。

课后可以布置作业,让学生进一步思索政府信息公开案件的特点,可能的话就某一关心的问题向有关行政机关提起政府信息公开申请,真实体验申请的过程。

实践题

1. 就自己关心的问题向行政机关提出信息公开申请,并在申请—答复的过程中体会信息公开的特点。
2. 记录自身的信息公开体会,与其他的同学分享,并做进一步讨论,加深印象。

参考文献

1. [德]卡尔·拉伦茨:《法学方法论》,陈爱娥译,商务印书馆2003年版。
2. 朱芒:《公共企事业单位应当如何信息公开》,载《中国法学》2013年第2期。
3. 朱芒:《行政诉讼中判例的客观作用——以两个案件的判决为例的分析》,载《华东政法大学学报》2009年第1期。
4. 王敬波:《政府信息概念及其界定》,载《中国行政管理》2012年第8期。
5. 杨解君:《〈政府信息公开条例〉与相关法的协调》,载《江苏社会科学》2012年第5期。

6. 侯丹华:《政府信息公开行政诉讼有关问题研究》,载《行政法学研究》2010 年第 4 期。
7. 高秦伟:《何谓政府信息》,载《江苏行政学院学报》2012 年第 5 期。
8. 吕艳滨:《如何理解依申请的政府信息概念》,载《中国行政管理》2012 年第 8 期。
9. 浙江省高级人民法院课题组:《政府信息公开行政诉讼案件疑难问题研究》,载《行政法学研究》2009 年第 4 期。

附件

案件来源

(2009)成行终字第 153 号行政判决书

相关法条

1.《行政诉讼法》(1989)

第五十四条　人民法院经过审理,根据不同情况,分别作出以下判决:

(一)具体行政行为证据确凿,适用法律、法规正确,符合法定程序的,判决维持。

(二)具体行政行为有下列情形之一的,判决撤销或者部分撤销,并可以判决被告重新作出具体行政行为:

1. 主要证据不足的;
2. 适用法律、法规错误的;
3. 违反法定程序的;
4. 超越职权的;
5. 滥用职权的。

(三)被告不履行或者拖延履行法定职责的,判决其在一定期限内履行。

(四)行政处罚显失公正的,可以判决变更。

第六十一条　人民法院审理上诉案件,按照下列情形,分别处理:

(一)原判决认定事实清楚,适用法律、法规正确的,判决驳回上诉,维持原判;

(二)原判决认定事实清楚,但是适用法律、法规错误的,依法改判;

(三)原判决认定事实不清,证据不足,或者由于违反法定程序可能影响案件正确判决的,裁定撤销原判,发回原审人民法院重审,也可以查清事实后改判。当事人对重审案件的判决、裁定,可以上诉。

2. 国务院令第 492 号《政府信息公开条例》(2008)

第二条　本条例所称政府信息,是指行政机关在履行职责过程中制作或者获取的,以一定形式记录、保存的信息。

第十三条　除本条例第九条、第十条、第十一条、第十二条规定的行政机关主动公开的政府信息外,公民、法人或者其他组织还可以根据自身生产、生活、科研等特殊需要,向国务院部门、地方各级人民政府及县级以上地方人民政府部门申请获取相关政府信息。

第十七条　行政机关制作的政府信息,由制作该政府信息的行政机关负责公开;行政机关从公民、法人或者其他组织获取的政府信息,由保存该政府信息的行政机关负责公开。法律、法规对政府信息公开的权限另有规定的,从其规定。

(朱芒,上海交通大学凯原法学院教授,zhumang@ sjtu. edu. cn)

3 CASE 某有限公司诉某市盐务管理局盐业行政处罚案

——行政许可与行政处罚中的法律保留问题

摘 要

本案例以一起行政处罚案件为蓝本,围绕行政许可与行政处罚中的法律保留问题展开讨论,包括地方性法规或地方政府规章能否设定工业盐准运证制度,能否设定行政处罚;地方性法规或地方政府规章与法律法规规定不一致时,人民法院审判时如何适用等问题。本案例对于解决其他涉及法律保留问题的行政诉讼案件具有参考意义。

关键词

行政许可　行政处罚　行政诉讼　法律位阶　法律保留

教学案例

基本案情

某有限公司是经工商行政管理机关核准注册、具有工业盐经营范围的市场经济主体。2007 年 11 月 12 日原告从江西等地购进 360 吨工业盐，原告负责人徐某涉嫌犯罪。2009 年 1 月 5 日公安机关以不构成犯罪为由，撤销了对徐某涉嫌非法经营的刑事立案。2009 年 2 月 27 日原告不服被告作出的行政处罚，向某市人民政府申请行政复议。

某市盐务管理局认为原告从事工业盐购销和运输时，应当按照《江苏省〈盐业管理条例〉实施办法》（以下简称《实施办法》）第 23 条、第 24 条的规定办理工业盐准运证，原告未办理工业盐准运证即从省外购进工业盐涉嫌违法。因原告负责人涉嫌犯罪，被告于 2007 年 11 月 14 日对相关工业盐采取了先行登记保存措施，并移送公安机关立案侦查。2009 年 2 月 26 日被告经听证、集体讨论后认为原告未经省盐业公司调拨或盐业行政主管部门批准从省外购进盐产品的行为违反了国务院《盐业管理条例》第 20 条，江苏省人民政府《实施办法》第 23 条、第 32 条第 2 项的规定，并根据《实施办法》第 42 条的规定对原告作出了（×）盐政一般[2009]第 001 – B 号处罚决定书，决定没收原告违法购进的精制工业盐 121.7 吨、粉盐 93.1 吨，并处罚款人民币 122363 元。

某市人民政府于 2009 年 4 月 24 日作出了[2009]×行复第 8 号复议决定书，维持了被告作出的处罚决定。

一审法院认为：被告系某市人民政府盐业行政主管部门，根据国务院《盐业管理条例》第 4 条和《实施办法》第 4 条、第 6 条的规定，有权对本市范围内包括工业盐在内的盐业经营活动进行行政管理，本案被告具有合法执法主体资格。

被告对盐业违法案件进行查处时，应适用合法有效的法律规范，并遵循《立法法》第 79 条关于法律适用的原则。人民法院审理行政案件，依据法律、行政法规、地方性法规、自治条例和单行条例，参照规章。本案被告的具体行政行为涉及行政许可、行政处罚，应依据《行政许可法》《行政处罚法》的规定执行。法不溯及既往是指法律对其生效前所发生的调整对象的行为和事件不适用。《行政许可法》第 83 条第 2 款规定，本法施行前有关行政许可的规定，制定机关应当依照本法规定予以清理；不符合本法规定的，自本法施行之日起停止执行。《行政处罚法》第 64 条第 2 款规定，本法公布前制定的法规和规章关于行政处罚的规定与本法不符合的，应当自本法公布之日起，依照本法规定予以修订，在 1997 年 12 月 31 日前修订完毕。因此，被告有关法不溯及既往的抗辩理由不成立。根据《行政许可法》第 15 条第 1 款、第 16 条第 3 款的规定，在已经制定法律、行政法规的情况下，地方政府规章只能在法律、行政法规设定的行政许可事项范围内对实施该行政许可作出具体规定，不能设定新的行政许可。法律及国务院《盐业管理条例》没有设定工业盐准运证这一行政许可，地方政府规章不能再设定工业盐准运证制度。根据《行政处罚法》第 13 条的规定,在已经制定行政法规的情况下,地方政府规章只能在行政法规规定的给予行政处罚的行为、种类和幅度内作出具体规定,国务院《盐业管理条例》对盐业公司之外的其他企业经营盐的批发业务没有规定行政处罚,地方政府规章不能对该行为规定行政处罚。

综上所述,某区人民法院认为,被告在依职权对原告作出行政处罚时虽然适用了相关法律规范,但未遵循《立法法》第 79 条关于法律层级规定的适用原则,未依据《行政许可法》和《行政处罚法》的相关规定作出,属适用法律错误,依法应予撤销。

据此,某区人民法院于 2011 年 4 月 29 日作出(2009)×行初字第 0027 号行政一审判决:撤销某市盐务管理局 2009 年 2 月 26 日作出的(×)盐政一般[2009]第 001 – B 号处罚决定书。

一审宣判后,双方当事人在法定期间内均未提出上诉,一审判决已经发生法律效力。

教学手册

教学对象及目标

本案例供法律硕士案例教学使用,法学本科(大四)、行政法学硕士、行政诉讼法学硕士也可以参酌试用。

本案例主要就法律法规没有明确设定行政许可和行政处罚,地方性法规或地方政府规章能否设定,以及地方性法规或地方政府规章与法律法规规定不一致时法院如何适用等问题进行讨论。具体要解决的问题包括:(1)地方性法规能否规定购买、运输工业盐要经批准?(2)地方政府规章能否对原告未经批准购买、运输工业盐的行为规定行政处罚?(3)地方政府规章与法律、行政法规规定不一致时,人民法院审判时如何适用?

教学内容

1. 地方性法规能否规定购买、运输工业盐需要行政许可的问题?

按照《盐业管理条例》的规定,“盐的批发业务,由各级盐业公司统一经营。”暂且不论盐业管理体制如何改革,从盐业主管部门和大部分盐业公司的理解,以及各省份出台的地方性法规或规章来看,对小工业盐的运销基本要求实现准运证制度,带有专营性质。盐业专营制度主要是从普及碘盐、加强食盐安全、保障人民身体健康的角度出发,由国家统一分配调拨,原本是政府的法定职责,但是为了提高服务质量,或者出于政府“自我瘦身”的目的,由政府依法许可给个人经营。不过,《盐业管理条例》没有明确由政府“外包”给个人的具体形式,如是否要经批准、如何批准等,而准运证则是地方为了解决盐业经营如何“外包”而设定的,实际上是行政许可的设定。

那么,在判断准运证这一行政许可设定的合法性问题时,根据《行政许可法》第 15 条第 1

款的规定，首先，法律、行政法规和地方性法规有相关规定吗？本案法院认为，关于盐业管理，没有法律层级的规范，效力层级最高的法律规范是行政法规《盐业管理条例》。该条例第20条规定“盐的批发业务，由各级盐业公司统一经营”，但没有条款设立了行政许可制度，即统一经营的规定推不出实行准运证制度。其次，第一个要件“尚未制定……”已经否定，则没有再判断是否因行政管理的需要，确需立即实施行政许可，地方政府规章可以为管理需要而设定临时性的行政许可。再次，已经制定法律、行政法规的情况下，地方政府规章只能作出具体规定。根据《行政许可法》第16条第3款的规定，“规章可以在上位法设定的行政许可事项范围内，对实施该行政许可作出具体规定。”本案对此有两种解释：(1)规章的上位法对工业盐运输购销没有设定行政许可，所以，规章也就不能设定工业盐准运证制度。(2)即使《盐业管理条例》第20条的规定可以解读为“其他工业用盐需要由盐业部门统一经营，运输必须有准运证”，也应该在行政法规中予以明确规定，而不是在位阶较低的规章中以作出具体规定的形式予以设定。最后，依据《行政许可法》第15条、第16条的规定可以得出，工业盐准运证这一行政许可在已经制定的法律、行政法规中没有设定，那么，地方政府规章不能设定，并类推至地方性法规行政许可的设定规则上。

2. 地方政府规章能否对原告未经批准购买、运输工业盐的行为规定行政处罚？

根据《行政处罚法》第1条，其立法目的是维护社会治安秩序，保障公共安全，对私主体合法权益的保护，对执法主体履职行为的规范也是为了秩序和安全这两个基本要求。那么，依据《实施办法》作出行政处罚的行为可以推出：(1)行政机关的第一义务即是维护秩序和安全，在本案中，盐业管理行为所要维护的秩序是保证盐的统一运营，而盐业管理机关为了维护盐业市场的秩序和安全，以设置准运证制度的方式进行；(2)相对人违反了第一义务，本案中××有限公司购买、运输工业盐未办理准运证，即破坏了盐的经营秩序；(3)相对人要承担的第二义务即是处罚，被没收违法所得并处罚款。虽然这个逻辑结构在地方政府规章的体系内是自洽的，但是，《实施办法》中行政处罚设定的来源是值得讨论的。

法院认为，依据《行政处罚法》第13条规定，省人民政府制定的规章可以在法律、法规规定的给予行政处罚的行为、种类和幅度的范围内作出具体规定。虽然《盐业管理条例》规定了“盐的批发业务，由各级盐业公司统一经营”，“但该行政法规没有设定法律责任条款，即既未规定行政处罚，也未规定刑事责任。”设定行政处罚所要维护的秩序是盐业的统一经营管理，在“义务——秩序——制裁”这个权利义务结构中，即使《盐业管理条例》第20条的立法原意包含有维护秩序且相对人有承担义务的要求，也缺乏法律责任条款，因其缺少制裁性处分而不是行政处罚。那么，依据《行政处罚法》的体系，《实施办法》第42条对未办理准运证的企业进行处罚的法律责任规定缺乏上位法依据，上位法未对该行为设定行政处罚，下位法的行政处罚规定无依据。接着，能否依据《行政处罚法》第13条第2款的规定，即“尚未制定法律、法规的，前款规定的人民政府制定的规章对违反行政管理秩序的行为，可以设定警告或者一定数量罚款的行政处罚”为《实施办法》设定的行政处罚条款证成其合法性？对此的判断标准类比准运证制度设置是否合法的证成逻辑，在此不再赘述。

3. 地方政府规章与法律、行政法规规定不一致时,人民法院审判时如何适用?

法院认为,被告在依职权对原告作出行政处罚时虽然适用了相关法律规范,但未遵循《立法法》(2000)第79条关于法律层级规定的适用原则,未依据《行政许可法》和《行政处罚法》的相关规定作出,属于适用法律错误。《行政诉讼法》(1989)第53条规定"人民法院审理行政案件,参照国务院部、委根据法律和国务院的行政法规、决定、命令制定、发布的规章以及省、自治区、直辖市和省、自治区的人民政府所在地的市和经国务院批准的较大的市的人民政府根据法律和国务院的行政法规制定、发布的规章。人民法院认为地方人民政府制定、发布的规章与国务院部、委制定、发布的规章不一致的,以及国务院部、委制定、发布的规章之间不一致的,由最高人民法院送请国务院作出解释或者裁决。""人民法院审理行政案件……参照规章"中规章如何参照,有以下判断标准:(1)规章可以作为相关法律规范予以适用;(2)规章予以适用的前提条件是合法有效;(3)合法有效的规章判断标准是依据《立法法》中关于法律层级的规定。而法院在选择适用规章时,是从(3)至(1)依次判断。

当前许多具体行政行为是依据下位法作出的,并未援引和适用上位法,本案即是如此,从判决中的法官思路可以看出,市盐业管理局在作出行政处罚行为时是依据地方政府规章作出,而未援引和适用更高位阶的法律《行政许可法》和《行政处罚法》,但是,法院在审查具体行政行为的合法性时,对下位法是否符合上位法一并进行判断。遵循《立法法》第79条的规定,即"法律的效力高于行政法规、地方性法规、规章。行政法规的效力高于地方性法规、规章。"法律规范层级由高到低依此为"法律——行政法规——地方性法规、规章",这里有两层含义:第一,当对某一违法行为作出行政处罚时,法律中有规定的依照法律相关规定作出;法律中没有规定的,而行政法规中有规定的,依照行政法规作出;法律、行政法规中均没有规定的,可以依照地方性法规、规章作出。本案中涉及的行政许可、行政处罚行为由《行政许可法》和《行政处罚法》两部法律调整,不存在上位法缺位的情形,所以,应当依据《行政许可法》和《行政处罚法》相关规定作出具体行政行为。第二,低位阶的规章要遵守高位阶的法律、行政法规确立的原则和规定。本案中,地方政府规章规定的工业盐准运证制度和对未办理准运证的经营单位进行处罚,应当受《行政许可法》和《行政处罚法》的调整。当规章的规定违反法律、行政法规的规定时,则该规章不是合法有效的,人民法院在审判时不予适用。

课堂时间安排

本案例可以作为专门的案例教学课来进行,整个案例课的课堂安排6个课时,每课时45分钟。

如下课堂设计,仅供参考。

课前计划:安排学生阅读案例及相关参考资料,对案例所涉及问题进行思考,撰写实践题答案。

课中计划:介绍教学目的,明确讨论主题;分组讨论,回答各项思考题,讨论实践题的撰写要点;小组代表提出撰写要点,学生讨论和分析;教师归纳总结。

课后计划:布置学生进一步思考《立法法》中关于法律位阶的规定,不同法律位阶的规范内容不同。

实践题

1. 以列表的方式把《立法法》中有关法律位阶的规定整理出来。
2. 结合本案,查找并整理与本案相类似的判决。

参考文献

1. 朱芒:《SARS 与人身自由——游动在合法性和正当性之间的抗 SARS 措施》,载《法学》2003 年第 5 期。
2. 陈越峰:《防汛与人身自由——以"强制转移权"设定的合法性分析为例》,载《行政法学研究》2010 年第 1 期。
3. 陈越峰:《突发事件应对中的最大保护原则——以公开劫持人质事件处置为例》,载《行政法学研究》2012 年第 1 期。

附件

相关法律条款

(1)法律、行政法规

《行政许可法》第十五条第一款　本法第十二条所列事项,尚未制定法律、行政法规的,地方性法规可以设定行政许可;尚未制定法律、行政法规和地方性法规的,因行政管理的需要,确需立即实施行政许可的,省、自治区、直辖市人民政府规章可以设定临时性的行政许可。临时性的行政许可实施满一年需要继续实施的,应当提请本级人民代表大会及其常务委员会制定地方性法规。

《行政许可法》第十六条　行政法规可以在法律设定的行政许可事项范围内,对实施该行政许可作出具体规定。

地方性法规可以在法律、行政法规设定的行政许可事项范围内,对实施该行政许可作出具体规定。

规章可以在上位法设定的行政许可事项范围内,对实施该行政许可作出具体规定。

法规、规章对实施上位法设定的行政许可作出的具体规定,不得增设行政许可;对行政许可条件作出的具体规定,不得增设违反上位法的其他条件。

《行政处罚法》第十三条　省、自治区、直辖市人民政府和省、自治区人民政府所在地的市人民政府以及经国务院批准的较大的市人民政府制定的规章可以在法律、法规规定的给予行政处罚的行为、种类和幅度的范围内作出具体规定。

尚未制定法律、法规的,前款规定的人民政府制定的规章对违反行政管理秩序的行为,可以设定警告或者一定数量罚款的行政处罚。罚款的限额由省、自治区、直辖市人民代表大会常务委员会规定。

《立法法》(2000)第七十九条　法律的效力高于行政法规、地方性法规、规章。

行政法规的效力高于地方性法规、规章。

《盐业管理条例》(1990)第十九条　食用盐、国家储备盐和国家指令性计划的纯碱、烧碱用盐,由国家实行统一分配调拨。

其他用盐,制盐企业在完成国家分配调拨计划和按规定确保合理库存的基础上,可在盐业行政主管部门的指导下进行自销。盐的具体分配和调拨,由轻工业部按照国家计划进行管理。

第二十条 盐的批发业务,由各级盐业公司统一经营。未设盐业公司的地方,由县级以上人民政府授权的单位统一组织经营。

《国务院关于禁止在市场经济活动中实行地区封锁的规定》(2001)第二十八条 本规定自公布之日起施行。

自本规定施行之日起,地方各级人民政府及其所属部门的规定与本规定相抵触或者部分相抵触的,全部或者相抵触的部分自行失效。

依据宪法和有关法律关于地方性法规不得同宪法、法律和行政法规相抵触的规定,自本规定施行之日起,地方性法规同本规定相抵触的,应当执行本规定。

(2)地方政府规章

《江苏省〈盐业管理条例〉实施办法》(2008)第二十三条 食盐由省盐业行政主管部门按照国家下达指令性计划分配调拨,由各级盐业批发企业专营。烧碱、纯碱工业用盐由盐、碱生产企业双方按国家有关规定签订合同,直接供货。用盐企业应当将订立的合同及其履行情况报送当地盐业行政主管部门备案。其他用盐由盐业行政主管部门统一管理,由当地盐业批发企业统一经营。购盐单位和个人应当按照规定用途使用盐产品,不得挪作他用或者转售。

第二十四条 盐的运销站发运盐产品实行准运证制度。在途及运输期间必须货、单、证同行。无单、无证的,运输部门不得承运,购盐单位不得入库。

第三十二条 凡属下列情形之一者视为私盐:

(二)未经省盐业公司调拨或盐业行政主管部门批准而私运、私销、私购的盐产品……

第四十二条 违反本实施办法第二十三条、第二十四条和第二十六条的规定,或属第三十二条规定之情形,擅自在省内和省际间调进调出盐产品,或私运、私销、私购、倾销、倒买倒卖盐产品,或以盐换物的,盐业行政主管部门有权就地封存,没收其盐产品和非法所得,并可处以不超过其盐产品总价值3倍以下的罚款。情节严重的,构成犯罪的,依法追究刑事责任。

(朱芒,上海交通大学凯原法学院教授,zhumang@sjtu.edu.cn)

4 CASE 李某等房屋拆迁许可案

——确认违法判决形式的适用

摘 要

本案的争议焦点之一即是围绕在具体的行政诉讼中究竟该选择撤销判决形式还是选择确认违法判决形式。这涉及对两种判决形式适用条件的认定和归纳。在一般意义上,法院较多对确认违法判决中“公共利益”要件的认定存在争议。在对“公共利益”要件的认定上,法院一般从受益对象和客体内容方面进行具体的操作。本案例对解决确认违法判决适用条件的其他案件具有参考意义。

关键词

确认违法判决　撤销判决　公共利益　行政诉讼判决形式

教学目标

着重让学生把握以下两个方面的内容:(1)撤销判决和确认违法判决的适用条件;(2)确认违法判决适用条件中“公共利益”要件的认定。帮助学生在未来从事行政诉讼的过程中,对确认违法的判决形式有所把握,并且对确认违法判决的适用条件有基本框架性的了解。

教学案例

被诉房屋拆迁许可的概况：

第三人某公司为进行某商业广场项目建设，持某市人民政府《关于下达2004年度第二批重点建设项目和对部分重点建设项目进行调整的通知》、某市城市规划局《关于建设用地规划许可证规划用地性质变更的批复》、《建设用地规划许可证》及某市国土资源局函、拆迁计划和安置方案以及补充完善后的拆迁补偿方案等材料，向被告申请办理房屋拆迁许可证。

2005年3月11日，被告经审查认为符合法律规定的颁发拆迁许可证的要件，向第三人颁发拆迁许可证并于当日将该拆迁许可证内容予以公告。

原告概况：

原告所住房屋在此次拆迁范围之内。现原告房屋已拆迁完毕，某商业广场项目已建设完成。

一审判决概况：

在是否适用确认违法判决的问题上，一审法院认为，原告房屋已拆迁完成，某商业广场项目已建设完毕，原告权益应通过拆迁安置补偿解决。

因为被告提供的国土资源局公函，显示该局同意第三人办理拆迁手续，并说明待拆迁完成后办理土地储备和出让手续，该公函不是法定的土地批准文件，被告以国土资源局上述文件为根据作出拆迁许可证据不足；但被告提供的证据证明《建设用地规划许可证》的土地手续已经完备，并未损害原告合法权益，原告以此作为撤销许可的理由不能成立。

综上所述，被告所作拆迁许可证据不足，但鉴于相关行政机关已采取补救措施，且原告房屋已经拆迁的客观事实，原告请求撤销拆迁许可的诉讼请求法院不予支持，依照最高人民法院《关于执行〈中华人民共和国行政诉讼法〉若干问题的解释》第58条的规定，判决：确认该房屋拆迁许可行为违法。

原告上诉概况：

原告上诉认为，一审适用法律错误。一审判决已经认定：某市国土局给被上诉人的函件不是法定国有土地使用权批准文件，征收办据此作出拆迁许可证据不足。各级拆迁条例均规定：国有土地使用权批准文件为拆迁许可要件，也就是说拆迁办的具体行政行为"主要证据不足"。此时，应该适用《行政诉讼法》第54条第2项第1目的规定，撤销行政许可。但一审判决却错误适用最高人民法院《关于执行〈中华人民共和国行政诉讼法〉若干问题的解释》第58条作出判决，却未提出"撤销该具体行政行为将会给国家利益或者公共利益造成巨大损失"的具体理由和确实证据。开发商已将原来政府批准的旧城改造建住宅项目篡改成一个纯商业项目，何来"国家利益或者公共利益"？请求：(1)撤销一审判决；(2)在查清事实的基础上依法改判：确认市征收办向第三人颁发的房屋拆迁许可证的具体行政行为违法并撤销该拆迁许可。

二审判决概况：

针对本案中被诉房屋拆迁许可证是应适用撤销判决还是确认违法判决的这个争议焦点，二审法院认为，对这一问题，各方当事人的争议主要集中在是否存在国家利益或者公共利益的问题。

本案一审判决适用最高人民法院《关于执行〈中华人民共和国行政诉讼法〉若干问题的解释》第58条"被诉具体行政行为违法，但撤销该具体行政行为将会给国家利益或者公共利益造成重大损失的，人民法院应当作出确认具体行政行为违法的判决，并责令被诉行政机关采取相应的补救措施；造成损害的，依法判决承担赔偿责任"的规定，判决确认被诉房屋拆迁许可证违法。

上诉人却认为，原审第三人开发的某商业广场项目为纯商业项目，其中不存在国家利益或者公共利益，相反原审第三人逃避国家土地出让"招拍挂"规定，造成国家大量土地出让金损失，撤销该具体行政行为非但不会给国家利益或者公共利益造成重大损失，在第三人重新履行相关手续，补缴费用后，能够为国家挽回巨额损失。

二审法院认为，上诉人对最高人民法院《关于执行〈中华人民共和国行政诉讼法〉若干问题的解释》第58条中"国家利益或者公共利益"的具体指向存在误解。该法条的内在含义是：第一，被诉具体行政行为违法，本应作出撤销判决；第二，如果撤销该具体行政行为将会给国家利益或者公共利益造成重大损失。在此情况下，法院对撤销判决所保护的原告个人利益和所造成损害的国家或公共利益进行权衡。从社会稳定性角度考虑，具体行政行为除非自然无效的情况外，一经作出，在被法定机关依法撤销之前，即应被推定为合法有效而得到尊重和遵守，这是具体行政行为公定力的基本要求。因此，在具体行政行为效力存续期间，根据具体行政行为要求而为的各种行为必然会产生新的利益，此种新的利益与原具体行政行为之间存在法律上的因果关系。法院作出撤销原具体行政行为的判决，可能使上述新的利益失去继续存在的法律基础，进而造成新的利益损失。因此，这里的"国家利益或者公共利益"并非指违法行为继续存在而对"国家利益或者公共利益"造成损害，而是指违法行为一旦被撤销将会给"国家利益或者公共利益"造成损害。另外，如前所述，土地出让与房屋拆迁许可为不同法律关系，撤销房屋拆迁许可并不会当然产生第三人补缴土地出让金的法律后果，上诉人的相关观点不能成立。

综合本案案情，除李某等原告外，涉案拆迁许可证范围内大多数被拆迁房屋原权利人均已签订补偿安置协议，得到补偿安置。如果法院撤销被诉拆迁许可证，就意味着原审第三人某公司相关拆迁补偿安置行为违法无效，法院判决撤销拆迁许可证将会使此部分人员已经取得的权益及由此衍生出的其他权利关系处于新的不稳定状态；另外，原审第三人开发建设的商业广场项目早已建成并投入使用多年，而相关开发建设及建成房屋交易使用的一个基本前提是拆迁行为有效，如果撤销拆迁许可证，即便不必然产生商业广场成为违法建筑的后果，也可能对相关业主造成其他不利影响。而解决因撤销拆迁许可证产生的这些新的问题无疑将耗费大量司法、行政和社会成本。上述问题可以视为"公共利益"，对本案判决确认违法而不采取撤销判决,更加符合法律规定本意和诉讼经济原则。一审判决采用确认违法的判决形式正确,应予维持。

但是,根据最高人民法院《关于执行〈中华人民共和国行政诉讼法〉若干问题的解释》第58条的规定,确认违法判决应当与责令采取补救措施判决并用。确认违法判决仅是法院为避免产生新的国家利益或者公共利益损害而采取的替代性判决方式,这种判决形式并不否认行政诉讼原告因具体行政行为继续存续而受到的权益损害。对于这部分损害,应当通过责令被告采取补救措施的方式加以解决。本案一审判决以“相关行政机关已采取补救措施”为由仅确认违法而未责令采取补救措施,明显缺乏事实及法律依据,应予纠正。

二审判决结果:

综上所述,维持一审判决“确认被告×市房屋征收办公室作出的被诉房屋拆迁许可行为违法”的结果;并责令×市房屋征收办公室采取补救措施;驳回上诉人的其他上诉请求。

教学手册

教学对象及目标

本案例供法律硕士案例教学使用,法学本科(大四)、行政法学硕士、行政诉讼法学硕士也可以参酌试用。

本案例主要就行政诉讼判决形式中为何适用“确认违法判决”形式的问题进行讲解。具体解决的问题包括:(1)撤销判决和确认违法判决的适用条件;(2)确认违法判决中“社会公共利益”要件的认定。

教学内容

1. 撤销判决和确认违法判决的适用条件分别是什么?

在原最高人民法院《关于执行〈中华人民共和国行政诉讼法〉若干问题的解释》(2000年发布实施,以下简称《若干解释》)第58条规定:“被诉具体行政行为违法,但撤销该具体行政行为将会给国家利益或者公共利益造成重大损失的,人民法院应当作出确认被诉具体行政行为违法的判决,并责令被诉行政机关采取相应的补救措施;造成损害的,依法判决承担赔偿责任。”

而在《行政诉讼法》(2014)的修改中,立法将《若干解释》中关于确认违法判决的内容予以吸收、统合,第74条第1款第1项则可以说是直接继承了《若干解释》第58条的内容。只是在一些细节上做了修正。如新加入了“行政行为依法应当撤销”,并将“重大损失”修改为“重大损害”,最后还将公益类确认违法判决中的启动要件从“公共利益”修正为“社会公共利益”。但总的来说,《行政诉讼法》(2014)第74条第1款第1项并没有对《若干解释》第58条进行超出承继范围的颠覆。

本案适用的仍然是《若干解释》第58条的规定。

此次《行政诉讼法》的修改将“行政行为依法应当撤销”这一原本隐藏于《若干解释》第58条判断逻辑结构中的适用前提予以法定化确认。在判断是否应适用确认违法判决之前，就应先确认被诉行政行为是否存在违反《行政诉讼法》(1989)第54条第5项应适用撤销判决的情形，这才是首先需确定的必要前提。这也就是上述二审判决中对第58条的含义进行的第一层解读：“被诉具体行政行为违法，本应作出撤销判决。”

根据《行政诉讼法》(1989)第54条的规定，在“主要证据不足”“适用法律、法规错误”“违反法定程序”“超越职权”“滥用职权”五种情形下，法院应当判决撤销或者部分撤销具体行政行为。在最新修正的《行政诉讼法》(2014)第70条中，除了以上五种情形，还新增了“明显不当”的情形。

其实，“行政行为依法应当撤销”体现的正是撤销判决和确认违法判决的外部关系，正是因为可能遭受重大损失的公共利益这一要件的阻却，才成就了行政行为的不可撤销性。接下来所要探讨的正是作为隔断撤销判决和确认违法判决的要件而存在的“公共利益”在本案中是如何被认定的问题。

在《若干解释》第58条中其实就已经暗含对适用确认违法判决的基本判断逻辑，即若撤销违法行政行为，则因其撤销产生的后果会引起公共利益可能遭受重大损失。在这之中，值得注意的是，首先，“公共利益遭受重大损失”并不是指违法行政行为的继续存续会给公共利益造成的损害，而是指该行政行为被撤销会带来的后果。其次，此处“遭受重大损失”的状态是对尚未发生的事情所作出的假设。判断是否适用公益类确认违法判决并不要求这些后果的实际发生。最后，根据案情，“公共利益遭受重大损失”在法院的判断中应达到某种程度确信的可能性，确认违法判决才可被适用。

2. 确认违法判决适用条件中的“公共利益”要件如何认定？

本案中，对于“公共利益”要件，一审法院主要从“原告房屋已拆迁完成，某商业广场项目已建设完毕”的完成性角度以及行政机关已采取补救措施的角度认为如果撤销判决会有损“公共利益”，因此适用了确认违法判决的判决形式。

二审中，法院则首先从“稳定性”“法的安定性”入手，认为若撤销判决，那么会造成因被诉行政行为所产生的新的利益失去继续存在的法律基础，进而造成新的利益损失。其次对于一审法院中的“完成”角度，二审法院则将其归纳为“社会成本”的增加。

在一般情形下，对于确认违法判决适用条件中的“公共利益”要件，司法判断大致将“公共利益”分为受益对象和客体内容两方面：

首先是在公共利益的受益对象方面，第一种受益对象类型为“不特定多数人”。在不少案件中，“不特定多数人”即为对“群众”的认定。法院在对不特定多数人进行认定的过程中，还是采取了两步选，第一步对某一空间领域进行确定，而这正是判断在此空间内受益对象是否为多数的关键。第二步才是在此多数范围内考察此多数人是否具有开放性、流动性的特征。

另外，对于“特定人”的利益，也可被纳入受益对象的判断。对“特定人”又进一步予以区分,分为“特定相对人”和“特定多数人”。前者“特定相对人”指违法行政行为相对人,在大多数案件中,其一般处于行政诉讼中第三人的地位。如本案中的第三人,建设某广场的某公司。后者“特定多数人”虽然并不是违法行政行为的相对人,但如上文所述,因为法律上或事实上与违法行政行为存在联结点,所以他们的利益也受到违法行政行为的间接影响。在其他案例中“特定多数人”还体现为众多善意购房人的合法利益、其他被拆迁人的利益、旧城改造中某地块的全体居民的利益、特定相邻人的权益等。

在法院对于“特定人”作为受益对象进行分析的判决理由中,有相当一部分正是代入了成本计算方式来对受益对象进行处理。成本计算中的“成本”,第一种最为直观的便是对于经济、财产损失的直接计算,包含了可计量的经济损失,其类型不仅包括利益客体其项目内容的前期资金投入。第二种“成本”则是抽象的司法、行政等社会成本。本案的二审法院便是将“社会成本”归为“造成重大损害的公共利益”的情形之一。

其次,则是针对公共利益的客体内容方面。从这部分来说,“公共利益”的类型是丰富的,如历史街区保护工程、城市基础建设、农转居公寓、公路道路的建设、旧城改造、农贸市场设施建设、肉类加工厂、自来水的生产和供应、垃圾运转站、国家农业示范区等事项。在其中又出现两种具体的判断方式。

第一种方式,为法院直接引入争议领域内法律文本中的“公共利益”内容,在该具体法律制度框架下判断此利益是否属于公共利益,再与《若干解释》第58条进行对接。其他法律文本中所出现的公共利益条文,典型如《国有土地上房屋征收与补偿条例》第8条、《行政许可法》第69条第3款、最高人民法院《关于审理房屋登记案件若干问题的规定》第11条第3款等。

对利益客体内容进行认定的第二种方式,便是法院直接从《若干解释》第58条出发,在判决理由中试图建立起个案具体利益的客体内容和公共利益的联系。对于这种中间桥梁的构建,便落入了法官自由裁量的范围之中。

在对利益客体状态进行评价的过程中,同样可以引入成本计算方式。如一审法院和二审法院多次强调“拆迁已完成”“不可恢复”,是对若作撤销判决所引起的社会成本和若作确认违法判决的社会成本的比较。

自《若干解释》正式实施以来的十余年间,因为适用的广泛性,在司法决断中涌现大量案件对什么是确认违法判决中的公共利益进行了回答。无论是将受益对象要素与客体内容要素剥离单独定性分析,还是将两个要素结合论证,由司法所创造的对公共利益要件要素进行认定的一些判断方法,如对撤销成本的计算、对稳定性价值的考量,其逻辑框架已颇具雏形,因此对这些方法,可以期待其反复适用性被真正定形。

同时,我们还应当看到,在这些方法中仍然存在着不甚完善的地方,其系统框架也未建立,也存在着理论和实践的冲突,司法实践对于理论主流观点的突破和解决方式是否具有正当性,这些都值得进一步追问。另外,司法在要件和方法选择上的结果,凸显了行政诉讼对于秩序的纠正和对于既成事实的妥协之间的倾向性。司法在确认违法判决中公共利益要件要素过程中的判断,其所体现的对于行政法基本价值的定位仍然不明,在《行政诉讼法》(2014)

适用之后，这些都是值得进一步探讨的。

课堂时间安排

本案例可以作为专门的案例教学课，课堂安排4个课时，每课时45分钟。

如下课堂设计，仅供参考。

1. 课前计划：安排学生阅读法律法规司法解释的相关规定、案例和相关参考资料，包括《行政诉讼法》(1989)第54条、《若干解释》第58条和《行政诉讼法》(2014)第70条、第74条的内容，以及专门研究确认违法判决的已有研究文献。

2. 课中计划：介绍教学目的、明确讨论主题，对案件作大致介绍；分组讨论，针对本案中的争议焦点进行讨论；学生代表进行报告，全体讨论和分析；教师归纳总结。

3. 课后计划：布置学生进一步阅读公报案例、指导性案例中的其他适用确认违法判决的案件，进行比较分析，同时引导学生对行政诉讼法中的其他判决形式及判决形式的适用要件进行深一步的思考。

实践题

1. 搜集关于适用了确认违法判决形式的其他案件，对法院是如何认定确认违法判决的"公共利益"要件问题进行研读。
2. 针对本案的案件事实，假设自己是本案的法官，选择一种适用的判决形式并进行理由阐述。

参考文献

1. 江必新：《中国行政诉讼制度之发展——行政诉讼司法解释解读》，金城出版社2001年版。
2. 陈新民：《德国公法学基础理论》，山东人民出版社2001年版。
3. 章剑生：《论利益衡量方法在行政诉讼确认违法判决中的适用》，载《法学》2004年第6期。
4. 叶平：《不可撤销具体行政行为研究——确认违法判决适用情形之局限及补正》，载《行政法学研究》2005年第3期。
5. 郑春燕：《论"基于公益考量"的确认违法判决——以行政拆迁为例》，载《法商研究》2010年第4期。
6. 金成波：《中国情境下的情况判决》，载《行政法学研究》2011年第1期。

（朱芒，上海交通大学凯原法学院教授，zhumang@ sjtu. edu. cn）

5 CASE 任丘汽车公司诉任丘市工商行政管理局工商行政处罚案

——行政处罚公告送达的效力及起诉期限

摘 要

本案例以《中国行政审判案例》(第三卷)第 89 号河北省任丘市城内公共汽车有限公司诉任丘市工商行政管理局工商行政处罚案为蓝本,受《中国行政审判指导案例》(第三卷)第 113 号俞飞诉无锡市城市管理行政执法局城市管理行政处罚案的争点分析及裁判要旨启发改编而成的教学案例。本案例主要探讨了行政处罚公告送达是否有效,知道作出行政行为之日的认定以及此时起诉期限的计算问题,以及行政处罚未送达的法律后果及裁判方式。本案例在实体法上涉及行政行为的成立与无效问题,行政行为的通知方式问题等,在程序法上涉及行政诉讼起诉期限的计算、行政诉讼的裁判方式等问题。

关键词

行政行为的公告送达　起诉期限　行政行为的成立　行政行为的无效

教学目标

本案具体要解决的问题主要涉及:(1)行政处罚公告送达的适用条件;(2)未送达行政处罚的起诉期限;(3)违法行政行为、无效行政行为、行政行为不成立的区别;(4)针对以上区别的裁判方式选择。

教学案例

一、基本案情

上诉人(原审原告):任丘市城内公共汽车有限公司(以下简称任丘汽车公司)

被上诉人(原审被告):任丘市工商行政管理局(以下简称任丘市工商局)

2002年1月8日,任丘市工商局在任丘市广播电台发布了年检公告,要求辖区内领取营业执照的企业3月15日前到该局办理年检、验证手续,逾期不办理的,将按有关规定予以处罚,情节严重的吊销营业执照。5月8日,沧州市工商行政管理局在《沧州日报》上发布公告,要求未办理年检手续的企业,必须在公告发布之日起30日内,到相关市、县工商行政管理局办理年检手续,对逾期未办理年检手续的企业,工商行政管理局将依据有关法律、法规吊销营业执照。6月18日,任丘市工商局在任丘市电视台发布拟吊销任丘汽车公司等企业营业执照的公告。9月30日,任丘市工商局作出了任工商处字(2002)第119号处罚决定,吊销了任丘汽车公司营业执照。10月17日,被告在《北方市场消费报》上发布吊销公告,并告知如不服处罚决定,可自公告发布之日起5个月内,向人民法院提起诉讼。

2003年6月15日,任丘汽车公司法定代表人朱大均写给任丘市人民政府市长宋洪一封信,信中内容有:2002年12月,听说我公司营业执照被吊销了,当时不相信。等我们到工商局一查问,营业执照,真的被吊销了。为此,我们多次找了有关部门,要求恢复营业执照,从1月开始找,一直到现在,毫无结果,工商局说向政府请示,我们相信您一定会以事实为根据,以法律为准绳,正确对待给我们公司恢复营业执照的问题。任丘汽车公司2004年3月20日向任丘市人民法院提起行政诉讼。

任丘汽车公司诉称,任丘汽车公司成立后,每年都按时申报年检,2002年按以往要求把年检所需材料报送到任丘市工商局所属裕东工商所年检,该所一直没有向任丘汽车公司核发营业执照,在此期间,任丘汽车公司多次到工商所催要营业执照,工作人员几次答复都是:材料已报到局里,局里正在研究。后来任丘汽车公司得知,任丘市工商局已将任丘汽车公司的营业执照吊销,可此行政行为的内容一直未告知任丘汽车公司,其不知道具体行政行为的法律依据、具体行政行为认定的原告违法事实、具体行政行为作出的机关、具体行政行为作出的时间等。任丘市工商局始终在收缴任丘汽车公司的工商管理费。任丘汽车公司认为任丘市工商局吊销营业执照没有事实根据,缺少法律依据,特别是没有举行听证程序,程序严重违法。由于任丘市工商局的错误行为,给任丘汽车公司造成巨大的经济损失。请求依法撤销任丘市工商局所作吊销任丘汽车公司营业执照的具体行政行为,恢复任丘汽车公司营业执照,并判决任丘市工商局赔偿任丘汽车公司经济损失70万元。

任丘市工商局辩称,该局于2002年10月17日在《北方市场消费报》上公告吊销了任丘汽车公司的营业执照,任丘汽车公司于2004年3月20日才向法院提起行政诉讼,超过了《行政诉讼法》第 39 条规定的时效,已不具备诉讼主体资格,请求驳回任丘汽车公司的诉讼请求。

一审判决认为,任丘市工商局自 2002 年 1 月 8 日起按法定程序先后在任丘市广播电台、《沧州日报》、任丘市电视台等处向任丘汽车公司等企业发布年检公告、限期年检公告、拟吊销营业执照及告知其享有申辩和听证权利的公告等,2002 年 9 月 30 日任丘市工商局以任丘汽车公司未按规定参加年度检验行为违法为由,作出任工商处字(2002)第 119 号行政处罚决定,吊销了任丘汽车公司的工商营业执照。同年 10 月 17 日,在《北方市场消费报》上以公告送达的方式,刊发了包括任丘汽车公司在内的被吊销营业执照的企业名单,并告知了不服处罚决定的救济途径和期限。但任丘汽车公司在法定期限内对此行政处罚未提起行政复议或行政诉讼。故任丘汽车公司的起诉已超过法定期限,应驳回原告起诉。

上诉人任丘汽车公司不服,向沧州市中级人民法院提出上诉,请求撤销原判,认定上诉人并未超过起诉期限,被上诉人的处罚行为无效应予撤销。其理由主要有:1. 任丘汽车公司办公地点始终未改变,其从未见到任丘市工商局向其送达过吊销营业执照的处罚决定,也根本不知道公告了行政处罚,不应从公告送达之日起计算起诉期限;2. 吊销营业执照的行政处罚应当举行听证,而本案中没有举行听证属于严重的程序违法,应当予以撤销。

被上诉人任丘市工商局答辩称,该局于 2002 年 10 月 17 日在《北方市场消费报》上公告吊销了任丘汽车公司的营业执照,任丘汽车公司于 2004 年 3 月 20 日才向法院提起行政诉讼,超过了《行政诉讼法》第 39 条规定的起诉期限,请求驳回任丘汽车公司的诉讼请求。

二、案件难点

1. 根据《行政处罚法》第 40 条的规定,行政处罚决定书应当在宣告后当场交付当事人;当事人不在场的,行政机关应当在七日内依照民事诉讼法的有关规定,将行政处罚决定书送达当事人。本案中,处罚机关在《北方市场消费报》上以公告方式送达行政处罚,是否符合《行政处罚法》第 40 条的规定?

2. 根据《行政处罚法》第 42 条的规定,行政机关作出责令停产停业、吊销许可证或者执照、较大数额罚款等行政处罚决定之前,应当告知当事人有要求举行听证的权利;当事人要求听证的,行政机关应当组织听证。并且根据《行政处罚法》第 32 条第 1 款之规定,当事人有权进行陈述和申辩。行政机关必须充分听取当事人的意见,对当事人提出的事实、理由和证据,应当进行复核;当事人提出的事实、理由或者证据成立的,行政机关应当采纳。在本案中,处罚机关并未告知被处罚人听证的权利,也未将拟处罚决定送达当事人,听取其陈述和申辩,对于这样的行为究竟应当认定为程序违法予以撤销,抑或是重大且明显违法判决无效?

3. 未送达的行政处罚决定书是否具有效力,应该如何进行司法裁判?

教学手册

教学目标

本案例供法律硕士案例教学使用,法学本科(大四)、宪法与行政法专业的法学硕士也可参酌使用。本案具体要解决的问题主要涉及:(1)行政处罚公告送达的适用条件;(2)未送达行政处罚决定书的起诉期限;(3)违法行政行为、无效行政行为、行政行为不成立的区别;(4)针对以上区别的裁判方式选择。

教学内容

1. 行政处罚决定公告送达的适用条件

《行政处罚法》第40条规定,行政处罚决定书应当在宣告后当场交付当事人;当事人不在场的,行政机关应当在七日内依照民事诉讼法的有关规定,将行政处罚决定书送达当事人。《民事诉讼法》关于送达问题,首先规定了五种送达方式,即直接送达、留置送达、委托送达、转交送达、邮寄送达,并规定受送达人下落不明,或者用有关方式无法送达的,公告送达。自发出公告之日起,经过六十日,即视为送达。任丘市工商局吊销任丘汽车公司的营业执照,根据《行政处罚法》第8条第5项的规定,属于行政处罚。既然工商局作出的是行政处罚,该行政处罚就应当根据《行政处罚法》规定的程序作出,决定书的送达也应当按照《行政处罚法》的规定进行。

理论界一般认可《行政处罚法》将《民事诉讼法》中关于送达规范移植到行政法领域的规定,[1]但也有主张送达方式并不包括公告送达,而是指直接送达、留置送达和邮寄送达。[2]也有研究从普遍的行政行为送达角度出发,认为不能直接移植《民事诉讼法》中的送达规则,因为行政行为送达与司法送达存在区别。[3] 但在关于公告送达与其他送达方式之间的关系的研究中,学者指出公告送达作为推定送达,并不是实际送达的情形,有可能产生对相对人的不公平,因此存在实际送达和推定送达之间的先后次序,公告送达是最不利于相对人了解行政行为的方式,应当尽可能减少使用,只有在其他告知方式不能产生实际告知结果的情况下才能采用。[4]

但基于《行政处罚法》的规定从字面上直接移植了《民事诉讼法》的送达规则,因此最高

---

〔1〕 参见姜明安主编:《行政法与行政诉讼法》(第五版),北京大学出版社、高等教育出版社2011年版,第283页;罗豪才、湛中乐主编:《行政法学》(第三版),北京大学出版社2012年版,第249页;方世荣、石佑启主编:《行政法与行政诉讼法》(第二版),北京大学出版社2011年版,第222页。

〔2〕 参见姜明安主编:《行政法与行政诉讼法》(第五版),北京大学出版社、高等教育出版社2011年版,第283页;罗豪才、湛中乐主编:《行政法学》(第三版),北京大学出版社2012年版,第249页。

〔3〕 参见田瑶:《论行政行为的送达》,载《政法论坛》2011年第5期。

〔4〕 参见章剑生:《现代行政法基本理论》(下卷),法律出版社2014年版,第663页。

人民法院发布的司法裁判和意见认可在行政处罚案件中应当直接送达、留置送达、委托送达、转交送达、邮寄送达,并规定受送达人下落不明,或者用有关方式无法送达的,公告送达。并没有强调行政送达与司法送达方式的区别以及由此而应当适用不同规则。这种态度肯定了实际送达方式优先于推定送达方式,公告送达作为推定送达的方式,不利于相对人了解行政行为的作出,应当尽可能减少使用,只有在其他送达方式不能产生实际告知结果的情况下才能采用。

根据任丘市工商局在法定期限内向法院提供的证据材料,工商局并没有曾经用其他方式(包括直接送达、留置送达等)向任丘汽车公司送达处罚决定但送达不了的证据,也没有提供任丘汽车公司地址不明无法送达的证据,且诉讼中任丘汽车公司主张其办公地点始终未改变,始终也没有见到任丘市工商局向其送达过吊销营业执照的处罚决定,任丘市工商局对此也未否认。因此,本案中任丘市工商局并没有先使用其他送达方式,也未查明当事人送达地址,即通过《北方市场消费报》对任丘汽车公司采取公告送达的方式,违反了先适用直接送达、留置送达等送达方式送达不能后,方可采用公告送达的法律规范。本案中任丘市工商局的公告送达方式不符合法律规定,该送达方式不应视为已经向任丘汽车公司送达。

2. 公告送达的具体方式

公告送达是通过将文书公之于众的方式尽可能让相关人获知公告内容。起诉书、开庭传票、破产公告、判决书等司法文书,应该根据最高人民法院的规定,在《人民法院报》上刊登公告。最高人民法院在既有裁判意见中表示,公告应该刊登在被吊销的营业执照登记机关管辖范围内的发行量最多、覆盖范围最广的报刊上。首先,应当确定某一地域内公开发行的报刊,本案是营业执照的吊销,应当确定被吊销的营业执照登记机关管辖范围往往也是登记企业的实际经营活动地,也最可能通过该地域范围内的报纸获知公告消息。其次,应当以发行量和覆盖面的多广做综合标准,选择被吊销的营业执照登记机关管辖范围内的发行量最多、覆盖范围最广的报刊。

根据以上规则,如果本案可以适用公告送达,那么被吊销的营业执照登记机关为沧州市工商局,因此应该选择沧州市工商局所管辖的沧州市内发行量最大、覆盖面最广的《沧州日报》和《沧州晚报》进行公告,而不能选择任丘市工商局主管的《北方市场消费报》刊登,也不宜采用《人民法院报》进行公告。

3. "知道作出行政行为"的认定

《行政诉讼法》(1990)第39条及《行政诉讼法》(2015)第46条规定行政诉讼起诉期限的一般起诉期限自知道或者应当知道作出行政行为之日起计算。原告主张,知道具体行政行为,也就是知晓具体行政行为的结果、具体行政行为的法律依据、具体行政行为认定原告违法的事实、具体行政行为作出的机关、具体行政行为作出的时间等内容。

行政行为的内容,是指一个行政行为对相对方在权利义务上产生的具体影响,亦即对相对方的权利义务作出某种具体处理和决定。行政行为的内容包括:(1)赋予权利或课以义务;(2)剥夺权利或免除义务;(3)变更法律地位;(4)确认法律事实与法律地位。对于某一行政行为来说,上述各项内容并非互相排除,可能同时具有几项或产生多种效果,如处罚行为就包含着剥夺财产权利和增加财产给付义务。一般行政司法审判认为《若干解释》规定的知道行政行为的内容,最基本的就是行政行为的结果,知道了行政行为的结果(权利义务的具体影响)应视为知道了行政行为的内容。

本案吊销营业执照属于剥夺相对人权利的行政处罚。原告在信访信件中指出其听说被吊销了营业执照,并且向工商局查询得知确实被吊销了营业执照。这一事实足以证明其知道了行政行为的内容,即原告的营业执照被工商局吊销了。原告知道了这一事实,则是知道了具体行政行为的内容。

4. 如何计算本案原告的起诉期限?

《行政处罚法》第 39 条规定:行政处罚决定应当有"不服行政处罚决定,申请行政复议或提起行政诉讼的途径和期限。"据此,行政机关在作出具体行政行为时,应当告知相对人诉权和起诉期限。《若干解释》第 41 条即规定,为了保护相对人的合法权益,在行政机关未告知相对人诉权和起诉期限的情况下,起诉期限从公民、法人或者其他组织知道或者应当知道诉权或者起诉期限之日起计算,但从知道或者应当知道具体行政行为内容之日起最长不得超过 2 年。

本案中因为工商局的公告送达方式不合法,所以只能理解为报纸刊登行政处罚决定后相对人不知道具体行政行为的内容,当然更不可能知道诉权和起诉期限。原告信访信件显示其于 2002 年 12 月知道了被吊销营业执照的内容,应当认定为其知道作出了行政处罚的行政行为,但由于公告送达不成立,因此其并未被行政机关告知诉权及起诉期限,因此起诉期限应从 2002 年 12 月开始计算,不得超过 2004 年 12 月,而不是从所谓的公告送达后的 3 个月开始计算。

5. 未送达被处罚人的行政处罚应如何认定其效力?

在本案中,被告对于行政处罚决定书采取了公告方式送达。但正如前述,法院认为这一方式违法,公告并不能认定为行政机关已经将行政法律文书送达给行政相对人,这与行政相对人事后知悉是两个不同的概念。也就是说,本案中并不能推定被告已经将行政处罚决定书送达了被处罚人。根据行政法学界的共识,行政行为没有被送达,行政行为无法达到法律预期的目的,导致行政行为不能产生法效果,或者对未送达的特定相对人不产生法律效力,也就是说本案中行政处罚对于被处罚人未能生效。

6. 未告知听证权利的吊销营业执照的行政处罚的合法性判定及裁判方式

根据《行政处罚法》第 42 条的规定,行政机关作出责令停产停业、吊销许可证或者执照、较大数额罚款等行政处罚决定之前,应当告知当事人有要求举行听证的权利;当事人要求听证的,行政机关应当组织听证。本案中行政机关拟作出吊销被告营业执照时,应当告知拟被处罚人要求举行听证的权利。但任丘市工商局于 6 月 18 日在任丘市电视台发布拟吊销任丘汽车公司等企业营业执照的公告时,一方面没有告知可以要求举行听证的权利,另一方面即使以公告方式告知举行听证的权利也未必合法。

对于第二个问题,虽然在《行政处罚法》中并未明确规定听证权利告知、通知的方式,但是根据以往司法判决对于行政程序合法性的判断,在没有明文规定的程序要求下,并非完全不受约束,而仍然要求适用正当程序的规定。[1] 那么在听证权利的告知步骤要求上可以类推适用前述的规则,行政处罚的通知、告知适用先进行直接送达、留置送达、委托送达、转交送达、邮寄送达等方式无法送达时,可采用拟制送达的公告送达方式,即本案中行政处罚听证权利的告知也可采用这样的送达方式进行通知、告知。

针对第一个问题,被告没有在公告中告知原告听证的权利,属于违反了《行政处罚法》第42条设定的法定程序,那么法院应当如何对该行政处罚作出裁判呢?

不遵守法定程序是指行政机关没有依照法定步骤、方式和时空作出行政行为,它可以表现为步骤的跳跃、方式的偏差和时空的错位等情况。虽然《行政诉讼法》(1990)第54条规定,违反法定程序的行为判决撤销或部分撤销。但事实上,在司法实践中并未对所有的违反法定程序的行为做"一刀切"的处理。这是因为法定程序有确保行政行为内容正确的功能,但是违反法定程序作出的行政行为,它的结论在行政实体法上并非当然违法。所以司法裁判中将法定程序区分为程序严重违法和轻微违法,只有违反法定程序损害到相对人合法权益的,才构成撤销的理由。[2] 而如果是"轻微瑕疵"则将程序违法情况排除在"违反法定程序"之外。[3]

这一司法实践中形成的观点得到了立法者的部分认同,《行政诉讼法》(2015)在第74条第1款第2项中纳入了"行政行为程序轻微违法,但对原告权利不产生实际影响的"可以确认违法,但不撤销行政行为。立法者在此没有将程序轻微违法纳入不违法,但是和最高人民法院态度一致的是,认为这种轻微违法不应当作为撤销的理由,通过确认违法判决作出否定评价,但不消灭行政行为的效力即可。

本案中未告知听证权利是属于轻微违法,可以不予撤销而确认违法,还是属于违反法定程序,应当予以撤销,又或者是构成重大且明显违法应确认无效呢?

无效行政行为在理论上的通说一般采"重大且明显"说,也就是行政行为的缺陷达到了重大且明显的程度,即可由理性人的标准进行判断认为其明显而且重大的违法而不需遵守。违法行政行为指在行政职权(包括是否有干预社会活动的基础、是否具有管辖权)、行政行为的程序、行政行为的形式以及行政行为的内容上有一项或几项存在违法情形。无效行政行为区别于违法行政行为,违法行政行为从行政行为生效开始直至撤销之前都是有效力的,法院可以因为行为违法判决撤销,撤销后行政行为的效力消灭,而无效行政行为自始无效,法院只能作出确认无效的裁判。

---

〔1〕 参见何海波:《司法判决中的正当程序原则》,载《法学研究》2009年第1期;田永诉北京科技大学拒绝颁发毕业证、学位证行政诉讼案,载《最高人民法院公报》1999年第4期;宋莉莉诉宿迁市建设局房屋拆迁补偿安置裁决案,载《最高人民法院公报》2004年第8期;张成银诉徐州市人民政府房屋登记行政复议决定案,载《最高人民法院公报》2005年第3期;陆廷佐诉上海市闸北区房屋土地管理局房屋拆迁行政裁决纠纷案,载《最高人民法院公报》2007年第8期。

〔2〕 参见章剑生:《对违反法定程序的司法审查——以最高人民法院公布的典型案例(1985—2008)为例》,载《法学研究》2009年第2期;参见宜昌市妇幼保健院不服宜昌市工商行政管理局行政处罚决定案,载《最高人民法院公报》2001年第4期。

〔3〕 参见宜昌市妇幼保健院不服宜昌市工商行政管理局行政处罚决定案,载《最高人民法院公报》2001年第4期;李广同诉吉林省公主岭市工商行政管理局行政处罚抗诉案,最高人民法院《行政裁判书》(2007)行抗字第3号。

学界通常认为,违反重要程序和强制性程序的可以撤销,以维持程序本身的价值;违反可能影响正确作出行政行为的程序,可以判决撤销,以维护行政行为实体上的正确性。[1] 司法审判实践支持这一观点,认为行政机关实施行政行为,可能影响公民、法人或其他组织合法权益的,应当在作出行政行为之前向当事人和利害关系人告知实施,并说明理由,听取公民、法人或者其他组织的意见。行政机关应当告知公民、法人和其他组织享有陈述意见的权利,并为公民、法人和其他组织提供陈述事实、表达意见的机会。[2] 另有理论认为,如果程序设置的目的是保护相对人的合法权益,则违反程序就构成撤销的理由。[3] 无论从以上何种理论出发,未告知听证权利都难以被认定为轻微违法。

根据最高人民法院在《中国行政审判指导案例》(第三卷)第 113 号俞飞诉无锡市城市管理行政执法局城市管理行政处罚案中的论述,可以认为陈述、申辩权是《行政处罚法》赋予行政相对人最基本的权利,行政行为的违法程度较为严重,普通公民即能够作出判断,因此行政处罚行为在程序上达到了"重大且明显"的程度,应属于无效行政行为。因此,仅针对没有告知听证权利的情形,法院可以裁判该行为无效,作出确认无效判决。

预期效果

掌握行政处罚公告送达的适用条件;未送达行政处罚的起诉期限;违法行政行为、无效行政行为、行政行为不成立的区别;针对以上区别的裁判方式选择。

教学计划和课堂时间安排

本案例可以作为专门的案例教学课,课堂安排 3 个课时,每课时 45 分钟。

课堂设计如下:

1. 课前计划:安排学生阅读案例及相关参考资料,包括相关案例、教材、著作和论文,对案例争议进行归纳整理,并思考相应的法律意见,完成思考题和实践题。

2. 课中计划:介绍教学目的,明确讨论主题;根据事先发给学生的案例材料,由学生进行案情介绍,训练学生的表达能力和概括能力;分组讨论,总结各组思考题和实践题的回答要点;小组代表提出思考题和实践题的要点,各组之间进行讨论和分析;教师归纳、总结、讲解。

3. 课后计划:按组分配角色,分别扮演律师和法官撰写代理词和判决书。

---

〔1〕 参见姜明安主编:《行政法与行政诉讼法》(第六版),北京大学出版社、高等教育出版社 2015 年版,第 524 页。

〔2〕 参见彭淑华诉浙江省宁波市北仑区人民政府工伤行政复议案,载《中国行政审判指导案例》(第一卷),中国法制出版社 2011 年版,第 101 ~ 103 页。

〔3〕 参见江必新、梁凤云:《行政法理论与实务》(下卷)(第二版),北京大学出版社 2011 年版,第 1156 页。

思考题和实践题

思考题

1. 行政行为送达通知的方式有哪些？选择适用的条件是什么？
2. 行政行为公告送达的具体方式是什么？
3. “知道作出行政行为”的认定是什么？
4. 行政诉讼起诉期限计算方法是什么？
5. 行政法上无效行政行为、违法行政行为有哪些区别？
6. 本案中被告任丘市工商局是否可以通过公告方式送达吊销营业执照的行政处罚？是否可以通过《北方市场消费报》公告送达吊销营业执照的行政处罚？

实践题

1. 被上诉人任丘市工商局如果在《沧州日报》《沧州晚报》或者《人民法院报》上直接进行吊销营业执照的行政处罚公告，是否能够视为向上诉人任丘汽车公司送达了行政处罚？
2. 上诉人任丘公司认为其并不知道作出吊销营业执照行政处罚所基于的违法事实，不知道处罚作出的法律依据，作出行政处罚的行政机关等，因此其即使知道被处罚的事实仍然不能构成“知道作出行政行为”，这一理由是否成立？

参考文献

1. 著作类：
(1)姜明安主编：《行政法与行政诉讼法》(第六版)，北京大学出版社、高等教育出版社 2015 年版。
(2)江必新主编：《行政诉讼法理论与实务》(第二版)，北京大学出版社 2011 年版。
(3)罗豪才、湛中乐主编：《行政法学》(第三版)，北京大学出版社 2012 年版。
(4)方世荣、石佑启主编：《行政法与行政诉讼法》(第二版)，北京大学出版社 2011 年版。
(5)章剑生：《现代行政法基本理论》，法律出版社 2014 年版。
2. 论文类：
(1)何海波：《司法判决中的正当程序原则》，载《法学研究》2009 年第 1 期。
(2)章剑生：《对违反法定程序的司法审查——以最高人民法院公布的典型案例(1985—2008)为例》，载《法学研究》2009 年第 2 期。
(3)田瑶：《论行政行为的送达》，载《政法论坛》2011 年第 5 期。
3. 参考案例：
(1)宜昌市妇幼保健院不服宜昌市工商行政管理局行政处罚决定案，载《最高人民法院公报》2001 年第 4 期。
(2)彭淑华诉浙江省宁波市北仑区人民政府工伤行政复议案，载《中国行政审判指导案例》(第一卷)，中国法制出版社 2011 年版。
(3)田永诉北京科技大学拒绝颁发毕业证、学位证行政诉讼案，载《最高人民法院公报》1999 年第 4 期。
(4)宋莉莉诉宿迁市建设局房屋拆迁补偿安置裁决案，载《最高人民法院公报》2004 年第8 期。
(5)张成银诉徐州市人民政府房屋登记行政复议决定案，载《最高人民法院公报》2005 年第3 期。

(6)陆廷佐诉上海市闸北区房屋土地管理局房屋拆迁行政裁决纠纷案,载《最高人民法院公报》2007 年第 8 期。

附件

1. 真实案例来源

(1)河北省任丘市人民法院(2005)任行初字第 6 号裁定。

(2)河北省沧州市中级人民法院(2005)沧行终字第 36 号裁定。

(3)江苏省无锡市南长区人民法院(2010)南行初字第 3 号判决。

(4)江苏省无锡市中级人民法院(2010)锡行终字第 43 号判决。

2. 实践题参考答案

(1)径直送达处罚决定是不符合《行政处罚法》等法律规定的,应当先进行直接送达、留置送达、委托送达、转交送达、邮寄送达,当受送达人下落不明,或者用其他方式无法送达的,公告送达。

(2)行政行为的内容,是指一个行政行为对相对方在权利义务上产生的具体影响,亦即对相对方的权利义务作出某种具体处理和决定。行政行为的内容包括:(一)赋予权利或科以义务;(二)剥夺权利或免除义务;(三)变更法律地位;(四)确认法律事实与法律地位。对于某一行政行为来说,上述各项内容并非互相排除,可能同时具有几项或产生多种效果,如处罚行为就包含着剥夺财产权利和增加财产给付义务。一般行政司法审判认为《若干解释》规定的知道行政行为的内容,最基本的就是行政行为的结果,知道了行政行为的结果(权利义务的具体影响)应视为知道了行政行为的内容。

3. 相关法律

(1)本案适用的相关规范

A.《行政处罚法》第 40 条规定,行政处罚决定书应当在宣告后当场交付当事人;当事人不在场的,行政机关应当在七日内依照民事诉讼法的有关规定,将行政处罚决定书送达当事人。

B.《行政诉讼法》(1990)第 39 条规定,公民、法人或者其他组织直接向人民法院提起诉讼的,应当在知道作出具体行政行为之日起三个月内提出。法律另有规定的除外。

C.《若干解释》(2000)第 41 条第 1 款规定,行政机关作出具体行政行为时,未告知公民、法人或者其他组织诉权或者起诉期限的,起诉期限从公民、法人或者其他组织知道或者应当知道诉权或者起诉期限之日起计算,但从知道或者应当知道具体行政行为内容之日起最长不得超过 2 年。

D.《若干解释》(2000)第 57 条第 2 款规定,有下列情形之一的,人民法院应当作出确认被诉具体行政行为违法或者无效的判决:(一)被告不履行法定职责,但判决责令其履行法定职责已无实际意义的;(二)被诉具体行政行为违法,但不具有可撤销内容的;(三)被诉具体行政行为依法不成立或者无效的。

(2)《行政诉讼法》修改后涉及的相关规范

A.《行政诉讼法》(2015)第 46 条规定,公民、法人或者其他组织直接向人民法院提起诉讼的,应当自知道或者应当知道作出行政行为之日起六个月内提出。法律另有规定的除外。

因不动产提起诉讼的案件自行政行为作出之日起超过二十年,其他案件自行政行为作出之日起超过五年提起诉讼的,人民法院不予受理。

B.《行政诉讼法》(2015)第 70 条规定,行政行为有下列情形之一的,人民法院判决撤销或者部分撤销,并可以判决被告重新作出行政行为:(一)主要证据不足的;(二)适用法律、法规错误的;(三)违反法定程序的;(四)超越职权的;(五)滥用职权的;(六)明显不当的。

C.《行政诉讼法》(2015)第74条第1款规定,行政行为有下列情形之一的,人民法院判决确认违法,但不撤销行政行为:(一)行政行为依法应当撤销,但撤销会给国家利益、社会公共利益造成重大损害的;(二)行政行为程序轻微违法,但对原告权利不产生实际影响的。

D.《行政诉讼法》(2015)第75条规定,行政行为有实施主体不具有行政主体资格或者没有依据等重大且明显违法情形,原告申请确认行政行为无效的,人民法院判决确认无效。

(李泠烨,上海师范大学法政学院讲师、法学博士)

刑事诉讼实务

6 CASE

陈某抢夺罪再审案

——刑事诉讼过程中抢夺罪适用条件及抢夺罪既、未遂的判断

摘　要

本案例以一起真实的抢夺案例为蓝本，并结合编写者对案情内容的部分加工，围绕抢夺案件刑事审理的诉讼程序展开。案例涉及诉讼知识点包括刑事案件一审程序、二审程序、二审抗诉程序、再审程序，因此本案例涵盖了刑事诉讼从一审到二审再到再审的全部诉讼过程。本案例涉及实体问题包括抢夺罪的适用条件、携带凶器抢夺的认定、抢夺罪既未遂标准的判断以及转化型抢劫罪的认定；涉及证据和事实问题包括抢夺罪案件的证据收集、凶器的分析判断、公民扭送过程中被告人暴力反抗的认定等问题。本案例对于解决类似取得型犯罪案件具有参考意义。

关键词

抢夺罪　刑法　刑事诉讼法　法理分析　证据分析

教学目标

在讲授抢夺罪的概念及构成要件的基础上，着重让学生理解并分析四方面问题：

(1)如何认定《刑法》第267条第2款规定的携带凶器抢夺，辩护律师应就哪些证据提出辩护？

(2)抢夺罪既未遂判断的根据，尤其需要掌握关于抢夺罪中财物控制关系的相关理论，并给出具体分析思路；

(3)公民在追捕、扭送犯罪嫌疑人时所使用的强制力的合法根据以及程度界限；

(4)如何认定抢夺后被告人针对抓捕进行反抗的行为性质，其与转化型抢劫罪的认定之间的关系。

教学案例

一、案情介绍

2012年11月24日11时许,被告人陈某步行至本市广元西路、恭城路路口,趁被害人汤某某不备,从其手中抢走钱包(内有现金人民币866元等物)及手机一部(价值人民币3318.66元)。被害人汤某某即大声呼救并追赶陈某,行人张某某、李某某闻讯后相继加入追赶,在抓捕扭打过程中,从陈某的裤兜口袋中掉出钢质改锥一把,陈某将其捡起后继续逃窜,逃窜至45米远后被三人控制住。在抓捕过程中,为防止陈某继续反抗挣脱,张某某、李某某用皮带将陈某捆缚,造成陈某手腕、颈部出现五处擦伤和淤青。到案后,被告人陈某如实供述了自己的行为。对于抓捕现场掉落的改锥,陈某称,此改锥为自己在机车修理店工作中所使用的工具,忘记在工作服口袋里,在抢夺当时并没有意识到身上揣有改锥。被害人汤某某作证称在抢夺过程中并未看到陈某使用该改锥。证人张某某、李某某亦称在抓捕过程中,陈某发现改锥掉落时仅仅将改锥拾起并揣入怀中后逃窜,并未使用改锥实施暴力。同时,陈某同在机车修理店上班的同事吴某证实陈某的确为该厂临时招聘人员,事发前一天其正常到店里上班。

二、案件审理过程

一审法院根据被害人的陈述、监控录像截图、扣押物品、文件清单、赃证物品照片、价格鉴定结论书及被告人的供述等证据认定,被告人陈某以非法占有为目的,乘人不备,公然夺取他人价值人民币4100余元的财物,数额较大,其行为已构成抢夺罪,应予处罚。鉴于被告人陈某到案后如实供述自己的罪行,且赃款赃物已被追回,依法予以从轻处罚。依照《刑法》第267条第1款、第67条第3款、第53条、第64条之规定,被告人陈某犯抢夺罪,判处有期徒刑2年,并处罚金人民币2000元;已被追回的赃款赃物予以发还被害人。

一审宣判后,陈某以原判量刑过重为由提出上诉。××市人民检察院第一分院出庭意见认为,原判认定上诉人陈某犯抢夺罪证据并不充分。陈某在实施夺取行为后被追捕,在追捕过程中所掉落的改锥属于凶器。陈某虽然在实施夺取行为中并未使用该改锥对被害人实施暴力,但《刑法》第267条第2款所规定的携带凶器抢夺,并不需要行为人使用或在被害人面前显示,因此被告人所实施之抢夺行为应该按照《刑法》第263条规定定罪处罚。故一审判决认定成立抢夺罪适用法律有误,建议二审法院改判被告人构成抢劫罪。

二审法院认为,原判认定的事实清楚,证据确实、充分,应予以确认。对于××市检察院认为被告人在被追捕过程中掉落的改锥应成立携带凶器抢夺,按照《刑法》第263条抢劫罪处理的意见,改锥无论是在性质上还是在用法上,都不应被视为凶器,故原审法院在适用法律上并无错误。但同时认为,陈某实施抢夺行为后,被害人汤某某即大声呼救并追赶陈某,行人张某某、李某某闻讯后相继加入追赶,将陈某人赃俱获,故可以认为被害人的财物仍处于被害人及抓捕者的目击控制范围而未失控，应认定陈某系抢夺未遂，可以比照既遂犯从轻处罚。依照《刑法》第267条第1款、第23条、第67条第3款、第53条、第64条及《刑事诉讼法》第225条第1款第2项之规定，对一审作出改判：(1)维持××区人民法院(2013)徐刑初字第195号刑事判决第2项，即已被追回的赃款赃物予以发还被害人；(2)撤销××区人民法院(2013)徐刑初字第195号刑事判决第1项，即被告人陈某犯抢夺罪，判处有期徒刑2年，并处罚金人民币2000元；(3)上诉人陈某犯抢夺罪，判处有期徒刑1年零6个月，并处罚金人民币2000元。

二审判决发生法律效力后，××市人民检察院按照审判监督程序向××市高级人民法院提出抗诉。××市人民检察院抗诉认为，二审判决认定原审被告人陈某抢夺未遂，属适用法律错误。(1)二审判决认定涉案财物仍处于被害人及抓捕者的目击控制范围而未失控与案件事实不符。陈某从被害人处夺取钱包和手机后，财物一直处于陈某的实际控制之下，涉案财物已完全脱离了被害人的控制。(2)二审判决认定原审被告人陈某抢夺未遂与刑法规定不符。陈某夺取被害人手中的钱包和手机后逃离现场，致使被害人对自己的财物失去有效控制，陈某抢夺犯罪行为已经完成，其行为应以犯罪既遂论处。被害人、路人追赶的行为属于事后抓捕行为，不影响陈某抢夺罪既遂的成立。(3)二审判决以事后追捕且人赃俱获为由认定犯罪未遂与司法逻辑不符。如果因事后追捕且人赃俱获而否定犯罪既遂的成立，无疑是要求被害人只有放弃追捕行为才能认定行为人犯罪既遂并使其得到严惩，这显然不符合司法逻辑。

陈某及其辩护人认为，陈某在实施抢夺犯罪过程中并未实际非法占有或者控制财物，陈某在抢夺的第一时间即被被害人发现、呼救、追赶，奔逃未及50米即被闻讯而来的路人追赶直至被抓获。众人抓捕行为客观上使陈某无法实现非法占有或控制的目的，共同围追的人员形成对陈某的目击控制，建议再审维持二审判决。

教学手册

教学对象及目标

本案例供法律硕士案例教学使用，法学本科(大四)、刑法学硕士、刑事诉讼法学硕士也可以参酌试用。

本案例主要就刑事诉讼过程中抢夺罪的认定以及刑事诉讼程序问题进行讨论。具体要解决的问题包括：(1)如何认定《刑法》第267条第2款规定的携带凶器抢夺，辩护律师应就哪些证据提出辩护；(2)抢夺罪既未遂判断的根据，尤其需要掌握关于抢夺罪中财物控制关系的相关理论，并给出具体分析思路；(3)公民在追捕、扭送犯罪嫌疑人时所使用的强制力的合法根据以及程度界限；(4)如何认定抢夺后被告人针对抓捕进行反抗的行为性质，其与转化型抢劫罪认定之间的关系。

教学内容

1. 如何正确理解《刑法》第 267 条第 2 款规定的携带凶器抢夺行为?

《刑法》第 267 条第 2 款规定,携带凶器抢夺,依照本法第 263 条的规定定罪处罚。因此该条款实则是对于抢夺转化为抢劫罪的适用标准。对于该条款中携带凶器的认定,除了在理论上需要厘清其法定要件之外,辩护律师亦应结合具体案情中的证据提出合理辩护。理论条件包括:(1)凶器的含义与认定。凶器属于可以杀伤他人的物品,其可以分为性质上的凶器与用法上的凶器。其中对于用法上的凶器的认定比较复杂。需要结合:a. 物品的杀伤能力高低;b. 社会一般经验对于物品杀伤能力的判定;c. 随身携带的合理性与否。(2)携带的认定。携带在客观上以将凶器随身或置于身边为要求,应侧重于对凶器的现实支配力。此外,携带在主观上还需要具备携带的意识,即能够认识到带有可杀伤人身体的凶器。(3)否定性要件。携带凶器不要求使用,甚至也不要求向被害人展示。如果直接展示或使用凶器则不需要通过《刑法》第 267 条第 2 款认定构成抢劫罪,而是直接符合了第 263 条抢劫罪的要求。

根据上述携带凶器的理论条件,总结在案例中所呈现的与携带凶器相关的事实证据包括:(1)改锥的性质、用途、形状、大小。(2)相关证人、被害人所提供的关于被告人在追捕过程中,改锥从裤兜里掉落后,被告人捡起改锥但并未使用的行为的证词。(3)被告人关于改锥用途的供述,其与携带意识的关系。(4)相关证人关于被害人工作情况的证词。应将上述理论与证据相互印证结合,理解案例中被告人行为的性质。

2. 如何在司法实践中正确认定抢夺罪既未遂的标准?

本案中引起检察院对二审判决提起抗诉的争议焦点在于被告人陈某在抢夺被害人的财物后,逃窜 45 米远之后被被害人及见义勇为的公民抓获。从夺取被害人的钱包及手机的行为来看,被告人符合了抢夺罪的行为构成,事实清楚证据确凿。然而,在逃跑未及 50 米远即被抓获的情况来看,被告人是否构成抢夺罪的既遂是决定被告人量刑轻重的关键。而一审、二审以及再审法院之间判决的变更也重点围绕这一问题进行。为了更好地理解法院的判决根据,应该就抢夺罪既未遂的标准展开理论与事实的分析。

抢夺罪既遂标准的理论争议:排除控制说与实际控制说。排除控制说认为,只要被害人丧失了对自己财产的控制,不管行为人是否实际控制了该财物,都应当认为犯罪既遂。实际控制说认为,取得型犯罪的法益侵害以行为人取得对财物的实际控制为判断标准,因此抢夺罪的既遂要求不仅应当使被害人失去对自己财物的控制,同时亦应当以行为人是否已经取得对财物的实际控制,行为人对财物的控制支配程度作为犯罪既未遂的判断标准。根据二审判决的内容可以看出,二审法院采纳的是实际控制说,而二审检察院抗诉的理由则倾向于排除控制说。

对比日本司法判例,取得型犯罪的既遂判断则主要考察行为人对财物的实际控制的程度。如认为行为人在超市将商品装入购物篮之后,未经付款而直接走到收银台之外,成立盗窃既遂。(东京高判平成四年[1992 年]10 月 28 日判夕 823 号 252 页)理由是,在外表上,与已经付款的一般顾客难以区别,因而最终取得商品的盖然性大大增加。与此相对,在有门禁、围墙等设施的工厂内,从存放材料的小屋搬出目的物,向工厂厂区之外的方向搬动了 170～180 米的距离,但尚未达到搬出厂区的程度,对此,判例判定尚不构成盗窃既遂。(大阪高判昭和二十九年[1954 年]5 月 4 日高刑集 7 卷 4 号 591 页)

在理解了抢夺罪既未遂的司法认定标准后,应结合具体案件中的事实证据加以分析:(1)控制范围。认定抢夺罪构成既遂需要被害人对自己的财物因被告人的行为而失去控制。因此,需要结合案件具体证据对被害人是否失去对财物的有效控制加以认定。在本案中,被告人抢夺后已经逃窜出 45 米,如果从被害人实际支配财物的能力判断,其对于财物的控制能力是否已经被排除?特别是根据证据显示,被告人虽然奔逃最远距离为 45 米,但并未逃离出被害人的视野范围内,同时在两名路人的追逐下不断缩小与被告人的距离,因此被告人与被害人之间的距离应该小于 45 米。在这种情况下,所谓的控制是否应该如检察院抗诉所认定的已经排除,还是应按照二审法院认定属于"目击控制范围"而未失控,对此应组织学生展开讨论。(2)控制意思。本案中被害人在被夺取财物时立刻进行了反应,如高呼和紧追其后。在判定被害人对财物是否失去控制的时候,被害人主观上对财物被夺取的认识亦应考虑在内。(3)控制的持续性。这里考察的是被害人对财物的控制应当是持续、稳定的,一旦这种控制的持续性被打破,就意味着失控。然而判定这种持续性是否被打断,亦必须就不同观点进行分析。有观点以"控制连接现象"作为判断持续性是否被打断的要件。所谓控制连接是指不同主体相继采取相同的控制方式对于同一财物实施控制。如被害人在财物被抢后穷追不舍,并大声呼救,路人应声加入追捕。此时,被害人与加入追赶的路人就形成共同控制财物的意识联络,并实际共同目击控制财物。但与此相反,抗诉意见则认为,"被害人、路人追赶的行为属于事后抓捕行为,不影响陈某抢夺罪既遂的成立"。因此强调控制的持续状态在被告人夺取成功,被害人失去实际控制这一节点已经中断。从而认定本案的抢夺行为已经构成既遂。(4)被告人控制的平稳性。被告人携带财物奔逃 45 米远的距离被抓获,在这段距离之间,被害人失去对财物的实际控制。但这是否意味着被告人已经取得了对财物的实际控制支配?在证据判断中,被告人一直处于被紧紧追捕的状态中,这一事实证据是否有助于确认被告人对财物已经形成了一种较为稳定的控制,使被告人最终取得财物的可能性增大?

3. 公民在追捕、扭送犯罪嫌疑人时享有何种程度的使用强制力的权限?

在本案中,被告人陈某在逃窜中遭到了路过公民李某某、张某某以及被害人的合力抓捕。在此过程中,三人之间发生了一定程度的扭打,此后,李某某、张某某为了有效地控制被告人,保证顺利将其抓捕归案,用皮带将被告人手颈捆缚,造成被告人的手部、颈部不同程度的擦伤。对此,应组织学生讨论:(1)《刑事诉讼法》规定了公民将有法定紧急情形的违法犯罪嫌疑人押送公安司法机关处理的权利。但与此同时,《刑事诉讼法》亦相应地规定了扭送的合法性条件。本案中的抓捕行为是否符合法律规定的合法扭送的条件?对被告人造成的一定的伤害是否需要承担刑事或民事责任?(2)扭送的法律根据。《刑事诉讼法》对于扭送的合法性条件给予了规定,但学生仍然需要理解,公民扭送的实体法根据。对此应结合《刑法》中关于正当化事由的根据加以理解。

4. 转化型抢劫罪的判断

在抓捕过程中为了防止被告人继续逃窜,公民对被告人的身体施加了一定程度的强制,反之亦意味着在抓捕过程中被告人实施了一定程度的反抗、挣脱行为,则该行为能否视为符合《刑法》第 269 条规定:犯盗窃、诈骗、抢夺罪,为窝藏赃物、抗拒抓捕或者毁灭罪证而当场使用暴力或者以暴力相威胁的,依照第 263 条(抢劫罪)的规定定罪处罚?对此需要具体分析转化型抢劫罪的立法理由以及案件具体情况。

立法理由:(1)暴力的程度。盗窃、抢夺、诈骗等财物犯罪虽然与抢劫罪侵犯了同类法益,但由于它们在取得财物的方式上与抢劫罪之间存在关键性差别,因而成为区分此罪与彼罪的关键。前三种犯罪中虽然行为方式不同,但其共同点一般采取较为和平的方式,或者虽然采取一定的强取行为,但行为的对象是财物而非被害人的人身。因而抢夺罪的强取行为并没有侵害到被害人的人身法益,财物的取得也不需要通过暴力抑制被害人反抗的方式获得。这是抢夺罪与抢劫罪之间在行为构成上的关键区分。而《刑法》269 条通过一种事后的暴力将抢夺、盗窃、诈骗等较为和平的财物犯罪以抢劫罪认定,立法的重点显然在于行为人事后实施的暴力抗拒抓捕、窝藏赃物、毁灭罪证行为已经与抢劫罪所认定的暴力程度相一致,该暴力已经危及被害人以及抓捕人的人身法益,因而不能被一般的财物犯罪的行为构成所包容。因此在判断被告人陈某在被抓捕过程中与抓捕者发生扭打等强制行为时,不仅应考察是否存在一定的暴力行为,更应该考察该暴力行为是否已经达到抢劫罪中的暴力的程度,即是否足以抑制他人反抗。(2)暴力判断的时点。是否足以抑制他人反抗的暴力,应该以行为时的暴力程度为判断依据,而不应根据事后行为人是否被抓获来回溯判断暴力的程度。如果单纯按照是否抓捕成功的结果进行判断,则被告人实施的暴力反抗就很难得出足以抑制他人反抗的结论。

具体证据分析:这里应要求学生将案件中涉及被告人在逃窜过程中可能使用暴力的证据加以列举,并分析是否足够判断转化型抢劫罪的成立。(1)抓捕过程中,改锥掉落,然而被告人并未使用该改锥进行反抗。(2)抓捕接近完成时,抓捕者使用皮带将被告人加以捆缚,从这一行为中能否反映出被告人反抗的强度?(3)要求学生判断上述证据是否足以认定转化型抢劫的成立,如果需要补充,则有必要补充哪些事实证据?

课堂时间安排

本案例可以作为专门的案例教学课,课堂安排 6 个课时,每课时 45 分钟。

如下课堂设计,仅供参考。

1. 课前计划:安排学生阅读案例及相关参考资料,对案例所涉及问题进行思考,撰写实践题答案。

2. 课中计划:介绍教学目的,明确讨论主题;分组讨论,回答各项思考题,讨论实践题的撰写要点;小组代表提出撰写要点,学生讨论和分析;教师归纳总结。

3. 课后计划:布置学生进一步思考刑法中取得型犯罪—抢劫罪、抢夺罪、盗窃罪之间的关系并进行辨析。

思考题和实践题

思考题

1. 你对二审法院认定陈某携带的改锥不应视为凶器的理由,是否赞同? 如果你是××市检察院检察官,你认为二审认定的理由是否充分?
2. 如果根据证人证言陈某确实系某修理店员工,且案发前一天也确实从事机车修理工作。但除此之外并无其他证据证明陈某对其在裤兜中装有改锥一事毫无察觉。假设改锥能够被认定为凶器,则根据上述证据,你会得出什么结论?
3. 对于检察院针对二审判决的抗诉得出陈某构成抢夺罪既遂的意见,你认为是否合理? 如果你作为陈某的辩护律师,你认为应该从哪个角度对此抗诉加以反驳?
4. 通过对取得型犯罪与毁弃型犯罪的辨析,对于取得型犯罪的排除控制说与实际控制说之间的差异给予分析,并提出自己的观点。
5. 对比本案与下面案情的区别:陈某在夺取被害人的财物后,为了方便逃脱,在逃窜过程中将财物扔到一辆行驶中的货车车斗中。判断在此情况下,陈某的抢夺罪是否既遂?
6. 如果被害人在陈某实施抢夺时抓住钱包不放,并被陈某拖行数米,直至陈某被抓获时始终未放手,则被告人陈某是否构成抢劫既遂?
7. 如果见义勇为的路人在扭送过程中,为了制服陈某造成陈某手臂骨折,你认为路人是否应该对此承担刑责?
8. 如果被害人汤某某在被陈某夺取财物后,立刻发动停在一旁的私家车,并驾驶该车向陈某撞击,意图用这种方式阻止陈某携财物逃窜。你认为这种行为是否合法? 造成陈某轻伤以上的情况,汤某某是否应该承担刑责?
9. 如果你是被告人的辩护律师,针对检察院的第三点抗诉意见"如果因事后追捕且人赃俱获而否定犯罪既遂的成立,无疑是要求被害人只有放弃追捕行为才能认定行为人犯罪既遂并使其得到严惩,这显然不符合司法逻辑。"你将从何种法理角度给予反驳? 如果你作为审判案件的法官,是否同意上述意见?
10. 如果陈某突然将被害人汤某某放置在身边的钱包夺走,并未直接从汤某某手中取得财物,则陈某究竟系构成抢夺罪还是盗窃罪? 你认为抢夺罪与盗窃罪在行为要件上存在哪些关键性差异?
11. 如果在被害人及其他公民的追捕过程中,被告人采取挥舞改锥反抗,与抓捕者发生扭打,但并未造成被害人及抓捕公民的身体伤害的,则你认为被告人是否构成转化型抢劫罪?

实践题

1. 如果你是陈某的辩护律师,针对检察院的抗诉意见,为被告人陈某撰写辩护词。
2. 如果你是××市高级人民法院刑庭法官,结合本案案情,针对检察院抗诉意见和辩护人辩护词以及案件的事实证据,撰写再审判决书。

参考文献

1. 张明楷:《刑法学教程》(第三版),北京大学出版社 2014 年版。

2. 高铭暄、马克昌主编:《刑法学》(第六版),北京大学出版社、高等教育出版社 2014 年版。
3. 周光权:《刑法各论讲义》,清华大学出版社 2003 年版。
4. [日]山口厚:《刑法各论》,王昭武译,中国人民大学出版社 2011 年版。
5. [日]西田典之:《日本刑法各论》,刘明祥、王昭武译,武汉大学出版社 2005 年版。

(孙立红,华东师范大学法学院讲师,lhsun@ law. ecnu. edu. cn)

7 CASE 张某、夏某等利用未公开信息交易案

——刑事诉讼中法官职责与利用未公开信息交易罪的认定

摘　要

本案例是一起真实的利用未公开信息交易案件(俗称“老鼠仓”案件),案例知识点涵盖了利用未公开信息交易罪中未公开信息的界定、未公开信息与内幕信息的差别、利用未公开信息交易行为是否“违反规定”、行为人是否基于职务便利获取未公开信息、从事的证券期货交易是否与未公开信息相关,以及如何判断违规交易的入罪标准等。同时,本文围绕法官审理刑事案件的诉讼程序,了解刑事诉讼中的审判程序和刑事法官的工作职责,以及证据的分类、证据效力、证明标准和认证规则等刑事诉讼程序内容。该案例对于学习证券法、金融刑法、刑事诉讼法、证据法均有所裨益。

关键词

利用未公开信息交易　犯罪构成　诉讼程序　证据法

教学目标

(1)从案例教学的角度,教授利用未公开信息交易罪的概念、域外借鉴、构成要件和认定标准。

(2)掌握未公开信息与内幕信息的差别、利用未公开信息的前置性法律规范、被建议从事相关证券交易人员的处理、辨识行为人的职务便利与交易相关性、交易获利或避免损失数额的认定等难点问题。

(3)知悉刑事诉讼程序,掌握法院审理一审刑事案件中审判员的工作任务、程序和职责。

(4)学习刑事诉讼各个阶段当事人的地位、作用和工作程序。

(5)了解刑事诉讼中证据的收集、分类、效力认定、证明标准和认证规则。

教学案例

第一部分　案 情 介 绍

一、被告人的身份信息

被告人张某,男,原系财富基金管理有限公司稳健配置混合型证券投资基金经理。

被告人夏甲,女,系张某的前妻。

被告人夏乙,女,系夏甲的妹妹。

二、控方观点——检察院指控的犯罪事实

2009 年,被告人张某和夏甲、夏乙经预谋后,由张某利用其担任财富基金管理有限公司(以下简称财富公司)稳健配置混合型证券投资基金(以下简称财富稳健基金)经理的职务便利,在财富稳健基金进行股票买卖的信息尚未披露前,通过其本人或者指使夏甲、夏乙根据张某提供的未公开信息,借用丁某开设在东银证券北京路营业部证券账户和泰安证券中山路营业部证券账户,先于或同期于张某管理的财富稳健基金买入相同股票,并从中牟利。2009 年 2 月 28 日至 8 月 20 日,上述 3 名被告人采用上述方法买入“西山煤电”“保利地产”等 11 只股票,成交 2837030 股,交易金额为人民币 46384812.25 元(以下币种均为人民币),获利金额 12427516.4 元。

为支持上述指控事实,公诉机关出示了证人李力等人的证言,交易系统日志、股票清单、成交汇总、交易指令执行反馈单、出差记录、住宿登记表、公司管理制度等书证,司法鉴定意见书,被告人张某、夏甲和夏乙的供述以及案发经过等证据。据此,公诉机关认为,被告人张某系基金管理公司的从业人员,利用职务便利获得该基金管理公司尚未公开的信息后,违反规定,通过本人或者指使被告人夏甲、夏乙从事与该信息相关的证券交易活动,情节严重,其行为均已触犯了《刑法》第 180 条之规定,应以利用未公开信息交易罪追究刑事责任;鉴于张某系主犯,夏甲、夏乙系从犯,并应依照《刑法》第 6 条、第 25 条、第 26 条、第 27 条之规定处罚。

三、辩方观点——被告人及辩护人的辩护意见

被告人张某对指控的主要犯罪事实及罪名不持异议,但提出其未与夏甲、夏乙预谋。

被告人张某的辩护人对张某的行为构成未公开信息交易罪不持异议,但提出如下意见:(1)张某与夏甲、夏乙之间不存在预谋,且目前证据无法证明夏甲、夏乙曾接受张某指令操作过个人股票账户,无法认定本案系共同犯罪;(2)本案指控的犯罪金额有误,有部分股票的买入不应认定为利用了未公开信息,如所涉“西山煤电”“中国神华”“中煤能源”“中国平安”“万科 A”“华侨城 A”“保利地产”“金地集团”等,全案所涉成交数量应为 1263830 股,交易金

额 18321767.25 元，获利金额 1228829.12 元；(3)张某对基金买卖股票并不具有完全的决策权，利用的未公开信息具有不确定性；(4)违法所得不应按照行为人利用未公开信息买卖股票所赚取的差价来计算，而应以行为人利用未公开信息买卖股票平均价格与基金买卖同一只股票的平均价格之差乘以行为人交易的总股数来计算；(5)应认定被告人张某自动投案后如实供述犯罪事实，具有自首情节。据此，请求对张某从轻处罚，适用缓刑。辩护人同时提供了丁某证券账户交易明细、被告人张某的讯问笔录等证据。

被告人夏甲提出其没有与张某及夏乙预谋，对于张某系利用未公开信息交易并不完全明知。

被告人夏甲的辩护人提出，目前证据尚难以证明夏甲构成利用未公开信息交易罪的共犯，主要理由是：(1)夏甲主观上一直想通过张某的专业知识买卖股票，与张某并不存在利用未公开信息交易的共同故意；(2)现有证据不能认定夏甲具体实施了涉案账户的股票交易；(3)夏甲不符合利用未公开信息交易罪所要求的主体身份。辩护人还提出，如认定夏甲有罪，也应认定夏甲具有自首情节，综合全案事实、情节对其适用缓刑。辩护人同时提供了夏甲的讯问笔录等证据。

被告人夏乙提出，其没有与张某、夏甲预谋，也未从股票交易中获利。

被告人夏乙的辩护人提出，目前证据尚难以认定夏乙构成利用未公开信息交易罪的共犯，主要理由是：(1)被告人夏乙与张某、夏甲之间并不存在预谋，并不能认定夏乙主观上的共同犯罪故意；(2)夏乙因没有工作赋闲在家，根据张某在聊天工具上发布的股票信息偶尔帮助夏甲操作，不应认定夏乙系接受张某指使从事股票交易；(3)夏乙在涉案账户中没有资金，也没有分得任何利益；(4)鉴定意见根据交易记录所显示的 MAC 地址认定夏乙参与 2009 年 6 月 2 日操作买入“保利地产”依据不足。辩护人还提出，如认定夏乙有罪，也应认定夏乙具有自首情节，综合考虑其情节及社会危害程度，对夏乙免予刑事处罚或适用缓刑。

程序性解读：

一、管辖问题：本案系由中级人民法院一审，最初系由基层人民法院受理，后移送中级人民法院审判。根据《刑事诉讼法》的规定，基层人民法院对下列第一审刑事案件，可以请求移送中级人民法院审判：(一)重大、复杂案件；(二)新类型的疑难案件；(三)在法律适用上具有普遍指导意义的案件。所以，本案由中级人民法院行使一审管辖权并无不妥。

二、公诉案件：本案是一起检察院公诉的刑事案件。公诉人的主要职责是对人民检察院提起公诉的案件，代表本院以国家公诉人的身份，出席法庭支持公诉，进一步阐述公诉机关的指控意见，并通过举证、质证和辩论，使合议庭确认公诉机关对被告人的指控，依法宣判被告人有罪并处以相应的刑罚，公诉人还肩负着监督法庭审理案件有无违反法律规定的重要职责。

三、辩护权：被告人除自己行使辩护权以外，还可以委托一至二人作为辩护人。律师；人民团体或者犯罪嫌疑人、被告人所在单位推荐的人；犯罪嫌疑人、被告人的监护人、亲友可以被委托为辩护人。辩护人的责任是根据事实和法律，提出犯罪嫌疑人、被告人无罪、罪轻或者减轻、免除其刑事责任的材料和意见，维护犯罪嫌疑人、被告人的诉讼权利和其他合法权益。

第二部分　法院查明犯罪事实与认定证据

一、法院查明的事实

2007 年 3 月至 2009 年 8 月，被告人张某实际负责财富稳健基金的投资管理工作；2007 年 7 月 4 日起，张某正式担任财富稳健基金经理，2009 年 8 月 20 日正式离任。任职期间，张某对于财富稳健基金投资股票的种类、数量、价格及时间具有决定权或建议权。

2009 年 3 月至 7 月，张某利用担任财富稳健基金经理的职务便利，在财富稳健基金买卖股票的信息尚未公开前，由张某本人或者将需要购买的股票种类、数量、价格等告知夏甲、夏乙，借用丁某名下东银证券北京路营业部证券账户、泰安证券中山路营业部证券账户，先于或同期于张某管理的财富稳健基金买卖相同股票，并从中牟利。期间，张某伙同夏甲采用上述方法买卖“万科 A”“泛海建设”“华侨城 A”“吉林敖东”“西山煤电”“保利地产”“金地集团”“中国神华”“西部矿业”“中国平安”“中煤能源”等股票 11 只，一共成交 283 万余股，交易（买入）金额为 4638 万余元，获利金额为 1242 万余元。其中，夏乙参与交易金额 522 万余元，获利金额 122 万余元。

二、法院认定犯罪事实的证据

第一组证据，证实被告人张某的主体身份及职务情况。

1. 证人李某（时任财富公司投资总监）的证言证明：2007 年后，财富稳健基金由其下一任基金经理张某管理。基金经理投资金额在所管理基金净值的 3% 以内有完全的自主权，不需要向任何人汇报，超过 3% 的话需要向投资总监汇报，经其网上审批才可以下单买入，但一般情形下也是将权限下放，只是网上走一个审批流程。投资金额超过基金净值 5% 的话，就需要公司投资决策委员会开会讨论决定。基金经理买入股票的来源是公司提供的一个约含 400 只股票的股票池，基金经理只能从股票池里挑选所要投资的股票。基金经理选中要买入的股票后，通过自己的账户将买入指令发送给交易员，指令的内容包括买入股票的数量及价格区间等，然后由交易员独立完成下单工作。股票的抛售完全按照基金经理的意愿，由经理全权决定，不受任何人限制。

2. 被告人张某的供述证明：其自 2007 年 3 月起从海富通基金公司离职后应聘到财富公司任职，于 2009 年 8 月离职。由于行业内有从业的静默期，故直到 2007 年 7 月才被正式任命为财富稳健基金的经理。作为基金经理，其需要从公司研究部门提供的股票池内选取股票投资。公司规定大盘股的投资金额不能超过所管理基金净值的 3%，小盘股的投资金额不能超过所管理基金净值的 1%，在该范围内，其有自主决定投资的权限，当然投资总监和风控部门能够看到所作的投资决定。超过上述 3% 和 1% 的范围，其投资决定必须经投资总监审批同意才能下达指令。投资指令是以张某的名义通过电脑发送到交易室，指令的内容包括所投资股票的名称，买入、卖出数量，买入、卖出价格区间，另外规定了交易是当日单（仅在当日有效）还是长单（规定一段时间的指令有效期），指令下达到交易室并分配给交易员操作后，交易员在其下达的指令范围内以最优价格操作。

3. 证人刘某（时任财富公司基金经理）关于财富公司基金经理权限的证言与被告人张某的供述及证人李某的证言相印证。

4. 财富公司投资管理制度证明：投资决策委员会是公司基金投资的最高决策机构，投资总监及基金经理在投资决策委员会制定的权限范围内负责基金投资具体工作。

5. 财富公司出具的情况说明证明：张某于 2007 年 3 月至 2009 年 8 月负责财富稳健基金的投资管理工作；2007 年 7 月至 2009 年 8 月担任财富稳健基金经理。

第二组证据，证实被告人张某利用职务便利获取涉案未公开信息。

1. 财富公司提供的登录交易系统日志等证明：2009 年 3 月至 7 月，张某成功登录公司系统并指令交易买卖股票；2009 年 3 月 20 日，张某委托刘某下达交易指令买入股票。

2. 证人刘某的证言证明：2009 年 3 月 20 日张某去北京出差前，电话委托其在 3 月 20 日当天帮他管理财富稳健基金，大幅加仓买入有色金属和煤炭能源股。买入股票包括“西山煤电”“中国神华”“中煤能源”等 7 只股票，并明确了买入金额、数量和比例等。其在张某管理的基金内买入上述股票完全是按照张某的具体指令执行的。

被告人张某的供述证明：2009 年 3 月至 7 月，由张某本人下达交易指令，财富稳健基金先后买入了“万科 A”“泛海建设”“华侨城 A”“吉林敖东”“金地集团”“西部矿业”“中国平安”“保利地产”等股票；由其委托刘某下达交易指令买入了“中国神华”“中煤能源”“西山煤电”等股票。

3. 财富稳健基金成交汇总表、交易指令执行反馈单等证明：2009 年 3 月至 7 月间，张某管理的财富稳健基金买入了“万科 A”等 11 只股票，具体包括：（1）2009 年 5 月 8 日、5 月 19 日，先后买入“万科 A”股票；（2）2009 年 5 月 4 日、5 月 5 日、5 月 8 日，先后买入“泛海建设”股票；（3）2009 年 5 月 8 日、5 月 15 日，先后买入“华侨城 A”股票；（4）2009 年 4 月 2 日、4 月 7 日，先后买入“吉林敖东”股票；（5）2009 年 3 月 20 日，买入“西山煤电”“中国神华”“中煤能源”股票；（6）2009 年 6 月 2 日、6 月 3 日、6 月 12 日、6 月 15 日，先后买入“保利地产”股票；（7）2009 年 7 月 23 日，买入“金地集团”股票；（8）2009 年 3 月 23 日、4 月 1 日，先后买入“西部矿业”股票；（9）2009 年 3 月 24 日、3 月 31 日，先后买入“中国平安”股票。上述交易指令执行反馈单均有被告人张某及相关经手人员签名。

4. 中国证券监督管理委员会《关于张某涉嫌利用未公开信息交易案有关问题的认定函》证明：本案所涉及的“未公开信息”，是指张某担任财富稳健基金经理期间，因管理该只基金而掌握的有关投资决策、交易等方面的重要信息，包括相关基金投资股票的名称、数量、价位以及买卖时机等。

第三组证据，证实被告人张某、夏甲、夏乙利用未公开信息，在丁某名下证券账户内进行股票交易并从中获利。

1. 被告人张某的供述证明:(1)其曾利用夏甲名下的证券账户炒股。在2008年上投摩根基金管理有限公司唐建因利用未公开信息交易被证监会处罚后,张某跟夏甲称其作为证券行业从业人员,不能再使用夏甲的证券账户买卖股票,并商议借用夏甲的嫂子丁某的账户继续买卖股票,同时由夏甲将账户内的资金转入丁某账户内。(2)其担任财富稳健基金经理期间,会在基金买卖的同时在丁某的账户中也买卖一部分相同的股票。其一般看好哪只股票就在丁某的账户内买入,也会下达指令让基金买入。张某操作私人账户下单比较方便,基金买入的话需要走程序,相对慢一点;基金有时会在一段时间内追加投资,如果觉得先期投资的股票不错的话,其也会在丁某账户内继续买入。丁某账户内买入股票存在早于基金买入的情况,也有与基金在同一时期买入的情况。(3)丁某账户主要由张某操作,其一般是用自己的IBM笔记本电脑和财富公司配发的笔记本电脑在自己公司或在外地出差的宾馆等地从网上下单买卖股票。在财富公司对于个人电脑的使用管理越来越严格后,其没有办法在公司下单交易了,就在不方便操作时通知夏甲、夏乙买卖股票,其通过QQ、MSN等网络聊天工具将要买卖的股票名称或代码、股票价格及股数告知她们。(4)2009年3月20日,张某在北京出差住在北京京广中心新世界酒店内,在宾馆房间内使用随身携带电脑登录丁某账户下单买入了"神华股份""西山煤电""中煤能源"。郑又打电话给公司另一位基金经理刘某,要求周使用稳健基金资金购入上述三只股票。(5)2008年,其和夏甲协议离婚,约定两人在丁某账户内的资金归夏甲所有。

财富公司出具的出差记录等证明:2009年3月19日至21日,张某到北京出差,住宿在北京京广中心新世界酒店。

2. 被告人夏甲在侦查阶段的供述证明:(1)2004年张某到基金公司工作后,郑称有机会获悉基金公司股票建仓或者抛售信息。其在申银万国上海银城中路营业部开设了个人证券账户,交给张某操作,后又转到了中信建投福山路营业部。张某大都是按照所管理的基金投资股票种类和时间在夏甲的账户中买卖相应股票。(2)2008年,夏甲和张某开始借用丁某的证券账户操作,其将自己证券账户内的资金转到丁某在东银证券北京路的证券账户内,后来这些账户内的资金又转到了丁某在泰安证券中山路营业部的证券账户内。夏甲按照基金买卖股票情况在丁某账户中买卖股票,其也会根据张某的指令来操作,有时会根据张某提供的股票信息让夏乙操作。(3)其记得在丁某的账户中根据张某的指令操作过"万科A""保利地产""中煤能源"这些股票。其和夏乙大多在香楠路家里通过网上下单交易,主要使用过两台笔记本电脑。(4)丁某在账户内也有部分资金投入。

3. 被告人夏乙在侦查阶段的供述证明:(1)夏甲曾开设了证券账户,主要由张某操作。夏甲称张某操作股票交易与郑担任基金经理有关,主要根据张某管理基金买卖股票的情况在夏甲账户内买卖相同的股票。(2)2008年,夏甲将名下证券账户销户并将股票和资金转至丁某证券账户,由张某继续操作丁某的证券账户。郑当时担任财富公司基金经理,能够决定所管理基金投资股票的种类、数量、价格等,郑会根据基金买入或者卖出的股票,在丁某的证券账户内买卖相同的股票,这样赢面比较大,对此大家心照不宣。有时张某会告诉夏甲当天买卖股票的种类、价格区间以及买卖数量,由夏甲负责操作;在夏甲外出或者不方便操作时,他会将上述信息告诉夏乙,夏乙一般是在香楠路家中操作交易。(3)其和夏甲主要使用夏甲的一台白色索尼上网本和灰色戴尔笔记本电脑交易股票。(4)其记得操作过的股票有"保利地产""中国神华""西部矿业""中煤能源"等。

4. 证人丁某(系夏甲的嫂子)的证言及出具的情况说明证明:2007 年左右,夏甲或者夏乙让丁某开设证券账户借给她们使用。其在哈尔滨中信建投证券公司开设股票账户后,就把账号和密码给了她们。过了一年多,夏甲称哈尔滨的证券营业部收费太高,北京的费用低,让丁某把账户转到北京知春路上一家国泰君安证券营业部。其在该账户内有部分资金。

5. 上海沪港金茂会计师事务所有限公司司法鉴定意见书、司法鉴定补充意见书及丁某证券账户涉案股票成交资料等附件证明:(1)2009 年 2 月 28 日至 2009 年 8 月 20 日,丁某东银证券北京路营业部证券账户、丁某泰安证券中山路营业部证券账户的交易记录中,符合先于或同期于财富稳健基金买入或卖出同一只股票特征的股票共计 11 只,成交数量为 2837030 股,且均先于财富稳健基金卖出,交易(买入)金额为 46384812.25 元,获利金额为 12427516.4 元。其中,2009 年 3 月 20 日买入"西山煤电""中国神华""中煤能源"股票,2009 年 3 月 23 日买入"西部矿业"股票,2009 年 3 月 24 日买入"中国平安"股票,2009 年 4 月 2 日买入"吉林敖东"股票,2009 年 4 月 30 日、5 月 4 日先后买入"泛海建设"股票,2009 年 5 月 4 日、5 月 15 日先后买入"华侨城 A"股票,2009 年 5 月 15 日买入"万科 A"股票,2009 年 6 月 2 日买入"保利地产"股票,2009 年 7 月 23 日买入"金地集团"股票。(2)丁某东银证券北京路营业部证券账户股票交易的 IP 地址中,部分与张某出差地(北京)的 IP 地址以及与张某支付宝账号登录的 IP 地址一致,MAC 地址中出现与张某操作电脑相同的 MAC 地址;丁某泰安证券中山路营业部证券账户股票交易的 IP 地址中,部分与张某支付宝账号登录 IP 地址相吻合,MAC 地址中出现与张某操作电脑相同的 MAC 地址;(3)丁某泰安证券中山路营业部证券账户 2009 年 6 月 2 日买入"保利地产"、2009 年 7 月 27 日卖出"保利地产"委托记录中的 MAC 地址与夏甲所使用电脑的 MAC 地址一致。(4)由夏甲、夏乙参与买入"保利地产"共计 223130 股,交易(买入)金额为 522 万余元,获利金额为 122 万余元。

此外,被告人张某、夏甲、夏乙的供述证实:被告人张某、夏甲和夏乙于 2012 年 4 月 27 日去证监部门接受调查前,商定由夏乙一人承担全部责任。案发经过及三名被告人的供述等证明:三名被告人的到案情况及供述过程。

以上证据均经庭审举证、质证,证据之间能够相互印证,法院均予以采信。

程序性解读

1. 证据的审查与认定

认定案件事实,必须以证据为根据。审判人员应当依照法定程序收集、审查、核实、认定证据。证据未经当庭出示、辨认、质证等法庭调查程序查证属实,不得作为定案的根据。应当运用证据证明的案件事实包括:(1)被告人、被害人的身份;(2)被指控的犯罪是否存在;(3)被指控的犯罪是否为被告人所实施;(4)被告人有无刑事责任能力,有无罪过,实施犯罪的动机、目的;(5)实施犯罪的时间、地点、手段、后果以及案件起因等;(6)被告人在共同犯罪中的地位、作用;(7)被告人有无从重、从轻、减轻、免除处罚情节;(8)有关附带民事诉讼、涉案财物处理的事实;(9)有关管辖、回避、延期审理等的程序事实;(10)与定罪量刑有关的其他事实。认定被告人有罪和对被告人从重处罚,应当适用证据确实、充分的证明标准。

2. 证据规则

(1)非法证据排除

使用肉刑或者变相肉刑,或者采用其他使被告人在肉体上或者精神上遭受剧烈疼痛或者痛苦的方法,迫使被告人违背意愿供述的,应当认定为《刑事诉讼法》第 54 条规定的“刑讯逼供等非法方法”。认定《刑事诉讼法》第 54 条规定的“可能严重影响司法公正”,应当综合考虑收集物证、书证违反法定程序以及所造成后果的严重程度等情况。

开庭审理前,当事人及其辩护人、诉讼代理人申请排除非法证据,人民法院经审查,对证据收集的合法性有疑问的,应当依照《刑事诉讼法》第 182 条第 2 款的规定召开庭前会议,就非法证据排除等问题了解情况,听取意见。人民检察院可以通过出示有关证据材料等方式,对证据收集的合法性加以说明。法庭审理过程中,当事人及其辩护人、诉讼代理人申请排除非法证据的,法庭应当进行审查。经审查,对证据收集的合法性有疑问的,应当进行调查;没有疑问的,应当当庭说明情况和理由,继续法庭审理。当事人及其辩护人、诉讼代理人以相同理由再次申请排除非法证据的,法庭不再进行审查。对证据收集合法性的调查,根据具体情况,可以在当事人及其辩护人、诉讼代理人提出排除非法证据的申请后进行,也可以在法庭调查结束前一并进行。法庭审理过程中,当事人及其辩护人、诉讼代理人申请排除非法证据,人民法院经审查,不符合最高人民法院《关于适用〈刑事诉讼法〉的解释》第 97 条规定的,应当在法庭调查结束前一并进行审查,并决定是否进行证据收集合法性的调查。法庭决定对证据收集的合法性进行调查的,可以由公诉人通过出示、宣读讯问笔录或者其他证据,有针对性地播放讯问过程的录音录像,提请法庭通知有关侦查人员或者其他人员出庭说明情况等方式,证明证据收集的合法性。

经审理,确认或者不能排除存在《刑事诉讼法》第 54 条规定的以非法方法收集证据情形的,对有关证据应当排除。人民法院对证据收集的合法性进行调查后,应当将调查结论告知公诉人、当事人和辩护人、诉讼代理人。

(2)证据的综合审查与运用

对证据的真实性,应当综合全案证据进行审查。对证据的证明力,应当根据具体情况,从证据与待证事实的关联程度、证据之间的联系等方面进行审查判断。证据之间具有内在联系,共同指向同一待证事实,不存在无法排除的矛盾和无法解释的疑问的,才能作为定案的根据。

没有直接证据,但间接证据同时符合下列条件的,可以认定被告人有罪:①证据已经查证属实;②证据之间相互印证,不存在无法排除的矛盾和无法解释的疑问;③全案证据已经形成完整的证明体系;④根据证据认定案件事实足以排除合理怀疑,结论具有唯一性;⑤运用证据进行的推理符合逻辑和经验。

根据被告人的供述、指认提取到了隐蔽性很强的物证、书证,且被告人的供述与其他证明犯罪事实发生的证据相互印证,并排除串供、逼供、诱供等可能性的,可以认定被告人有罪。采取技术侦查措施收集的证据材料,经当庭出示、辨认、质证等法庭调查程序查证属实的,可以作为定案的根据。使用前述规定的证据可能危及有关人员的人身安全,或者可能产生其他严重后果的,法庭应当采取不暴露有关人员身份、技术方法等保护措施,必要时,审判人员可以在庭外核实。

第三部分　争议焦点的归纳总结与分析论证

经法庭调查,法官归纳出本案控辩双方存在以下焦点问题,并逐一作出了分析与论证。

一、关于利用未公开信息从事股票交易行为的界定

被告人张某的辩护人提出,应认定张某利用未公开信息买入股票金额为1832万余元,获利金额为122万余元。

经查,从本案所涉11只股票来看,存在以下情形:(1)涉案账户与财富稳健基金在同一天买入,如"西山煤电""中煤能源""中国神华""金地集团"4只股票;(2)涉案账户与财富稳健基金在同一天买入,之后基金又在关联时间内买入,如"吉林敖东""保利地产""西部矿业""中国平安"4只股票;(3)涉案账户在财富稳健基金建仓期间买入,如"万科A";(4)涉案账户先行买入,数天后涉案账户与财富稳健基金在同一天买入,之后基金又在关联时间内买入,如"泛海建设";(5)涉案账户先行买入,数天后财富稳健基金买入,之后涉案账户与基金又在同一天买入,如"华侨城A"。法院认为,从上述情形看,涉案账户与财富稳健基金买入的同一股票均存在交易时间上的直接与实质关联,系利用尚未公开的基金投资方向及持仓量变动方面的交易信息来获取利益,均可认定为涉案账户先于或同期于财富稳健基金买入同一股票。据此,应认定张某系利用未公开信息进行股票交易,交易金额4638万余元,获利金额1242万余元。辩护人的相关辩护意见未被采纳。

二、关于被告人夏甲、夏乙是否构成利用未公开信息交易罪的共犯

三名被告人的辩护人提出,难以认定夏甲、夏乙构成利用未公开信息交易罪的共犯。

法院最终认定夏甲、夏乙构成利用未公开信息交易罪的共犯。主要理由是:

1. 被告人夏甲、夏乙与张某有共同利用未公开信息交易的主观故意。理由是:(1)夏甲、夏乙在侦查阶段的供述证明,两人均明知丁某账户买卖的股票与张某管理的财富稳健基金所买卖的股票有关。(2)夏甲、夏乙在庭审中供述,两人至少知道张某可能在丁某账户股票交易

中存在"内部信息",对于系利用未公开信息交易至少有概括认识。(3)被告人张某在侦查阶段的供述亦可印证夏甲、夏乙明知丁某账户的股票交易与张某管理财富稳健基金买卖股票有关。(4)从常理判断,夏甲系张某前妻,且离婚后仍保持密切联系;夏乙系夏甲的妹妹,两人对张某所从事的职业及职业的性质有非常清楚的认识,应当知道系利用张某管理基金的股票交易信息在丁某证券账户中从事股票交易。

2. 被告人夏甲、夏乙客观上实施了利用未公开信息买卖相关股票的行为。理由是:(1)被告人张某、夏甲、夏乙的供述均证明,在财富公司对于个人电脑使用管理越来越严格后,张某无法在公司上网下单交易,就通过QQ、MSN等将要买卖的股票名称或代码、股票价格及股数告知夏甲、夏乙,由她们操作。(2)经查,丁某账户2009年6月2日买入"保利地产"及2009年7月27日卖出"保利地产"委托记录中的MAC地址,与夏甲所使用电脑的MAC地址一致。(3)被告人夏甲的供述称,其在丁某的账户中根据张某提供的信息操作过"万科A""保利地产""中煤能源"等股票。(4)被告人夏乙的供述称,其根据张某提供的信息操作过的股票有"保利地产""中国神华""西部矿业""中煤能源"等。

3. 虽然被告人夏甲、夏乙并非证券、基金行业从业人员,但依法可认定为利用未公开信息交易罪的共犯。本案中,夏甲系涉案资金的出资者与获利者,且根据张某提供的信息操作过部分股票,参与程度较深;夏乙亦根据张某提供的信息,在夏甲不方便操作时具体实施股票交易,在一定程度上促成了本案利用未公开信息交易行为的完成。综合夏甲、夏乙的共同犯罪故意与客观行为,依据《刑法》总则关于共同犯罪的规定与共同犯罪的一般原理认定两名被告人为利用未公开信息交易罪的共犯并无不妥。

三、关于数额认定

1. 关于违法所得金额的认定

被告人张某的辩护人提出,违法所得金额不应以被告人通过利用未公开信息交易行为最终所获利益认定,而应按照被告人利用未公开信息买入股票过程中所赚取的差价来计算,即应以被告人利用未公开信息买入股票的平均价格与基金买入同一只股票的平均价格之差乘以买入股票的总股数来认定。

本案中,涉案账户11只股票全部系先于或同期于财富稳健基金买入,且最终均系先于财富稳健基金卖出,全部获利均与利用的未公开信息直接关联,应以被告人的实际获利金额认定违法所得金额,故本案违法所得金额为1242万余元。辩护人所提计算方法并不具有合理性,法院未予采纳。

2. 关于被告人夏甲、夏乙犯罪数额的认定

被告人夏甲系涉案资金的出资者与获利者,应当对全案承担刑事责任,故认定其参与交易金额4638万余元,获利金额1242万余元。而从被告人夏乙的情况看,其既未出资也未实际获利,故只应对其所参与具体操作的涉案股票承担相应的刑事责任。基于被告人夏乙所作的关于其参与具体操作了"保利地产"等4只股票的陈述,查证的丁某账户买卖"保利地产"

委托记录中的MAC地址与夏甲所使用电脑的MAC地址一致,且夏甲与夏乙的供述均证明夏甲的电脑系两人共同使用等证据,法院认定夏乙参与了具体操作"保利地产"股票。故认定夏乙参与交易金额为522万余元,获利金额为122万余元。

四、关于三名被告人是否具有自首情节

三名被告人的辩护人提出,被告人张某、夏甲、夏乙具有自首情节。

法院经审理查明,根据案发经过及三名被告人的供述等证据,三名被告人接到证监部门的电话通知后主动到案,但因接受调查之前三名被告人已商定由夏乙一人承担全部责任,故张某、夏甲、夏乙到案后均未如实供述所涉犯罪事实,后经多次讯问才如实交代。据此,法院未认定三名被告人具有自首情节。

知识点解读:

1. 共同犯罪

共同犯罪分为一般共犯和特殊共犯(犯罪集团)两种。一般共犯是指二人以上共同故意犯罪,而三人以上为共同实施犯罪而组成的较为固定的犯罪组织,是犯罪集团。组织、领导犯罪集团进行犯罪活动的,或者在共同犯罪中起主要作用的,是主犯。对组织、领导犯罪集团的首要分子,按照集团所犯的全部罪行处罚。在此之外的主犯,应当按照其所参加的或者组织、指挥的全部犯罪处罚。共同犯罪人主要分为主犯、从犯、胁从犯。

2. 自首

自首是指犯罪后自动投案,向公安、司法机关或其他有关机关如实供述自己的罪行的行为(一般自首)。我国刑法规定,自首的可以从轻或减轻处罚。其中,犯罪较轻的可以免除处罚。被采取强制措施的犯罪嫌疑人、被告人和正在服刑的罪犯,如实供述司法机关还未掌握的本人其他罪行的,以自首论(特殊自首)。

本案三名被告人虽然能够自动投案,但到案后均不能如实供述共同犯罪事实,因而法院对于其三人构成自首的辩护意见均未采纳。

第四部分　法 院 裁 判

经审理,法院判决如下:

被告人张某身为基金管理公司的从业人员,利用因职务便利获取的基金投资信息这一未公开信息,违反规定,由其本人或者安排被告人夏甲、夏乙共同从事与该信息相关的证券交易活动,情节严重,其行为均已构成利用未公开信息交易罪。其中被告人张某、夏甲利用未公开信息交易金额4638万余元,获利金额1242万余元;夏乙参与利用未公开信息交易金额522万余元,获利金额122万余元。被告人张某在共同犯罪中起主要作用,系主犯;夏甲、夏乙在共同犯罪中起次要作用,系从犯,依法应当从轻、减轻或者免除处罚。被告人张某、夏甲、夏乙能

如实供述罪行,依法可以从轻处罚;本案追缴退赔情况亦在量刑时予以考虑,各名辩护人的相关辩护意见予以采纳。据此,法院综合三名被告人的犯罪事实、性质、情节及对社会的危害程度,依照《刑法》第180条第4款及第1款、第6条、第25第1款、第26条第1款及第4款、第27条、第67条第3款、第53条以及第64条之规定,判处如下:

(1)被告人张某犯利用未公开信息交易罪,判处有期徒刑3年,并处罚金人民币600万元。

(2)被告人夏甲犯利用未公开信息交易罪,判处有期徒刑2年,缓刑2年,并处罚金人民币600万元。

(3)被告人夏乙犯利用未公开信息交易罪,判处拘役6个月,缓刑6个月,并处罚金人民币50万元。

(4)违法所得予以追缴。

第五部分　利用未公开信息交易罪辨析

(一)法律规定

利用未公开信息罪为《刑法修正案(七)》增加的罪名,《刑法修正案(七)》第2条第2款规定:证券交易所、期货交易所、证券公司、期货经纪公司、基金管理公司、商业银行、保险公司等金融机构的从业人员以及有关监管部门或者行业协会的工作人员,利用因职务便利获取的内幕信息以外的其他未公开信息,违反规定,从事与该信息相关的证券、期货交易活动,或者明示、暗示他人从事相关交易活动,情节严重的,依照内幕交易、泄露内幕信息罪的规定处罚。该条款设在《刑法》第180条第3款之后,作为该条的第4款。

(二)域外经验

资本市场在我国尚属新生事物,对证券期货相关违法犯罪行为的刑法规制在我国实践经验尚不足,理论基础亦较薄弱。纵观境外成熟市场,对于利用未公开信息交易行为的刑法规制大体分为两种:一类是将利用未公开信息交易行为纳入"内幕交易"的范畴进行规制,一类是独立成罪。造成这种区别的原因在于各国对"内幕交易"的范围界定不同。

1. 美国、欧盟模式

多数资本市场成熟国家将利用未公开信息交易行为纳入"内幕交易"的范畴。如美国,联邦立法的美国证券交易委员会(SEC)规则均没有对内幕信息进行定义,根据判例法,内幕信息是指非公开的实质信息,而且一旦披露会影响证券价格。在信息未公开之前,知道内幕的人士将此信息泄露并利用该信息从事交易的行为即为内幕交易。内幕信息不仅包括与公司业务、财务相关的信息,而且包括了对证券市场供求关系产生影响的非经济性信息,判断某项信息是不是"重要信息"完全看该信息可能带来的影响,而不论该信息是否来源于上市公司内部,无论该信息所涉及的事项,也无论是否为上市公司有权决定的事。[1] 美国"内幕信息"的宽泛外延,使《1934年证券交易法》第10条b项能够不断应对证券市场迅猛发展所出现的各种利用信息优势谋取非法利益的行为。我国的内幕交易罪及利用未公开信息罪的相关表现,均在美国法律体系中为"内幕交易罪"所涵盖。

2. 日本、德国模式

部分国家将内幕信息的范围规定较小,要求信息必须与可转让证券发行人或可转让证券的情况有关。如日本,其内幕信息的范围限于与上市公司自身状况相关,对于利用未公开信息行为,由于其所利用的"未公开信息"与"上市公司"无关,因此不是内幕交易罪的规制对象。日本对此规定了独立的犯罪,《日本刑法典》第247条规定,在为他人处理事务过程中,基于谋取委托人之外的本人利益或者第三人利益的目的,或者基于损害委托人利益的目的,违背任务,对委托人造成财产损害的,构成背信罪。对背信罪不足以涵盖的,还可以证券欺诈兜底条款定罪处罚。

通过对比分析,可以看出:我国刑法中的"未公开信息"与"内幕信息"有着实质的差别,而是否将"利用未公开信息交易罪"纳入"内幕交易罪"也仅是立法技术上的安排,并无实质影响。关键在于利用未公开信息入刑后,能否产生预期的实际效果。

(三)难点剖析

1."未公开信息"的认定及与"内幕信息"的界分

(1)"未公开信息"的范畴

何谓"未公开信息",《刑法》中并没有明确规定,只是在第180条第4款指出为"内幕信息以外的其他未公开信息"。未公开信息是证券期货犯罪体系中的一个崭新概念,在立法机关设置用未公开信息交易罪之前,未公开信息并不是一个确定的法律概念。

综合刑法学界及实务界的通说观点,一般认为,未公开信息,是指不为公众所知悉,对相关证券、期货交易价格有重要影响,金融机构、监管部门以及行业协会按照规定采取规范管理的投资经营、监督管理、调控政策等信息。既可以是金融机构开展金融业务过程中的经营信息,也可以是相关法律法规没有明文规定将其纳入内幕信息的范围,但形成于上市公司内部且对上市公司股票走向有重大影响的价格敏感信息,还可以是金融监管部门、证券、期货交易所以及行业协会在行政执法、业务指导、交易管理、行业自律监督过程中掌握的监管信息、管理信息或者行业信息,甚至可以是利率、汇率、税收等宏观调控政策信息等。

从法律规定上看,"未公开信息"应当具备以下基本特性:

一是差别性,即未公开信息必须是内幕信息之外的其他信息;二是未公开性,即"未公开信息"尚未通过法定渠道或者其他以公众熟知方式向社会大众和广大投资者公布;三是关联性,即未公开信息必须是与证券、期货合约的市场价格有关的重大信息,而不能是其他一切信

---

[1] 参见钟雯彬:《内幕交易、泄露内幕信息行为的客观表现认定——美国内幕交易规制的借鉴》,载《西南民族大学学报(人文社会科学版)》2004年第1期。

息;四是价格敏感性,即未公开信息对于证券、期货合约的价格具有重要影响;五是可利用性,即未公开信息被行为人所掌握后,行为人或其亲友可从中受益之信息。

(2)"内幕信息"与"未公开信息"的区分

未公开信息是指内幕信息以外的对证券、期货交易价格有重要影响且不为公开市场知悉的信息,这就决定了未公开信息与内幕信息在具体内容上具有非此即彼的矛盾关系。

内幕信息的具体内容及其范围,有明确的前置性法律法规为依据,我国《证券法》《公司法》《期货交易管理条例》、中国证监会《上市公司信息披露办法》《上市公司重大资产重组管理办法》,以及上海、深圳证券交易所发布的最新版《股票上市交易规则》等一系列法律、法规、规章等,对内幕信息的内涵和外延都做了详细的规定。根据我国《证券法》第 75 条的规定,证券交易活动中,设计公司的经营、财务或者对该公司证券的市场价格有重大影响的尚未公开的信息,为内幕信息。同时根据《证券法》第 67 条、第 75 条的规定,内幕信息主要包括:一是与上市公司重大事件相关的信息,如上市公司的重大投资行为和重大的购置财产的决定;二是与上市公司重要决策或者行为相关的信息,如有关公司分配股利或增资的信息;三是国务院证券监督管理机构认定的对证券交易交割有显著影响的其他重要信息。

相比未公开信息,其具体内容并没有前置性法律法规予以明确规定,属于可以对信息内容进行列举的开放性问题。具体而言,未公开信息可以包括:一是证券、期货交易所及证券、期货公司的非公开信息业务数据信息。二是证券公司、期货公司在从事自营业务、资产管理业务、投资咨询业务等过程中形成的经营性信息。三是基金管理机构等将要利用客户资金进行巨额投资的决策信息。四是商业银行、保险公司、信托公司等金融机构在从事与证券、期货投资相关的经营活动中形成的投资决策、资金动向数据、投资咨询等综合性信息。五是证券业、基金业、期货业、保险业、银行业等监管部门以及相关行业信息和行业管理信息等。[1]

2. 利用未公开信息交易罪的主体确认

(1)直接主体

根据《刑法》第 180 条第 4 款的规定,利用未公开信息交易罪的犯罪主体仅限自然人,具体分为两类:①金融机构从业人员。包括证券交易所、期货交易所、证券公司、期货经纪公司、基金管理公司、商业银行、保险公司等金融机构的从业人员。②监管机构工作人员。包括中国人民银行、中国证券监督管理委员会、中国银行业监督管理委员会、中国保险监督管理委员会等有关承担监管职责的部门的工作人员,以及中国证券业协会、中国期货业协会、中国保险行业协会等承担自律性管理职能的协会的工作人员。

(2)本人从事相关证券、期货交易的判断

金融机构从业人员、有关主管部门、行业协会工作人员以其个人的证券、期货交易账户、资金账户自行或者委托经纪人实施金融交易,或者以其近亲属、情妇(夫)等具有共同利益关系人员的交易账户、资金账户从事相关证券、期货买卖,当然应当认定为本人从事相关证券、

〔1〕 参见刘宪权、谢杰:《证券期货犯罪刑法理论与实务》,上海人民出版社 2012 年版,第 234 页。

期货交易。但是,上述交易样态通过直观判断就能加以认定,显然属于“低端”的利用未公开信息交易违法犯罪形式,在金融从业人员或者监管工作人员违规案例中较为罕见。

利用职务便利获取未公开信息的行为主体本人实施相关金融交易,本质上是对与未公开信息有关的证券、期货交易行为的一种控制,其不仅是形式控制(以本人名义直接或者委托他人买卖证券、期货合约),而且表现为实质控制(控制他人或者利用他人账户从事相关交易)。以实质控制形态表征的利用未公开信息交易行为多发且较难认定,更有必要研究判断标准。

一般认为,具有以下情形之一的,可以认定相关证券、期货交易受到行为人的实际控制:①向他人提供购买证券、期货合约的资金,并且他人买卖证券、期货合约的利益或者损失,全部或部分由本人占有或者承担;②对他人的证券、期货交易账户、资金账户或者他人所持有的证券、期货合约具有使用、管理、收益、处分等权限;③本人的近亲属、情妇(夫)等具有共同利益的人从事相关证券、期货交易。上述认定标准决定了司法部门在查处利用未公开信息交易案件时,绝不能遗漏任何有关资金走向、人际关系、异动账户等要点的分析。

(3)被建议从事与该信息相关证券、期货交易人员的责任认定

在目前的证券、期货市场中,存在大量有身份者建议无身份者从事相关交易的现象。这一现象又可以细分为两种情况:一是有身份者与无身份者的合谋,有身份者负责提供买卖某只股票的信息,无身份者负责交易,获利后共同分赃。二是有身份者与无身份者之间没有合谋,有身份者仅仅是建议(明示或暗示)无身份者去从事某种证券、期货交易活动。在证券、期货市场中,为数不少的股民都希望通过某种渠道得到信息去操作,显然如果对第二种情况的无身份者进行处罚,则处罚面过宽,故不宜进行处罚。那么,对于第一种情况中的无身份者是否需要处罚且该如何处罚呢?

关于共犯与身份,刑法通说认为,不具有构成身份的人与具有构成身份的人共同实施真正身份犯时,构成共同犯罪。例如,一般公民不可以单独犯脱逃罪,但可以教唆、帮助依法被关押的罪犯、被告人、犯罪嫌疑人脱逃,因而构成该罪的共犯。我国刑法对贪污罪的共犯也有类似的规定。所以在“老鼠仓”案件中,对于有身份者建议无身份者从事某种交易,两者合谋的情况下,对无身份者应该作为该罪的共犯进行处罚。此种情况在刑法理论上,有身份者被称为“间接正犯”,接受明示或暗示的信息从事交易的无身份者可认定为帮助犯。

我国《刑法》在对利用未公开信息交易罪进行规制时,规定了“从事与该信息相关的证券、期货交易活动”和“明示、暗示他人从事相关交易活动”两种行为方式。但如果按照间接正犯与帮助犯的解释思路,对于上述此种有身份者建议无身份者、两者合谋的情况,直接适用立法规定的第一种行为方式,立法者则无须再规定第二种行为方式,而且第二种行为方式的列举反而给解释带来困难,易造成处罚上的漏洞。因为,如果按照第二种行为方式去解释,在刑法理论上,通说认为无身份者不能构成共犯,但无身份者在这种情况下如认定为帮助犯,则存在解释上的困难。在这种场合有身份者所实施的正犯行为不是交易行为,而是明示或者暗示的行为,帮助犯是要对这个正犯行为进行帮助,而不能是针对交易行为的帮助。如某甲明示或暗示某乙从事交易时,其帮助的表现应当是为其望风、提供犯罪工具等,而某乙依照某甲

的明示或暗示直接进行交易,则不能称为对建议行为的帮助,只能是对建议行为的落实,是接受建议的结果,而很难将其解释为帮助犯,这将造成处罚上的漏洞,很难取得立法者想要的处罚效果。所以,“将‘明示、暗示他人从事交易活动’放入刑法中,表面上看达到了刑法和其他部门法之间的协调,但这仅仅是文字规定和条文表述上的形式性协调,而非本身的实质性协调。在立法时不应单纯地追求部门法在形式上的文字相同,而忽视了部门法背后的法理基础。”[1]所以,我们认为,现行刑法对第二种行为方式的明确规定,是值得商榷的,对于有身份者建议无身份者从事相关交易、双方合谋的情形,直接适用第一种行为方式的规定即可。[2]

3. 利用未公开信息交易罪前置性违法的判断——证券管理法律法规视角的解读

本罪是法定犯,根据《刑法》第180条第4款的规定,构成利用未公开信息交易罪必须“违反规定”,即认定本罪要以违反《证券法》等相关行政管理法律法规作为前置性违法的前提。

首先应当明确的是,《刑法》第180条第4款的表述是“违反规定”,而不是“违反国家规定”,两者存在很大的差别。根据《刑法》第96条的规定,“违反国家规定”,“是指违反全国人民代表大会及其常务委员会制定的法律和决定,国务院制定的行政法规、规定的行政措施、发布的决定和命令”。最高人民法院《关于准确理解和适用刑法中“国家规定”的有关问题的通知》(法[2011]第155号)尽管对“国家规定”的范围作了一定延伸,但与利用未公开信息交易罪中“规定”的范围相比,要窄很多,后者不仅包括法律、行政法规,还包括部门规章、地方性法规及行业规范,但公司的内部章程不包括在内。

在法律规范层面,目前证券、期货、银行、保险、基金等领域的法律、法规、规章、行业规则等前置性规范对于利用未公开信息行为的违法性规定实际上处于不够完善的状态,尚没有对证券公司、证券交易所、保险公司、商业银行、社保基金投资管理机构等工作人员利用未公开信息从事证券、期货交易的违法作出明确规定,没有直接的禁止性条款,规定较为原则。全国人大常委会于2004年6月1日施行的《证券投资基金法》第18条规定,基金管理人的董事、监事、经理和其他从业人员,不得从事损害基金财产和基金份额持有人利益的证券交易及其他活动。全国人大常委会于2013年6月1日施行的《证券投资基金法》第19条亦有类似的规定。

而根据前述关于“违反规定”的界定,利用未公开信息交易行为,不仅违反了国家法律,也违反了中国证监会的相关规定。对此,中国证监会于2009年4月1日施行的《基金管理公司投资管理人员管理指导意见》(以下简称《指导意见》)第6条第2款规定:“投资管理人员不得利用基金财产或利用管理基金份额之便向任何机构和个人进行利益输送,不得从事或者配合他人从事损害基金份额持有人利益的活动。”《指导意见》第8条规定,“投资管理人员应当恪守职业道德,信守对基金份额持有人、监管机构和公司作出的承诺,不得从事与履行职责有利益冲突的活动。”案件中,张某利用因职务便利获取的所任职基金公司的未公开信息进行证券交易,违背了其作为基金从业人员对基金份额持有人、监管机构以及基金公司作出的承诺,

---

[1] 俞燕:《非法证券交易案件疑难问题研究——浅谈“老鼠仓”行为的刑法规制》,载《犯罪研究》2010年第1期。
[2] 参见陈伶俐、于同志、鲍艳:《金融犯罪前言问题审判实务》,中国法制出版社2014年版。

与其职务行为存在利益冲突，损害了基金份额持有人的利益，即违反了上述法律和规定。

《指导意见》第23条第3款还规定："除法律、行政法规另有规定外，公司员工不得买卖股票，直系亲属买卖股票的，应当及时向公司报备其账户和买卖情况。公司所管理基金的交易与员工直系亲属买卖股票的交易应当避免利益冲突。"根据这一规定，基金管理公司员工买卖股票原本就属于禁止的行为，即使是修订后的《证券投资基金法》修改了对基金管理公司员工买卖股票的禁止性规定，但仍规定基金从业人员从事股票买卖，应当事先申报，并不得从事与基金份额持有人发生利益冲突的股票交易行为，其实质是更有针对性地严格监管和防止基金管理公司工作人员擅自买卖与所任职的基金公司交易种类相同的股票。张某在其所任职的基金公司旗下投资买卖相关股票的同时，未作申报，逃避监管，个人买卖相同股票，与基金份额持有人发生利益冲突，明显属于"违反规定"。

4. 利用未公开信息的推定与反驳

司法实践中对于认定该罪名的一个难点是，如何确认相关证券、期货交易行为是基于利用未公开信息而实施的。

在证券期货内线交易犯罪案件中，直接证明行为人利用未公开信息、内幕信息具有相当的难度，应当通过推定方式进行认定。有学者认为，在资本市场上，由于交易的电子化、虚拟化、网络化及过程的迅捷化，想获得充足证据证明行为人违规操作确实很难。司法机关如果认为市场主体的交易行为影响了市场的正常运营，导致股票价格的异常变动，就可以推定其实施了犯罪行为，而无须获得行为人实施犯罪的确凿证据。内幕交易刑事案件审判实践已经对推定行为人利用内幕信息的有效性予以确认。[1]

根据证据法原理，"刑事推定本身就是一种证明规则"。在基础事实客观确实的情况下，可以据此作出推定。根据利用未公开信息交易违法犯罪的实际情况，具有接触未公开信息职务便利的金融机构从业人员以及监管部门工作人员本身就具有禁止买卖与未公开信息相关的证券、期货的戒绝交易义务，故完全可以基于其违背法定义务的交易事实推定其利用未公开信息。

司法实践中，控方提供证据证明存在符合下列要素的证券、期货交易行为，可以推定行为人实际利用了未公开信息：(1)行为主体依职责或者经授权，掌握或知悉可能对证券、期货交易价格产生重大影响的尚未公开的信息；(2)行为主体在掌握或知悉上述信息期间、该信息公开之前买卖相关证券、期货。必须重视的是，推定可以反驳，当反驳的合理性强度超越推定强度时，可以认定行为主体并非基于未公开信息从事相关证券、期货交易。行为人有足够证据证明存在以下情形之一的，推定其利用未公开信息的意见不能成立：(1)在掌握或者知悉未公开信息之前，已经凭借对市场公开资料、数据等信息的分析作出相关投资判断与交易策略；(2)有正当理由相信行为人虽然依职责或者经授权能够掌握但客观上确实没有接触公开信息；(3)根据证券、期货市场有关状况、操作规律、发展趋势，按照经验法则与证券、期货知识，

---

〔1〕 参见赵运峰：《证券犯罪刑事追究探析》，载《浙江金融》2011年第5期。

结合证券期货监管部门组织的专家委员会或者证券、期货交易所的专业认定意见,能够得出行为人从事的证券期货投资品种与未公开信息无关等。

5. 获利或者避免损失的数额认定

首先,从利用未公开信息交易罪的客体来看,基金公司从业人员利用未公开信息交易相关股票的行为,不仅可能对所任职基金公司的财产利益造成直接损害,更主要的是破坏了公平、公开、公正的证券市场原则,损害了处于信息弱势的散户的利益,违背了基金从业人员对基金公司的忠诚义务,损害了有关基金和基金管理人的声誉以及投资者对有关基金及基金管理人的信赖和信心,进而对有关基金的长期运作和基金份额持有人利益造成损害,并对整个证券市场造成损害。因而,刑法设置该罪,针对的就是利用未公开信息从事交易的行为,目的在于惩治该类行为对证券市场正常运营所造成的严重危害,基金公司买入行为对涉案股票价格的影响及行为人是否实际获利,均非决定犯罪是否构成的要素。[1]

其次,关于如何计算内幕交易的获利或者避免损失的数额,司法实践中争议较多。对于违法数额的认定,区分几类情况:一是已卖出的股票,违法所得为卖出股票收入减去买入股票支出;二是未卖出股票,违法所得为选择适当终点价格计算出的余股价值减去买入成本;三是在会计方法上,卖出收入与买入成本的关系,可根据实际情况采用先进先出、后进先出、平均成本、移动平均等方法;四是持股获得的红利计入收入,交易费用从违法所得中扣除。

在本案中,张某已经将利用未公开信息交易的所有股票全部卖出,其违法所得应为卖出股票收入减去买入股票支出然后扣除交易费用的余额。

由于张某利用未公开信息多次交易,并分多次将买入的股票卖出,所以很难认定每次卖去股票后的违法所得的实际数额。因此,应采取先进后出法计算其违法所得的总体数额。

所谓先进后出法,是会计上存货计价方法的一种,后进先出法基于"后入库的先发出"的存货流动假设,其基本特点是使所销售的存货按最近期取得存货的成本与其实现的销售收入相配比。一般来说,在物价持续上涨的情况下,采用后进先出法将会导致较高的销售成本、期末现金余额和较低的期末存货余额、销售毛利、所得税和净收益额。后进先出法符合稳健性原则的要求,因为它可以多计本期发出的存货成本,相应地少计期末库存存货的成本。对于证券交易来说,后进先出法就是以后买进的证券先卖出为假定前提,对卖出证券按最近买进的单价进行计价,该计算方法简便,并且比较符合证券市场上投资者的实际心态。

采用后进先出法计算内幕交易的违法所得,就是在利用利好的未公开信息进行交易时,由于利好信息的发布会使信息所涉及的股票价格上涨,对行为人交易中最先卖出时的每股价格和最后一次买入时的价格相减,然后乘以交易股票的数量,就是利用未公开信息交易的违法所得数额。采用后进先出法计算违法所得数额,实际上多计算了行为人非法交易的成本,少计算了非法交易的收益,但是这样的计算方法符合稳健性原则。

同时,后进先出原则计算违法所得也体现了疑问时有利于被告人的原则。由于前述股票

---

[1] 参见毛玲玲:《证券市场刑事责任研究》,法律出版社 2009 年版。

交易的复杂性,很难实际准确地计算出利用未公开信息交易的确切违法所得数额,因此采取后进先出法计算违法所得,一般是行为人非法交易所获得的最低值,并不会因高估行为人的违法所得数额而导致不当地加重行为人的处罚。[1]

教学手册

教学对象及目标

本案例供法律硕士教学适用,法学本科、刑法学专业硕士、刑事诉讼法学专业硕士也可参酌试用。

本案例主要围绕利用未公开信息交易罪的犯罪构成和司法适用中的难点问题展开。通过讲授,达到如下目标:(1)掌握利用未公开信息交易罪的概念、域外借鉴、构成要件和认定标准;(2)掌握未公开信息与内幕信息的差别、被建议从事相关证券交易人员的处理、利用未公开信息的前置性法律规范、辨识行为人的职务便利与交易相关性、交易获利或避免损失数额的认定等难点问题;(3)知悉刑事诉讼程序,掌握法院审理一审刑事案件中审判员的工作任务、程序和职责;(4)学习刑事诉讼各个阶段当事人的地位、作用和工作程序;(5)了解掌握刑事诉讼中证据的收集、分类、效力认定、证明标准和认证规则。

教学内容

1. 如何理解“未公开信息”?

未公开信息,是指不为公众所知悉,对相关证券、期货交易价格有重要影响,金融机构、监管部门以及行业协会按照规定采取规范管理的投资经营、监督管理、调控政策等信息。既可以是金融机构开展金融业务过程中的经营信息,也可以是相关法律法规没有明文规定将其纳入内幕信息的范围,但形成于上市公司内部且对上市公司股票走向有重大影响的价格敏感信息,还可以是金融监管部门、证券、期货交易所以及行业协会在行政执法、业务指导、交易管理、行业自律监督过程中掌握的监管信息、管理信息或者行业信息,甚至可以是利率、汇率、税收等宏观调控政策信息等。

2. 如何理解利用未公开信息交易罪的适用主体?

利用未公开信息交易罪的犯罪主体仅限自然人,具体分为两类:(1)金融机构从业人员。包括证券交易所、期货交易所、证券公司、期货经纪公司、基金管理公司、商业银行、保险公司等金融机构的从业人员。(2)监管机构工作人员。包括中国人民银行、中国证券监督管理委员会、中国银行业监督管理委员会、中国保险监督管理委员会等有关承担监管职责的部门的

---

[1] 参见最高人民检察院法律政策研究室、中国证券监督管理委员会法律部编著:《证券期货犯罪司法认定指南》,中国人民公安大学出版社 2009 年版。

工作人员,以及中国证券业协会、中国期货业协会、中国保险行业协会等承担自律性管理职能的协会的工作人员。

3. 如何理解“违反规定交易”?

关于“违反规定”的界定,利用未公开信息交易行为,不仅违反了国家法律,也违反了中国证监会的相关规定。对此,全国人大常委会于 2004 年 6 月 1 日施行《证券投资基金法》第 18 条规定,基金管理人的董事、监事、经理和其他从业人员,不得从事损害基金财产和基金份额持有人利益的证券交易及其他活动。全国人大常委会于 2013 年 6 月 1 日施行的《证券投资基金法》第 19 条亦有类似的规定。中国证监会于 2009 年 4 月 1 日施行的《指导意见》第 6 条第 2 款规定:“投资管理人员不得利用基金财产或利用管理基金份额之便向任何机构和个人进行利益输送,不得从事或者配合他人从事损害基金份额持有人利益的活动。”《指导意见》第 8 条规定,“投资管理人员应当恪守职业道德,信守对基金份额持有人、监管机构和公司作出的承诺,不得从事与履行职责有利益冲突的活动。”

4. 如何认定“获利或避免损失数额”?

对于违法数额的认定,区分几类情况:一是已卖出的股票,违法所得为卖出股票收入减去买入股票支出;二是未卖出股票,违法所得为选择适当终点价格计算出的余股价值减去买入成本;三是在会计方法上,卖出收入与买入成本的关系,可根据实际情况采用先进先出、后进先出、平均成本、移动平均等方法;四是持股获得的红利计入收入,交易费用从违法所得中扣除。

5. 如何对刑事诉讼证据进行审查和认定?

在刑事案件审理过程中,对证据的审查和认定,是整个诉讼阶段最重要也是最复杂的问题之一。刑事案件事实必须有证据证明。证据锁链构成事实,没有证据就没有事实,缺乏证据就无法构成证据锁链,无法构成证据锁链的证据属于证据不足,证据不足就是事实不清。因此,在本案的知识点解读中,重点对各类刑事诉讼证据的审查和认定标准进行逐一详尽的说明。要准确认定案件事实,必须对每一案件证据的关联性、合法性和客观真实性逐一作出甄别评判,只有这样,才能对案件的事实作出客观公正的判断。对于侦查机关工作人员、律师和当事人违反法律规定的权限、程序或用其他不正当的方法获取的刑事非法证据如何采信的问题,“两高”规定,言词证据属非法证据的一律不予采信;对非法取得的实物证据,如物证、书证、视听资料等是否采信,法律法规没有禁止性规定,因此,审判中在没有特殊的情况下,应当予以采信。同时,法官不宜自行收集证据,尤其是不利于被告人的证据,以确保中立和公正。

6. 法官应如何主导法庭证据调查?

法官在庭审质证程序中的定位应主要是质证程序的指挥者和秩序维护者,只有在例外的情况下才成为直接的质证主体。法官在质证中的作用应体现为以下几个方面:首先,法官拥有对质证的引导权。在当事人双方或一方陷入案件枝节问题或偏离案件事实时,由法官加以引导,使询问紧紧围绕对裁决有决定和影响作用的事实和情节进行;其次,法官应该保障控辩双方具有均等的质疑、询问机会;最后,庭审质证禁止性规则中规定的禁止权应当由法官来行使。法官在庭审过程中过多地干预控辩双方,会产生以下几方面的负面影响:其一,会影响整个庭审的完整性、连贯性;其二,会影响法官的中立形象,使其中一方产生合理怀疑;其三,如果双方得不到充分的发言,势必会影响到质证、认证的质量,从而影响到案件的质量;其四,如果被告人及其辩护人在质证过程中的权利得不到充分的体现,那么对最后的判决结果会不服,从而影响上诉率。因此,法官在审理案件中,应当高度重视质证环节,做到公平公正、不偏不倚。

课堂时间安排

本案例可以作为专门的案例教学课来进行,整个案例课的课堂安排为 6 个课时,每课时 45 分钟。

如下课堂设计,仅供参考。

1. 课前计划:安排学生阅读案例及相关参考资料,对案例所涉及问题进行思考,撰写实践题答案。

2. 课中计划:介绍教学目的,明确讨论主题;分组讨论,回答各项思考题,讨论实践题的撰写要点;小组代表提出撰写要点,学生讨论和分析;教师归纳总结。

3. 课后计划:布置学生进一步思考利用未公开信息交易罪的犯罪构成及认定难点,以熟练掌握该罪名的知识要点。

思考题和实践题

思考题

1. 何为刑法上的“未公开信息”?
2. “未公开信息”与“内幕信息”有何异同?
3. 我国刑法关于利用未公开信息罪的规定与西方国家有何异同?
4. 利用未公开信息罪的犯罪主体可以由哪类人群构成?
5. 怎样理解行为人实际控制下的非法证券、期货交易?
6. 被建议从事未公开信息交易的人是否可以构成本罪的犯罪主体?
7. 如何理解本罪中的“违反规定”?
8. 司法实践中,应当如何认定行为人“利用未公开信息”?
9. 本罪“情节严重”的标准是什么?
10. 如何确定行为人“获利或避免损失的数额”?

实践题

1. 如果你是张某的主审法官,在这一阶段应该做哪些工作?请根据以上案情,分配工作任务并编写工作计划,拟定庭审方案。
2. 结合本案案情,分别依照公诉人与辩护人的角色定位,撰写本案《起诉书》《辩护词》,准备控方与辩方的庭审预案。
3. 针对以上案件资料,为本案撰写《刑事判决书》。

4. 请根据以上案件信息,分析张某、夏甲、夏乙的行为是否构成利用未公开信息交易罪,并分析其在共同犯罪中的地位和作用。

参考文献

1. 刘宪权:《金融犯罪刑法学专论》,北京大学出版社 2012 年版。
2. 刘宪权、谢杰:《证券期货犯罪刑法理论与实务》,上海人民出版社 2012 年版。
3. 毛玲玲:《证券市场刑事责任研究》,法律出版社 2009 年版。
4. 赵秉志主编:《证券期货犯罪专题整理》,中国人民公安大学出版社 2011 年版。
5. 张晓宁:《证券内幕交易罪研究》,中国人民公安大学出版社 2011 年版。
6. 陈伶俐、于同志、鲍艳:《金融犯罪前沿问题审判实务》,中国法制出版社 2014 年版。
7. 最高人民检察院法律政策研究室、中国证券监督管理委员会法律部编著:《证券期货犯罪司法认定指南》,中国人民公安大学出版社 2009 年版。
8. 打击证券期货犯罪专题工作组编:《证券期货违法犯罪案件办理指南》,北京大学出版社 2014 年版。

(李睿,上海财经大学法学院讲师,lirui@ longanlaw. com)

8 CASE 念斌投放危险物质案

——刑事诉讼中犯罪事实认定与诉讼理念、证据规则与法律文书表述关系

摘 要

念斌投放危险物质案对刑事诉讼理念、诉讼期间、证据规则、排除合理怀疑规则、疑罪从无、一事不再理等皆具重大影响，集中地体现了打击罪犯、维护社会秩序及保护被害人合法权益与尊重人权、保障被告人合法权利之间的刑事诉讼理念、目的与效率之平衡，以及由事实难以达到皆为人们知晓、认定的程度而不可避免地引发两者之间的紧张关系。本案以(2012)闽刑终字第10号为主要素材，以判决书认定的事实、理由和辩解为研讨基础，着重训练所学知识的运用和强化对本案例问题的分析、思考、探究。

关键词

疑罪从无　排除合理怀疑　投放危险物质罪　刑事判决书　一事不再理

教学目标

通过对念斌投放危险物质案判决书的全方位解读，对本案问题的思考、探索，要求学生：

(1)深刻理解疑罪从无所体现的尊重人权、保障被告人合法权利的刑事诉讼的基本理念；

(2)正确理解和掌握排除合理怀疑规则与疑罪从无关系；

(3)了解非法(言词、实物)证据排除规则(包括程序性瑕疵)的具体适用；

(4)明确投放危险物质罪与故意杀人罪、想象竞合与法条竞合之间的区别；

(5)结合本案例，正确理解刑事诉讼公正与效率关系；

(6)了解刑事案件认定与刑事判决书的关系，掌握刑事判决书格式和基本要求。

教学案例

第一部分 基 本 案 情

念斌,1976年出生,福州平潭人。念斌与丁某虾(二被害死者的母亲)曾分别租用陈某娇相邻的两间店面,经营水果、食杂等同类商品。

2006年7月27日晚,陈某娇(房东)、丁某虾两家用餐后6人同时中毒,丁某虾2个儿女(俞乙、俞丙)经抢救无效死亡。事后,警方检验显示,两人系氟乙酸盐鼠药中毒死亡(终审法院并未最终确认)。

2006年8月1日,福州市公安局首先从呕吐物中检验出氟乙酸盐,同时在念斌食杂店外面靠近卫生间的门把上检出"疑似"氟乙酸盐毒物的物质,便出具了门把上"倾向于认定"存在氟乙酸盐的《分析意见书》。该分析意见书令平潭县公安局将视线转移到念斌身上。

8月6日,福州市公安局在检验了数十件物品之后,从被洗刷干干净净的炒菜铁锅里检验出氟乙酸盐毒物。据此,念斌被平潭县公安局认定具有投毒作案的重大嫌疑。

8月7日,念斌被平潭县公安局刑侦大队以"留置盘问"的方式留置审讯,8月8日被拘传,拘传当天下午念斌作出在水壶内投毒的有罪供述。8月9日被拘留,8月18日被平潭县检察院批准逮捕。[1]

10月11日,平潭县公安局以念斌犯故意杀人罪将案件移送平潭县检察院审查起诉。平潭县检察院以被告人念斌涉嫌投放危险物质罪于2006年11月6日转至福州市检察院审查起诉。福州市检察院受理后退回补充侦查一次,平潭县检察院于2007年1月8日再次将此案移送福州市检察院审查起诉。期间,福州市检察院依法延长审查期限15日。

2007年2月6日,福州市检察院以念斌犯投放危险物质罪向福州市中级人民法院提起公诉,指控念斌犯有如下罪行:2006年7月26日被告人念斌在其食杂店中,看到顾客被丁某虾招揽过去而怀恨在心。次日凌晨1时许,被告人念斌到其与丁某虾等人共同租用的厨房,将半包鼠药倒入矿泉水瓶掺入水后倒入丁某虾放置在与他人共同租用厨房烧水的铝壶中,剩余的半包鼠药及装鼠药的矿泉水瓶丢弃在附近的竹筐里。当天下午,陈某娇用铝壶中的水帮助丁某虾煮鱿鱼,傍晚丁某虾用铝壶中的水煮稀饭。当晚被害人俞乙、俞丙、俞甲、丁某虾、陈某娇、念某珠食用了稀饭、鱿鱼相继中毒。[2] 其中,俞乙、俞丙经抢救无效死亡。经福州市公安局法医检验,俞乙、俞丙心血尿液中检出含氟乙酸盐鼠药,系氟乙酸盐鼠药中毒死亡。丁某虾的铝壶内的水、高压锅残留物、铁锅残留物均检出氟乙酸盐成分。在庭审中,念斌在法庭上喊冤,称自己没有干投毒的事,自己做预审中的口供是被警方刑讯逼供所致。

---

[1] 根据终审法院认定的事实,念斌是在检察机关审查起诉时,才开始推翻之前的有罪供词。

[2] 被害人俞甲、俞乙、俞丙分别是丁某虾的大儿子、女儿和小儿子。

2008 年 2 月 1 日，福州市中级人民法院以投放危险物质罪，判处念斌死刑，剥夺政治权利终身。念斌不服判决提出上诉。

2008 年 12 月 18 日，福建省高级人民法院在开庭审理该案后，以“事实不清，证据不足”将案件发回福州市中级人民法院重审。

2009 年 6 月 8 日，福州市中级人民法院再次以投放危险物质罪判处念斌死刑，剥夺政治权利终身。念斌不服再次提出上诉。

2010 年 4 月 7 日，福建省高级人民法院作出终审裁定，驳回上诉，维持原判。〔1〕 案件依法报请最高人民法院进行死刑复核。〔2〕

2010 年 10 月 28 日，最高人民法院以“第一审判决、第二审裁定认定被告人念斌投放危险物质罪的事实不清、证据不足”，裁定不核准福建省高级人民法院维持死刑的裁定，并撤销福建省高级人民法院维持死刑的裁定，将案件发回福建省高级人民法院重新审判。〔3〕

2011 年 5 月 5 日，福建省高级人民法院也撤销了福州市中级人民法院对念斌的死刑判决，该案件发回福州市中级人民法院重新审判。

2011 年 9 月 7 日，该案在福州市中级人民法院再次开庭审理，在没有新事实新证据的情况下，福州市中级人民法院于同年 11 月 24 日再次对念斌判处死刑，剥夺政治权利终身。随后，念斌第三次提起上诉。〔4〕

2014 年 8 月 22 日，福建省高级人民法院作出终审判决：(1)撤销福州市中级人民法院(2011)榕刑初字第 104 号刑事附带民事判决。(2)上诉人念斌无罪。(3)上诉人念斌不承担民事赔偿责任。〔5〕

第二部分　二审法院终审判决书〔6〕

基于念斌案事实部分及其认定存在明显差异，因此，本案例仅以终审法院判决书作为主要了解案情、分析案情和讨论案情的基础。以下部分均出自判决书，并注释了需要思考或关注的一些问题。

---

〔1〕 福州市中级人民法院是否还是存在“事实不清，证据不足”情形呢？福建省高级人民法院作出的判决是否也存在“事实不清，证据不足”的情形呢？如果审判人员和审判委员会认为事实不清、证据不足是否会作出有罪判决？

〔2〕 福建省高级人民法院作出死刑复核的是否也存在“事实不清，证据不足”的情形呢？还是复核人员认为事实清楚，证据确实、充分了呢？

〔3〕 最高人民法院不予复核是否说明了有些案件的事实似乎永远存在“事实不清，证据不足”的情形呢？

〔4〕 在最高人民法院作出对念斌死刑不予复核的情况下，也明知存在“事实不清，证据不足”结论，且在没有新事实新证据(是否有可能取得?)的情况下，福州市中级人民法院再次对念斌判处死刑，剥夺政治权利终身。这是一个“事实不清，证据不足”的事实问题，还是一个法律认知问题或一个证明标准问题，抑或是一个工作责任问题？

〔5〕 福建省高级人民法院同一个审判委员会先后作出了两个(有罪和无罪)不同的判决，说明了什么问题？

〔6〕 本案事实部分描述的版本不少(包括网上可以检索到的资料)，多份判决书认定的事实不一，为此，本例讨论的基础限定为 2014 年 8 月福建省高级人民法院对本案作出的终审判决。以下陈述内容均为判决书内容。

一、控辩双方对事实的认定与意见

(一)一审福州市中级人民法院判决认定的事实[1]

被告人念斌与丁某虾分别租用平潭县陈某娇家相邻的两间店面经营食杂店,存在生意竞争。2006 年 7 月 27 日晚,念斌认为丁某虾抢走其顾客而心怀不满。次日凌晨 1 时许,念斌产生投放鼠药让丁某虾吃了肚子痛、拉稀的念头,[2]遂将案发前在平潭县医院附近,向摆地摊的杨某炎购买的鼠药取出半包,[3]倒在矿泉水瓶中加水溶解后,潜入其食杂店后丁家厨房将鼠药水从壶嘴倒入烧水铝壶的水里。[4] 当晚,丁某虾的孩子俞乙(被害人。殁年 10 岁)、俞丙(被害人。殁年 8 岁)、俞甲(被害人。时年 6 岁)食用了使用壶水烹制的稀饭和青椒炒鱿鱼,丁某虾食用了其中的稀饭和青椒,房东陈某娇及其女儿念某珠食用了其中的青椒炒鱿鱼。后俞乙、俞丙、俞甲等人相继出现中毒症状。次日凌晨,俞乙、俞丙经抢救无效死亡,经鉴定系氟乙酸盐鼠药中毒。[5] 俞甲接受住院治疗。(略)

(二)针对一审认定的事实上诉人提出的上诉理由以及辩护意见

1. 念斌上诉理由:其没有作案,有罪供述内容不真实,系违法取证所得,请求宣告无罪。

2. 辩护人张燕生辩护意见:(1)本案现场勘验检查笔录制作不合法、不真实,不能作为定案依据;[6](2)物证铝壶、高压锅和铁锅提取送检过程不清;[7](3)理化检验报告均存在检验程序违法、检验结论不真实等问题,不能作为定案依据;[8](4)现有证据不能证实被害人的中毒原因;没有证据证实念斌购买了氟乙酸盐鼠药,在食杂店内调配好鼠药水,然后潜入被害人家厨房将鼠药水投入铝壶水中;[9](5)原判认定鼠药投放在铝壶水中,与本案的中毒情况也不相符;[10](6)念斌曾供述的作案工具均不存在。[11]

3. 辩护人斯伟江辩护意见:(1)本案补充勘查提取铝壶未制作相应笔录,物证铝壶应予排除,不能作为定案依据;[12](2)有关被害人死因的理化检验报告的质谱图出现明显问题,原判据此认定死因错误;[13](3)毒物检验方法和操作过程不规范,检验结果均不能认定检出氟乙

---

[1] 2014 年 8 月福建省高级人民法院对本案作出的终审判决对其中的主要犯罪事实没有认同。
[2] 念斌供词,后否定。
[3] 证据存在一些瑕疵。
[4] 存在不同的版本。
[5] “系氟乙酸盐鼠药中毒”未被终审法院采信。
[6] 不合法能否作为定案依据?什么不真实?
[7] 什么过程不清?能否作为证据?
[8] “程序违法”能否作为证据?什么不真实?
[9] 原被告人供词能否作为证据?
[10] 认定犯罪过程中是否要求不允许出现不符的情形,否则就是“事实不清”?
[11] 是否存在着永远找不到,而不是不存在的可能?
[12] 能否补做笔录?
[13] 存在明显问题,但是否就此可以否定死因?

酸盐鼠药成分,理化检验报告不能作为定案依据。[1]

辩护人结论:念斌的有罪供述与其他证据不能相互印证。请求宣告念斌无罪。[2]

二、控辩双方证据出示及其所要证明的事实(略)

三、二审法院终审判决认定(或不予认定)的事实及理由[3]

针对上述检辩双方争议的焦点,二审法院认定(或不予认定)的事实及理由如下:

(一)关于被害人中毒原因一节

原判认定,被害人俞乙、俞丙系氟乙酸盐鼠药中毒死亡。主要依据是原审庭审中公诉机关举证的法医学鉴定意见、俞乙的呕吐物的理化检验报告、被害人陈述和证人证言。

检方认为,原判采信的上述证据和检方在二审庭审中新出示的被害人俞乙、俞丙的尿液和心血的理化检验报告、俞乙心血的质谱图、检验电子数据、鉴定人证言、侦查机关的情况说明等证实,在俞丙的心血、尿液及俞乙的心血、尿液和呕吐物中检出了氟乙酸盐鼠药成分,与其中毒症状相符;俞丙的尿液与标样的质谱图、俞乙的心血与呕吐物的质谱图相同的问题,[4]鉴定人出庭说明系归档时弄混导致,并且重新提供了俞乙心血的质谱图和相关检验电子数据、补充的尿液实验,可以予以解释。[5] 因此,可以认定二被害人死于氟乙酸盐鼠药中毒。

辩方认为,辩方在二审庭审中新出示的理化检验报告的质谱图和检方出示的上述证据,以及鉴定人出庭说明,证实本案检验过程未进行"空白"对照检验,不能排除检材被污染的可能;[6]根据提取的质谱图,均不能判定检出氟乙酸盐鼠药成分;由于质谱图出现错误,被害人心血、尿液和呕吐物的理化检验报告不能作为认定死因依据。现有证据不能认定被害人死于氟乙酸盐鼠药中毒。

本院认为,检辩双方出示的上述证据能够证实,被害人俞乙、俞丙系中毒死亡。但原判决认定系氟乙酸盐鼠药中毒,证据不确实、不充分。第一,检材与标样的质谱图不应相同。标注为被害人俞丙尿液和标注为标样的两份质谱图相同,有悖常理。同时,标注为俞丙尿液的质谱图、检验电子数据的文件名,与俞丙尿液检材的名称也不相符。检方聘请的专业人员提出,该质谱图是否为俞丙尿液的质谱图存疑。辩方聘请的专业人员提出,该质谱图就是标样而非尿液的质谱图。鉴定人出庭说明二者质谱图相同,系将俞丙尿液的质谱图当作标样的质谱图归入档案造成;检验电子数据的文件名与检材的名称不相符,系因命名规则不统一造成。该

---

〔1〕 不规范是否就意味着不能作为定罪的依据?

〔2〕 显然,辩护人方面有相当充分的辩护理由。

〔3〕 这是判决书中最重要的部分,即法院判决依据的"事实及理由"。

〔4〕 辩方专业人员发现的一个重大证据缺陷。

〔5〕 2006 年 8 月 1 日福州市公安局首先从呕吐物中检验出氟乙酸盐,8 月 7 日念斌才被平潭县公安局刑侦大队以"留置盘问"的方式留置审讯。因此,理论上说上述检验结论不太可能是针对念斌陷害伪造。

〔6〕 检材被污染的可能性多大是否需要加以考量?

解释不足以采信。[1] 补充的尿液实验因检验条件不相同,缺乏证明价值。因此,俞丙尿液检材的检验结果的真实性存疑。第二,分别标注为被害人俞乙心血、呕吐物的两份质谱图也相同,同样有悖常理。同时,标注为俞乙呕吐物的质谱图、补充所称的俞乙心血的质谱图以及检验电子数据的文件名,与俞乙呕吐物、心血检材的名称也不相符。鉴定人出庭说明二者质谱图相同,系因文件名近似误把呕吐物的质谱图当成心血的质谱图归入档案造成;检验电子数据的文件名与检材的名称不相符,系因命名规则不统一造成。该解释亦不足以采信。因此,俞乙心血、呕吐物检材的检验结果的真实性也存疑。第三,鉴定机构在对俞丙的尿液、心血和俞乙的尿液、心血和呕吐物检材的检验过程中,均未按照专业规范要求进行"空白"对照检验,以防止假阳性检验结果,因此难以排除检材被污染的可能。[2] 第四,根据俞丙心血、俞乙尿液检材的检验数据,能否判定检出氟乙酸盐鼠药成分,双方聘请的专业人员提出的意见严重分歧。因此,从俞丙心血、俞乙尿液中检出氟乙酸盐鼠药成分的检验结论可靠性存疑。[3] 此外,与被害人共进晚餐的俞甲、念某珠有中毒症状,但未做相应检验,[4]无法认定中毒原因;丁某虾、陈某娇自述并无明显中毒症状,也未做相应检验,是否中毒不明。[5] 综上所述,据以认定二被害人中毒原因的理化检验报告不足以采信,其他共进晚餐人员认定中毒原因或有无中毒缺乏充分依据,原判认定二被害人死于氟乙酸盐鼠药中毒的事实不清,相关证据不确实、不充分。[6]

(二)关于投毒方式一节

原判认定上诉人念斌将鼠药投放在被害人家厨房铝壶水中,致使二被害人食用了使用壶水烹制的食物中毒死亡。主要依据是原审庭审中原公诉机关举证的被害人陈述和证人证言,现场勘验检查笔录、现场照片和提取痕迹、物品登记表,铝壶水、高压锅和铁锅的理化检验报告,铝壶的侦查实验笔录,上诉人念斌的有罪供述和指认现场录像等证据。

检方认为,原判采信的上述证据和检方在二审庭审中新出示的理化检验报告的电子数据、侦查机关的情况说明等证实,从铝壶水、高压锅、铁锅表面残留物中,均检出与被害人生物检材中相同成分的氟乙酸盐鼠药,与上诉人念斌供述将鼠药投放在铝壶水中能相印证;提取送检铝壶及壶水、高压锅和铁锅过程的程序瑕疵,鉴定人和侦查人员出庭作了说明补正。因此,可以认定念斌将氟乙酸盐鼠药投放在铝壶水中。

辩方认为,辩方在二审庭审中新出示的检验鉴定委托书、鉴定受理登记表、分析检验记录

---

〔1〕 认为检方的解释不足以采信,是否意味着检方的解释一定不是真的?

〔2〕 复旦林森浩投毒一案中,辩护人也提出同样的问题,但认定的结论却是相反,原因何在?

〔3〕 对呕吐物中检验出氟乙酸盐没有提到疑义,仅提及对两被害人,即俞丙心血、俞乙尿液中检出氟乙酸盐鼠药成分的检验结论可靠性存疑。或许公安侦查人员根据过去经验,判断出 2006 年 8 月 1 日福州市公安局首先从呕吐物中检验出氟乙酸盐已经足够认定被害人死于此毒。

〔4〕 "俞甲、念某珠有中毒症状,但未做相应检验",是否可以认为两死亡被害人已经做了就完全可以据此推定了?是故意不做还是考虑司法成本?

〔5〕 "丁某虾、陈某娇自述并无明显中毒症状,也未做相应检验",是故意不做还是考虑司法成本?

〔6〕 是排除氟乙酸盐鼠药中毒可能,还是说有可能是氟乙酸盐鼠药中毒,也有可能是死于其他原因,不能确定?

表、质谱图、现场照片光盘、侦查机关的情况说明和检方出示的上述证据,以及鉴定人、侦查人员出庭所作说明,反映现场勘验检查工作及笔录制作不规范,铝壶及壶水、高压锅和铁锅的提取送检程序不合法,物证来源不清应予排除;[1]鉴定机构对铝壶水、高压锅和铁锅的检验过程不规范,根据检验数据均不能认定检出氟乙酸盐鼠药成分,理化检验报告不能作为定案依据,故不能认定念斌将鼠药投放在铝壶水中。

本院认为,第一,铝壶、高压锅的提取送检问题。现场勘验检查笔录记载的提取送检时间为"7 月 28 日",与检验鉴定委托书记载的"8 月 9 日"相矛盾。侦查人员出庭说明系"8 月 8 日傍晚"提取送检,与庭前说明提取送检时间是"8 月 9 日"前后不一,而且现场照片、指认现场录像显示,8 月 9 日晚现场厨房还存在相同的高压锅,无法合理解释此种情况。[2] 第二,铁锅的提取送检问题。现场勘验检查笔录记载的提取送检时间为"7 月 28 日",与检验鉴定委托书记载的"8 月 1 日"相矛盾,检验时间又载明是"7 月 31 日",送检与检验的时间前后倒置。侦查人员出庭说明提取送检时间是"7 月 31 日",前述问题系因事后综合制作现场勘验检查笔录和补办检验鉴定委托手续造成,此合理性依据欠缺,不足以采信。[3] 第三,鉴定受理登记表记载,侦查机关送检铝壶及里面的 3500 毫升水,但现场勘验检查笔录未记载提取铝壶时壶中有水。侦查人员出庭说明笔录记载原物提取铝壶即包括壶中的水,缺乏充分依据;出庭说明将铝壶水分装到矿泉水瓶中送检,缺乏笔录记载,且与庭前说明记不清具体送检情况不一致;侦查实验笔录也不能说明提取时铝壶中的水量。[4] 因此,该 3500 毫升壶水检材与提取的铝壶之间的关联性缺乏确实依据。第四,鉴定机构在对铝壶水、高压锅和铁锅表面残留物检材的检验过程中,未按照专业规范要求进行"空白"对照检验,以防止假阳性检验结果,因此难以排除该 3 份检材被污染的可能。第五,根据铝壶水、高压锅和铁锅表面残留物检材的检验数据能否判定检出氟乙酸盐鼠药成分,双方聘请的专业人员提出的意见严重分歧。因此,从铝壶水、高压锅和铁锅中检出氟乙酸盐鼠药成分的检验结论可靠性存疑。此外,证人陈某娇证实是使用丁某虾家铝壶的水还是红桶的水煮鱿鱼,说法不一,难以采信系使用铝壶的水煮鱿鱼。综上所述,铝壶水、高压锅和铁锅的提取送检过程不清,检材来源相关证据间的矛盾和疑点得不到合理解释,检验过程不规范,检验结论可靠性存疑,理化检验报告不足以采信,[5]因此,认定铝壶水有毒缺乏确实依据,原判认定念斌将鼠药投放在铝壶水中事实不清,

---

[1] 终审法院归纳辩方意见时,采用了"不规范""程序不合法"替代"不真实"表述。

[2] 检方有没有对此作出相应的解释,如果有解释是否合理? 日期存在记载矛盾,是否不具有证据效力?

[3] "前述问题系因事后综合制作现场勘验检查笔录和补办检验鉴定委托手续造成,此合理性依据欠缺,不足以采信",这是属于自由心证范畴,还是证据法定要求?

[4] "水量"? 为什么不拍几张照片? 是公安的装备之差到如此地步? 如果是这样的话,法官一定是在奢谈"丁某虾、陈某娇自述并无明显中毒症状,也未做相应检验"这样的问题了? 如果存在着侦查人员某些不适当的侦查行为,是否意味着本节整个投毒方式证据都不能认定?

[5] 注意:在确认念斌作为犯罪嫌疑人之前,8 月 6 日福州市公安局在检验了数十件物品之后,从被洗刷干干净净的炒菜铁锅里检验出氟乙酸盐毒物。

关键证据链条中断。[1]

(三)关于毒物来源一节

原判认定上诉人念斌投放的鼠药系在平潭县医院附近向摆地摊的杨某炎购买。主要依据是原审庭审中原公诉机关出示的证人杨某炎等人证言及辨认笔录、查获的杨某炎配制鼠药工具的照片、理化检验报告、鼠药包装袋、搜查证、搜查笔录、扣押物品清单及照片,念斌的有罪供述及指认购买鼠药地点笔录和录像等证据。

检方认为,原判采信的上述证据和检方在二审庭审中新出示的理化检验报告的检验电子数据、证人杨某炎指认卖鼠药地点照片、证人刘某印证言、侦查前期查找鼠药来源材料、侦查人员所作说明和侦查机关的情况说明等证实,根据上诉人念斌供述的购买鼠药地点找到了卖鼠药的杨某炎,并从杨某炎配制鼠药的工具中检出了与被害人中毒相同成分的鼠药氟乙酸盐,念斌供述购买鼠药的时间亦得到证人证言印证;念斌与杨某炎相互不能辨认,供述的卖鼠药人的年龄与杨某炎不相符,供述的鼠药包装袋规格与实物不相符,是凭其个人主观感受进行描述,不影响鼠药来源的认定,可以认定念斌投放的鼠药系从杨某炎处购买。

辩方认为,辩方在二审庭审中新出示的理化检验报告的质谱图、侦查机关的情况说明和检方出示的上述证据等证实,上诉人念斌与证人杨某炎相互不能辨认,也未能供述杨某炎的外貌特征,供述卖鼠药人的年龄与杨某炎不相符,供述的鼠药包装袋规格与查获的实物不相符;配制鼠药工具的检验过程不规范,根据检验数据不能认定检出氟乙酸盐鼠药成分,理化检验报告不能作为定案依据,故没有证据证实念斌购买杨某炎卖的氟乙酸盐鼠药。

本院认为,第一,侦查机关找到卖鼠药的证人杨某炎,但上诉人念斌与杨某炎相互不能辨认;供述的卖鼠药人的特征及年龄,与杨某炎情况差异明显;供述的鼠药包装袋规格,与从杨某炎住处查获的实物差异较大;供述在购买鼠药时到过商店批发香烟,时间约为7月中旬,与证人证实其批发香烟时间为7月初不一致。[2] 第二,鉴定机构在对配制鼠药工具塑料验结果,因此难以排除该2份检材被污染的可能。第三,根据配制鼠药的工具碗、塑料盆和铁盆检材的检验数据,能否判定检出氟乙酸盐鼠药成分,双方聘请的专业人员提出的意见严重分歧。因此,从碗、塑料盆和铁盆中检出氟乙酸盐鼠药成分的检验结论可靠性存疑。综上所述,念斌与杨某炎相互不能辨认,供证存在不吻合之处,配制鼠药工具的理化检验报告不足以采信,原判认定念斌投放的鼠药系从杨某炎处购买依据不充分。[3]

(四)关于有罪供述一节

原判认定上诉人念斌作过多次有罪供述,供述作案过程没有矛盾之处,所供作案动机和

---

[1] 同样,终审法院依然没有否定8月6日福州市公安局在检验了数十件物品之后,从被洗刷干干净净的炒菜铁锅里检验出氟乙酸盐毒物。只是认定"铝壶水、高压锅和铁锅的提取送检过程不清,检材来源相关证据间的矛盾和疑点得不到合理解释,检验过程不规范,检验结论可靠性存疑"。

[2] 是否存在记忆偏差的可能性?

[3] 综合终审法院认定的三个理由(见第一、第二和第三),是否可以认为依然存在"念斌投放的鼠药系从杨某炎处购买"的可能性,只是"依据不充分"?

手段亦客观、真实，在检察机关审查批捕提讯和律师两次会见时亦承认作案，其有罪供述可以采信。检方认为，念斌的有罪供述稳定，并与在案证据能相互印证。[1] 辩方认为，念斌的有罪供述内容不真实，与客观证据不相符，系违法取证所得。[2]

经查，上诉人念斌到案之初未承认犯罪，[3]在侦查阶段和检察机关审查批捕提讯时曾经作过多次有罪供述，[4]审查起诉时始终否认作案。[5] 念斌第一次有罪供述的笔录内容与在案的审讯录像内容不完全一致，[6]且审讯录像内容不完整。念斌庭前多次供述的鼠药来源一节，其中关于卖鼠药人的特征、年龄、鼠药包装袋规格以及批发香烟的时间等情节，与证人证言不相符；[7]供述的将鼠药水投放在铝壶水中一节，如上所述认定铝壶水有毒依据不确实，不能形成印证；供述把鼠药放在货架上毒老鼠一节，从货架表面与旁边地面上提取的灰尘中均未能检出鼠药成分，亦不能形成印证；供述的作案工具、[8]剩余鼠药，均未能查获。本院认为，念斌的庭前供述和辩解存在反复，庭前供述与其他证据不能相互印证，不足以采信。

四、二审法院终审判决（略）

第三部分　后 续 事 件

一、重新立案侦查

历经了 8 年漫长的案件审理，[9]福建省高级人民法院最终宣判念斌无罪。然而，无罪释放 3 个多月后（2014 年 11 月），念斌曾两次申请办理出国护照，均被告知无法办理。其不得出境的理由是（福建省高级人民法院最终宣判念斌无罪后不久）福建省平潭县公安局已经对该案重新立案侦查（2014 年 9 月），念斌再次成为犯罪嫌疑人，因而被限制出境。为此，念斌曾向福州市人民政府申请行政复议遭拒绝。2014 年 12 月，念斌向福建省检察院提交控告书。

---

〔1〕 供述内容与其他在案证据完全一致是否重要？重要到何程度？

〔2〕 终审法院没有认定念斌供述系违法取证所得（见下一自然段）。念斌供词是否存在着可以被采信的可能性？

〔3〕 何时承认？何时承认是否重要？

〔4〕 念斌为什么一直要承认有罪是否重要？

〔5〕 查明念斌为什么要否定有罪供述是否重要？

〔6〕 哪些供述内容不一致是否重要？

〔7〕 是否存在记忆错误的可能？

〔8〕 指被丢弃的盛放有毒液体的矿泉水瓶。

〔9〕 2008 年 2 月 1 日作出（2007）榕刑初字第 84 号刑事附带民事判决。念斌不服，提出上诉。2008 年 12 月 18 日，福建省高级人民法院以（2008）闽刑终字第 141 号刑事裁定撤销原判，发回福州市中级人民法院重新审判。2009 年 6 月 8 日，福州市中级人民法院经重新审判，作出（2009）榕刑初字第 25 号刑事附带民事判决。念斌不服，提出上诉。2010 年 4 月 7 日，福建省高级人民法院以（2009）闽刑终字第 391 号刑事附带民事裁定驳回上诉，维持原判，报请最高人民法院核准。2010 年 10 月 28 日，最高人民法院以（2010）刑三复 21722109 号刑事裁定不予核准，撤销二审裁定，发回福建省高级人民法院重新审判。2011 年 5 月 5 日，福建省高级人民法院以（2009）闽刑终字第 391 - 1 号刑事裁定，撤销原判，发回福州市中级人民法院重新审判。2011 年 11 月 7 日，福州市中级人民法院经重新审判，作出（2011）榕刑初字第 104 号刑事附带民事判决。被告人念斌不服，再次提出上诉。福建省高级人民法院依法再次组成合议庭，于 2013 年 7 月 4 日至 7 日审理此案，并于 2014 年 8 月 22 日作出上述终审判决。

二、国家赔偿

2014 年 12 月 25 日,念斌向福州市中级人民法院提交了“国家赔偿申请书”,要求福州市中级人民法院在媒体公开向其赔礼道歉、消除影响,并赔偿请求人人身自由损害赔偿金、医疗费、精神损害费以及其他物质损失 1500 万元。

2015 年 2 月 15 日,福州市中级人民法院依法对赔偿请求人念斌二审宣告无罪赔偿案作出国家赔偿决定,决定先支付赔偿请求人念斌人身自由损害赔偿金 58.9 万元;支付赔偿请求人念斌精神损害抚慰金 55 万元;在侵权行为影响的范围内为赔偿请求人念斌消除影响,恢复名誉,赔礼道歉。2015 年 6 月 3 日,福州市中级人民法院根据最高人民法院公布的 2015 年作出国家赔偿决定涉及侵犯公民人身自由权赔偿金标准,作出(2014)榕法赔字第 3 -1 号《通知书》,决定再支付念斌被限制人身自由的赔偿金差额部分 55872.08 元。由于对福州市中级人民法院作出的 113 万元国家赔偿决定不满,念斌代理律师向福建省高级人民法院提交念斌案国家赔偿复议书。

念斌请求赔偿额为 1500 万元,其中精神损害抚慰金的数额高达 1000 万元。念斌认为自己四次被判处死刑,精神受损叠加,而父母也都在自己坐牢时离开了人世,精神损害巨大。而福州市中级人民法院依据最高人民法院在 2014 年出台的《关于人民法院赔偿委员会审理国家赔偿案件适用精神损害赔偿若干问题的意见》,其中规定精神损害抚慰金的具体金额原则上不超过人身自由赔偿金、生命健康赔偿金总额的 35%。福州市中级人民法院称其赔偿决定已经打破了这一限额,达到近 90%,是福州市中级人民法院比例最高、数额最大的一单国家赔偿。基于念斌本人及其诉讼代理人未按通知要求领取国家赔偿决定书,福建省高级人民法院于 2015 年 12 月 30 日采取邮寄方式送达国家赔偿决定书。

教学手册

教学目标

本案例通过犯罪事实认定与诉讼理念、律师辩护技巧、犯罪事实认定与证据规则、犯罪事实认定与法律文书表述、想象竞合与法条竞合的区别、“一事不再理”原则六大问题的教学讨论,主要达到以下教学目标:(1)明确作为检察官、律师和法官,对于犯罪事实应当各自秉承何种诉讼理念(了解职业定位与思维方式差异);(2)了解本案的辩护律师在犯罪事实认定、有专门知识的人及证据规则方面的做法有哪些值得借鉴(法律实践经验、思路和技巧的学习);(3)深入了解犯罪事实认定、证据规则与排除合理怀疑的关系(诉讼规则、经验与逻辑的作用);(4)作为律师如何撰写二审上诉状和辩护词,作为法官如何将犯罪事实认定具有逻辑性地通过判决书加以完整、严谨、合理表述(基本技能模仿与训练);(5)明确想象竞合与法条竞合区别,应用并探讨不能适用法条竞合的情形(实体法中关键的技术性难点);(6)运用所学知识，根据禁止双重危险原则或“一事不再理”原则，撰写一份递交检察院的控告书（重在实践应用）。

教学内容

1. 犯罪事实认定与诉讼理念

首先刑事诉讼理念是惩罚犯罪、保障人权。惩罚犯罪是指通过刑事诉讼活动，在准确、及时查明案件事实真相的基础上，对构成犯罪的被告人公正适用刑法，以抑制犯罪，以及通过刑事诉讼程序本身的作用来抑制犯罪。保障人权是指无辜的人不受法律追究；有罪的人受到公正处罚；犯罪嫌疑人、被告人诉讼权利得到充分保障和行使。

其次是实体公正和程序公正理念。实体公正即结果公正、事实公正。即据以定罪量刑的犯罪事实应当证据确实、充分；正确适用刑法，准确认定犯罪嫌疑人是否犯罪及其所犯罪名；按照罪刑相适应原则，依法适度判处刑罚；对于错误处理的案件，采取救济方法纠正、补偿。程序公正即过程公正，即严格遵守刑事诉讼法的规定；保障当事人及其他诉讼参与人，特别是犯罪嫌疑人、被告人、被害人的诉讼权利；严禁刑讯逼供和以其他非法手段取证；司法机关依法独立行使职权；保障诉讼程序的公开性和透明度；依法定期限办案、结案。

最后是诉讼效率理念。诉讼效率是指诉讼中所投入的司法资源（包括人力、物力、财力），与案件的处理数量的比例。诉讼效率要求投入一定的司法资源处理尽可能多的案件。《刑事诉讼法》规定的简易程序、被告人认罪程序、轻罪不起诉等都体现了对诉讼效率的追求。

检察官的诉讼理念可能是在惩罚犯罪的基础上，兼顾保障人权；在实体公正的基础上，兼顾程序公正理念、效率理念。辩护律师的诉讼理念可能是保障人权，维护犯罪嫌疑人、被告人的合法权益；强调犯罪嫌疑人、被告人、被害人的诉讼权利，反对任何形式的刑讯逼供和以其他非法手段取证等。法官的诉讼理念可能主要是在认定事实的基础上惩罚犯罪，保障人权；并实现实体公正和程序公正，贯彻效率原则。从审判中心主义视角，犯罪事实的认定似乎决定着诉讼理念的走向，然而不同的诉讼理念又影响着犯罪事实的认定。本案的 4 次有罪判决与 1 次无罪判决反映了两者之间的紧密联系。

例如，对于念斌作过多次有罪供述一节，原审法院认为：供述作案过程没有矛盾之处，所供作案动机和手段亦客观、真实，在检察机关审查批捕提讯和律师两次会见时亦承认作案，其有罪供述可以采信。检方认为，念斌的有罪供述稳定，并与在案证据能相互印证。而辩方则认为，念斌的有罪供述内容不真实，与客观证据不相符，系违法取证所得。终审判决认为，念斌的庭前供述和辩解存在反复，庭前供述与其他证据不能相互印证，不足以采信。

2. 律师辩护的思路与技巧

律师辩护的思路与技巧来自实践经验，依赖于对实体法、程序法的熟悉，具有敏锐洞察力、社会阅历和逻辑思维严密等，并受刑事辩护目的制约。[1] 本案辩护律师的基本辩护思路

---

〔1〕 刑事辩护目的是“根据事实和法律，提出证明犯罪嫌疑人、被告人无罪、罪轻或者减轻、免除其刑事责任的材料和意见，维护犯罪嫌疑人、被告人的合法权益。”

与技巧值得借鉴。

首先,明确当事人(念斌)是否承认有罪?(念斌)不承认有罪,主要理由是什么(刑讯逼供无疑是最普遍、最有效理由)?其次,熟悉案情,明确事实部分有哪些不清楚或者存在疑问?再次,审视证据部分存在哪些问题?本案主要证据是念斌的供述,其他都是间接证据;且在毒物、卖毒物人、鉴定意见等方面存在明显的不一致情形,放大和强化证据矛盾之处是辩护重要的环节。最后,找到关键问题所在,找到合适、权威的有专门知识的人。有专门知识的人胡志强在念斌案中的质谱图辩护一节颠覆了理化检验报告的关键证据的作用,客观上形成了对控方举证责任和证明要求的提升,原本作为鉴定意见的理化检验报告最终未被终审法院认定。

建立在口供基础上的证据必须强化间接证据的作用。而警方明显未做到这一点,警方在证据收集过程中过于简单和不规范做法成为了辩方的辩护要点。本案辩护律师善于发现这些问题,并将其提升为不可作为证据采信的主要理由之一,这无疑是本案律师的辩护技巧之一。事实上,终审法院不予认定的不少理由正是基于警方简单和不规范制作的证据而得出的。

3. 犯罪事实认定与证据规则

证据是证明案件事实的依据,证据问题是诉讼的核心问题。证据规则是指在收集证据、采用证据、核实证据、运用证据时所必须遵循的准则。证据规则确立了证据必须具有证据资格规则,从否定的角度排除了某些具体材料的证据资格;根据相关性规则,除非法律另有规定,任何与待证事实具有相关性的材料都具有证据资格;根据违法证据排除规则,在刑事诉讼中排除那些通过非法手段获取的证据规则。犯罪事实认定与证据规则有着密切关联性。

例如,关于投毒方式一节,辩方在二审庭审中新出示的检验鉴定委托书、鉴定受理登记表、分析检验记录表、质谱图、现场照片光盘、侦查机关的情况说明和检方出示的上述证据,以及鉴定人、侦查人员出庭所作说明,反映现场勘验检查工作及笔录制作不规范,铝壶及壶水、高压锅和铁锅的提取送检程序不合法,物证来源不清应予排除;鉴定机构对铝壶水、高压锅和铁锅的检验过程不规范,根据检验数据均不能认定检出氟乙酸盐鼠药成分,理化检验报告不能作为定案依据,故不能认定念斌将鼠药投放在铝壶水中。终审判决认为,铝壶水、高压锅和铁锅的提取送检过程不清,检材来源相关证据间的矛盾和疑点得不到合理解释,检验过程不规范,检验结论可靠性存疑,理化检验报告不足以采信。因此,认定铝壶水有毒缺乏确实依据,原判认定念斌将鼠药投放在铝壶水中事实不清,关键证据链条中断。

4. 犯罪事实认定与法律文书表述

法律文书具有制作的合法性、形式的程式性、内容的法定性、语言的精确性、使用的实效性等特点。通常包括首部、正文和尾部三部分。首部通常包括制作机关、文种名称、编号,当事人基本情况,案由、审理经过等;正文包括案情事实、处理(请求)理由、处理(请求)意见;尾部包括交代有关事项,签署、日期、用印,附注说明。本案律师的辩护词可谓是学究型律师撰写的一份有分量的辩护词,始终从否定视角围绕着犯罪事实认定与法律文书适当表述展开。本案的判决书也堪称一篇高质量的法律文书,同样从否定视角围绕着犯罪事实认定与法律文书适当表述展开,只不过其重点更加明确,主要围绕着4个问题展开。

本案的判决书撰写的思路和方法值得借鉴，撰写一审判决书和上诉状时，也可借鉴。

需要提及的是，本案例仅仅为了课程知识学习目的，因此，撰写一审判决时，完全可以不同意二审法院终审判决的观点，包括其对 4 个方面事实的否定认定和理由，中级人民法院 4 次有罪认定，检察院 5 次起诉也说明了这并非是一件在事实部分真实虚假泾渭分明的案件。[1] 但是，论证必须充分，必须具有自圆其说的理由支撑。

5. 想象竞合与法条竞合的区别

法规竞合的本质是单纯一罪，而想象竞合犯则是观念上的数罪、实质上的一罪。想象竞合犯是犯罪行为或犯罪行为所触犯的不同罪名的竞合，属于犯罪数之单复的形态；法规竞合是法律条文的竞合，属于法条之关系的形态。想象竞合犯是由于行为人实施了犯罪行为而触犯规定不同种罪名的数个法条，所以，数个法条均应适用于导致不同罪名竞合的犯罪行为，且应在比较数个罪名法定刑的轻重后择一重者处断之（但所触犯的轻罪成立，其法条仍应引用）；法规竞合所涉及的规定不同种罪名的数个法条之间存在重合或交叉关系并不以犯罪行为的发生为前提，故在数个法条中只能选择适用一个法条即特别法、实害法或重法对犯罪人予以处罚。

想象竞合与法条竞合区别似乎很简单，但在理论上和实践中都存在不少争议，投放危险物质罪与故意杀人罪之间究竟是想象竞合还是法条竞合，仅仅是其中的一个问题，诸如法条竞合是否排斥其他相竞合的作为重法的普通法适用便是司法实践中常常遇到的一大问题。

6. “一事不再理”原则

一事不再理原则是指对于同一个案件所讼争的同一个法律关系，当事人不得就此提起两次诉讼，对于法院来说，对双方当事人所讼争的法律关系已经作出生效判决的，不得重复作出判决。一事不再理原则在国外刑事法律中常表述为禁止双重危险原则，即通过对国家权力的合理限制，来达到保障人权的目的，实现诉讼经济价值。联合国《公民权利和政治权利公约》第 14 条第 7 款对此作了明确规定：任何人已经依照一个国家的法律和刑事程序被最后定罪或者宣告无罪的，就不得以同一罪名再予审判和惩罚。

预期效果

念斌投放危险物质案给当地居民、公检法及其律师、刑事诉讼制度、媒体及整个社会都带来较大影响，究其原因在于该案集中体现了在追求和实现刑事诉讼惩罚犯罪、保障人权目的过程中，难免存在两者之间不协调情形，甚至紧张关系。通过对该案的分析、思考、讨论和点评，无疑对于进一步了解刑事诉讼价值和理念、程序正当、证据合法、排除合理怀疑等刑事诉讼基本与核心问题具有很大的帮助。又因其可争议问题、可总结的经验教训、可完善的刑事诉讼制度等都具有相当的挑战性，因此，案例对于学生的外部刺激作用和激励效果明显。如果本案增加讨论或辩论环节，这种效果更加明显。但是，教师引导是达到预期效果的关键。

必须强调，由于本案存在不少可争议之处，刑事诉讼价值和理念本身具有多样性，包括学

---

[1] 念斌案中的诸多证据，根本不是够不够“确实、充分”，而是“不足以采信”。参见烨泉：《警方并没违法，不能以一种司法制度来批判另一种司法制度》，载《法制日报》2015 年 1 月 27 日。

说理论、刑事政策等的差异性,学生的分歧在所难免,因此,最好能引导学生通过争论将解决本案问题的重点最终落实到健全和完整刑事诉讼制度和具体规则方面。

教学计划

基于研究生通常都已学过刑法学、刑事诉讼法学等相关课程(对未学过者通常不适用),本案例可以作为刑事诉讼法或证据法专业学生案例教学课程,也可以作为法律文书教学课程的内容,还可以作为刑事法律综合类专门案例课程。

教学计划中应当遵循课堂与课外结合方法,充分考虑利用学生课外时间准备案例的资料、提纲、法律文书或要点。具体教学计划步骤:

1. 分组落实人员,明确任务、目的和要求,明确考核的方法;
2. 提示学生应当明确任务,注意所担任的角色;
3. 学生需查阅与案例相关的参考资料,针对问题进行梳理和分析,进行必要的讨论,撰写提纲或法律文书;
4. 学生在网上公开其讨论撰写的成果,并在课堂上阐述其主要观点及其理由;
5. 回答其他学生或教师提出的问题;
6. 根据时间决定是否深入讨论;
7. 教师点评、总结。

课堂时间安排

本案作为案例教学课,在要求学生课外时间准备情况下,包括将思考题中的一些问题纳入讨论,最好能够安排6个课时(每课时45分钟)。若需要深入讨论,则必须借助网络等手段。

讨论题与思考题(可以根据教学需要进行选择)

此案前三个是刑事诉讼法问题;后两个问题,一个是实体法问题,另一个主要是国家赔偿与一事不再理问题。

(一)刑事诉讼法目的、原则和理念

1. 念斌4次被判处死刑、8年羁押背后是否反映出刑事诉讼理念、价值可能存在的矛盾与冲突?你对此是如何认识的?

2. 以念斌案为例,阐述刑事诉讼目的与尊重和保障人权的关系。(提示:从念斌案4次有罪判决与一次无罪判决的视角展开)

3. 简述念斌宣告无罪反映出刑事侦查执法理念需要哪些转变或更新。(提示:可以将现状存在哪些问题作为切入点)

4. 念斌8年羁押,是否与有罪推定理念有关?

5. 念斌8年羁押,是否与"事实不清、证据不足"导致案件无期限地拖延有关?(进一步思考:二审法院是否需要考量一审法院能否具有纠正“事实不清、证据不足”可能性？对于一审法院显然无法查清的事实有无必要发回重审？是否应当关注诉讼效率?)

6. 简述审判中心主义与此案的关系。(提示:从法院与检察院、公安机关的关系视角展开)[1]

(二)立案与侦查

1. 立案应当具备哪些条件？念斌案立案的法律依据和事实依据是什么？

2. 以念斌案为例,你对初查程序与立案关系如何正确理解？(本案何时将念斌列为犯罪嫌疑人,在此之前以及之后,其侦查手段有哪些重大区别,应当遵循哪些原则?)

3. 念斌案是否存在违反侦查法制原则的情形？讯问念斌时是否符合程序法规定？为什么？此案勘验检查是否符合程序法规定？此案的鉴定是否符合法律规定？

4. 技术侦查措施有哪些？在念斌案中能否适用？

5. 什么是侦查监督？念斌案反映出侦查监督哪些问题？

(三)证据

1. 以本案为例(主要依据终审法院的判决书),阐述证据的合法性。

2. 警方是否伪造了证据？(从所反映的事实方面阐述)

3. 念斌认为其受到了刑讯逼供,你认为办案法官是否应当对此加以法庭调查,是否应对此有一个基本的结论？如果法官没有发现侦查人员存在刑讯逼供的事实和证据,你认为念斌原作出的有罪供述是否存在被检方和法院作为证据使用的可能性？

4. 本案存在哪些不规范的侦查取证做法？是否成为案件事实认定与判决的关键因素？

(四)事实认定与排除合理怀疑

1. 念斌为什么在被拘传不久很快(与很长一段时间之后才供述是否有区别)就供述了“犯罪事实”？一个正常无罪的人在何种情况下会像念斌那样很快地供述？这样一个问题是否可以进入办案法官考量的范围？办案法官是否仅仅关注检方能不能提供充分的证据,而对此问题可以一概不予考虑？(办案法官应当仅仅关注证据,还是对定罪的事实也需要加以考虑?)

2. 美国存在事实认定与适用法律分离的审判模式,事实认定部分由陪审团负责。你认为我国办案法官是否承担着犯罪事实综合判断的职能？还是仅仅承担着对证据部分的采信或不采信的职权？

3. 假如念斌(仅仅是假定)或某个被告人在供述中谈到了一些非犯罪嫌疑人、被告不可能知晓的细节,或者非犯罪人不可能说得出的话,或者对同羁押场所的其他在押犯说上述内容的话,办案法官根据办案经验和逻辑(自由心证)极有可能认定该被告人有罪;而同样由于存在上述证据方面“事实不清、证据不足”的情形,法官是否可以不理会那些与其他证据结合时,

---

[1] 审判中心主义,是指在刑事诉讼各阶段之间的关系问题上,将刑事审判阶段作为整个刑事诉讼的中心,侦查、起诉等审判前程序则被视为审判程序开启的准备阶段;只有在审判阶段,诉讼参与人的合法权益才能得到充分的维护,被告人的刑事责任问题才能得到最终的、权威的确定。

既可以认定有罪,也可以认定无罪(念斌案中,对同样的证据,4 次判决认定有罪,1 次认定无罪)的证据,以及对由此而产生的排除合理怀疑的抗辩不予采信,而径直认定被告人有罪?

4. 在念斌案中,法官们对几乎同样的证据,为什么会出现 4 次有罪认定、[1]2 次“事实不清”(发回重审)、[2]1 次不予认定的截然不同的 5 次判决?[3]

5. 如果主要或关键事实部分的证据存在疑点,法院应当结合其他证据进行综合判断,还是仅仅就某一证据存在两种可能(不能排除合理怀疑)而径直否定该证据的效力?[4]

6. 你认为念斌案是否存在一种将对案件事实综合判断基础上的自由心证引导到必须更加关注证据完善性和完整性的路径之上,体现保障人权的刑事诉讼法立法精神?[5]

(五)相关刑法问题

1. 假如投毒人以杀害或伤害为目的,仅对丁某虾及其 3 个孩子俞乙、俞丙、俞甲下毒,致使 4 人相继中毒,对投毒人应当认定故意投放危险物质罪还是故意杀人罪(或故意伤害罪)?为什么? 这与仅对 2 个人或 3 个人下毒存在区别吗?

2. 想象竞合与法条竞合有何区别?

3. 假如投毒人以杀害或伤害为目的,对 2 个人或 3 个人下毒是否存在法条竞合?

(六)与案件有关的问题

1. 念斌案是否反映了正义得到了伸张?[6]

2. 平潭警方认为念斌确系当年投毒案的凶嫌,再次启动侦查程序,是否违反“一事不再理”原则?

3. 念斌被羁押 8 年之久,对于其请求人身自由损害赔偿金、医疗费、精神损害费及其他物质损失 1500 万元的国家赔偿,应当如何计算? 念斌曾供认投毒一节是否也应当作为其中的一个因素加以考虑?[7]

4. 司法实践中,犯罪嫌疑人、被告人故意作伪证、翻供导致司法资源的大量消耗,违法成本低下的问题应当如何解决?

实践题

1. 本案无疑堪称律师辩护成功典范案件之一。如果你是念斌的辩护律师(也可根据所给出的案件事

---

[1] 如果存在对案件的综合判断职能,4 次判决是否涉及自由心证? 念斌 4 次被判处有罪,尤其是最后一次福州市中级人民法院明知最高人民法院认为此案“事实不清,证据不足”的情况下,依然作出有罪判决,是否可以认为福州市中级人民法院判决是建立在对案件事实综合判断基础上的自由心证的表现? 这仅仅是一种无视证据规则的错误判决(如可能是出于考核或国家赔偿的顾虑,需分析说明可能性有多大)?

[2] 同样一件案件,几乎相同的案件事实,4 次死刑判决的办案法官一定不认为存在“事实不清、证据不足”情形的结论,但有两次其他的办案法官又作出“事实不清、证据不足”的结论,显然,这已经不是一个“事实不清、证据不足”的问题,而是对现有事实认定、对现有证据认定的问题,你是否同意?

[3] 终审法院对念斌案的无罪判决是否更多地关注证据的合法性,更加关注证据完善性和完整性,更加关注排除合理怀疑?

[4] 终审法院判决中“认定事实及理由”部分,有没有此种情形的存在?

[5] 同时是否意味着从来没有取得“正室”地位的自由心证可能连“偏房”地位也失去了?

[6] 丁某虾 2 个孩子俞乙、俞丙死亡一节与此提法是否没有关联性? 该问题宜如何解决?

[7] 如果无法证明公安机关刑讯逼供,念斌有罪供述与其 8 年羁押有无关联? 国家赔偿中是否应当考虑这一情节?

实),请制订一份辩护工作计划。

2. 根据上述案件所给出的案件事实,请写一份一审法院判决书。[1] 提示:基于对本案公正判决的考量,你也可以选择作出不同于原一审法院的判决。
3. 根据一审判决和本案例所给出的案件事实,[2]为上诉人念斌撰写一份上诉书和一份辩护词。
4. 结合本案例,依据"一事不再理"原则,撰写一份递交检察院的控告书。

参考文献

1. 熊秋红:《以念斌案为标本推动审判中心式的诉讼制度改革》,载《中国法律评论》2015 年第 1 期。
2. 杨涛:《刑事诉讼中专家辅助人出庭制度的实践与完善——以"念斌案"和"复旦投毒案"为样本的分析》,载《法律适用》2015 年第 10 期。
3. 唐瑛:《禁止双重危险原则适用探究——以念斌案为背景》,载《学理论》2015 年第 1 期。
4. 龙宗智:《念斌被再度确定为犯罪嫌疑人问题法理研判》,载《法制与社会发展》2015 年第 1 期。
5. 黄晓云:《国家赔偿法实施二十年:把人权司法保障落到实处》,载《中国审判》2015 年第 2 期。

(赵维加,上海财经大学法学院副教授,zhaoweijia@ mail. shufe. edu. cn)

---

[1] 一审判决:被告人念斌犯投放危险物质罪,判处死刑,剥夺政治权利终身;念斌应赔偿附带民事诉讼原告人丁某虾经济损失人民币 216651.09 元,赔偿附带民事诉讼原告人俞甲经济损失人民币 3410.67 元;驳回附带民事诉讼原告人丁某虾、俞甲的其他诉讼请求。

[2] 同上。

9 CASE 聂树斌故意杀人、强奸案

——刑事案件中辩护律师活动与证明标准的确定

摘　要

本案例以一起真实的故意杀人、强奸案件为蓝本，围绕故意杀人、强奸案件刑事程序各环节，涉及知识点和执业技能内容包括辩护律师如何参与刑事诉讼各阶段活动、案件事实认定与法律适用等。本案例涵盖侦查阶段、审查起诉阶段、审判阶段及申诉阶段四个诉讼环节，涉及实体问题包括有罪无罪证据的分析判断、刑事证明标准确定等问题。本案例对于理解刑事诉讼各个环节证据判断适用和辩护律师参与等具有参考意义。

关键词

聂树斌案　辩护律师　故意杀人　强奸

教学目标

(1)在侦查阶段，辩护律师接受委托后从事哪些诉讼活动。

(2)辩护律师在审查起诉阶段、审判阶段、申诉阶段如何从事各项诉讼活动，如何撰写辩护词。

(3)以故意杀人、强奸案的认定为例，如何运用证据认定案件事实，尤其是提出分析案件证据基础以及认定证据的合法性问题的具体思路。

教学案例

一、案件回顾

1994 年 8 月，河北省石家庄西郊一玉米地里发现一具中年妇女尸体，警方认定鹿泉市冶金机械厂(原鹿泉市综合职业技校校办工厂)工人聂树斌为犯罪嫌疑人并将其抓获。一审、二审法院均认定聂树斌故意杀人、强奸妇女的犯罪事实清楚、证据确实、充分，故判处聂树斌死刑立即执行。据公安机关记录，聂树斌已于 1995 年 4 月被执行死刑。2005 年，河南警方抓获犯罪嫌疑人王书金，其供述自己曾强奸杀害聂树斌案的被害人。此后，河北省政法部门启动对聂树斌案核查，2013 年 9 月 27 日，王书金案二审宣判，河北省高级人民法院认定王书金非聂树斌案真凶。2014 年 12 月 12 日，最高人民法院根据河北省高级人民法院申请和有关法律规定，决定将河北省高级人民法院终审的聂树斌故意杀人、强奸妇女一案，指令山东省高级人民法院进行复查。

(一)聂树斌案

1. 聂树斌案侦查经过

1994 年 8 月 5 日被害人康某在石家庄市郊区孔寨村西北的玉米地内被人强奸杀害。康某父亲康孟东于 8 月 10 日上午报案，下午发现连衣裙。8 月 11 日上午 11 点钟发现康某尸体，石家庄市郊区公安分局于当日 11 时 50 分至 14 时 5 分进行了现场勘查，并于 8 月 12 日出具了《现场勘验笔录》(侦查卷第 100 ~ 102 页)。8 月 11 日下午，石家庄市郊区公安分局成立“8·11”杀人案专案组。9 月 23 日，专案组根据“群众”反映抓获了聂树斌，对其讯问了四天五夜之后，聂树斌与 9 月 28 日首次作出有罪供述。1994 年 9 月 29 日，“8·11”杀人案专案组开始对相关证人进行调查。

分析：石家庄市郊区公安分局“8·11”杀人案专案组自成立后至聂树斌第一次认罪之前均未对任何单位和个人进行过调查取证，且隐匿了聂树斌的无罪辩解材料。1994 年 8 月 12 日出具的《现场勘验笔录》(侦查卷第 100 ~ 102 页)没有发现聂树斌在作案现场留下指纹和脚印以及其他属于聂树斌的任何物品。石家庄市公安局 1994 年 10 月 10 日出具的《康菊花尸体检验报告》(侦查卷第 119 ~ 123 页)和 1994 年 10 月 27 日出具的《刑事科学技术鉴定书》(侦查卷第 124 ~ 125 页)也没有检验出聂树斌的精斑和血液。

2. 聂树斌案审判经过

1995 年 3 月 3 日，石家庄市人民检察院以聂树斌犯故意杀人罪、强奸妇女罪，向石家庄市中级人民法院提起公诉。石家庄市中级人民法院不公开开庭审理了此案，并于 1995 年 3 月 15 日作出一审判决。石家庄市中级人民法院认定：“聂树斌于 1994 年 8 月 5 日 17 时许，骑自行车尾随下班的石家庄市液压件厂女工康菊花，至石郊孔寨村的石粉路中段，聂故意用自行车将骑车前行的康菊花别倒,拖至路东玉米地内,用拳猛击康的头部、面部,致康昏迷后,将康强奸。而后用随身携带的花上衣猛勒康的颈部,致康窒息死亡。”判决书认定聂树斌“犯故意杀人罪,判处死刑,剥夺政治权利终身;犯强奸妇女罪,判处死刑,剥夺政治权利终身。决定执行死刑,剥夺政治权利终身。”

聂树斌不服一审判决,向河北省高级人民法院提出上诉。河北省高级人民法院于1995年4月25日作出终审判决。终审判决书认为,“上诉人聂树斌拦截强奸妇女、杀人灭口,情节和后果均特别严重。原判决认定事实正确,对被告人聂树斌犯故意杀人罪的量刑及民事赔偿数额适当;对强奸妇女罪量刑重”,判决维持原判以故意杀人罪判处聂树斌死刑,剥夺政治权利终身;撤销石家庄市中级人民法院对被告人聂树斌犯强奸妇女罪的量刑部分;上诉人聂树斌犯强奸妇女罪,判处有期徒刑十五年。与故意杀人罪并罚,决定执行死刑,剥夺政治权利终身。

3. 聂树斌案复查经过

2005年4月,聂树斌案被曝“一案两凶”后,河北省公安厅组织专门力量进行调查复核。河北省政法委成立了工作组,负责对聂案重新调查。

2007年11月5日,最高人民法院答复聂母张焕枝,申诉材料已转至河北省高级人民法院,聂案的申诉由河北省高级人民法院负责。张焕枝多次前往河北省高级人民法院寻求调查结果,但没有结果。

2014年12月12日,最高人民法院指令山东省高级人民法院对聂树斌案进行立案复查,山东省高级人民法院三次延长复查期限。2015年3月17日,山东省高级人民法院通知聂案申诉代理律师可查阅聂案完整卷宗。为充分体现公开、公平、公正的原则,根据聂树斌故意杀人、强奸妇女一案复查进展情况,参照有关规定和相关司法解释,山东省高级人民法院决定就该案于4月28日13时30分召开听证会,听取申诉人及其代理律师、原办案单位代表意见。

(二)王书金案

1. 王书金归案经过

2005年1月18日,网上通缉逃犯王书金被河南干警抓获。王书金供述其曾经多次强奸、杀人,其中一起是1994年8月在其打工的石家庄市液压件厂旁边的一块玉米地里奸杀了一个30多岁的妇女。2005年1月19日,王书金被河南警方移交给河北省广平县警方。同年1月22日,河北省广平县警方押着王书金,来到石家庄市液压有限责任公司(即原石家庄市液压件厂)旁边的玉米地,指认他当时的作案现场。

2. 王书金案审判经过

据悉,在王书金案一审庭审中,王书金意欲主动供认玉米地奸杀案,但被法官以“与指控无关”打断,被公诉方以“查无实据”驳回。

2007年4月,一审宣判后,王书金以未起诉他在石家庄西郊玉米地的奸杀案为理由之一,向河北省高级人民法院提出上诉。他在上诉状中说:“我在2005年1月18日向河南省荥阳市索河路派出所供述自己在河北省犯罪过程中,包括石家庄西郊玉米地里强奸杀人的经过……

对于这些,河北广平县公安机关的警察进行了确认……警察还带领我到作案现场进行了指认,现场是凭着我对当时的记忆找到的。”

2007 年 7 月 31 日,河北省高级人民法院二审不公开开庭审理了王书金案,而王书金在庭上继续对未被纳入公诉的石家庄玉米地案供认不讳。

2013 年 6 月 25 日上午 9 点,河北省高级人民法院在河北省邯郸市中级人民法院开庭审理上诉人王书金强奸、故意杀人一案。王书金的上诉理由是:原判认定的三起故意杀人、强奸犯罪事实属自首,应从轻处罚;所供述的在石家庄市西郊强奸、杀人,是对国家和社会的贡献,属重大立功,应从轻处罚。但河北省人民检察院检察员认为,王书金的上诉理由不成立。石家庄西郊强奸杀人案并非王书金所为。王书金的供述与石家庄西郊强奸杀人案的实际情况在关键情节上存在重大差异。辩护人要求查阅检察员在庭审中出示的证据材料,要求休庭做辩护准备。合议庭认为辩护人的要求符合法律规定,同意辩护人的请求,宣布休庭。

2013 年 7 月 10 日上午,河北省高级人民法院在邯郸市中级人民法院二审第三次开庭审理上诉人王书金强奸、故意杀人一案。庭审从上午 9 时开始,前半段就杀人事实部分进行了公开审理,后半段就强奸事实部分进行了不公开审理。河北省高级人民法院驳回王书金上诉、维持原判。河北省高级人民法院认为,河北省人民检察院检察员所提出的王书金的供述与石家庄强奸、故意杀人案在一些关键情节上存在重大差异,石家庄强奸、故意杀人案不是王书金所为,王书金的上诉理由不能成立的意见,本院予以支持。

二、聂树斌案、王书金案证据梳理

(一)聂树斌案

1. 原审法院认定的事实

石家庄市中级人民法院及河北省高级人民法院两级法院均认定聂树斌故意杀人、强奸妇女的犯罪事实成立,认定其有罪的证据为被告人供述、现场勘验笔录、物证、证人证言、辨认笔录,主要包括:

(1)聂树斌归案后交代强奸后勒死被害人康某的犯罪经过的口供;聂树斌所供被害妇女体态、所穿衣物与被害人之夫侯某、证人余某所证一致。

(2)聂树斌指认的作案现场及埋藏被害人衣物的地点,与现场勘验一致。

(3)被告人聂树斌对康某被害现场提取物及生前照片进行辨认,均确认系被害人照片及其所穿衣物。

2. 辩护律师观点

(1)认定聂树斌为凶手证据不足

侦查卷宗显示,此案没有任何直接证据证明聂树斌实施犯罪,河北两级法院判决主要依据聂树斌的口供作出,但聂树斌的口供内容前后矛盾,包括作案时间、地点、过程、杀人手段、被害人体貌、衣物特征、抛埋衣物地点等,不能自圆其说。比如,聂树斌对案发时被害人身穿连衣裙的外貌有过多种不同表述,且关于作案过程的供述,关键细节每一次都不一样。而王书金多次供述在石家庄市西郊玉米地强奸杀人的犯罪事实,王书金供述的作案时间、地点、被害人体貌、衣物特征等,均得到被害人亲属证言、现场勘查照片及玉米地主人等相关证据印证。

侦查卷宗显示,现场勘查被害人左脚西侧偏南30cm处有一串钥匙,但阅遍卷宗未发现聂树斌对此有任何供述,而王书金讲述了钥匙的详细位置。

聂树斌供述称他用花上衣勒了被害人的脖子,办案人员认为被害人是被勒死,但未出示鉴定证据,卷宗中尸检报告显示被害人舌骨未骨折,与被勒死的情况不符。而王书金供述的杀人手段为掐被害人的脖子,用双脚跳起向被害人胸部猛踩多次。聂案代理律师陈光武称,根据现场技术人员拍的照片,其代理律师找到多名专家鉴定,结论是被害人有肋骨骨折。

关于被指是聂案关键物证的花上衣,指认时显示为彩色照片,不同于其他现场照片为黑白照片,且极其干净,与被尸液浸泡过不符。

(2)办案人员多处程序违法

聂案辩护律师认为,聂树斌的口供是因刑讯逼供作出,且有同监室的纪某的证言证明;且案卷材料多处签名非聂树斌本人所签,包括:一审阶段在送达起诉书的笔录上被送达人聂树斌的签名、在送达起诉书笔录之后的送达回证上的签名、一审审判笔录上的签名、一审判决书的送达回证的签名、二审判决书送达回证的签名、执行死刑前验明正身的签名。因这六处的签名与聂家属验证的书写习惯不一致;《讯问笔录》日期标注混乱,页码涂改严重,《现场笔录》显示,警方多人参与现场勘查,却仅有一人签字,也没见证人签字或盖章,且《现场笔录》描述内容与现场平面示意图自相矛盾;原办案人员涉嫌变造卷宗材料,《现场笔录》签署日期形成于1994年8月12日,在笔录和现场平面图中,出现了多处"新华路""新华西路"的名称,而该路段当时的名称为"石获南路"或"石获公路"。该路段从2001年由于郊区留营乡并入桥西区,民间才有"新华路"的俗称,"因此有理由认为,该《现场笔录》的真正形成日期,应当晚于2001年之后"。

3. 原办案单位观点

(1)认定聂树斌为凶手证据充足

原办案单位代表称,对比有关作案时间和作案路径的供述,王书金的供述不可信,聂树斌的供述可信。

原办案单位代表称,聂树斌供述作案时间是1994年8月上旬某天被车间主任批评走后,当天下午5点多,该供述有聂树斌父母及获鹿县冶金机械厂等证言佐证,而被害人父亲、丈夫、同事证明的被害人失踪时间为1994年8月5日下午下班后。而王书金供述的作案时间为中午2点左右,庭审中供述的时间为下午1点30分左右。证人证言、现场勘查、尸检报告描述被害人衣着、案发地点、埋藏衣服地点、作案手段与聂树斌供述的被害人衣着相符,聂树斌供述勒被害人颈部花衬衣的来源与证人证言一致,聂树斌的辨认笔录与现场勘查等相关证据一致。

关于受害人是否骨折问题,原办案单位代表称,尸检报告中明确提出"全身未见明显创口、骨折",从肋骨骨折的好发部位,4－7肋骨容易骨折,11－12肋骨短小、受力很难,极少发生骨折,参加法医工作后很少看到这两个肋骨骨折。“综合判断某些人做出这样的判断不符合肋骨骨折的一般规律”。

关于现场勘查发现的一串钥匙,原办案单位人员未回应王书金为何供认,只称聂树斌未供认符合犯罪心理学。“犯罪嫌疑人在实施犯罪时,在精神高度紧张的状态下,对一些有关案件现场物品和作案过程的直接问题记不清也属合理。本案是强奸杀人案,所以对被害人穿着印象深刻,对其他细节没有印象,在犯罪心理学上完全可以说明。”

关于花衬衣为何未经鉴定且辨认时为何很干净,原办案单位称,该衬衣在案发后 6 天时间内,经过雨水的冲刷及尸体腐败液的侵蚀,提取时已完全丧失原始状态,不具备辨认条件。为辨认方便,办案人员对该衬衣进行了清洗,最终被聂树斌认出。

(2)原办案单位认定诉讼程序合法,没有刑讯

原办案单位代表称,2005 年 3 月,河北省人民检察院成立调查组对聂树斌案是否存在刑讯逼供进行调查,结论是没有对聂树斌进行刑讯逼供。

原办案单位代表称,没有刑讯逼供的证人是聂树斌一审辩护人张某某,张称,“我发现聂树斌智力很正常,没有发现聂树斌身上有伤。”调查组找聂母了解情况时,聂母也称从律师处获悉聂树斌遭打后被迫承认犯罪。

原办案单位代表称,聂树斌自 1994 年 10 月 1 日被关押至石家庄市看守所时,一直在该所 102 监室羁押,而非纪某所在的 105 监室。与聂树斌同在 102 监室的 4 名人员均未注意到聂树斌身上是否有伤情。原郊区检察院负责审查批准逮捕的狄某、张某证明未听到有人反映刑讯逼供问题。调查组调阅聂树斌案的案卷材料,并对参与聂树斌案侦查的 11 名干警分别进行调查询问,均未发现原办案人员存在刑讯逼供等违法行为。

对于纪某的证言,原办案单位代表称,聂树斌、纪某分押于不同监室,二人不可能经常聊天,纪某多次诈骗,被判处无期徒刑,属诈骗惯犯,“其证言不可信。如果其掌握聂树斌被刑讯逼供的线索,为立功减刑,应该不会在时隔 20 年之后才反映出来。”检察机关代表认为,纪某出证动机值得怀疑,且有充分证据证明纪某所证不实。

关于签名造假,原办案单位代表称,聂树斌案在程序等方面存在一些瑕疵,比如文书签名、卷宗装订不规范,甚至漏填审判人员等明显瑕疵。经核对,聂树斌在送达起诉书笔录、送达回证、宣判笔录上的签名确非聂树斌所签,系由一审法院书记员代签。但山东省高级人民法院的指纹鉴定证实,上述笔录上的手印为聂树斌所按。这样做是出于保护书记员免受伤害,因为当时发生过被告人用笔刺伤书记员的事。

对于“装订页码有涂改”问题,这种情况本案确实存在,石家庄市中级人民法院在装订一审卷宗时,由于书记员工作疏忽将页码标错,后经核对进行了更改,在当时情况下也属正常,故页码有涂改痕迹。判决书、执行死刑笔录应装入正卷,由于疏忽没有入卷,不影响本案认定聂树斌犯故意杀人、强奸妇女罪的事实与证据,更不存在弄虚作假的情况。

对于路名问题,原办案单位代表称,石获南路为官方名称,该路段也被群众称为新华西路。被害人所在单位石家庄市液压件厂自 1990 年由井陉矿区迁至现石获南路南侧,其工商

注册登记资料上厂址为新华西路,该厂办公室主任吴某某也证实该厂从井陉矿区迁址现址后,门牌号即为“新华西路268号”。案卷中表述的新华西路、新华路与石获南路为同一路段。

4. 专家观点

聂树斌案复查听证后,社会舆论高度关注,强烈期待司法机关作出公正处理。曾经担任中国法学会副会长、中国法学会诉讼法学研究会会长,现中国刑事诉讼法学研究会名誉会长的陈光中教授认为,聂案迷雾重重,疑点很多,不论从证据事实和法律理由上已符合立案再审要求,山东省高级人民法院应当在最高人民法院的支持和指导下通过再审,极力查清聂案重大疑点,对案件作出公正处理,满足社会的热切期望,并藉此提高司法公信力。

他认为聂树斌案件存在以下五大关键疑点:

(1)存在刑讯逼供的重大可能性。聂树斌被拘禁后4天的讯问笔录不翼而飞,内幕如何?这是本案关键问题之一。因为聂树斌被拘禁后,公安办案人员不可能不讯问,当时的刑诉法规定,拘留后24小时内必须讯问被拘留人。而且事关命案,公安人员急于破案,在正常情况下,必然会连续突击讯问,而且有可能使用违法手段。据办案人员说聂树斌为口吃,需多次讯问,才能完成案件全过程的讯问任务。因此前面4天讯问笔录失踪极不正常。也可能由于聂树斌开始不招认,或者“胡说八道”,办案人员就将其隐藏了或者毁掉了,如果这样做,就违反了刑事诉讼法规定的办案人员必须忠实于事实真相的要求,“故意隐瞒事实真相的,应当追究责任”。4天讯问笔录失踪是查明聂案的重要突破口,决不能以原办案方说一句“没有发现刑讯逼供”就不了了之。

(2)花衬衫的重大疑点并未合理排除。一是花衬衫来源不明,聂树斌口供虽多次说从三轮车上拿的,但也有几次说是从破烂堆中拣的,聂的口供离案发时间很近,怎么会发生明显差别。至于三轮车主梁某则说根本记不清三轮车上是否有花衬衫。二是由于被害人尸体腐烂,其颈部留痕已消失,现场勘验笔录只是说“窒息死亡”,而无法鉴别是用手掐死或者是用花衬衫勒死。三是花衬衫作为物证应尽量保留原貌,即便需要清洗辨认,也应当在清洗辨认时有见证人,否则谁证明所辨认之物是原物呢?

(3)被害人尸体是否有骨折问题没有真正查清。据现场勘验笔录,康某尸体没有骨折迹象;而申诉代理律师将尸体照片给著名法医专家(庄洪胜和胡志强)鉴别,他们联合出具意见书,认定有3根肋骨缺失。由于法医对被害人尸体未作解剖,只从腹背表面观察,难准确认定是否有骨折,这是聂树斌和王书金口供的一个关键分歧。但是据申诉律师说,被害人尸体不是火化而是土葬,则按法医常识,如果开棺验尸,是否骨折,可望一槌定音,真相大白。

(4)为什么不提取被害人阴道精子。法医学常识告诉我们,发现女尸,法医验尸,必定要考虑是否是强奸杀人,必须在女尸阴道内提取液体,检验是否有精子。发现康某尸体,离康某死亡仅一周,虽然在高温天气,尸体已腐烂,但精子仍会保留,应当提取作为生物样本。遗憾的是现场法医没有这样做。聂树斌的供述说,他的生殖器已进入阴道并射精。即便在聂供述之后再解剖尸体,仍然存在在阴道提取精子进行鉴定的可能性,但是这些机会都被公安法医人员放弃了。现在能证明聂树斌犯强奸罪的只有聂本人的口供,而没有其他任何实物证据可以印证。如此单薄的证据能证实聂树斌犯有强奸罪吗？聂案强奸是因，杀人是果，因果相联，互相依存，因之不在，果何能存？

（5）书记员假签名问题。现在经笔迹鉴定，已证实有6份重要诉讼文书是办案人员（书记员）代聂树斌签名的，指印是聂本人的。代签的“理由”是防止聂在签名时用钢笔刺人或自残，这种理由似乎有点滑稽，实在难以令人认可。进而追问一下，聂的真手印是怎样捺上去的？真叫人不敢想下去。办案有时于细节上显真相。聂案在办案程序上漏洞实在太多，作假也罢，草率也罢，却都让严肃的司法形象黯然失色，通过这样的程序认定的事实确实难符合客观真相。

在简要分析了上面五大疑点之后，他表达下面两点看法：

第一，聂案现有材料和疑点已符合立案再审条件。聂案发生于20年前，其办案是否违法应当以当时法律为准绳，但是聂案是否提起再审（审判监督程序），应当适用2012年修改的《刑事诉讼法》。该法第242条规定：“当事人及其法定代理人、近亲属的申诉符合下列情形之一的，人民法院应当重新审判：

（一）有新的证据证明原判决、裁定认定的事实确有错误，可能影响定罪量刑的；

（二）据以定罪量刑的证据不确实、不充分、依法应当予以排除，或者证明案件事实的主要证据之间存在矛盾的；

（三）原判决、裁定适用法律确有错误的；

（四）违反法律规定的诉讼程序，可能影响公正审判的；

（五）审判人员在审理该案件的时候，有贪污受贿，徇私舞弊，枉法裁判行为的。”

以上部分文字是2012年《刑事诉讼法》修改时新增加的内容，而且都是有利于实现申诉人立案要求的。比如在聂案中发现的法医专家提供的认定被害人有骨折现象的证据、纪某作证聂树斌曾经被刑讯逼供的证言，这两个新证据都说明原审法院可能定罪错误。另外，前4天讯问笔录的缺失与纪某的证言说明可能存在刑讯逼供现象，聂树斌的口供可能应当依法予以排除。特别是第4项，办案违反法律规定的诉讼程序，可能影响公正审判的，此处公正审判主要是指实体公正，即结果公正来讲的。综合聂案情况来看，对聂树斌定罪的证据，是以聂树斌的口供为主线，一定的实物证据和证言配合印证而形成证据证明体系的。而此案现有的五大疑点（此处尚未包括申辩律师强调现场发现被害人钥匙的新证据）已经撕裂了原裁判“证据确实、充分”的证据证明体系，因此完全符合提起再审的条件。而且也只有启动再审才能进一步采取必要的措施，如查明原办案人员是否有刑讯逼供行为，被害人是否存在骨折现象，为什么不提取被害人阴道内精液，花衬衫的来源不明等情况。总而言之，严格适用《刑事诉讼法》第242条，就要毫无疑问地决定提起审判监督程序，重新审判聂树斌案。

第二，应当在聂树斌案件重新审判中坚决贯彻疑罪从无原则。该原则在1979年《刑事诉讼法》中没有规定，1996年《刑事诉讼法》就明确规定了，十八届四中全会的《中共中央关于全面推进依法治国若干重大问题的决定》中强调了证据裁判与疑罪从无这两项重要原则。根据此原则，聂树斌案与王书金案最后的处理应该有三个可能性（只从强奸杀害康某案来看）：一是王书金是真凶,聂树斌无罪;二是聂树斌是真凶,王书金不是;三是根据疑罪从无原则,聂树斌与王书金都不能认定为真凶。第三种可能表面上看来或许难以理解,甚至部分社会公众也难以认同,但这正是用法治思维、法治方式来审判案件的一种选择。无论是哪一种选择,都必须立足证据,于法有据,做到公开、公平、公正。坦诚地说,如今这个案件进一步如何处理,是否提起再审,以及再审的结果如何,万众关注,社会热期,对山东省高级法院以及相关司法领导部门既是一个严峻的挑战,也是一个重振司法权威,提高司法公信力的难得机遇。[1]

(二)王书金案

1. 检方观点

河北省人民检察院认为,石家庄西郊玉米地案非王书金所为,并出示了四组证据:

第一组证据是石家庄西郊强奸杀人案现场勘查笔录及尸检报告;

第二组证据是石家庄西郊强奸杀人案被害人康某亲属及同事的证言;

第三组证据是被害人康某同事证言及与王书金同时在石家庄打工的工友证言;

第四组证据是公安机关依法讯问王书金时取得的王书金本人三份供述。

检方认为1994年石家庄西郊玉米地奸杀案并非王书金所为,理由为:

第一,当时被害人尸体身穿白色背心,脚穿尼龙袜,颈部压有玉米秸,拿开玉米秸后,可见一件花衬衣缠绕在颈部。王书金却供述,被害人全身赤裸,也没供述被害人颈部缠绕花衬衣。

第二,被害人全身未发现骨折,被害人系窒息死亡。王书金却供述是先掐被害人脖子后踩胸腹致被害人当场死亡。如果被害人是被人踩死,尸体不可能没有骨折。

第三,该案案发于1994年8月5日下午5时以后。被害人下午上班,5点下班与同事一起洗澡后,骑车沿新华路至孔寨村之间的土路回家,途中经过案发地遇害。王书金却始终供述是在中午2时左右作案。

第四,被害人身高1.52米,王书金却供述被害人身高和他差不多。王书金身高1.72米,比被害人高出20厘米。

2. 辩护律师观点

辩护律师认为王书金为石家庄西郊玉米案的凶手,因其对石家庄西郊玉米地奸杀案的供述是在没有外界信息来源的情况下作出的,王书金对犯罪现场的描述与现场勘查笔录高度吻合。且检方提出的一些细节问题与王书金供述有出入,应考虑到事件已过去19年,普通人记忆力有所衰退,不能苛求细节完全准确。

辩护律师还认为检方出示的部分证据有瑕疵,比如尸检报告上本来应该有两名工作人员的签名,但出具的尸检报告上只有一名工作人员的签名,另一名工作人员是盖的印章。另外检方出示的关键物证“花衬衣”只有照片,没有实物。

---

〔1〕 参见陈光中:《聂案五大疑点已撕裂原证据证明体系,理应重新公正审判》,载财经网,http://news,sohu.com/20150513/n412992624.shtml,2015年5月13日访问。

三、聂树斌案时间表

1994 年 8 月 5 日，河北省石家庄市液压件厂女工康某在该市西郊孔寨村附近一块玉米地里被强奸杀害。

1994 年 9 月 23 日，犯罪嫌疑人聂树斌被公安机关抓获；10 月 1 日，聂树斌被刑事拘留；10 月 9 日，因涉嫌故意杀人、强奸妇女罪被逮捕。

1995 年 3 月 15 日，石家庄市中级人民法院作出一审判决，以故意杀人罪及强奸妇女罪判处聂树斌死刑。聂树斌提出上诉。

1995 年 4 月 25 日，河北省高级人民法院作出二审判决，聂树斌犯故意杀人罪，判处死刑；犯强奸妇女罪，改判 15 年，合并执行死刑。两天后即 4 月 27 日，聂树斌被枪决。

2005 年 1 月 18 日，河南省荥阳市公安局索河路派出所干警抓获河北省公安厅网上通缉逃犯王书金。王书金供述称多次强奸、杀人，并称石家庄西郊玉米地的奸杀案也是他所为。

2006 年邯郸市中级人民法院首次审判王书金案，并未提及与聂树斌案相关的石家庄西郊玉米地奸杀案。2007 年 3 月 12 日，邯郸市中级人民法院作出一审判决，以故意杀人罪、强奸罪判处王书金死刑。王书金提出上诉，上诉理由主要是“检方未起诉他在石家庄西郊玉米地的一起奸杀案。”其坚称石家庄西郊玉米地奸杀案是其所为。

2013 年 9 月 27 日，河北省高级人民法院对王书金案二审宣判：驳回上诉、维持原判。王书金案处于死刑复核阶段。

2014 年 12 月 12 日，最高人民法院指令山东省高级人民法院复查聂树斌案。同日，山东省高级人民法院依法向聂母张焕枝送达了立案复查决定书。

2015 年 3 月 17 日，聂树斌申诉案代理律师李树亭获准查阅聂案全部卷宗。

2015 年 6 月 11 日，山东省高级人民法院报请最高人民法院批准，延长聂树斌案复查期限 3 个月；2015 年 9 月 16 日，再次延期 3 个月；2015 年 12 月 14 日，第三次延期 3 个月，直到 2016 年 3 月 15 日。

教学手册

教学目标

本案例供法律硕士研究生案例教学使用，法学本科（大四）、刑法学、刑事诉讼法学、证据法学、律师学方向硕士研究生也可以参酌使用。

本案例主要就刑事案件申诉阶段辩护律师的诉讼活动和刑事案件证明标准的确定问题进行分析。具体要解决的问题包括：

（1）在侦查阶段，辩护律师接受委托后应从事哪些诉讼活动；

(2)辩护律师在审查起诉阶段、审判阶段、申诉阶段应如何从事各项诉讼活动,如何撰写辩护词;

(3)以故意杀人、强奸案为例,如何运用证据认定案件事实,提出分析案件证据基础以及认定证据的合法性问题的具体思路。

教学内容

1. 侦查阶段辩护律师如何维护犯罪嫌疑人的合法权益,尤其是诉讼权利?

在侦查阶段,如何会见当事人,如何主张当事人的合法权利,是辩护律师要解决的最大问题。因而,律师接受委托后,首先要制定合理可行的辩护方案。在这一阶段,如何保障当事人不被羁押,或者在被刑事拘留或逮捕后变更为取保候审或者监视居住。对于当事人而言,是维护其正当权利的一种重要因素,因而如何与办案机关沟通,并代为主张相应利益,是辩护律师在侦查阶段应当着重解决的问题。

2. 律师如何行使调查取证权?

目前刑事辩护活动中,律师的调查取证权受到较大限制,由于各种原因律师也不愿意主动进行调查取证。然而,能否妥当行使这项权利,直接影响到当事人的合法利益。本案中,律师并没有积极而全面地进行各种调查取证活动。律师在调查取证中,如何避免不正当干扰,如何确保不逾越法律界限,是从事刑辩工作的难点。教师在授课中,应为学生提出基本的注意要点。

3. 律师如何撰写辩护词?

律师在刑事辩护活动中,最为核心的内容之一,就是撰写一份有分量的辩护词。撰写辩护词的具体内容包括:(1)对已有证据材料进行全面、适度且合理的分析,指出不同证据材料之间存在的差异、漏洞;(2)提出对当事人有利的证据材料,包括侦查机关收集的证据材料和律师调查收集的证据材料;(3)对与本案定罪量刑有关的现有法律法规及司法解释进行分析,寻找对当事人有利的法律法规和司法解释上的根据,以及最高人民法院的指导性案例;(4)对案件程序性问题进行分析,指出侦查、审查起诉环节是否存在违反法定程序的问题;(5)对案件发生的原因等进行分析,寻找当事人从事违法行为的客观证据;(6)对其他影响定罪量刑的情节进行阐述分析。

撰写辩护词的形式要求包括:(1)证据分析与法律分析部分界限分明;(2)辩护重点突出,尤其是与定罪量刑直接有关的要点要突出;(3)层次分明,逻辑顺畅;(4)篇幅得当、语言简练易懂;(5)法律分析要有权威的论理根据;(6)语言平和、得体,忌用攻击性语言。

4. 庭审中律师应如何发挥辩护职能?

庭审是律师参加全部诉讼活动的重心,是展现律师素质和风采的最重要平台。律师在参与法庭调查时,事先要积极准备,全面而仔细地阅读卷宗,对各项证据材料,尤其与定罪量刑有关的证据材料要熟稔于心;对控方提出的有罪证据要有明确的判断,对于有利于被告的证据要适时提出。律师在法庭辩论过程中,发表意见要重点突出、说理充分,发言要遵守法庭纪律。

5. 如何运用证据认定案件事实?

在刑事案件中,往往涉及大量的证据证明问题。就本案而言,主要涉及证据法的规定,本案实体方面核心问题在于:(1)聂树斌案中法院据以判决其故意杀人、强奸罪成立的证据基础是什么?(2)判决其罪名成立所依据的证据是否具有证据资格?(3)没有现场见证人签名的现场勘查笔录以及没有法医签字只有盖章的尸检报告能否采信?(4)聂树斌案的定案证据能否形成完整的证据链?案件事实是否排除了合理怀疑?

对于刑事案件事实的认定,很重要一点要依照证据认定案件事实,排除不具有证据资格的证据,以及未经法庭审查和质证的证据。

此外,通过对该案例的分析,要培养学生分析案例的法律推理能力。

课堂时间安排

本案例可以作为专门的案例教学课,整个案例课的课堂安排 6 个课时,每课时 45 分钟。

如下课堂设计,仅供参考。

1. 课前计划:安排学生阅读案例及相关参考资料,对案例所涉及问题进行思考,撰写实践题答案。

2. 课中计划:介绍教学目的,明确讨论主题;分组讨论,回答各项思考题,讨论实践题的撰写要点;小组代表提出撰写要点,学生讨论和分析;教师归纳总结。

3. 课后计划:布置学生进一步思考辩护律师在刑事诉讼活动中的职能,以及如何发挥其职能。

思考题和实践题

思考题

1. 聂树斌案由何地公安机关立案侦查?
2. 根据 2012 年《刑事诉讼法》和《公安机关办理刑事案件程序规定》,刑事立案的条件有哪些?本案是否符合刑事立案的条件?
3. 根据 2012 年《刑事诉讼法》和《公安机关办理刑事案件程序规定》,公安机关在立案侦查时需要收集哪方面的证据,并达到什么样的证据标准才能移送起诉?
4. 刑事拘留应具有哪些条件?公安机关对聂树斌进行拘留是否符合法律规定?如果聂树斌认为刑事拘留有误,他该怎么做?
5. 如果聂树斌遭到刑讯逼供,他应该如何维护自己的权利?
6. 根据 2012 年《刑事诉讼法》,对聂树斌进行逮捕是否符合法律规定?检察机关在决定逮捕时,能否将聂树斌一旦逃跑无法抓捕归案,作为对其进行逮捕的理由?
7. 在侦查阶段聘请律师,应遵守哪些法律规定?如果犯罪嫌疑人提出聘请律师,侦查机关应如何处理?
8. 聂树斌的家属提出要去看守所会见聂树斌,作为律师应如何回答?

9. 根据2012年《刑事诉讼法》,在侦查阶段,辩护律师会见在押犯罪嫌疑人聂树斌应办理哪些手续?
10. 根据2012年《刑事诉讼法》,辩护律师应如何提出取保候审申请?
11. 对于辩护律师提出查阅证据材料的申请,侦查机关应如何处理? 侦查机关如何获得犯罪嫌疑人的口供?
12. 本案是否存在超期羁押的情况? 如果存在,侦查机关应如何处理? 侦查终结应具备哪些条件? 如何撰写移送起诉意见书?
13. 申诉过程中律师请求查阅案卷材料的请求,检察机关是否允许?
14. 检察机关收到律师提供的证据材料,应如何处理?
15. 检察机关提起公诉应符合哪些条件? 刑事再审程序应如何启动?

实践题

1. 如果你是聂树斌的辩护律师,在这一阶段应该做哪些工作? 请根据以上案情,编写工作计划。
2. 结合本案案情,为聂树斌撰写取保候审申请。
3. 针对以上起诉意见,为被告人聂树斌撰写辩护词。
4. 请根据以上案件信息分析,现有证据能否认定聂树斌构成犯罪?

参考文献

1. 陈光武:《聂树斌强奸杀人案听证代理提纲(全本)》,载陈光武新浪博客2015年11月15日,http://blog.sina.com.cn/s/blog_63aeaff70102vpa8.html。
2. 陈光中:《聂案五大疑点已撕裂原证据证明体系,理应重新公正审判》,载搜狐新闻2015年5月13日,http://news,sohu.com/20150513/n412992624.shtml。
3. 鲍志恒:《终审王书金:非聂树斌案真凶》,载《东方早报》2013年9月28日。
4. 范友峰:《聂树斌案从"铁案"到疑案的始末》,载《新华每日电讯》2014年12月19日。
5. 赵秋丽、李志臣:《聂树斌案诸多悬疑待解》,载《光明日报》2015年3月19日。
6. 罗书臻:《山东省高级人民法院召开聂树斌案听证会》,载《人民法院报》2015年4月29日。

附件:

1. 聂树斌案一审判决书

河北省石家庄市中级人民法院
刑事附带民事判决书

(1995)石刑初字第53号

公诉机关河北省石家庄市人民检察院。

被告人聂树斌,男,一九七四年十一月六日出生,汉族,鹿泉市申后乡下聂庄村人,初中文化,捕前系鹿泉市冶金机械厂工人,住原籍。一九九四年十月一日被刑事拘留,同年十月九日因故意杀人、强奸妇女被逮捕。现押石家庄市看守所。

河北省石家庄市人民检察院于一九九五年三月三日以被告人聂树斌犯故意杀人罪、强奸妇女罪向本院提起公诉。本院受理后，依法组成合议庭，不公开开庭审理了本案。河北省石家庄市人民检察院代理检察员田丽媛出庭支持公诉，附带民事诉讼原告人康孟东，被告人聂树斌及其辩护人张景和到庭参加诉讼。本案现已审理终结。

河北省石家庄市人民检察院指控被告人聂树斌，于一九九四年八月五日十七时许，尾随下班回家的石家庄市液压件厂女工康菊花至石郊孔寨村的石粉路中段，将康拖至路东玉米地内，致昏后强奸。尔后，又将康勒颈致死。

刑事附带民事诉讼原告人主要提出被告人应赔偿被害人丧葬费、孩子的抚养费及寻找被害人康菊花误工、用车等费用十万余元。

被告人聂树斌对公诉机关指控的犯罪事实供认不讳。

被告人的辩护人辩称，公诉机关指控被告人聂树斌犯强奸妇女罪的证据不足，不能认定，被告人犯罪后认罪态度好。

经审理查明：被告人聂树斌于一九九四年八月五日十七时许，骑自行车尾随下班的石家庄市液压件厂女工康菊花，至石郊孔寨村的石粉路中段，聂故意用自行车将骑车前行的康菊花别倒，拖至路东玉米地内，用拳猛击康的头、面部，致康昏迷后，将康强奸。尔后用随身携带的花上衣猛勒康的颈部，致康窒息死亡。石家庄市郊区分局在侦破此案时根据群众反映，将聂树斌抓获后聂即交代了强奸后勒死康菊花的犯罪经过，并带领公安人员指认了作案现场及埋藏被害人衣物的地点与现场勘查一致。被告人聂树斌对康菊花被害现场提取物及生前照片进行辨认，均确认系被害人照片及其所穿衣物。聂树斌所供被害妇女体态、所穿衣物与被害人之夫侯金尧、证人余秀琴所证一致。据此足以认定康菊花系聂树斌强奸后杀死无疑。

本院认为，被告人聂树斌拦截强奸妇女、杀人灭口，手段残忍，情节和后果均特别严重，其行为已构成强奸妇女罪、故意杀人罪。被告人的辩护人辩称，公诉机关指控被告人犯强奸妇女罪的证据不足，经查，有被告人聂树斌多次供述，且与现场勘查吻合，供证一致，足以认定。辩护人所提被告人认罪态度好属实。被告人之行为给被害人家庭造成一定经济损失属实应予赔偿。依照《中华人民共和国刑法》第一百三十九条、第一百三十二条、第五十三条、第三十一条及全国人大常委会《关于迅速审判严重危害社会治安的犯罪分子的程序的决定》之规定，判决如下：

一、被告人聂树斌犯故意杀人罪，判处死刑，剥夺政治权利终身；犯强奸妇女罪，判处死刑，剥夺政治权利终（原文如此，丢“身”字）。决定执行死刑，剥夺政治权利终身。

二、判处被告人聂树斌赔偿附带民事诉讼原告人丧葬费及其他费用贰千元整。判决生效后一个月内付清。

如不服本判决，可自接到判决的第二日起三日内，通过本院或直接向河北省高级人民法院提出上诉。书面上诉的，应交上诉状正本一份，副本一份。

审　判　长　康平平
代理审判员　梁建琴
代理审判员　张贵军
一九九五年三月十五日

本件与原本核对无异

书　记　员　高　雷

2. 聂树斌案二审判决书

河北省高级人民法院
刑事附带民事判决书

(1995)冀刑一终字第129号

原公诉机关石家庄市人民检察院。

上诉人(原审附带民事诉讼原告人)康孟东,男,60岁,井陉矿物局退休工人,系被害人康菊花之父。

上诉人(原审被告人)聂树斌,男,一九七四年十一月六日生,汉族,鹿泉市申后乡下聂庄村人,捕前系鹿泉市冶金机械厂工人,住原籍。一九九四年十月一日被拘留,同年十月九日被逮捕。现押于石家庄市看守所。

石家庄市中级人民法院审理被告人聂树斌故意杀人、强奸妇女一案,于一九九五年三月十五日作出(1995)石刑初字第53号刑事附带民事判决。被告人聂树斌、附带民事诉讼原告人康孟东均不服,提出上诉。本院依法组成合议庭审理了本案,现已审理终结。

原判决认定,被告人聂树斌于一九九四年八月五日十七时许,骑自行车尾随下班的石家庄市液压件厂女工康菊花,至石郊孔寨村的石粉路中段,故意用自行车将骑车前行的康菊花别倒,拖至路东玉米地内,用拳猛击康的头、面部,致康昏迷后,将康强奸。尔后用随身携带的花上衣猛勒康的颈部,致康窒息死亡。上述事实,有被告人的口供及指认作案现场,且与现场勘查一致;被告人所供被害人的体态、衣着与被害人之夫及证人余秀琴所证一致。被告人聂树斌犯故意杀人、强奸妇女罪,均判处死刑,剥夺政治权利终身,决定执行死刑,剥夺政治权利终身;赔偿附带民事诉讼原告人丧葬费及其他费用二千元。被告人聂树斌上诉主要提出:量型(原文如此。编者注。)重、认罪态度好,要求从轻处罚。附带民事诉讼原告人康孟东主要提出:要求被告人赔偿经济损失六万余元。

经审理查明,原判决认定上诉人聂树斌故意杀人、强奸妇女的事实、情节正确,证据充分。上诉人聂树斌所诉认罪态度好属实,但其罪行严重,社会危害极大,不可以免除死刑。根据被告人聂树斌的实际赔偿能力,原审法院判决赔偿附带民事诉讼原告人经济损失二千元较为适当。

本院认为,上诉人聂树斌拦截强奸妇女、杀人灭口,情节和后果均特别严重。原判决认定事实正确,对被告人聂树斌犯故意杀人罪的量刑及民事赔偿数额适当;对强奸妇女罪量刑重。经本院审判委员会讨论决定,依照《中华人民共和国刑事诉讼法》第一百三十六条(一)、(二)项之规定,判决如下:

一、驳回被告人聂树斌及附带民事诉讼原告人康孟东的上诉;

二、维持石家庄市中级人民法院(1995)石刑初字第53号刑事附带民事判决以故意杀人罪判处聂树斌死刑,剥夺政治权利终身及原判决第(二)项赔偿附带民事诉讼原告人丧葬费及其他费用贰千元整;

三、撤销石家庄市中级人民法院(1995)石刑初字第53号刑事附带民事判决对被告人聂树斌犯强奸妇女罪的量刑部分;

四、上诉人聂树斌犯强奸妇女罪,判处有期徒刑十五年。与故意杀人罪并罚,决定执行死刑,剥夺政治权利终身。

本判决为终审判决。

根据最高人民法院关于授权高级人民法院核准部分死刑案件的规定,本判决并为核准以故意杀人罪判处被告人聂树斌死刑,剥夺政治权利终身;以强奸妇女罪判处被告人聂树斌有期徒刑十五年,决定执行死刑,剥夺政治权利终身的判决。

审判长　赵桂云

审判员　王振平

审判员　姜　枫

一九九五年四月二十五日

本件与原本核对无异

书记员　刘光辉

(兰跃军,上海大学法学院教授,yj605018@126.com)

10 CASE 施某等假冒注册商标、非法经营、销售伪劣产品、非法制造注册商标标识案

——非法制售假冒伪劣烟草专卖品犯罪的罪名确定及变更指控罪名的程序保障

摘　要

本案例以一起真实的涉烟(烟草专卖品)犯罪案件为蓝本,围绕涉烟犯罪案件审判的罪名确定与变更指控罪名的程序保障,涉及知识点和执业技能内容包括:涉烟犯罪的罪名确定,假冒伪劣烟草专卖品的价格认定,涉烟犯罪的犯罪形态,想象竞合犯的处断原则及与牵连犯、法规竞合犯的界分,刑事审判范围的确定,能否变更指控罪名判决,变更指控罪名的程序保障,被告人辩解和辩护人意见的审查与判断等。本案例对于解决其他类型如销售伪劣商品、侵犯知识产权犯罪案件具有参考意义。

关键词

涉烟犯罪　刑事诉讼　想象竞合犯　牵连犯　法规竞合　审判范围　变更指控罪名

教学目标

(1)涉烟犯罪触犯多个罪名,如何选择适用罪名判决。

(2)涉烟犯罪的数额如何认定,即假冒伪劣烟草专卖品的价格认定。

(3)想象竞合犯的处断原则及与牵连犯、法规竞合的区分。

(4)刑事审判范围的确定,法院能否超出指控范围就未指控的事实作出实体裁判。

(5)法院能否变更指控罪名判决,变更指控罪名的如何保障被告人权益。

(6)审判中如何审查与判断被告人辩解与辩护人的辩护意见。

教学案例

第一部分 案 情 介 绍

一、被告人的身份信息

被告人施某,男,无业。

被告人秦某,男,农民。

被告人杨某,男,公司员工。

二、控方观点——检察院指控的犯罪事实

(一)2007 年6 月、7 月,被告人施某与无业人员万某(另行处理)约定,由施某提供假冒烟丝、纸盒包装等原材料交万某包装成品香烟,再由施某进行销售。其间,施某雇用被告人杨某及张某、余某等人(另行处理)为其运输假冒香烟原材料和成品假冒香烟。同年 12 月 8 日,公安机关在上海市杨浦区体育场三号看台的制假工场内查获假冒“熊猫”等各种品牌香烟 5364 条,货值金额计人民币(以下币种均同)424 万余元,包装材料计 11 万余元。2008 年 3 月,公安机关在杨浦区友谊新村 220 号 101 室查获制假工场转运至该处的假冒“三五”牌香烟计 228 条,货值金额计 1.8 万余元,制假包装材料计 1.5 万余元;在杨浦区控江五村 114 号 101 室、国权后路 13 号和淞沪路 700 号内查获由施某、杨某、余某等人从他处运来且由万某等人用于销售的大量假冒礼品“熊猫”等各种品牌香烟计 29186 条 16 盒,货值金额计 83.7 万余元,制假包装材料计 3.2 万余元。

(二)2013 年 8 月起,被告人施某雇用被告人秦某及张某等人,在其租借的上海南大路 729 弄 275 支弄 68 号上海昌兴运务发展有限公司仓库从事仓储、运输、销售假冒香烟活动。2014 年 2 月,公安机关在上述地点及上海泥城镇马厂村水船 665 号和秦某驾驶的厢式货车内查获“中华”等各种品牌香烟 121611.3 条和辅料若干,价值合计 1768 万余元。经鉴定,查获的香烟均系假冒注册商标且伪劣卷烟,查获的辅料均系假冒注册商标。

(三)2010 年 3 月,被告人施某伙同李某(另行处理)至湖北省松滋市,先后租用松滋市危水食品中转站和沙道观镇一私房,设立松滋市危水纸盒厂和沙道观振兴纸盒厂,并雇用苟某等人(均已判刑)从事制造假冒中华牌香烟商标标识的活动。同年 11 月,公安机关在危水纸盒厂内查获非法制造的假冒中华牌香烟商标半成品 209552 套及制假设备、工具等物品。同年 12 月,施某又在江苏省句容市二圣镇迎峰村租用场地,并雇用孙某等人(均已判刑)从事制造、销售假冒中华牌香烟商标标识的活动,2011 年 3 月 30 日被公安机关查获,共计制造假冒中华牌香烟商标标识 290 余万张,其中已发出 280 余万张。案发时,公安机关在上述地点查获假冒中华牌商标标识 3500 张。

为支持上述指控事实,公诉机关出示了证人万某、金某等人的证言,扣押物品、文件清单,随案移交物品清单,上海市烟草专卖局出具的提取物证清单、查获物品清单、估价意见书,上海市烟草质量监督检测站出具的烟草专卖品鉴定证明,被告人施某、秦某、杨某的供述等证据。据此,公诉机关认为,被告人施某、杨某、秦某的行为已触犯《刑法》(以下简称《刑法》)第225条的规定,应以非法经营罪追究三名被告人的刑事责任。鉴于被告人施某系主犯,被告人杨某、秦某系从犯,且杨某还有自首情节,并应依照《刑法》第26条、第27条、第67条之规定处罚。

三、辩方观点——被告人及辩护人的辩护意见

被告人施某及其辩护人认为:(1)指控的第一节事实中,在友谊新村、控江五村、国权后路、淞沪路等处查获的假冒香烟与施某无关,且公诉机关指控的部分犯罪金额不符合法律规定。(2)施某未参与指控的第二节犯罪活动。(3)施某规劝张某到案,施某具有立功表现。(4)指控的第三节事实中,施某仅参与租用松滋市危水食品中转站非法制造假冒香烟商标标识的犯罪事实,未参与其余两地犯罪活动,公诉机关指控施某参与其余两地犯罪事实的证据不足。

被告人杨某对公诉机关指控的事实无异议;其辩护人认为,杨某仅参与杨浦体育场内加工假冒香烟的犯罪活动,且作用较小,又有自首等情节,要求对杨减轻处罚并适用缓刑。

被告人秦某及其辩护人均认为,秦某仅对厢式货车上被查获的假冒香烟承担刑事责任,且犯罪金额应以实际的销售价格认定。

第二部分　法院查明犯罪事实与认定证据

(一)事实一

2007年6月、7月,被告人施某与无业人员万某(另行处理)约定,由万家兄弟租借上海隆昌路640号杨浦体育场三号看台下的场地组织人员加工成品香烟,万家兄弟还租借杨浦区友谊新村220号101室存放加工的成品香烟;施某提供散支烟、包装纸盒等原材料并负责销售。后施某让被告人杨某及无业人员余某(另行处理)等人具体操作,杨某负责运输,施某每月向杨、余支付固定报酬;余某让张某(另行处理)帮助运输,每月向张支付固定报酬。万家兄弟还租借杨浦区国权后路13号、淞沪路700号、控江五村114号101室存放由施某从他处提供并交万家兄弟销售的香烟。2007年12月,公安机关在杨浦体育场和友谊新村220号101室内分别查获"熊猫""三五"等各种品牌香烟计5592条,非法经营数额15.2万余元。2008年3月,公安机关又在国权后路13号、淞沪路700号和控江五村114号101室内分别查获礼品"熊猫"等各种品牌香烟2.9万余条,货值金额83.7万余元。上述查获的香烟经鉴定均系假冒产品。2008年7月23日,被告人杨某向公安机关投案。

证明以上事实的证据主要有:

1. 涉案人员万某的陈述证实：(1)2007 年 6 月、7 月，其与二哥在杨浦体育场内租借场地并与施某商定，由施某提供假冒散支烟及包装材料，他们负责包装、装箱后再由施某指派余某、杨某、王某等人运走销售；(2)控江五村、国权后路、淞沪路三个仓库由万某租借，仓库内假冒香烟均由施某让余某、张某等人送到此处代为销售，所得货款再与施某结算，其中有三次通过余某、杨某将货款 15 万元交给施某，另外友谊新村内存放的假冒香烟是杨浦体育场加工的；(3)万家兄弟在杨浦体育场内加工假冒香烟时还聘请曾某等人帮助搬运，每月向他们支付固定报酬；(4)2008 年年初，施某曾召集万某、杨某、余某等人商量今后销售假冒香烟事宜。

2. 涉案人员曾某的陈述证实：(1)曾某经他人介绍为万家兄弟制售假冒香烟提供运输等帮助，每月获得固定报酬；(2)控江五村、国权后路、淞沪路三个仓库由万家兄弟租借，仓库内存放施某让余某、张某等人送来并交万某等人销售的假冒香烟，实际销售的品名、数量、价格等以送货单为准；(3)2008 年年初，施某召集余某、杨某、万某等人碰面，并让万某继续负责上海假冒香烟的销售，余某、杨某负责外地销售等；(4)友谊新村存放的香烟是杨浦体育场加工的。

3. 涉案人员张某的陈述证实，张某于 2007 年 7 月、8 月经余某介绍开始帮助施某将假冒香烟运到控江五村、淞沪路等处，每次运输货物都有送货单，具体销售的品名、数量、价格等以送货单为准，余某每月支付给张固定报酬。

4. 涉案人员宋某的陈述证实，宋某 2007 年 11 月起在杨浦体育场内帮助万家兄弟搬运假冒香烟，每月获取固定报酬。

5. 公安机关出具的《随案移交物品清单》，烟草专卖局出具的《提取物证清单》等证据，证实 2007 年 12 月和 2008 年 3 月在杨浦体育场和友谊新村 220 号 101 室、控江五村 114 号 101 室、国权后路 13 号、淞沪路 700 号等处查获香烟的品牌、数量等。

6. 上海市烟草质量监督检测站出具的《烟草专卖品鉴定证明》证实，上述查获的香烟经鉴定均系假冒产品。

7. 上海市烟草专卖局财务物价处出具的《查获物品清单》，查获的相关送货单、收据及涉案人员曾某等人的辨认笔录等证据，证实查获香烟的实际销售价格和同类合格产品的市场中间价格相当。

8. 对上述事实，被告人杨某均供认不讳，被告人施某曾供认在案。

（二）事实二

2013 年 9 月，被告人施某以蔡某要使用仓库存放、销售假冒香烟为名，委托他人租赁位于上海南大路 729 弄 275 支弄 68 号的上海昌兴运务发展有限公司一间仓库（以下简称南大路仓库）。施某雇用张某、金某（另行处理）分别负责仓库管理和在仓库外通往公路的交叉路口望风，并每月向二人支付固定报酬。张某又以每车（厢式货车）500 元至 800 元不等的价格雇用被告人秦某帮助运输香烟。自 2013 年 2 月起，张某又让金某另外租借上海泥城镇马厂村水船 665 号仓库（以下简称马厂村仓库）存放香烟，并让秦某将南大路仓库的“七星”等品牌香烟运到此处存放。2013 年 2 月 8 日上午，被告人秦某根据张某要求，驾驶一辆装有从南大路仓库内提取的香烟、车牌号为沪 B44387 的江铃牌厢式货车准备运往外地,车至沪宁高速公路江桥收费站时被公安机关查获,公安机关又先后对南大路仓库和马厂村仓库进行搜查。以上查获的"七星"等各种品牌香烟计 12 万余条,经鉴定均系假冒注册商标且伪劣卷烟,货值金额 623.6 万余元,其中马厂村仓库和厢式货车上查获伪劣卷烟的货值金额 106.9 万余元。

证明以上事实的证据主要有:

1. 涉案人员张某的陈述证实:(1)2011 年 10 月,被告人施某通过曹某租借南大路仓库后,让张某帮助看管并代付租金;(2)2013 年 9 月,施某以福建人蔡某要使用该仓库存放、销售假冒香烟为名,指派张某、金某分别负责仓库管理和在仓库外通往公路的交叉路口望风,并支付张、金固定报酬;(3)张某聘用被告人秦某等人根据施某和福建人蔡某的指令帮助运输、装卸,且以每车(厢式货车)500 元至 800 元不等的价格向秦支付运费;(4)2007 年 2 月,张某通过金某另外租借马厂村仓库后,让秦某将南大路仓库"七星"等品牌的假冒香烟运到此处存放,同月 8 日上午,张某又让秦某运输一批假冒香烟到外地时被公安机关查获。

2. 涉案人员金某的陈述证实:(1)2013 年下半年,"小施"让金某在南大路仓库通往公路的交叉路口望风,每月向其支付固定报酬,另有一名"安徽人"帮助运输,一名叫小张的人具体负责货物进出;(2)马厂村仓库是应小张要求,由其以存放服装的虚假名义向当地村民严某租借,用于存放从南大路仓库运来的假冒香烟;(3)2013 年 2 月 8 日,金某看到"安徽人"从南大路仓库驾车出去,不久被公安机关查获。金某还从公安人员提供的一组 10 张照片中辨认出,"小施"就是被告人施某,"安徽人"就是被告人秦某,小张就是张某。

3. 证人曹某、赵某的证言分别证实,2011 年下半年,曹某受施某委托,通过赵某向昌兴运务公司租借南大路仓库,该仓库由张某负责货物进出,被告人秦某等人帮助运输。

4. 昌兴运务公司总经理张某忠的陈述及相关收据等证据证实,南大路仓库是该公司的经营场地,于 2011 年 10 月经赵某介绍出借给他人,后张某忠经常看见有一人驾驶厢式货车到此卸货,另一人负责仓库管理,且以后的租金也是由该仓库管理人员支付。张某忠还从公安人员提供的一组 10 张照片中辨认出,开厢式货车的驾驶员就是被告人秦某,负责仓库管理并支付租金的人就是张某。

5. 证人严某的证言证实,马厂村仓库是严某私宅,于 2014 年 2 月借给金某后,严曾多次看见他们将货物运到此处存放。

6. 公安机关出具的《扣押物品、文件清单》《证明》及相关照片等证据证实,公安机关于 2014 年 2 月先后在秦某驾驶的一辆牌照号为沪 B44387 的江铃牌厢式货车上和南大路仓库、马厂村仓库内查获"七星"等各种品牌香烟计 121611.3 条等物品。

7. 上海市烟草质量监督检测站出具的《鉴别检验报告》证实,以上查获的香烟均系假冒注册商标且系以次充好的伪劣卷烟。

8. 上海市烟草专卖局出具的《估价意见书》,公安机关查获的送货单、收据等证据证实,被告人施某等人以前曾经销售假冒香烟的实际价格和同类合格产品的市场中间价格相当。

9. 对上述事实,被告人秦某供认不讳,被告人施某曾供认在案。

（三）事实三

2010年3月，被告人施某与李某（另行处理）先后在湖北省松滋市设立松滋市危水纸盒厂和沙道观振兴纸盒厂，由李某任法定代表人，并租用场地，组织苟某等人（已判刑）非法印制烟用的中华牌商标标识。同年11月和2011年4月，公安机关在松滋市危水纸盒厂内先后查获印有"中华"牌商标标识的纸张计1.4万余张及相关设备、工具等。2010年12月，被告人施某又在江苏省句容市二圣镇迎峰村租借场地设立加工场，并组织孙某等人（均已判刑）非法印制烟用的中华牌商标标识290余万件。2011年3月，公安机关在上述地点查获烟用的中华牌商标标识3500件。上述查获的中华牌商标标识经鉴定均系假冒。

证明以上事实的证据主要有：

1. 涉案人员李某的陈述证实：（1）2010年年初，李某与施某在湖北省松滋市的危水镇火车站附近和沙道观镇大桥路附近，分别设立松滋市危水纸盒厂和沙道观振兴纸盒厂，由李某任法定代表人，施某则组织苟某等人印制烟用中华牌商标标识；（2）2011年1月，李某又根据施某要求，在句容市迎峰村筹备制假场所，该场所的印制设备均从沙道观振兴纸盒厂搬来。

2. 涉案人员苟某、李某华、胡某等人的陈述证实，松滋市危水纸盒厂和沙道观振兴纸盒厂的实际负责人是被告人施某，他们由施某安排在这两家厂印制烟用中华牌商标标识。

3. 涉案人员孙某、陆某、倪某等人的陈述证实，施某组织他们在松滋市危水纸盒厂印制烟用中华牌商标标识。

4. 涉案人员张某军的陈述证实，2010年12月其根据施某要求，在句容市迎峰村帮助租借场地，由施某组织人员印制烟用中华牌商标标识，并制定了相应的保密制度等。

5. 涉案人员孙某的陈述证实：（1）2011年年初，其根据施某安排具体负责句容市迎峰村烟用中华牌商标标识的印制、装箱、发货及统计等工作；（2）截至2011年3月共印制烟用中华牌商标标识（小盒）290余万件。

6. 涉案人员周某、孙某飞、王某、陆某等人的陈述证实，他们于2011年1月起在句容市迎峰村印制烟用中华牌商标标识等。

7. 公安机关提供的《扣押物品、文件清单》《现场勘查记录》《搜查笔录》及照片等证据分别证实，公安机关于2010年11月和2011年4月在松滋市危水纸盒厂内查获印有中华牌商标标识纸张计1.4万余张及相关设备、工具等；于2011年3月在句容市迎峰村查获烟用中华牌商标标识计3500件及相关设备等。

8. 国家工商行政管理总局和上海烟草（集团）公司出具的《证明》分别证实，中华牌卷烟商标是上海烟草（集团）公司经国家工商行政管理总局注册的商标，上海烟草（集团）公司从未委托集团外的任何企业和个人加工生产中华牌卷烟的外包装。

9. 上海市烟草质量监督检测站出具的《烟草专卖品鉴定证明》证实，上述查获的烟用中华牌商标标识均系假冒。

10. 被告人施某对部分事实供认不讳，且与上述证据能够相互印证。

第三部分　争议焦点的归纳、总结与分析论证

经法庭调查,法官归纳出本案控辩双方存在以下焦点问题,并逐一作出了分析与论证。

(一)关于被告人施某及其辩护人、被告人杨某的辩护人提出友谊新村、控江五村、国权后路、淞沪路等处查获的假冒香烟与施某、杨某无关的问题

经查,万某等人的陈述已经证实,存放在控江五村、国权后路、淞沪路的假冒香烟是施某指派余某、张某等人提供给万家兄弟代为销售,万家兄弟再与施某结算货款;存放在友谊新村的假冒香烟是杨浦体育场加工的;施某还召集万某、余某、杨某等人商量下一步销售假冒香烟事宜。万某还证实他们曾通过余某、杨某向施某转交过销售货款,其中一次是在控江五村将5万元货款交给杨某。张某的陈述也证实,其根据余某等人要求将假冒香烟运送到淞沪路、控江五村等处。被告人杨某对万家兄弟将销售假冒香烟的货款通过其带给施某,其中一次是万某在控江五村交给杨某5万元货款,以及施某曾召集余某、万某、杨某等人商量下一步销售假冒香烟等事实供认不讳;被告人施某对其向万家兄弟提供包装材料的同时,还让余某等人向他们提供其他成品香烟销售,再与万家兄弟结算货款等的事实均曾供认在案。

法院认为,以上事实证明,友谊新村存放的假冒香烟是杨浦体育场加工的,而控江五村、国权后路、淞沪路存放的假冒香烟均由施某指派余某等人提供给万家兄弟销售,万家兄弟再与施某结算货款。其间,杨某帮助施某收取货款,还与施某、余某、万某共同商量下一步销售假冒香烟的计划。由此可知,被告人施某、杨某与万某等人已经形成共犯,理应对他们共同参与的全部犯罪承担刑事责任。故被告人施某及其辩护人、被告人杨某的辩护人提出友谊新村、控江五村、国权后路、淞沪路查获的假冒香烟与施某、杨某无关的辩解和辩护意见,与事实不符,不予采纳。

(二)关于被告人施某及其辩护人对公诉机关指控的部分犯罪金额提出异议的问题

法院认为,假冒他人注册商标的香烟属于侵犯知识产权的产品,其犯罪金额应以非法经营数额计算,根据最高人民法院、最高人民检察院《关于办理侵犯知识产权刑事案件具体应用法律若干问题的解释》第12条的规定,非法经营数额是指行为人制造、销售侵权产品的价值,其中对已销售的侵权产品价值,按照实际销售价格计算;对未销售的侵权产品价值,按照标价或者已经查清的侵权产品的实际销售平均价格计算;对侵权产品没有标价或者无法查清其实际销售价格的,按照侵权产品的市场中间价格计算。现已查明,被告人施某等人制造、销售的假冒香烟部分有实际销售价格,部分既无标价也无法查清实际销售价格,只有市场中间价格,那么,依据上述计算标准,杨浦体育场和友谊新村内查获假冒香烟的非法经营数额应该是15.2万余元,控江五村、国权后路、淞沪路内查获假冒香烟的非法经营数额应该是83.7万余元。因此,公诉机关指控控江五村、国权后路、淞沪路内查获假冒香烟的非法经营数额正确,但指控杨浦体育场和友谊新村内查获假冒香烟的非法经营数额为425万余元有误。故被告

人施某及其辩护人提出的相关辩解和辩护意见,可以采纳。

(三)关于被告人施某、杨某参与杨浦体育场(包括友谊新村)加工假冒香烟并予以销售行为的定性问题

虽然两被告人及其辩护人对公诉机关指控的罪名没有异议,但法院认为,两被告人的行为构成假冒注册商标罪。这与公诉机关指控两被告人参与控江五村、国权后路、淞沪路非法销售假冒香烟构成非法经营罪完全不同。

1. 杨浦体育场和友谊新村内查获的假冒香烟由被告人施某、杨某在未经许可的情况下,伙同万家兄弟等人非法加工制造并擅自使用他人注册商标标识,两被告人的行为分别触犯《刑法》第213条和第225条规定的假冒注册商标罪和非法经营罪,这是两被告人出于一个故意,实施一个犯罪行为,同时触犯两个罪名的犯罪,根据有关规定,应以法定刑较重的犯罪处罚。比较上述两个罪名,若以非法经营罪处罚,因其非法经营的假冒香烟是5592条,属情节严重,依法应判处五年以下有期徒刑;若以假冒注册商标罪处罚,因其非法经营数额是15.2万余元,且是假冒两种以上品牌香烟,属情节特别严重,依法应判处三年以上七年以下有期徒刑。显然,假冒注册商标罪的处刑较非法经营罪重,故应当以假冒注册商标罪认定。

2. 控江五村、国权后路、淞沪路内查获的假冒香烟系被告人施某、杨某在未经许可的情况下,伙同万家兄弟等人非法销售且明知是假冒注册商标的香烟,两被告人的行为已分别触犯《刑法》第214条和第225条规定的销售假冒注册商标的商品罪和非法经营罪,根据有关规定,也应当以法定刑较重的犯罪处罚。比较上述两个罪名,若以销售假冒注册商标的商品罪处罚,因其货值金额是80余万元,属数额较大,依法应判处三年以下有期徒刑;若以非法经营罪处罚,因其非法经营的香烟是2.9万余条,属情节特别严重,依法应判处五年以上有期徒刑。显然,非法经营罪的处刑较销售假冒注册商标的商品罪重,故公诉机关以非法经营罪指控是正确的。

(四)关于被告人施某否认参与指控的第二节犯罪活动的问题

经查,张某、曹某的陈述已经证实,南大路仓库是施某租借,租金由施某支付;张某、金某的陈述证实,他们受施某指派分别负责南大路仓库管理和在仓库外通往公路的交叉路口望风,并由施某向他们支付固定报酬。被告人施某对以上事实曾供认在案,且与相关人员的陈述相互印证。此外,被告人秦某及张某、金某还分别证实,马厂村仓库存放的假冒香烟是从南大路仓库运来,案发当天从江铃牌厢式货车上查获的假冒香烟也是从南大路仓库提取。

法院认为,以上事实证明,被告人施某在南大路仓库从事仓储、运输、销售假冒香烟的活动中,主要负责租借场地、指派人员管理仓库和进出货物、指使他人望风、向聘用人员支付固定报酬等,施某直接参与并起到了主要作用。此外,公安机关在江铃牌厢式货车上和马厂村仓库内查获的假冒香烟均来源于南大路仓库。故被告人施某应对上述查获的全部假冒香烟承担刑事责任,施某否认参与此节犯罪活动的辩解,与事实不符,不予采信。

（五）关于被告人秦某及其辩护人提出秦某不应对南大路仓库和马厂村仓库查获的假冒香烟承担刑事责任的问题

经查，张某的陈述已经证实，被告人秦某是受张某聘请为运输假冒香烟提供帮助，且仅以每车（厢式货车）500 元至 800 元不等的价格收取运费；马厂村仓库的假冒香烟也是秦某根据张某要求，从南大路仓库运到此处存放。被告人秦某对以上事实供认不讳。

法院认为，被告人秦某帮助张某等人运输假冒香烟并收取运费，在共同犯罪中起了辅助作用，根据法律规定，应按其参与的犯罪承担相应的刑事责任。现已查明，被告人秦某除参与 2013 年 2 月 8 日运输假冒香烟和马厂村仓库运输假冒香烟的犯罪活动外，并无证据能够证明南大路仓库查获的假冒香烟与其有关。故对被告人秦某及其辩护人称秦某不应对南大路仓库查获的假冒香烟承担刑事责任的辩护意见，予以采纳；对其提出不应对马厂村仓库查获的假冒香烟承担刑事责任的意见，不予采纳。

（六）关于被告人施某及其辩护人、被告人秦某的辩护人对公诉机关指控的犯罪金额提出异议的问题

法院认为，对假冒伪劣香烟尚未销售即被查获以销售伪劣产品罪处罚的，其犯罪金额应以货值金额计算。根据相关司法解释精神，货值金额是以违法销售伪劣产品的标价或者已经查清的实际销售平均价格计算，标价与实际销售平均价格不一致的，按照实际销售的平均价格计算；没有标价的，应按同类合格产品的市场中间价格计算。现已查明，被告人施某、秦某参与销售的假冒香烟部分有实际销售的平均价格，部分只有同类合格产品的市场中间价格，那么，依据上述标准计算，南大路仓库、马厂村仓库和江铃牌厢式货车上查获假冒香烟的货值金额应该是 623 万余元，其中马厂村仓库和江铃牌厢式货车上查获假冒香烟的货值金额是 106 万余元，公诉机关指控两被告人的犯罪金额为 1768 万余元有误。故被告人施某及其辩护人、被告人秦某的辩护人提出的相关辩解和辩护意见，可以采纳。

（七）关于被告人施某、秦某参与销售假冒伪劣香烟行为的定性问题

虽然两被告人及其辩护人对公诉机关指控的罪名没有异议，但法院认为，两被告人的行为构成销售伪劣产品罪。因为，两被告人是在未经许可的情况下违反规定擅自销售烟草制品，销售的又是明知假冒注册商标且系伪劣的烟草制品，两被告人的行为均已触犯《刑法》第 140 条、第 214 条和第 225 条规定的销售伪劣产品罪、销售假冒注册商标的商品罪和非法经营罪，根据前述理由，应以法定刑较重的犯罪处罚。比较上述三个罪名，若以销售伪劣产品罪处罚，因其货值金额达到 623 万余元，依法应判处有期徒刑 15 年或者无期徒刑；若以销售假冒注册商标的商品罪处罚，因其货值金额是 623 万余元，属数额巨大，依法应判处 3 年以上 7 年以下有期徒刑；若以非法经营罪处罚，因其非法经营的烟草制品是 12 万余条，属情节特别严重，依法应判处 5 年以上有期徒刑。显然，销售伪劣产品罪的处刑较销售假冒注册商标的商

品罪和非法经营罪重，应当以销售伪劣产品罪认定。

（八）关于被告人施某的辩护人提出施某有立功表现的问题

经查，同案犯张某因涉嫌犯销售假冒注册商标的商品罪被批准刑事拘留后一直在逃，公安机关进行上网追逃，后张某主要在施某的规劝下向公安机关投案自首。

法院认为，根据最高人民法院《关于处理自首和立功具体应用法律若干问题的解释》第5条规定，协助司法机关抓捕其他犯罪嫌疑人（包括同案犯）的，应当认定为有立功表现。所谓协助司法机关抓捕其他犯罪嫌疑人（包括同案犯）的行为，既指为司法机关抓获其他犯罪嫌疑人（包括同案犯）提供重要线索的行为，也包括直接协力抓获的行为。本案中，虽然被告人施某主动配合司法机关规劝并最终促使同案犯张某投案自首，对此情节可在量刑时予以充分体现，但其行为不符合以上法律规定的立功条件，故不能认定被告人施某有立功表现。

（九）关于被告人施某及其辩护人提出公诉机关指控施某参与沙道观振兴纸盒厂和句容市迎峰村非法印制烟用中华牌商标标识的证据不足的问题

经查，李某的陈述已经证实，沙道观振兴纸盒厂是施某在组织人员印刷烟用的中华牌商标标识，句容市迎峰村制假工厂也是根据施某的要求设立，且该工厂的设备均从沙道观振兴纸盒厂搬来；张某军的陈述也证实，句容市迎峰村场地是根据施某的需要租借，该工厂也是施某在组织人员印制烟用中华牌商标标识，还规定了相关的保密制度等；苟某等人的陈述均证实，上述两个制假场所的实际负责人是被告人施某，他们均由施某安排印制烟用的中华牌商标标识；国家工商行政管理总局和上海烟草（集团）公司出具的《证明》又分别证实，烟用中华牌商标是上海烟草（集团）公司经国家工商行政管理总局注册的商标，上海烟草（集团）公司从未委托集团外的任何企业和个人加工生产该商标标识。

法院认为，以上事实已经证明，被告人施某在沙道观振兴纸盒厂和句容市迎峰村非法印制烟用中华牌商标标识中，积极参与并起到了主要作用。因此，公诉机关指控施某参与上述制假的事实清楚，证据确实、充分。被告人施某及其辩护人的相关辩解和辩护意见，无事实和法律依据，不予采纳。

（十）关于被告人施某在沙道观振兴纸盒厂和句容市迎峰村组织他人非法印制烟用中华牌商标标识行为的定性问题

虽然被告人施某及其辩护人对公诉机关指控的罪名没有异议，但法院认为，被告人施某等人在明知烟用的中华牌商标标识系上海烟草（集团）公司的注册商标，伪造该注册商标会严重侵犯上海烟草（集团）公司合法权益的情况下，却为了牟取非法利益，擅自购置设备并组织人员伪造该注册商标标识290余万件，侵犯了上海烟草（集团）公司的注册商标专用权和国家的商标管理制度，其行为完全符合《刑法》第215条的规定，应以非法制造注册商标标识罪认定。

(十一)关于松滋市危水纸盒厂内查获商标标识的认定问题

经查,湖北省松滋市公安局提供的《搜查笔录》《调取证据清单》等证据证实,公安机关在松滋市危水纸盒厂内查获印有中华牌标识的铝铂纸1500张,红、黄、白等纸张计13210张,且每张纸可印制14件(套)商标标识;松滋市危水纸盒厂负责人苟某等人均证实,印制1件(套)完整的烟用中华牌商标标识需经过多道工序,上述查获的标识只经过前两道工序,系半成品。

法院认为,根据最高人民法院、最高人民检察院《关于办理侵犯知识产权刑事案件具体应用法律若干问题的解释》第12条的规定,伪造他人的注册商标标识是以标有完整商标图样的一份标识为1件来认定犯罪数量。而松滋市危水纸盒厂内查获的印有中华牌标识的纸张并非完整的商标图样,故不能以该纸张数量折算成20余万套(半成品)作为犯罪金额认定;同时,上述印有中华牌标识的纸张是被告人施某等人尚未印制完成即被查获的物品,由于施某等人意志以外的原因,使其伪造烟用中华牌商标标识的目的未能得逞,属情节显著轻微,危害不大,可不以犯罪论处。

第四部分 法 院 裁 判

经审理,法院判决如下:

被告人施某伙同被告人杨某等人未经"熊猫""三五"等品牌的注册商标所有人许可,在同一种商品上使用与其注册商标相同的商标,且假冒两种以上注册商标,非法经营额达到15万余元,两被告人的行为均已构成假冒注册商标罪,且情节特别严重,依法均应判处3年以上7年以下有期徒刑,并处罚金;被告人施某伙同被告人杨某等人未经许可擅自销售法律规定系专卖物品的烟草制品,并已查获该烟草制品2.9万余条,两被告人的行为均又构成非法经营罪,且情节特别严重,依法均应判处5年以上有期徒刑,并处违法所得1倍以上5倍以下罚金或者没收财产;被告人施某还伙同被告人秦某等人违反规定擅自销售伪劣烟草制品,货值金额达623万余元,其中秦某参与的货值金额达106万余元,两被告人的行为均已构成销售伪劣产品罪,依法应对施某判处15年有期徒刑或者无期徒刑,并处销售金额50%以上2倍以下罚金或者没收财产,对秦某应判处7年以上有期徒刑,并处销售金额50%以上2倍以下罚金;被告人施某组织他人伪造烟用的中华牌商标标识290余万件,其行为构成非法制造注册商标标识罪,且情节特别严重,依法应判处3年以上7年以下有期徒刑,并处罚金。其中,对被告人施某应4罪并罚予以惩处,对被告人杨某应两罪并罚予以惩处。公诉机关指控3名被告人的基本犯罪事实清楚,但指控的罪名和犯罪金额有所不当。鉴于被告人施某、秦某参与销售的伪劣烟草制品尚未销售即被查获,系犯罪未遂,且施某能协助司法机关规劝同案犯投案自首,对施某、秦某所犯销售伪劣产品罪可分别减轻处罚。在以上共同犯罪中,被告人施某起主要作用,系主犯,应按其参与的全部犯罪处罚;被告人秦某起辅助作用,系从犯,对秦某可减轻处罚。此外,在被告人施某、杨某共同参与假冒注册商标和非法经营的犯罪活动中,施某均起主要作用，系主犯，应按其参与的全部犯罪处罚；杨某均系从犯，且杨某能主动投案并如实供述犯罪事实，有自首情节，对杨某均可减轻处罚。根据杨某的犯罪情节和悔罪表现，适用缓刑确实不致再危害社会，可依法对杨某宣告缓刑。故杨某的辩护人要求对杨适用缓刑的意见，可以采纳。为维护国家商标管理、对产品质量监督管理和对市场秩序管理等制度，保障他人注册商标专用权、消费者合法权益等不受侵犯，依照《刑法》第213条、第225条第1项、第140条、第215条、第69条、第25条第1款、第26条第1款、第4款、第27条、第23条、第67条第1款、第72条、第73条第2款、第3款、第47条、第53条、第64条的规定，判决如下：

（1）被告人施某犯假冒注册商标罪，判处有期徒刑3年，并处罚金人民币3万元；犯非法经营罪，判处有期徒刑5年，并处罚金人民币5万元；犯销售伪劣产品罪，判处有期徒刑7年，并处罚金人民币25万元；犯非法制造注册商标标识罪，判处有期徒刑3年3个月，并处罚金人民币4万元。决定执行有期徒刑12年，并处罚金人民币37万元。

（2）被告人秦某犯销售伪劣产品罪，判处有期徒刑3年6个月，并处罚金人民币5000元。

（3）被告人杨某犯假冒注册商标罪，判处有期徒刑1年，并处罚金人民币5000元；犯非法经营罪，判处有期徒刑2年，并处罚金人民币1万元。决定执行有期徒刑3年，缓刑3年，并处罚金人民币15000元。

（4）违法所得的一切财物和犯罪工具予以没收。

教学手册

教学对象及目标

本案例供法律硕士案例教学使用，法学本科（大四）、刑法学硕士、刑事诉讼法学硕士也可以参酌试用。

本案例主要就涉烟犯罪的罪名选择与确定、刑事审判范围的确定、变更指控罪名判决的程序保障等问题进行讲授。具体要解决的问题包括：（1）涉烟犯罪的罪名选择，一般会涉及哪些罪名；（2）制售假冒伪劣烟草专卖品，同时触犯两个或者两个以上罪名的情况下，属于想象竞合犯还是牵连犯抑或法规竞合，是以一罪处理还是数罪并罚；（3）刑事审判能否超出指控的事实进行判决；（4）变更指控的罪名判决，应通过何种程序保障被告人权益；（5）对被告人的辩解和辩护人的意见如何进行审查与判断，在判决书中如何进行回应。

教学内容

1. 涉烟犯罪一般会触犯哪些罪名？

涉烟犯罪，即通常所指的制售假冒伪劣烟草专卖品犯罪。国家对烟草专卖品实施专营专卖制度，严禁无证经营。无证制售烟草专卖品，情节严重的，构成非法经营罪。生产假冒烟草专卖品，情节严重的，构成假冒注册商标罪。销售假冒烟草商标的烟草专卖品，销售金额数额较大的,构成销售假冒注册商标的商品罪。生产、销售伪劣烟草专卖品,销售金额5万元以上的,构成生产、销售伪劣产品罪。伪造、擅自制造他人烟草专卖品注册商标标识或者销售伪造、擅自制造他人烟草专卖品注册商标标识,情节严重的,构成非法制造、销售非法制造的注册商标标识罪。因此,涉烟犯罪一般会触犯非法经营罪,生产、销售伪劣产品罪,假冒注册商标罪,销售假冒注册商标的商品罪,非法制造注册商标标识罪,销售非法制造的注册商标标识罪等罪名。

2. 有证生产、销售假冒伪劣烟草专卖品犯罪如何确定罪名?

有证即取得烟草专卖许可证生产、销售烟草专卖品的行为,不构成非法经营罪。但在生产过程中假冒他人烟草注册商标,情节严重的,构成假冒注册商标罪;销售明知是假冒他人烟草注册商标的烟草专卖品,销售金额数额较大的,构成销售假冒注册商标的商品罪。可见,对于有证生产、销售假冒烟草专卖品构成犯罪的,以假冒注册商标罪或者销售假冒注册商标的商品罪定罪处罚即可。而对于生产、销售的烟草专卖品系假冒又伪劣的情况,则该行为既可能同时构成假冒注册商标罪和生产、销售伪劣产品罪,也可能同时构成销售假冒注册商标的商品罪和销售伪劣产品罪。教师在授课中,需要告知学生:第一,实践中不合格烟草专卖品往往包括假冒不伪劣、伪劣不假冒、假冒又伪劣三种情形,在涉及罪名上,需要结合三种情形进行分析;第二,一种行为同时触犯两个或者两个以上罪名的情况下,属于想象竞合犯,不属于牵连犯或者法规竞合,对于想象竞合犯应从一重处,即比较不同罪名在这种情况下所对应的刑罚的轻重,选择刑罚较重的罪名进行定罪处罚;第三,通过本案例区分想象竞合犯、牵连犯和法规竞合。

3. 非法生产、销售假冒伪劣烟草专卖品犯罪如何确定罪名?

非法生产、销售假冒烟草专卖品,即无证生产、销售假冒烟草专卖品,可能同时构成假冒注册商标罪和非法经营罪或者销售假冒注册商标的商品罪和非法经营罪的,应从一重处。非法生产、销售伪劣烟草专卖品,可能同时构成生产、销售伪劣产品罪和非法经营罪的,应从一重处。非法生产、销售假冒伪劣烟草专卖品,可能同时构成假冒注册商标罪,生产、销售伪劣产品罪和非法经营罪,或者销售假冒注册商标的商品罪、销售伪劣产品罪和非法经营罪的,应从一重处。教师在授课中,需要告知学生,一种行为触犯两个或者两个以上罪名的情况,属于想象竞合犯,应从一重处。

4. 非法同时生产、销售合格烟草专卖品、假冒伪劣烟草专卖品犯罪如何确定罪名?

对于这种情况,在教学中需要告知学生,非法制售合格烟草专卖品,只有情节严重的,才构成非法经营罪。情节非严重的,属于一般违法行为。而对于非法制售假冒伪劣烟草专卖品犯罪的罪名确定,根据之前的教学内容,可能同时构成假冒注册商标罪,生产、销售伪劣产品罪和非法经营罪,或者销售假冒注册商标的商品罪、销售伪劣产品罪和非法经营罪的,应从一重处。另外,告知学生,既非法制售合格烟草专卖品又非法制售假冒伪劣烟草专卖品的,属于两种行为,应独立评价,具体包括:如果前种行为构成或者不构成非法经营罪,后种行为最终以非法经营罪定罪处罚的,因为都属于非法经营行为,应累计两种行为的数额以非法经营罪处理；如果前种行为构成非法经营罪，后种行为最终以其他罪名定罪处罚的，则两罪并罚；如果前种行为不构成非法经营罪，后种行为最终以其他罪名定罪处罚的，则以其他罪名定罪，将前种行为作为量刑情节从重处罚。

5. 涉烟犯罪是否存在未遂形态？

涉烟犯罪大多在待售阶段被查，对此，相关司法解释明确，非法生产、销售伪劣烟草专卖品，未销售货值金额 15 万元以上或者销售金额未满 5 万元但与未销售货值金额累计在 15 万元以上的，构成生产、销售伪劣产品罪（未遂）；销售假冒烟草注册商标的烟草专卖品，未销售货值金额 15 万元以上或者销售金额未满 5 万元但与未销售货值金额累计在 15 万元以上的，构成销售假冒注册商标的商品罪（未遂）。根据“两高”《关于办理非法生产、销售烟草专卖品等刑事案件具体应用法律若干问题的解释》的规定，销售非法制造的注册商标标识罪也存在未遂形态。对于以非法经营罪定罪的情况，由于生产、销售、贮存、运输等都属于经营行为，故倾向认为非法经营罪没有未遂形态。在教学过程中，要告知学生，对于未遂形态，只是提高了入罪门槛，法定刑升格标准未变，但可以适用未遂情节调节量刑。由于未遂形态的入罪已经降低了入罪门槛，故不再适用未遂情节。

6. 假冒伪劣烟草专卖品的价格如何认定？

涉烟犯罪触犯的多数罪名为数额犯，涉案烟草专卖品价格的认定，关系罪与非罪、罪轻与罪重。关于假冒伪劣烟草专卖品的价格，“两高”《关于办理非法生产、销售烟草专卖品等刑事案件具体应用法律若干问题的解释》规定，查获的未销售的伪劣卷烟、雪茄烟，能够查清销售价格的，按照实际销售价格计算；无法查清实际销售价格，有品牌的，按照该品牌卷烟、雪茄烟的查获地省级烟草专卖行政主管部门出具的零售价格计算；无品牌的，按照查获地省级烟草专卖行政主管部门出具的上年度卷烟平均零售价格计算。

7. 如何认定共同犯罪并确定刑事责任？

共同犯罪指两人以上共同故意犯罪，要求共犯人有共同的犯罪故意和共同的犯罪行为。共犯主要分为主犯、从犯、胁从犯和教唆犯。关于共犯的罪责，需要根据共犯人在共同犯罪中的地位、作用进行确定。在教学过程中，重点提示从犯的认定及罪责的承担、共犯的犯罪形态。

8. 刑事审判的范围如何确立？

基于诉审分离原则，刑事案件实行不告不审。在公诉案件中，起诉书所指控的具体犯罪事实构成了对刑事案件审判范围的提示与限制，法院不得随意超出起诉范围就未指控的事实径行作出实体裁判。

9. 变更指控罪名判决的应如何保障被告人权益？

告知学生，根据刑事诉讼法及刑诉法解释规定，法院可以变更指控罪名判决。但是，为了保障被告人权益，特别是充分听取控辩意见，需要予以程序保障。一般而言，在指控的犯罪事实清楚，证据确实、充分，但起诉罪名与经审理认定的罪名不一致时，法院可通过告知、发问等方法予以开示，充分听取控辩双方意见并保障被告方有效行使辩护权，并在此基础上按照审理认定的罪名作出裁判。教学过程中，引导学生对本案被告人行为进行定罪，看是否以公诉机关指控的非法经营罪定罪处罚,如是,诉审一致,如否,则需要变更指控罪名判决。

10. 如何审查与判断被告人的辩解与辩护人的意见?

在刑事审判中,认真听取被告人辩解与辩护人意见,有利于查明事实、正确适用法律、防范冤假错案、提高办案质量。在教学中,告知当前正在推进以审判为中心的诉讼制度改革,关键是推进庭审实质化,其中要求强化辩护权,促进控辩对等。因此,法官不仅应当认真听取控辩意见,而且要结合案件证据材料和法律规定对控辩意见进行审查、判断,确保作出公正判决。对于控辩意见是否采纳,都应当在裁判文书中回应。

此外,通过对该案例的分析,要培养学生分析案例的法律推理能力。

课堂时间安排

本案例可以作为专门的案例教学课来进行,整个案例课的课堂安排 4 个课时,每课时 45 分钟。

如下课堂设计,仅供参考。

1. 课前计划:安排学生阅读案例及相关参考资料,对案例所涉及问题进行思考,撰写实践题答案。

2. 课中计划:介绍教学目的,明确讨论主题;分组讨论,回答各项思考题,讨论实践题的撰写要点;小组代表提出撰写要点,学生讨论和分析;教师归纳总结。

3. 课后计划:布置学生进一步结合具体案例思考想象竞合犯与牵连犯、法规竞合的界分及想象竞合犯的处断方法、变更指控罪名的程序保障,以及在刑事审判中如何充分保障辩护权、实现控辩对等。

思考题和实践题

思考题

1. 非法加工“熊猫”“三五”等各种品牌香烟,非法经营数额 20 万余元,根据刑法及相关司法解释规定,该行为是构成一罪还是数罪? 如果构成数罪,数罪之间是什么关系,如何定罪处罚?
2. 非法销售明知是假冒注册商标的“熊猫”等各种品牌香烟,销售金额 100 万余元,根据刑法及相关司法解释规定,该行为是构成一罪还是数罪? 如果构成数罪,数罪之间是什么关系,如何定罪处罚?
3. 非法销售明知是假冒注册商标且系伪劣的“七星”等各种品牌香烟,货值金额 700 万余元,根据刑法及相关司法解释规定,该行为是构成一罪还是数罪? 如果构成数罪,数罪之间是什么关系,如何定罪处罚?
4. 非法制造中华牌香烟商标标识 300 余万件,该行为是否构成犯罪,构成何罪?
5. 对未销售的假冒伪劣卷烟、雪茄烟的价格认定,能够查清销售价格的,按照实际销售价格计算;无法查清实际销售价格,有品牌的,按照该品牌卷烟、雪茄烟的查获地省级烟草专卖行政主管部门出具的零售价格计算;无品牌的,按照查获地省级烟草专卖行政主管部门出具的上年度卷烟平均零售价格计算。该认定方法是否合理?
6. 以涉烟草犯罪为例,在成立牵连犯、想象竞合犯的情况下,如何从一重处?

7. 本案中,公诉机关指控该案施某、杨某、秦某的行为仅构成非法经营罪,但法院基于指控的犯罪事实,认为施某和杨某构成数罪、秦某不构成非法经营罪而构成他罪,法院能否径行判决?法院变更指控罪名判决,应如何保障被告人权益?

实践题

1. 如果你是被告人施某的辩护律师,请根据以上案情,编写辩护计划。
2. 请根据以上案情,为被告人施某撰写辩护词。
3. 请列举涉烟草犯罪以外的牵连犯、想象竞合犯、法规竞合的案例。

参考文献

1. 张明楷:《刑法学》(第二版),法律出版社 2007 年版。
2. 贺平凡、罗开卷:《涉烟犯罪的罪数形态认定》,载《政治与法律》2011 年第 7 期。
3. 罗开卷:《制售假冒伪劣烟草犯罪的罪数认定》,载《铁道警官学院学报》2011 年第 4 期。
4. 周强、罗开卷:《非法销售真烟和非法销售假烟并存时如何定性》,载《人民法院报》2011 年 4 月 20 日。

(罗开卷,上海市高级人民法院刑二庭法官,luokaijuan2008@ 163. com;
刘瑞瑞,上海政法学院刑事司法学院教授,liuzhiqiang@ shupl. edu. cn)

11 CASE 何某水过失致人死亡案

——无罪辩护策略中的律师活动与证据的判断分析，以及公诉案件刑事和解程序的运用

摘　要

本案以一起发生在上海市松江区的真实案例为模板，解析辩护律师办理刑事案件的基本流程。本案涉及刑事诉讼程序的全部诉讼阶段，从侦查阶段到起诉阶段再到审判阶段，辩护律师全程参与。案件中，被告人何某水涉嫌的罪名是过失致人死亡罪，从罪名的犯罪构成要件上看，并不存在太多复杂的地方，本案的关键在于办案过程中事件发生的过程较为蹊跷；犯罪嫌疑人何某水一直坚持无罪供述；同案犯的口供、证人证言之间也存在诸多矛盾；共同涉嫌犯罪的其他犯罪嫌疑人，在更改口供后有的不构成犯罪，有的变更强制措施。由于上述原因而涉及刑事辩护律师的职责，无罪辩护的策略和考量问题；辩护律师侦查阶段对犯罪嫌疑人进行会见的注意事项；对口供的分析和判断。同时，本案还涉及被害人权利保障的问题，主要体现在刑事附带民事诉讼中；以及与之相关的《刑事诉讼法》(2018)中新设立的“公诉案件刑事和解程序”的运用等诸多刑事程序问题。因此，本案例对于律师办理刑事案件，特别是采取无罪辩护策略，具有较为普遍的程序指导作用。

关键词

刑事诉讼程序　无罪辩护　证据分析　附带民事诉讼　刑事和解程序

教学目标

(1)熟悉律师办理刑事案件的基本流程，以及在每个阶段中辩护律师的权利义务。

(2)明确辩护律师的职责。

(3)掌握对证据分析的基本证据规则，特别是犯罪嫌疑人、被告人的供述和辩解的分析和运用。

(4)熟悉“刑事附带民事诉讼程序”和“公诉案件刑事和解程序”，了解这两种程序之间的衔接和转换，能够适时启动和解程序为被告人争取最大利益，同时也实现被害人更好的权益保障，达到双赢的局面。

(5)无罪辩护的策略和技巧，以及辩护词的撰写。

教学案例

一、案发

2013年4月7日13时59分，民警接报，报案人徐某星（17岁）称，当日13时30分许，其和父亲徐某强（39岁，湖南人）在松江区车墩镇一栋楼房三楼最东面房间工地干活时与几名男子因工程装修质量问题发生口角。对方两名男子对其父亲进行殴打后逃逸。后“120”到场确认被害人徐父已经当场死亡。松江区车墩镇派出所接警后刑事立案。

得知徐某强死亡的消息，当日下午15时40分许，徐某星所称参与斗殴并将其父徐某强打倒在地的陈某凯（福建人）和林某旺（江西人）主动到派出所投案。经徐某星辨认，他们正是在现场直接将其父打倒在地的人，警方当即确定陈某凯、林某旺为犯罪嫌疑人，并对二人刑事拘留，4月10日警方决定将拘留期限延长至30天。

经法医鉴定，被害人徐某强系生前因冠状动脉左前降支心肌桥、冠状动脉粥样硬化性心脏病急性发作致心功能衰竭而死亡，外伤等可能是诱发因素。因此，警方将案件定性为过失致人死亡罪。

二、案破

陈某凯、林某旺到案后，警方立即对其进行讯问。根据陈某凯、林某旺4月7日的供述，以及徐某星的陈述和辨认，这一起因装修工程质量问题引发的打架致人死亡的案件，陈某凯、林某旺是造成被害人徐某强死亡的犯罪嫌疑人，当时有人围观，但没有参与打架事件。案件告破。

（一）4月7日陈某凯讯问笔录

该讯问笔录表明事情的起因，打架主要经过，被害人徐某强是在与陈某凯打架过程中摔地死亡的，林某旺没有殴打徐某强，在场围观的有一个绰号叫“阿三”的人、一个高个子男青年，围观的人没有参与斗殴，也没有殴打徐某强。

讯问笔录摘录：

我是来投案自首的，我今天下午14时许在车墩镇车香路步行街工地上和人打架了……今天下午14时许，我去步行街的那个宾馆装修工地监工。在宾馆三楼，我看到有两间房间的石膏板贴得不好，于是我到三楼最东面一间找到那两个装修工人，让他们返工修好。在此期间，我和那两个装修工人发生争执，后来就扭打在一起。

这时，有个姓林的人过来帮忙拉住那个年轻的装修工。那个年老的装修工还不罢休，和我继续扭打，我推了那个年老的装修工，他被我推了后撞到墙了，后来就倒在地上了。我当时还不解气，就又踢了他背部两脚，然后我就走了。后来我听别人讲那个被我推倒的人死亡了，所以我就来车墩派出所投案自首了。

(姓林的情况?)他是江西人,男,30多岁,在工地上做消防安装工作。(你和他是什么关系?)没有什么关系。(那两个装修工的情况?)我不认识他们,一个是四十多岁,一个二十多岁。

当时也就阿三在,没有其他人。当时周围的房间应该有人在施工的,但是没有过来看。

……工地上的一个高个子男青年也进来了,站在旁边。

高个男青年我不认识他,在工地上见过几次,但他在工地上做什么我不清楚。这人有二十多岁,身高有一米七五左右,具体哪里人叫什么名字都不知道。今天他的穿着情况我也没注意。

(小林和那个高个男青年有无动手?)没有。小林当时就是把那个年纪轻的装修工抱住了,怎么抱的没注意,也没有看到他打那个年纪轻的装修工,更没有打那个年纪大的。那个高个男青年在现场时,没有动手,我也不知道他是来看热闹还是怎么。

(打架时,现场有无人在场旁观?)那个高个子男青年在,阿三在,好像没有别人了。打好架后,才上来好多人看的。

(二)4月7日林某旺讯问笔录

该讯问笔录印证了陈某凯的供述,表明打倒徐某强的是陈某凯;林某旺是去劝架,主要拉住徐某星,没有殴打徐某强;有围观的人,但没有参与打架,打架是在陈某凯与徐某强、徐某星三人之间进行的。

讯问笔录摘录:

我今天是为之前打架的事情来投案自首的。(打架)参加了,就是过去拉了一下。

……上楼后我看到走道里有很多人,我进房间后,就看到工地负责人陈某凯的鼻子和嘴巴都流血了,对方做石膏线父子俩在和陈某凯对打,一开始双方只是用拳头在打对方,后来他儿子从地上捡起了块木板向陈某凯后背打了过去,并将木板打碎了。我就先冲上去拉了一下老头子,说了句'打什么打,不要打了!'这时他儿子又从地上拿起了两把铲刀,准备朝陈某凯身上打去时,我就上去捏住他儿子拿铲刀的双手,这时其他工人就上来把他手里的铲刀夺下了,我和他儿子就扭在一起一滑就摔倒在地上了。等我和他儿子爬起来的时候,发现那个老头子就倒在地上了,嘴巴还有血。我和陈某凯就下楼了。这时有个做装修的工人下楼说,对方倒在地上的那个老头嘴里在吐血,我就用手机拨打了"120",后来我就和陈某凯一起到派出所里来反映情况,投案自首了。

……我没有参与(争斗),我是上去劝架的,我就上去劝开了老头子的儿子,双手捏住了他拿铲子的双手,我们还摔在了一起。当时地上有沙子,老头子的儿子先摔下去了,我就跟着一起摔下去了。

(陈某凯和那个老头子是怎么争斗的?)我不太清楚,那时我和他儿子扭在一起。

(当时周围围观的有多少人?)有五六个工人。(他们有没有参与拉架或争斗?)没有。

……(双方有没有持械?)我就看到老头子的儿子拿了木板和铲子,老头子和陈某凯没有持械打架。

(参与打架到底有几个人?)老头子父子和陈某凯,就三个人。陈某凯身高大概一米七左右,体型偏胖,短发,穿着黑色的夹克,福建人。老头子和他儿子我说不清楚,不记得了。

(三)4 月 7 日徐某星询问笔录

该询问笔录能和陈某凯、林某旺供述的打架经过基本印证,打倒其父徐某强的是陈某凯;有围观的装修工人,但没有参与打架。有出入的地方在于,林某旺也殴打过徐某强,还有围观的装修工人过来按住徐某星。

询问笔录摘录:

打我父亲的一共有两个男子,其中一个男子穿灰白色上衣(林某旺),偏胖,30 岁左右;还有一个男子穿黑色上衣(陈某凯),偏胖,30 多岁。

……(穿黑色上衣的男子)用手指着我父亲,我父亲就抓住那个人的手腕,把他的手拗过来。这时一个贴磁砖的包工头过来了,把那个人劝开了。我把我父亲劝开了。他又冲上来打我父亲了。他用拳头打我父亲的头部,打了大概一两下。我父亲也还手了,也用拳头在打他。接着我和那个贴瓷砖的包工头又把他们两个人劝开……这时门外面进来一个穿灰白色衣服的男的,他一进来就用拳头打我父亲,打在我父亲的头上,打了两三下。我父亲也还手打穿灰白色衣服的人了。这时那个穿黑色衣服的人也去打我父亲了。我一看有两个人在打我父亲了,我就在房间里拿了两把批墙用的小铲子上去想帮我父亲。

但是还没等我上去,从屋外又进来两个男的,一人按我一个手,把我按在墙上,把我手里的两把小铲子也扔掉了。这时那个穿灰白色衣服的男的过来打我。他用拳头在我脸上打了一拳,在我腿上踢了一脚。我被打了之后就拼命反抗,挣脱了那两个按住我的男的。我用脚踢那个穿灰白色衣服的男的,就踢了一脚,踢没踢到我也不知道。

这时我看到我父亲倒在地上了。他趴在地上,头顶着墙,那个穿黑色衣服的男的用脚踩着我父亲的头,嘴里还在骂我父亲。接着他就走出房间了。紧跟着房间里的其他人也都跟着出去了。我被后来进来的两个人按在墙上的时候,那个穿灰白色衣服的人在打我,挡在我前面,我没看到穿黑色衣服的男的是怎么打我父亲的,等我这挣脱开的时候,我父亲已经倒在地上了,他用脚踩在我父亲的头上。

后经辨认,穿黑色上衣的男子是陈某凯,穿灰白色上衣的男子是林某旺。

三、出现新的犯罪嫌疑人

随着警方调查的深入,案情出现了戏剧性的变化。从当时旁观的证人沈某三、沈大哥的证人证言中,出现了一个又高又胖的男青年(何某水)的身影,而且该男青年对被害人徐某强进行过殴打,对徐某强的死亡负有责任。至此何某水被确定为该案的犯罪嫌疑人。

(一)4月10日沈某三询问笔录

该询问笔录基本上印证了陈某凯、林某旺的供述和徐某星的陈述,案件的起因在于装修工程质量问题;陈某凯和徐某强父子有打斗,林某旺没有殴打徐某强。不一致的地方是:围观的人中有一个又高又胖的男子从后面打了徐某强,导致徐某强蹲下进而倒地;沈某三不认识该男子,只在工地上见过几面。

询问笔录摘录:

我在工地上做木工,正好在三楼施工,当我经过那里时,听到里面有吵架的声音。我进去一看,发现陈某凯在那间里面与一对做石膏线的父子在争执,我听到陈老板对他们讲,叫他们把旁边做得不好的石膏线重新搞一下,那个父亲说不要跟他讲……陈老板生气了说'我叫你做点事情都不做'……那人就朝陈老板脸上打了一拳,他儿子也要上前打陈老板,这时工地上也有听到声音了就一起把他们拉开了。

……双方被拉开后还在继续吵嘴,拉架的人已经走了,房间里就剩下他们双方和我,当我就要出门时,有两个人从外面进来,其中一个是搞消防的江西人小林(林某旺),另一个又高又胖的我不熟悉的胖子,这时双方吵着嘴,那父子两个又要打陈老板时,我就在旁边劝他们,我看见那个儿子的手里劈刀要上来,我怕出事就和小林一起把他拦住,把他手中的劈刀夺下来了。此时我看到,旁边陈老板还在和父亲吵,这时那个又高又胖的人从后面上去一拳打了那个父亲,那个父亲被打以后蹲下来之后他没有再起来,然后大家就散了……没过多久"120"救护车就来了。

(陈老板和又高又胖的人是如何与那个父亲打的?)我这看清楚那个胖子一拳从后面打了那个父亲,然后就蹲倒在地上了。

(这又高又胖人的身份情况?)我不认识,见过几面,都是在一楼正在装修的三间门面那里见到的,但我对他的情况一点都不知道。

(二)4月16日沈大哥询问笔录

该笔录与沈某三的证言一致,表明林某旺没有殴打徐某强;徐某强与陈某凯发生过打斗;徐某强是被又高又胖的胖子从后面打了一拳后蹲下继而倒地。沈大哥不认识该又高又胖男子,从来没见过。

询问笔录摘录:

我在工地做泥工,2013年4月7日下午,听到东面的房间里面有争吵的声音,我就赶过去看看发生什么情况了,我走到门口,发现房间里陈老板(陈某凯)与一个做石膏线的中年男子在争吵,嘴巴里都在说一些骂人的话,忽然看见那个做石膏线的中年人先动手,往陈老板打过去,陈老板还手,但好像没有打到对方。当时那个做石膏线的中年人的儿子在另一侧也上前要打陈老板,这时候一个做消防的小林(林某旺)从房间门外进来,跑上去把做石膏线的人的儿子拉开。

……小林将他儿子拉开以后,那个做石膏线的人还在跟陈老板吵架,这时又从门外进来一个个子挺高的胖子,走到那个做石膏线的人后面,也没说什么话,就直接一拳打过去,打在做石膏线的人的右侧太阳穴那里,那个做石膏线的人就马上蹲下来了,双手靠着陈老板,陈老板看到对方蹲下来了,而且要靠着他,他就一闪走开了,然后那个做石膏线的人就蹲在那里不动了。而那个人的儿子还在和小林搞,手里还拿着做油漆用的铲刀,我的老板就上去,和小林一起将他儿子手里的铲刀夺下来,当时我以为那个做石膏线的人是装出来的,也没理会什么就走开了,其他人也陆续离开房间了,好像只剩下那个做石膏线的人和他儿子。

(那个做石膏线的中年人是被谁打得蹲下来的?)就是那个个子挺高的胖子。

(那胖子是怎么打的?)就是在那个做石膏线的人的后面打了他一拳,做石膏线的人就马上蹲下来了。

(这又高又胖的人的身份情况?)我不认识,从来没见过。

四、新的犯罪嫌疑人何某水到案

警方经对该店面的人员进行调查,确认该既黑又是高个男子为何某水,并将其作为案件犯罪嫌疑人。4 月 22 日,警方得知何某水的联系方式后与之联系,何某水就主动到车墩派出所说明情况,警方遂对何某水刑事拘留。何某水到案后一共被五次讯问,三次由警方进行,两次由检方进行。五次讯问笔录中何某水始终坚称自己是去看热闹的,为躲避徐某强手里的劈刀,顺手推了徐某强,并在徐某强摔倒后有搀扶动作,但并未参加打架,更没有打过徐某强。

(一)4 月 22 日讯问笔录摘录

今年 4 初的一天,具体日期我记不清楚了,当天下午 12 点多钟,当时我正在……做装修的底楼门面房里玩手机,忽然听到楼上有很大的争吵的声音,于是我就和一起的一个姓郑的安徽小伙子说了一下'走,去看看',两个人就上楼了……我和姓郑的安徽人也来到三楼,向东转弯,看见一个房间的门口聚集着几个人,好像在看热闹,我也就来到门口,并探头往里面看,发现房间里靠窗口一个染头发的比我年龄还小的男青年,手里拿着一把劈刀,嘴巴里不知道在嚷嚷什么,而那个小青年的斜前方不远处,有一个男人,屁股朝我的方向双腿跪在地上,双手各拿一把劈刀和一根木棍,好像在跟他旁边的一个男的在纠缠。而和跪着的男子纠缠的那个男的,当时是站着,脚好像动了两下,不知道是不是在踢对方。看到这样的情景,感觉没什么好看的,就和姓郑的小青年一起下楼了。除了我和姓郑的安徽人,好像还有两三个人,但站在门边的人是干啥的我都不知道。

(二)4 月 23 日讯问笔录摘录

我上三楼后看见房间里有个人在打架,其中一个染黄发的小青年在跟一个姓林的男子在打,手里还拿着劈刀,另外两个人,其中一个姓陈的福建人在和一个做装修的年龄较大的人在打架,做装修的那个人手里也拿着劈刀,两个人在打打推推。

此时做装修的那个人朝门框那里走了过来了,身体碰到我了,我看见他手里拿着劈刀,我就顺手把他推开了,结果他的后面有个沙堆,踉跄了一下就倒地了,是侧倒在地上的,我见他倒地,就去把他拉起来,刚拉到蹲起来的样子时,那个姓陈的福建人借机用手按住对方的肩膀,并用脚踹对方,我看姓陈的这样打他,怕惹上麻烦,就撤回来,后来就看见那个做装修的人趴在地上,看样子还想站起来,结果没有站起来,旁边那个染发的小伙子就指着姓陈的福建人对着他的老乡喊:"就是他踢的,就是他踢的。"后来我看没什么事情了,就和小郑两个人下楼离开。

与4月22日不同之处在于:第一,何某水得知了跟徐某星、徐某强打架的人的姓氏;第二,徐某强身体碰到了何某水,为躲避对方手里的劈刀,顺手推了徐某强,当徐某强倒地后,还试图将他拉起来。

(三)5月28日讯问笔录摘录

……进去后我站在门口右侧靠墙的位置。我看到里面有四个人在打架。两个对两个,但是一对一地在打,我都不认识。两个是干活的人,身上的衣服很脏,另两个的衣服是干净的。

干活的年轻的那个染黄色头发的和一个瘦瘦的人在打,年纪大的干活的和稍微高一点的男子在打。干活的人手里都拿着劈刀,年纪大的干活的人他们两个打架的地方离门比较近,我离他们有一米远左右。站在侧面,他挥舞劈刀时,挥到了我的左小臂上,很疼。我就用左小臂去挥挡他的右手小臂,他脚下有沙堆,就朝左侧绊倒了下去。侧卧着,我就上去拉他起来,拉到蹲的位置,那个和他对打的人过来弯腰,一手按住他的肩膀,一手按住脖子然后用脚踢他。看他们还打,我就推开了。后来那个年纪大的趴在地上,自己想站起来,结果没站起来。当时已经不打架了。那个染发的青年在叫'是他打的,是他打的',指的是和年纪大的对打的那个人。我就回工地了。

第二天,我到工地上班,工地上的人告诉我,那个年纪大的死掉了。我觉得和我无关,所以我一直在工地上上班。直到4月22日警察来找我,我自己到派出所,就进来了。

(你那天的穿着?)上身是长袖的灰色T恤,袖管我卷起来了。外面穿灰色的小西装,下身穿灰色裤子。

(你多少身高?)1.85米。

(打架的那两个人你看照片认得出吗?)我看一下,第五组的3号好像是的,他是和那个死掉的人打架的。第四组的10号和跟染发的小青年打架的那个有点像。

与4月23日的笔录基本一致,不同之处在于:4月8日获知徐某强死亡。

(四)7月16日讯问笔录摘录

……(姓林的是如何跟小青年打的?)当时小青年手里拿了劈刀,姓林的抓住小青年的手腕,想把他的劈刀夺下来。他们双方之间有没有其他行为我没有注意。

（姓陈的福建人与装修的年纪大的男子是怎么打的?）年纪大的男子在用劈刀对着姓陈的福建人挥，姓陈的一会推一会挡。

（在年纪大的男子倒地之前，他们两人是否有肢体接触?）我看到姓陈的男子抓住年纪大的男子拿劈刀的手把劈刀推开，对方男子退了几步，没有倒。

（对方男子是怎么倒地的?）姓陈的男子抓住年纪大的男子拿劈刀的手把劈刀推开，对方男子退了几步，结果他的后面有个沙堆，被沙堆绊了一下，就有点没站稳的样子，劈刀就碰到了我，我就顺手把他的手推开了，结果他就倒地了，是侧倒在地上的。

（按你所说，你与姓陈的男子都是推了年纪大的男子的手，他怎么会倒地的?）我也说不清楚。

……（你当时推装修男子的手时力度大不大?）不大的，只是顺手一推。（既然不大，他为何会朝姓陈男子的方向倒地?）我也不知道为什么。

（你以前说：'此时做装修的那个人朝门框那里走过来了，身体碰到我了，我看见他手里拿着劈刀，我就顺手把他推开了，结果他的后面有个沙堆，踉跄一个就倒地了'，与今天说的不一样，你有何解释?）我以前也是跟今天一样说的，当时我也提出来，民警不让我改。

（你与姓林的，姓陈的福建人是否认识?）我与他们两个都是在工地上见过，没有具体打过交道。他们的姓氏是被抓后公安民警告诉我的。

……这个案件中我有过错，不该推他一下，但我没有打对方。

与前几次笔录基本一致，徐某强摔倒经过有所不同，但何某水解释说他前后陈述一致，但当时民警没有更改。

（五）11 月 19 日讯问笔录摘录

（死掉的人与穿黑衣服的人是怎么打的?）就是后来死掉的人用劈刀在挥，穿黑衣服的人在还击。具体怎么打的我没有注意。（当时穿黑衣服的人打到对方了吗?）打到了，打在哪里记不起了。

（对方被害人碰到你后倒地前，脚步有无走动?）我没有注意。

（你能确定被害人是朝右前方倒的吗?）能确定的。

（被害人倒地后，你为何要扶他?）我看他倒地了，就扶一下。要是其他人倒地了，作为普通人也会扶一下的。

（年纪大的人上前踢对方时为何要按住对方?）当时我在拉对方，对方也在往上站，所以年纪大的人要按住对方。

五、无罪辩护

何某水被采取强制措施之后，其家属聘请上海市聚业律师事务所孔律师、杨律师作为何某水的辩护人。辩护律师通过会见、阅卷、调查后，发现诸多疑点：

第一，沈某三 4 月 10 日的证人证言、沈大哥 4 月 16 日的证人证言与徐某星 4 月 7 日、10

月23日、11月20日的证人证言,以及陈某凯、林某旺4月7日的口供存在矛盾,前者指认何某水有殴打徐某强;后者均表明何某水没有殴打过徐某强。

第二,陈某凯在何某水到案后翻供,4月23日口供中说何某水殴打了徐某强。4月23日陈某凯讯问笔录摘录如下:

……在打架过程中,有一个高个子男青年的事情,也参与了打架,我当时没有说清楚。

这时和小林一起进来的那个胖子不知是为啥原因,也上前,来到那个父亲前面,没说任何话,就一拳往那个父亲打过去了,那个父亲当场就倒下去了,胖子就用脚踩住那个父亲的脖子,好像不让对方有起身的机会,我看到这样的情况,也上前,在那个父亲的右侧肩膀上踩了两脚,以泄愤,当时我还认为对方是装出来的,想想就这样被胖子打了一拳,就倒地像装死一样了……

第三,林某旺10月19日在检察机关的询问笔录中也推翻4月7日的口供,说何某水殴打了徐某强。10月19日林某旺在检察机关询问笔录摘录如下:

当时我与对方儿子两个是侧倒的,倒地后,我看到那个高个子胖子与那个父亲面对面站着,高个子胖子忽然用右拳头打了那个父亲左脸一拳,那个父亲就倒地了,等我和他儿子爬起来的时候,发现那个老头子嘴巴还有血,我,陈某凯,高个子胖子下楼了。

(你与父亲有无肢体接触?)没有。

(这里有无你说的高个子胖子?)7号(何某水)就是那个高个子胖子。

(当时他穿什么衣服?)记不清了。我以前没有见过这个人,后来听陈某凯说,他可能与陈某凯见过几面……

(你以前在公安机关的询问中为何从未提到高个子胖子及他拳击那个父亲?)我以前也是这么说的。(如果你以前也是这么说的民警不可能不记录,你有何解释?)我当时确实说到了高个子胖子。

第四,陈某凯翻供后不久,5月7日,警方将对其和林某旺的强制措施均从拘留变更为取保候审;后来,警方侦查后认为林某旺不构成犯罪,解除其犯罪嫌疑,林某旺从本案的犯罪嫌疑人变为证人。

第五,何某水与被害人徐某强及其子徐某星、犯罪嫌疑人陈某凯和林某旺均不认识,其为何要殴打徐某强呢。

第六,警方调查过程中遗漏重要证人,即何某水多次口供中均提及的一起上去看热闹的安徽人"小郑"。

并且,何某水自始至终坚持供述自己没有殴打徐某强,均做无罪陈述。

鉴于此,辩护律师提出了无罪辩护的基本辩护策略,针对上述疑点采取了相应措施:

第一,为查找陈某凯翻供原因,9月11日,向检察院提出"关于调阅2013年4月23日讯问陈某凯同步录音录像的申请"。11月15日,进一步向检察院提出"关于对陈某凯、何某水测谎的申请"。

第二,6月27日向检察院提交"关于何某水过失致人死亡案的律师意见"。

第三，针对重要证人“小郑”的遗漏，向检察机关作出补充侦查的建议。

第四，认真细致研究分析证据，找出矛盾，形成意见，12 月 2 日在开庭前向法院作出“关于陈某凯、何某水过失致人死亡中一些情况的汇报”。

第五，为进一步审查核实证据，11 月 25 日，向法院提出申请证人徐某星、林某旺、沈某三、沈大哥、小郑出庭作证。

同时，为维护何某水的合法权益，6 月 3 日向公安机关提出对何某水取保候审的申请，9 月 12 日向检察院提出对何某水取保候审的申请。5 月 24 日，向检察院提出对何某水不予批准逮捕的律师意见。

六、获判缓刑

2013 年 11 月 21 日，松江区人民检察院向松江区人民法院提起公诉。在审理过程中，被害人家属向法院提起刑事附带民事诉讼。

2014 年 1 月 14 日，经法院主持调解，被告人陈某凯、何某水的家属与被害人徐某强家属达成赔偿协议，由被告人陈某凯的家属赔偿被害人家属人民币 250000 元，被告人何某水的家属赔偿被害人家属人民币 60000 元。被害人家属对被告人陈某凯、何某水的行为表示谅解，希望对其从轻处罚并适用缓刑。

法院审理后认为，被告人陈某凯、何某水过失致人死亡，其行为均已构成过失致人死亡罪，公诉机关指控的罪名成立。关于辩护人所提被告人陈某凯具有自首情节的意见，法院认为，被告人陈某凯虽系主动至公安机关投案，但到案后的首次供述中并未如实供述全部犯罪事实，不能认定为自首，其在之后的供述中能如实供述自己的罪行，可认定为坦白，故辩护人所提被告人陈某凯具有自首情节的意见，不予采纳。鉴于被告人陈某凯能坦白罪行，对被害人家属进行了赔偿，当庭自愿认罪，有一定的悔罪表现，且得到了对方的谅解，故对其依法从轻处罚并适用缓刑。辩护人所提对被告人陈某凯从轻处罚并适用缓刑的意见，予以采纳。故对陈某凯判处有期徒刑 3 年，缓刑 3 年。

关于被告人何某水辩解其只是在躲闪被害人的劈刀时用手推挡一下，及其辩护人认为指控被告人何某水犯罪证据不足的意见，本院认为，证实被告人何某水击打被害人徐某强一拳的事实，不仅有被告人陈某凯的供述，证人林某旺的证言等证据证实，且与被告人何某水供述的在躲闪被害人徐某强挥舞的劈刀时，用手推开被害人，因被害人脚下有沙堆而被绊倒的事实相印证，上述证据足以认定被告人何某水过失致人死亡的犯罪事实，故被告人何某水及其辩护人的上述意见，不予采纳。但鉴于被告人何某水在家属的帮助下对被害人家属进行了赔偿，得到了被害人家属的谅解，同时考虑被告人何某水系过失犯罪，犯罪情节相对较轻，故对被告人何某水从轻判处有期徒刑 3 年，缓刑 3 年。

教学手册

教学对象及目标

本案例供法律硕士教学适用,法学本科、刑法学专业硕士、刑事诉讼法学专业硕士也可参酌试用。

本案主要实现以下几个教学目标:(1)帮助学生了解律师作为辩护人办理刑事案件的基本流程,以及在各个诉讼阶段履行辩护人帮助被告人行使辩护权、维护被告人合法权益的辩护职责时,可以采取哪些具体程序性措施。(2)培养证据分析的能力,为无罪辩护策略提供支持。(3)使学生了解如何将刑事附带民事诉讼与公诉案件刑事和解程序进行关联,为被告人争取从轻处罚。

教学内容

1. 律师作为辩护人办理刑事案件的基本流程,以及辩护律师可以采取的具体程序性措施

(1)接受委托或者指派而产生。律师可以由犯罪嫌疑人、被告人及其监护人、近亲属委托而成为辩护人;也可以由公安机关、人民检察院、人民法院通过法律援助机构指派而成为辩护人。本案就是由犯罪嫌疑人何某水的哥哥委托律师为其辩护的。

(2)辩护律师进行辩护从侦查阶段开始,在审查起诉阶段和审判阶段都可以进行辩护活动。在接受委托或者指派的时候,要明确律师进行辩护活动的诉讼阶段。实践中,律师从侦查阶段介入诉讼后,一般情况下起诉和审判阶段也由其担任辩护人,但是,有些案件律师只参与一个阶段的辩护活动,或者是侦查阶段的,也可能是起诉或者审判阶段的。

(3)辩护律师办理刑事案件主要采取以下措施:

①会见犯罪嫌疑人、被告人。本案中两位辩护律师多次会见何某水。

②到人民检察院、人民法院查阅、摘抄、复制案卷材料。本案中辩护人复制了检察机关的全部案卷材料。

③与犯罪嫌疑人、被告人通信。

④调查收集证据。本案中两位辩护人向检察院提出“关于调阅2013年4月23日讯问陈某凯同步录音录像的申请”和“关于对陈某凯、何某水测谎的申请”,并向法院提出申请证人徐某星、林某旺、沈某三、沈大哥、小郑出庭作证。

⑤提出辩护意见。本案中,辩护律师向检察院提交“关于何某水过失致人死亡案的律师意见”,向检察院提出对何某水不予批准逮捕的律师意见;在开庭前向法院提交“关于陈某凯、何某水过失致人死亡中一些情况的汇报”,在开庭后提交辩护词。

⑥申请变更、解除强制措施。本案中,辩护律师在不同阶段向公安机关、检察院提出对何某水取保候审的申请。

⑦申请回避、获得司法文书等权利。

2. 如何进行证据分析,以及证据分析对辩护策略的影响

(1)单个证据的分析。

根据不同证据种类,首先,对每一个证据从证据力和证明力两个方面进行分析判断。熟练运用不同证据的分析判断证据规则,主要包括相关性规则、非法证据排除规则和客观性规则(主要是意见证据规则)。其次,认真细致审查、分析每个证据的内容,特别是言词证据,要反复推敲,咬文嚼字,用对比的方法,明确每个证据之间的关系。本案中,通过对证人徐某星、沈某三、沈大哥、林某旺的证人证言,以及陈某凯、林某旺(犯罪嫌疑人期间)的口供的比较,发现在何某水犯罪构成上存在重大分歧和疑点。

附件中列举了本案的言词证据分析对比情况。

(2)全部证据的全案综合分析。

在单个证据分析的基础上,按照逻辑定律、经验法则,对证据链条形成过程中各个证据之间的矛盾、疑点进一步分析,找出产生矛盾的原因、概率等,深入判断证据内容的可靠性。最后,根据"确实、充分""排除合理怀疑"的证明标准,对被告人是否构成犯罪作出准确判断,从而对辩护策略的形成提供证据支持。

本案中,通过上述证据比较分析,发现诸多疑点。

首先,何某水是否殴打徐某强这一主要案件事实。指控何某水犯罪的直接证据是陈某凯、林某旺、沈某三、沈大哥四个人的陈述笔录。陈某凯在 4 月 7 日最初的笔录里明确表示,何某水没有殴打徐某强,而在何某水到案后,陈某凯改口供,说何某水殴打了徐某强,不久陈某凯被取保候审;林某旺 4 月 7 日最初的供述里根本没有提到何某水这个人的存在,而时隔半年后,指证何某水殴打徐某强。沈某三、沈大哥在 4 月 23 日笔录里表明何某水殴打徐某强,但在具体的殴打方式、经过、位置等细节上不能相互印证。

其次,徐某星证人证言始终没有指认何某水殴打其父徐某强。徐某星作为案发现场的亲历者,且是被害人的儿子,可以说他的证言相对其他言词证据而言具有更高的证明力,在案发后的几次笔录里都明确表明陈某凯、林某旺殴打了徐某强,也做了明确的指认;但是,徐某星的笔录里根本没有提到何某水殴打其父,连辨认时也未能辨认出何某水。

再次,何某水的犯罪动机不明。何某水根本不认识徐某强父子,也不认识陈某凯、林某旺、沈某三、沈大哥,案发时仅仅是去看热闹,他出于何种目的和动机要去殴打徐某强呢?从常理和经验上完全无法解释。

复次,何某水口供里多次提到跟他一起上去看热闹的重要证人"小郑",公安机关在侦查阶段根本没有对其进行调查,第一次退回补充侦查时无法找到;但第二次退回补充侦查后,却根据何某水最早笔录里提供的电话号码轻易找到。

最后,何某水的口供自始至终坚持没有殴打徐某强,不构成犯罪。

通过全案证据分析,从单个证据上看,存在合理怀疑;从全案来看,证据并不"确实、充分",因此,辩护律师决定采取无罪辩护策略。

3. 附带民事诉讼与公诉案件刑事和解程序的关系

附带民事诉讼,是指刑事案件的被害人由于被告人的犯罪行为而遭受的物质损失,向公安机关、检察院、法院提出,要求被告人予以赔偿的一种诉讼活动和程序。公诉案件刑事和解程序,是指在特定的公诉案件中,犯罪嫌疑人、被告人真诚悔罪,通过向被害人赔偿损失、赔礼道歉等方式获得被害人谅解、双方自愿达成协议的,公安机关、检察院、法院可以对犯罪嫌疑人、被告人从宽处理的特殊程序。

本案中被害人徐某强的家属一开始十分气愤,坚决不同意进行刑事和解,并且提起了附带民事诉讼。通过辩护人的反复沟通做工作,告诉他们由于法律规定的限制,民事赔偿请求的数额较低,例如精神损害赔偿金、死亡赔偿金等都不能计算,但是如果进行和解,在经济方面可以得到较高的补偿;徐某强死而不能复生,案件中也存在诸多疑点,并不存在花钱买命的说法。最终在法院的主持之下达成和解协议,也使被告人获得从轻的判处。

预期效果

学生能够掌握律师办理刑事案件的基本流程,能够对证据进行分析,能够独立完成一个刑事案件的办理。

教学计划

1. 课前准备。课前让学生熟悉案例的内容,复习所涉及的相关实体法和程序法的知识点。

2. 课中指导。教师在上课时,可以按照知识点讲解、提问分析、分组讨论、学生模拟的顺序来组织课堂教学活动。

3. 课后思考和实践。结合案例内容和课堂教学内容,让学生完成教师布置的思考题和实践题。有条件的学校,可以安排学生参与实战操作。

课堂时间安排

本案例需要 8 个课时,每个课时 45 分钟。

思考题和实践题

思考题

1. 辩护律师进行会见应当注意哪些问题?
2. 辩护律师如何收集证据? 如何分析证据?
3. 如何聘请辩护律师,聘请时需要办理哪些手续?
4. 辩护律师如何申请变更、解除强制措施?
5. 辩护律师如何充分行使诉讼中提出辩护意见的权利?
6. 刑事诉讼法规定的八种证据种类都有哪些相关的分析判断证据规则?
7. 公安机关、检察院、法院应当给辩护律师送达哪些司法文书?
8. 公诉案件刑事和解程序的适用条件和范围是什么? 本案是如何适用这一特别程序的?

9. 附带民事诉讼提起的条件是什么？赔偿请求的范围是什么？计算依据是什么？
10. 采取无罪辩护策略的考量内容是什么？
11. 辩护律师的职责是什么？
12. 证据分析中需要依据哪些相关知识？

实践题

1. 撰写本案的辩护词。
2. 在律师的指导下，参与一起刑事案件的辩护工作。

附件

1. 本案言词证据分析对比表

矛盾一：何某水是什么时候进屋的？是否与林某旺同时进屋的？

说法一：同时进屋。说法二：林某旺已经开打，何某水再进屋。

表 1.1　矛盾一言词证据对比

<table>
<tr><td>4 月 10 日
沈某三</td><td>• 双方被拉开后还在继续吵嘴，其他拉架的人已经走了，房间里就剩下他们双方和我，当我就要出门时，有两个人从外面进来，其中一个是搞消防的江西人小林，另一个又高又胖，我不熟悉的胖子。</td><td rowspan="2">二人存在分歧</td></tr>
<tr><td>4 月 16 日
沈大哥</td><td>• 当时那个做石膏线条的中年人的儿子在另外一侧也上前要打陈老板，这时一个做消防的小林从房间门外进来，跑上去把做石膏线条的人的儿子拉开。小林将他儿子拉开以后，那个做石膏线条的人还在跟黑子陈老板吵架，这时又从门外进来一个个子挺高的胖子，走到那个做石膏线条的人的后面……</td></tr>
<tr><td>10 月 19 日
林某旺</td><td>•（4 月 7 日，4 月 8 日笔录完全没提及何某水。）
• 上楼后我看到走道里有很多人，我进到房间里，当时跟在我后面的还有一个高个子胖子。</td><td></td></tr>
<tr><td>何某水</td><td>• 上楼进屋，已经看到四个人在打架，林某旺和徐某星在打，陈某凯和徐某强在打。（4 月 23 日、5 月 28 日、7 月 16 日、11 月 19 日）</td><td>何某水说法稳定</td></tr>
<tr><td>4 月 7 日
下午
陈某凯</td><td>• 未提及</td><td rowspan="6">陈某凯在这个问题上前后说法不一致</td></tr>
<tr><td>4 月 7 日
晚</td><td>• 我被打了后，捂住鼻子想往外面走，还没走出房间时，工地上负责消防安装的小林进来了。我和小林是认识的……我当时刚被打了，看到小林来了，觉得小林会帮我的，就想打那个年纪大的装修工报复回来。当时那个年纪大的装修工正站在房间的西北角位置，我上去朝他的头部打了一拳，但是被他躲开了。这时，工地上的一个高个子男青年也进来了，站在旁边。</td></tr>
<tr><td>4 月 8 日</td><td>• 未提及</td></tr>
<tr><td>4 月 23 日</td><td>• ……和小林一起进来的那个胖子……</td></tr>
<tr><td>7 月 16 日</td><td>• 还没走到门口，就发现小林（就是林某旺）进来了，后面还跟着一个胖子，就是何某水，后面还跟了其他的人。</td></tr>
<tr><td>11 月 19 日</td><td>• 刚走到门口，可能是听到了我们吵架的声音，林某旺和何某水进来了。林某旺走前面，何某水走后面。</td></tr>
</table>

矛盾二：何某水打人的细节，正面还是背面？有无走动？左手还是右手？左脸还是右脸？具体打（碰）到的位置？

表 1.2　矛盾二言词证据对比

4 月 10 日 沈某三	● 此时我看到,旁边的陈老板还在和父亲吵,这时那个又高又胖的人从后面上去一拳打了那个父亲,那个父亲被打以后就蹲下来,之后他就没有再起来。然后大家就散了。 ● (陈老板和又高又胖的人是如何与那个父亲打的?)我只看清楚那个胖子一拳从后面打了那个父亲,然后就蹲到地上了。	
4 月 16 日 沈大哥	● 小林将他儿子拉开以后,那个做石膏线条的人还在跟黑子陈老板吵架,这时又从门外进来一个个子挺高的胖子,走到那个做石膏线条的人的后面,也没说什么话,就直接一拳打过去,打在做石膏线条的人的右侧的太阳穴那里。 ● (那胖子是怎么打的?)就是在那个做石膏的人的后面打了他一拳,做石膏的人就马上蹲下来了。	
10 月 19 日 林某旺	● 当时我与对方儿子两个是侧倒的,倒地后,我看到那个高个子胖子与那个父亲面对面站着,高个子胖子忽然用右拳头打了那个父亲左脸一拳,那个父亲就倒地了。	
4 月 23 日 陈某凯	● 这时和小林一起进来的那个胖子不知是为啥原因,也上前,来到那个父亲前面,没说任何话,就一拳往那个父亲打过去了,那个父亲当场就倒下去了…… ● (胖子怎么打那个父亲的?)当时胖子和那个父亲是面对面的,忽然就一拳打过去了,打在那个父亲的肩膀以上的位置,至于打在具体什么位置我就不清楚了,那个父亲当场倒地。 ● (那么胖子打出去一拳之前有无说什么?)什么话都没说。	
7 月 16 日 陈某凯	● 这时和小林一起进来的那个胖子不知为啥原因,也上前,来到那个父亲面前,没说任何话,就一拳往那个父亲打过去了,那个父亲当场就倒下去了…… ● (何某水怎么打那个父亲的?)当时何某水和那个父亲面对面,忽然就一拳打过去了,打在那个父亲的肩膀以上的位置,至于打在具体什么位置我就不清楚了,那个父亲当场倒地。 ● (那么胖子打出去一拳之前有无说什么?)什么话都没说。	
11 月 19 日 陈某凯	● 林某旺就冲过去,与对方儿子扭打起来。接着,何某水走到对方父亲面前,一拳打在对方头部(肩膀以上部位),具体哪个部位我记得不清楚了。对方父亲倒地后就不动了。 ● 何某水走到对方父亲面前,一拳打在对方头部(肩膀以上部位),具体哪个部位我记得不清楚了。	
4 月 23 日 何某水	● 此时做装修的那个人朝门框那里走了过来了,身体碰到我了,我看见他手里拿着劈刀,我就顺手把他推开了,结果他的后面有个沙堆,踉跄了一下就倒地了……	
5 月 28 日 何某水	● 年纪大的干活的人他们两个打架的地方离门比较近,我离他们有一米远左右。站在侧面,他挥舞劈刀时,挥到了我的左小臂上,很疼。我就用左小臂去挥挡他的右手小臂,他脚下有沙堆,就朝左侧绊倒了下去。	

续表

7月16日 何某水	●姓陈的福建人抓住了年纪大的男子拿劈刀的手把劈刀推开，对方男子退了几步，结果他的后面有个沙堆，他退到沙堆上，就有点没站稳的样子，劈刀就碰到了我，我就顺手把他的手推开了一下就倒地了，是侧倒在地上的。 ●开始是姓陈的男子抓住装修男子拿劈刀的手把劈刀推开，对方男子退了几步，结果他的后面有个沙堆，绊倒在沙堆，有点站不稳，劈刀就碰到了我，我就顺手把他的手推开了，结果他就朝姓陈男子的左前方倒地了。（你当时推装修男子的手时力度大不大？）不大的，只是顺手一推。 ●当时姓陈的男子与装修的男子大致是面对面站着的，双方错开了半个身体的宽度，装修男子是站在姓陈男子左前方一点，两人之间大致一个半手臂的距离。我与装修的男子朝同一个方向站着的，两人错开有半个身体的宽度，我是站在装修男子的左后方一点，两人之间大致有一个半手臂的距离。黄沙在我与装修男子中间。	
11月19日 何某水	●因为门口有人，我就走到房间里面一点。死掉的人在与对方推搡过程中，手中劈刀碰到了我左前臂，我就推了一下。对方可能是因为地上的沙堆绊了一下就倒在地上。当时他站在我前方，差不多背对着我。他倒地时，是朝右前方倒地的。 ●因为门口有人，我站在离门口2米左右，离门口墙二三十公分的位置。进到房间后，我没有走动。	

矛盾三：徐某强倒地的姿势，位置，起因？往哪个方向倒下的？

表1.3　矛盾三言词证据对比

4月10日 沈某三	●这时那个又高又胖的人从后面上去一拳打了那个父亲，那个父亲被打以后就蹲下来，之后他就没有再起来。然后大家就散了。 ●（陈老板和又高又胖的人是如何与那个父亲打的？）我只看清楚那个胖子一拳从后面打了那个父亲，然后就蹲到地上了。	二沈均说徐某强是"蹲"下来了
4月16日 沈大哥	●这时又从门外进来一个个子挺高的胖子，走到那个做石膏线条的人的后面，也没说什么话，就直接一拳打过去，打在做石膏线条的人的右侧的太阳穴那里，那个做石膏线条的人就立马蹲下来了，双手靠着黑子陈老板…… ●陈老板看到对方蹲下来了，而且要靠着他，他就一闪就走开了，然后那个做石膏的人就蹲在那里不动了。 ●（那胖子是怎么打的？）就是在那个做石膏的人的后面打了他一拳，做石膏的人就马上蹲下来了。	
4月7日 林某旺	●这时边上就有其他工人上来夺掉了铲子，他那时一滑，我就随他一起滑在地上了。后来起来时，我已经看到那个老头倒在地上了，嘴巴里还在吐血。	林某旺看到老头倒在地上，嘴里吐血
4月8日 林某旺	●我就赶忙去拉那个年轻人，把那个年轻人拉到一边并将他手里的刀夺掉了，这时发现那个中年人倒在那里的墙边了，嘴巴里有血出来。	
10月19日 林某旺	●当时我与对方儿子两个是侧倒的，倒地后，我看到那个高个子胖子与那个父亲面对面站着，高个子胖子忽然用右拳头打了那个父亲左脸一拳，那个父亲就倒地了，等我和他儿子爬起来的时候，发现那个老头子嘴巴还有血。	

续表

4月7日 下午 陈某凯	● 我就和他扭打在一起,相互推来推去,后来在推搡中我把他推到墙上去了,他后来就倒地了。	陈某凯在这个问题上前后说法不一致
4月7日晚 陈某凯	● 这时,我又上前想用拳头打那个年纪大的装修工,但是因为两人之间距离稍微有点远,他一躲就躲开了。他就用铲刀在面前乱挥,也不敢真正铲我。这样双方弄了三四个来回,我趁机上去推了他一下,(他往后退了一点后)他的头碰到了西面的墙壁,然后就侧身着地倒在地上。倒地后,他的手里还拿着铲刀,但是身体不动了。	
4月8日 陈某凯	● 我这时想报复对方,就朝那个年纪大的装修工打了一拳,但是没打到。他就用装修铲子乱挥舞吓唬我。那个年纪轻的装修工拿了把铲子想要打我,被小林一把抱住了。我和那个年纪大的装修工来回打了几下,但是双方都没打到。后来我趁机推了那个年纪大的装修工一把,他被推后他的头撞在了西面的墙上,然后就倒在地上不动了。	
4月23日 陈某凯	●(那个父亲怎么倒地的?)是往前倒下的,然后就侧着身子躺在地上了,脚是弯着的,身体的胸口贴着地面,头部半个脸贴着地面。	
7月16日 陈某凯	●(那个父亲怎么倒地的?)是往左后方侧倒下去的,脚是弯着的,身体的胸口贴着地面,头部半个脸贴着地面。 ●(你以前为何说是往前倒的?)我以前也是这么说的,可能民警理解不一样吧。	
11月19日 陈某凯	● 当时对方打鼻子时,我推了对方一下。我就是在何某水将对方打倒后,在他身上踢了两脚。	
4月23日 何某水	● 此时做装修的那个人朝门框那里走了过来了,身体碰到我了,我看见他手里拿着劈刀,我就顺手把他推开了,结果他的后面有个沙堆,踉跄了一下就倒地了,是侧倒在地上的,我见他倒地,就去把他拉起来,刚拉到蹲起来的样子时,那个姓陈的福建人借机用手按住对方的肩膀,并用脚踹对方。 ● 我看姓陈的这样打他,怕惹上麻烦,就撤回来,后来就看见那个做装修的人趴在地上,看样子还想站起来,结果没有站起来……	关于怎么倒地的,何某水前后说法也不一致
5月28日 何某水	● 我就用左小臂去挥挡他的右手小臂,他脚下有沙堆,就朝左侧绊倒了下去。侧卧着,我就上去拉他起来,拉到蹲的位置,那个和他对打的人过来弯腰,一手按住他的肩膀,一手按住脖子然后用脚踢他。看他们还打,我就推开了。后来那个年纪大的趴在地上,自己想站起来,结果没站起来。	
7月16日 何某水	● 姓陈的福建人抓住了年纪大的男子拿劈刀的手把劈刀推开,对方男子退了几步,结果他的后面有个沙堆,他推到沙堆上,就有点没站稳的样子,劈刀就碰到了我,我就顺手把他的手推开了一下就倒地了,是侧倒在地上的。我见他倒地,就去把他拉起来,刚拉到蹲起来的样子时,那个姓陈的福建人借机用手按住对方的肩膀,并用脚踹对方,我看姓陈的这样打他,怕惹上麻烦,就退回来,后来就看见那个做装修的人趴在地上,看样子还想站起来,结果没有站起来。 ●(对方男子是怎么倒地的?)姓陈的男子抓住年纪大的男子拿劈刀的手把劈刀推开,对方男子退了几步,结果他的后面有个沙堆,被沙堆绊了一下,就有点没站稳的样子,劈刀就碰到了我,我就顺手把他的手推开了,结果他就倒地了,是侧倒在地上的。(按你所说,你与姓陈的男子都是推了年纪大的男子的手,他怎么会倒地的?)我也说不清楚。 ● 开始是姓陈的男子抓住装修男子拿劈刀的手把劈刀推开,对方男子退了几步,结果他的后面有个沙堆,绊倒在沙堆,有点站不稳,劈刀就碰到了我,我就顺手把他的手推开了,结果他就朝姓陈男子的左前方倒地了。(你当时推装修男子的手时力度大不大?)不大的,只是顺手一推。(既然不大,他为何会朝姓陈男子的方向倒地?)我也不知道为什么。	

续表

	•（你以前说："此时做装修的那个人朝门框那里走过来了，身体碰到我了，我看见他手里拿着劈刀，我就顺手把他推开了，结果他的后面有个沙堆，踉跄一个就倒地了"，与今天说的不一样，你有何解释？）我以前也是跟今天一样说的，当时我也提出来，民警不让我改。	
11月19日 何某水	•死掉的人在与对方推搡过程中，手中劈刀碰到我了左前臂，我就推了一下。对方可能是因为地上的沙堆绊了一下就倒在地上。当时他站在我前方，差不多背对着我。他倒地时，是朝右前方倒地的。我看他倒后，就去拉他胳膊，想扶他起来，接着年纪大一点的就用手按对方脖子，用脚踢对方的后背部。 •（你能确定被害人是朝右前方倒的吗？）能确定的。	
4月7日 徐某星	•这时我看到我父亲倒在地上了。他趴在地上，头顶着墙，那个穿灰色衣服的男的用脚踩着我父亲的头，嘴里还在骂我父亲。接着他就走出房间了。紧跟着房间里的其他人也都跟着出去了。 •我被后来进来的两个人按在墙上的时候，那个穿灰白色衣服的人在打我，挡在我前面，我没看到穿黑色衣服的男的是怎么打我父亲的，等我这挣脱开的时候，我父亲已经倒在地上了，他用脚踩在我父亲的头上。	
11月20日 徐某星	•（出示侦查卷二 P101 四张照片，这四张照片见过吗？）是我向公安机关提供的，我父亲被打倒地后，"120"和警察来之前我用手机把现场情况拍了下来，当时我父亲倒地的位置没有动过，后来"120"救护人员到场，把我父亲的位置和姿势都动过了。 •我当时用手机对我父亲拍照时，发现我父亲右侧脸部有鞋印。因为工地上装修比较乱，鞋底可能粘了涂料。我父亲脸上的鞋印上有淡绿色的鞋印花纹。但我到照相馆冲印这些照片时，照相馆的人说冲出来的照片会看不清鞋印，所以我没有冲洗出来。	

矛盾四：何某水和陈某凯在徐某强倒地后的动作？

说法一：大家直接散。

说法二：陈某凯踩头。

说法三：何某水踩，陈某凯踢。

说法四：陈某凯按住脖子，踢后背。

表 1.4 矛盾四言词证据对比

4月10日 沈某三	•此时我看到，旁边的陈老板还在和父亲吵，这时那个又高又胖的人从后面上去一拳打了那个父亲，那个父亲被打以后就蹲下来，之后他就没有再起来。然后大家就散了。	沈某三属说法一
4月16日 沈大哥	•这时又从门外进来一个个子挺高的胖子，走到那个做石膏线条的人的后面，也没说什么话，就直接一拳打过去，打在做石膏线条的人的右侧的太阳穴那里，那个做石膏线条的人就立马蹲下来了，双手靠着黑子陈老板，陈老板看到对方蹲下来了，而且要靠着他，他就一闪就走开了，然后那个做石膏的人就蹲在那里不动了。	沈大哥有自己的故事
4月7日 林某旺	•这时边上就有其他工人上来夺掉了铲子，他那时一滑，我就随他一起滑在地上了。后来起来时，我已经看到那个老头倒在地上了，嘴巴里还在吐血。	林某旺属于说法一
4月8日 林某旺	•我就赶忙去拉那个年轻人，把那个年轻人拉到一边并将他手里的刀夺掉了，这时发现那个中年人倒在那里的墙边了，嘴巴里有血出来。	
10月19日 林某旺	•当时我与对方儿子两个是侧倒的，倒地后，我看到那个高个子胖子与那个父亲面对面站着，高个子胖子忽然用右拳头打了那个父亲左脸一拳，那个父亲就倒地了，等我和他儿子爬起来的时候，发现那个老头子嘴巴还有血。	

续表

<table>
<tr><td>4 月 7 日
下午
陈某凯</td><td>● 我看到他倒地后还不解气,就又踢了他的背部两脚。然后就走了。他被踹了后,还是没有反应。</td><td rowspan="6">陈某凯前后多种说法,踢的位置也有变化。另外徐某强侧面脖子没有被踩过的痕迹</td></tr>
<tr><td>4 月 7 日晚
陈某凯</td><td>● 我当时以为他是装死吓唬人的,觉得不解恨,我就上去踹了他的肩部两脚。</td></tr>
<tr><td>4 月 8 日
陈某凯</td><td>● 他倒了后,我以为他装死,就用脚踹了他肩膀两脚。</td></tr>
<tr><td>4 月 23 日
陈某凯</td><td>● (胖子看他倒地以后还做了什么?)就是一只脚踩住他的侧面的脖子,好像不让他起身。我看到这样的情况,就想泄愤,所以上前,用脚在他的肩膀上踩了两脚。</td></tr>
<tr><td>7 月 16 日
陈某凯</td><td>● 胖子就用脚踩住那个父亲的脖子,好像不让对方有起身的机会,我看到这样的情况,也上前,在那个父亲的右侧肩膀上踩了两脚,以泄愤……
● (何某水看到以后还做了什么?)就是一只脚踩住他侧面的脖子,好像不让他起身。然后我看到这样的情况,就想泄愤,所以上前,用脚在他的肩膀上踩了两脚。</td></tr>
<tr><td>11 月 19 日
陈某凯</td><td>● 我以为对方装死,就上去踢对方身上几脚。</td></tr>
<tr><td>4 月 23 日
何某水</td><td>● 此时做装修的那个人朝门框那里走了过来了,身体碰到我了,我看见他手里拿着劈刀,我就顺手把他推开了,结果他的后面有个沙堆,踉跄了一下就倒地了,是侧倒在地上的,我见他倒地,就去把他拉起来,刚拉到蹲起来的样子时,那个姓陈的福建人借机用手按住对方的肩膀,并用脚踹对方……
● 我看姓陈的这样打他,怕惹上麻烦,就撤回来……</td><td rowspan="4">何某水没有看到陈某凯踩徐某强</td></tr>
<tr><td>5 月 28 日
何某水</td><td>● 他脚下有沙堆,就朝左侧绊倒了下去。侧卧着,我就上去拉他起来,拉到蹲的位置,那个和他对打的人过来弯腰,一手按住他的肩膀,一手按住脖子然后用脚踢他。看他们还打,我就退开了。后来那个年纪大的趴在地上,自己想站起来,结果没站起来。当时已经不打架了。那个染发的青年在叫:是他打的,是他打的,指的是和年纪大的对打的那个人。我就回工地了。</td></tr>
<tr><td>7 月 16 日
何某水</td><td>● 是侧倒在地上的。我见他倒地,就去把他拉起来,刚拉到蹲起来的样子时,那个姓陈的福建人借机用手按住对方的肩膀,并用脚踹对方,我看姓陈的这样打他,怕惹上麻烦,就退回来,后来就看见那个做装修的人趴在地上,看样子还想站起来,结果没有站起来。</td></tr>
<tr><td>11 月 19 日
何某水</td><td>● 对方可能是因为地上的沙堆绊了一下就倒在地上。当时他站在我前方,差不多背对着我。他倒地时,是朝右前方倒地的。我看他倒后,就去拉他胳膊,想扶他起来,接着年纪大一点的就用手按对方脖子,用脚踢对方的后背部。
● (被害人倒地后,你为何要扶他?)我看他倒地了,就扶一下。要是其他人倒地了,作为普通人也会扶一下的。
● (年纪大的人上前踢对方时为何要按住对方?)当时我在拉对方,对方也在往上站,所以年纪大的人要按住对方。</td></tr>
<tr><td>4 月 7 日
徐某星</td><td>● 这时我看到我父亲倒在地上了。他趴在地上,头顶着墙,那个穿黑色衣服的男的用脚踩着我父亲的头,嘴里还在骂我父亲。接着他就走出房间了。紧跟着房间里的其他人也都跟着出去了。
● 我被后来进来的两个人按在墙上的时候,那个穿灰白色衣服的人在打我,挡在我前面,我没看到穿黑色衣服的男的是怎么打我父亲的,等我这挣脱开的时候,我父亲已经倒在地上了,他用脚踩在我父亲的头上。</td><td></td></tr>
</table>

矛盾五:大家的站位是什么? 当时到底有多少人在场?

表1.5 矛盾五言词证据对比

<table>
<tr><td>4月10日
沈某三</td><td>• 双方被拉开后还在继续吵嘴,其他拉架的人已经走了,房间里就剩下他们双方和我,当我就要出门时,有两个人从外面进来,其中一个是搞消防的江西人小林,另一个又高又胖,我不熟悉的胖子。</td><td rowspan="2">二沈的笔录中,房间里都是6个人</td></tr>
<tr><td>4月16日
沈大哥</td><td>• 我走到门口,发现房间里黑子陈老板(男,福建人)在那间里面与一对做石膏线的中年男子在争吵……这时一个做消防的小林从房间门外进来……这时又从门外进来一个个子挺高的胖子……我的老板就上去……</td></tr>
<tr><td>4月7日
林某旺</td><td>• (当时周围围观的有多少人?)有五六个工人。(他们有没有参与拉架或争斗?)没有。
• (参与打架到底有几个人?)老头子父子和陈某凯,就三个人。</td><td rowspan="6">何某水、林某旺提到其他工人</td></tr>
<tr><td>10月19日
林某旺</td><td>• 上楼后我看到走道里有很多人,我进到房间里,当时跟在我后面的还有一个高个子胖子。我进房间后,就看到工地负责人陈某凯,他的鼻子和嘴巴都流血了,对方做石膏线的父子俩在和陈某凯对打……我就上去捏住他儿子拿铲刀的双手,这时其他工人就上来把手里的铲刀夺下了。</td></tr>
<tr><td>4月7日晚
陈某凯</td><td>• ……当时也就阿三在,没有其他人。当时周围的房间应该有人在施工的,但是没有过来看……工地上负责消防安装的小林进来了。我和小林是认识的……这时,工地上的一个高个子男青年也进来了,站在旁边。
• (打架时,现场有无人在场旁观?)那个高个子男青年在,阿三在,好像没有别人了。打好架后,才上来好多人看的。</td></tr>
<tr><td>7月16日
陈某凯</td><td>• (当时在房间里有几个人?)一共是六个人,装修的父子,我,还有包工头阿三,我以前向公安机关提供了他的手机号,具体名字我不知道,他是在吵架前和我一起进来的,装修的父亲打我时,他还在劝架,另外就是后来进来的林某旺和何某水。</td></tr>
<tr><td>5月28日
何某水</td><td>• 也有几个人和我一样,闻声过来看。他们在我前面先进了房间。我随后也跟进去看了。小郑是跟着我的。
• 进去后我站在门口右侧靠墙的位置。我看到里面有四个人在打架。两个对两个,但是一对一地在打,我都不认识。</td></tr>
<tr><td>7月16日
何某水</td><td>• 当时姓陈的男子与装修的男子大致是面对面站着的,双方错开了半个身体的宽度,装修男子是站在姓陈男子左前方一点,两人之间大致一个半手臂的距离。我与装修的男子朝同一个方向站着的,两人错开有半个身体的宽度,我是站在装修男子的左后方一点,两人之间大致有一个半手臂的距离。黄沙在我与装修男子中间。</td></tr>
<tr><td>4月7日
徐某星</td><td>• ……这时门外面进来一个穿灰白色衣服的男的……这时那个穿黑色衣服的人也去打我父亲了。
• 但是还没等我上去,从屋外又进来两个男的,一人按我一个手,把我按在墙上,把我手里的两把小铲子也扔掉了。两个按住我的男的,一进来就按住我。穿黑色衣服的,40岁左右。应该也是工地上的人。</td><td rowspan="2">徐某星认为包括2个工地上的人</td></tr>
<tr><td>11月20日
徐某星</td><td>• (在打架过程中房间有几个人?)具体几个人我不清楚,我记得起来的有我,我父亲,陈某凯,林某旺。一个劝架的(好像是包工头),还有两个49岁左右的男子,当时那两个男子把我按在墙上,他们都在一米七左右高。</td></tr>
</table>

矛盾六:何某水怎么走的? 是否和林某旺等人一起走的?

表 1.6 矛盾六言词证据对比

4 月 10 日 沈某三	• 那个父亲被打以后就蹲下来,之后他就没有再起来。然后大家就散了。	
4 月 16 日 沈大哥	• 我的老板就上去,和小林一起将他儿子手里的铲刀夺了下来,当时我以为那个做石膏的人是装出来的,也没理会什么就走开了,其他人也陆续离开房间了。	
4 月 7 日 林某旺	• 我和陈某凯下楼了。	
10 月 19 日 林某旺	• 等我和他儿子爬起来的时候,发现那个老头子嘴巴还有血,我,陈某凯,高个子胖子下楼了。	
4 月 7 日晚 陈某凯	• 倒地后,他的手里还拿着铲刀,但是身体不动了。我当时以为他是装死吓唬人的,觉得不解恨,我就上去踹了他的肩部两脚。小林这时也放开了那个年纪轻的装修工,然后,我就和小林,那个高个男青年一起走了。	
7 月 16 日 陈某凯	• 那个儿子看到他的父亲这样倒在地上了,就和小林停止纠缠了,然后我就和小林走开了,胖子也跟在我们后面下楼了。	
11 月 19 日 陈某凯	• 我以为对方装死,就上去踢对方身上几脚,然后我们就离开了。	
4 月 23 日 何某水	• 后来我看没什么事情了,就和小郑两个人下楼离开。	
5 月 28 日 何某水	• 那个染发的青年在叫:是他打的,是他打的,指的是和年纪大的对打的那个人。我就回工地了。	
7 月 16 日 何某水	• 旁边那个染发的小伙子就指着姓陈的福建人对着他的老乡在喊:“就是他踢的,就是他踢的。”后来我就和小郑两个人下楼离开。	

2. 辩护词

辩　护　词

尊敬的审判长及合议庭全体成员:

上海市聚业律师事务所接受本案被告人何某水家属的委托并征得其本人同意,指派孔律师和杨律师担任被告人何某水的辩护人出席了今天的法庭审理,经过庭前的会见、阅卷,以及自何某水被批准逮捕之后长达半年多的跟踪提供法律帮助,辩护人认为今天的庭审不仅是为了厘清这个案子当中两名被告人的责任,更是告慰死者的在天之灵,也是对不幸过世的被害人最大的尊重。对于公诉机关在审查起诉时的审慎、细致、人道的态度,辩护人表示赞赏。但辩护人仍然认为公诉机关对被告人何某水犯过失致人死亡罪的指控不能成立。具体提出以下几点辩护意见。

一、起诉书指控何某水犯罪的证据不足。

起诉书指控何某水犯罪的事实就是“见状后上前击打被害人头部一拳,致使被害人当场倒地”。指控的直接证据就是陈某凯、林某旺、沈某三、沈大哥四个人的笔录。

首先来看直接参与了打架的陈某凯、林某旺两人的笔录。这两个人在到案后,对于“何某水是否殴打了死者”这一节事实,都做过两种完全不同的供述。

陈某凯在案发后当天即到公安机关投案,在到案后的笔录中均未提到何某水参与了斗殴,而且讲"这个高个男青年就是来看热闹的"。在公安机关明确询问"那个高个男青年有无动手"后,陈某凯明确回答"没有动手"。这种供述在最初的两份笔录里都是稳定的。直到他到案半个月之后,才改变了自己供述,开始指证何某水殴打了死者。并且他在做了这样的笔录不久之后,就被取保了。

再加之,他对口供变化解释,理由是非常牵强且不符合常理的。陈某凯在该份笔录表示,"本来我想胖子事发以后就找不到他了,也不知道他叫什么,所以我想将这个事情自己承担下来,以后法院判的话也会从轻一点",这种说法在今天的庭审中当辩护人询问"这些是否是你的真实想法"时也得到了陈某凯的再次确认。但事实上,就在这份笔录中,陈某凯清楚地向公安机关指明了他所称的胖子何某水"就是在打架现场的华阳步行街我们装修的宾馆下面底楼也在做饭店装修的老板的小舅子"——既然是谁这样清楚,公安机关怎么可能找不到呢?至于陈某凯所称开始想把事情自己承担以后法院判轻一点的说法更是有悖常人逻辑:陈某凯已知本案是一命案,被害人当时死因尚未查清,怎么可能自己大包大揽后就能轻判呢?

而林某旺在侦查笔录里,都没有提及何某水参与了斗殴。他对何某水的指控是在检察笔录中,也就是在他被取保之后,在将近半年之后,他才开始指控何某水殴打了死者。他对口供变化解释是,他在公安机关接受讯问时是指控了何某水的,但是侦查人员没有记入笔录。这种辩解是非常苍白的,甚至就是在撒谎。因为目前公安机关在讯问犯罪嫌疑人时,都有同步录音录像。公诉机关在审查起诉时,不仅审查书面的卷宗材料,还要求公安机关随卷移送了当时的同步录音录像,而这些材料里根本看不到他在侦查阶段指控何某水的行为。

并且在今天的庭审中,当辩护人询问陈某凯在案发当天与林某旺前往车墩派出所投案时有否串供,陈某凯表示说没有。既然双方都没有商量,又怎么可能两个人不约而同都不提何某水出手打人一事呢?

我们再来看沈某三、沈大哥两个人的证人证言。

沈某三的身份并非仅仅是其在笔录中所称的"木工",他的实际身份是案发现场的包工头,而陈某凯是工地的监工,两者之间有着一定利益牵扯。而沈大哥和包工头沈某三不但是同乡,而且是同一个村的人,又都姓沈。这两个沈姓证人在向公安机关作证的过程中,笔录所记的不是那么单纯,不是那么客观中立的。由于他们之间身份的关系,他们向公安机关作证的时候,刻意隐瞒了"陈某凯踩踢死者"的这个情况。从这些来看,这两个证人在作证的时候,是带有一定的倾向性的,是睁一只眼闭一只眼的。

接着,我们再来看这四个人在对何某水打人这个事情上是分别怎么说的。首先看是怎么打的?

陈某凯、林某旺讲:何某水面对面打了死者一拳;

沈某三、沈大哥讲:何某水是从死者背后打了一拳。

再来看打到什么部位?

陈某凯讲:打到了肩膀以上,具体什么部位没看清。

林某旺讲:打到了死者的左脸。

沈某三讲:打了一拳,但没有具体描述打到什么部位。

沈大哥讲:右拳打到死者右侧太阳穴。

沈某三、沈大哥两人的笔录里面都提到了“死者儿子当时手拿劈刀准备上来打陈某凯,沈某三和林某旺把他手中的劈刀夺下来”。这个“夺劈刀”的情节,两个人都有说过。但是在对照沈某三、沈大哥两人的笔录中“夺劈刀”和“何某水打人”的这两个情节上面,沈某三讲的是先“夺劈刀”然后“何某水打人”,而沈大哥讲的是先看到“何某水打人”然后“夺劈刀”。如果以“夺劈刀”这个作为一个参照,两个人在描述“何某水打人”这个时间问题上,也是不一致的,一个在前,一个在后。

我们把这个四个人的笔录分析过了以后,可以看出四个人的笔录是无法互相印证的。在一些关键点上,在怎么打的这个问题上,陈某凯、林某旺是一种说法,沈某三、沈大哥是另外一种说法。在打到被害人身体什么位置上,至少出现了两种说法。而在“夺劈刀”之前打的还是之后打的,沈某三、沈大哥两个人又出现了两种说法。这些问题已经不仅仅是一些瑕疵而已了。在这种情况下,我们还说指控何某水打人的事实是证据确实、充分的。辩护人认为是不客观的。

二、本案存在五个疑点。

本案自立案至今已近九个月,虽经两次退侦,但仍然疑点重重,辩护人认为主要存在以下几个疑点需要我们仔细斟酌:

第一个疑点就是何某水的犯意,何某水为什么要参与打架?

起诉书说得很清楚,这个案子的起因就是被告人陈某凯和被害人之间房屋装修质量问题。而这和何某水是完全没有关系的。何某水家的饭店在一楼,陈某凯的装修工程是三楼的宾馆,是各自独立的。而何某水去案发现场的目的,就是为了看热闹。而他和陈某凯也好,和被害人也好,都不认识,不存在去帮助其中一方的情况。双方没有矛盾,没有指示,和打架的人也不认识,看到别人打架,就直接上去把人打倒,这合情合理吗?陈某凯在笔录里也说对此感到莫名其妙。

证人小郑的笔录也佐证了何某水就是去“看热闹”这一点,并且也证实了何某水当时没有收到过任何指示或电话联系让他去帮忙打架。而何某水回来之后更是神色如常,继续和他讨论装修的事——这完全都不可能是一般的犯罪嫌疑人在案发后所应有的表现。

所以,我想包括辩护人、法庭,甚至旁听的群众都想弄清楚,为什么和何某水一点关系都没有,何某水要上去打人家呢?因此,如果说何某水打人的事情是真的,那么我们要考虑的不是何某水有罪无罪的问题,而是要不要对何某水进行精神病鉴定的问题。

第二个疑点就是被害人家属始终没有指认何某水。

被害人的儿子徐某某(徐某星)虽然是未成年人,但案发时已经十七岁,其认知能力足以辨清案件的事实。徐某某作为案发现场的重要证人,在案发后的几次笔录里对陈某凯、林某旺做了明确的指认,也做了辨认笔录。但唯独没有对何某水进行指认,辨认笔录也没辨认出何某水。

第三个疑点就是公安机关在办案过程中的一些问题。

首先,来看陈某凯被取保的问题。辩护人提此不是要对陈某凯进行指控,只是要做个比较,说明公安机关在这个案子中的一些问题。在何某水到案之后,在陈某凯指认何某水打人之后,在案件移送检察机关批准逮捕之前,陈某凯被取保了。在公安机关的法律文书中列明的理由是"情节轻微"。其实这个案子在侦查阶段对陈某凯所涉的事实是查得比较清楚的,他对自己的行为也是做了详细供述的。那么退一步说,即使何某水真的打过被害人一拳,陈某凯不是也踢过两脚吗?"打了一拳"就比"踢了两脚"更严重?更何况案子还是因他而起。何某水被移送批准逮捕了,陈某凯却因情节轻微被取保了。

其次,再来看看退回补充侦查中的问题。何某水在到案后提供过一个叫小郑的人,就是本案中的证人小郑。小郑是当时一楼饭店聘请的厨师,当时和何某水在一起装修。案发时,他在何某水之后去过案发现场。所以何某水认为,小郑能够说明他就是去看热闹的,然后在笔录里提到了这个人,并且把他的电话记在了笔录里面。但是公安机关在侦查过程中并没有向小郑取证。案子在移送检察机关审查起诉后,检察机关发现了这个问题,就要求公安机关补充侦查。那么这案子又回到车墩派出所以后,车墩派出所是怎么处理的呢?在补充侦查报告书和工作情况中提到:去过案发现场,发现装修工人都撤场了,大门也锁了,联系过业主,走访过周边,总之,找不到小郑这个人。

何某水的笔录里面不是提供了小郑的电话吗?这个笔录不就是车墩派出所做的吗?打个电话不就行了吗?所以第一次退侦之后,辩护人对这个情况就觉得非常奇怪,就提出这个问题。所以第二次退侦,结果很顺利就找到小郑了,电话没换过,人也就在上海。

在公安侦查阶段,这些困惑和不解始终围绕着被告人何某水及其家属。我们不能因此就断定公安机关办案不公正,但是这些问题的出现,确实给了我们很大的想象空间。

第四个疑点就是在指认何某水犯罪的四个人陈某凯、林某旺、沈某三、沈大哥里面,在笔录里面出现的前后不一、互相矛盾、各有说辞的问题。之前已详细论述,这里不再展开。

最后,如果说,证人证言在细节问题上有些不同很正常,被害人家属有可能没看清楚也没什么。那为什么在这样一起并不复杂的案件中,集中地出现了那么多疑点?这不才是这个案子最大的疑点吗?所以,本案的第五个疑点就是为什么有那么多疑点出现在同一起案子中?如果说一起案子中有那么多疑点,那么我们在对何某水进行评价的时候,是不是需要更谨慎一些呢?

三、关于证人"误认"的可能性。

除了上述这些情况,我们仍然可以说,就算本案存在诸多疑点,就算我们不采信陈某凯、林某旺两个人的说法,可除此之外,不是还有两个中立的证人指认了何某水吗?沈某三、沈大哥这两个证人和这个案子可是没有什么利害关系的。哪怕他们是对陈某凯有一点倾向性,哪怕他们隐瞒了对陈某凯一些不利的情况,但是,让他们冒着诬告陷害的风险,把何某水没做过的事情,说成是何某水做的,恐怕也不太可能吧。

我们承认,这一点非常有道理。辩护人接下来要说的就是,证人可能确实没撒谎,但证人确实存在“误认”的可能,就是证人把何某水抬手挡“劈刀”的这个动作误以为是在“击打”死者。

首先,这个两个动作具有“相似性”。无论是抬手挡“劈刀”还是抬手去“击打”死者,都具有一个抬手、屈臂的姿势,这两个动作非常相似。而在一瞬间发生的动作,证人是不是有可能产生混淆,误把“抬手挡劈刀”当作了“击打死者”的动作呢?公诉人在法庭质证时,回应证人可能由于所站位置原因、离案发时间已久的原因,出现某些误差,那么怎么就能保证证人在这个问题上看得那么清楚,丝毫不差呢?

其次,人们对于一个动作的判断,往往不是孤立的,而是和前后发生的事情连在一起的。何某水抬手挡劈刀之后,被害人倒地了。这个是连续发生的事情,那么死者倒地的这个情况,是不是也加深了证人对这个动作误以为是在“击打死者”呢?哪怕前面那个动作没看清楚,但是因为后面死者倒地的结果我看到了,所以从内心也推断出,你前面是打了一拳。

再次,从何某水的体貌特征来看。何某水身高一米八十五,案发时体重两百多斤,是一个不折不扣的大块头。辩护人第一次到看守所会见他时,就说这个家伙怎么不服从管教,自己就大摇大摆走进来了。其实是因为他块头太大,把跟在他后面的管教干部完全挡住了。所以,如果从这个大块头背后去看他的动作,很可能会被他宽大的体型遮挡,看不清动作的全貌。

最后,我们从案发现场的环境来看。案发现场是一个正在装修的酒店房间,面积不大,十几平方米,并且形状不规则,从徐某某提供的案发现场的照片中还可以看到案发现场中央有一个面积颇大的沙堆。当时这个房间里一下子涌进来至少有七八个人,这么多人挤在这么小一个空间里,加上打架的场面是比较混乱的,在这种情况下,也可能导致证人并没有足够时间、空间对何某水这样的动作作出一个清晰、准确的判断。

综上所述,辩护人认为,沈某三、沈大哥这两名证人对何某水的动作是存在“误认”的可能的。

四、何某水辩解的合理性。

辩护人从接受委托开始,就一直在问何某水,你究竟有没有出手打人?是不是对律师有隐瞒?但是何某水一直坚称没有,真的没有。如果有的话,一定会跟律师说明。

何某水辩解他的动作是抬手挡劈刀,不是去击打死者。何某水虽然个子较高,但案发房间较小,死者背对何某水,手臂上举劈刀是仍有可能挥到何某水的,何某水抬手挡劈刀也是非常合理的一个反应动作。考虑到何某水和这个案子的起因没关系,和打架双方也都没关系,他本身没有犯意,这样的解释是合乎常理的。

接下来有人会说,那么为什么你挡的这一下,会把死者弄倒在了地上?不是打一拳更可能吗?

首先,我们来看第一种可能性。我们来看何某水和死者的体型对比:何某水是个大块头,身高一米八十五,体重两百多斤。而死者呢?从尸检报告上说,身高大概在一米六十三,可能存在误差,但是误差不会太大。再加之案发现场作为建筑工地,房间中央有一沙堆,虽然何某水做的是一个保护性"挡劈刀"的动作,但是考虑到双方体型上的差距,加之地面有沙子比较滑,也是很可能会导致死者倒地的。

另外,根据尸检报告的结论,死者是由于急性心脏病发作死亡的。陈某凯笔录里有提到被害人倒地之后就不动了,他还以为被害人在装死,所以上去又踩了两脚。后来,在场人员感觉不对,就赶快打了"120"急救电话,救护车很快到了,发现被害人已经死亡了。所以,结合这些情况来分析,死者应该就是在他倒地前后这段时间里面发病的。那么,我们怎么能就那么肯定,是死者倒地之后才发病的呢?难道就没有可能是死者在倒地之前,心脏病发作吗?而这种情况,不也就能解释为什么何某水抬手挡了一下,死者就倒地不起了吗?——因为死者那时心脏病发,所以才倒地不起。

综上所述,结合全案的证据,分析案件的疑点,辩护人认为指控的证据不足。反之,我们无法排除何某水辩解的合理性,无法排除证人"误认"的可能性。

公诉人也指出,辩护人对案件的质疑多是推断,并回应:例如徐某某未指认何某水,仅指认了陈某凯和林某旺,可能是出于记忆和判断的错误;而何某水打人可能是由于他是"路见不平、拔刀相助"的性格;陈某凯被取保候审,可能是出于公安机关慎重办案的原因等。

但公诉人的这些回应,也仅仅是公诉人单方面的推断,也不是一个定论。而面对同样的证据,辩护人得出的结论都截然相反,例如徐某某极可能确实就没有看到何某水打人;何某水到案后的表现,特别是他今天在庭审中的表现,我们更觉得他的性格是"胆小怕事型"的;而公安机关如确实是慎重办案,不是应该在陈某凯口供变化后,仔细核实究竟其所讲是否属实之后,再作决定吗?

在这些诸多因素下,既然我们无法排除本案存在的合理怀疑,而且公诉人也仅仅凭借一些推论和可能性来作指控时,根据刑法"有利于被告人的原则",我们就应该对何某水宣判无罪。

考虑到何某水在庭审中也明确表示了愿意接受测谎,辩护人也完全同意,为慎重处理本案,我们建议法庭在对何某水进行测谎后再对审理结果作出最终决定。

此致

上海市松江区人民法院

上海市聚业律师事务所

孔律师、杨律师

二零一三年十二月二十四日

(徐杨,女,上海政法学院讲师,363659174@qq.com)

民商事诉讼实务

12 CASE 韩寒诉百度公司侵犯著作权案

——网络环境下信息网络传播权与著作权侵权责任的认定

摘　要

本案是由北京市海淀区人民法院于2012年7月10日、24日公开开庭审理的侵犯著作权纠纷案。原告韩寒，被告北京百度网讯科技有限公司。案件围绕北京百度网讯科技有限公司是否侵犯韩寒所作的《像少年啦飞驰》一书的著作权而展开。涉及的知识点包括：网络环境下著作权的权利主体、客观、内容，侵权责任的构成要件及在网络环境下著作权侵权责任的构成要件，网络平台的性质及其法律责任等。执业技能包括：诉讼请求的权利范围确定，举证责任分担规则的运用，诉讼请求与证据的对应要求，证明标准对证据内容和形式的把握，律师与当事人如何合作，法庭调查焦点问题的归纳等。本案例对于解决网络环境下的著作权侵权纠纷、不正当竞争纠纷、商标专利侵权纠纷案件均具有参考意义。

关键词

著作权侵权　信息网络传播　网络侵权　合理使用

教学目的

通过本案例分析，希望学生能够掌握以下几个方面的内容和技巧：

(1)著作权的权利内容；

(2)网络(平台)环境下著作权的权利主体及范围；

(3)一般民事侵权责任构成要件与网络侵权责任构成要件的法理比较；

(4)诉讼权利请求与事实和证据之间应如何建立充分、必要的逻辑关系；

(5)网络侵权中证据收集的技巧；

(6)律师与当事人的合作技巧。尤其提出处理具体案件的思路、分析步骤、事实认定与法律分析之间的基本框架。

教学案例

第一部分 案 情 介 绍

一、原告人的身份信息

原告韩寒是当代著名青年作家,知名度较高。根据百度百科的介绍:“韩寒,1982 年 9 月 23 日出生于中国上海金山。中国职业拉力赛及场地赛车手、作家、《独唱团》杂志主编,并涉足音乐创作。2010 年 4 月入选美国《时代周刊》‘全球最具影响力 100 人’。2011 年,韩寒以 600 万元年度版税收入荣登作家富豪榜第 7 位,引发广泛关注”。主要成就为:“荣登 2011 第六届中国作家富豪榜,《时代周刊》全球最具影响力 100 人,当选《新世纪周刊》2009 年度人物,评为中国 80 后十大杰出代表人物,当选 2009 年《亚洲周刊》风云人物”;小说作品有《三重门》《像少年啦飞驰》等;成长经历中提到韩寒“退学后陆续发表了散文集《零下一度》《通稿 2003》《就这么漂来漂去》和《杂的文》,小说《像少年啦飞驰》……”韩寒大事记“书籍”中提到“2002 年出版小说《像少年啦飞驰》畅销 100 多万册,该书还出了同名漫画”。

二、被告人的身份信息

被告北京百度网讯科技有限公司经营百度文库。(2011)京方圆内经证字第 16298 号公证书(以下简称第 16298 号公证书)显示:2011 年 7 月 18 日,百度文库首页左侧栏所列文档分类有幼儿小学教育、中学教育、高等教育、外语学习、资格考试、专业文献、应用文书、文学作品、生活娱乐等,网页中间为热门推荐,右侧注明“和万千网友分享文档资料,当前已有 22735308 份文档”“分享我的文档”。公告区列有“文库帮助”“产品投诉及意见反馈”。“文库帮助”中设有“文库介绍”,称“百度文库是百度为网友提供的信息存储空间,是供网友在线分享文档的开放平台。”在这里,用户可以在线阅读和下载,涉及课件、习题、论文报告、专业资料、各类公文模板、法律文件、文学小说等多个领域的资料。平台上所累积的文档,均来自热心用户的积极上传。百度自身不编辑或修改用户上传的文档内容。用户通过上传文档,可以获得平台虚拟的积分奖励,用于下载自己需要的文档。下载文档需要登录,免费文档可以登录后下载,对于上传用户已标价的文档,下载时需要付出虚拟积分。当前平台支持主流的 doc(docx)、ppt、txt 等格式。

三、原告诉讼请求

原告韩寒诉称,《像少年啦飞驰》(以下简称《像》书)是我原创的代表性作品。百度公司经营的百度文库是供网友上传、在线阅读、下载小说等各类文档的网络平台,该平台自 2009 年 11 月上线以来,至 2011 年 5 月,其中的文档已经增长至 1907 万多份,但百度公司对上传作品不作著作权审查。2011 年,我发现多个网友将《像》书上传至百度文库,供用户免费在线浏览和下载。为此,我多次致函百度公司,要求立即停止侵权、采取措施防止侵权行为再次发生,但百度公司消极处理。故我诉至法院,请求判令百度公司:

1. 立即停止侵权、采取有效措施制止侵犯我著作权的行为再次发生;

2. 关闭百度文库(网址为 www. baidu. com);

3. 持续 7 天在百度网站首页(网址为 www. baidu. com)向我赔礼道歉;

4. 赔偿我经济损失 25.4 万元(按照 2000 元/千字 × 版权页字数)并承担我为制止侵权支出的合理费用 4038 元(包括律师费 3800 元和公证费 238 元)。

四、被告百度公司辩称

1. 我公司合法经营百度文库,百度文库具有实质性非侵权用途,属于信息存储空间,其中的文档由网友贡献,并得到网民欢迎。

2. 百度文库通过多种方式向网民公示了法律法规要求的保护权利人的措施和步骤,我公司尽到了充分提醒的义务。

3. 我公司收到韩寒投诉后,及时删除了投诉链接和相关作品,完全履行了信息存储空间服务商的法定义务,并将投诉作品纳入文库的文档 DNA 识别反盗版系统(以下简称反盗版系统)正版资源库,在现有技术条件下尽了最大努力采取措施制止侵权。我公司不存在过错,不应承担侵权责任。

第二部分　法庭进行的事实调查

一、《像》书的出版及发行情况

2008 年 10 月,万卷出版公司出版署名韩寒著《像》书第 1 版,2011 年 4 月第 11 次印刷,字数 127 千字,定价 24 元。

韩寒提交证据 1:辽宁万榕书业发展有限责任公司(以下简称万榕公司)于 2011 年 12 月 1 日出具的《关于韩寒的三部作品信息网络传播权的说明》,称韩寒系万榕公司的签约作家,该公司于 2005 年 8 月 1 日起一直为韩寒提供版权经纪服务;韩寒至今未将《像》书等作品的信息网络传播权的专有许可使用权授予他人;经该公司经纪服务出版的图书最低保底发行数为 50 万册,每部作品稿酬累计金额经折算相当于 2 万元/千字。

韩寒提交证据 2:诉讼中,韩寒提交了盖有京东商城图书音像采销部专用章的图书销售情况表,显示《像》书在京东网自 2010 年 11 月至 2011 年 11 月期间,累计销量为 1087 册。

韩寒提交证据 3:诉讼中,韩寒还提交了北京当当科文电子商务有限公司(以下简称当当公司)于 2011 年 12 月 30 日出具的显示《像》书自 2009 年 3 月上架后累计销量 1490 册的图书销售情况表。

二、百度公司与韩寒等作家协商情况

韩寒于2011年3月26日在其新浪博客中发表了《给李彦宏先生的一封信》,其中提到"……沈浩波一直很高兴,因为他说和百度的谈判终于有眉目了,百度答应派人来商量百度文库的事情,李承鹏、慕容雪村、路金波、彭浩翔,都是文化行业里数一数二的畅销书作家、导演和出版商。于是昨天开始谈判了,您派来几个高傲的中层,始终不承认百度文库有任何的侵权行为。你们不认为那包含了几乎全中国所有最新最旧图书的279万份文档是侵权,而是网民自己上传给大家共享的。你这里只是一个平台。我觉得其实我们不用讨论平台不平台,侵权不侵权这个问题了,您其实什么都心知肚明……"

人民网于2011年3月29日发文《李彦宏首度回应百度文库纠纷版权局支持双方合作共赢》,文章写到"自3.15以来,部分作家与出版业人士组成的维权团与百度纠纷一事在经历谈判破裂后本周末出现了转机,百度公司在26日发表声明称'伤害了作家的感情',承诺在三天内排查清理未获授权的文学作品。此前,双方在24日进行的谈判宣告破裂之后,维权事件引起舆论空前关注。韩寒连发两篇博文《为了食油,声讨百度》《给李彦宏先生的一封信》声讨百度。随后,百度发表了上述官方声明……据记者了解,在今日举行的2011中国(深圳)IT领袖峰会上,出席峰会的百度董事长兼CEO李彦宏首次公开回应了百度文库问题,他说,百度希望加强相关管理,目前正在尝试共同探讨跟版权方和作家一种让各方'共赢'的商业模式。"

新华网于2011年3月29日转载《国际金融报》文章《李彦宏首度回应版权纠纷:百度文库"不好就关"》,该文提及百度公司副总裁朱光在接受媒体采访时表示,百度给作家们真诚道歉,能否履行约定,让作家们看百度行动……类似的报道还可见于网易、财经网等多家网站。

人民网于2011年3月30日转载《新京报》文章《百度兑现"三日内清空"承诺文库非授权作品近消失》,提到"百度文库昨日宣布,文库对非授权文学类作品的清理工作已基本完成,此前'三日内清空'的承诺兑现。自百度文库纠纷爆发以来,先后经历了作家'3.1'发公开信、双方代表谈判、百度声明'三日内清空'等阶段。昨天,是百度发出'清理文库非授权文学类作品'声明的第三天。记者昨天下午登录百度文库,发现文库文学分类下的文档数减至不到150份,在文库纠纷前,这一数字为270多万份。百度副总裁朱光昨日接受本报记者采访时表示,3月26日开始,百度调集公司各部门的技术力量,加速对文库中可能侵犯他人著作权的文档进行清理。即日起,百度文库用户如果上传1000字以上的文档,将由百度员工人工审核内容,确定没有侵权内容后才予以放行。'现在我们是人拉肩扛,全员上阵,但这种情况不可能持续。'朱光表示,文库文学分类是版权纠纷的'重灾区',因此百度现在集中精力先清理文学类的侵权作品。对于非文学类文档,也在采用人工审核的方式清理。他呼吁,如果在文库中发现侵权文档,可通过文库首页的投诉通道直接投诉。朱光昨日透露,人工审核方式将持续到4月中旬。'4月11日之后,版权DNA比对系统将开始内测,五一之后正式运行。此后百度文库将依靠这一系统维护版权方的权益。'朱光称。据悉,版权DNA比对系统是百度正式上线前研发的技术，通过对文档内容分析后提取的特征点进行判别，如发现侵权文档，则阻止上传。朱光表示，版权方可将作品电子文档提供给百度供提取特征点使用，百度也会自行采购一些热销、常见的文学作品制作特征点，以避免在没有版权方配合的情况下发生侵权……"

百度公司表示，2011 年 3 月与作家的协商谈判中涉及韩寒，但未涉及《像》书；双方只谈了关闭文库、侵权赔偿和道歉事宜，谈判最终破裂了；此次谈判与本案无关。对此，韩寒当庭表示还需要核实情况，将于庭后三日内将核实情况提交法院。庭后，韩寒未提交书面核实意见，也未向法院作解释。

三、百度文库中使用《像》书及韩寒与百度公司协商情况

（2011）京方正内经证字第 5755 号公证书（以下简称第 5755 号公证书）显示：2011 年 7 月 1 日，在百度文库搜索栏中输入"像少年啦飞驰"可搜索到 3100 条结果，点击搜索结果第一项，在"幼儿/小学教育"栏目中以 WORD 文档形式出现《像》书，该书分 206 页显示，可在线浏览全文。网页右侧的"当前文档信息"中注明已有 117 人评价，浏览 2489 次、下载 927 次，贡献者为沐阳雪葭，贡献时间 2011 年 4 月 20 日。网页右侧栏显示有"相关推荐文档""像少年啦飞驰"。可免费下载该文档，下载框提示文件大小：377KB，所需财富值：0。诉讼中，双方确认该文档基本全部使用了《像》书，字数为 100 千字。该公证书还用于公证保全多部作品。

2011 年 7 月 20 日，北京市中闻律师事务所（以下简称中闻所）王某华、王书宁律师向百度公司发出律师函，表示该所受作家维权联盟成员委托就百度公司经营的百度文库中上传并提供下载涉嫌侵犯著作权的作品，侵犯了作家维权联盟作家成员的著作权事宜，要求百度公司关闭百度文库、删除侵权作品、与该所协商赔偿等。该函注明附涉案作品目录、链接列举、《要求删除侵权网络内容的通知》、版权证明、授权委托书。涉案作品目录中包括韩寒的《像》书及该书文档链接，版权证明有《像》书版权页，授权委托书显示韩寒于 2011 年 7 月 15 日签署委托王某华、王书宁代为提起诉讼等内容。

2011 年 8 月 1 日，中闻所王某华、王书宁律师代表包括韩寒在内的 8 位作者就百度文库侵权事宜再次向百度公司发函提出作者关心的问题，包括百度公司是否愿意协商解决纠纷、百度公司是否采取了积极措施纠正侵权行为以及如何避免此类行为再次发生。随函附韩寒身份证复印件。

2011 年 8 月 26 日，王某华、王书宁再次作为韩寒代理人向百度公司发出邮件，其中包括《要求删除或断开链接侵权网络内容的通知》及第 5755 号公证书，该通知所列侵权内容包括《像》书，侵权链接即为第 5755 号公证书所显示的地址。

百度公司确认收到上述三封邮件，但表示，百度公司收到的 2011 年 7 月 20 日和 2011 年 8 月 1 日发出的邮件中不包括授权委托书及委托人身份证明，即使这样，百度公司仍及时删除了百度文库中的涉案作品，并提交了百度公司委托代理人于 2011 年 7 月 22 日申请保全的公证书，该公证书显示：在 IE 地址栏中输入第 5755 号公证书中所列《像》书链接地址，提示该文档已经被删除。百度公司同时提交了其法务部于 2011 年 7 月 26 日发给中闻所王某华律师的

电子邮件,该邮件确认收到2011年7月20日邮寄的律师函,要求补充包括委托人身份证明文件、授权委托书、对律师函陈述内容真实性做出保证的保证书等。韩寒的代理人确认收到该电子邮件。

(2011)京长安内经证字第15035号公证书(以下简称第15035号公证书)显示,2011年8月25日,在百度文库搜索栏输入“韩寒最新作品”,搜索结果第一项为“韩寒最新作品第六部”,点击进入后显示该文档处于“专业文献/行业资料”栏目,共分99页显示,可在线浏览全文。网页右侧的当前信息注明已有81人评价,浏览2618次、下载668次,贡献者为yangka918,贡献时间为2011年3月10日。网页右显示有“相关推荐文档韩寒、韩寒现象、韩寒语录、韩寒入选……”可免费下载该文档,下载框提示txt文件大小:194.6KB,所需财富值:0。诉讼中,双方确认该文档基本使用了《像》书,字数为99千字。该公证书还用于公证保全多部作品。

诉讼中,百度公司提出其于2011年11月收到第15035号公证书后亦及时删除了文库中的上述文档,并提交了其通过公证处于2011年11月17日保全的显示第15035号公证书涉案文档链接地址所对应网页内容已删除的公证书。百度公司同时表示该文档上传者使用“韩寒最新作品第六部”为标题上传作品及公证保全者使用“韩寒最新作品”为关键词进行搜索的行为存在主观恶意,意图规避百度公司对涉案作品已经采取的必要措施。对于搜索使用的关键词,韩寒解释其能想到的就是网友正常的搜索方式。

上述事实,有韩寒提交的第5755、15035号公证书、律师函、快递单,百度公司提交的电子邮件、(2011)京方圆内经证字第16671、16672、23646号公证书及本院证据交换笔录、开庭笔录等在案佐证。

四、韩寒主张的百度公司侵权的情况

韩寒提出百度公司在百度文库推荐、编辑加工《像》书,向用户提供免费浏览、下载服务,并从中获利。推荐行为体现在文档页右侧显示的“相关推荐文档”栏;编辑行为体现为百度公司改变了涉案文档格式;获利行为体现为百度文库有很多合作伙伴,有合作就会有经济利益存在。百度公司解释,“相关推荐文档”是百度文库针对网民的搜索意图,根据文档关键词、题目和内容自动识别、匹配出与网民搜索需求类似的文档,这与百度公司主动推荐是不同的,百度公司在百度文库设有“热门推荐”栏目,其中的作品系百度公司的合作权利人提供,《像》书并不在“热门推荐”栏目中,也未在其他显著位置上;百度公司对文库中上传的作品不做编辑加工;百度文库中文档的浏览和下载均是免费的,合作伙伴自愿将相关文档放在百度文库中给网民共享,百度公司未从中获利;百度文库设置的财富值只是其吸引和鼓励网民分享文档的方式,下载文档所需的财富值由上传者自己设定,财富值归属于网民,对百度公司没有任何商业价值。

韩寒要求百度公司采取有效措施防止侵权行为再次发生,对于何为有效措施,韩寒表示其不了解,百度公司应该清楚。韩寒代理人还代表韩寒表达了要求百度公司关闭百度文库的主张，理由为关闭百度文库可以消除盗版工具，如不关闭，盗版情况将更加猖獗。韩寒代理人同时代表韩寒表达了不愿意与百度公司协商解决本案纠纷的意愿。此次庭审后，韩寒本人发表博客文章表示不希望关闭百度文库以及愿意与百度公司协商解决百度文库纠纷。对于韩寒本人意见与其代理人在诉讼中所提诉讼请求及对调解意愿表达之矛盾，本院分别于2012年7月20日、24日向韩寒代理人释明，要求韩寒本人就其诉讼请求、调解意愿向法院提交正式声明并提供韩寒本人的联系方式，后韩寒及其诉讼代理人未能就该情况给予说明，而韩寒代理人提供的韩寒本人联系电话无法接通。

五、百度公司采取了哪些预防侵权的措施

百度公司表示，百度文库预防侵权的措施主要有反盗版系统、百度文库网页中网民不得上传侵权作品的提示及百度文库设置的投诉举报通道。

1. 关于百度公司的反盗版系统。百度公司表示，从2011年4月中旬开始建设该系统，经过研发完善，一期于2011年5月正式上线，首先比对文档标题，如果标题相似度达到要求，再进行文档内容的比对；如果标题相似度未达到要求，系统会认为该文档不是侵权的。二期于2012年1月正式上线，可实现句子级别的比对，对300字以上的文档都会进行审查，长度差在10%，句子重复90%以上，长度1000字节以上的文档都会被阻止上传或反查删除。百度公司同时解释其反盗版系统需要有用于比对的正版资源库，百度公司表示希望权利人能提供正版作品，但很少有权利人愿意提供，所以目前主要有两种方式获得：一是通过与文著协、中国作协、盛大文学等权利人进行合作，由权利人提供正版作品；二是将百度文库中被投诉的作品作为正版作品。目前正版资源库中已有300多万份正版作品。

百度公司同时提交了部分网页打印件，显示搜狐、新浪科技、腾讯科技等网站于2012年2月6日刊载的新闻，其中提及百度文库完成了反盗版技术的重大升级工作。至于反盗版系统"一期""二期"这样的名称，仅是百度公司的内部称呼，并没有公开宣传过。

为展示反盗版系统运行情况，百度公司还于2011年11月10日以公证保全方式将公证处电脑中题为《〈从百草园到三味书屋〉的节选》的txt文档上传到正版资源库，后通过注册为百度会员，登录百度文库上传文档界面试图上传《〈从百草园到三味书屋〉的节选》的txt文档，在页面中提示成功提交该文后，查询用户"我的文档"，显示"你目前还没有已上传并成功提交的文档"，未通过的原因为"可能侵犯他人版权"。上述公证中，用户"上传文档须知"提示"每次最多上传10份文档，每份文档不超过20M"以及百度支持doc、docx、pdf、txt等格式的文档上传。

百度公司解释关于2011年7月1日公证保全到百度文库中的《像》书，原因是韩寒未向百度公司提供过正版作品，正版资源库中不存在《像》书正版作品，所以反盗版系统无法对该文档起作用。百度公司接到韩寒投诉通知后即于2011年7月22日将韩寒提供的侵权链接所对应文档作为正版作品放入资源库中。对于2011年8月25日还能在百度文库中保全到《像》书，百度公司表示这实际体现了反盗版系统起作用的情况，因为相关文档的名称使用了

"韩寒最新作品第六部",与《像》书名称完全不同,反盗版系统无法识别。对此,韩寒既不认可百度公司的反盗版系统有效,也不赞同百度公司将第一次公证保全的侵权文档作为正版作品纳入其反盗版系统正版资源库。

法庭组织了对百度公司反盗版系统当前的运行情况进行勘验。勘验文档由合议庭事先选取并修改好:原文文档为《浅谈民商事案件均衡结案的价值及建议》,修改文档有两篇,一是将原文文档修改标题并打乱正文内容生成为《民商事案件均衡结案》,二是将《民商事案件均衡结案》修改标题生成为《结案》。连接互联网进入百度文库,由百度公司技术人员操作将原文文档上传至百度文库的反盗版系统正版资源库,待生效后,使用注册用户账号、密码登录百度文库,点击"上传我的文档",将《民商事案件均衡结案》进行上传,显示提交成功;点击"继续上传",将《结案》进行上传,点击提交后,提示"上传失败该文档与民商事案件均衡结案文档重复";新建 WORD 文档,将《结案》修改题目为《均衡》,再次进行上传,显示上传成功;等待审核 20 分钟后,《民商事案件均衡结案》和《均衡》二文显示上传失败,仅上传人可在其"私有文档"中查看该二文。为检查文档是否实际上传,登录百度文库首页,在搜索栏中分别输入"民商事案件均衡结案""均衡",搜索结果显示无相关文档;登录反盗版系统后台,在搜索框中输入"浅谈民商事案件均衡结案的价值及建议"进行搜索,显示该文已于 2012 年 7 月 24 日添加成功。

2. 百度公司设置的侵权投诉提示。第 16298 号公证书还对百度文库页面底端的"文库协议"内容进行保全。"文库协议"的"权利提示"要求"请勿在未经授权的情况下,上传任何可能涉及侵权的文档,除非您是该文档的合法权利人或该文档不侵犯任何第三方的合法权益……百度文库的用户不能侵犯包括他人著作权在内的知识产权以及其他权利。一旦由于用户上传的文档发生权利纠纷或侵犯了任何第三方的合法权益,其责任由用户本人承担,因此给百度或任何第三方造成损失的,用户应负责全额赔偿……如因百度文库用户上传的内容侵犯了第三方的合法权利,第三方向百度提出异议,百度文库有权删除相关的内容……"

百度网站首页底端"使用百度前必读"中列有"权利保护声明",其中"权利通知"中称"……权利人发现网络用户利用网络服务侵害其合法权益……务必以书面的通讯方式向百度提交权利通知。"同时留有百度公司联系方式。百度网站首页"关于百度"所链接页面的"用户联系"设有"投诉中心",其中有"投诉规则",告知百度公司受理投诉的范围、投诉方式、了解投诉处理结果等内容,同时还展示有包括文库在内百度产品的投诉方式及步骤介绍。百度文库首页左侧栏设有公告区,其中"产品投诉及意见反馈"所显示内容以及百度文库搜索结果页面设置的"百度文库投诉吧"与此前"投诉中心"所设文库投诉方式及步骤介绍内容一致。"文库投诉帮助"中列举了发起投诉的方式:可使用文库首页及浏览每一篇文档页面时点击"文库投诉中心"进入发起投诉页面,或点击"文库投诉"模块中的"我要投诉"进行投诉,发起投诉后需要按类别、项目等要求填写投诉帖,完成提交投诉,等待处理结果。百度公司表示百度网站及百度文库通过多种方式向网民公示了保护权利人权利的措施和步骤,详细告知了文库投诉规则,为权利人提供方便、快捷的投诉、举报通道。

六、百度公司针对《像》书采用了哪些制止侵权的措施

百度公司表示，除了使用百度文库一般的预防侵权措施以及于2011年7月20日、11月收到韩寒侵权通知及时删除涉案文档外，百度公司专门针对《像》书使用的制止侵权的措施有：

1. 将第5755号公证书所显示的《像》书文档作为正版作品纳入反盗版系统正版资源库。百度公司为此提交了其于2011年11月23日申请公证处保全制作的(2011)京方圆内经证字第23960号公证书(以下简称第23960号公证书)。该公证书显示，通过管理员身份登录百度公司的后台管理页面(网址为http://mis. wenku. baidu. com：8080/mis)，显示添加正版资源信息库，提示“上传文档”，在检索资源框中输入“像少年啦飞驰”进行搜索，书名显示“像少年啦飞驰”，添加时间为2011年7月22日，状态为已生效。

2. 使用作者名加作品名称作为标题关键词进行文档屏蔽。百度公司委托代理人将在百度文库搜索栏中输入关键词“韩寒 像少年啦飞驰”进行搜索，无法找到对应文档的情况于2011年7月26日进行公证保全。百度公司还对屏蔽“儒林外史”“老残游记”等关键词即无法搜索到“《儒林外史》的思想内容”“老残游记第二田之我见”等文档的情况进行公证保全，以证明如果将作品名称作为关键词进行屏蔽，将导致大量无关的合法文档被删除，影响网民自由分享与获取信息，故百度公司无法采取以作品名为关键词的屏蔽措施。百度公司强调，其也不能将作者名作为关键词进行文档屏蔽，为此当庭演示将“韩寒”作为关键词对百度文库进行搜索，结果中有“韩寒经典”等文档，百度公司解释如果使用作者名为关键词进行屏蔽，也将造成极大地误删。

七、原告主张的合理费用情况

为证明合理的维权费用，韩寒提交了其于2011年7月5日与北京亚华智权咨询有限公司(以下简称亚华智权公司)订立的《委托协议书》，约定韩寒因著作权维权事宜，委托亚华智权公司聘请该公司认为合适的律师事务所进行代理，签署维权代理合同，代韩寒支付律师费及证据保全费。2011年7月14日，亚华智权公司与中闻所订立《民事委托代理合同》，约定亚华智权公司因韩寒维权案，聘请中闻所律师作为韩寒的委托代理人，委托作品包括《像》书在内的5部作品，亚华智权公司支付代理费19000元。2011年8月8日，亚华智权公司向中闻所支付该笔律师费。韩寒在本案中主张1/5数额的律师费，即3800元。百度公司认为，韩寒向亚华智权公司出具的《委托协议书》中未明确维权作品，故亚华智权公司无权授权中闻所代理涉案作品维权事宜。

2011年8月25日，北京市长安公证处向亚华智权公司出具金额为2140元的公证费发票。

2011年9月5日，亚华智权公司出具《说明》，表明本案中的公证费、购买产品费和律师费均由其代韩寒支付。

2011 年 11 月 25 日,亚华智权公司出具《说明》,表示作家维权联盟曾于 2011 年 3 月通过公开途径发表声明,要求百度公司立即删除百度文库中侵犯权利人著作权的作品,停止侵权并采取一切措施避免再次侵犯权利人的著作权。作家维权联盟成员包括:贾平凹、刘心武、韩寒、何马、慕容雪村等作家以及沈浩波、路金波等人。韩寒提交该《说明》以证明韩寒为作家维权联盟成员之一。

第三部分　争议焦点的归纳、认定及其理由

经法庭调查,合议法归纳出本案原被告双方存在以下焦点问题,并逐一作出了分析与论证:

一、信息网络传播权的归属

如无相反证据,在作品上署名的公民为作者。《像》书作者署名韩寒,在无相反证据且百度公司对韩寒为《像》书作者不持异议的情况下,应确认韩寒为《像》书之作者。针对万榕公司出具的《像》书的专有信息网络传播权未授予他人的《说明》,百度公司虽不予认可,但未提交相反证据,故应根据现有证据确认韩寒享有对该书包括信息网络传播权在内的著作权。

二、百度公司是否构成侵权

本案中,双方均认可网络用户将《像》书文档上传至百度文库,使他人可以在选定的时间和地点获得该作品,网络用户的行为未经韩寒许可,故上传《像》书文档的网络用户直接侵犯了韩寒对《像》书享有的信息网络传播权。百度公司作为提供上传《像》书的信息存储空间的网络服务提供者,虽然没有直接实施上传行为,但其是否应对涉案文档的传播承担侵权责任是双方的分歧所在。

著作权侵权为一般的民事侵权行为,民事责任的构成通常实行过错责任原则。我国《侵权责任法》第 6 条规定了行为人因过错侵害他人民事权益,应当承担侵权责任。本案中,要认定百度公司侵权,需要满足以下条件:百度公司所实施的涉案行为侵害了韩寒享有的信息网络传播权。

三、百度公司的行为与损害后果之间是否存在因果关系

百度公司经营管理百度文库,为网络用户上传《像》书文档供其他用户在线浏览和下载提供信息存储空间服务。显然,百度公司为网络用户上传、存储并分享《像》书文档的行为提供了帮助,使该文档在上传后的数月内被用户共浏览 5000 余次、下载 1500 余次,对韩寒就《像》书享有的信息网络传播权造成损害。正是百度公司的帮助行为为《像》书侵权文档的广泛传播提供便利条件,因此,百度公司的行为与韩寒所遭受的损害之间存在因果关系。

四、百度公司主观上是否存在过错

这是本案双方争议的焦点。我国《侵权责任法》第 36 条规定了“网络用户利用网络服务实施侵权行为的，被侵权人有权通知网络服务提供者采取删除、屏蔽、断开链接等必要措施。网络服务提供者接到通知后未及时采取必要措施的，对损害的扩大部分与该网络用户承担连带责任。网络服务提供者知道网络用户利用其网络服务侵害他人民事权益，未采取必要措施的，与该网络用户承担连带责任。”可见，网络服务提供者存在主观过错的情形包括接到被侵权人通知后未及时采取必要措施、网络服务提供者知道网络用户利用其网络服务侵害他人权益而未采取必要措施等。

百度公司作为经营百度文库这个信息存储空间的网络服务提供者，一般不负有对网络用户上传的作品进行事先审查、监控的义务，如本案提及的人工审核清理侵权文档的行为属于百度公司在特殊时期自愿采用的措施，并非法律要求其作为信息存储空间服务提供者为制止侵权应惯常采用的措施。当然，这不意味着百度公司对百度文库中的侵权行为可以不加任何干预和限制。

本案中，韩寒两次公证保全了百度文库中存在的《像》书文档，百度公司在接到含有涉案侵权文档链接的通知后及时删除了相关文档，韩寒对此予以认可。由此，作为信息存储空间网络服务提供者，在不知道其存储空间中的作品侵权的情况下，一般应采用被侵权人通知，再由网络服务提供者及时删除侵权作品的方式来制止侵权，并可予免责。当然，上述情形中需要强调的适用条件，是网络服务提供者不存在主观过错，也就是不知道或没有合理的理由应当知道网络用户利用其网络服务侵害他人权益。具体到本案，若百度公司明知或应知百度文库中的文档侵权，而未采取其预见水平和控制能力范围内制止侵权的必要措施，应认定百度公司存在主观过错。那么，本案中百度公司是否明知或应知百度文库中的文档侵权？

（一）百度公司对百度文库中的涉案侵权文档是否明知

韩寒主张百度公司明知百度文库中的《像》书文档侵权，理由是百度公司对该文进行了编辑、推荐，并从中获得经济利益。那么，应如何对编辑、推荐行为进行定性？本案审理法庭认为：

1. 编辑系对作品内容的修改，韩寒所称的“改变”仅指文档格式转化，并非对作品内容的改变。

2. 通常意义上理解“推荐”，应为通过主动行为以引人注意的方式向他人介绍，希望他人接受。因此，所推荐的内容通常会处于突出、显著的位置从而最大程度地吸引他人注意力。本案中，韩寒提出其两次公证百度文库中的《像》书文档页面右侧出现了“相关推荐文档”栏目，继而主张百度公司对《像》书进行了推荐。百度公司对“相关推荐文档”栏目的解释为百度文库的搜索系统根据网民的搜索意图自动匹配出与网民搜索需求类似的文档，并非百度公司主动推荐，其主动推荐的栏目为百度文库首页的“热门推荐”，而《像》书未出现在该栏目中。法庭注意到,韩寒提交的证据无法显示"相关推荐文档"栏目列举的"像少年啦飞驰、韩寒、韩寒现象"等标题所对应的文档是否真实存在或与题目相关,同时也没有其他证据证明《像》书被推荐至突出、显著的位置。

3. 除非有证据证明百度文库存在专门利用《像》书获取经济利益的情形,韩寒所称的百度公司从合作伙伴处获得经济利益不能当然地推断百度公司知道百度文库中的《像》书文档侵权。故此法庭根据现有证据无法认定百度公司明知百度文库中的《像》书文档侵权。

(二)百度公司是否有合理的理由应当知道百度文库中的《像》书侵权

应结合百度文库的客观现状、韩寒及《像》书的知名度、韩寒与百度公司就百度文库引发纠纷及百度公司对侵权行为的预见水平和实际控制能力等因素综合考虑。由此,本案审理法庭认为:

1. 百度文库群集了极大数量的各类文档,由于存在格式、大小、文字排版等方面的限制,其中某一文档本身能因作者、作品知名度或者文档所含标题与作品内容的完整性等原因而与其他文档存在明显的外观区别的可能性不大。某一侵权文档若是未被推荐至首页或其他显著位置,在众多文档中就并非显而易见。在这种情况下,百度公司是否没有合理的理由应当知道其百度文库中的某文档侵权,而只能消极被动地等待权利人通知后再采取屏蔽、删除等措施制止侵权,并不能一概而论,需要具体分析。

2. 韩寒为当代有影响力的知名作家,《像》书为其小说代表作,销量甚大,百度公司对此不持异议。韩寒曾于 2011 年 3 月作为作家代表之一就百度文库侵权一事与百度公司协商谈判,百度公司积极回应并处理此次纠纷,此事件受到社会各方的广泛关注。百度公司理应知道韩寒不同意百度文库传播其作品,也应知道百度文库中存在侵犯韩寒著作权的文档,因此,百度公司对百度文库中侵犯韩寒著作权的文档应有比其他侵权文档更高的注意义务。

3. 结合韩寒两次公证保全的《像》书文档进行分析认为,百度公司应有合理的理由知道涉案文档侵权。

(1)关于第 5755 号公证书中的《像》书文档。该文档于 2011 年 4 月 20 日上传至百度文库,韩寒于 2011 年 7 月 1 日公证保全时,该文档仍在百度文库中。鉴于韩寒及《像》书的知名度以及此前曾与百度公司就百度文库侵权事宜协商谈判的广泛影响力,百度公司对百度文库中的涉案作品就负有较高的注意义务,应采取其预见水平和能力范围内的措施制止侵权。既然百度公司提出在人工审核之后采用反盗版系统来制止侵权,故其应对该系统正常运行的需求进行必要的准备。百度公司提出只有将正版作品纳入正版资源库中才能使反盗版系统对侵权文档起作用。可见,是否有正版作品作为比对基础是百度公司反盗版系统得以有效运行的前提。百度公司表明其目前取得正版作品主要有两项来源,一是由百度公司的合作方提供,二是百度文库中被投诉的作品。但百度公司至少在 2011 年 3 月就已经明确认识到其正版资源库中正版作品的来源问题,百度公司副总裁朱光当时公开表示,"百度也会自行采购一些热销、常见的文学作品制作特征点,以避免在没有版权方配合的情况下发生侵权"。但本案中，百度公司强调希望权利人能主动向其提供正版作品用于反盗版系统，正因为韩寒未向其提供《像》书正版作品，才导致反盗版系统未对涉案文档起作用。有理由认为，百度公司对其反盗版系统的正常运行所做之准备应主要由其发挥主动性实现，而不能依赖权利人主动提供。著作权人是否将自己的作品交给百度公司用于百度文库的经营活动，应完全出于自愿，即对于著作权人而言是一项自主决定如何行使著作权的权利，而非著作权人必须履行的义务。

第5755号公证书中的《像》书文档使用了原作标题，基本使用原作全文，按照百度公司陈述的一期反盗版系统功能，若有该文正版作品，就能通过标题比对进而进行正文内容比对，发现并删除百度文库中的该侵权文档。对于负有较高注意义务的《像》书侵权文档，百度公司消极等待权利人提供正版作品或通知，未能确保其反盗版系统正常运行之功能，也未能采取其他必要措施制止该侵权文档在百度文库传播，使其有合理理由应当知道的百度文库中的《像》书侵权文档未被删除或屏蔽，故法庭认为百度公司存在主观过错。

(2)关于第15035号公证书中的《像》书文档。该文档上传时间为2011年3月10日，早于作家与百度公司就百度文库发生纠纷以及百度公司采用人工审核清理侵权文档的时间。百度公司副总裁朱光曾公开表示，自2011年“3月26日开始，百度调集公司各部门的技术力量，加速对文库中可能侵犯他人著作权的文档进行清理。即日起，百度文库用户如果上传1000字以上的文档，将由百度员工人工审核内容，确定没有侵权内容后才予放行……百度现在集中精力先清理文学类的侵权作品。对于非文学类文档，也在采用人工审核的方式清理……人工审核方式将持续到4月中旬。”既然百度公司承诺自2011年3月26日起至4月中旬采用人工审核方式清理文库中的侵权作品，考虑到上文提及的关于韩寒的特殊因素，百度公司在人工审核时理应对韩寒的《像》书文档负有比一般文档更高的注意义务。2011年3月10日上传的《像》书文档基本全文使用原作，字数达到99千字，因此，法庭认为百度公司应有合理的理由知道该文档侵权，该文档未被删除，百度公司存在过错。

因此，百度公司的行为满足侵权责任构成要件，应为此承担相应的法律责任。

五、百度公司的制止侵权措施是否可以免除或者减轻其责任

本案中，百度公司强调其为了制止百度文库中的侵权文档传播，采取了多项措施，包括在多个网页提示用户不得上传侵权作品、设置侵权投诉举报通道、人工审核清理侵权文档、启用反盗版系统以及专门针对本案纠纷的及时删除侵权文档、采取作者名加作品名为标题关键词进行文档屏蔽等措施。韩寒认可百度公司采取的上述措施，但认为这些措施并未发挥有效作用。

百度文库拥有数千万份分享文档且文档数量时刻增加，不仅关系这些文档著作权人的切身利益，而且影响社会公众对文化资源的获取和使用。作为百度文库的经营者，百度公司要实现百度文库的持续健康发展，在最大程度创造自身商业利益的同时，不可回避其在文化资源传播、著作权人权利保护与社会公众利益维护中的社会责任。百度公司制止侵权措施在一定程度上体现了百度公司为制止百度文库侵犯著作权问题所付出的努力。其中，侵权提示、投诉举报通道等单方声明完全靠网络用户自觉自愿地配合，是倡导式的，没有强制约束力。

人工审核则无法持久。这些措施虽然能在一定程度上、一段时间内起到制止侵权的作用,但效果显然是有限的。

百度公司在诉讼中一再坚持其无法采用作者名、作品名为标题关键词进行文档屏蔽的措施,否则会造成相关合法文档被误删。对于文字作品而言,含有作者名与作品名的标题无法唯一对应某一作品,采用这种方式有可能使相当多与该作者及该作品有关的他人作品亦同时被屏蔽,容易造成百度公司所称的误删情况,故法庭不认为采用作者名加作品名为标题关键词进行文档屏蔽的方式是制止百度文库侵权的合理方式。

百度公司专门强调其采用反盗版系统来制止百度文库中侵权文档传播,该系统目前可以实现句子级别侵权文档的识别。通过对反盗版系统的当庭演示,该反盗版系统确实能在相当程度上实现百度公司所宣称的功能,是目前百度文库制止侵权的比较有效的措施。但法庭认为,单凭技术措施来制止侵权会存在限制性因素。(1)技术措施的发展完善并非一蹴而就,这个过程往往会持续一段不确定的时间,正如百度公司称反盗版系统于2011年5月上线,直至2012年1月才能达到目前的功能。(2)技术措施功能的充分实现还需要相关辅助配合工作的实施,正如反盗版系统得以有效发挥作用的重要基础就是正版资源库中收录有相应的正版作品。现实中,侵权方式和类型是多样的且不断发生变化,制止侵权的技术措施需要针对层出不穷的侵权行为不断完善发展,因技术措施本身的缺陷而造成一些侵权行为无法及时被发现并被制止的情形是客观的,难以避免。法庭结合相关因素认定百度公司采取相关措施却未能制止涉案文档侵权存在过错,并不意味着对采取了一定反盗版措施的百度公司课以法定义务及其能力范围以外的义务。若是有证据显示百度公司充分尊重权利人的合法权益而采取相应措施,即使该措施在某阶段存在不完善之处,也可认定百度公司尽到了注意义务,不存在过错,因而无须承担责任。

综合百度公司所采取的上述措施,法庭认为,作为经营现有规模的百度文库的百度公司,一方面在多页面鼓励用户上传文档,并对所上传文档的格式、大小、数量等作相当宽松之要求;另一方面强调应适用法律规定的“接到通知后删除”的“避风港”规则,并将反盗版工作主要寄托于网民自觉性和尚不完善的技术措施,一定程度上造成百度文库“文学分类”等栏目一度成为侵权“重灾区”,未能实现在文库资源丰富程度与制止侵权方面基本同步,确实存在经营中尚待发展完善之处。对因显而易见的因素应当知道的侵权文档,百度公司除了履行针对一般侵权文档的注意义务外,还需充分发挥主动性履行更高的注意义务。相比百度公司采取的纠纷爆发时的应急措施及尚不完善的技术措施,这种更高的注意义务要求百度公司应更加注重百度文库经营管理规范化的问题,从而切实保护著作权人权利。

六、韩寒的各项诉讼请求应否得到支持

(一)关于请求立即停止侵权、采取有效措施制止侵犯我著作权的行为再次发生

鉴于双方均认可百度公司已经删除百度文库中的《像》书,本院再行判令百度公司停止本案侵权行为并无必要。关于韩寒提出的要求百度公司采取有效措施制止侵犯韩寒著作权的

行为再次发生的主张,至于何为有效措施,韩寒未给予说明并提交证据,且有效措施会随着认识的提高和技术的发展不断完善,具有不确定性,故对韩寒的此项请求不应予以支持。

(二)关于关闭百度文库(网址为 www. baidu. com)

百度文库属于百度公司商业经营模式之一,一定程度上具有文化传播等方面的进步意义,具有实质性非侵权用途。百度公司作为经营百度文库的信息存储空间服务提供者,在对百度文库的经营管理中,有自己法定的权利和义务,也会为自己的违法行为承担相应的法律责任,故要求关闭百度文库的主张并无法律依据,法庭不予支持。法庭同时注意到,韩寒授权的代理人当庭陈述关闭百度文库的意见与韩寒本人庭后发表不希望百度文库关闭的意见矛盾,在本院多次释明后,韩寒仍不对此矛盾作出合理解释,而且在本院主动与其本人联系的情况下消极回避。韩寒作为权利人,有权通过司法程序对侵害其权利的行为寻求法律救济,也有义务按照诉讼程序配合法院查明事实并对自己的主张作出适当解释。韩寒以自行发表博客文章形式表达的意见即使是其真实意思,也需要向法院作明确陈述才能在诉讼中成为正式的法律意见。这是韩寒行使诉讼权利并履行诉讼义务的基本要求,而韩寒在诉讼中的此项态度既是对法律的不尊重,也是对法律赋予其自身民事权利的不尊重。

(三)关于持续7天在百度网站首页(网址为 www. baidu. com)的赔礼道歉

关于赔礼道歉,适用于著作人身权被侵犯而应承担责任的情形,本案中,在韩寒未主张其著作人身权被侵犯,且无证据显示韩寒的著作人身权实际被侵犯的情形下,法庭对此项请求不应予以支持。

(四)关于赔偿经济损失25.4万元(按照2000元/千字×版权页字数)并承担我为制止侵权支出的合理费用4038元(包括律师费3800元和公证费238元)

韩寒虽然提交了万榕公司出具韩寒稿酬2万元/千字的说明,但未提交包括出版合同、纳税证明等其他任何证据证明此稿酬标准的客观性及稿酬实际支付情况,百度公司对此稿酬标准亦不予认可。经双方共同确认,两次公证保全的百度文库中的《像》书字数分别为100千字和99千字,韩寒在本案中主张按2000元/千字×版权页字数的方式计算赔偿数额,没有事实依据。法庭根据韩寒及《像》书知名度、畅销情况以及百度公司的侵权行为情节、过错程度、侵权影响等因素酌情考虑赔偿数额。韩寒因本案支出费用的合理部分,百度公司应一并予以赔偿。

另外,关于本案的诉讼费。国务院令第481号《诉讼费用交纳办法》第29条规定:"诉讼费用由败诉方负担,胜诉方自愿承担的除外。部分胜诉、部分败诉的,人民法院根据案件的具体情况决定当事人各自负担的诉讼费用数额。"

第四部分 法院判决

依据《侵权责任法》第6条第1款、第36条,《著作权法》第48条第1项、第49条,《信息

网络传播权保护条例》第22条之规定,判决如下:

(1)本判决生效之日起10日内,被告北京百度网讯科技有限公司赔偿原告韩寒经济损失39800元及合理开支4000元;

(2)驳回原告韩寒的其他诉讼请求。

如被告北京百度网讯科技有限公司未按本判决所指定的期间履行给付金钱义务,则应依据《民事诉讼法》第229条之规定,加倍支付延迟履行期间的债务利息。

案件受理费5170元(原告韩寒预交),由原告韩寒负担2000元,已交纳;由被告北京百度网讯科技有限公司负担3170元,于本判决生效之日起7日内交纳。

如不服本判决,可于判决书送达之日起15日内,向本院递交上诉状,并按对方当事人的人数提出副本,交纳上诉案件受理费,上诉于北京市第一中级人民法院。如在上诉期满后7日内不交纳上诉案件受理费的,按自动撤回上诉处理。

教学手册

教学对象及目标

本案例供法律硕士教学适用,法学本科、民法学专业硕士、知识产权法学专业硕士、民事诉讼法学专业硕士也可以参酌试用。

本案例围绕提供上传、存储、搜索引擎的网络平台,在未经著作权人同意的情况下是否构成侵权而进行的诉讼审理。通过讲授,达到掌握如下内容的目标:(1)著作权的权利内容;(2)网络(平台)环境下著作权的权利主体及范围;(3)一般民事侵权责任构成要件与网络侵权责任构成要件的法理比较;(4)诉讼权利请求与事实和证据之间应如何建立充分、必要的逻辑关系;(5)网络侵权中证据收集的技巧;(6)律师与当事人的合作技巧。尤其提出处理具体案件的思路、分析步骤、事实认定与法律分析之间的基本框架。

教学内容

1. 准确界定信息网络传播权的权利性质和内容。

2. 能够界定网络用户与网络服务提供者在著作权侵权责任中的责任分担。民事责任的归责原则在网络侵权案件中的运用。

3. 被侵权人的通知与网络服务提供者的反通知在形式和内容上有何异同?

4. 侵权行为人的“知道”和“应该知道”的一般理解,以及在网络侵权中,网络服务提供者的“知道”和“应该知道”的判定。

5. 什么是“避风港”原则和“红旗”原则,它们的适用条件是什么?

6. 结合本案准确理解《侵权责任法》第36条第2款所称的必要措施的含义。

7. 如何理解网络服务提供者采取删除、屏蔽、断开链接等必要措施的“合理期限”?

8. 如何确定网络服务提供者的“提供行为”？造成侵权时，提供者如何承担责任？

9. 网络环境下的商业利益与传统语境下的商业利益有何特殊性？

课堂时间安排

本案例可以作为专门的案例教学课来进行，整个案例课的课堂安排为 6 个课时，每课时 45 分钟。

如下课堂设计，可供参考。

1. 课前计划：指导学生阅读案例及相关参考资料，对案例所涉及问题进行思考，撰写理论题和实践题答案。

2. 课中计划：介绍教学目的，明确讨论主题；分组讨论各项思考题，讨论实践题的撰写要点；小组代表提出撰写要点，学生讨论和分析；教师归纳总结。

3. 课后计划：布置学生进一步思考利用本案所涉及的侵权构成要件及认定的难点，以熟练掌握网络侵犯著作权的知识要点。

思考题和实践题

思考题

1. 信息网络传播权是一项什么权利？
2. 如何确定信息网络传播侵权纠纷的管辖权？
3. 信息网络传播侵权损害赔偿如何计算？是否应承担精神损害赔偿责任？
4. 如何界定网络用户与网络服务提供者在版权侵权责任中的责任分担？归责原则上是否有区别？
5. 被侵权人的通知与网络服务提供者的反通知在形式和内容上有何异同？
6. 如何确定网络服务提供者的“知道”和“应该知道”？
7. “避风港”原则和“红旗”原则的适用条件是什么？
8. 如何理解《侵权责任法》第 36 条第 2 款所称的必要措施？
9. 如何确定网络服务提供者的“提供行为”？造成侵权时，提供者如何承担责任？
10. 如何评价网络服务提供者的行为具有商业利益性？
11. 如何理解网络服务提供者采取删除、屏蔽、断开链接等必要措施的“合理期限”？

实践题

1. 针对原告方的主张，如果您是百度公司的代理律师，将提出哪些抗辩理由？
2. 根据双方当事人的诉讼请求和答辩主张，您认为法庭将对哪些事实开展法庭调查？就您认为法庭拟调查的事实，说明与本案的审理之间存在哪些关联性。
3. 如果您是被告方的代理人，对原告方提供的证据，拟从真实性、合法性、关联性方面提出哪些主张？
4. 本案双方当事人事先进行了协商，通过材料中对协商过程及相关内容的描述，您认为有哪些信息将影响对本案的判决？
5. 如果您从事律师职业，对本案法庭进行的事实调查，您受到了哪些启示（从调查事实与双方当事人主张之间的关系角度）？
6. 法庭开展的事实调查，作为诉讼代理人应关注哪些问题？

7. 被告百度公司采取的预防侵权措施,如果您是原告代理律师,将如何应对?
8. 根据整个案件事实的调查情况,以及原告的诉讼请求和被告的抗辩,您认为法庭应在认定哪些权利和义务的基础上才能作出判决?请从法律规范、法理角度进行分析,阐述理由。
9. 韩寒在诉讼请求中未提出案件受理费应由被告承担的主张,以及在韩寒提出过高的赔偿请求情况下,您认为本案的案件受理费应如何处理?

实践题参考答案要点:

1. 韩寒向亚华智权公司出具的《委托协议书》中未明确维权作品,故亚华智权公司无权授权中闻所代理涉案作品维权事宜;亚华智权为表明本案公证费、购买产品费和律师费支出情况的《说明》,以及韩寒提交的以证明韩寒为作家维权联盟成员之一的《说明》,可提出"与本案无关"的抗辩而否认其证明效力。
2. 原被告主体是否适格;《像》书的出版及发行情况;百度文库是否使用《像》书;韩寒的损失情况;百度公司接到投诉后采取了哪些措施;百度公司是否主动采取了保护权利人的措施和步骤;反盗版系统的运行情况。
3. 证据 1 拟证明《像》书稿酬标准的依据并不充分,如韩寒应提供出版合同、稿酬、纳税证明等;证据 2 拟证明京东网图书销售情况,因未注明哪个阶段的销量,可对图书销售情况表提出异议;且京东商城图书音像采销部非独立机构,对专用章的效力可不认可;证据 2、3 均是在诉讼中向法庭提供的,是否超过举证期限,应根据法庭通知举证期限核实,以及是否予以质证。
4. 百度公司通过多种形式向社会公众做出了"清理非授权文学类作品"的承诺,遵循诚信原则,应履行承诺;韩寒未提交书面核实意见,也未向法院作解释的行为明显不当。
5. 在互联网环境下,调查取证以及如何固定证据,要学会运用公证文书;电子邮件的证据效力如何认定;律师函的内容,及其是否应包括委托人身份证明文件、授权委托书、对律师函陈述内容真实性做出保证的保证书等。
6. 百度文库中文档的浏览和下载是否涉及经济利益(商业价值)问题;韩寒意见与代理人陈述意见为何存在矛盾,如何避免。
7. 对百度公司所使用的反盗版系统可表示并不清楚;对百度公司展示的反盗版系统运行情况,认可其内容的真实性,但主张不能证明这些技术措施是有效的。因为百度公司称其反盗版系统于 2011 年 5 月开始正式运行,而韩寒于 2011 年七八月还可搜索到涉案侵权文档,百度公司不能因此免除法律上的责任;法庭组织了对百度公司反盗版系统当前的运行情况进行勘验。对法庭审勘验过程及内容不持异议;对百度公司设置的侵权投诉提示,并不能因此而证明百度公司没有过错。主张百度公司的投诉机制并没有发挥实质性作用,只是形式。
8. 本案《像》书之信息网络传播权归谁;百度公司是否构成侵权;百度公司的行为与损害后果之间是否存在因果关系;百度公司所采取的制止侵权措施与主观过错;百度公司的制止侵权措施是否可以免除或者减轻其责任;韩寒的各项诉讼请求应否得到支持。
9. 参看判决理由。

(阮赞林,华东理工大学法学院教授,zanlin123@ecust.edu.cn)

13 CASE 飞亚科技诉中荣达合同无效案

——民商事仲裁中律师代理活动、既判力原则适用及合同无效的认定

摘　要

本案例以一起真实的商事仲裁案件为蓝本，围绕仲裁程序各环节，涉及的知识点和执业技能内容包括代理律师如何参与商事仲裁活动，仲裁案件的提起、事实认定与法律适用等。本案例涵盖两次仲裁裁决和仲裁执行环节，涉及程序法问题包括一事不再审原则、仲裁中仲裁申请的撤回和变更，实体法问题包括合同合法无效的认定、合同解除的认定，涉及证据和事实问题包括合同无效案件的证据收集及其相关证据的分析判断等。本案例对于解决类似案件具有反思意义。

关键词

合同无效　商事仲裁　代理律师技能　既判力　一事不再审的认定　证据分析

教学目标

（1）在当事人不服已有的生效仲裁裁决时，律师接受委托可以为当事人提供哪些服务。

（2）代理律师在提起仲裁申请以及之后的仲裁阶段应如何从事各项法律活动，如何撰写代理词。

（3）以合同无效认定为例，了解掌握签订合同的技能，明确合同合法有效、合同可变更可撤销等问题，培养处理具体案件的思路、分析步骤、事实认定与法律分析之间基本框架的能力。

（4）正确认识既判力及一事不再审原则的适用。

教学案例

第一部分　案 情 介 绍

一、仲裁申请人与被申请人概况

上海飞亚科技有限公司(以下简称飞亚科技)于2001年成立,注册资金1.1亿元人民币,主要从事网络通信设备的研发、营销、生产与服务,是上海市高新技术企业。公司主要与中国电信、中国移动、中国联通等各大运营商紧密合作,国内最大的ADSL终端设备提供商,在中国通信业有一定的知名度。

中荣达集团进出口公司(以下简称中荣达)是一家建材行业国际贸易综合服务商和集成供应商,现为国资委管辖的某集团有限公司旗下国际贸易平台。中荣达集团进出口公司拥有五家全资子公司,七家控股子公司,主营业务涵盖建材产品、钢材、木材、建筑机械、机电产品、新能源产品、矿产品、煤炭等商品的贸易,大型成套装备出口及国际工程总包,电子商务和e物流等领域。

二、飞亚科技(申请人,买方)与中荣达(被申请人,卖方)产品购销合同概况

2010年4月28日,"鉴于卖方与思维贝特科技有限公司的合作关系,且买方作为思维贝特科技有限公司指定的行业代理商",申请人与被申请人签订《货物购销合同》,约定被申请人向申请人出售由美国ServGate Technologies Inc(以下简称思维贝特或生产厂商)生产的网络安全产品,合同号05ABGRSG47197,合同金额11031619.50元人民币。合同约定:买方向卖方购入合同附件中列明的货物,由生产厂商提供设备的质量保证;(合同第2条第2项约定"生产厂商保证提供的产品系全新的符合国际标准的原生产厂家认证的原装正品……生产厂商对合同货物的正常使用给予360天的保证期,此保证期从货物到达开始。如果发现货物质量和规格与合同规定不符,或货物在本合同规定的保证期内证明有缺陷,买方有权依据有关机构的检验报告向生产厂商索赔。")买方先向卖方预付金额440万元人民币作为预付款,卖方则应在"买方向卖方支付全部预付款即440万元之后的15天内"交货,而在卖方向买方交货前3个工作日内,买方将剩余合同金额即人民币6631619.50元人民币,开出一张以卖方为受益人的60天商业承兑汇票,以汇款或支票方式支付给卖方;双方还就货物包装、索赔、售后服务及交货地点、方式、运输、保险、支付条款、延期和罚款、解决合同争议方法、不可抗力、免责条款等其他事宜做了规定。合同附件中的内容是:每一项产品的名称,如EF1 - ALL - AVSF - PLF - 1Y、EF - PRO、EFP1 - PM等17种;每一种的数量;每一种的单价及总价。合同签订后,申请人支付了预付款440万元人民币后未再履行付款义务。2011年8月4日,被申请人向中国国际经济贸易仲裁委员会提交仲裁申请,声称其已按合同约定通过思维贝特香港

代理商分两次进口了全部货物并支付了全部货款,但申请人未按合同约定如期向被申请人履行付款义务,致使货物长期滞压在被申请人委托的仓库,给被申请人造成严重的经济损失,要求仲裁委裁决申请人继续履行合同,立即支付拖欠的货款及赔偿被申请人仓储费、律师费等损失。仲裁委受理了本案,案件编号为 DG20110288,并于 2012 年 2 月 9 日作出了(2012)中国贸仲京裁字第 0083 号仲裁裁决书。裁决书裁定:货物购销合同系申请人与被申请人双方当事人之间的买卖合同,合同成立并已生效,双方当事人应诚实信用地履行本合同,申请人应当支付拖欠的货款,被申请人应在申请人支付全部货款后 15 天内,向申请人交付本案合同项下的全部货物。如果交货后的货物与合同约定不符,申请人可根据合同及法律规定主张相关权利(见裁决书第 33 页)。裁决书对买方代理律师提出的合同不成立、合同无效(买方当时的代理律师从《销售许可证》的时效和许可证包含的商品范围角度提出合同效力存在问题)、合同主体应包括生产商思维贝特公司以及买方有权行使不安抗辩权等观点均不予采纳。据此,仲裁庭作出了申请人向被申请人支付拖欠的货款、违约金、仓储费、律师费等裁决。同年,被申请人向上海市第二中级人民法院申请强制执行。对此,申请人向上海市第二中级人民法院提出执行异议,申请不予执行,该院在随后的民事裁定书中驳回了申请人的请求。2014 年 3 月 24 日,申请人与被申请人在法院主持下签订了执行和解协议,申请人同意在签字后三个工作日内支付被申请人剩余款项 5678957.70 元人民币,被申请人在收到该款项后于 2014 年 4 月 8 日或 9 日将合同约定的产品交付申请人。其后,申请人按执行和解协议的约定将剩余款项 5678957.70 元人民币支付给了被申请人,被申请人也于 2014 年 4 月 8 日将合同产品交付给了申请人,并由上海市东方公证处对交货过程进行了现场公证。申请人从交付产品中各取出一件,由公证处加贴封签后另行存放,其余产品由公证处封存于上海市控江路 1555 号上海信息技术大厦 2304 室。至此,(2012)中国贸仲京裁字第 0083 号仲裁裁决书履行完毕。

三、申请人的仲裁申请

2014 年 12 月 7 日,申请人向中国国际经济贸易仲裁委员会提出申请,要求撤销申请人与被申请人之间 2010 年 4 月 28 日签订的《货物购销合同》。理由是:被申请人交付的合同产品合计 16 款(合同附件是 17 款,但第 5 项与第 10 项产品名称相同,故实际为 16 款。作者注),其中 5 款为集成化安全平台设备,10 款为软件模块产品,1 款为专业模块产品。上述产品经国家密码管理局商用密码检测中心检测,5 款集成化安全平台设备均属于密码产品,另外 10 款软件模块和 1 款专业模块须通过集成化安全平台设备才能使用、目的是扩展集成化安全平台设备功能,因此无须检测,也无法检测。根据国务院 1999 年 10 月 7 日发布的《商用密码管理条例》第 13 条关于"任何单位或个人不得销售境外的密码产品"的规定,被申请人向申请人出售的合同产品系违禁产品。申请人认为,被申请人向申请人销售合同产品,应该是合法的并可以自由流转的产品。然而,被申请人向申请人销售的产品是境外密码产品,违反了《商用密码管理条例》的规定,构成了根本性违约。申请人采购大量的合同产品,目的是对外销售而非自用,由于合同产品为境外密码产品,根据《商用密码管理条例》第 13 条"任何单位或个人不得销售境外密码产品”的规定,申请人签订合同的目的无法实现,致使系争合同产品至今仍保存在申请人处。根据《合同法》第94条之规定,申请人有权解除《货物购销合同》。同时根据《合同法》第97条“合同解除后,尚未履行的,终止履行;已经履行的,根据履行情况和合同性质,当事人可以要求恢复原状、采取其他补救措施,并有权要求赔偿损失”的规定,申请人有权要求被申请人赔偿损失。本案在审理过程中,申请人申请变更仲裁请求,向法院提出了合同无效的仲裁申请。变更理由是:根据《合同法》第52条之规定,违反法律、行政法规强制性规定的,合同无效;而《商用密码管理条例》第13条“任何单位或个人不得销售境外密码产品”的规定属于行政法规的强制性规定。同时,根据该《合同法》第58条之规定,“合同无效或者被撤销后,因该合同取得的财产,应当予以返还;不能返还或者没有必要返还的,应当折价补偿。”故被申请人应返还所有货款。

申请仲裁所依据的仲裁协议:

申请人与被申请人于2010年4月28日签订的《货物购销合同》第7条“解决合同争议办法:凡因执行本合同所发生的或与本协议有关的一切争议,买卖双方应通过友好协商解决。如三十(30)天以内协商不能解决,应提交中国国际经济贸易仲裁委员会,按照申请仲裁时该会现行有效的仲裁规则进行裁决,仲裁的裁决是终局的,对双方具有约束力。败诉方除应承担仲裁费用外,还应承担胜诉方为实现债权所发生的律师费、公证费、交通费等在内的全部实际支出。”

申请人的仲裁申请:

(1)裁定申请人与被申请人于2010年4月28日签订的《货物购销合同》无效;

(2)裁定被申请人退还申请人已支付的购货款11031619.50元人民币;

(3)裁定被申请人返还申请人已支付被申请人的违约金809057.579元、仓储费25000.00元、律师费180000.00元、仲裁费72846.60元及逾期付款利息300000.00元,合计1386904.18元人民币;

(4)裁定被申请人赔偿申请人本次仲裁发生的产品检测费182400.00元、公证费11000.00元、律师费150000.00元,合计343400.00元人民币;

(5)裁定被申请人承担本案全部仲裁费用。

四、被申请人提出的主要抗辩观点

(1)本案合同已经仲裁委员会既往裁决认定为合法有效,且履行完毕,根据《仲裁法》第9条确立的一裁终局原则,应依法不予受理或予以驳回。

(2)申请人作为专业从事信息网络工程的企业和思维贝特公司的地区总代理,应在合同签订时即知产品性质和相关行政法规的有关规定,故申请人基于同一事实、同一当事人和同一法律关系无权再次提出仲裁申请要求确认既往裁决确认的本案合同的效力问题;而且申请人主张无效的事实和理由并非新发生的事实和理由,如果再次裁判违反一事不再审原则。法律更没有赋予仲裁机构对自身作出的生效仲裁裁决否定和变更的权利。

(3)被申请人系接受申请人之委托代理进口相关货物,根据《合同法》第402条规定,系争合同应当直接约束申请人和思维贝特,同时,根据《货物购销合同》第2条第2款有关质量保证的条款,申请人应该向生产商思维贝特公司索赔,而不应向中荣达提起诉讼。

(4)被申请人取得《计算机信息系统安全专用产品销售许可证》,并根据当时的法律法规向海关申报且海关予以放行并交纳所有税费,已尽到谨慎注意义务;且《商用密码管理条例》系管理性规范,并不导致合同必然无效;被申请人作为进口代理商接受申请人的委托通过思维贝特指定的香港执行伙伴进口货物并无主观过错。

(5)申请人自行委托鉴定机构,相关密码产品的检验报告并不能充分证明被检产品系被申请人进口之货物。

五、针对被申请人的抗辩,申请人提出的补充意见

1. 本案与DG20110288仲裁案件是基于不同事实引发的不同诉请的纠纷,不是基于同一事实引发的同一诉讼,没有违反"一事不再审"原则

理由如下:两个案件提起的诉讼主体不同;两个案件适用的法律不同;仲裁请求不同,本案的诉讼请求是合同无效,而DG20110288号案的请求是合同履行;两案依据的事实亦不同,而且本案依据的事实是申请人在履行(2012)中国贸仲京裁字第0083号仲裁裁决书并收到货物后才发现的新事实。

申请人强调由于之前合同附件约定简单,没有样品,且产品为非通用货物,该合同标的物乃禁止流通之产品是申请人在履行仲裁裁决书并收到货物后才发现的新事实。合同履行前,产品一直在被申请人掌握之中,申请人只有在收到合同产品后才有条件有能力确认合同产品是否为境外密码产品。同时,在之前的DG20110288号仲裁过程中,双方均未提及合同产品为境外密码产品这一事实。

最高人民法院《知识产权案件年度报告(2009)》第10条的规定明确了"一事不再理原则"的判断和适用标准。如有新的事实或理由,就不属于"一事不再理"范畴。

2. 申请人和被申请人之间是合同买卖关系,而不是产品进出口代理关系

被申请人在DG20110288号案中曾提交两份《国际货物买卖合同》,用以说明其为履行与申请人之间的购销合同而进口合同项下产品,但上述两份合同采购的货物与本案合同附件约定的数量和型号出入很大。被申请人的解释是,其可以将采购货物进行拆分或组装,不足部分以其库存满足。同时,中荣达在DG20110288仲裁案中提交了一份北京市崇文区公证处2010年8月11日对仓库内货物予以证据保全的公证书,该公证书上显示的合同产品与两份《国际货物买卖合同》采购的产品相比较,也有明显的不一致:

①EF1 - ALL - AVSF - PLF - 1Y产品,《国际货物买卖合同》共采购了120个,但到8月公证时,公证书显示只有110个。②EF1产品,《国际货物买卖合同》共采购了86个,但到8月公证时,公证书显示只有25个。③EF1 - PRO - AV - PLF - 1Y产品,两份《国际货物买卖合同》上并没有采购,但公证书上显示有25个;同样,EF1 - PRO - PM - AV - PLF - 1Y产品,

两份《国际货物买卖合同》上也没有采购,但公证书上显示有43个。④EFP1产品,《国际货物买卖合同》共采购了52个,但到8月公证时,公证书显示只有22个。⑤EFP1 - ALL - AVSF - PLF - 1Y产品,《国际货物买卖合同》共采购了58个,公证书上没有显示。

上述证据说明被申请人在与申请人签订合同前自行大量采购本案合同项下的产品用于经营,而非如其抗辩中所称只是接受委托代为进口而已,否则将会严格按合同附件约定的数量和型号进货。

第0083号仲裁裁决书也已认定本案合同系申请人与被申请人之间的货物买卖关系。

3.本案违反的是法律、行政法规的效力性强制规定

最高人民法院《关于当前形势下审理民商事合同纠纷案件若干问题的指导意见》第15条规定,人民法院应当注意区分效力性强制规定和管理性强制规定。违反效力性强制规定的,人民法院应当认定合同无效;违反管理性强制规定的,人民法院应当根据具体情况认定其效力。第16条规定,效力性强制规范规制的是合同行为本身,即只要该合同行为发生即绝对地损害国家利益或者社会公共利益的,人民法院应当认定合同无效。密码产品的使用会给国家安全、社会安全带来极大危害,据此可以认定被申请人的此销售行为违反的是效力性强制性规定,依法应当宣告无效。

4.被申请人辩称的申请人应向生产商思维贝特索赔的观点不成立

本案是合同无效之诉,而不是因产品质量问题引起的赔偿之诉;且本案合同是申请人和被申请人之间作为买卖双方签订的,无效之诉的主体只能是合同的双方当事人。

5.申请人是本合同项下交易的受害者,被申请人应对本合同无效承担全部责任

被申请人在与申请人签订本合同之前就已经在经营合同产品,因此被申请人理应了解产品性能。且作为销售方,被申请人有义务确保合同产品不得为禁止流通物。然而在签订合同时,被申请人向申请人保证合同产品,可以正常销售,在DG20110288号案中也反复声称合同产品可以销售。如上述第2点中提及的,被申请人在签订本案合同之前就已向思维贝特采购了大量产品,无法消化,形成大量库存,为消化库存才恶意隐瞒产品不能流通之事实,与申请人签订了该买卖合同。

第二部分 仲裁庭意见及裁决

一、争议合同效力认定问题

仲裁庭认为,中国国际经济贸易仲裁委员会在(2012)中国贸仲京裁字第0083号仲裁裁决书中已经对本案争议合同作出有效的认定。即认定,合同订立和履行期间,被申请人拥有有效的《销售许可证》,且"合同也不存在《合同法》规定的合同无效的其他情形,因此,合同有效。"另外,上海市第二中级人民法院在其作出的(2012)沪二中执字第414号民事裁定书中,依法驳回了申请人的不予执行申请。由此表明该合同的效力得到上海市第二中级人民法院的认可。此后,在法院主持下,双方当事人于2014年3月24日签订了执行和解协议,并于

2014 年 4 月 8 日将上述裁决履行完毕。

“鉴于业已生效的仲裁裁决书及人民法院的裁定书均已确认本案合同的效力,仲裁庭认为,不应由仲裁庭在本案中对于本案合同的效力问题作出裁决。因此,仲裁庭对于申请人的第一项仲裁请求无法予以裁决。”

“对于申请人关于确认本案合同无效的请求不予裁决。”

二、申请人关于返回已支付货款、违约金、仓储费、律师费、仲裁费、逾期付款利息以及赔偿申请人因本次仲裁发生的产品检测费、公证费的请求

根据上述分析,仲裁庭未对本案合同作出无效认定。对于申请人基于合同无效主张被申请人返还申请人已支付的货款、违约金、仓储费、律师费、仲裁费、逾期付款利息以及赔偿申请人因本次仲裁发生的产品检测费、公证费的请求,仲裁庭不予支持。

三、双方因本次仲裁发生的律师费、仲裁费

根据《仲裁规则》第 46 条的规定,综合考虑本案的实际情况,仲裁庭认为,双方因本次仲裁发生的律师费均由双方各自承担。仲裁费人民币 173645.00 元由申请人承担。同时,申请人选定的仲裁员因办理本案发生的费用共计人民币 2754 元应由申请人全部承担。

第三部分　争议焦点的归纳总结和评析

一、争议焦点总结

通过对申请人及被申请人的代理意见的分析,我们对本案的争议焦点归纳如下:

(1)本案与 DG20110288 仲裁案件是否是基于同一事实引发的同一诉请,有没有违反《仲裁法》的“一裁终局”原则,是否适用“一事不再理”原则。

(2)申请人自行委托鉴定机构,相关密码产品的检验报告能否作为证据使用,证明被检产品系被申请人进口之货物且该货物为禁止流通之商品。

(3)申请人和被申请人之间是合同买卖关系还是产品进出口代理关系。

(4)本案是否违反法律、行政法规的效力性强制规定,使得争议合同因标的物违法而归于无效。

(5)被申请人应否对本合同无效承担全部责任。

二、评析

对于本案而言,争议焦点第 1 项具有决定性的作用。事实上仲裁庭在对这一项作出肯定回答后,后面的几个问题都已无须分析。要判断一事不再理原则是否适用问题,应先了解既判力理论。

既判力是指民事判决实质上的确定力,即形成确定的终局判决内容的判断,所具有的基准性和不可争性效果。终局判决一旦获得确定,简言之,不允许对该判断再起争执的效力就是既判力。如今既判力出现了扩大化现象,比如人们认为,法律赋予其强制执行力的生效的调解书(包括法院制作和非法院制作)、确定的支付令、放弃和承认诉讼请求、破产程序中记载确定破产债权的债权表、(我国和国外的)仲裁裁决(在我国劳动仲裁裁决除外)等,也具有既判力。其主要理由是,既然对民事纠纷的实体问题已经作出了终局解决,并且这种解决获得国家正式制度上的承认,就不该对此案件由民事诉讼再次解决,这种做法不仅符合既判力的精神,而且也是在民事诉讼制度上对其他解决纠纷方式的尊重和支持。

既判力既然是对后诉的拘束,实际上就是对后诉诉讼标的的拘束,因此就存在着对哪些法律关系或实体请求权有拘束力的问题,这就是既判力的客观范围问题。既判力客观范围的原则是:对终局判决中已经确定的诉讼标的有既判力。除了客观范围,既判力还有主观范围需要确定。按照既判力相对性原则,既判力对提出请求及相对的当事人有拘束力。既判力理论还有一个重要组成部分是既判力的时间范围,它是指确定判决的既判力作用的时间界限,也称为既判力标准时。因为权利义务关系往往是在不断变化之中的,法院判决所确认的只能是某一个时间点上的权利义务关系,也就是说,按照既判力理论,既判力标准时以后发生的关于该法律关系的事实应该能够在后诉中主张,而既判力标准时之前已经存在的事实,当事人在后诉中不能加以主张。在我国,辩论终结之时为判决既判力的标准时。这种不发生既判力排斥作用的标准时以后出现的事实,在理论上统称为“新事由”;而既判力所具有的使当事人无法在后诉中再提出标准时以前存在的事实主张的效果,在法律上被称为“失效权”。

本案作为仲裁案件,如前所述,其第一次仲裁裁决具有既判力效力。而分析第二次仲裁申请,其当事人是同一的;申请裁判的标的也是同一的,因为对于确认合同无效的请求,在第一次仲裁中申请人(指买方飞亚科技)就已提出,仲裁庭也已就此作出裁决(见上文);至于合同标的物违反法律法规强制性规定的事实,尽管申请人强调“由于之前合同附件约定简单,没有样品,且产品为非通用货物,该合同标的物乃禁止流通之产品是申请人在履行仲裁裁决书并收到货物后才发现的新事实。合同履行前,产品一直在被申请人掌握之中,申请人只有在收到合同产品后才有条件有能力确认合同产品是否为境外密码产品。同时,在之前的DG20110288号仲裁过程中,双方均未提及合同产品为境外密码产品这一事实。”但显然该项事实并不是“新发生”的事实,而是在合同签订履行时就已存在(发生在标准时之前),最多是“新发现”的事实罢了。(申请人代理律师亦是用“新发现的事实”来表述的。)由此可见,从客体、主体、时间三个方面考察,本案申请人的仲裁申请完全在第一次仲裁裁决的既判力范围内。如果仲裁庭再次受理裁决确实违背既判力理论派生出来的“一事不再理”原则。结合2015年5月实施的最高人民法院《关于适用〈中华人民共和国民事诉讼法〉的解释》(以下简称《民诉法解释》)来看,可能会更清楚。该《民诉法解释》第247条规定,当事人就已经提起诉讼的事项在诉讼过程中或者裁判生效后再次起诉,同时符合下列条件的,构成重复起诉:(1)后诉与前诉的当事人相同;(2)后诉与前诉的诉讼标的相同;(3)后诉与前诉的诉讼请求相同,或者后诉的诉讼请求实质上否定前诉裁判结果。当事人重复起诉的,裁定不予受理;已经受理的，裁定驳回起诉，但法律、司法解释另有规定的除外。同时，该《解释》第 248 条规定，裁判发生法律效力后，发生新的事实，当事人再次提起诉讼的，人民法院应当依法受理。注意第 248 条针对的是“发生新的事实”的情形，而非“发现新的事实”。

当然，有人会认为申请人关于履行前无法发现合同标的物违法事实更无法举证的辩解不无道理，但按照我国目前仲裁的程序法在本案情形中确已救济。撇开仲裁协议，如果该案是法院诉讼案件，则当事人虽同样不能另案起诉，但完全可以申请再审，因为《民事诉讼法》第 200 条第 1 项就规定，有新的证据，足以推翻原判决、裁定的，人民法院应当再审。再审是既判力原则的例外。

这也是仲裁和诉讼在司法实践中不同效果的直接表现，作为起草合同的公司律师和纠纷发生后代理仲裁申请的律师都不可不重视。不过，本人认为仲裁裁决仅有的均基于程序审查的撤销和不予执行救济途径确实过于严苛，不利于保护当事人合法权益，维护公正，应当予以修改。

对于争议焦点 2，我们认为，应申请人申请，上海市东方公证处对交货过程进行了现场公证，申请人从交付产品中各取出一件，由公证处加贴封签后寄往北京国家密码管理局商用密码检测中心检测，其余产品由公证处封存放置在指定仓库，国家密码管理局商用密码检测中心检测作为具有检测资格的第三方依法作出鉴定意见，这一系列的行为程序完全合法，相关密码产品的检验报告应该可以作为证据使用。当然被申请人如果对该鉴定意见有异议，可以要求鉴定人出庭作证，也可申请重新鉴定。

显而易见，申请人与被申请人之间是一个买卖合同关系，而《商用密码管理条例》鉴于密码产品的使用会给国家安全、社会安全带来极大危害，在第 13 条中规定“任何单位或个人不得销售境外密码产品”，此条款应为效力性强制规定，故违反此条款的合同，结合《合同法》第 52 条之规定，依法应当宣告无效。在此要注意区分《商用密码管理条例》的主要性质和具体条款的性质的区别，就《商用密码管理条例》而言总体上可以说是一个管理性强制规定，但不排除其中有些条款属于效力性强制规定。

最后，根据《合同法》第 58 条之规定，“合同无效或者被撤销后，因该合同取得的财产，应当予以返还；不能返还或者没有必要返还的，应当折价补偿。”故被申请人应返还所有货款。

教学手册

教学对象及目标

本案例供法律硕士案例教学使用，法学本科（大四）、民法学硕士、民事诉讼法学硕士也可以参酌试用。

本案例主要就仲裁程序、代理律师在商事仲裁中从事的法律活动和一事不再审等程序问题的认定进行讲授。具体要解决的问题包括：（1）仲裁的程序规定以及在仲裁裁决后，当事人不服仲裁裁决,代理律师接受委托还可以为当事人提供哪些法律服务;以本案为例,讨论民事诉讼或仲裁中的一事不再审原则如何适用问题,并找出相关司法解释和其他案例。(2)代理律师在仲裁申请提起阶段、仲裁阶段以及仲裁执行阶段应如何从事各项法律服务,如何撰写仲裁申请、代理词。(3)结合本案具体情况,从民事实体法角度分析合同有效、无效、可撤销可变更的认定,提出处理具体案件的思路和分析步骤。

教学内容

1. 仲裁和诉讼的关系是什么？与诉讼相比其有何特点？

仲裁和诉讼都是解决民商事纠纷的重要途径之一,针对两者的联系问题,仲裁法和民事诉讼法都作出了规定。《民事诉讼法》第 124 条第 2 项规定,依照法律规定,双方当事人达成书面仲裁协议申请仲裁、不得向人民法院起诉的,告知原告向仲裁机构申请仲裁。《仲裁法》第 26 条规定,当事人达成仲裁协议,一方向人民法院起诉未声明有仲裁协议,人民法院受理后,另一方在首次开庭前提交仲裁协议的,人民法院应当驳回起诉,但仲裁协议无效的除外;另一方在首次开庭前未对人民法院受理该案提出异议的,视为放弃仲裁协议,人民法院应当继续审理。《仲裁法》第 20 条规定,当事人对仲裁协议的效力有异议的,可以请求仲裁委员会作出决定或者请求人民法院作出裁定。一方请求仲裁委员会作出决定,另一方请求人民法院作出裁定的,由人民法院裁定。当事人对仲裁协议的效力有异议,应当在仲裁庭首次开庭前提出。

仲裁的特点主要有:(1)当事人意思自治。从是否提交仲裁,交由哪个仲裁机构仲裁,到仲裁员、仲裁规则乃至实体法的适用等当事人均有较大的自主选择权。(2)裁决具有准司法效力。我国《仲裁法》第 62 条规定:“当事人应当履行裁决。一方当事人不履行的,另一方当事人可以依照民事诉讼法的有关规定向人民法院申请执行。受申请的人民法院应当执行。”在仲裁庭主持下通过调解解决的,所制作的调解书与裁决书也具有同等法律效力。(3)一裁终局。即裁决一旦作出,就发生法律效力,并且当事人对仲裁裁决不服是不可以就同一纠纷再向仲裁委员会申请仲裁或向法院起诉的(一事不再审原则),仲裁也没有二审、再审等。(4)不公开审理。我国《仲裁法》第 40 条规定:“仲裁不公开进行。”此举可以防止泄露当事人不愿公开的专利、专有技术、商业秘密等,还可使当事人的商业信誉不受影响,也使双方当事人在感情上容易接受,以便今后再度合作。

2. 对于仲裁裁决的效力和执行相关的程序法是如何规定的？在仲裁裁决作出后,当事人不服并不愿履行的情况下,还可以采用什么救济方法？

首先,《仲裁法》第 9 条规定,仲裁实行一裁终局的制度。裁决作出后,当事人就同一纠纷再申请仲裁或者向人民法院起诉的,仲裁委员会或者人民法院不予受理。但裁决被人民法院依法裁定撤销或者不予执行的,当事人就该纠纷可以根据双方重新达成的仲裁协议申请仲裁,也可以向人民法院起诉。其次,《民事诉讼法》第 237 条第 1 款规定,对依法设立的仲裁机构的裁决,一方当事人不履行的,对方当事人可以向有管辖权的人民法院申请执行。受申请的人民法院应当执行。由此可见,仲裁裁决已经作出,除法律规定情形外,立即具有类似于终审判决的法律效力,当事人可以向法院申请强制执行。从上述规定中亦可看出,向法院申请裁定撤销或不予执行是对不公仲裁裁决的重要救济方式。对此,相关法律又是如何规定的?

第一,《仲裁法》第 58 条规定,当事人提出证据证明裁决有下列情形之一的,可以向仲裁委员会所在地的中级人民法院申请撤销裁决:(1)没有仲裁协议的;(2)裁决的事项不属于仲裁协议的范围或者仲裁委员会无权仲裁的;(3)仲裁庭的组成或者仲裁的程序违反法定程序的;(4)裁决所根据的证据是伪造的;(5)对方当事人隐瞒了足以影响公正裁决的证据的;(6)仲裁员在仲裁该案时有索贿受贿,徇私舞弊,枉法裁决行为的。人民法院经组成合议庭审查核实裁决有前款规定情形之一的,应当裁定撤销。人民法院认定该裁决违背社会公共利益的,应当裁定撤销。该法第 59 条规定,当事人申请撤销裁决的,应当自收到裁决书之日起 6 个月内提出。第二,《民事诉讼法》第 237 条第 2 款规定,被申请人提出证据证明仲裁裁决有下列情形之一的,经人民法院组成合议庭审查核实,裁定不予执行:(1)当事人在合同中没有订有仲裁条款或者事后没有达成书面仲裁协议的;(2)裁决的事项不属于仲裁协议的范围或者仲裁机构无权仲裁的;(3)仲裁庭的组成或者仲裁的程序违反法定程序的;(4)裁决所根据的证据是伪造的;(5)对方当事人向仲裁机构隐瞒了足以影响公正裁决的证据的;(6)仲裁员在仲裁该案时有贪污受贿,徇私舞弊,枉法裁决行为的。人民法院认定执行该裁决违背社会公共利益的,裁定不予执行。该条最后一款同时规定,仲裁裁决被人民法院裁定不予执行的,当事人可以根据双方达成的书面仲裁协议重新申请仲裁,也可以向人民法院起诉。

在穷尽上述救济方式后,当事人还可以根据新发生的事实和证据提出新的仲裁申请。但在本案中作为买方的代理律师此时提出的事实和证据是否是新发生的事实和证据?是否违反既判力原则?

3. 如何正确认识民事诉讼法中的既判力及“一事不再理”原则?

“一事不再理”原则起源于罗马法的“诉权消耗”理论。所谓“诉权消耗”,是指所有诉权都会因诉讼系属而消耗,对同一诉权或请求权,不允许二次诉讼系属。(诉讼系属是指因为诉的提起,在特定的当事人之间,就有争议的法律关系受有管辖权的法院审判的状态。)

“一事不再理”原则实际上包含了诉讼系属效力和判决的既判力双重内涵。在古罗马法中,案件的审理分为“法律审理”和“事实审理”两个阶段。原告先向法官提出告诉,就讼争进行陈述,被告进行申辩,然后由法官决定诉讼在法律上是否成立,是否应当受理,这就是“法律审理阶段”;如果是应当受理的讼争,就进入“事实审理阶段”,由选定的承审员进行审理,查明事实,作出判决。法律审理的终点是“证讼”,经过“证讼”,诉讼才能正式成立,案件才能系属于法院,同时原告的诉权即行消灭,不得再对同一案件起诉。此即“一案不二讼”,是一事不再理的第一重内涵。

当然,虽然“证讼”产生的“一案不二讼”的效力可以制止原告对同一案件再次起诉,却不能阻止败诉的被告另行起诉,由于其在前诉中未行使诉权,“证讼”并不能消灭其权利,所以其败诉后可另行起诉,控告胜诉的原告,从而导致判决的不稳定。于是,为了维护判决的稳定,古罗马法学家在“一案不二讼”效力的基础上发展了判决的“既决案件”效力。“既决案件”效力发生在案件的事实审理阶段,以判决作为终点。判决作出后,当事人对案件均不得再起诉。这是一事不再理原则的第二重内涵。

民事诉讼中,一事不再理原则包括两个方面的含义:第一,当事人不得就已经向法院起诉的案件重新起诉;第二,一案在判决生效之后,产生既判力,当事人不得就双方争议的法律关系,再行起诉。从法院角度讲,就是不得再受理。所谓"一事"是指同一当事人,就同一法律关系,为同一的诉讼请求。因为这个同一事件已在法院受理中或者已被法院裁判,当然就不得再起诉,法院也不应再受理,避免作出相互矛盾的裁判,也避免当事人纠缠不清,造成讼累。一事不再理原则有利于实现诉讼经济,节约有限的司法资源,维护法律秩序的稳定和司法的权威与公信。

《民诉法解释》第247条中规定,当事人就已经提起诉讼的事项在诉讼过程中或者裁判生效后再次起诉,同时符合下列条件的,构成重复起诉:(1)后诉与前诉的当事人相同;(2)后诉与前诉的诉讼标的相同;(3)后诉与前诉的诉讼请求相同,或者后诉的诉讼请求实质上否定前诉裁判结果。当事人重复起诉的,裁定不予受理;已经受理的,裁定驳回起诉,但法律、司法解释另有规定的除外。同时,该解释第248条规定,裁判发生法律效力后,发生新的事实,当事人再次提起诉讼的,人民法院应当依法受理。

4. 律师如何进行调查和证据的诉前或者是仲裁申请前的收集、固定?

仲裁法和民事诉讼法都规定了当事人对自己的主张有提供证据的责任,即谁主张,谁举证。作为民事案件的代理人及其律师,在民事诉讼活动中就应高度重视调查取证工作,运用专业技能,在法律规定和当事人授权范围内运用各种途径收集并向人民法院提供证据。律师收集证据与当事人相比,有许多有利条件。本案中,申请人代理律师十分积极而全面地进行了各种调查取证活动。律师在调查取证中,寻找案件突破口,确定哪些证据材料需收集,如何收集、固定使证据不存在瑕疵而具有最大强度的证明力,是从事代理工作的难点。教师在授课中,应为学生提出基本的注意要点。如本案中,从货物的接收到封存,再到选取部分样品打包邮寄至北京相关鉴定部门,每一环节都需有公证机关的公证,这样鉴定报告才具有相应有效的证明力;另外鉴定机构的联系、选择等也必须遵循法律规定。

5. 商事仲裁是如何进行的(仲裁的程序)?律师如何撰写仲裁申请书以及代理词?

我国仲裁法对仲裁案件的申请与受理、仲裁庭的组成、开庭与调解裁决等程序都有明确规定。在实务中仲裁员的选择和首席仲裁员的指定对当事人相当重要。律师首先要撰写仲裁申请书,使仲裁委员会能受理本案。而在之后的仲裁庭代理活动中,重要内容是举证质证,发表代理意见并向仲裁庭提交一份有说服力的代理词。代理词的要求:第一部分,首部。注明文书名称;称呼语,即审理本案的首席仲裁员和仲裁员;前言,简要说明代理律师出庭代理诉讼的合法性、代理权限范围、出庭前准备工作概况。第二部分,正文。从具体案情出发,就案件涉及的实体法和程序法问题逐点展开分析;代理词往往是在开庭后提交的,所以撰写时应根据庭上双方的争议焦点展开。最后要概括总结己方结论。第三部分,尾部。代理律师署名;代理词发表日期。总之,撰写代理意见要重点突出,层次分明、逻辑顺畅,篇幅得当、语言简练易懂,法律分析要有权威的论理根据和法条依据。

6. 在仲裁过程中,一方当事人是否可以申请变更请求?相关的法律是如何规定的?

《民事诉讼法》和司法解释均认可诉的变更,但什么是诉的变更,是否所有的诉的变更都应当被允许,理论界和实务界有争议。从纠纷解决的效率出发,司法解释认可当事人诉讼请求的变更,但理论上,诉讼请求质的变更面临着程序正义问题。我国《仲裁法》第 27 条规定,"申请人可以放弃或者变更仲裁请求。被申请人可以承认或者反驳仲裁请求,有权提出反请求。"

7. 结合本案分析合同无效的条件。

本案主要涉及合同法的规定,本案实体方面核心问题在于:(1)大亚信息与中建材之间是合同买卖关系,还是产品进口代理关系?(2)合同是否无效?合同无效的责任应由谁承担?根据《合同法》第 52 条之规定,有下列情形之一的,合同无效:①一方以欺诈、胁迫的手段订立合同,损害国家利益;②恶意串通,损害国家、集体或者第三人利益;③以合法形式掩盖非法目的;④损害社会公共利益;⑤违反法律、行政法规的强制性规定。本案中还有一个需回答的问题是《商用密码管理条例》是否属于法律、行政法规强制性规定,如果回答肯定,则为无效合同;至于合同无效的法律后果,根据该《合同法》第 58 条规定,"合同无效或者被撤销后,因该合同取得的财产,应当予以返还;不能返还或者没有必要返还的,应当折价补偿。"

教学计划

本案例可以作为专门的案例教学课来进行,整个案例课的课堂安排 6 个课时,每课时 45 分钟。同时安排两组学生分别代表双方当事人进行对抗。

课堂时间安排

如下课堂设计,可供参考。

1. 安排学生仔细阅读案例及相关法律法规,对案例所涉及问题进行思考,撰写思考题答案。(可以先隐去被申诉人的抗辩观点和申诉人的反抗辩。)

2. 介绍教学目的,明确讨论主题;按照仲裁程序中地位角色的不同分组讨论,回答各项思考题,讨论实践题的撰写要点;小组代表提出撰写要点,学生讨论和分析,互相辩论;教师归纳总结。

3. 拓展:要求学生进一步思考律师在民商事活动中的法律服务功能,以及如何在纠纷解决中发挥其作用。

思考题和实践题

思考题

1. 仲裁和诉讼的关系是什么?与诉讼相比其有何特点?在什么样的情况下可以建议当事人选择仲裁作为纠纷解决的方式?
2. 我国主要的商事仲裁机构有哪些?如何选择具体的仲裁机构和仲裁员?
3. 仲裁申请的程序规定是什么?

4. 如何理解一事不再审原则,对于本案而言,买方提起的仲裁申请是否属于一事不再审的情形?其提出的是否属于新事实、新理由?
5. 在仲裁过程中,一方当事人是否可以申请变更请求?相关的法律是如何规定的?如何撰写变更申请?
6. 当事人的代理律师应如何进行调查和证据的收集?申请人自行委托对产品进行鉴定得出的鉴定意见是否可以作为证据使用?实务中在程序上应该注意什么?
7. 本案购销合同的签订是否存在瑕疵?在哪些方面?为什么?
8. 本案中思维贝特公司是否应该成为当事人?当事人之间是买卖合同关系还是产品进口代理关系?合同有关条款以及案情介绍最后一节关于DG20110288案中的两份《国际货物买卖合同》以及被申请在2010年所做公证内容对此问题的认定有何作用?
9.《商用密码管理条例》是否属于合同法中所规定的"法律、行政法规的强制性规定"?是否必然导致合同无效?被申请人拥有产品的销售许可证以及海关报关纳税凭证对合同定性有何意义?
10. 本案中的合同是合法有效的,还是可变更、可撤销的,或是无效的?为什么?
11. 解除合同和认定合同无效的法律后果是什么?如何分配责任?如何看待合同当事人的谨慎注意义务?
12. 在民事诉讼或仲裁中,律师应如何帮助当事人确定诉讼标的和诉讼请求?如何撰写仲裁申请书?
13. 对于仲裁裁决的效力和执行相关的程序法是如何规定的?在仲裁裁决作出后,当事人不服并不愿履行的情况下,还可以采用什么救济方法?对此法律有何规定?
14. 本案的争议焦点有哪些?
15. 对于本案仲裁机构应如何裁决?

实践题

1. 如果你是申请人飞亚科技的代理律师,在仲裁时应该做哪些工作?在当事人不服且不愿履行仲裁裁决时该怎么办?请根据以上案情,编写工作计划。撰写执行异议申请书、仲裁申请书、仲裁申请证据目录、仲裁申请变更申请书、代理词。
2. 如果你是被申请人的代理律师,应如何来进行抗辩?撰写答辩状和代理意见。
3. 针对被申请人的抗辩观点,申请人律师如何来应对?撰写补充意见。
4. 如果你是仲裁员,如何对该案在程序上和实体上作出裁决?撰写裁决书。

参考文献

1. 江伟:《民事诉讼法》(第四版),高等教育出版社2014年版。
2. 徐兴明:《对"一事不再审"的理解》,载《市场周刊:理论研究》2012年第10期。
3. 王传巍:《律师以案说法之一事不再审(理)原则》,载中顾法律网:http://news.9ask.cn/mlsp/201411/354.shtml,2014-11-15。
4. 张卫平:《重复诉讼规制研究:兼论"一事不再理"》,载《中国法学》2015年第2期。
5. 刘雪芹:《无效合同的认定和处理原则》,载《学园》2013年第9期。

(洪波,同济大学法学院讲师,hongbo_sh@hotmail.com)

14 CASE 赵某与被告王某某、第三人梁某房屋买卖合同纠纷案

摘　要

本案例以一起真实房屋买卖合同纠纷案件为蓝本，该案件较为复杂、典型，一审审理历时四年多，且实务中对案例涉及的多项民事程序、实体和证据问题争议较大。其中，民事实体问题主要是诉讼时效制度，民事证据问题主要是证据的种类和属性、证明对象、证明责任、证明标准、证明评价等。本案例实务技能涵盖民事诉讼中律师的执业活动和法官裁判活动。本案例对于解决其他房屋买卖合同纠纷、房屋所有权确认纠纷案件以及一般民事案件中的证明和证明评价等问题具有一定的参考意义。

关键词

房屋登记　诉讼时效　民事诉讼　证据　证明　法律文书

教学目标

教学过程中具体要解决的问题包括：(1)解决民事诉讼中的实体法律问题，如本案中出现的房屋买卖合同成立与生效、协助办理过户登记的性质、诉讼时效等；(2)结合案例学习民事诉讼相关程序和理论问题，如管辖、诉的种类、诉讼中止、审限、缺席判决等；(3)结合案例学习相关证据法的知识，如证据的种类和属性、证明对象、证明责任、证明标准、证明评价等；(4)代理律师在民事诉讼中的执业活动，如调查收集证据，撰写起诉状、答辩状、代理词等；(5)法官在民事诉讼中的裁判活动，如依职权调查取证、证明评价、裁判文书的制作等。

教学案例

第一部分 案 情 介 绍

一、当事人基本信息

原告:赵某,男,1955 年 2 月 11 日出生,汉族,上海市某区居民。

被告:王某某,女,1970 年 3 月 25 日出生,汉族,上海市某区居民。

第三人:梁某,女,1941 年 5 月 31 日出生,汉族,上海市某区居民。

二、案件基本事实

原告与第三人原在上海市科技学院供职,系上、下级的同事关系。被告系第三人与案外人王某华之女。

1994 年 9 月,因王某华所有的市国泰路王家宅 5 号私房动迁,王某华(乙方)与上海市杨浦区江湾镇风华村民委员会(甲方)签订《房屋拆迁保留私房产权安置协议》,约定乙方原私房补偿款为 11270.74 元,甲方以风华小区新房 31 号房中单元 1 楼 90.6m^2 与 25 号房西单元西 4 楼 45.2m^2、39.1m^2 新建房屋换给乙方,合计价款 262525.29 元等内容。同期双方签订的《付款合同》中载明了房款的计算方式:一、新房每平方米基价结算:56.6m^2 ×289 = 16357.4;66.4m^2 ×1380 = 91632;12.8m^2 ×2760 = 35328;二、套房每平方米层次差价结算:1.1055.36 × 0.04(4 楼) ×45.2m^2 = 1907.89;39.1m^2 ×3000(4 楼) = 117300。以上合计 262525.29 元。

1995 年上述房屋竣工,即为本市东风路 1201 弄 6 号 103、104、105 室房屋(以下简称为 103、104、105 室房屋,建筑面积 90.42 平方米)、本市东风路 1201 弄 24 号 401 室房屋(以下简称为 401 室房屋,建筑面积 50.16 平方米)以及东风路 1201 弄 24 号 402 室房屋(以下简称为系争房屋,建筑面积 42.97 平方米)。1996 年 2 月 5 日,上述房屋的产权均进行了登记,其中 103、104、105 室房屋的产权登记在被告弟弟王某光名下,401 室房屋及系争房屋的产权均登记在被告一人名下。

401 室房屋自取得后主要由第三人夫妇居住,而系争房屋自 1995 年起便由原告实际占有至今。原、被告之间未订立任何形式的书面合同,原告亦未向被告或第三人支付过租金或使用费。系争房屋产权证原件一直保留在被告处,原、被告的户籍均未迁入系争房屋内。2011 年 8 月,原告一次性支付了系争房屋 1998 年 1 月至 2011 年 12 月的物业管理费。

另外,王某华已于 2000 年去世。

第二部分 双方当事人诉讼情况

2006 年 4 月 13 日,王某某曾起诉其弟王某光,称 401 室房屋系其所有,而王某光却一直居住,故要求王某光迁出该房。后经调解,双方达成调解协议,王某光于限期内搬离。

2011 年 7 月,王某某以系争房屋产权人的身份起诉赵某。王某某诉称,系争房屋属王某某所有,赵某经王某某父亲同意自 1996 年 12 月底借用该房,2000 年 6 月,王某某父亲去世后,王某某因长期居住国外无需用房,故一直未收回,并一直以为赵某会支付房租给王某某的母亲,以此补贴母亲的生活所需。2010 年王某某曾通知赵某搬离,其非但拒绝搬离,而且对系争房屋进行了装修,并声称该房屋系其所有。故为了维护王某某的合法权益,特诉至法院要求判令:(1)赵某立即搬离系争房屋,将该房屋归还给王某某;(2)被告支付给王某某房屋使用费(按照每月 1000 元的标准,自 2006 年 6 月 1 日计算至 2011 年 7 月 31 日止);(3)该案诉讼费由赵某承担。审理中,王某某表示对于赵某应付的自 2011 年 8 月起的使用费在该案中暂不主张,但保留诉权。

该案后于 2014 年 3 月 19 日正式立案受理,案号为(2014)×××民初字第 770 号(以下简称为 770 号案件)。因吴某就房屋权属问题另案诉讼,法院遂于 2014 年 4 月 18 日作出“本案中止诉讼”的民事裁定。

赵某在该案中辩称,系争房屋系其所有,就此赵某已向法院提起了确权之诉,故不同意王某某的诉讼请求。

赵某于 2011 年 9 月起诉被告王某某及第三人梁某,要求确认其为系争房屋的权利人,案号为(2012)×××民初字第 1770 号案件(以下简称为 1770 号案件)。2014 年 2 月 21 日,原告赵某以需要补充证据为由,就 1770 号案件申请撤诉获准。

2014 年 4 月 15 日,原告赵某以与 1770 号案件相同的诉请起诉王某某(以下简称本案)。原告诉称,被告王某某父亲王某华原有的市国泰路王家宅 5 号私房于 1994 年前后动迁,分得数套动迁安置房屋,被告之母即第三人梁某便将其中系争房屋以人民币 130000 元的价格出售给与第三人共事多年、系上下级关系,且关系深厚的原告。为此原告先后支付了 130000 元现金,并于 1995 年年底从被告一家处取得了房屋钥匙,后由原告居住、使用和支配至今。期间,原告曾多次要求被告一家协助办理房屋产权过户手续,但被告一家总以种种理由推脱,致使原告至今无法取得房屋产权。2011 年年初,被告突然登门称系争房屋属于被告所有,要求原告搬离,原告认为自己已全额付清房款并且居住使用该房屋长达 16 年之久,对此事学校中也有很多同事知晓,故为维护自己的合法权益诉至法院,要求判令:系争房屋属于原告所有,被告协助原告办理系争房屋的产权过户手续。

被告王某某未到庭答辩,但递交了书面的答辩状,称不同意原告的诉讼请求,认为原告的起诉已超过法定诉讼时效。并坚持在 1770 号案件中发表的答辩意见,即原、被告双方并不存在房屋买卖合同关系,不动产物权归属应以登记为准,系争房屋的产权一直登记在被告名下,被告为系争房屋合法权利人。

第三人梁某未到庭答辩,但递交了书面意见,称同意被告王某某发表的答辩意见。

第三部分 案件审理情况

在1770号案件的审理过程中,原告就购房一事提供了赵某颖、姜某、许某、刘某、杨某奇、范某、吴某芬、牛某、张某、康某、严某的书面证言。其中赵某颖称,其系科技学院图书馆管理员,与原告、第三人是同事,1994年原告在聊天时说起他最近买了一套东风路的房屋,是第三人的一套动迁房,总价130000元左右,此事学校不少老师都知道。姜某称,其与原告同在科技学院总务处工作,面对面办公,1994年上半年的一天听原告本人讲托第三人购买动迁优惠房只花十多万元。许某称,其原为科技学院员工,1994年很多老师都听说过原告购买第三人动迁房一事,期间原告还多次说起房屋的朝向、面积、房型等具体情况,原告并于1995年就开始搬到那里去住了。刘某称,其于1978年进入科技学院,知道原告1994年从第三人手中购买了系争房屋,共支付130000元,至(自)1995年入住使用至今。杨某称,其原系科技学院总务处电工,同原告与第三人彼此熟悉,曾听马某讲第三人告诉她为原告买了一套东风路的房子,对此学校不少同事都知道。范某称,其与原、被告均系学校同事,1994年自己和胡某、赵某颖、马某等人在总务处议论原告从第三人处买了一套动迁房,花了十几万,据自己所知,原告从1995年至今居住、使用。吴某称,自己是原告的朋友,自己一家三口于2008年12月31日到2010年9月9日租借原告的系争房屋,并支付租金每月500元。牛某、张某、康某、严某称,2002年3月到2006年7月,自己在学校食堂做厨师和打杂,原告提供了系争房屋租借给自己居住、使用了四年多。对此,被告以上述人员未出庭作证为由,不认可其所述内容。第三人则表示,赵某颖、姜某、杨某、范某确系学校职工,但都是原告的朋友,其余人员自己不认识,这些人都不清楚房屋的具体情况,是根据原告的陈述而出具的证明,故对于相关内容均不认可。

另外,原告申请证人陈某、马某、胡某、孙某出庭作证。证人陈某称自己与原告、第三人均系原上海市科技学院同事,第三人时任该校校长,原告任总务处副主任及校办工厂副厂长,证人是体育老师,当时原告与第三人的关系非常好。证人平时与原告交流较多,与第三人接触不多。1997年前的一天第三人告诉自己,说其帮原告弄到了一套房子,原价160000元,后通过关系帮原告拉掉了许多。但证人对双方之间具体的购房过程、原告入住时间、房屋具体位置及性质等情况均不清楚。1998年因自己需借房居住,原告便将位于东风路平利路附近的一套402室房屋(具体门牌号记不清了)借给自己,后自己住了不到半年就搬离了,为此还曾向原告支付过800元房租,最后原告退还了700元。居住期间的一天晚上,小区里居委会上门收取费用,当时自己看到费用单子上不是原告的名字,而是一个姓王的人的名字(具体名字记不清了),证人才知道房屋的产权人不是原告,为此还特意提醒过原告注意房屋的户名问题,但原告当时表示不会有问题。2000年年初,自己得知第三人的亲家要购房,还建议过原告将房屋便宜一点卖给对方,几个月后原告称谈得差不多了,之后便没有下文,直至原告申请自己出庭时才得知原、被告之间的纠纷。

证人马某称自己与原告、第三人均系原上海市科技学院同事,三人关系均较好。第三人系该校副校长,原告系校办工厂副厂长,证人则在总务处工作,也曾经见过被告。1994年、1995年左右的一天证人向校小卖部送面包,当时第三人与原告也都在小卖部里,证人听第三人说其帮原告买了套房子,是其爱人宅基地改造分的房子,具体位置证人不清楚,只知道是在大华地区,房价在120000~130000元,至于原告的购房过程及入住时间等情况,证人不清楚。

证人胡某称自己与原告、第三人均系原上海市科技学院同事,第三人系该校校长,原告系校总务处的领导,自己系总务处职员。证人曾听马某和一些退休老师说起过第三人帮原告买了一套房子,当时总务处的员工基本都知道此事,为此自己还询问过原告,但原告遮遮掩掩不肯说。至于房屋的来源、具体地址、原告搬入时间等情况证人不清楚。原告申请自己出庭作证后,大家打电话交流过此事,同事之间互相说原告是1995年入住的,所以自己在书面证言中也是这样陈述的。

证人孙某称自己与原告、第三人均系原上海市科技学院同事,第三人系该校副校长,原告系校总务处副主任,证人系总务处职员。1994年左右总务处的人都在传第三人帮原告买了套房子,第三人也买了一套,两人的房子是挨着的,原告与第三人并未告知证人此事,对于房屋的来源、性质、位置、房价及购买过程的细节证人均不清楚。

对于上述证人证言的真实性原告均予以认可,并表示从证人证言中可以反映出当时学校有许多教职工都是知道原告向第三人购房一事的,因时隔已久,即便证人在对时间节点、人物、环境等内容的表述上略有偏差也属于正常现象,间接印证了证人证言的真实性。被告与第三人则表示,以上大部分证人在职务上与原告有直接的隶属关系,证言不具有客观性,且对房屋的位置、性质、原告购房的具体过程、细节均不清楚,其中证人胡某、孙某均称其系从他人处听闻第三人向原告售房一事,属于道听途说。另外,证人的部分当庭陈述与之前提交给法院的书面证言内容不符,故不认可证人证言的真实性。

系争房屋的居住、使用情况一节,原告称大约在1995年5月,第三人亲自将系争房屋的钥匙交给原告,但当时原告并未入住,1998年原告离婚后于11月下旬携子入住系争房屋,2002年3月,原告曾将系争房屋出租给学校食堂的外来打工人员居住,之后又多次出借,2006年至2008年系争房屋基本空关,2008年至2010年原告将房屋出借给吴某一家居住。2010年10月,原告对房屋进行了装修,装修完毕后便搬回系争房屋内居住。被告称祖宅动迁及取得系争房屋的过程均系父亲王某华一手操办,取得系争房屋后,因自己长期在国外工作无须居住使用,当父亲提出要将房屋借给原告放家具时,被告也表示同意,考虑到第三人与原告系朋友,故父母未开口,自己也未向原告主张过任何租金。因被告每次回沪时间较短,且不在401室房屋内居住,所以也未过问过系争房屋的事情,直至2010年10月左右得知原告对系争房屋进行了装修,才要求其搬离。第三人则表示,钥匙不是自己给原告的,1995年上半年自己便从科技学院退休至深圳工作,1996年探亲回上海后发现原告拿到了系争房屋钥匙,王某华称是其将房屋借给原告摆放家具,因系争房屋属于被告所有,故在被告未提出异议的情况下,自己也从未进行过干涉,期间没有想过向原告主张任何租金。直至2010年第三人搬回401室房屋居住时才发现原告在装修,第三人遂将该情况告知了被告。

关于房款支付一节,在1770号案件诉前证据交换中,原告称为支付130000元房款,原告分别从在江苏证券公司(后更名为华泰证券公司)及鞍山证券公司开设的股票账户上进行取款,并分别于1994年10月、1995年5月将房款送至被告位于巨鹿路的家中,在场人有被告及第三人夫妇,第一次付款80000元、第二次付款50000元。后在2012年8月23日庭审中,原告称第一次付款80000元系在1994年年底,第二次付款是在1995年10月左右。2013年2月4日庭审中,原告又称第二次付款是在1995年上半年。为此,原告提供一份华泰证券股份有限公司账户明细,其上显示1994年10月12日该账户上曾支取50000元,同时原告表示因鞍山证券公司已倒闭,故无法取得相应的取款凭证。对于曾向原告收取房款一事,被告及第三人均予以否认,被告并表示原告关于取款时间前后陈述不一,仅凭原告的个人取款记录亦不能证明其向被告支付了房款。

审理中,为证明自己已经向被告家庭支付过130000元购房款,原告提供了三张信纸(其上部分手写字体为繁体字),该三张信纸首部均有裁剪痕迹,底部印有原科技学院地址、电话,其中第一张信纸上记载:"所有权人王某某　东风路1201弄24号402室　混合结构:层数6　建筑面积42.97　①42.97×3000=128910元;②交众多款项922.8元(532+80+310.8);③退瓷砖款924元　付款13万元　130000-128910-922.8+924=1091.2元"。第二张信纸上记载:"《上海市企业单位统一收据》1997年1月31日王某某<东风路1201×24×402>人民币大写叁佰壹拾元捌角310.8元:1.产证费210元;2.管理费<1996年1月至1997年12月>100.8元　1997年1月30日退原房屋装饰押金伍佰元的收据"。第三张信纸上记载:"①上海市企业单位统一收据交款单位王某良(东风路1201×24×402)人民币大写伍佰叁拾贰元(532元):大修基金400元、垃圾费120元、管理费12元;②上海市供电局用户保证金收据王某良(东风路1201弄24号402室)共计人民币捌拾元整80元;③房屋装饰押金伍佰元500元。以上三项是1995年10月27日付款总计1112元收据没有找到,在房管所抄录的。"

关于上述信纸的来源,在1770号案件中原告曾表示因原告与第三人之间的关系曾经非常要好,出于对第三人的感激、信任,加上法律意识淡薄,且考虑到已实际拿到房子,故从未要求与对方就系争房屋订立书面的购房合同或要求对方出具房款的相应收据。上述三张信纸系1997年被告之父王某华到系争房屋内主动交给原告的,其表示应该让原告知道130000元房款的具体组成情况,并当场退还了原告1000余元。信纸第一页记载的"42.97×3000=128910元"是按单价3000元/m^2计算的购房价格,"922.8元"是七七八八的杂费,该金额是由后两页信纸中记载的款项组成,"退瓷砖款924元"是当初浴室、厨房需要贴瓷砖,后未贴,故退还了相应的款项。而从第一张信纸尾部所列的计算公式看"130000-128910-922.8+924=1091.2元",亦能证明自己支付过130000元购房款的事实。原告认为该信纸上的内容是被告所写,因为信纸上所写的"王某某"二字与被告起诉状中的签名相同。对于上述信纸,被告表示从未见过,其上字迹不是自己所写,且信纸抬头缺失,不具备形式的完整性,且内容上并不符合买卖合同的构成要件。第三人表示其上字迹并非被告或自己的笔迹,至于是不是王某华的笔迹无法确认,因为被告一家人的字迹都有点相似。

在法院已充分释明风险的情况下,原告坚持要求对第一张信纸上的内容是否是王某某所写进行鉴定。法院遂委托华东政法大学司法鉴定中心进行司法鉴定,2012 年 4 月 16 日,华东政法大学司法鉴定中心出具的鉴定意见为:信纸上的所有字迹与样本材料上的“王某某”样本字迹系同一人所写。对此被告以鉴定单位在鉴定过程中取样不全面、不充分等为由,多次向法院申请重新鉴定。并拒绝就信纸中繁体字部分由华东政法大学司法鉴定中心补充鉴定。该案中原告多次口头申请测谎,被告与第三人亦拒绝进行测谎。

2013 年 8 月 12 日,法院至系争房屋所在小区居委会了解本案的相关情况,时任居委会书记的牛某某及工作人员唐某表示,不清楚系争房屋的居住情况,通过翻找内部资料发现居委会曾登记的一张人口信息采集表上,关于系争房屋联系人登记的系赵某,但此仅系从治安角度对辖区内住户进行定期摸排后的登记,不能就此证明房屋的产权情况。第三人曾于 2010 年向居委会反映隔壁装修引起房屋漏水,唐某与另一名同事曾上门查看,当时系争房屋内没人,只去 401 室房屋内看了一次,因时间较长,相关的细节记不清了,后来此事也就不了了之。同日,法院还向系争房屋所在楼栋的楼组长朱某夫妇了解系争房屋的相关情况,其二人表示自己系 2006 年购房后入住的,在 2011 年担任楼组长,与居民联系较多后才得知 401 室房屋内居住着一个叫梁某的老人,但 402 室房屋的居住情况不清楚。对于两个房子的产权情况不清楚,只是曾在居委会的登记册上看到过 401 室房屋的户籍信息旁有备注,称系争房屋也是 401 室的。

2014 年 2 月 21 日,赵某以需要补充证据为由,就 1770 号案件申请撤诉获准。2014 年 4 月 15 日,赵某以与 1770 号案件相同的诉请提起本案。

2014 年 12 月 5 日,法院委托上海市司法鉴定专家委员会就第一张信纸上的字迹是否系被告所写出具咨询意见,并提供了从被告单位调取的多份被告人事档案材料、被告信函、被告在华东政法大学司法鉴定中心留存字迹等材料作为比对样本。2015 年 3 月 31 日,上述鉴定单位向法院出具《司法鉴定咨询书》,载明的咨询意见为:送检信纸上的所有字迹与样本材料上的“王某某”样本字迹不是同一人书写。

2015 年 4 月,原告再次向法院申请对第一张信纸上的内容是否是王某华所写进行鉴定,法院遂委托司法鉴定科学技术研究所司法鉴定中心进行该项鉴定,并提供了多份从王某华生前单位内蒙古地质矿产勘查开发局调取的王某华人事档案作为比对样本,该鉴定单位于 9 月 9 日出具鉴定意见书,作出“检材上需检字迹与样本字迹是同一人所写”的鉴定结论。对于上述鉴定意见,原告表示无异议,被告则发表书面意见认为,王某华已于 2000 年亡故,且非本案相关当事人,无法认定鉴定意见必然准确无误。

教学手册

教学对象及目标

本案例供法律硕士案例教学使用,法学本科(大四)、民事诉讼法学硕士、民商法学硕士也可以参酌试用。

本案例涉及多项民事程序、实体和证据问题,教学过程中具体要解决的问题包括:(1)解决民事诉讼中的实体法律问题,如本案中出现的房屋买卖合同成立与生效、协助办理过户登记的性质、诉讼时效等;(2)结合案例学习民事诉讼相关程序和理论问题,如管辖、诉和诉权、诉讼中止、审限、缺席判决等;(3)结合案例学习相关证据法的知识,如证据的种类、证明对象、证明责任、证明标准、证明评价等;(4)代理律师在民事诉讼中的执业活动,如调查收集证据,撰写起诉状、答辩状、代理词等;(5)法官在民事诉讼中的裁判活动,如依职权调查取证、证明评价、裁判文书的制作等。

教学内容

1. 本案中被告认为原告的起诉已过诉讼时效,请分析被告的主张是否成立?

对于房屋交付后,请求办理过户登记是否受诉讼时效限制,实务中存在两种截然不同的观点。支持的观点认为:(1)该请求权具有物权性质,不是诉讼时效的客体。《最高人民法院民一庭疑难案件问答》中的倾向性意见认为:“出卖人已经将房屋交付于买受人,买受人亦已实现对房屋的占有的,买受人请求出卖人移转房屋所有权、办理房屋所有权登记的请求权具有物权属性,不适用诉讼时效的规定”。(2)从价值判断的角度来讲,如果在房屋已经交付的情况下,登记过户请求权适用诉讼时效,将会对债权人造成重大的不公,有违民法公平正义的基本原则。(3)认为房产权属登记是房产产权管理的主要行政手段,也是依法确认房地产所有权的法定手续,协助产权人办理产权过户登记手续是一种法律义务,不受时间限制。(4)认为从合同的主从义务来看,在主给付义务已经履行完毕的情况下,从给付义务不得单独适用诉讼时效。房屋买卖合同中,业主的主给付义务是交房,过户仅是对买方物权的确认,在房屋已交付的情况下,业主不能再适用诉讼时效对过户义务抗辩。

反对的观点认为,出卖人仅仅把房屋交给了受让人,尚未办理房屋所有权的过户登记手续,就是没有履行移转房屋所有权这个最重要的主给付义务,属债权中的给付之诉,诉讼时效的期间应该起算。对债权人请求协助办理房地产权证已超过诉讼时效期间的,其民事权利不予保护。

实务中也有观点认为,本案适用诉讼时效,但由于未签订书面的房屋买卖合同,双方也未提出其他证据证明有关于履行期限的约定,因此属于最高人民法院《关于审理民事案件适用诉讼时效制度若干问题的规定》第6条规定的不能确定履行期限的合同,诉讼时效期间从债权人要求债务人履行义务的宽限期届满之日起计算或从债务人明确表示不履行义务之日起计算。本案原告在被告2010年主张产权后的第二年9月就已经起诉,所以没有超过诉讼时效。

教师在授课中,应引导学生就本案中正反两方面的观点进行思考评析或提出自己的观点。

2. 分析本案中涉及的证明责任和证明标准问题及两者间的关系。

本案的特殊性在于,原告主张系争房屋是其向被告家庭购买,却无法提供购房合同、付款凭证等直接证据;被告否认双方存在房屋买卖合同关系,主张原告仅系系争房屋的借用人,却没有解释清楚与系争房屋购房情况密切相关的三张信纸原件为何由原告持有,以及在系争房屋被原告占用长达十多年的期间,原告和第三人对系争房屋的使用情况漠不关心,亦未向原告主张过使用费用等任何权利。且从被告曾以诉讼的方式就401室的房子向其亲弟弟主张过迁让的事实来看,被告应具有较强维权意识。

本案中应如何分配双方当事人的证明责任,分别从客观证明责任和主观证明责任两方面进行思考。客观上的证明责任,即当系争事实处于真伪不明状态时规定由哪一方承担不利法律判决的一种结果上的责任;主观上的证明责任,即指当事人在具体的诉讼中,为了避免败诉的风险,而向法官提出证据,证明其主张的证明行为上的责任。

关于证明标准,我国立法和学理都没有给出真正的可以操作的比较统一的证明标准(现有的关于证明标准的表述都是由含糊的概念组成,如盖然性占优势、较高的盖然性、高度盖然性、无合理怀疑和证据确实、充分等)。实践中一般称法律真实的证明责任,有观点认为是采纳了高度盖然性的证明标准。

3. 律师应如何撰写民事起诉状、答辩状和代理词?

《民事诉讼法》第121条规定了起诉状应当记明的事项。民事起诉书的格式和内容主要由三部分构成:第一,首部,主要写明民事案件双方当事人的基本情况,必须有明确的请求对象;第二,正文,包括诉讼请求、事实和理由、证据和证据来源;第三,尾部,主要依次写明受诉人民法院全称、起诉人名称、起诉时间以及附项内容。

答辩状是被告或被上诉人针对原告的起诉状或上诉人的上诉状依法进行答复和辩驳的书状。分为一审答辩状和上诉答辩状。答辩状的格式和内容也包括三个部分:第一,首部,标题和答辩人基本情况;第二,正文,写明答辩的事实和理由、证据及证据来源;第三,尾部,包括受理法院、答辩人署名、答辩日期、附项。

代理词是民事诉讼当事人或法定代理人、行政诉讼当事人或法定代理人,以及刑事诉讼中的被害人或法定代理人委托的诉讼代理人为维护被代理人的合法权益,在法庭辩论阶段所作的综合性发言。代理词的内容,因律师代理对象不同而不同。原告律师的代理词,主要阐明诉讼请求的事实根据、证据材料和法律依据,论证原告主张的权利与事实之间、权利与法律之间以及事实与法律之间的因果关系;被告律师的代理词,着重阐明反驳原告起诉的事实和诉讼请求的依据和理由,对被告的主张进行充分的论证。

律师撰写各类法律文书时,应注意目标明确、观点鲜明、论证充分、推理严谨、结构清晰、语言简练、格式美观等。

4. 从证明评价的角度,分析本案中法官证明评价的内容。

(1)对当事人的事实主张是否需要证明进行评价。法官在此阶段进行的判断,对当事人是否需要进一步展开证明活动起着决定作用。(2)对证据资料的证据能力进行评价。法官此阶段的活动,为能够成为法官裁判依据的资料划定了范围,法官只能根据有证据能力的证据来对待证事实存在或不存在进行判断。(3)对证据的证明力进行评价。本案中证据的种类较多,应当识别各种证据类型并分析其证明力大小。证据在学理上可以分为本证和反证(证据与证明责任的关系)、直接证据与间接证据(证据与待证事实的关系)、原始证据与传来证据(证据的来源)。我国《民事诉讼法》规定了书证、物证、视听资料、电子数据、证人证言、当事人陈述、鉴定意见、勘验笔录八种法定证据种类。(4)对作为证明对象的事实真伪进行评价。

5. 多份鉴定意见之间证明力大小如何判断?

对于在同一个案件中针对相同的检材和相同的鉴定任务却往往产生数份大相径庭的鉴定意见,并且在数份鉴定意见都具有证据能力的情况下,应该优先采用何种鉴定意见?本案就第一张信纸上的内容是否是王某某所写,法院先后委托了两次鉴定。第一次,华东政法大学司法鉴定中心出具的鉴定意见为:信纸上的所有字迹与样本材料上的"王某某"样本字迹系同一人所写;第二次,上海市司法鉴定专家委员会出具的咨询意见为:送检信纸上的所有字迹与样本材料上的"王某某"样本字迹不是同一人书写。那么,对两份意见截然相反的鉴定,法院应如何认定呢?能否仅从鉴定机构的级别高低、鉴定人资质的优劣、鉴定时间的先后顺序来认定鉴定意见的证明力大小?

为引导学生深入思考该问题,可以在授课中顺带讨论前几年热议的"黄静死亡案",该案中有关部门对黄静先后做过五次尸检六次死亡鉴定,但每次的鉴定意见都不尽相同。

6. 对于撤诉案件中举证质证等内容,法官能否在当事人重新起诉案件的判决书中直接使用?

原告于2011年9月起诉,2014年4月以需要补充证据为由,就1770号案件申请撤诉获准。2014年4月,原告又以相同的诉请再次起诉。1770号案件的审理历时近三年,期间开庭审理3次,法院也多次依职权调查取证。但本案仅有两次鉴定活动,双方当事人也未提供其他证据,被告及第三人亦未参加本案庭审。那么,1770案件中法院审理时的举证质证内容能否在本案判决书中直接使用?

引导学生对本案情形与既判力和争点效理论的区别进行分析。

7. 法官如何撰写裁判文书?

引导学生通过中国裁判文书网、北大法宝、OpenLaw裁判文书等网络途径检索各类裁判文书,或者通过学校图书馆查阅关于裁判文书范例和写作指引的纸质书籍,或者查阅最高人民法院《法院诉讼文书样式(试行)》,学习研究裁判文书的规范格式、写作要求等。总体来说,裁判文书的写作应当内容全面、说理透彻、逻辑严密、用语规范、文字精练。

本案及关联案件涉及准予撤诉的民事裁定书、中止审理的民事裁定书,以及民事判决书。引导学生在查阅裁判文书相关资料的基础上,结合本案案情,尝试撰写民事裁定书和判决书。

教学计划和课堂时间安排

本案例可以作为专门的案例教学课来进行,整个案例课的课堂安排6个课时,每课时45分钟。

1. 具体的课时安排,仅供参考。

(1)利用3课时讨论和讲授案例中的程序和证据问题。

(2)利用1课时讨论和讲授民事实体问题。

(3)利用2课时讲授和评析法律文书的撰写要点。

2. 如下课堂设计,仅供参考。

(1)课前计划:安排学生阅读案例并查询相关参考资料,对案例所涉及问题进行思考,撰写思考题答案和实践题中提及的各种法律文书。

(2)课中计划:介绍教学目的,明确讨论主题;分组讨论,回答各项思考题,讨论实践题的撰写要点;小组代表提出撰写要点,学生讨论和分析;教师归纳总结。

(3)课后计划:布置学生根据课堂讨论情况,再次撰写和完善本案中涉及的各种法律文书。

思考题和实践题

思考题

1. 本案法院将案由确定为房屋买卖合同纠纷是否正确?你认为房屋买卖合同纠纷与所有权确认纠纷哪个更好?
2. 本案原告提出的诉讼请求是“确认系争房屋属于原告所有,被告协助原告办理系争房屋的产权过户手续”,请分析原告提起的是确认之诉还是给付之诉?两项诉请之间是否存在冲突?
3. 根据现行《民事诉讼法》及相关法律的规定,原告起诉应具备哪些条件?
4. 本案的管辖法院如何确定,是被告住所地、合同履行地还是系争房屋所在地?
5. 结合《民事诉讼法》第140条和最高人民法院《关于适用〈中华人民共和国民事诉讼法〉的解释》第232条的规定,本案赵某在王某某2011年7月起诉(770号案件)后的当年9月亦提起诉讼(1770号案件),请分析赵某提起的1770号案件是否属于反诉,如属于的话,法院应否合并审理?赵某撤诉后重新提起的本案呢?
6. 如果你是本案的原告或被告,你还应收集整理哪些证据材料以证明己方主张?如果你是本案的承办法官,你认为还需要当事人提供哪些证据材料,或者你认为还有哪些需要法院依职权调查取证的?
7. 根据1995年1月实施的《城市房地产管理法》第40条及当时相关司法解释的规定,房地产转让属于要式合同,本案双方当事人未采用书面形式但原告声称已经付清房款且实际占用系争房屋,假设原告主张属实,分析本案房屋买卖合同是否成立、生效及其依据?
8. 分析本案中涉及的民事判决和裁定,以及民事决定、命令的区别及其各自的适用范围。
9. 分析诉讼中止与诉讼终结的区别及各自的适用范围。
10. 本案及在本案之前赵某提起的1770号案件审限均远远超过6个月,请结合《民事诉讼法》的规定,思考延长审限需遵循什么样的程序?
11. 本案被告未到庭答辩但递交了书面的答辩状,该情形是否属于缺席判决的情形?本案中被告及第三人未到庭,法院能否适用拘传?

实践题

1. 如果你是原告赵某的代理律师,应该在一审法院判决前做哪些工作?请根据以上案情,编写工作计划。
2. 结合本案案情,为原告赵某撰写民事起诉状、证据清单、证人出庭作证申请书、司法鉴定申请书和代理词。
3. 结合本案案情,为被告王某某撰写答辩状和代理词。
4. 结合本案案情,就准予赵某对1770号案件的撤诉为法官撰写一份民事裁定书。
5. 请根据以上案件信息,从法官的角度分析本案原告的主张是否成立,并尝试撰写一份民事判决书。

参考文献

1. 段厚省:《证明评价影响因素分析》,法律出版社2009年版。
2. 段厚省:《民事诉讼标的论》,中国人民公安大学出版社2004年版。
3. 吴少军、李永良:《黄静裸死案鉴定之谜》,载《中国审判》2006年第9期。

附件

1. 上海市闸北区人民法院(2014)闸民三(民)初字第1040号判决书,即本案例对应真实案件的判决书。
2. 上海市闸北区人民法院(2014)闸民三(民)初字第770号判决书,即本案例中提到的王某某起诉赵某的770号案件。

附件一:

上海市闸北区人民法院
民事判决书

(2014)闸民三(民)初字第1040号

原告吴克强,男,1956年1月31日出生,汉族,户籍地上海市静安区石门一路214弄23号。

委托代理人王芳,上海兆辰汇亚律师事务所律师。

被告王幸,女,1969年5月17日出生,汉族,户籍地上海市闵行区平吉新村一村80号202室。

第三人梁慧君,女,1940年2月13日出生,汉族,户籍地上海市黄浦区北京西路239弄16号501室。

原告吴克强与被告王幸、第三人梁慧君房屋买卖合同纠纷一案,本院立案受理后,依法组成合议庭进行审理,于2015年9月22日公开开庭进行了审理。原告吴克强及其委托代理人王芳到庭参加诉讼,被告王幸、第三人梁慧君经本院传票传唤,均未到庭参加诉讼。本案现已审理终结。

原告吴克强诉称,被告父亲王国樑原有的本市沪太路王家宅5号私房于1994年前后动迁,分得数套动迁安置房屋,被告之母即第三人梁慧君便将其中一套房产,即本市灵石路1201弄24号402室房屋(以下简称为系争房屋)以人民币130000元(以下币种均为人民币)的价格出售给与第三人共事多年、系上下级关系,且关系深厚的原告。为此原告先后支付了130000元现金,并于1995年年底从被告一家处取得了房屋钥匙,后由原告居住、使用和支配至今。其间,原告曾多次要求被告一家协助办理房屋产权过户手续,但被告一家总以种种理由推脱,致使原告至今无法取得房屋产权。2011年年初,被告突然登门称系争房屋属于被告所有,要求原告搬离,原告认为自己已全额付清房款并且居住使用该房屋长达16年之久,对此事学校中也有很多同事知晓,故为维护自己的合法权益诉至法院,要求判令:系争房屋属于原告所有,被告协助原告办理系争房屋的产权过户手续。

被告王幸未到庭答辩,但递交了书面的答辩状,称不同意原告的诉讼请求,认为原告的起诉已超过法定诉讼时效。并坚持在(2012)闸民三(民)初字第1770号案件(以下简称为1770号案件)中发表的答辩意见,即原、被告双方并不存在房屋买卖合同关系,不动产物权归属应以登记为准,系争房屋的产权一直登记在被告名下,被告为系争房屋合法权利人。

第三人梁慧君未到庭答辩,但递交了书面意见,称同意被告王幸发表的答辩意见。

经审理查明,原告与第三人原在本市七一中学供职,系上、下级的同事关系。被告系第三人与案外人王国樑之女。

1994年9月,因王国樑所有的本市沪太路王家宅5号私房动迁,王国樑(乙方)与上海市闸北区彭浦镇龙潭村民委员会(甲方)签订《房屋拆迁保留私房产权安置协议》,约定乙方原私房补偿款为11270.74元,甲方以龙潭小区新房31号房中单元1楼90.6m^2与25号房西单元西4楼45.2m^2、39.1m^2新建房屋换给乙方,合计价款262525.29元等内容。同期双方签订的《付款合同》中载明了房款的计算方式:一、新房每平方米基价结算:$56.6m^2 \times 289 = 16357.4$;$66.4m^2 \times 1380 = 91632$;$12.8m^2 \times 2760 = 35328$;二、套房每平方米层次差价结算:1.1055.36 × 0.04(4楼)× 45.2m^2 = 1907.89;39.1m^2 × 3000(4楼)= 117300。以上合计262525.29元。

1995年上述房屋竣工,即为本市灵石路1201弄6号103、104、105室房屋(以下简称为103、104、105室房屋,建筑面积90.42平方米)、本市灵石路1201弄24号401室房屋(以下简称为401室房屋,建筑面积50.16平方米)以及系争房屋(建筑面积42.97平方米)。1996年2月5日,上述房屋的产权均进行了登记,其中103、104、105室房屋的产权登记在被告弟弟王荣名下,401室房屋及系争房屋的产权均登记在被告一人名下。

401室房屋自取得后主要由第三人夫妇居住,而系争房屋自1995年起便由原告实际占有至今。原、被告之间未订立任何形式的书面合同,原告亦未向被告或第三人支付过租金或使用费。系争房屋产证原件一直保留在被告处,原、被告的户籍均未迁入系争房屋内。2011年8月,原告一次性支付了系争房屋1998年1月至2011年12月的物业管理费。

2011年7月,被告以房屋产权人的身份起诉原告,要求其搬离[该案后于2014年3月19日正式立案受理,案号为(2014)闸民三(民)初字第770号]。原告遂于2011年9月起诉被告王幸及第三人梁慧君,要求确认原告为系争房屋的权利人(1770 号案件)。

在 1770 号案件的审理过程中,原告就购房一事提供了吴英芳、崔琨荣、徐正栋、王建和、朱叔贤、郑玉兰、吴秀芬、杨克权、李业银、殷如俊、闫怀红的书面证言。其中吴英芳称,其系七一中学图书馆管理员,与原告、第三人是同事,1994 年原告在聊天时说起他最近买了一套灵石路的房屋,是第三人的一套动迁房,总价 130000 元左右,此事学校不少老师都知道。崔琨荣称,其与原告同在七一中学总务处工作,面对面办公,1994 年上半年的一天听原告本人讲托第三人购买动迁优惠房只花十多万元。徐正栋称,其原为七一中学员工,1994 年期间很多老师都听说过原告购买第三人动迁房一事,期间原告还多次说起房屋的朝向、面积、房型等具体情况,原告并于 1995 年就开始搬到那里去住了。王建和称,其于 1978 年进入七一中学,知道原告 1994 年从第三人手中购买了系争房屋,共支付 130000 元,至(自)1995 年入住使用至今。朱叔贤称,其原系七一中学总务处电工,同原告与第三人彼此熟悉,曾听葛起羚讲第三人告诉她为原告买了一套灵石路的房子,对此学校不少同事都知道。郑玉兰称,其与原、被告均系学校同事,1994 年自己和殷春妹、吴英芳、葛起羚等人在总务处议论原告从第三人处买了一套动迁房,花了十几万元,据自己所知,原告从 1995 年至今居住、使用。吴秀芬称,自己是原告的朋友,自己一家三口于 2008 年 12 月 31 日到 2010 年 9 月 9 日租借原告的系争房屋,并支付租金每月 500 元。杨克权、李业银、殷如俊、闫怀红称,2002 年 3 月到 2006 年 7 月,自己在学校食堂做厨师和打杂,原告提供了系争房屋租借给自己居住、使用了四年多。对此,被告以上述人员未出庭作证为由,不认可其所述内容。第三人则表示,吴英芳、崔琨荣、朱叔贤、郑玉兰确系学校职工,但都是原告的朋友,其余人员自己不认识,这些人都不清楚房屋的具体情况,是根据原告的陈述而出具的证明,故对于相关内容均不认可。

另外,原告申请证人徐秀琍、葛起羚、殷春妹、王准维出庭作证。证人徐秀琍称自己与原告、第三人均系原上海市七一中学同事,第三人时任该校校长,原告任总务处副主任及校办工厂副厂长,证人是体育老师,当时原告与第三人的关系非常好。证人平时与原告交流较多,与第三人接触不多。1997 年前的一天第三人告诉自己,说其帮原告弄到了一套房子,原价 160000 元,后通过关系帮原告拉掉了许多。但证人对双方之间具体的购房过程、原告入住时间、房屋具体位置及性质等情况均不清楚。1998 年因自己需借房居住,原告便将位于灵石路平利路附近的一套 402 室房屋(具体门牌号记不清了)借给自己,后自己住了不到半年就搬离了,为此还曾向原告支付过 800 元房租,最后原告退还了 700 元。居住期间的一天晚上,小区工作人员上门收取费用,当时自己看到费用单子上不是原告的名字,而是一个姓王的人的名字(具体名字记不清了),证人才知道房屋的产权人不是原告,为此还特意提醒过原告注意房屋的户名问题,但原告当时表示不会有问题。2000 年年初,自己得知第三人的亲家要购房,还建议过原告将房屋便宜一点卖给对方,几个月后原告称谈得差不多了,之后便没有下文,直至原告申请自己出庭时才得知原、被告之间的纠纷。

证人葛起羚称自己与原告、第三人均系原上海市七一中学同事,三人关系均较好。第三人系该校副校长,原告系校办工厂副厂长,证人则在总务处工作,也曾经见过被告。1994 年、

1995 年左右的一天证人向校小卖部送面包,当时第三人与原告也都在小卖部里,证人听第三人说其帮原告买了套房子,是其爱人宅基地改造分的房子,具体位置证人不清楚,只知道是在大华地区,房价在 120000 ~ 130000 元,至于原告的购房过程及入住时间等情况,证人不清楚。

证人殷春妹称自己与原告、第三人均系原上海市七一中学同事,第三人系该校校长,原告系校总务处的领导,自己系总务处职员。证人曾听葛起羚和一些退休老师说起过第三人帮原告买了一套房子,当时总务处的员工基本都知道此事,为此自己还询问过原告,但原告遮遮掩掩不肯说。至于房屋的来源、具体地址、原告搬入时间等情况证人不清楚。原告申请自己出庭作证后,大家打电话交流过此事,同事之间互相说原告是 1995 年入住的,所以自己在书面证言中也是这样陈述的。

证人王准维称自己与原告、第三人均系原上海市七一中学同事,第三人系该校副校长,原告系校总务处副主任,证人系总务处职员。1994 年左右总务处的人都在传第三人帮原告买了套房子,第三人也买了一套,两人的房子是挨着的,原告与第三人并未告知证人此事,对于房屋的来源、性质、位置、房价及购买过程的细节证人均不清楚。

对于上述证人证言的真实性原告均予以认可,并表示从证人证言中可以反映出当时学校有许多教职工都是知道原告向第三人购房一事的,因时隔已久,即便证人在对时间节点、人物、环境等内容的表述上略有偏差也属于正常现象,间接印证了证人证言的真实性。被告与第三人则表示,以上大部分证人在职务上与原告有直接的隶属关系,证言不具有客观性,且对房屋的位置、性质、原告购房的具体过程、细节均不清楚,其中证人殷春妹、王准维均称其系从他人处听闻第三人向原告售房一事,属于道听途说。另外,证人的部分当庭陈述与之前提交给法院的书面证言内容不符,故不认可证人证言的真实性。

系争房屋的居住、使用情况一节,原告称大约在 1995 年 5 月,第三人亲自将系争房屋的钥匙交给原告,但当时原告并未入住,1998 年原告离婚后于 11 月下旬携子入住系争房屋,2002 年 3 月,原告曾将系争房屋出租给学校食堂的外来打工人员居住,之后又多次出借,2006 年至 2008 年系争房屋基本空关,2008 年至 2010 年原告将房屋出借给吴秀芬一家居住。2010 年 10 月,原告对房屋进行了装修,装修完毕后便搬回系争房屋内居住。被告称祖宅动迁及取得系争房屋的过程均系父亲王国樑一手操办,取得系争房屋后,因自己长期在国外工作无需居住使用,当父亲提出要将房屋借给原告放家具时,被告也表示同意,考虑到第三人与原告系朋友,故父母未开口,自己也未向原告主张过任何租金。因被告每次回沪时间较短,且不在 401 室房屋内居住,所以也未过问过系争房屋的事情,直至 2010 年 10 月左右得知原告对系争房屋进行了装修,才要求其搬离。第三人则表示,钥匙不是自己给原告的,1995 年上半年自己便从七一中学退休至深圳工作,1996 年探亲回上海后发现原告拿到了系争房屋钥匙,王国樑称是其将房屋借给原告摆放家具,因系争房屋属于被告所有,故在被告未提出异议的情况下,自己也从未进行过干涉,期间没有想过向原告主张任何租金。直至 2010 年第三人搬回 401 室房屋居住时才发现原告在装修,第三人遂将该情况告知了被告。

关于房款支付一节,在 1770 号案件诉前证据交换中,原告称为支付 130000 元房款,原告分别从在江苏证券公司（后更名为华泰证券公司）及鞍山证券公司开设的股票账户上进行取款，并分别于1994年10月、1995年5月将房款送至被告位于巨鹿路的家中，在场人有被告及第三人夫妇，第一次付款80000元、第二次付款50000元。后在2012年8月23日庭审中，原告称第一次付款80000元系在1994年年底，第二次付款是在1995年10月左右。2013年2月4日庭审中，原告又称第二次付款是在1995年上半年。为此，原告提供一份华泰证券股份有限公司账户明细，其上显示1994年10月12日该账户上曾支取50000元，同时原告表示因鞍山证券公司已倒闭，故无法取得相应的取款凭证。对于曾向原告收取房款一事，被告及第三人均予以否认，被告并表示原告关于取款时间前后陈述不一，仅凭原告的个人取款记录亦不能证明其向被告支付了房款。

审理中，为证明自己已经向被告家庭支付过130000元购房款，原告提供了三张信纸（其上部分手写字体为繁体字），该三张信纸首部均有裁剪痕迹，底部印有原七一中学地址、电话，其中第一张信纸上记载："所有权人王幸　灵石路1201弄24号402室　混合结构：层数6　建筑面积42.97　①42.97×3000=128910元②交众多款项922.8元（532+80+310.8）③退瓷砖款924元　付款13万元　130000－128910－922.8+924=1091.2元"；第二张信纸上记载："《上海市企业单位统一收据》1997年1月31日王幸<灵石路1201×24×402>人民币大写叁佰壹拾元捌角310.8元：1.产证费210元2.管理费<1996年1月至1997年12月>100.8元　1997年1月30日退原房屋装饰押金伍佰元的收据"；第三张信纸上记载："①上海市企业单位统一收据交款单位王国良（灵石路1201×24×402）人民币大写伍佰叁拾贰元（532元）：大修基金400元、垃圾费120元、管理费12元；②上海市供电局用户保证金收据王国良（灵石路1201弄24号402室）共计人民币捌拾元整80元；③房屋装饰押金伍佰元500元。以上三项是1995年10月27日付款总计1112元收据没有找到，在房管所抄录的。"

关于上述信纸的来源，在1770号案件中原告曾表示因原告与第三人之间的关系曾经非常要好，出于对第三人的感激、信任，加上法律意识淡薄，且考虑到已实际拿到房子，故从未要求与对方就系争房屋订立书面的购房合同或要求对方出具房款的相应收据。上述三张信纸系1997年被告之父王国樑到系争房屋内主动交给原告的，其表示应该让原告知道130000元房款的具体组成情况，并当场退还了原告1000余元。信纸第一页记载的"42.97×3000=128910元"是按单价3000元/m^2计算的购房价格，"922.8元"是七七八八的杂费，该金额是由后两页信纸中记载的款项组成，"退瓷砖款924元"是当初浴室、厨房需要贴瓷砖，后未贴，故退还了相应的款项。而从第一张信纸尾部所列的计算公式看："130000－128910－922.8+924=1091.2元"，亦能证明自己支付过130000元购房款的事实。原告认为该信纸上的内容是被告所写，因为信纸上所写的"王幸"二字与被告起诉状中的签名相同。对于上述信纸，被告表示从未见过，其上字迹不是自己所写，且信纸抬头缺失，不具备形式的完整性，且内容上并不符合买卖合同的构成要件。第三人表示其上字迹并非被告或自己的笔迹，至于是不是王国樑的笔迹无法确认，因为被告一家人的字迹都有点相似。

在本院已充分释明风险的情况下，原告坚持要求对第一张信纸上的内容是不是王幸所写进行鉴定。本院遂委托华东政法大学司法鉴定中心进行司法鉴定,2012年4月16日,华东政法大学司法鉴定中心出具的鉴定意见为:信纸上的所有字迹与样本材料上的"王幸"样本字迹系同一人所写。对此,被告以鉴定单位在鉴定过程中取样不全面、不充分等为由,多次向本院申请重新鉴定。并拒绝就信纸中繁体字部分由华东政法大学司法鉴定中心补充鉴定。该案中被告与第三人亦拒绝进行测谎。

2013年8月12日,本院至系争房屋所在小区居委会了解本案的相关情况,时任居委会书记的王彩琴及工作人员汤敏表示,不清楚系争房屋的居住情况,通过翻找内部资料发现居委会曾登记的一张人口信息采集表上,关于系争房屋联系人登记的系吴克强,但此仅系从治安角度对辖区内住户进行定期摸排后的登记,不能就此证明房屋的产权情况。第三人曾于2010年向居委会反映隔壁装修引起房屋漏水,汤敏与另一名同事曾上门查看,当时系争房屋内没人,只去401室房屋内看了一次,因时间较长,相关的细节记不清了,后来此事也就不了了之。同日,本院还向系争房屋所在楼栋的楼组长杨芳蔷夫妇了解系争房屋的相关情况,其二人表示自己系2006年购房后入住的,在2011年担任楼组长,与居民联系较多后才得知401室房屋内居住着一个叫梁慧君的老人,但402室房屋的居住情况不清楚。对于两个房子的产权情况不清楚,只是曾在居委会的登记册上看到过401室房屋的户籍信息旁有备注,称系争房屋也是401室的。

2014年2月21日,原告以需要补充证据为由,就1770号案件申请撤诉获准。

2014年12月5日,本院委托上海市司法鉴定专家委员会就第一张信纸上的字迹是否系被告所写出具咨询意见,并提供了从被告单位调取的多份被告人事档案材料、被告信函、被告在华东政法大学司法鉴定中心留存字迹等材料作为比对样本。2015年3月31日,上述鉴定单位向本院出具《司法鉴定咨询书》,载明的咨询意见为:送检信纸上的所有字迹与样本材料上的"王幸"样本字迹不是同一人书写。

2015年4月,原告再次向本院申请对第一张信纸上的内容是否是王国樑所写进行鉴定,本院遂委托司法鉴定科学技术研究所司法鉴定中心进行该项鉴定,并提供了多份从王国樑生前单位新疆地质矿产勘查开发局第四大队调取的王国樑人事档案作为比对样本,该鉴定单位于9月9日出具鉴定意见书,作出"检材上需检字迹与样本字迹是同一人所写"的鉴定结论。对于上述鉴定意见,原告表示无异议,被告则发表书面意见认为,王国樑已于2000年亡故,且非本案相关当事人,无法认定鉴定意见必然准确无误。

另查明,王国樑于2000年去世。

2006年4月13日,被告曾向本院起诉其弟王荣,称401室系被告所有的房屋,而王荣却一直居住,故要求王荣迁出该房。后经调解,双方达成调解协议,王荣于限期内搬离。

以上事实,由(2012)闸民三(民)初字第1770号案件的证据材料、诉前证据交换笔录、庭审笔录、询问笔录、华东政法大学司法鉴定中心鉴定意见书、司法鉴定咨询书、司法鉴定科学技术研究所司法鉴定中心鉴定意见书等证据及各方当事人的陈述予以佐证。

本院认为,当事人对自己提出的诉讼请求所依据的事实或者反驳对方诉讼请求所依据的事实有责任提供证据加以证明。原告称系争房屋系其向被告家庭购买,但却无法提供购房合同、付款凭证等直接证据,对此原告称基于感激、信任,故未主动要求签订购房合同及要求对方出具房款收据,考虑到原告确与第三人具有上下级隶属关系,且得益于第三人的帮助原告才能以非动迁安置人的身份取得一套价格优惠的动迁安置房,故原告的上述解释具有一定合理性。故不能仅以原告无法提供购房合同、付款凭证等直接证据,便否认其购买系争房屋的事实,对此,本院还需结合原告提供的其他间接证据加以分析。首先,原告申请了多名证人出庭作证,上述证人与原告及第三人均系同事关系,被告及第三人并无证据证明上述证人与原告之间存在足以影响其证言客观性的利益关系,虽证人在对一些细节问题的陈述上存在偏差,但因事发时间久远,也尚属合理,不能仅凭此便否认证人证言的真实性。事实上,以上证人证言之间能相互印证,均共同反映出证人曾听闻原告向第三人购买了一套动迁安置房的事实。其次,从原告处留有的三张信纸所载内容来看,涉及系争房屋购房费用的结算及款项明细,且经鉴定,信纸的第一页内容系王国樑书写。如依被告及第三人所述原告仅为系争房屋的借用人,上述与系争房屋购房情况密切相关的三张信纸原件却由原告持有,显与常理不符。而从信纸所载内容看,"42.97×3000=128910元"公式所显示的3000元/平方米的单价,与王国樑签订的《付款合同》所约定的安置房房款计算标准相符。而将第一页信纸尾部所载"付款13万元"的文字与其下所列"130000-128910-922.8+924=1091.2元"的公式结合起来看,符合在付款130000元后按付款明细对相关款项进行核算的特点。再次,系争房屋已由原告占用长达十几年,在此期间,无论被告或第三人均未向原告主张过任何使用费用。虽被告称其系基于王国樑的要求而同意将房屋借给原告使用,但在王国樑去世后的十几年时间里,作为产权人的被告亦对系争房屋的使用情况漠不关心,更未及时向原告主张权利。结合被告曾以诉讼的方式就401室房屋向其亲弟弟主张过迁让的事实,本院认为,对于具有较强维权意识的被告而言,却在系争房屋的权利主张上采取消极态度,显与常理不符。综上所述,本院认为,原告就系争房屋系其支付130000元所购买一节所提供的证据已达到高度盖然性,本院予以确认。从系争房屋来源于王国樑祖宅动迁,王国樑系拆迁安置协议的签约方,被告亦自称系争房屋取得的相关手续均由王国樑办理等事实来看,当初王国樑是作为家庭代表处理包括安置房在内的一切动迁事宜,故原告有理由相信王国樑夫妇有权处置系争房屋。而直至涉讼前,在原告居住使用该房屋的十多年期间,被告从未提出过任何异议或进行过权利主张,本院有理由相信,被告对其父母就系争房屋所作的处置、安排是知情且同意的。另外,诉讼时效制度适用于债权请求权而不适用于物权请求权,故对被告所称原告的诉请超过诉讼时效的抗辩意见,本院难以支持。

综上所述,依照《中华人民共和国民法通则》第四条、第五条、《中华人民共和国物权法》第三十三条、《最高人民法院关于民事诉讼证据的若干规定》第二条以及《中华人民共和国民事诉讼法》第一百四十四条之规定,判决如下:

一、上海市闸北区灵石路1201弄24号402室房屋属于原告吴克强所有;

二、被告王幸应于本判决生效之日起十日内协助原告吴克强办理上址房屋产权变更手续,将该房屋的产权变更登记在原告吴克强名下(因产权变更产生的相关税费,由双方根据国家规定各自负担)。

案件受理费2900元、鉴定费4500元(原告吴克强均已预缴),由原告吴克强负担4500元,被告王幸负担2900元。

如不服本判决,可在判决书送达之日起十五日内,向本院递交上诉状,并按对方当事人的人数提出副本,上诉于上海市第二中级人民法院。

审　判　长　缪为军
代理审判员　李垚曜
人民陪审员　高　倩
二〇一五年九月二十二日
书　记　员　方　芳

附:相关法律条文

一、《中华人民共和国民法通则》

第四条　民事活动应当遵循自愿、公平、等价有偿、诚实信用的原则。

第五条　公民、法人的合法的民事权益受法律保护,任何组织和个人不得侵犯。

二、《中华人民共和国物权法》

第三十三条　因物权的归属、内容发生争议的,利害关系人可以请求确认权利。

三、最高人民法院《关于民事诉讼证据的若干规定》

第二条　当事人对自己提出的诉讼请求所依据的事实或者反驳对方诉讼请求所依据的事实有责任提供证据加以证明。

没有证据或者证据不足以证明当事人的事实主张的,由负有举证责任的当事人承担不利后果。

四、《中华人民共和国民事诉讼法》

第一百四十四条　被告经传票传唤,无正当理由拒不到庭的,或者未经法庭许可中途退庭的,可以缺席判决。

附件二:

上海市闸北区人民法院
民事判决书

(2014)闸民三(民)初字第770号

原告王幸,女,1969年5月17日出生,汉族,户籍地上海市闵行区平吉新村一村80号

202 室。

委托代理人荀大鹏,上海明庭律师事务所律师。

被告吴克强,男,1956 年 1 月 31 日出生,汉族,户籍地上海市静安区石门一路 214 弄 23 号。

委托代理人王芳,上海兆辰汇亚律师事务所律师。

原告王幸与被告吴克强排除妨害纠纷一案,本院立案受理后,依法组成合议庭进行审理。因吴克强就房屋权属问题另案诉讼,本院遂于 2014 年 4 月 18 日作出“本案中止诉讼”的民事裁定。本院依法决定恢复审理后,于 2015 年 9 月 22 日公开开庭进行了审理。原告王幸的委托代理人荀大鹏,被告吴克强及其委托代理人王芳均到庭参加诉讼。本案现已审理终结。

原告王幸诉称,本市灵石路 1201 弄 24 号 402 室房屋(以下简称为系争房屋)属原告所有,被告经原告父亲同意自 1996 年 12 月底借用该房,2000 年 6 月,原告父亲去世后,原告因长期居住国外无需用房,故一直未收回,并一直以为被告会支付房租给原告的母亲,以此补贴母亲的生活所需。2010 年原告曾通知被告搬离,其非但拒绝搬离更对系争房屋进行了装修,并声称该房屋系其所有。故为了维护原告的合法权益,特诉至法院要求判令:(1)被告立即搬离系争房屋,将该房屋归还给原告;(2)被告支付给原告房屋使用费(按照每月 1000 元的标准,自 2006 年 6 月 1 日计算至 2011 年 7 月 31 日止);(3)本案诉讼费由被告承担。审理中,原告表示对于被告应付的自 2011 年 8 月起的使用费本案中暂不主张,但保留诉权。

被告吴克强辩称,系争房屋系被告所有,就此被告已向法院提起了确权之诉,故不同意原告的诉讼请求。

经审理查明,被告与案外人梁慧君原在本市七一中学供职,系上、下级的同事关系。原告系案外人梁慧君、王国樑之女。

1994 年 9 月,因王国樑所有的本市沪太路王家宅 5 号私房动迁,王国樑(乙方)与上海市闸北区彭浦镇龙潭村民委员会(甲方)签订《房屋拆迁保留私房产权安置协议》,约定乙方原私房补偿款为 11270.74 元,甲方以龙潭小区新房 31 号房中单元 1 楼 90.6m^2 与 25 号房西单元西 4 楼 45.2m^2、39.1m^2 新建房屋换给乙方,合计价款 262525.29 元等内容。同期双方签订的《付款合同》中载明了房款的计算方式:一、新房每平方米基价结算:56.6m^2 ×289 = 16357.4;66.4m^2 ×1380 = 91632;12.8m^2 ×2760 = 35328;二、套房每平方米层次差价结算:1.1055.36 ×0.04(4 楼)×45.2m^2 = 1907.89;39.1m^2 ×3000(4 楼)= 117300。以上合计 262525.29 元。

1995 年上述房屋竣工,即为本市灵石路 1201 弄 6 号 103、104、105 室房屋(以下简称为 103、104、105 室房屋,建筑面积 90.42m^2)、本市灵石路 1201 弄 24 号 401 室房屋(以下简称为 401 室房屋,建筑面积 50.16m^2)以及系争房屋(建筑面积 42.97m^2)。1996 年 2 月 5 日,上述房屋的产权均进行了登记,其中 103、104、105 室房屋的产权登记在原告弟弟王荣名下,401 室房屋及系争房屋的产权均登记在原告一人名下。

401 室房屋自取得后主要由王国樑夫妇居住,而系争房屋自 1995 年起便由被告实际占有至今。原、被告之间未订立过任何形式的书面合同,被告亦未向原告支付过租金或使用费。

系争房屋产权证原件一直保留在原告处，原、被告的户籍均未迁入系争房屋内。2011年8月，被告一次性支付了系争房屋1998年1月至2011年12月的物业管理费。

2011年7月，原告就本案向本院递交诉状。2011年9月，被告向本院起诉，要求确认其为系争房屋的权利人[案号为：(2012)闸民三(民)初字第1770号，以下简称为1770号案件]。

1770号案件审理过程中，被告吴克强提供了三张信纸（其上部分手写字体为繁体字），该三张信纸首部均有裁剪痕迹，底部印有原七一中学地址、电话，其中第一张信纸上记载："所有权人王幸　灵石路1201弄24号402室　混合结构：层数6　建筑面积42.97　①42.97×3000=128910元②交众多款项922.8元(532+80+310.8)③退瓷砖款924元　付款13万元　130000-128910-922.8+924=1091.2元"；第二张信纸上记载："《上海市企业单位统一收据》1997年1月31日王幸<灵石路1201×24×402>人民币大写叁佰壹拾元捌角310.8元：1.产证费210元　2.管理费<1996年1月至1997年12月>100.8元　1997年1月30日退原房屋装饰押金伍佰元的收据"；第三张信纸上记载："①上海市企业单位统一收据交款单位王国良（灵石路1201×24×402）人民币大写伍佰叁拾贰元（532元）：大修基金400元、垃圾费120元、管理费12元；②上海市供电局用户保证金收据王国良（灵石路1201弄24号402室）共计人民币捌拾元整80元；③房屋装饰押金伍佰元500元。以上三项是1995年10月27日付款总计1112元收据没有找到，在房管所抄录的。"

后本院委托华东政法大学司法鉴定中心对第一页信纸上的内容是否系王幸所写进行了司法鉴定，2012年4月16日，华东政法大学司法鉴定中心出具的鉴定意见为：信纸上的所有字迹与样本材料上的"王幸"样本字迹系同一人所写。对此原告以鉴定单位在鉴定过程中取样不全面、不充分等为由，多次向本院申请重新鉴定。并拒绝就信纸中繁体字部分由华东政法大学司法鉴定中心补充鉴定。

2014年2月21日，吴克强以需要补充证据为由，就1770号案件申请撤诉获准。

2014年4月15日，吴克强再次以与1770号案件相同的诉请起诉至法院[案号为：(2014)闸民三(民)初字第1040号，以下简称为1040号案件]。

2014年12月5日，本院委托上海市司法鉴定专家委员会就第一张信纸上的字迹是否系王幸所写出具咨询意见，并提供了从王幸单位调取的多份人事档案材料、王幸信函、王幸在华东政法大学司法鉴定中心留存字迹等材料作为比对样本。2015年3月31日，上述鉴定单位向本院出具《司法鉴定咨询书》，载明的咨询意见为：送检信纸上的所有字迹与样本材料上的"王幸"样本字迹不是同一人书写。

2015年4月，依吴克强的申请，本院再次遂委托司法鉴定科学技术研究所司法鉴定中心对第一张信纸上的内容是否是王国樑所写进行鉴定，并提供了多份从王国樑生前单位新疆地质矿产勘查开发局第四大队调取的人事档案作为比对样本，该鉴定单位于9月9日出具鉴定意见书，作出"检材上需检字迹与样本字迹是同一人所写"的鉴定结论。

2015年9月22日，经审理后本院就1040号案件作出判决："一、上海市闸北区灵石路1201弄24号402室房屋属于原告吴克强所有；二、被告王幸应于本判决生效之日起十日内协助原告吴克强办理上址房屋产权变更手续,将该房屋的产权变更登记在原告吴克强名下(因产权变更产生的相关税费,由双方根据国家规定各自负担)。”

以上事实,由房屋所有权证、(2014)闸民三(民)初字第1040号民事判决书等证据及各方当事人的陈述予以佐证。

本院认为,本院对1040号案件进行审理后,有理由相信系争房屋应属于被告吴克强所有,并就此作出了(2014)闸民三(民)初字第1040号民事判决,故原告要求被告搬离及支付使用费的诉请,本院均难以支持。综上所述,依照《中华人民共和国民法通则》第四条、第五条、最高人民法院《关于民事诉讼证据的若干规定》第二条之规定,判决如下:

驳回原告王幸的全部诉讼请求。

案件受理费3060元(原告王幸已预缴),均由原告王幸负担。

如不服本判决,可在判决书送达之日起十五日内,向本院递交上诉状,并按对方当事人的人数提出副本,上诉于上海市第二中级人民法院。

审　判　长　缪为军
代理审判员　李垚曜
人民陪审员　高　倩
二〇一五年九月二十二日
书　记　员　方　芳

附:相关法律条文

一、《中华人民共和国民法通则》

第四条　民事活动应当遵循自愿、公平、等价有偿、诚实信用的原则。

第五条　公民、法人的合法的民事权益受法律保护,任何组织和个人不得侵犯。

二、最高人民法院《关于民事诉讼证据的若干规定》

第二条　当事人对自己提出的诉讼请求所依据的事实或者反驳对方诉讼请求所依据的事实有责任提供证据加以证明。

没有证据或者证据不足以证明当事人的事实主张的,由负有举证责任的当事人承担不利后果。

(段厚省,复旦大学法学院教授、博士生导师,hsduan@fudan.edu.cn)

15 CASE 招商银行股份有限公司大连东港支行与大连振邦氟涂料股份有限公司、大连振邦集团有限公司借款合同纠纷案[*]

摘　要

本案讨论在公司法理论与实践中争议较大的《公司法》第16条所规定的公司对外担保问题。大连振邦氟涂料股份有限公司未经股东大会同意，为公司股东大连振邦集团有限公司向招商银行股份有限公司大连东港支行提供抵押担保。大连振邦氟涂料股份有限公司以该担保未经股东大会同意为由，请求法院确认保证合同无效。最高人民法院认为《公司法》第16条第2款规定，公司为公司股东或者实际控制人提供担保的，必须经股东会或者股东大会决议。该条款是关于公司内部控制管理的规定，不应以此作为评价合同效力的依据。担保人抗辩认为其法定代表人订立抵押合同的行为超越代表权，债权人以其对相关股东会决议履行了形式审查义务，主张担保人的法定代表人构成表见代表的，人民法院应予支持。

关键词

《公司法》第16条　效力性规定与管理性规定　《合同法》第50条　越权代表　善意第三人

教学目标

1. 理解公司法作为组织法，其内部管理规则一般仅具有对内效力。

2. 理解商事外观主义原则在交易中如何适用，交易相对人的审查义务应当限于形式审查。

---

* 最高人民法院，(2012)民提字第156号(载《最高人民法院公报》2015年第2期)。

教学案例

一、本案争议的背景介绍

《公司法》第16条第2款规定:“公司为公司股东或者实际控制人提供担保的,必须经股东会或者股东大会决议。”第3款规定:“前款规定的股东或者受前款规定的实际控制人支配的股东,不得参加前款规定事项的表决。该项表决由出席会议的其他股东所持表决权的过半数通过。”对于《公司法》第16条第2款的规定,在学说和实践中都存在争议。有观点认为,该款是强制性规定中的效力性规定,主要目的是保护公司的中小股东利益,因此违反该款规定的担保合同无效。有观点认为,该款的目的对于为股东进行担保的担保权配置作出规定,主要目的是防止公司股东滥用权利,因此仅仅具有内部效力。违反该款的担保合同并非无效,尤其是在担保权人是善意的情况下。实践中,不同的法院也做了不同的判决,但是多数法院倾向于认为违反该款规定的担保合同有效。例如,北京高级人民法院在“中建材集团进出口公司诉北京大地恒通经贸有限公司、北京天元盛唐投资有限公司、天宝盛世科技发展(北京)有限公司、江苏银大科技有限公司、四川宜宾俄欧工程发展有限公司进出口代理合同纠纷案”认为,“公司违反第16条的规定,与他人订立担保合同的,不能简单认定合同无效。第一,该条款并未明确规定公司违反上述规定对外提供担保导致担保合同无效;第二,公司内部决议程序,不得约束第三人;第三,该条款并非效力性强制规定;第四,依据该条款认定担保合同无效,不利于维护合同的稳定和交易的安全。”最高人民法院对本案的判决也肯定了多数法院的意见。

二、本案当事人情况

再审申请人(一审原告、二审上诉人):招商银行股份有限公司大连东港支行(原招商银行股份有限公司大连胜利广场支行,以下简称招行东港支行)。

被申请人(一审被告、二审被上诉人):大连振邦氟涂料股份有限公司(以下简称振邦股份公司)。

原审被告:大连振邦集团有限公司(以下简称振邦集团公司)。

三、本案的基本事实

(一)一审大连市中级人民法院查明

2006年4月30日,招行东港支行与振邦集团公司签订编号为2006年连贷字第SL006号借款合同,约定:借款金额为1496.5万元人民币,借款期限自2006年4月30日至6月30日,如贷款放出的实际日期与上述起始日期不一致,则贷款起止日期以借款借据确定的起止日期为准,借款用途为债权转化(借新还旧),贷款利率为年利率6.435%,振邦集团公司未按期偿还贷款的，对其未偿还部分从逾期之日起按在原利率基础上加收50%计收，贷款期间，若遇中国人民银行调整贷款利率，则按中国人民银行调整贷款利率的有关规定执行。

2006年6月8日，振邦股份公司出具了编号为2006年连保字第SL002号《不可撤销担保书》，承诺对上述贷款承担连带保证责任，保证范围包括借款本金、利息、罚息、违约金及其他一切相关费用。保证期间为自本保证书生效之日起至借款合同履行期限届满另加两年。2006年4月30日，招行东港支行与振邦股份公司分别签订了两份《抵押合同》，该合同规定以振邦股份公司所有的位于大连市甘井子区管城子镇郭家沟村182559平方米的国有土地使用权（土地证号为大甘国用2005第04038号）及大连市甘井子区管泰街17套计24361.09平方米的房产作抵押。同年6月6日在大连市国土资源和房屋局甘井子分局对位于大连市甘井子区营城子镇郭家沟村182559平方米的土地办妥了抵押登记，同年6月8日在大连市房地产登记发证中心对位于大连市甘井子区营泰街8号17套计24361.09平方米的房产办理了抵押登记，担保范围包括但不限于借款本金、利息、罚息、违约金、损害赔偿金及实现债权的费用。招行东港支行在中国银行之后为第二抵押权人。

2006年6月8日，招行东港支行按照合同约定将1496.5万元贷款如数转入振邦集团公司账户内。贷款到期后，振邦集团公司未能偿还借款本息。振邦股份公司也没有履行担保义务。

振邦股份公司的股东共有8个，分别为振邦集团公司、天津环渤海创业投资管理有限公司、中绿实业有限公司、辽宁科技创业投资有限责任公司、泰山绿色产业有限公司、大连科技风险投资基金有限公司、王志刚、张国忠。振邦股份公司的股东之一大连科技风险投资基金有限公司在2003年5月23日将名称由“大连科技风险投资有限公司”变更为现名称“大连科技风险投资基金有限公司”。《股东会担保决议》的决议事项并未经过振邦股份公司股东会的同意，振邦股份公司也未就此事召开过股东大会。

（二）二审辽宁省高级人民法院查明

辽宁省高级人民法院除认定一审查明事实外，另查明：根据振邦股份公司的申请，一审法院委托辽宁德恒物证司法鉴定所对《股东会担保决议》中盖有的“天津环渤海创业投资管理有限公司”和“中绿实业有限公司”两枚印章进行鉴定，其鉴定意见为：《股东会担保决议》上盖印的“天津环渤海创业投资管理有限公司”印章印文与样本《2006年度年检报告书》上盖印的“天津环渤海创业投资管理有限公司”印章印文不是同一枚印章所盖。《股东会担保决议》上盖印的“中绿实业有限公司”的印章印文与样本《2006年度年检报告书》上盖印的“中绿实业有限公司”的印章印文不是同一枚印章所盖。

又查明：沈阳市工商行政管理局提供的企业变更的登记情况查询卡片记载，自2004年2月26日至2006年8月18日，辽宁科技创业投资有限责任公司没有变更企业名称。而《股东会担保决议》中盖有的印章是辽宁科技创业投资责任公司。大连市工商行政管理局高新园区分局出具的内资企业变更内容查询卡记载，原大连科技风险投资有限公司于2003年5月23

日已变更为大连科技风险投资基金有限公司。根据大连市工商行政管理局高新园区分局出具的 2002 年 7 月 22 日振邦股份公司章程修正案中,股东原大连科技风险投资有限公司所盖的印章有数码,而《股东会担保决议》所盖大连科技风险投资有限公司的印章没有数码。

再查:振邦股份公司的 8 个股东中,王志刚和泰山绿色产业有限公司没有在《股东会担保决议》上签字盖章。根据振邦股份公司章程,振邦集团公司占总股本的 61.5%,振邦集团公司系振邦股份公司的股东和实际控制人。

(三)三审最高人民法院又查明

除认定一审、二审查明事实外,最高人民法院另查明:本院再审期间,再审申请人招行东港支行向本院提交一份新证据,即振邦股份公司股东会成员名单及签字样本,证明振邦股份公司提供给招行东港支行的股东会决议上的签字及印章与其提供给招行东港支行的签字及印章样本一致。

根据上述事实,2008 年 6 月 18 日,招行东港支行以振邦集团公司和振邦股份公司为被告,向大连市中级人民法院提起诉讼,请求判令振邦集团公司偿还贷款本金 1496.5 万元及至给付之日的利息(包括逾期利息);要求振邦股份公司对上述债务承担连带责任;要求两被告承担诉讼费、保全费等。

四、本案的审理过程

一审:大连市中级人民法院

大连市中级人民法院一审认为:招行东港支行与振邦集团公司签订的借款合同系双方当事人真实意思表示,合法有效。招行东港支行依约发放了借款,振邦集团公司理应按约定的期限偿还借款本息,其未能按合同约定履行义务系违约行为,应依法承担违约责任。关于招行东港支行与振邦股份公司签订的抵押合同以及振邦股份公司出具的不可撤销担保书的效力一节,因振邦集团公司系振邦股份公司的股东,鉴于振邦股份公司《章程》及股东会对公司为其股东或实际控制人即振邦集团公司提供担保均无特别授权,依照《公司法》第 16 条的规定,振邦股份公司为其股东振邦集团公司提供担保,必须要经振邦股份公司的股东会决议通过,而招行东港支行提供的《股东会担保决议》系无效决议,因此振邦股份公司法定代表人周建良无权订立涉案的抵押合同及不可撤销担保书,即涉案的抵押合同及不可撤销担保书系周建良超越权限订立,对于周建良超越权限订立抵押合同及不可撤销担保书,招行东港支行是知道或者应当知道的,理由如下:

(1)招行东港支行虽然获取了《股东会担保决议》,但按照《公司法》第 16 条第 2 款的规定"公司为公司股东或者实际控制人提供担保的,必须经股东会或者股东大会决议"。招行东港支行对《股东会担保决议》中存在的一些明显瑕疵未尽到合理的形式审查义务,例如,其中一枚名称为"辽宁科技创业投资责任公司"的印章,按公司法规定不可能存在"责任公司"这种名称,招行东港支行对此瑕疵依法应能审查出来,结果却未审查出来,庭审中,招行东港支行对此也承认存在疏忽。

(2)振邦股份公司的股东之一大连科技风险投资基金有限公司,在2003年就已经将名称由"大连科技风险投资有限公司"变更为现名称"大连科技风险投资基金有限公司",而《股东会担保决议》形成于2006年,故其上所盖的名为"大连科技风险投资有限公司"的印章系作废旧印章,对此招行东港支行应进行审查,但实际其并未尽到审查义务。

(3)根据《公司法》第16条第3款规定"前款规定的股东或者受前款规定的实际控制人支配的股东,不得参加前款规定事项的表决",振邦集团公司作为振邦股份公司的股东,本不应参加此担保事项的表决,但《股东会担保决议》上却盖有振邦集团公司的印章,对此因公司法有明确规定,招行东港支行亦应进行审查,结果招行东港支行同样未尽审查义务。

综上所述,对于上述明显瑕疵招行东港支行经审查应能很容易审查出,但其却未尽到应有的审查义务,故可以确定招行东港支行知道或应当知道周建良系超越权限订立抵押合同及不可撤销担保书。根据最高人民法院《关于适用〈中华人民共和国担保法〉若干问题的解释》(以下简称《担保法解释》)第11条"法人或者其他组织的法定代表人、负责人超越权限订立的担保合同,除相对人知道或者应当知道其超越权限的以外,该代表行为有效"的规定,该案中涉案抵押合同及不可撤销担保书应认定为无效。由于振邦股份公司作为担保人给招行东港支行提供的《股东大会担保决议》上盖的"天津环渤海创业投资管理有限公司""中绿实业有限公司""辽宁科技创业投资责任公司""大连科技风险投资有限公司"的印章均系虚假印章,其对抵押合同及不可撤销担保书的无效显然存在过错,招行东港支行作为债权人由于未尽到相应的审查义务也存在过错,故根据《担保法解释》第7条"主合同有效而担保合同无效,债权人无过错的,担保人与债务人对主合同债权人的经济损失,承担连带赔偿责任;债权人、担保人有过错的,担保人承担民事责任的部分,不应超过债务人不能清偿部分的二分之一"的规定,振邦股份公司应当对振邦集团公司不能清偿部分的债务承担1/2的赔偿责任。

该院于2009年12月3日依照《合同法》第196条、第206条、第207条,担保法解释第7条、第11条,《公司法》第16条之规定,判决担保合同无效,在振邦集团公司不能清偿借款时,由振邦股份公司对振邦集团公司不能清偿部分的1/2承担赔偿责任。

二审:辽宁省高级人民法院

招行东港支行不服上述一审判决,向辽宁省高级人民法院提起上诉称:

(1)一审判决认定事实不清,招行东港支行与振邦股份公司签订的借款担保合同真实、有效。振邦股份公司出具的不可撤销担保书和抵押合同均有该公司的印章和其法定代表人的签字,并已依法进行了抵押登记,这说明振邦股份公司已明知自己的义务及法律责任。由此可以肯定振邦股份公司为振邦集团公司的贷款进行担保系其真实意思表示。故招行东港支行享有合法抵押权,应受法律保护。

(2)一审法院适用法律错误,招行东港支行对担保人的《股东会担保决议》无审查义务,更无核实其真实性的责任和可能。一审依据《公司法》第16条认定招行东港支行作为第三人对涉案《股东会担保决议》有法定审查义务,却未依《公司法》第22条认定振邦股份公司对担保决议并未在法定期限内行使撤销权,理应承担股东会担保决议有效的法律责任。《公司法》总则第 1 条即已明确表示该法制定之目的“为规范公司的组织和行为”。由此可见《公司法》第 16 条规定应是对公司内部行为的强制规范,并未规定公司以外第三人有查实股东会决议的义务与责任。一审法院认为,其有核实股东会决议的义务结论有悖逻辑,更违背公司法立法之总则。公司为股东担保必须经股东大会决议,但公司审议、决议都是公司内部事务,尤其是有限责任公司,债权人难以实现审查控股股东以及实际控制人的工作。《公司法》第 22 条明确规定股东会决议表决方式违反法律、行政法规或公司章程的,股东可以自决议作出之日起 60 日内请求人民法院撤销。既然一审法院在无明文规定的前提下认定第三人对股东会担保决议具有审查义务,那么振邦股份公司股东对担保决议并未在法定期限内行使撤销权,故该决议应视为有效。

(3)《股东会担保决议》符合形式审查要件,不存在主观过错。振邦股份公司提供的《股东会担保决议》上具备公章及法人签名,其符合形式审查要求。振邦股份公司之股东涉嫌印章造假的行为后果,不应由招行东港支行承担。请求二审法院依法改判振邦股份公司为振邦集团公司借款承担连带担保责任或发回重审。

振邦股份公司未作书面答辩,庭审中辩称:

(1)振邦股份公司提供的担保无效,招行东港支行提供的《股东会担保决议》,因违反了《公司法》第 16 条第 2 款的规定,没有征得振邦股份公司股东会的同意,系无效决议。招行东港支行提供的所谓振邦股份公司的《股东会担保决议》,被担保的股东振邦集团公司在决议上加盖了公章,违反了《公司法》第 16 条第 3 款被担保股东必须表决回避的强制性规定。其他四个单位的股东单位盖章,其中两枚经过司法鉴定是伪造的,另外两枚印章的名称与股东单位名称不一样,也是伪造的。事后该四家股东对《股东会担保决议》的内容也不予追认。所以,从形式上看,即使开过所谓的股东会,出席会议的其他股东都不同意担保,更谈不上过半数同意,所以也违反了《公司法》第 16 条第 3 款的规定,股东会决议无效。另外,招行东港支行也没有提供振邦股份公司股东会的会议记录,其他 4 名股东均出具了声明,说明没有开过股东会也没有做过同意担保的决议,其他股东的印章都是伪造的,更能证明股东会决议是不存在的。

(2)招行东港支行对《股东会担保决议》负有形式审查义务,其没有尽到该义务,存在过错。一审法院认定的是《股东会担保决议》无效,而不是撤销。因此,招行东港支行提出的没有在法定期限内行使撤销权的理由不能成立。

(3)招行东港支行对担保无效应当承担责任。招行东港支行对担保无效的后果过错明显,其没有尽到合理的审慎的形式审查义务。比如某某责任公司,《公司法》没有这种称谓。招行东港支行对如此明显错误没有审查出来,显然是有过错的。这份《股东会担保决议》还有被担保股东的盖章,从形式上看就明显违反了《公司法》第 16 条第 3 款的规定,招行东港支行应当审查出来。对于股东会决议上的几处瑕疵,都是形式上的瑕疵,对这种瑕疵不能因为招行东港支行不熟悉《公司法》而免责。所以招行东港支行没有尽到合理审查义务,对担保无效应承担法律责任。请求二审法院驳回上诉,维持原判。

振邦集团公司庭审中述称:同意招行东港支行的上诉观点,请求二审法院依法判决。

辽宁省高级人民法院审理认为:招行东港支行与振邦集团公司所签订的借款合同是真实意思表示,合法有效。振邦集团公司未按合同约定履行义务,应当承担违约责任。振邦股份公司为振邦集团公司的借款提供了连带责任保证和抵押担保,由于该担保行为属于股份公司为其股东提供担保,故对其效力的认定应适用《公司法》的有关规定。《公司法》第 16 条第 2 款规定"公司为公司股东或者实际控制人提供担保的,必须经股东或者股东大会决议"。第 3 款规定"前款规定的股东或者受前款规定的实际控制人支配的股东,不得参加前款规定事项的表决。该项表决由出席会议的其他股东所持表决权的半数通过"。据此,作为债权人招行东港支行应对借款人提供的借款抵押合同及《股东会担保决议》等相关资料的真实性从程序上、形式上进行审查。《股东会担保决议》中共盖有 5 枚印章,除振邦集团公司外所盖印章均不是真实的。《股东会担保决议》中盖有的股东天津环渤海创业投资管理有限公司和中绿实业有限公司印章,经司法鉴定均不是真实的。股东名称为"辽宁科技创业投资有限责任公司",而《股东会担保决议》上盖有股东印章名称为"辽宁科技创业投资责任公司",没有"有限"二字,与股东名称明显不符。股东大连科技风险投资有限公司在 2003 年就已经将名称由"大连科技风险投资有限公司"变更为现名称"大连科技风险投资基金有限公司",其所盖印章名称虽系更名前的名称,但并不是更名前的作废旧印章。因该公司更名前的旧印章上有数码标志,而《股东会担保决议》所盖旧印章却没有数码标志,招行东港支行应当审查出来。另外,振邦集团公司是振邦股份公司的股东和实际控制人,在《股东会担保决议》上也加盖公司印章,违背《公司法》的规定,招行东港支行应是明知的。综上所述,《股东会担保决议》所盖 5 枚印章均无效,一审确认《股东会担保决议》事项并未经过股东会的同意,该《股东会担保决议》因缺乏真实性,导致担保合同无效正确。招行东港支行没有尽到审查义务,存在过错,对担保合同无效,应当承担相应责任。根据担保法解释第 7 条"主合同有效而担保合同无效,债权人无过错的,担保人与债务人对主合同债权人的经济损失,承担连带赔偿责任;债权人、担保人有过错的,担保人承担民事责任的部分,不应超过债务人不能清偿部分的二分之一"的规定,该案中,招行东港支行和振邦股份公司对担保合同无效均存在过错,故一审判决振邦股份公司应当对振邦集团公司不能清偿部分的债务承担 1/2 的赔偿责任,并无不当。招行东港支行所提一审法院适用法律错误,其不存在过错的上诉理由,不能成立,该院不予采纳。综上所述,一审认定事实清楚,证据确实、充分,审判程序合法,应予维持。该院依据《民事诉讼法》第 153 条第 1 款第 1 项之规定,判决:驳回上诉,维持原判。

再审:最高人民法院

招行东港支行不服辽宁省高级人民法院上述民事判决,向最高人民法院申请再审,认为:

(1)二审生效判决适用法律错误。本案应依据《物权法》(以下简称《物权法》)第 106 条关于善意取得制度的规定,申请再审人招行东港支行依法取得抵押权。再审申请人招行东港支行取得案涉土地的抵押权,属于担保物权范畴。根据《物权法》第 106 条的规定,招行东港支行善意取得案涉土地、房产抵押权。首先，招行东港支行取得该抵押权时是善意的，振邦股份公司以案涉土地使用权设定抵押权是为了借新还旧，而银行作为金融机构，以发放贷款取得抵押权是善意的、正当的，招行东港支行是基于抵押登记已完毕才发放的贷款，不存在任何恶意目的；其次，招行东港支行在取得案涉抵押权的同时，依约向振邦集团公司发放了贷款，即支付了合理的对价；最后，不动产抵押已经设立了抵押登记，根据《物权法》的规定，不论振邦股份公司是否有权办理案涉土地的抵押登记、是否取得该公司股东会同意，都不影响招行东港支行基于物权法善意取得制度的规定，合法地取得案涉土地、房产的抵押权。二审法院判决认为"振邦股份公司为振邦集团公司的借款提供了连带责任保证和抵押担保，由于该担保行为属于股份公司为其股东提供担保，故对其效力的认定应适用公司法的有关规定"是对法律的理解、适用错误。公司为股东提供担保的内部程序理应适用《公司法》，但对于与第三人已经设立了抵押登记的担保的效力问题，则应该适用《物权法》，因为这已经超出了公司内部问题的范畴。从《公司法》第1条、第149条、第150条和第153条的规定可以看出，股东越权侵权是公司内部责任问题，不能对抗公司外部债权人。振邦股份公司对外已向招行东港支行出具了不可撤销担保书及抵押合同，并且在抵押登记部门办理了抵押登记。振邦股份公司的股东会决议是其公司内部管理问题，其形式要件及内容是否真实不应对抗招行东港支行已依法成立的担保物权。至于振邦股份公司因此而遭受的损失，应按《公司法》规定由公司内部相关责任人来承担赔偿责任。故二审生效判决根据振邦股份公司内部的《股东会担保决议》无效而认定招行东港支行的担保物权无效，是适用法律错误。

（2）二审生效判决事实认定错误。二审生效判决认为申请再审人招行东港支行没有尽到形式审查义务而判决该案涉抵押权无效，属事实认定错误。第一，招行东港支行作为金融机构，在发放贷款时一定要借款人提供担保并先进行抵押登记。本案中振邦股份公司以土地使用权做担保设定抵押，招行东港支行势必要先与其签订抵押合同并经登记。作为一个从事金融业务的专业机构，招行东港支行既不是专业的法律服务机构，也不是工商行政机关，也不是抵押登记部门，对于振邦股份公司欲设定担保的文件的形式审查义务，应当由抵押登记部门来承担。招行东港支行基于对抵押登记部门公信力的信任，在先进行了抵押登记之后，向借款人放款并无任何不当之处。二审生效判决将上述形式审查义务赋予并非专业法律服务机构或工商行政机关或抵押登记部门的招行东港支行，并据此而判决该抵押权无效，是事实认定不清。第二，招行东港支行作为善意第三人对《股东会担保决议》的形式审查仅限于"有这份文件"，并没有对其真实性进行审查的义务和能力。二审法院判决要求招行东港支行对该文件进行实质性审查，是事实认定错误。因为：①对于《股东会担保决议》上股东天津环渤海创业投资管理有限公司和中绿实业有限公司所盖印章的真实性不具有鉴定能力；②对于该决议上股东名称为"辽宁科技创业投资责任公司"的印章，法律并没有要求作为非专业法律机构或工商行政管理机构，而是金融机构的招行东港支行谙熟公司法，所以，招行东港支行并没有区别公司法上公司名称的能力和义务；③对于该决议上用废旧印章盖印的"大连风险投资有限公司"，招行东港支行不是工商行政部门，也没有去工商行政部门查询的义务。

(3)招行东港支行无过错,保证人理应承担连带赔偿责任。招行东港支行不可能知道振邦股份公司的保证和抵押合同是其内部管理人员违反公司法,未经过股东会决议越权签订,因为振邦股份公司提供了《股东会担保决议》文件,并且抵押担保经过行政机关审查后已登记完毕。如果抵押担保有问题,抵押登记部门审核后不可能为其进行抵押登记。《物权法》第178条规定“担保法与本法的规定不一致的,适用本法”。本案庭审时物权法已生效,根据新法优于旧法原则,对于本案抵押部分的审理,应适用物权法善意取得制度的规定。综上所述,振邦股份公司作为保证人应承担连带赔偿责任。二审判决认定事实不清、适用法律确有错误,请求依法改判,以维护法律的正确实施,维护作为善意第三人的招行东港支行的合法权益。

被申请人振邦股份有限公司经传唤未出庭应诉,其提交书面答辩意见称:

(1)善意取得制度不适用本案,原审适用法律正确;

(2)申请人未尽合理审慎注意义务,原审认定事实正确;

(3)股东会议决议系伪造,担保未经股东会同意。《抵押合同》《不可撤销担保书》无效,申请人对无效结果存在过错,被申请人只应承担相应比例的赔偿责任。请求驳回申请人的再审请求。原审被告振邦集团公司未发表答辩意见。

最高人民法院认为,本案各方争议的焦点是担保人振邦股份公司承担责任的界定。鉴于案涉借款合同已为一、二审法院判定有效,申请再审人对此亦无异议,故本院对案涉借款合同的效力直接予以确认。案涉《抵押合同》及《不可撤销担保书》系担保人振邦股份公司为其股东振邦集团公司之负债向债权人招行东港支行作出的担保行为。作为公司组织及公司行为当受《公司法》调整,同时其以合同形式对外担保行为亦受合同法及担保法的制约。涉案公司担保合同效力的认定,因其并未超出平等商事主体之间的合同行为的范畴,故应首先从合同法相关规定出发展开评判。

(1)关于合同效力,《合同法》第52条规定“有下列情形之一的,合同无效……(五)违反法律、行政法规的强制性规定”。关于前述法律中的“强制性”,最高人民法院《关于适用〈中华人民共和国合同法〉若干问题的解释(二)》(以下简称《合同法解释二》)第14条则作出如下解释规定“合同法第五十二条第(五)项规定的‘强制性规定’,是指效力性强制性规定”。因此,法律及相关司法解释均已明确了将违反法律或行政法规中效力性强制性规范作为合同效力的认定标准之一。公司作为不同于自然人的法人主体,其合同行为在接受合同法规制的同时,当受作为公司特别规范的公司法的制约。《公司法》第1条开宗明义规定“为了规范公司的组织和行为,保护公司、股东和债权人的合法权益,维护社会经济秩序,促进社会主义市场经济的发展,制定本法”。《公司法》第16条第2款规定:“公司为公司股东或者实际控制人提供担保的,必须经股东会或者股东大会决议。”上述公司法规定已然明确了其立法本意在于限制公司主体行为,防止公司的实际控制人或者高级管理人员损害公司、小股东或其他债权人的利益,故其实质是内部控制程序,不能以此约束交易相对人。故此,上述规定宜理解为管理性强制性规范。对违反该规范的,原则上不宜认定合同无效。另外,如作为效力性规范认定将会降低交易效率和损害交易安全。譬如股东会何时召开,以什么样的形式召开,何人能够代表股东表达真实的意志,均超出交易相对人的判断和控制能力范围,如以违反股东决议程序而判令合同无效,必将降低交易效率,同时也给公司动辄以违反股东决议主张合同无效的不诚信行为留下了制度缺口,最终危害交易安全,不仅有违商事行为的诚信规则,更有违公平正义。故本案一审、二审法院以案涉《股东会担保决议》的决议事项并未经过振邦股份公司股东会的同意,振邦股份公司也未就此事召开过股东大会为由,根据《公司法》第 16 条规定,作出案涉不可撤销担保书及抵押合同无效的认定,属于适用法律错误,本院予以纠正。

(2)在案事实和证据表明,涉案《股东会担保决议》确实存在部分股东印章虚假、使用变更前的公司印章等瑕疵,以及被担保股东振邦集团公司出现在《股东会担保决议》中等违背公司法规定的情形。振邦股份公司法定代表人周建良超越权限订立抵押合同及不可撤销担保书,是否构成表见代表,招行东港支行是否善意,亦是本案担保主体责任认定的关键。《合同法》第 50 条规定:“法人或者其他组织的法定代表人、负责人超越权限订立的合同,除相对人知道或者应当知道超越权限的以外,该代表行为有效。”本案再审期间,招行东港支行向本院提交的新证据表明,振邦股份公司提供给招行东港支行的股东会决议上的签字及印章与其为担保行为当时提供给招行东港支行的签字及印章样本一致。而振邦股份公司向招行东港支行提供担保时使用的公司印章真实,亦有其法人代表真实签名。且案涉抵押担保经过行政机关审查后也已办理了登记。至此,招行东港支行在接受担保人担保行为过程中的审查义务已经完成,其有理由相信作为担保公司法定代表人的周建良本人代表行为的真实性。《股东会担保决议》中存在的相关瑕疵必须经过鉴定机关的鉴定方能识别,必须经过查询公司工商登记才能知晓,必须谙熟公司法相关规范才能避免因担保公司内部管理不善导致的风险,若将此全部归属于担保债权人的审查义务范围,未免过于严苛,亦有违《合同法》《担保法》等保护交易安全的立法初衷。担保债权人基于对担保人法定代表人身份、公司法人印章真实性的信赖,基于担保人提供的股东会担保决议盖有担保人公司真实印章的事实,完全有理由相信该《股东会担保决议》的真实性,无须也不可能进一步鉴别担保人提供的《股东会担保决议》的真伪。因此,招行东港支行在接受作为非上市公司的振邦股份公司为其股东提供担保过程中,已尽到合理的审查义务,主观上构成善意。本案周建良的行为构成表见代表,振邦股份公司对案涉保证合同应承担担保责任。

(3)关于案涉《抵押合同》的担保责任,鉴于该案一审、二审期间招行东港支行仅提出相对人承担连带赔偿责任的诉讼主张,并未提出对案涉抵押物享有优先受偿权的诉讼请求,故其再审中请求享有案涉抵押担保物权的主张已超出原审诉请范围,因此本院再审中不予审理。

四、再审(终审)判决

本院依照《合同法》第 50 条、第 52 条第 5 项,最高人民法院《关于适用〈中华人民共和国合同法〉若干问题的解释(二)》第 14 条、《公司法》第 16 条第 2 款、《民事诉讼法》第 170 条第 1 款第 2 项、第 207 条之规定,判决担保合同有效,振邦股份公司对振邦集团公司的借款承担连带担保责任。

教学手册

教学内容

1.《公司法》第16条规定是管理性规定,仅具有对内效力

《公司法》第1条规定,为了规范公司的组织和行为,保护公司、股东和债权人的合法权益,维护社会经济秩序,促进社会主义市场经济的发展,制定本法。因此,公司法具有组织法的特点,公司法中关于担保权分配的规则属于公司内部管理规则,仅具有对内的效力,如果违反法律规定,股东可以请求法院撤销相关决定,但是不得对抗善意第三人。

2. 公司法定代表人的越权行为有效,除非交易相对人恶意

《合同法》第50条规定,法人或者其他组织的法定代表人、负责人超越权限订立的合同,除相对人知道或者应当知道其超越权限的以外,该代表行为有效。因此,为了促进商事交易的快速进行,保障商事交易的安全,即使公司法定代表人越权对外签订合同,只要是相对人善意,该合同依然有效。

3. 公司对外担保中的债权人仅作形式审查

相比于民事主体,商事主体在交易的过程中,其具有更高的注意义务,尤其是对于银行等专业放贷机构而言,其在审查担保债务人的时候,具有更高的注意义务,例如,其需要审查法定代表人签订的合同是否符合公司章程的规定,是否有合法的授权等。但是,该审查也仅仅是形式审查而非实质审查,否则将课以债权人太多的义务,反而有碍交易的进行。

预期效果

帮助同学们理解《公司法》作为组织法的含义,并结合《公司法》第1条、第16条以及《合同法》等规定,能够对公司担保规定有全面的把握。并且,触类旁通地分析其他相关问题,例如,公司章程未对担保权作出规定,该权利由谁享有;董事会决议被撤销之后,对于善意第三人的效力,等等。

教学计划

1. 布置学生课前阅读最高人民法院判决,自行归纳争议焦点。

2. 课上,师生一起研读最高人民法院判决,明确案件事实(以图表形式和时间轴形式表示),归纳总结本案的争议焦点。

3. 按照总结出的争议焦点,逐一进行分析讨论。

4. 在前者基础上对于法院的判决进行批判性的分析与检讨。

5. 在本案的基础上,对案情进行适当的修改并提出问题与同学讨论(结合实务中已经发生的相同案例,参见参考文献中的案例)。

6. 总结本课程的讨论。

课堂时间安排

本案例分析教学时间为3课时,每课时45分钟。

第一课时,掌握案件事实,归纳本案争议焦点,原被告双方的观点和理由,法院的观点和理由。

第二课时,根据案件争议焦点,结合《公司法》、《合同法》以及《担保法》等法规和已经学过的法律知识等,逐一对争议焦点进行讨论。在此基础上,对于原被告、法院的观点和理由,提出批判性分析与检讨。

第三课时,在对本案全面讨论的基础上,对本案的案情事实进行修改(结合实务中类似的案件),向同学发问,以期触类旁通,全面地理解《公司法》第16条的内容。最后,总结本次案例讨论。

思考题和实践题

思考题

《公司法》第16条规定,公司向其他企业投资或者为他人提供担保,依照公司章程的规定,由董事会或者股东会、股东大会决议;公司章程对投资或者担保的总额及单项投资或者担保的数额有限额规定的,不得超过规定的限额。公司为公司股东或者实际控制人提供担保的,必须经股东会或者股东大会决议。前款规定的股东或者受前款规定的实际控制人支配的股东,不得参加前款规定事项的表决。该项表决由出席会议的其他股东所持表决权的过半数通过。

1. 如果公司章程对于担保事项未作规定,请问是由股东会作出还是由董事会作出?如果公司是以担保为业的公司(如担保公司),结果会有不同吗?
2. 公司章程规定了担保由股东会作出,或者对担保上限等作出规定,请问如果董事会违反章程规定作出担保决定,该决定的效力如何(请同时考虑《公司法》第22条)?
3. 公司章程规定担保事项由董事会作出,董事长兼法定代表人未经董事会决议,擅自对外担保,请问该担保效力如何?
4. 公司章程是否可以规定,公司不能进行任何对外担保行为?
5. 如何理解《公司法》第16条的性质,属于效力性规定还是管理性规定?其立法目的为何?
6. 如果接受担保的债权人同时也是公司的股东,请问如何认定债权人是否善意?(参见陈士芹诉中信信托有限责任公司、梁召坤、乐陵希森马铃薯产业集团有限公司损害公司利益责任纠纷案)
7. 债权人与公司订立担保合同的时候,是否有审查的义务?是否因债权人身份的不同,而具有不同的审查义务(如银行、专业贷款公司、大型企业以及自然人等)?
8. 债权人在审查公司是否有权对外担保时,需要审查什么文件,公司章程、董事会决议还是股东会决议?
9. 债权人对于董事会决议或者股东会决议的审查,是实质性审查还是形式性审查?具体到本案,请问银行是否尽到了其应有的义务?

实践题

1. 如果你是债权人的法务部工作人员或者是债权人外聘的律师,如何确保担保人提供的担保合同符合法律的规定,减少不必要的法律纠纷?

2. 如果你是担保人的法务部工作人员或者是外聘的律师,如何建议公司作出符合法律规定的担保决议,减少不必要的法律纠纷?

参考文献

1. 施天涛:《公司法论》(第三版),法律出版社 2014 年版。
2. 赵旭东主编:《公司法学》,高等教育出版社 2012 年版。
3. 邓峰:《普通公司法》,中国人民大学出版社 2009 年版。
4. 罗培新:《公司担保法律规则的价值冲突与司法考量》,载《中外法学》2012 年第 6 期。
5. 高圣平:《公司担保相关法律问题研究》,载《中国法学》2013 年第 2 期。
6. 徐子良:《公司对外担保法律效力的司法认定》,载《人民司法·案例》2009 年第 14 期。
7. 周伦军:《公司对外提供担保的合同效力判断规则》,载《法律适用》2014 年第 8 期。
8. 钱玉林:《公司法第 16 条的规范意义》,载《法学研究》2011 年第 6 期。
9. 曾大鹏:《公司越权对外担保的效力研究——基于法律解释方法之检讨》,载《华东政法大学学报》2013 年第 5 期。
10. 陈士芹诉中信信托有限责任公司、梁召坤、乐陵希森马铃薯产业集团有限公司损害公司利益责任纠纷案。
11. 中建材集团进出口公司诉北京大地恒通经贸有限公司、北京天元盛唐投资有限公司、天宝盛世科技发展(北京)有限公司、江苏银大科技有限公司、四川宜宾俄欧工程发展有限公司进出口代理合同纠纷案。
12. 济宁富美斯纺织服装有限公司诉嘉祥县农村信用合作联社等金融借款担保合同纠纷案。

(樊健,上海财经大学法学院,fan. jian@ mail. shufe. edu. cn)

16 CASE 奇虎公司与腾讯公司垄断纠纷案

摘　要

本案例以一起真实诉讼案例为蓝本，围绕这一案件发生的起因和争议引导学生展开分析，涉及的知识点和职业技能包括：如何理解和认识互联网企业独特的商业模式，如何理解反垄断法在互联网行业中的利用及其特殊性，如何具体地应用基本工具和方法判断滥用市场支配地位的行为。引导学生对互联网这一新兴行业的兴趣，以及关注这一行业的特殊性，进一步反思信息时代的法律在多大程度上应当反映新经济的特殊性，并平衡不同利益群体之间的冲突。

关键词

互联网反垄断　双边市场　捆绑　假定垄断者测试

教学目标

着重让学生把握三方面内容：(1)理解互联网企业独特的商业模式；(2)理解互联网企业在确定相关市场时遇到的双边市场难题；(3)训练互联网企业计算相关市场的方法，特别是“假定垄断者测试”及其问题。

教学案例

第一部分 背景资料

2010年,作为国内最大的即时通信软件服务商的腾讯推出QQ医生1.0 Beta版本,此后很长一段时间内只作为查杀盗号木马的小工具。随后QQ医生3.2推出,界面及功能酷似360,同时宣布赠送诺顿防病毒软件半年试用。之后QQ医生利用春节期间强行推广。

作为安全软件厂商的360很快意识到QQ医生的威胁,一些正在休假的员工被紧急召回以应对这起突发事件。360快速反应,加上QQ医生本身产品并不成熟就匆忙上阵,很多用户陆续卸载QQ医生,其市场份额也快速降至10%以下。

2010年5月31日,腾讯悄然将QQ医生升级至4.0版并更名为“QQ电脑管家”。新版软件将QQ医生和QQ软件管理合二为一,增加了云查杀木马、清理插件等功能,涵盖了360安全卫士所有主流功能,用户体验与360十分类似。

2010年中秋节期间,“QQ软件管理”和“QQ医生”自动升级为“QQ电脑管家”,涵盖了云查杀木马、系统漏洞修补、安全防护,系统维护和软件管理等功能,而这也是360安全卫士的主流功能。

2010年9月22日,网上陆续有网友反映,自己的桌面上突然多出了“QQ电脑管家”的图标,而且会在开机时自动启动。这是QQ继2010年春节强制安装QQ医生后的第二次大规模强制安装。凭借着QQ庞大的用户基础,QQ电脑管家将直接威胁360在安全领域的生存地位。

2010年9月27日,360发布直接针对QQ的“隐私保护器”工具,宣称其能实时监测曝光QQ的行为,并提示用户“某聊天软件”在未经用户许可的情况下偷窥用户个人隐私文件和数据。引起了网民对于QQ客户端的担忧和恐慌。

2010年10月14日,针对360隐私保护器曝光QQ偷窥用户隐私事件,腾讯正式宣布起诉360不正当竞争,要求奇虎及其关联公司停止侵权、公开道歉并作出赔偿。针对腾讯起诉,360随即回应称“各界对腾讯提出的质疑,腾讯一直回避窥探用户隐私,这时候起诉360,除了打击报复外,不排除是为了转移视线,回避外界质疑”。

2010年10月27日,腾讯刊登了《反对360不正当竞争及加强行业自律的联合声明》。声明由腾讯、金山、百度、傲游、可牛等公司联合发布。要求主管机构对360不正当的商业竞争行为进行坚决制止,对360恶意对用户进行恫吓、欺骗的行为进行彻底调查。

2010年10月29日,360公司推出一款名为“360扣扣保镖”的安全工具。360称该工具全面保护QQ用户的安全,包括阻止QQ查看用户隐私文件、防止木马盗取QQ以及给QQ加速、过滤广告等功能。72小时内下载量突破2000万,并且不断迅速增加。腾讯对此作出说明,称360扣扣保镖是“外挂”行为。

2010年11月3日傍晚,腾讯公开信宣称,将在装有360软件的电脑上停止运行QQ软件,用户必须卸载360软件才可登录QQ。此举引发了业界震动,业内认为,腾讯这招是逼迫用户作出二选一的选择。据360CEO周鸿祎称被迫卸载的360软件用户达到6000万。

随后在工业和信息化部的协调下,双方和解,宣布恢复兼容。360公司在广东省高级人民法院对腾讯公司提起反垄断民事诉讼,一审败诉,随即上诉至最高人民法院,终审判决仍然败诉。

第二部分 案情介绍

一、双方身份信息

上诉人(一审原告):北京奇虎科技有限公司。

法定代表人:齐向东,该公司执行董事。

被上诉人(一审被告):深圳市腾讯计算机系统有限公司。

法定代表人:马化腾,该公司总经理。

二、双方一审观点

(一)奇虎公司观点

本案相关商品市场为集成了文字、音频及视频等综合功能的即时通信软件及其服务市场,相关地域市场为中国大陆地区综合功能即时通信软件及服务市场。腾讯公司和腾讯计算机公司在相关市场具有支配地位。腾讯公司和腾讯计算机公司滥用市场支配地位。

(二)腾讯公司和腾讯计算机公司观点

1. 相关市场上提供即时通信服务的产品非常多,其他互联网产品和服务亦可实现即时通信服务功能,奇虎公司故意采用过窄的标准来划分和界定本案相关商品市场范围,使QQ软件产品的市场地位被明显高估。

2. 即时通信服务市场竞争激烈,可替代性高,进入门槛低。

3. 奇虎公司在本案中指控腾讯公司和腾讯计算机公司实施的有关行为合理合法,不构成垄断,也没有给奇虎公司造成任何经济损失。

三、一审判决

一审判决认为,本案争议焦点主要是:相关市场如何界定;腾讯公司和腾讯计算机公司在相关市场上是否具有支配地位;腾讯公司和腾讯计算机公司是否滥用市场支配地位排除、限制竞争以及其应承担何种民事责任。

1. 一审法院认为奇虎公司关于综合性的即时通信产品及服务构成一个独立的相关商品

市场的主张不能成立,不予支持。

2. 一审法院认为本案相关地域市场应为全球市场。

3. 奇虎公司界定本案相关商品市场和地域市场过窄。

4. 市场份额不是认定是否具有市场支配地位的唯一依据。腾讯公司和腾讯计算机公司在该市场不具有支配地位。

5. 本案中,腾讯公司和腾讯计算机公司强迫用户"二选一",实质上属于限制交易的行为。不构成反垄断法所禁止的搭售行为。因此驳回奇虎公司的全部诉讼请求。

四、双方二审主张

(一)奇虎公司不服一审判决,向二审法院提起上诉称:一审法院认定事实不清,适用法律错误,程序违法,请求二审法院撤销一审判决,将本案发回重审或者改判支持其诉讼请求;判令本案一审、二审诉讼费均由腾讯公司和腾讯计算机公司承担。其主要上诉理由如下:

1. 一审判决对本案相关商品市场未作认定,属于案件基本事实认定不清。

2. 一审判决在分析相关商品市场时基本方法错误。

3. 一审判决对相关地域市场的认定明显错误,本案中相关地域市场应为中国大陆地区。

4. 一审判决认定被上诉人在相关市场不具有支配地位是错误的。

5. 被上诉人实施了滥用市场支配地位的行为,依法应当承担法律责任。

6. 被上诉人应该承担赔偿责任。

7. 一审法院程序违法,损害了上诉人的合法权益。

(二)被上诉人腾讯公司和腾讯计算机公司共同答辩称:一审法院认定事实清楚,程序合法,适用法律正确,判决结果公平公正,请求二审法院驳回上诉人的全部诉请,维持一审判决。其主要理由如下:

1. 上诉人奇虎公司应当对相关市场的界定承担举证责任。

2. 一审判决严格依法分析界定本案相关商品市场。

3. 本案相关地域市场应为全球市场。

4. 被上诉人在相关市场不具有市场支配地位。

5. 被上诉人的行为不构成滥用市场支配地位。

6. 上诉人没有任何证据证明其遭受了所谓的巨大损失。

7. 一审法院对本案的审理程序合法。

五、双方出示的证据

(一)上诉人提交的证据

1. 第一组证据为证据1-3,用以证明一审判决在界定相关商品市场时,运用假定垄断者测试的方法违背了经济学原理;一审判决关于本案相关商品市场的界定方法在理论上存在错误,本案相关商品市场应界定为个人电脑(PC)端综合性即时通信产品和服务;一审判决对本案相关地域市场界定错误,本案相关地域市场应界定为中国大陆地区;被上诉人具有市场支配地位。其中,证据1为《奇虎360诉腾讯:对广东省高级人民法院判决书的经济评论》。该证据系RBB经济咨询针对本案一审判决出具的经济分析报告,报告署名人为Derek Ridyard。证据2为RBB经济咨询网页简介,用以证明RBB经济咨询具有出具经济分析报告的能力与资质。证据3为《关于360和腾讯反垄断诉讼案件的经济分析报告》。该报告的作者是Charles River Associates(CRA)的特别顾问David Stallibrass,并由Sharon Pang、Weiye Li协助完成。

2. 第二组证据为证据4-6,用以证明移动端即时通信软件不属于本案相关商品市场范围。其中,证据4为苹果公司iMessage官网截图,用以证明iMessage功能在本案纠纷发生时尚未推出。证据5为腾讯软件中心截图,用以证明腾讯QQ可以在Windows、Mac等不同操作系统上安装。证据6为三星ChatOn官网截图,用以证明ChatOn聊天软件在本案纠纷发生时尚未推出,且主要适用于移动终端。

3. 第三组证据为证据7-9,用以证明微博不属于本案相关商品市场范围。其中,证据7为新浪微博截图,证据8为搜狐微博截图,分别用以证明新浪微博和搜狐微博推出私信功能,仅能够即时传输有限长度的文字,而无法即时传输图片、文档、语音或视频。证据9为腾讯微博截图,用以证明腾讯微博推出私信功能,仅能够即时传输文字、图片、语音,无法即时传输文档或视频。

4. 第四组证据为证据10,该证据为人人网截图,用以证明截至2013年11月12日,人人网的聊天功能仅能传输文字与图片,因而社交网站不属于本案相关商品市场范围。

5. 第五组证据为证据11-13,用以证明新进入的即时通信产品所具有的导入、移植好友关系链的功能在本案纠纷发生时尚不存在。其中,证据11为易信发布会截图;证据12为陌陌官方网站截图;证据13为新浪微博WP客户端截图。

6. 第六组证据为证据14-16,用以证明全球经济咨询集团Global Economics Group(GEG,以下简称全球经济咨询)的经济分析报告对于本案相关市场的界定、市场支配地位认定及滥用行为的评估均存在错误。其中,证据14为RBB经济咨询的Derek Ridyard出具的《奇虎360诉腾讯:RBB对GEG经济分析报告的评论》;证据15为CRA特别顾问David Stallibrass出具的《对GEG的反驳报告》;证据16为CRA简介,用以证明CRA具有出具经济分析报告的能力。

(二)被上诉人提交的证据

1. 第一组证据为证据1-11,用以证明上诉人关于本案相关商品市场的主张错误。其中,证据1为(2013)京方圆内经证字第13355号公证书;证据2为(2013)京方圆内经证字第13356号公证书;证据3为(2013)京方正内经证字第10690号公证书;该三份证据用以证明移动端即时通信设备拥有庞大的用户基数,移动端即时通信应纳入本案相关商品市场;智能手机全球销售数量已超过个人电脑,上诉人关于相关商品市场及市场份额的数据不正确。证据4为(2013)京方正内经证字第10694号公证书;证据5为(2013)京方正内经证字第10691号公证书;该两份证据用以证明微博属于本案相关商品市场。证据 6 为(2013)京方正内经证字第 10692 号公证书,用以证明社交网站属于本案相关商品市场。证据 7 为(2013)深盐证字第 3988 号公证书;证据 8 为(2013)深证字第 116573 号公证书;证据 9 为(2013)深证字第 3989 号公证书;该三份证据用以证明 QQ 软件、电子邮件、电话、手机短信属于本案相关商品市场。证据 10 为(2013)深证字第 115070 号公证书;证据 11 为(2013)深证字第 115067 号公证书;该两份证据用以证明互联网行业的竞争实质为平台竞争,本案相关市场范围远远大于上诉人主张的相关市场。

2. 第二组证据为证据 12 - 21,用以证明本案相关地域市场应为全球市场。其中,证据 12 为(2013)深证字第 115055 号公证书;证据 13 为(2013)深证字第 115064 号公证书;证据 14 为(2013)深证字第 115069 号公证书;证据 15 为(2013)深证字第 115068 号公证书;该四份证据用以证明用户的母语以及即时通信服务商的国籍并不影响其在全球范围内获取或者提供即时通信服务。证据 16 为(2013)京方正内经证字第 10928 号公证书;证据 17 为(2013)京方正内经证字第 10927 号公证书;证据 18 为(2013)京方正内经证字第 27562 号公证书;证据 19 为(2013)京方正内经证字第 27563 号公证书;证据 20 为(2013)深盐证字第 4102 号公证书及中文翻译件;证据 21 为(2013)京方正内经证字第 13817 号公证书;该六份证据用以证明被上诉人多年来致力于推出并不断更新 QQ 国际版,向全球用户提供即时通信服务,QQ 海外用户数量不断攀升。

3. 第三组证据为证据 22 - 37,用以证明被上诉人在本案相关市场上不具有支配地位。其中,证据 22 为(2013)京方正内经证字第 10693 号公证书;证据 23 为(2013)深盐证字第 4101 号公证书;该两份证据用以证明即时通信用户十分关注即时通信产品的功能和创新,客户黏性并不会阻碍用户因用户体验下降、产品功能不佳等原因更换即时通信服务。证据 24 为(2013)京方正内经证字第 13816 号公证书,用以证明即时通信软件的好友关系链可通过多种方式导入、移植,互联网技术的发展为用户更换即时通信服务提供了诸多便利,客户黏性不构成即时通信服务进入和发展的壁垒。证据 25 为(2013)京方正内经证字第 13818 号公证书;证据 26 为(2013)深证字第 115062 号公证书;证据 27 为(2013)深证字第 115060 号公证书;证据 28 为(2013)深证字第 115059 号公证书;证据 29 为(2013)深证字第 115061 号公证书;证据 30 为(2013)深证字第 115065 号公证书;证据 31 为(2013)深证字第 115058 号公证书;证据 32 为(2013)深证字第 115057 号公证书;证据 33 为(2013)深证字第 115066 号公证书;证据 34 为(2013)深证字第 115056 号公证书;该十份证据用以证明近三年来互联网经营者成功进入通信服务市场,并迅速获得远远高于中国互联网网民增长率的快速发展。证据 35 为(2013)京方正内经证字第 13839 号公证书;证据 36 和证据 37 分别为全球经济咨询出具的《关于奇虎 360 相关市场界定、市场力和滥用市场支配地位指控的经济报告》和《关于奇虎 360 和腾讯反垄断诉讼案件中 Stallibrass 先生对广东省高级人民法院判决结果批判的经济分析报告》;该三份证据用以证明上诉人主张的相关市场界定错误,被上诉人在上诉人所称的相关市场中不具有市场支配地位,被上诉人的行为并未限制相关市场的竞争。

六、本案争议焦点

本案争议焦点主要包括:第一,如何界定本案中的相关市场。第二,被上诉人是否具有市场支配地位。第三,被上诉人是否构成反垄断法所禁止的滥用市场支配地位行为。第四,一审法院审理程序是否违法。第五,本案相关民事责任的承担。

教学手册

教学对象及目标

本案例供法律硕士案例教学使用,法学本科(大四)、经济法学硕士也可以参酌试用。本案例以一起真实诉讼案例为蓝本,围绕这一案件发生的起因和争议引导学生展开分析,涉及的知识点和职业技能包括:如何理解和认识互联网企业独特的商业模式,如何理解反垄断法在互联网行业中的利用及其特殊性,如何具体地应用基本工具和方法判断滥用市场支配地位的行为。引导学生对互联网这一新兴行业的兴趣,以及关注这一行业的特殊性,进一步反思信息时代的法律在多大程度上应当反映新经济的特殊性,并平衡不同利益群体之间的冲突。

教学内容(五部分)

1. 互联网商业模式

互联网的商业模式可以大致概括为免费 + 增值服务。而免费的服务又帮助从多个市场聚合了大量用户,从而潜在地向用户收取增值服务费用和广告收入。这一模式和传统模式最大的不同在于借助信息经济的低廉成本,可以轻易吸引大量用户,只要少部分人付费就足以维持庞大的日常营运开支。这种商业模式不同于传统销售模式,甚至依靠前期的大量资本投入,对传统行业是很大的挑战。

2. 双边市场与平台经济学

双边市场是反垄断法上一个重要概念,相对于单边市场而言,指企业从某一个市场通过免费获得用户,而在另一个市场向用户收费获利的状态。在互联网产生之前,传统企业一般通过单一市场直接获利,很少利用双边市场进行运营,因为成本高昂。但在互联网产生之后,双边市场变得十分普遍,互联网企业也由此变成一个跨越多个市场的信息服务平台,依托精确的信息匹配服务获利。本课程的难点也在于如何看待和理解一个跨越十数个领域的平台的本质。

3. 传统反垄断法关于滥用市场支配地位的流程

滥用市场支配地位是传统反垄断法中重要的标准之一。包含了如下流程:认定相关市场,计算市场份额以确定是否拥有市场支配地位,判断某一行为是否滥用了该地位。其中又数界定相关市场最为关键,包含了多个指标和方法。应引导学生首先熟悉传统反垄断法的这一流程,其次才能要求他们将这一流程应用至互联网平台上。

4. 如何在双边市场平台界定市场支配地位

传统企业较为容易确定一个相关市场和所占市场份额,但在互联网平台上就需要更多的指标和因素来判断相关市场。特别是能否使用“假定垄断者测试”方法进行判断有很大争议。需要引导学生阅读广东省高级人民法院和最高人民法院关于3Q大战反垄断纠纷的判决书,厘清思路和问题意识,并分析两个法院讨论问题的不同思路分别是什么。

5. 从反垄断法的目的入手反思案件本身

最后还应当引导学生回归问题本身,思考作为一个发展迅速的行业,平台经济已经不可避免地兴起,在兴起过程中不仅有新旧行业的利益冲突,也有新行业内部的利益冲突。从反垄断法的目的来看,既包括鼓励竞争,也包括提升消费者福利,那么反垄断法在互联网行业中的适用在多大程度上可以实现这些目的,是否有其他替代性的方案如反不正当竞争来达到这些目标。

重点与难点

本案例的重点在于向学生解释互联网经济的特殊性,以及如何将传统反垄断法思路应用在对互联网企业的分析上,特别需要训练学生对比两个不同的判决书进行深入分析。难点在于对互联网企业的分析可能超越了传统思路,即大企业就是需要进行反垄断拆分,互联网企业逐渐分化为平台型企业与非平台型企业,平台型企业的垄断地位对消费者福利而言是有效率的,但这不是抹杀竞争,大量中小开发商和企业仍然需要在平台上进行竞争。只要平台企业没有滥用这种地位,就不是反垄断法应当介入的领域,而更多地应当由反不正当竞争法调整。

课堂时间安排

本案例可以作为专门的案例教学课来进行,整个案例课的课堂安排5个课时,每课时45分钟。分别按照上述五个部分的内容进行讲授和讨论。

1. 课前计划:安排学生阅读案例及相关参考资料,对案例所涉及问题进行思考,撰写实践题答案。

2. 课中计划:介绍教学目的,明确讨论主题;分组讨论,回答各项思考题,讨论实践题的撰写要点;小组代表提出撰写要点,学生讨论和分析;教师归纳总结。

3. 课后计划:布置学生进一步思考互联网企业反垄断法的相关问题。

思考题和实践题

思考题

1. 一审法院未对本案相关商品市场作出明确界定是否属于基本事实认定不清?
2. 本案是否适合运用“假定垄断者测试”方法界定相关市场以及一审法院对该方法的运用是否正确?
3. 文字、音频以及视频等非综合性即时通信服务是否应纳入本案相关商品市场范围?
4. 移动端即时通信服务是否应纳入本案相关商品市场范围?
5. 社交网站、微博服务是否应纳入本案相关商品市场范围?

6. 手机短信、电子邮箱是否应纳入本案相关商品市场范围?
7. 本案相关商品市场是否应确定为互联网应用平台?
8. 本案的相关地域市场界定应当如何进行?
9. 本案的相关市场界定是否应考虑本案诉争行为发生之后的相关市场状况及技术发展趋势?
10. 在二审中,被上诉人是否具有市场支配地位?
11. 在二审中,被上诉人是否构成反垄断法所禁止的滥用市场支配地位行为?
12. 被上诉人实施的"产品不兼容"行为(用户二选一)是否构成反垄断法禁止的限制交易行为?
13. 被上诉人是否构成反垄断法所禁止的搭售行为?
14. 二审和一审法院审理此案的不同逻辑和思路是什么?

实践题

1. 如果你是360公司的代理人,应该做哪些工作? 请根据以上案情,编写工作计划。
2. 结合本案案情,为360公司撰写民事起诉状。
3. 针对以上起诉意见,为腾讯公司撰写答辩状。
4. 请根据以上案件信息,分析腾讯公司的行为是否构成反垄断法规制的垄断行为。

参考文献

1. 张小强:《网络经济的反垄断法规制》,法律出版社2007年版。
2. 吴韬:《互联网行业反垄断案件中的相关市场界定:美国的经验与启示》,载《电子知识产权》2011年第5期。
3. 仲春:《互联网行业反垄断执法中相关市场界定》,载《法律科学》2012年第4期。
4. 安娜贝拉·加威尔:《平台领导》,广东经济出版社2007年版。
5. David Evans, Platform Economics, Createspace, 2011.
6. 胡凌:《安全、隐私与互联网的未来》,载《中外法学》2012年第2期。

判决书

最高人民法院:奇虎公司与腾讯公司垄断纠纷上诉案,(2013)民三终字第4号民事判决书。

广东省高级人民法院:(2011)粤高法民三初字第2号民事判决书。

(胡凌,上海财经大学法学院副教授,huling@ mail. shufe. edu. cn)

17 CASE 泰州市环境公益诉讼案*

摘要

本案例以一起真实的环境公益诉讼案件为蓝本，围绕环境公益诉讼的各个环节展开，涉及知识点包括环境公益诉讼原告资格、被告行为与污染损害结果之间因果关系的判断、举证责任、赔偿数额认定、环境修复费用计算方法、环境污染损害评估规范化、赔付资金管理方式、赔付金额履行方式、法律责任形式等内容。本案例对解决其他类型的环境公益诉讼案件具有参考意义。

关键词

环境公益诉讼　原告资格　因果关系　赔偿　鉴定评估　法律责任

教学目标

本案例借助2014年终审的一起环境公益诉讼实例[(2014)苏环公民终字第00001号]，通过对案例及相关资料的阅读和分析，使学生对环境公益诉讼各方主体、诉讼规则、流程等内容有一个较为熟悉的把握，从而对环境公益诉讼这种新兴的诉讼模式有一个更为深刻的理解，为今后的教与学提供方向。

---

* 本案例由上海财经大学法学院李晓郛博士后撰写，作者拥有著作权中的署名权、修改权、改编权。未经允许，本案例的所有部分都不能以任何方式与手段擅自复制或传播。本案例只供课堂讨论之用，不对政府的环境资源决策以及企业的经营管理作出任何判断。

教学案例

一、背景资料

环境公益诉讼反映了民众对于环境污染和破坏的忧虑。当前我国环境污染、环境破坏的重大事件层出不穷,行政职能部门仅依据行政处罚手段已经不能适应治理的需求;加上地方保护主义,导致环境治理存在极大阻力。在这种情势下,司法进入环境治理的领域尤为紧迫和重要。公益诉讼对于公众参与环境监督、维护公共环境利益具有积极作用。

2012 年 1 月至 2013 年 2 月,江苏常隆农化有限公司等 6 家企业违反环保法,将其生产过程中所产生的废盐酸、废硫酸等危险废物总计约 2.6 万吨,以支付每吨 20 元至 100 元不等的价格,交给无危险废物处理资质的江中公司等企业,偷排到泰州市直通长江干流的泰运河、古马干河,导致水体严重污染,造成重大环境损害,需要进行污染修复。案件经环保部门调查后,14 名企业责任人被抓获,当地法院以环境污染罪判处 2 年至 5 年有期徒刑,并处罚金 16 万元至 41 万元。

此后,泰州市环保联合会向 6 家涉案企业提起环境公益诉讼。2014 年 9 月 10 日,泰州中级人民法院行政庭公开开庭审理该案,并首次邀请专家辅助人——东南大学教授吕锡武出庭对环境污染危害和治理成本的计算进行了介绍;法院判决 6 家涉案企业赔偿 1.6 亿余元用于环境修复。其中 4 家企业不服一审判决提起上诉。12 月 4 日和 16 日,江苏省高级人民法院进行了二审的 2 次庭审,12 月 29 日作出民事判决,维持泰州市中级人民法院关于 6 家企业赔偿数额的判决。该案判决不仅创造性地引入了虚拟治理成本概念,解决了环境污染损害后果难以明确时责任承担的难题,而且创下了国内环境侵权诉讼有史以来最高的赔偿金额。

二、涉案主体与基本案情

终审判决所涉相关主体

上诉人(原审被告)江苏常隆农化有限公司(以下简称常隆公司),住所地江苏省泰兴市经济开发区×××路×号。

法定代表人王卫华,该公司总经理。

委托代理人周旭东,江苏××律师事务所律师。

委托代理人李建明,江苏××律师事务所律师。

上诉人(原审被告)泰兴锦汇化工有限公司(以下简称锦汇公司),住所地江苏省泰兴市经济开发区××路×号。

法定代表人许江波,该公司董事长。

委托代理人丁佐荣,江苏××律师事务所律师。

委托代理人赵兵,北京市××××律师事务所律师。

上诉人(原审被告)江苏施美康药业股份有限公司(以下简称施美康公司),住所地江苏省泰兴市经济开发区×××路×号。

法定代表人王俊华,该公司董事长。

委托代理人万祥骏,该公司职员。

上诉人(原审被告)泰兴市申龙化工有限公司(以下简称申龙公司),住所地江苏省泰兴市经济开发区××路×号。

法定代表人蒋德生,该公司副总经理。

委托代理人丁志君,江苏××律师事务所律师。

被上诉人(原审原告)泰州市环保联合会,住所地江苏省泰州市××路×号。

法定代表人童宁,该联合会秘书长。

委托代理人陈晓军,江苏××律师事务所律师。

委托代理人祁麟,江苏××律师事务所律师。

原审被告泰兴市富安化工有限公司(以下简称富安公司),住所地江苏省泰兴市经济开发区××路×号。

法定代表人秦涛涵,该公司董事长。

委托代理人俞鑫生,江苏××律师事务所律师。

原审被告泰兴市臻庆化工有限公司(以下简称臻庆公司),住所地江苏省泰兴市经济开发区××路×号。

法定代表人杨继群,该公司经理。

泰州市中级人民法院副院长×××担任一审审判长,江苏省高级人民法院院长、大法官×××任二审审判长。支持起诉人为当地检察院。泰州市人民检察院副检察长×××、江苏省人民检察院副检察长×××,分别在一审、二审出庭并发表意见,明确支持环保联合会起诉。

泰兴市环境监测站对因违法倾倒废酸受到污染的水体进行了采样监测;江苏省环保厅认为相关监测数据符合环境监测质量管理体系及技术规范要求,出具了对监测数据的认可文书;江苏省环境科学学会受当地检察院和环保局委托,出具了污染损害评估技术报告;特聘大学教授作为专家辅助人提供技术咨询意见,并出庭说明解释。

(一)泰州市环保联合会原审诉求

2012年1月至2013年2月,常隆公司、锦汇公司、施美康公司、申龙公司、富安公司、臻庆公司违反国家环境保护法律和危险废物管理规定,将其生产过程中所产生的废盐酸、废硫酸等危险废物总计25934.795吨,以支付每吨20元至100元不等的价格,交给无危险废物处理资质的主体,偷排进泰兴市如泰运河、泰州市高港区古马干河,导致水体严重污染,造成重大环境损害,需要进行污染修复。根据江苏省环境科学学会[2014]苏环学鉴字第140401号《泰兴市12.19废酸倾倒事件环境污染损害评估技术报告》(以下简称《评估技术报告》)鉴定意见,常隆公司等6家公司在该污染事件中违法处置的危险废物在合法处置时应花费的成本(虚拟治理成本)合计36620644元。根据环境保护部门《关于开展环境污染损害鉴定评估工作的若干意见》(环发[2011]60号)的附件《环境污染损害数额计算推荐方法》(以下简称《推荐方法》)第4.5条的规定,应当以虚拟治理成本为基数,按照4.5倍计算污染修复费用。同时请求判令常隆公司、锦汇公司、施美康公司、申龙公司、富安公司、臻庆公司赔偿上述费用用于环境修复并承担本案的鉴定评估费用(10万元)和诉讼费。

(二)支持起诉机关泰州市人民检察院意见

该院依职权发现,2012年1月至2013年2月,常隆公司、锦汇公司、施美康公司、申龙公司、富安公司、臻庆公司违反法律规定,以每吨补贴20元至100元不等的费用提供副产酸给无危险废物处理资质的主体,偷排进如泰运河、古马干河,导致水体严重污染,损害社会公共利益。根据《民法通则》第124条、《侵权责任法》第65条、《环境保护法》第41条第1款、《水污染防治法》第85条第1款、《固体废物污染环境防治法》第84条第1款、第85条、第89条的规定以及环境保护部门《关于开展环境污染损害鉴定评估工作的若干意见》的规定,常隆公司等6家公司应当承担水污染损害赔偿责任。泰州市环保联合会对常隆公司等6家公司提起民事公益诉讼请求赔偿损失,符合法律规定。

(三)常隆公司等6家公司在原审中的答辩

1. 泰州市环保联合会不具有诉讼主体资格。《环境保护法》(2014)第58条规定专门从事环境保护公益活动连续5年以上且无违法记录的社会组织才可以向法院提起诉讼。泰州市环保联合会成立时间尚不满1年,不具有诉讼主体资格。

2. 常隆公司等6家公司生产的副产酸并非危险废物,而是依法生产经营的产品。泰州市江中化工有限公司(以下简称江中公司)、泰兴市祥峰化工贸易有限公司(以下简称祥峰公司)、泰兴市鑫源化工贸易有限公司(以下简称鑫源公司)、泰兴市全慧化工贸易有限公司(以下简称全慧公司)等4家公司具备购买副产酸的资格,购买前均经过公安部门备案。常隆公司等6家公司的生产销售行为合法,且对江中公司等单位倾倒副产酸之事并不知情,故环境污染与常隆公司等6家公司无法律上的因果关系。

3. 江苏省环境科学学会出具的《评估技术报告》无鉴定人签名,未见其鉴定资质,没有严格执行国标GB2085系列标准,将案涉副产酸鉴定为废物的程序不合法。

4. 如泰运河、古马干河水质已经恢复,无须再通过人工干预措施进行修复,泰州市环保联合会根据虚拟治理成本计算损失没有事实依据。

5. 泰州市环保联合会起诉的常隆公司、锦汇公司、施美康公司、申龙公司、富安公司、臻庆公司倾倒的副产酸数量与证据明显不符。富安公司还辩称该公司已经改进工艺,以树脂代替原工艺中的浓硫酸作为催化剂,生产中已无废硫酸产生。常隆公司等6家公司请求驳回泰州市环保联合会的诉讼请求。

（四）一审法院经审理查明的事实

常隆公司、锦汇公司、富安公司、施美康公司、申龙公司、臻庆公司系在泰兴市经济开发区内从事化工产品生产的企业，在化工产品生产过程中产生副产盐酸、对羟基苯甲醚催化剂废硫酸、丁酸、二氧化硫、氯乙酰氯、氨基油尾气吸收液（以下简称副产酸）。

江中公司、祥峰公司、鑫源公司、全慧公司分别设立于2004年至2011年，经营范围分别包括危险化学品，化工原料批发、零售等，均领取《危险化学品经营许可证》，但没有固定组织机构和人员，没有处理废酸等危险废物的经营许可证。

常隆公司分别于2012年6月20日、2013年1月1日与江中公司签订两份工业品买卖合同，约定常隆公司以每吨1元的价格向江中公司出售2万吨副产酸，买受方承担运输费。锦汇公司于2011年1月1日与江中公司签订工矿产品购销合同，约定每月向江中公司提供副产酸800吨，价格随行就市。2012年6月至2013年3月，江中公司法定代表人戴卫国等人至常隆公司提取副产酸17598.92吨，常隆公司每吨补贴给江中公司45元。2011年12月至2013年3月，江中公司戴卫国等人至锦汇公司提取副产酸8224.57吨，锦汇公司每吨补贴给江中公司20元。江中公司戴卫国等人将上述副产酸中的17143.86吨倾倒至如泰运河、古马干河。常隆公司、锦汇公司按照各自销售数额的比例分摊被倾倒数。

常隆公司于2012年9月15日与祥峰公司签订工业品买卖合同，约定常隆公司以每吨1元的价格向祥峰公司出售2万吨副产酸，买受方承担运输费。后祥峰公司法定代表人丁劲光等人至常隆公司提取副产酸505.94吨，常隆公司每吨补贴给祥峰公司40元。丁劲光等人将上述副产酸倾倒至如泰运河。

施美康公司于2012年10月至2013年2月以每吨补贴100元的价格将2686.68吨副产酸交由鑫源公司处置，鑫源公司法定代表人蒋巧红又将副产酸交由江中公司戴卫国、姚雪元运输处置。戴卫国、姚雪元等人将上述副产酸倾倒至如泰运河、古马干河。

申龙公司于2012年年初起，分别以每吨补贴20元、30元、50元的价格将副产酸交由曹海锋、全慧公司王长明及丁劲光处置。曹海锋、王长明、丁劲光等人将上述副产酸倾倒至如泰运河。

富安公司于2012年8月、9月以每车补贴1500～2000元的价格将副产酸交给江中公司戴卫国、姚雪元处置。戴卫国、姚雪元等人将上述副产酸倾倒至如泰运河、古马干河。

臻庆公司于2012年8月以每吨补贴20元的价格将副产酸交给全慧公司王长明处置。王长明等人将上述副产酸倾倒至如泰运河。

2010年、2011年泰州市环境保护局环境质量年报载明：如泰运河、古马干河水质均为Ⅲ类。泰兴市环境监测站2013年1月14日对如泰运河水质采样监测结果为：如泰运河瑞和码头高锰酸盐指数、化学需氧量、氨氮、总磷监测结果超标0.57倍、0.65倍、6.93倍、17.4倍；瑞和码头向西300米化学需氧量、氨氮、总磷监测结果分别超标0.05倍、0.19倍、2.11倍；新浦大桥前码头高锰酸盐指数、化学需氧量、氨氮监测结果分别超标0.02倍、0.55倍、1.68倍；三星化工码头高锰酸盐指数、化学需氧量、氨氮、总磷监测结果分别超标0.05倍、0.45倍、0.98倍、3.42倍;全慧化工码头高锰酸盐指数、化学需氧量、氨氮、总磷监测结果分别超标0.05倍、0.45倍、3.12倍、9.85倍。泰兴市环境监测站2013年2月22日对古马干河水质采样监测结果为:古马干河永兴港务码头西侧第一塔吊下向西500米永安大桥下pH值=4.31,偏酸性,氨氮、挥发酚、化学需氧量监测结果分别超标1.74倍、4.94倍、2.65倍;古马干河永兴港务码头西侧第一塔吊下向东2000米马甸闸西氨氮、化学需氧量监测结果分别超标0.90倍、0.85倍。江苏省环境保护厅于2013年9月10日向泰兴市环境保护局出具《关于对泰兴市环境监测数据认可的函》,认可泰兴市环境监测站出具的相关监测数据符合国家和省环境监测质量管理体系及相关技术规范要求。

受泰州市人民检察院、泰州市环境保护局委托,江苏省环境科学学会于2014年4月出具《评估技术报告》,载明消减倾倒危险废物中酸性物质对水体造成的损害需要花费2541.205万元;正常处理倾倒危险废物中的废酸需要花费3662.0644万元,根据常隆公司等六家公司副产酸的不同浓度,各公司每吨需花费金额不同。专家辅助人东南大学能源与环境学院吕锡武教授在庭审中发表意见认为,向水体倾倒危险废物的行为直接造成了区域生态环境功能和自然资源的破坏,无论是对长江内河水生态环境资源造成的损害进行修复,还是将污染引发的风险降至可接受水平的人工干预措施所需费用,均将远远超过污染物直接处理的费用;由于河水的流动和自我净化,即使倾倒点水质得到恢复,也不能因此否认对水生态环境曾经造成的损害。

一审法院另查明,泰州市环保联合会于2014年2月25日经泰州市民政局批准设立,系接受泰州市环境保护局指导的非营利性社团组织,其业务范围包括提供环境决策建议、维护公众环境权益、开展环境宣传教育、政策技术咨询服务等。

(五)一审法院认定及判决

1.关于泰州市环保联合会是否有诉讼主体资格问题。依照《民事诉讼法》第55条规定,依法登记的环保组织,具有民事公益诉讼主体资格。泰州市环保联合会作为依法成立的参与环境保护事业的非营利性社团组织,为保护水生态环境和维护公众环境权益,有权提起环境民事公益诉讼。

2.关于常隆公司等6家公司与江中公司等单位之间的副产酸买卖是否合法,与环境污染有无因果关系问题。案涉副产酸虽然符合我国化学工业产品标准并可以销售,但其在被抛弃时,由于具有强烈的腐蚀性,属于国家规定的危险废物。《固体废物污染环境防治法》第57条第3款规定:“禁止将危险废物提供或者委托给无经营许可证的单位从事收集、贮存、利用、处置的经营活动。”第85条规定:“造成固体废物污染环境的,应当排除危害,依法赔偿损失,并采取措施恢复环境原状。”常隆公司、锦汇公司虽签订副产酸买卖合同,但其补贴行为可以证实其处置副产酸的真实目的。施美康公司、申龙公司、富安公司、臻庆公司同样是以补贴销售的形式将副产酸交给江中公司等单位处置。在公安机关侦查期间所形成的戴卫国、蒋巧红、曹海锋、王长明、丁劲光等人的供述,常隆公司冯红,锦汇公司朱创业、戴建东、杨军、陶新民,申龙公司卞冬林、丁梅艳、蒋德生,施美康公司朱文华、戴建奇,臻庆公司杨继群等公司职员的陈述,均证实常隆公司等6家公司具有处置副产酸的主观故意。常隆公司等6家公司将这些副产酸交给无处置资质和能力的江中公司等单位处置,并且所支付款项远不足以承担正常无害化处理上述危险废物的费用,导致大量副产酸被倾倒至如泰运河、古马干河,造成如泰运河、古马干河和周围水域严重污染。常隆公司等6家公司主观上具有非法处置危险废物的故意,客观上造成了环境严重污染的结果,应该承担对环境污染进行修复的赔偿责任。常隆公司等6家公司关于其与江中公司等单位之间是合法买卖,与环境污染没有因果关系的主张不能成立。

3. 关于常隆公司等6家公司倾倒至如泰运河、古马干河副产酸的数量问题。常隆公司、锦汇公司被江中公司戴卫国等人倾倒的副产酸总量为17143.86吨。

施美康公司倾倒副产酸数量,戴卫国、蒋巧红等供述为2681.15吨,但泰兴市人民法院(2014)泰环刑初字第0001号刑事判决根据戴卫平的记账本,认定施美康公司倾倒的副产酸为2686.68吨。根据书证效力大于证言的原则,施美康公司倾倒副产酸应为2686.68吨。

常隆公司等6家公司倾倒的副产酸数量均有相关书证、证人证言证实,常隆公司、锦汇公司、施美康公司、申龙公司、富安公司"倾倒副产酸数量不能认定"的辩解不能成立。

4. 关于本案环境污染危害结果是否存在、环境污染修复费用如何计算问题。总数达25349.47吨的副产酸被倾倒进河流,对水生态环境产生严重危害是无可争议的事实。专家辅助人吕锡武教授的技术咨询意见,从专业角度说明大量副产酸被倾倒进河流后,水体、水生物、河床等水生态环境受到了严重的损害,修复费用将远远超过正常治理成本。2013年如泰运河、古马干河水质虽然已经恢复为Ⅲ类,但由于河水的流动,污染源必然会向下游移动,倾倒点水质好转并不意味着地区水生态环境已修复。所以,对于地区生态环境而言,依然需要用替代修复方案进行修复。《推荐方法》第4.5条规定,污染修复费用难以计算的情况下,地表水污染修复费用计算方法为:Ⅲ类地表水的污染修复费用为虚拟治理成本的4.5~6倍。如泰运河、古马干河受污染前的水质状况均为Ⅲ类地表水,应当按照Ⅲ类地表水的污染修复费用系数,即虚拟治理成本的4.5倍计算环境污染损害赔偿。

综上所述,一审法院依照《侵权责任法》第15条第1款第6项、第65条和《固体废物污染环境防治法》第85条的规定,判决:

1. 常隆公司、锦汇公司、施美康公司、申龙公司、富安公司、臻庆公司在判决生效后9个月内分别赔偿环境修复费用人民币合计160666745.11元,用于泰兴地区的环境修复。

2. 常隆公司等6家公司在判决生效后10日内给付泰州市环保联合会已支付的鉴定评估费用10万元。案件受理费50元,由常隆公司等6家公司负担。

(六)常隆公司、锦汇公司、施美康公司、申龙公司不服一审判决,向江苏省高级人民法院提起的上诉理由

1. 泰州市环保联合会提起环境公益诉讼不符合《民事诉讼法》第55条、《环境保护法》第

58条规定的条件,也与司法实践相悖。

2. 一审程序违法,本案不符合共同诉讼的条件,一审法院将本案作为共同诉讼不当;一审法院漏列直接实施倾倒行为的江中公司等单位以及副产酸同样被江中公司倾倒的其他公司为共同被告;一审法院同意泰州市环保联合会当庭增加关于鉴定费用的诉讼请求却拒绝给上诉人举证期和答辩期。

3. 各上诉人未抛弃副产酸,更无非法倾倒的主观故意,上诉人的合法销售行为和江中公司等单位实施的倾倒行为之间没有因果关系。

4. 江苏省环境科学学会出具的《技术评估意见》和《评估技术报告》无鉴定人签字盖章,出庭证人既是《技术评估报告》的鉴定人,又是《专家论证意见》的专家组组长,未对副产酸是否系固体废物进行鉴定便直接确认系危险废物,程序不合法;根据《推荐方法》规定,水体修复是在采取应急措施后污染依然无法消除的情况下采取的人工干预措施。由于长江的流量、流速、自净能力,倾倒行为造成的损害属于期间损害,水体已经恢复到以往的水质标准,客观上已不再需要进行人工干预,判决各上诉人承担环境修复费用不符合规定。长江流域属于国家自然资源,《推荐方法》第3.2条规定,生态环境资源的损害评估不适用《推荐方法》,财产损害也不包括国家和集体所有的自然资源,一审法院将被污染河流的环境修复与地区生态环境修复错误混同。本案即使需要承担赔偿责任,也应以《评估技术报告》推荐的试验值法即2541.205万元作为依据。请求撤销一审判决,驳回被上诉人诉讼请求。

5. 各上诉人还就原审认定的被倾倒副产酸数量分别提出各自的上诉理由。常隆公司上诉称:由于江中公司存在大量销售副产酸不开发票且购入案外其他企业副产酸的情形,因此不能仅凭戴卫国、姚雪元的供述就认定被倾倒副产酸来源厂家和数量,应当依据(2014)泰环刑初字第0001号《刑事判决书》所认定的事实,认定常隆公司被戴卫国非法倾倒工业副产酸为3677.44吨,而非一审判决所认定的11683.68吨,该数据也有戴卫平的记账本中倾倒3635.92吨的记载为佐证;锦汇公司上诉称:锦汇公司支付运费的副产酸数量为1702.27吨,未支付运费的不可能被倾倒掉;施美康公司上诉称:该公司在2012年10月至2013年2月共生产和销售丁酰氯252吨,产生的副产酸最多为1615.23吨;一审法院依据戴卫平的记账本认定被倾倒副产酸数量,超过该公司的储罐储存能力和日产生量;申龙公司上诉称:其被倾倒的副产酸被重复计算,戴卫国所倾倒的不单是上诉人和原审被告所生产的副产酸。请求撤销一审判决,查明事实后依法改判。

原审被告富安公司认为一审判决对被倾倒副产酸的数量计算错误;对损害的计算方法错误。原审被告臻庆公司认为该公司可以自行利用副产酸。因公司停产,副产酸无法利用才处理给其他人,主观上并无倾倒故意。

(七)被上诉人泰州市环保联合会的答辩意见

1. 泰州市环保联合会具备提起环境公益诉讼的原告主体资格。泰州市环保联合会是经民政部门依法登记设立的非营利性环保组织,其业务范围包含维护公众环境权益,符合《民事诉讼法》第55条提起环境公益诉讼条件,提起环境公益诉讼符合机构设立宗旨和设立环境公益诉讼制度的立法目的。修订后的《环境保护法》自2015年1月1日开始施行,不适用于本案。

2. 上诉人和原审被告与江中公司等单位之间买卖行为不符合买卖合同的基本特征,其实质系以买卖合同形式掩盖非法处置危险废物的目的。上诉人与原审被告以补贴方式将其生产产品过程中所附带产生的、对其无利益价值的副产酸"出售"给江中公司等单位处理,抛弃、放弃这些物质的主观意图十分明显。其处置行为与环境污染之间存在因果关系。上诉人和原审被告与江中公司等单位是否具备生产、销售危险化学品资质与其处置行为是否合法不具备关联性。

3. 上诉人和原审被告非法处置的酸性物质属于危险废物。上诉人和原审被告在生产过程中产生的副产酸经检测pH值均小于1,根据《危险废物鉴别标准腐蚀性鉴别标准》,pH≤2.0即具有危险废物的腐蚀性特征。

4. 一审认定被倾倒的副产酸数量正确。一审判决综合销售发票、戴卫平的记账本、曹海峰的记账本、磅码单、刑事上诉人的供述、上诉人和原审被告工作人员的证言等证据,认定上诉人和原审被告各自倾倒副产酸数量,依据充分。案涉的刑事判决尚未生效,不能作为认定倾倒数量的依据。戴卫平的记账本记载的是戴卫国等人自2012年10月至2013年2月5个月的运输倾倒数量,不能说明其2012年1月至2013年2月的倾倒量。锦汇公司以报销戴卫国、姚雪元等人运费票据和油票两种方式进行补贴,锦汇公司仅凭运费票据不能证明其被倾倒副产酸数量只有1702.27吨。在无法分清同一行为人倾倒的副产酸中常隆公司或锦汇公司的数量,两公司也无法举证证明各自倾倒数量的情况下,一审判决按照常隆公司和锦汇公司各自交付给江中公司副产酸数量比例来确定各自被江中公司倾倒副产酸数量,认定方法合理。申龙公司认为曹海峰的记账单与申龙公司的磅码单重复计算,但记账单与磅码单的运输时间并不重合。结合其他侵权人的供述,认定其倾倒数量为4746.99吨正确。

(八)江苏省人民检察院意见

1. 检察机关支持泰州市环保联合会对上诉人和原审被告提起本案诉讼于法有据。《民事诉讼法》第15条规定:"机关、社会团体、企事业单位对损害国家、集体或者个人民事权益的行为,可以支持受损害的单位或者个人向人民法院起诉。"检察机关有权对涉及环境污染行为、侵害环境公共利益的民事案件,依法支持或者督促有关单位、公民起诉。本案上诉人和原审被告由于违反规定处置副产酸,导致2万多吨副产酸被倾倒进如泰运河和古马干河,造成水体严重污染,生态环境受到严重损害。检察机关依法支持泰州市环保联合会提起环境公益民事诉讼,追究侵权人的法律责任,是切实维护社会公众的环境权益、促进生态文明建设的体现。

2. 泰州市环保联合会具备提起环境公益民事诉讼的原告资格。根据现行《环境保护法》第6条、《民事诉讼法》第55条的规定,环境公益民事诉讼是一种允许与案件无直接利害关系的民事主体出于保护环境公益的目的,以环境侵权人为被告向法院提起民事诉讼的制度。该制度的本意是鼓励广大民事主体维护公共利益。对严重污染环境的行为,如果无人提起诉讼,使环境污染者逃避应当承担的法律责任,则将纵容更多的侵权人继续破坏本已非常脆弱的生态环境。泰州市环保联合会作为在民政部门依法登记成立的环保组织,业务范围包括维护环境公共利益,与本案所涉的环境保护事业具有关联性,有权作为原告依法提起环境公益民事诉讼。

3. 上诉人和原审被告的非法处置行为与本案环境污染损害后果之间具有因果关系,且主观上存在过错,应当依法承担赔偿责任。

4. 一审判决认定事实清楚,适用法律正确,审理程序合法。泰州市环保联合会提起本案诉讼具有事实和法律依据,上诉人和原审被告应当依法承担相应的赔偿责任。

三、本案争议焦点

在二审庭审中,江苏省高级人民法院将本案争议焦点归纳为三个方面:一是泰州市环保联合会是否具备提起环境民事公益诉讼的原告资格?一审审判程序是否合法?二是上诉人和原审被告处分涉案副产酸的行为和环境损害结果之间是否存在因果关系?三是损害结果如何认定?包括是否存在需要修复的环境损害?一审判决对被倾倒的副产酸数量的认定是否正确?一审对修复费用的计算方法是否适当?

(一)江苏省高级人民法院意见

泰州市环保联合会依法具备提起环境公益诉讼的原告资格,一审审判程序合法。上诉人和原审被告处置其生产的副产酸的行为与造成古马干河、如泰运河环境污染损害结果之间存在因果关系。上诉人和原审被告依法应当就其造成的环境污染损害承担侵权责任。具体理由分述如下:

1. 关于泰州市环保联合会是否具备环境民事公益诉讼原告资格以及一审是否违反法定程序问题

本案中,泰州市环保联合会依据现行法律规定提起诉讼,具备环境民事公益诉讼的原告资格。《民事诉讼法》第 55 条规定:"对污染环境、侵害众多消费者合法权益等损害社会公共利益的行为,法律规定的机关和有关组织可以向人民法院提起诉讼。"泰州市环保联合会经泰州市民政局核准成立,并以提供环境决策建议、维护公众环境权益、开展环境宣传教育、政策技术咨询服务为其业务范围,属于依法成立的专门从事环境保护公益活动的社会组织,有权提起环境民事公益诉讼。虽然修订后的《环境保护法》第 58 条对环境民事公益诉讼主体资格范围作出了新的规定,但该法至本判决作出之日尚未生效,不适用本案。

本案符合共同诉讼条件。《民事诉讼法》第 52 条第 1 款规定:"当事人一方或者双方为二人以上,其诉讼标的是共同的,或者诉讼标的是同一种类、人民法院认为可以合并审理并经当事人同意的,为共同诉讼。"本案纠纷源于上诉人和原审被告因各自处置的副产酸被倾倒进如泰运河和古马干河,泰州市环保联合会提起诉讼后,一审法院因本案诉讼标的属同一种类而进行了合并审理。上诉人和原审被告在一审程序中从未对此提出异议,应视为同意将本案作为共同诉讼,故一审法院决定将本案合并审理并无不当。

本案不存在遗漏诉讼当事人情形。《侵权责任法》第 12 条规定:“二人以上分别实施侵权行为造成同一损害,能够确定责任大小的,各自承担相应的责任。”泰州市环保联合会选择以常隆公司等 6 家公司为被告提起诉讼是原告的权利,且此项权利的行使并不必然导致其他人责任的免除,故本案不存在漏列倾倒者为被告的问题。由于对环境损害无法做出准确估量,泰州市环保联合会主张以虚拟治理成本为基数计算环境修复费用。所主张的修复费用与倾倒副产酸的种类、浓度和数量相关,与其他企业是否倾倒不具备关联性。因此,本案不存在遗漏副产酸也被倾倒的其他企业为被告的问题。

一审程序未损害上诉人举证权、答辩权。一审法院在开庭前组织了庭前会议,并进行了两次证据交换。第二次证据交换后,上诉人和原审被告均未要求延期补充证据,庭审中各方当事人对举证期限问题也未提出异议。一审法院充分保障了各方当事人的举证、质证权利。根据《诉讼费用交纳办法》第 12 条规定,诉讼过程中发生的负担鉴定费用的问题由人民法院决定,不属于当事人增加的诉讼请求,6 家公司在一审和上诉期间均未对泰州市环保联合会在一审庭审中所提交的鉴定费用相关证据提出质疑,一审法院对鉴定费用的负担决定并无不当。

2. 关于上诉人和原审被告处置其生产的副产酸行为与如泰运河和古马干河环境污染损害结果之间是否存在因果关系问题

上诉人与原审被告负有防范其生产的副产酸污染环境的义务。《水污染防治法》第 29 条规定,禁止向水体排放油类、酸液、碱液或者剧毒废液。向水体倾倒数万吨酸液必然会导致环境污染,这是人所共知的常识。泰兴市环境监测站环监(水)字(2013)第(002)号《水质监测报告》表明,2012 年 11 月 22 日,如泰运河各监测点的 pH 值在 3.01 ~ 4.03,其酸浓度在正常河流允许最高浓度的 100 ~ 1000 倍。化学需氧量、氨氮、总磷监测结果也全面超标。在二审庭审中,上诉人对江苏省环境科学学会于 2014 年 4 月出具的《评估技术报告》评估程序、危险废物鉴别检测取样方法和样本数量等事项提出质疑,试图以此说明其处置的副产酸不属于危险废物。但上诉人并未否认其处置案涉副产酸的浓度以及 pH 值小于 1 的测试结论。实际上,无论案涉副产酸是否属于危险废物,法律都已明文禁止向水体排放。上诉人与原审被告作为副产酸的生产厂家,在明知副产酸的市场需求弹性不足的情况下,应当预见到相当数量副产酸不可能作为原料进入生产领域,过剩副产酸的无序流转存在极大环境风险。上诉人与原审被告对案涉副产酸的处置行为必须尽到谨慎注意义务并采取一切必要的、可行的措施防止其最终被倾倒。但上诉人与原审被告在明知副产酸极有可能被非法倾倒的情况下,却对此持放任态度。其向并不具备副产酸处置能力和资质的企业销售副产酸,应视为是一种在防范污染物对环境污染损害上的不作为,该不作为与环境污染损害结果之间存在法律上的因果关系。

上诉人与原审被告的补贴销售行为是违法倾倒案涉副产酸得以实施的必要条件，也是造成如泰运河和古马干河环境污染的直接原因。上诉人在二审庭审中主张其与江中公司等企业之间就副产酸销售订立买卖合同，同时向买方以运费或其他产品销售价格让利等形式支付补贴属行业惯例，以此证明其处置行为的合法性。但各上诉人均未能就运费价格的计算依据作出合理解释，所支付的补贴远不足填补对副产酸作无害处理所需费用。如果上诉人对其处分副产酸方式的性质果真认知为合法行为和行业惯例，那么完全可以直接与有副产酸处置资质的企业签订委托处置合同并向其支付报酬，而根本无须采取此种先以象征性价格出售再远超售价进行补贴的方式。上诉人与原审被告的工作人员在公安机关的询问笔录中均表示，由于当时化工行业不景气，副产酸无法销售导致胀库，为降低处置成本，规避责任，以销售的形式做掩护处置副产酸。二审庭审中，常隆公司、锦汇公司、申龙公司提交了相关公司职员的书面说明，试图将公安机关对上述人员询问笔录中对副产酸的“处理”解释为“销售”，以此证明其无非法处置副产酸的主观故意。但此种事后的书面情况说明并不足以推翻此前向公安机关所作相关陈述，且将“处理”解释为“销售”并不能改变处置行为的性质。对上诉人及原审被告而言，以每吨1元的象征性价格并支付每吨20元至100元不等的补贴向倾倒者销售，案涉副产酸实际上已经处于被抛弃状态。其将实际上已经处于被抛弃状态的副产酸补贴销售给江中公司等企业，不仅给倾倒者提供了污染源，而且客观上使倾倒者获取了非法利益，其行为与如泰运河、古马干河环境污染损害结果之间存在事实上的因果关系。

《侵权责任法》第65条规定，因污染环境造成损害的，污染者应当承担侵权责任。第66条规定，因污染环境发生纠纷，污染者应当就法律规定的不承担责任或者减轻责任的情形及其行为与损害之间不存在因果关系承担举证责任。上述规定体现了环境侵权责任的归责原则，即无论上诉人与原审被告是否存在过错，只要其行为与造成的环境损害之间存在因果关系，都应当对其造成的环境损害承担侵权责任。上诉人及原审被告并未举证证明其存在法律规定的不承担责任或者减轻责任的情形，也未证明其行为与损害结果之间不存在因果关系。因此，上诉人及原审被告应当对其造成的环境损害承担侵权责任。

3. 关于原审判决对赔偿数额的认定是否正确问题

一审判决对被倾倒副产酸数量的认定准确。上诉人及原审被告均为依法设立的有限责任公司，应当根据《公司法》和《会计法》的规定设置完备的财务账簿，其对副产酸的销售与补贴数量完全可以通过提交记录完整、凭证齐全的财务账簿加以证明。各上诉人虽然就一审判决认定的被倾倒的副产酸数量提出异议，但均未完成此项举证，根据最高人民法院《关于民事诉讼证据的若干规定》第75条规定，其不利后果应当由各上诉人负担。具体分述如下：

一审法院根据常隆公司、锦汇公司销售副产酸的增值税专用发票以及戴卫国、姚雪元、丁劲光等人的供述，认定常隆公司、锦汇公司销售给江中公司的副产酸分别为17598.92吨、8224.97吨。两公司销售总量减去其中被江中公司以开票方式销售的7170.71吨，再减去江中公司以不开票方式销售的1508.92吨，剩余为被江中公司倾倒的17143.86吨。按照常隆公司、锦汇公司各自销售数量的比例分配，常隆公司倾倒11683.68吨，锦汇公司倾倒5460.18吨。常隆公司另有销售被丁劲光倾倒的副产酸505.94吨，常隆公司总计倾倒12189.62吨。由于常隆公司和锦汇公司的副产酸被江中公司混合倾倒，无法准确查明各自倾倒的数量，一审法院按照两公司销售副产酸的比例确定各自倾倒副产酸数量，认定方法合理。

常隆公司以讯问笔录、记账本以及刑事判决证明该公司仅被江中公司倾倒副产酸3598.14吨。但公安机关侦查期间曾经对戴卫国、姚雪元等人多次讯问。在公安机关调取了常隆公司和锦汇公司向江中公司销售副产酸的增值税专用发票复印件后，戴卫国、姚雪元在公安机关的讯问笔录中承认常隆公司和锦汇公司销售给其的副产酸是分别是17598.92吨、8224.97吨，并且承认两人之前所作的常隆公司倾倒副产酸3598.14吨的供述不实。本案审理期间，(2014)泰环刑初字第0001号刑事判决尚未生效，该判决所认定的事实不能作为本案认定事实的依据。

锦汇公司以运输费票据证明该公司补贴销售副产酸仅为1702.27吨，未补贴的不可能被倾倒。但戴卫国、姚雪元的讯问笔录和锦汇公司职员杨军的询问笔录均证实锦汇公司以报销运输费和加油票两种形式进行销售补贴。单凭运输费票据不能得出锦汇公司仅补贴销售副产酸1702.27吨的结论。锦汇公司主张有一笔副产酸销售于2011年，应该从销售总额中扣除。该笔数量为455.42吨的副产酸虽然销售于2011年12月29日，但被江中公司在2012年上账，已经被纳入江中公司购买、销售和倾倒副产酸总量核算，锦汇公司要求对其进行核减的理由不能成立。

施美康公司主张戴卫平记账本所记录的运输总量和日运输量超过该公司的设计产能和储存能力。但施美康公司向一审法院提交的(苏)WH安许证字[M00080]《安全生产许可证》表明，该公司副产酸的设计年产能为2.1736万吨，并非其主张的2000吨。戴卫平记账本所记载的副产酸运输量未超过该公司的设计产能。

申龙公司主张其被倾倒副产酸被重复计算，但记账单与磅码单的运输时间并不重合，现有证据无法得出重复计算的结论。

一审判决对修复费用的计算方法适当。由于如泰运河、古马干河水体处于流动状态，且倾倒行为持续时间长、倾倒数量大，污染物对如泰运河、古马干河及其下游生态区域的影响处于扩散状态，难以计算污染修复费用。《推荐方法》(第Ⅰ版)对此类情况推荐采用虚拟治理成本法计算污染修复费用。《评估技术报告》以治理本案所涉副产酸的市场最低价为标准，认定治理6家公司每吨副产酸各自所需成本，该成本即《推荐办法》所称的虚拟治理成本。一审法院根据6家公司副产酸的虚拟治理成本、倾倒的数量，再乘以Ⅲ类地表水环境功能敏感程度推荐倍数4.5～6倍的下限4.5倍，判决常隆公司承担污染修复费用82701756.8元、锦汇公司承担41014333.18元、施美康公司承担8463042元、申龙公司承担26455307.56元、富安公司承担1705189.32元、臻庆公司承担327116.25元，6家公司合计承担160666745.11元，并无不当。

根据《环境保护法》第1条、第4条规定，治理和预防污染是环境保护法的立法目的。环境公益诉讼程序作为环境保护法的重要实施途径，应当在追究环境侵权责任的同时，采取有利于防治污染的环境司法政策，实现修复环境、预防污染的立法意图，使环境保护同经济建设和社会发展相协调,促进经济社会可持续发展。本案各上诉人和原审被告处置其副产酸行为是导致副产酸倾倒从而造成如泰运河、古马干河被污染的直接原因,应当就其造成的环境污染损害承担侵权责任。相关被污染河道的生态环境已经遭受损害,需要及时修复。同时,大量副产酸的无序流转,造成了极高的环境污染风险,需要采取预防措施以避免污染再次发生。根据《循环经济促进法》第 2 条、第 3 条规定,对具有明显环境风险的副产酸进行减量化、再利用和资源化,是从源头预防副产酸污染环境的有效途径。本案上诉人和原审被告在二审庭审中都明确表示必须从本案中汲取教训,加大科技投入和技术改造力度,从根本上控制污染源,并分别提出即将实施循环利用、无害化处理等技术改造方案。检察机关在二审庭审中也向各上诉人和原审被告提出履行环保义务、承担社会责任的要求。根据国务院《排污费征收使用条例》规定,重要污染源防治、区域性污染防治、污染防治新技术、新工艺的开发利用,是环境保护专项资金的使用方向。尽管本案各上诉人和原审被告承担的环境修复费用有别于排污费,但在将其中主要部分用于环境修复的同时将其余部分用于预防污染,符合《环境保护法》和《循环经济促进法》的立法目的。

(二)终审判决结果

江苏省高级人民法院最终认定,一审法院认定事实清楚,适用法律基本正确,程序合法,但所确定的判决履行方式和履行期限不当,诉讼费交纳金额亦不符合《诉讼费用交纳办法》的规定,应予纠正。上诉人上诉理由不能成立,本院不予采纳。依据《水污染防治法》第 29 条第 1 款,《侵权责任法》第 65 条、第 66 条,《民事诉讼法》第 170 条第 1 款第 1 项之规定,判决如下:

1. 维持泰州市中级人民法院(2014)泰中环公民初字第 00001 号民事判决第一项中关于赔偿数额部分,即常隆公司、锦汇公司、施美康公司、申龙公司、富安公司和臻庆公司分别赔偿环境修复费用;

2. 维持泰州市中级人民法院(2014)泰中环公民初字第 00001 号民事判决第二项;

3. 常隆公司、锦汇公司、施美康公司、申龙公司、富安公司和臻庆公司应于本判决生效之日起 30 日内将本判决第 1 项所列款项支付至泰州市环保公益金专用账户(开户行:建设银行泰州新区支行,账号:××××××××);逾期不履行的,应当加倍支付迟延履行期间的债务利息。如果当事人提出申请,且能够在本判决生效之日起 30 日内提供有效担保的,上述款项的 40% 可以延期至本判决生效之日起 1 年内支付;

4. 本判决生效之日起 1 年内,如常隆公司、锦汇公司、施美康公司、申龙公司、富安公司、臻庆公司能够通过技术改造对副产酸进行循环利用,明显降低环境风险,且 1 年内没有因环境违法行为受到处罚的,其已支付的技术改造费用可以凭环保行政主管部门出具的企业环境守法情况证明、项目竣工环保验收意见和具有法定资质的中介机构出具的技术改造投入资金审计报告,向泰州市中级人民法院申请在延期支付的 40% 额度内抵扣。

一审案件受理费 973651.72 元由常隆公司、锦汇公司、施美康公司、申龙公司、富安公司、臻庆公司负担;二审案件受理费947298.28元,由常隆公司、锦汇公司、施美康公司、申龙公司负担。

教学手册

教学对象及目标

本案例供法律硕士案例教学使用,法学本科(大三、大四)、民商法学硕士、环境法学硕士、诉讼法学硕士也可以参酌试用。

本案例主要就环境公益诉讼的相关法律问题进行讨论。具体要解决的问题包括:(1)环境公益诉讼原告资格及其范围;(2)环境公益诉讼中的举证责任;(3)环境侵权中的因果关系判断;(4)环境公益诉讼赔偿数额认定;(5)环境修复费用计算方法;(6)环境公益诉讼赔付资金管理方式;(7)环境公益诉讼法律责任形式。

教学内容

1. 环境公益诉讼原告资格及其范围

正确认定环境事公益诉讼原告的范围和条件,是确立环境公益诉讼制度首要的、核心的问题之一。修改后的《民事诉讼法》及《环境保护法》均对环境公益诉讼的原告资格进行了规定,在梳理立法进程和分析立法目的的基础上,对上述法律规定作进一步的解释和细化,有利于实践操作。

2. 环境公益诉讼中的举证责任

在举证责任分配领域,以德国学者罗森贝克(Rosenberg)"规范说"为重心的"法律要件分类说"是该领域的通说。大陆法系的许多国家和地区均将该说作为具有法律意义的证明责任分配一般标准,理论界及实务界承认其作为证明责任分配的正置标准。我国受大陆法系影响深远,在举证责任分配上也深受法律要件分类说的影响。在环境侵权这一特殊侵权领域,我国适用无过错责任原则,侵权责任由损害结果、违法行为和因果关系三个要件事实构成,受害方应就其环境污染损害赔偿请求权的发生要件事实负举证责任。其中,由于环境侵权纠纷的特殊性,加害行为与损害结果之间的因果关系的证明就成为决定环境侵权诉讼是否成立的最重要的争论点。为了保证受害方得到充分有效的救济,减轻原告的举证责任,矫正因遵守传统的"谁主张,谁举证"一般原则进行举证责任分配而产生的不平衡,立法和司法解释对因果关系的举证责任做出了特别安排,在当事人之间进行了一种强制性的分配,即在环境侵权领域中引入"举证责任倒置"。

3. 环境侵权中的因果关系判断

环境污染的因果关系,既涉及环境公益诉讼案件当中法官如何判定被告是否存在侵权的事实认定,也直接影响侵权因果关系确定后如何确定赔偿金额。环境侵权是一种特殊的侵权,其不同于传统的侵权行为已经被各国所认同。环境侵权因果关系的判断标准是事实与价值判断的法律整合。由于传统因果关系理论在环境侵权领域的局限性,促使各国理论与实务界不断提出环境侵权因果关系新理论。其中,影响最为深远的是因果关系推定理论,即借助推定的手段,来解决环境侵权领域因果关系认定的难题。根据推定依据的不同,该理论又可分为盖然性因果关系理论、病疫学因果关系理论、以经验法则判定因果关系的理论等。

4. 环境公益诉讼赔偿数额认定

2012 年修改的《民事诉讼法》第 55 条和 2014 年修改的《环境保护法》第 58 条都只规定了符合公益诉讼法定条件的原告享有提起环境公益诉讼的权利,但没有明确原告是否可以要求金钱损害赔偿。2014 年 7 月 3 日,最高人民法院发布最高人民法院《关于全面加强环境资源审判工作为推进生态文明建设提供有力司法保障的意见》。该意见将推进环境公益诉讼作为全面加强环境资源审判工作的突破口和着力点,依法确定环境民事公益诉讼的责任方式和赔偿范围。

5. 环境修复费用计算方法

国家环境部委托环境部环境规划院制定《环境污染损害数额计算推荐方法》,是我国首次开展的环境污染损害定量评估工作方法的研究,该方法为进一步加强污染事故管理,定量化和货币化污染事故损害,补偿和赔偿利益受损主体,维护社会公平公正提供了科学基础和方法。在环境污染责任保险试点实践中,该方法可为环境污染损害定量评估工作提供技术支撑,为后期的环境污染责任认定、损害赔偿以及行政处罚提供重要依据,一定程度上满足了试点工作的现实需求。

6. 环境公益诉讼赔付资金管理方式

2014 年修订的《环境保护法》第 58 条明确规定,环保组织不得通过公益诉讼牟取利益。但环境公益诉讼特别是民事诉讼势必产生赔付资金,而资金管理制度尚未到位。在美国,环境责任保险的理论研究与实务运作开始得比较早,全面考察其理论构架与司法实践,对于构建我国的环境责任保险制度,鼓励保险公司开设环境责任险种具有启发意义。

7. 环境公益诉讼法律责任形式

尽管环境民事公益诉讼中的法律责任是实体法问题而不是程序法问题,但是该问题在环境民事公益诉讼中至关重要,所有程序性制度的设置其实都是为了解决争议,而争议的最终解决又是以责任的承担为表现形式的。和普通的民事诉讼相比(如与环境民事侵权诉讼相比),环境民事公益诉讼的特殊之处就在于原告有所不同以及所要保护的利益有所不同,在法律责任的归责原则、责任形式等方面,其实并无不同。问题的关键在于,环境民事公益诉讼的赔偿额度计算应以公共利益修复和补偿为依据,而不是以私人利益的修复和补偿为依据。环境违法会触犯若干法条,可能产生不同的法律后果,包括一般行政处罚、治安处罚、民事赔偿、刑事责任。只有综合运用法律制裁,才能形成应有的制裁和遏制效果。

预期效果

1. 能够掌握前述教学内容。

2. 能够对后面的拓展思考题形成自己的思路和答案。

3. 能够对一般的环境公益诉讼案件结果作出预判。

课堂时间安排

本案例可以作为专门的案例教学课来进行，整个案例课的课堂安排 6 个课时，每课时 45 分钟。

如下课堂设计，仅供参考。

1. 课前计划：要求学生课前掌握环境公益诉讼的目的、基本概念等内容，并安排学生阅读近三年国内环境公益诉讼的经典或者重大案例，对这些案例所涉及的法律问题予以整理，进行初步思考。

2. 课中计划：介绍我国环境公益诉讼案的现状以及泰州市环境公益诉讼案的背景；着重分析案件中的三大争议问题；将学生分组，进行模拟法庭的演示；教师归纳总结。

附：环境案件的专业性、科学性较为突出，希望教师教学过程中能利用多媒体等设备，深入浅出地介绍背景知识，引导学生更好地理解案情以及运用法理、法律法规处理案件。

3. 课后计划：布置学生进一步思考环境公益诉讼的职能，以及如何发挥其职能。

扩展思考题

1. 是否需要拓展我国环境公益诉讼的原告范围以及检察机关能否作为环境公益诉讼原告？

背景 1：环境公益诉讼的被诉行为侵害或危及的是社会性的公共环境权益。在环境公益诉讼中，有时没有直接利害关系人，要么是涉及不特定多数间接利害关系人的环境公益，要么是纯社会环境公益，诉讼的目的是维护社会公共利益，诉讼利益归属社会。

背景 2：检察机关提起公益诉讼制度，在《人民检察院组织法》《民事诉讼法》《行政诉讼法》等法律中尚无具体规定。经全国人大常委会授权，最高人民检察院发布《检察机关提起公益诉讼改革试点方案》，自 2015 年 7 月起在 13 个省市开展改革试点，期限为两年。《检察机关提起公益诉讼改革试点方案》规定了民事公益诉讼和行政公益诉讼的案件范围，分别为环境污染、食品药品安全领域的案件，以及生态环境和资源保护、国有资产保护、国有土地使用权出让等领域负有监督管理职责的行政机关违法行使职权或不作为，造成国家和社会公共利益受到侵害的案件。同时，试点期间，重点对生态环境和资源保护领域的案件，提起行政公益诉讼。

2. 2012 年修改的《民事诉讼法》第 55 条和 2014 年修改的《环境保护法》第 58 条都没有对社会组织的国别性做出明确规定。当国外 NGO 或者国际 NGO 及其分支、派出机构符合《环境保护法》第 58 条的法定条件，应当如何处理？

3. 环境公益诉讼中，如何处理针对同一环境行为不同主体提起相同请求以及不同主体提起请求不同的问题？

4. 如何处理环境公益诉讼和环境私益诉讼、环境公益诉讼和国家环境利益诉讼之间的关系？

5. 如何界定环境公益诉讼中的"不得通过诉讼牟取经济利益"？

6. 2012 年修改的《民事诉讼法》第 55 条和 2014 年修改的《环境保护法》第 58 条都只规定了符合公益诉讼法定条件的原告享有提起环境公益诉讼的权利，但是没有明确原告是否可以要求金钱损害赔偿。

试分析环境损害的赔偿问题是否属于环境公益诉讼的诉讼请求范围。

7. 讨论环境公益诉讼费用的承担问题。当前,我国环境公益诉讼还没有成为一类独立的诉讼,《诉讼费用交纳办法》也是环境公益诉讼当事人的缴费依据。当前我国实施的诉讼费制度是由原告方预付,最终负担则由法官根据具体的情况在判决当中明确如何分担。这种以保护私权为目的的民事、行政诉讼费用规则适用于环境公益诉讼存在一定局限性。

8. 现行《民事诉讼法》规定的先予执行适用的案件范围是:第一,追索赡养费、扶养费、抚育费、抚恤金、医疗费用的案件;第二,追索劳动报酬的案件;第三,因情况紧急需要先予执行的案件。根据最高人民法院的有关司法解释,所谓的情况紧急,主要是指下列情况:需要立即停止侵害,排除妨碍的;需要立即制止某项行为的;需要立即返还用于购置生产原料、生产工具款的;追索恢复生产、经营急需的保险理赔费的。参照以上规定,讨论环境公益诉讼是否需要设置先予执行制度及其范围。

参考文献

1. 章志远:《行政公益诉讼中的两大认识误区》,载《法学研究》2006 年第 6 期。
2. 吕忠梅:《环境公益诉讼辨析》,载《法商研究》2008 年第 6 期。
3. 陈虹:《环境公益诉讼功能研究》,载《法商研究》2009 年第 1 期。
4. 李挚萍:《中国环境公益诉讼原告主体的优劣分析和顺序选择》,载《河北法学》2010 年第 1 期。
5. 王蓉、陈世寅:《关于检察机关不应作为环境民事公益诉讼原告的法理分析》,载《法学杂志》2010 年第 6 期。
6. 章礼明:《检察机关不宜作为环境公益诉讼的原告》,载《法学》2011 年第 6 期。
7. 蔡守秋:《论公众公用物的法律保护》,载《河北法学》2012 年第 4 期。
8. 陈磊:《检察机关民事公益诉讼主体资格之提倡》,载《人民司法》2013 年第 1 期。
9. 蔡守秋:《从环境权到国家保护环境义务和环境公益诉讼》,载《现代法学》2013 年第 6 期。
10. 肖建国、黄忠顺:《环境公益诉讼基本问题研究》,载《法律适用》2014 年第 4 期。
11. 陈承堂:《公益诉讼起诉资格研究》,载《当代法学》2015 年第 2 期。
12. 余耀军、张宝、张敏纯:《环境污染责任:争点与案例》,北京大学出版社 2015 年版。
13. 王树义主编:《环境法系列专题研究》,科学出版社(每年一辑)。

(李晓郛,法学博士,上海财经大学应用经济学博士后,lixiaofu@ shufe. edu. cn)

18 CASE 徐乙、徐丙、徐丁诉徐甲侵犯继承权纠纷案

摘　要

本案以一起真实的遗嘱纠纷案件为蓝本,围绕遗嘱纠纷案件的各环节,涉及知识点和职业技能内容包括,辩护律师如何参与民事诉讼活动,房屋租赁合同纠纷案件的证据收集、事实认定与法律适用等。本案例涉及实体法律问题包括:遗嘱的形式要件和实质要件、如何理解立遗嘱人对遗嘱的任意撤回权、如何判定遗嘱作为法律行为的效力、遗嘱继承人权益如何保护等问题。本案例是遗嘱纠纷案件中的典型案例,对于理解和解决其他纠纷案例具有参考意义。

关键词

遗嘱　遗嘱自由　继承权　法律行为　弃权　效力

教学目标

着重让学生把握四方面内容:(1)如何判定遗嘱构成;(2)如何理解遗嘱自由中的撤回自由;(3)如何判定遗嘱作为法律行为的效力;(4)以放弃遗嘱撤回权为例,如何解决实践中继承人继承权益保护的问题。

教学案例

一、基本案情

(一)系争标的概况

西安市碑林区金花北路×号×幢1××××号房屋,权利登记人为徐某,系先前位于金花北路金花楼1-×-××号房屋(单位福利购房)房改置换而来。房改置换时,由徐某的长子徐甲缴纳了大部分购房款并进行装修,之后由徐甲实际占有、居住至今。置换后的房屋建筑面积为84.47平方米。该房屋为徐某拥有的全产权房,可自由流通。

(二)涉讼主体情况

徐某与其妻张某育有二女二子,徐甲为长子,徐乙为长女,徐丙徐丁分别为幼子和幼女。张某于1982年6月去世,后徐某未再婚再育,并于2013年4月7日去世。徐某生前系陕西电力建设总公司(西北电力建设集团公司)职工。

(三)徐某所留遗嘱情况

2002年3月18日,徐某留有"生前留言"一份,载明:"我现居住于坐落在金花北路金花楼×单元×楼××号的西北电力建设集团公司的公有房改房,在房改时购买的房款由我长子徐甲承付的,待我百年之后,此房产权应由徐甲继承所有,特此留言,请予执行。"

2005年10月20日,徐某留有"生前留言"一份,载明:"我现居住的坐落于金花北路金花楼×单元×楼××号三室一厅的西北电力建设集团公有房改房,系由原住火电新村14号楼28号二室一厅搬迁过来的,在房改时第一次购买房产的款计6324.31元由我支付,在搬迁后的第二次购买房产的款计22000多元以及装修费用全部由徐甲承付的。待我百年之后,此房产权,除我第一次所支付的产权比例,平均由徐甲、乙、丙、丁四人继承外,其余的产权比例应由徐甲继承所有,特此留言,请予执行。"同日附言,嘱托其子女四人应念及手足之情,互相帮助,以和为贵。

2010年6月22日、30日,徐某先后留有遗言称同意出售房屋,卖房款按其与被告支付的购房款比例分配;并称徐甲住的房子是徐甲出钱买的,不存在租赁关系。

2011年2月13日,徐某留有"留言"一份,载明:"关于西安市金花路的房子产权问题,在我有生之年是我养老的资本,谁都不准变卖,待我百年之后,此房产权由徐甲、乙、丙、丁四人平均分得,至于在买房时,徐甲所拿出来的房钱,因买房后此房一直由他居住,所以亦不要折算了。"徐某签名和签署日期后在该"留言"上书写"以后如出现与本留言不符之处或事,一律以此留言为准"。

2012 年 8 月 4 日，徐某最后留有留言一份，载明："我现在住在徐甲家里，一切都很好，现在年龄越来越大，更不好走动了，今后一直住在徐甲家过老了，哪里也不去了，你们都不要为我再操心了。至于金花路的房子当时买的时候是徐甲付的钱，应该有他们的享受权和处理权，谁也没有权干涉。"

（四）其他事实情况

徐某从 1994 年 10 月至 2010 年 11 月与一女伴共同生活，但未履行结婚登记手续。2010 年 11 月因徐某年老多病，徐甲、乙、丙、丁商议轮流照顾老人，并商议从老人每月工资支出一部分作为护理费用。2013 年 4 月 7 日，徐某在徐甲家中去世。同年 12 月 12 日，原被告就徐某的现金遗产 73762.63 元平均分割，四方对此均无异议。涉诉房屋一直由被告徐甲居住使用至今。诉讼中，经原被告协商一致认定，涉诉房屋的价值为 350000 元。

二、各方主张及理由

（一）原告徐乙、丙、丁的诉讼请求及理由概述

徐乙、丙、丁诉称：徐某生前曾留有特别遗嘱，遗命该房屋由 4 个子女平分，但该房屋一直由被告占有居住至今，致使遗嘱无法执行。现诉至法院要求依遗嘱继承徐某位于西安市碑林区金花北路××号×幢 1××××号（原金花北路金花楼 1－×－××号）房屋，诉讼费由被告负担。

（二）被告徐甲的答辩及理由概述

徐甲辩称：不同意原告诉讼请求。

理由：涉诉房屋为其与三原告的父亲徐某所有，属于徐某的遗产。被继承人徐某于 2012 年 8 月 4 日立自书遗嘱将此房屋由其继承，按照有关法律的规定，该遗嘱属于以立新遗嘱的方式撤销了 2012 年 8 月 4 日以前所立的遗嘱。徐某立有数份遗嘱，内容相抵触的，应以最后的遗嘱为准，且涉诉房屋的购房款、装修款及其父亲去世后购买墓地的费用均由其支付，故请求驳回三原告的诉讼请求。

三、争议焦点问题

（一）徐××最后一份留言是否构成"遗嘱"

原告主张，徐某生前最后一份留言即 2012 年 8 月 4 日最后所写留言，其标题仅仅是"留言"二字，并未标明是"遗嘱"，同时，该留言载明："……金花路的房子当时买的时候是徐甲及其妻子付的钱，应该有他们的享受权和处理权，谁也没有权干涉，"此处并未明确对房屋的产权即所有权进行死因处分，因而不构成遗嘱。

对此，法院认为，《继承法》第 17 条第 2 款规定："自书遗嘱由遗嘱人亲笔书写，签名，注明年、月、日。"徐某于 2012 年 8 月 4 日所写留言符合法律规定的自书遗嘱的法律要件，应系徐

某真实意思表示。与此同时,该留言中的“享受权和处分权”虽未明确为产权,但结合徐某2012年8月4日留言中的表述,应视为徐某对房屋处理的最后意思表示,即由徐甲继承所有。

(二)徐某先后立有多份遗嘱,应以哪一份遗嘱为准

原告主张,徐某先后立有多份遗嘱,并且在2011年2月13日的遗嘱里特别备注:“以后如出现与本留言不符之处或事,一律以此留言为准。”因此,即便2012年8月4日徐某的留言是其本人书写,也因为前述“特别备注”而不生效力。换言之,在所有这些未公证的自书遗嘱里,应当以2011年2月13日这份有“特别备注”的遗嘱为准。

法院认为:公民可以依照法律规定立遗嘱处分个人财产。本案诉争房屋系徐某生前个人所有财产,其依法可以立遗嘱进行处分。徐某生前于2002年3月18日、2005年10月20日、2010年6月22日、6月30日、2011年2月13日、2012年8月4日先后留有多份“生前留言”“留言”,根据《继承法》第20条规定:“遗嘱人可以撤销、变更自己所立的遗嘱。立有数份遗嘱,内容相抵触的,以最后的遗嘱为准。自书、代书、录音、口头遗嘱,不得撤销、变更公证遗嘱。”本案中,徐某先后所留“生前留言”“留言”内容有相互抵触之处,也未有公证遗嘱,故应以徐某最后书写的有效遗嘱为准。

(三)如何理解徐某于2011年2月13日所立遗嘱中“特别备注”的效力

原告主张,徐某于2011年2月13日所立遗嘱中已作出特别备注,“以后如出现与本留言不符之处或事,一律以此留言为准”。该备注是一种对自己作出的排他性意思表示,排除了徐某将来另立不同内容遗嘱的可能性,该排他性意思表示既然是徐某的真实意思表示,那么其就应受该排他性意思表示的拘束,他日若有违反,则属于无效遗嘱。

法院在判决书中并未明确谈及该特别备注的性质及其效力问题,而是隐含地否定了该备注作为意思表示的效力。实际上,该备注中的意思表示,构成了立遗嘱人对自身遗嘱自由权(遗嘱任意撤回权)的放弃,而这种放弃由于违反了法律强制性规定而无效。分述如下:

1. 每个遗嘱都明示或默示有此意思,2011年2月13日的这个所谓“排他性”意思表示并不具有至高无上性和真正的排他性

被继承人在书写任何一份遗嘱时,只要是在表达其真实意思,那么,他都会有“以此份遗嘱为准”的念头和想法。不可能出现,他在写一份遗嘱时,内心会觉得应当以之前或之后的决定为准的情形。因此,有没有“以此份遗嘱为准”的明确表达,实际上都是不重要的。即便没有明确表达出来,通过意思表示的解释,也是完全可以解释出来的。因此,当徐某在2012年8月4日书写最后一份遗嘱时,他肯定也是有这样的想法:“以此份遗嘱为准。”当先后数份遗嘱或明或暗都有“以此份遗嘱为准”的意思表示时,到底谁排除谁,到底应该以哪一份遗嘱为准呢?最终,必然还是回到一般规则上来,即最新的意思表示取代之前的意思表示,即以最后一份遗嘱为准。

2.2011年2月13日遗嘱“今后出现与此遗嘱不一致的，以此份遗嘱为准”这样的表述侵犯遗嘱自由，应属无效

我国《继承法》第16条规定：“公民可以依照本法规定立遗嘱处分个人财产，并可以指定遗嘱执行人。公民可以立遗嘱将个人财产指定由法定继承人的一人或者数人继承。公民可以立遗嘱将个人财产赠给国家、集体或者法定继承人以外的人。”第20条第1款规定，“遗嘱人可以撤销、变更自己所立的遗嘱。”这些条文均属于我国法律对于自然人遗嘱自由的规定，遗嘱自由是自然人财产权和自我处分权的自然结果，这种权利受法律保护，相关规定属于效力性强制性规定，任何与这些规定违背的意思表示，均不生法律效力。徐某于2011年2月13日所立遗嘱中“今后出现与此遗嘱不一致的，以此份遗嘱为准”，这样的表述，实际上剥夺了其自身的遗嘱自由，这样的自我设限由于违反了法律强制性规定，因而自始当然绝对无效。类似的，女职工在入职时所书写的“工作五年内不结婚不生育”的自愿承诺书，同样是单方意思表示，同样违反效力性强制性规定而无效。

3.2011年2月13日遗嘱“今后出现与此遗嘱不一致的，以此份遗嘱为准”这样的表述倘若生效，必然会架空公证遗嘱制度，使法律形同具文

《继承法》第20条第3款规定：“自书、代书、录音、口头遗嘱，不得撤销、变更公证遗嘱。”本条规定了公证遗嘱的至高效力。换言之，公证遗嘱是唯一可以打破立遗嘱时间先后顺序的遗嘱形式。之所以如此，是因为公证遗嘱场合，立遗嘱人的意思表示经过了有权第三方机关的确认，从而具有了更高的效力。除此之外，遗嘱效力当以时间先后顺位为依据，以最后一份遗嘱亦即最新的意思表示为准。倘若按照原告所称，先前的遗嘱上只要书写“今后出现与此遗嘱不一致的，以此份遗嘱为准”这样的字句，就可以排除之后的立遗嘱可能性，那么，公证遗嘱的唯一至上性，就会遭到破坏，公证遗嘱制度就会被架空，法律规则被规避，立法者的立法目的也必然会落空。这样的结果，显然是不合法的。因此，“今后出现与此遗嘱不一致的，以此份遗嘱为准”这样的表述，必然是无效的。

综上所述，徐某于2011年2月13日遗嘱中特别备注作为意思表示，是无效的，并不能约束徐某另立新遗嘱。

（四）类似案例中，遗嘱继承人的合法权益如何保障

当立遗嘱人和特定遗嘱继承人想要赋予后者不可撤销的继承人地位，按照现行法，唯一可行的做法是对特定遗嘱进行公证。而立遗嘱人想要撤销公证遗嘱时，须另外再作一份公证遗嘱，则当前后两份公证遗嘱内容相冲突时，后一份公证遗嘱自动覆盖并修改前一份公证遗嘱。任何情况下，非公证遗嘱都不能修改或废除公证遗嘱的内容。

教学手册

教学对象及目标

本案例供法律硕士案例教学使用,法学本科(大四)、民法学硕士、民事诉讼法学硕士也可以参酌试用。

本案例主要就房屋继承纠纷相关问题进行讲授。具体要解决的问题包括:(1)遗嘱的本质是什么?(2)如何理解立遗嘱人的遗嘱自由(包含对遗嘱的任意撤回权)?(3)立遗嘱人能否放弃遗嘱自由,对遗嘱任意撤回权的放弃是否有效?提出处理具体案件的思路、分析步骤、事实认定与法律分析之间的基本框架。

教学内容

1. 遗嘱自由是什么权利,这种权利为何不能事先放弃?

(1)遗嘱自由的基本权和人格权属性

遗嘱自由包含内容自由和废立自由(《继承法》第16条、第20条)。遗嘱自由属于公民个人享有的基本权。我国《宪法》第13条规定:"国家依照法律规定保护公民的私有财产权和继承权。"遗嘱自由本质上是个人对私有财产权的固有内容和当然延伸。

第一,遗嘱自由具有基本自由和权利的位阶,高于其他一般性的权利。德国联邦最高法院在1965年"德国情妇遗嘱案"中特别指出,"依据《德国民法典》(以下简称《德民》)的价值秩序,除了特留份权,婚姻和亲属关系相对于被继承人的遗嘱自由居于次要位置。即使被继承人的动机并不值得特别受到尊重,其最终意思也应当受到保护,并对之作出善意解释。"[1]可见,泛泛地说公序良俗对遗嘱自由的限制是没有意义的,遗嘱自由的强势地位使得在大多数场合下遗嘱能够有效存在,这均源于遗嘱自由的宪法最高位阶。

第二,遗嘱自由属于蕴含巨大人格利益的财产权利。遗嘱自由给立遗嘱人提供了一种可能性,可以任意处分其财产之命运而不受法定继承顺序的拘束。它是一种无任何义务的权利(kein pflichtgebundenes Recht),不是那种只可以为了家庭福祉而行使的、附义务的权利,而是一种个人自由权(ein individuelles Freiheitsrecht),它服务于在继承法领域实现私法自治;它可以使立遗嘱人偏离法定继承顺序指定继承人,甚至将财产遗留给第三人而无须提供任何理由。[2]

遗嘱自由属于位阶极高的权利。遗嘱自由不仅仅是财产权,更可被理解成一种人格权。当遗嘱自由仅仅被理解成一种财产权(Vermoegensrecht)时,它不得对第三人行为产生影响

---

〔1〕 郑永流:《道德立场与法律技术——中德情妇遗嘱案的比较和评析》,载《中国法学》2008年第4期。

〔2〕 Staudinger BGB, Neubearbeitung 2008, Gerhard Otte, Einl zum Erbrecht, Rn 54.

(亦即不是为了追求某个理想目标),是不需要给出理由的、可解释的(nicht begrundbar)。相反,它不要求任何相应的风格来把遗嘱自由表述成一种人格权(有学者这么理解),以便解释立遗嘱人意志在另一个层面的重要性。遗嘱自由原则上是不可以授权委托他人的;它毋宁是,对于立遗嘱人的财产的一种不可审查的权力的运用,这种权力的运用,适用阻碍性的命令,有关死因处分的最高人格权的(《德民》2064 亲自立遗嘱 2274 亲自订立继承合同以及 2279)。在很有限的范围内,立遗嘱人当然也可以给予第三人以权限,关于继承法上的安排。[1]

法国法中,当它保护未来的立遗嘱人不受确定性的承诺影响及合同拘束力的影响时,遗嘱自由(liberté testamentaire)可以让他享有一切的自由,单方面修改这样的处分文书(actes de disposition)。[2] 将来继承契约禁止,也可以从合同理论获得解释。旨在全部或部分针对尚未开始之继承的权利,这样的意思合致,如果生效的话,将具有强制力。合同废除或修改,需要当事人新的合意才可以实现。继承合同的不可触摸、不可触犯性(intangibilité),将被分析理解为遗嘱自由(liberté de tester)之不可接受的让与。[3] 因此,将来继承协议的禁止也支持在另外一个继承法核心原则之上:"建立确立最后意志的自由,是不可让渡的(inaliénable)。这种遗嘱自由不仅能够平缓对死亡的焦虑——因而应当保留给每个人在其生命的晚年,而且也是一件隐蔽、隐秘的武器,能够让年老者维持其存在和情感,这种自由会或多或少有意识的被感知,让他们暴露于被剥夺继承权的风险之下。"[4]

(2)遗嘱自由为何不能事先放弃

第一,从遗嘱的本质出发。依《德国民法典》第 1937 条的表述,遗嘱(Testament)和终意处分(letztwillige Verfügung)是同义词。[5] 终意处分这个表达含义非常明确,只有最后作出的有关财产处分的意思表示,才是遗嘱。遗嘱既是自然人对个人财产所享有的一种固有处分权的实现方式,同时也是其人格与意志在其死后的持续展现和实现的方式,亦即具有双重内涵。可见,只有最终的意思表示,才符合遗嘱的本质内涵。遗嘱的固有内涵就是终意处分。如果一项处分财产的意思表示不是立遗嘱人的最后意思表示,那么,该意思表示本质上就不能成为有效的遗嘱。遗嘱任何时候的可撤回性,本质上在于它是死后才生效的处分。立遗嘱人在其死亡前的任何时候,都可以重新确定继承人的顺序。

第二,比较法上的参考。比较法上给我们提供了更明确的结论。以下主要看德国法和法国法的规定。

遗嘱自由的众多保障手段中,最主要有两点,一是遗嘱的任意撤回权,二是对遗嘱自由的

---

[1] Staudinger BGB, Neubearbeitung 2008, Gerhard Otte, Einl zum Erbrecht, Rn 55.

[2] JurisClasseur Civil Code > Art. 721 à 724 – 1, Gilles Raoul – Cormeil, Fasc. 20 : SUCCESSIONS . – Pacte sur succession future, 9 Mai 2011, No. 9.

[3] 720, No 32.

[4] M. Grimaldi, Droit civil. Successions : Litec, 6e éd. 2001, n° 24 s. – Adde, G. Raoul – Cormeil, Le mensonge du concubin sur ses dernières volontés : Defrénois 2005, art. 38154, p. 761 à 778.

[5] Münchener Kommentar zum BGB, 6. Auflage 2013, Leipold, § 1937, Erbeinsetzung durch letztwillige, Rn 6.

任何限制原则上无效。《德民》第 2253 条的规定:“被继承人可以随时撤回(widerruf)遗嘱以及包含在遗嘱中的个别处分。”法律尽可能承认和接受一个未被限缩的遗嘱自由,仅有的例外是,立遗嘱人通过后遗嘱或继承合同来改变前遗嘱。[1]

更关键的是,立遗嘱人不能放弃其撤回权,无论这种弃权是单方表示还是合同约定,均属于无效,亦即之后他仍然可以撤回其先前遗嘱。[2] 此项规则内含于《德民》第 2302 条,这也是遗嘱自由的第二个最重要的保障手段。《德民》第 2302 条(不可限制的遗嘱自由)的规定:“某人因之而有义务做成或不做成,废止或不废止死因处分的合同,无效。”

依据该条,无论是债法上的负担义务设定(Verpflichtungen zur Errichtung),还是处分废止(Aufhebung einer Verfugung),只要涉及对立遗嘱人的遗嘱自由限制,均属于无效。任何一个契约,包含某项义务设定,以特定的方式设立遗嘱或不设立遗嘱,都是无效的。[3]

不仅限制遗嘱自由的债法上合同无效,[4]而且,限制遗嘱自由的单方义务设定(eine einseitige Verpflichtung)亦属无效。事实上,除非法律有明文规定,德国法原则上不承认单方行为可以产生债。因此,立遗嘱人也不得在其死因处分里单方限制其自身权利,例如,他不得声明放弃遗嘱的任意撤回权,或者废止或改变其处分应当采取的特定形式,此类单方声明一律无效。[5] 例如,在巴伐利亚州高等法院 2000 年审结的一起案件中,立遗嘱人为女性,未婚无子女,她在 1996 年 1 月 15 日的遗嘱中写道:“在我百年之后,我的侄子对我的房产享有继承权,此项权利不可撤销。今后任何与此遗嘱内容不一致的留言均无任何法律效力(keine Gültigkeit)。”巴伐利亚州高等法院判定,立遗嘱人关于设立、维持或废止终意处分的单方义务设定,也应当适用《德民》第 2302 条。[6]

违反《德民》第 2302 条限制遗嘱自由的合同无效,合同约定的违约金条款当然也无效(《德民》第 344 条),也不存在任何法定的违约责任。[7] 例如,在德国联邦最高法院 1967 年 1 月 13 日审结的一起案件中,原告诉请被告将系争地块向己方移转;被告辩称,其与丈夫曾照顾原告之父 Christof 的起居生活很多年,Christof 生前曾允诺(zusagen),“在继承法上对被告夫妇将和对待自己孩子一样(gleichstellen)”;斯图加特州法院和州高等法院均判决被告败诉,联邦最高法院最终也驳回了被告的上诉,并指出:“那样一个合同根据《德民》第 2302 条是无

---

〔1〕 Münchener Kommentar zum BGB, 6. Auflage 2013, Hagena, § 2253, Widerruf eines Testaments, Rn 1.

〔2〕 Staudinger BGB, 2012, Wolfgang Baumann, § 2253, Widerruf eines Testaments, Rn 8.

〔3〕 OLG Stutgart NJW 1989, 2700.

〔4〕 德民 2302 条针对的是债法上的合同,而不包括继承法上的拘束(Bindung),如继承合同或共同遗嘱。Vgl., Staudinger BGB, 2014, Rainer Kanzleiter, § 2302, Rn 2. 另外,即便在继承合同里,立遗嘱人也不能放弃“通过合同的废止权”(《德民》第 2290)和“法定解除权”(《德民》第 2294 条);当这个继承契约和合同捆绑时,也是如此,继承合同具有独立性。Vgl., BGHZ 29, 129, 130 = NJW 1959, 625.

〔5〕 Staudinger BGB, 2014, Rainer Kanzleiter, § 2302, Rn 7.

〔6〕 Vgl., BayObLG, Beschluβ vom 5. 12. 2000 - 1Z BR 115/00, FamRZ 2001, 771.

〔7〕 当然,没有违约责任不等于没有其他损害赔偿责任,例如根据《德民》311 条(缔约过失责任),或者,根据德民 826 条(故意背俗侵权),也可能产生相应的损害赔偿请求权。Vgl., Münchener Kommentar zum BGB, 6. Auflage 2013, Musielak, § 2302 Unbeschränkbare Testierfreiheit, Rn 5.

效的……因此,(即便违反)原则上也不会产生任何损害赔偿请求权。”[1]

可见,由于《德民》第2302条直接表明了《德民》第2253条(任意变更权、撤回权)属于为效力性强制性规定,因此,限制遗嘱自由的单方意思表示很容易被判定为无效。

《法国民法典》(以下简称《法民》)也规定了遗嘱自由。其第967条规定:“任何人均得用遗嘱,或者以指定继承人或遗赠的名义,或者以其他任何适于表示其意思的名称,处分其遗产。”第1035条规定:“遗嘱,仅得以日后订立的遗嘱,或者以在公证人前做成的载明改变意思之声明的文书,全部或一部取消之。”这也被称为遗嘱的自愿撤回(revocation volontaire)。遗嘱可自由撤回,这是遗嘱的本质特征,是《法民》第895条遗嘱定义中的固有内容。[2] 每个人直至其最后时刻,都有权修改其死因处分。[3] 该规则属于公共秩序,立遗嘱人不得直接或间接放弃(renoncer)此项撤回权。[4]

在2004年11月30日法国最高法院审结的一起案件中,Jean X和Mlle Y在1977年开始同居,前者于1994年10月5日在其公证员见证下立下遗嘱,决定将其一套公寓遗赠给后者,但次日又通过向该公证员邮寄文件的方式撤回该遗赠,并在此后持续的同居生活中对Y隐瞒了撤回这一事实,直至其1999年3月12日去世;卡昂(Caen)上诉法院2002年9月10日判决X的两个孩子(法定继承人)对Y承担30000欧元的连带损害赔偿责任,理由是,X在与Y同居17年之后所作的遗赠,从逻辑上说,是一种良心义务(devoir de conscience)的履行,以保障Y在将来有房屋可居住,而且遗赠的房屋在X的遗产中只占很小的分量;然而,法国最高法院民一庭终审判定:“撤回遗嘱的选择权(faculté)构成了一种免除一切责任的自由裁量权(droit discrétionnaire)。”[5]

可见,法国法上的遗嘱自由亦不可放弃,任何弃权的法律行为均属无效。只不过,法国法并没有类似《德民》第2302条那样的效力性强制性规定,而是通过判例和学说,确立其遗嘱自由具有公序良俗的特质,从而违反者一律无效。

2. 本案中徐某的特别声明为什么是无效的?

可以从以下三个方面来论证:

第一,每个遗嘱都明示或默示有“以本遗嘱为准”的意思,2011年2月13日徐某所作的这个“排他性”意思表示并不具有至高无上性和真正的排他性。

被继承人在书写任何一份遗嘱时,只要是在表达其真实意思,那么,他都会有“以此份遗嘱为准”的念头和想法。不可能出现,他在写一份遗嘱时,内心会觉得应当以之前或之后的决定为准的情形。因此,有没有“以此份遗嘱为准”的明确表达,实际上都是不重要的。即便没

---

〔1〕 BGH, 13.01.1967, VZR 24/64, MDR 1967, 480.

〔2〕 《法民》第895条规定:遗嘱是立遗嘱人所作出的行为,对于其死亡之后,处分其全部或部分的财产或权利的行为,其可以撤回。

〔3〕 M. Grimaldi, “Les dernières volontés”: Mél. Cornu, PUF 1994, p. 177.

〔4〕 JurisClasseur Civil Code > Art. 1035 à 1038, Fasc. unique: DONATIONS ET TESTAMENTS. - Révocation des testaments. - Révocation expresse. Révocation tacite, No. 3.

〔5〕 Cass. 1re civ., 30 nov. 2004: Juris-Data n° 2004-025905; Bull. civ. 2004, I, n° 297.

有明确表达出来,通过意思表示的解释,也是完全可以解释出来的。因此,当徐某在 2012 年 8 月 4 日书写最后一份遗嘱时,他肯定也是有这样的想法:“以此份遗嘱为准。”当先后数份遗嘱或明或暗都有“以此份遗嘱为准”的意思表示时,到底谁排除谁,到底应该以哪一份遗嘱为准呢?最终,必然还是回到一般规则上来,即最新的意思表示取代之前的意思表示,即以最后一份遗嘱为准。

第二,2011 年 2 月 13 日遗嘱“今后出现与此遗嘱不一致的,以此份遗嘱为准”这样的表述侵犯遗嘱自由,应属无效。

我国《继承法》第 16 条规定:“公民可以依照本法规定立遗嘱处分个人财产,并可以指定遗嘱执行人。公民可以立遗嘱将个人财产指定由法定继承人的一人或者数人继承。公民可以立遗嘱将个人财产赠给国家、集体或者法定继承人以外的人。”第 20 条第 1 款规定:“遗嘱人可以撤销、变更自己所立的遗嘱。”这些条文均属于我国法律对于自然人遗嘱自由的规定,遗嘱自由是自然人财产权和自我处分权的自然结果,这种权利受法律保护,相关规定属于效力性强制性规定,任何与这些规定违背的意思表示,均不生法律效力。徐某于 2011 年 2 月 13 日所立遗嘱中“今后出现与此遗嘱不一致的,以此份遗嘱为准”,这样的表述,实际上剥夺了其自身的遗嘱自由,这样的自我设限由于违反了法律强制性规定,因而自始当然绝对无效。类似的,女职工在入职时所书写的“工作五年内不结婚不生育”的自愿承诺书,同样是单方意思表示,同样违反效力性强制性规定而无效。

关于遗嘱自由的性质以及不可事先放弃性,在前述第一个问题时,已经论证得非常详细。

第三,2011 年 2 月 13 日的遗嘱“今后出现与此遗嘱不一致的,以此份遗嘱为准”这样的表述倘若生效,必然会架空公证遗嘱制度,使法律形同具文。

《继承法》第 20 条第 3 款规定:“自书、代书、录音、口头遗嘱,不得撤销、变更公证遗嘱。”本条规定了公证遗嘱的至高效力。换言之,公证遗嘱是唯一可以打破立遗嘱时间先后顺序的遗嘱形式。之所以如此,是因为公证遗嘱场合,立遗嘱人的意思表示经过了有权第三方机关的确认,从而具有了更高的效力。除此之外,遗嘱效力当以时间先后顺位为依据,以最后一份遗嘱亦即最新的意思表示为准。倘若按照原告所称,先前的遗嘱上只要书写“今后出现与此遗嘱不一致的,以此份遗嘱为准”这样的字句,就可以排除之后的立遗嘱可能性,那么,公证遗嘱的唯一至上性,就会遭到破坏,公证遗嘱制度就会被架空,法律规则被规避,立法者的立法目的也必然会落空。这样的结果,显然是不合法的。因此,“今后出现与此遗嘱不一致的,以此份遗嘱为准”这样的表述,必然是无效的。

综上所述,被继承人徐某于 2011 年 2 月 13 日所书写倒数第二份遗嘱中“今后出现与此遗嘱不一致的,以此份遗嘱为准”这样的表述,由于侵犯了遗嘱自由(任意撤回权),违反效力性强制性规定(《继承法》第 20 条第 1 款),根据《合同法》第 52 条第 5 项,属于无效意思表示;同时根据《继承法》第 20 条第 2 款的规定,徐某立有数份内容相抵触的遗嘱的,应以最后一份遗嘱为准,即以 2012 年 8 月 4 日的遗嘱为准。根据该遗嘱,系争房屋应当由被继承人的长子徐甲继承。

预期效果

使同学们掌握以下方面的知识或技能:(1)理解遗嘱的本质;(2)理解遗嘱自由的本质;(3)理解案例里排他性意思表示的本质是对遗嘱撤回权的放弃,是对遗嘱自由的放弃;(4)结合我国《继承法》的相关规定,理解事先放弃遗嘱任意撤回权的法律效果,并以继承权纠纷为例,掌握处理具体案件的思路、分析步骤、事实认定与法律分析之间的基本框架。

教学计划

如下课堂设计,仅供参考。

1. 课前计划:安排学生阅读案例及相关参考资料,对案例所涉及问题进行思考,撰写实践题答案。

2. 课中计划:介绍教学目的,明确讨论主题;分组讨论,回答各项思考题,讨论实践题的撰写要点;小组代表提出撰写要点,学生讨论和分析;教师归纳总结。

3. 课后计划:布置作业,使学生进一步学习辩护律师在民事诉讼活动中的职能,以及如何发挥其职能。

课堂时间安排

本案例可以作为专门的案例教学课来进行,整个案例课的课堂安排 6 个课时,每课时 45 分钟。

课堂时间使用计划:

以 1 课时安排介绍教学目的,明确讨论主题;

以 1.5 课时安排分组讨论,回答各项思考题,讨论实践题的撰写要点;

以 1 课时安排小组代表提出撰写要点,学生讨论和分析;

以 2.5 课时安排教师归纳总结。

思考题和实践题

思考题

1. 遗嘱自由的本质是什么?
2. 遗嘱自由与遗嘱撤回权的关系是怎样的?
3. 遗嘱自由(任意撤回权)能否事先抛弃? 为什么?
4. 推而广之,进一步思考,哪些权利当事人不得放弃?

实践题

1. 立遗嘱人与法定继承人之一或第三人签订合同,约定前者将特定财产在其死后交由后者继承,此约定是否有效?
2. 法定继承人之一事先单方声明,承诺放弃将来可能的遗产继承权,此项声明是否具有法律效力?

参考文献

1. Münchener Kommentar zum BGB, 6. Auflage 2013.

2. JurisClasseur Civil Code > Art. 721 à 724 - 1, Gilles Raoul - Cormeil, Fasc. 20 : SUCCESSIONS. — Pacte sur succession future, 9 May 2011.

附件

《继承法》第三章遗嘱继承和遗赠

第十六条　公民可以依照本法规定立遗嘱处分个人财产,并可以指定遗嘱执行人。

公民可以立遗嘱将个人财产指定由法定继承人的一人或者数人继承。

公民可以立遗嘱将个人财产赠给国家、集体或者法定继承人以外的人。

第十七条　公证遗嘱由遗嘱人经公证机关办理。

自书遗嘱由遗嘱人亲笔书写,签名,注明年、月、日。

第二十条　遗嘱人可以撤销、变更自己所立的遗嘱。

立有数份遗嘱,内容相抵触的,以最后的遗嘱为准。

自书、代书、录音、口头遗嘱,不得撤销、变更公证遗嘱。

(叶名怡,上海财经大学法学院教授)

19 CASE 石某诉某电子公司著作权侵权纠纷案

摘　要

本案例是一起著作权侵权引发的损害赔偿纠纷，当事人之间的争执点主要在于被告生产的软件是否侵害了原告享有的著作权。本案作为著作权侵权纠纷，不属于法定的举证责任倒置的范围，侵权事实的举证责任由原告承担，但因被告拒不提供源程序以供比对鉴定，原告无法提出确实有效的证据证明被告存在侵权行为。在原告举证确有困难且该困难的造成与被告行为有关时，法官应如何适用证明标准进而认定案件事实成为本案例的关键点和创新点。

关键词

著作权侵权纠纷　民事诉讼　证明责任　证明标准　妨害举证　法官自由心证

教学目标

通过该案例的分析，首先让学生了解民事案件的审理流程，对法官、当事人、诉讼代理人以及证人、鉴定人等诉讼参与人在诉讼中角色的分工有一个清晰的认识；其次让学生从当事人角度了解寻求民事诉讼救济的大致路径，从管辖法院的选择，到诉讼请求的拟定，再到事实主张与证据收集，最后是庭前准备与庭审技能发挥，使其掌握初步的诉讼实务技能；最后让学生从法官的角度了解如何进行证据评价、事实认定和法律适用，培养其解决具体法律问题的能力和素养。

教学案例

2000 年 8 月 1 日,石某开发完成 S 型线切割机床单片机控制器系统软件,并于 2005 年 4 月 18 日获得国家版权局软著登字第 035260 号计算机软件著作权登记证书,证书载明:软件名称为 S 型线切割机床单片机控制器系统软件 V1.0,著作权人为石某,权利取得方式为原始取得。

后石某发现某电子公司销售的切割机床单片机控制器(单板机)使用的系统软件指令代码序列及硬件使用配置、键盘布局、操作显示内容等与原告涉案软件完全相同,其认为某电子公司未经许可,非法复制自己享有著作权的软件,并安装至单板机内向生产线切割机床的厂商销售,每月销售单板机多达二百余台,其行为严重损害了自己的合法权益。遂向某中级人民法院提起诉讼,诉请判令某电子公司停止侵权,公开赔礼道歉,支付鉴定费用,赔偿原告经济损失 100000 元以及为制止被告侵权行为所支付的证据保全公证费、诉讼代理费 9200 元。

原告石某为证明其主张的事实提供了以下证据:

(1)计算机软件著作权登记证书一份,用以证明原告石某系 S 型线切割机床单片机控制器系统软件的著作权人。

(2)2005 年 8 月 4 日《宁波日报》刊载的《律师声明》一份,用以证明原告石某作为软件著作权人采取了维权行为。

(3)被告某电子公司工商登记档案材料一份,用以证明被告的基本情况。

(4)2005 年 7 月 17 日原告石某从被告某电子公司处购买的主板一块、被告单位开具的商业销售发票一份以及原告方生产的主板一块。用以证明在被告处购买主板单价为人民币 350 元,两块主板可供法院作鉴定。

(5)被告某电子公司 HR－Z 线切割机床数控控制器说明书一份、2005 年 12 月 20 日泰州市海陵区公证处(2005)泰海证民内字第 1146 号公证书一份。主要内容是:公证机关泰州市海陵区公证处根据原告石某申请对原告向被告购买一台 HR－Z 线切割机床数控控制器(单板机)的过程进行公证,制作了工作记录、拍摄了相关照片 8 张,并将所购买的产品进行了封存。用以证明被告销售 HR－Z 线切割机床控制器及主板的行为侵犯了原告的软件著作权。

(6)2005 年 12 月 30 日张生平(由原告石某委托)与被告某电子公司工作人员的通话录音磁带一盒。用以证明被告销售侵权产品的数量。

(7)由原告石某担任法定代表人的武汉鸿麟电子有限公司的企业法人营业执照副本一份、武汉市科学技术局认定上述公司为高新技术企业的《高新技术企业认定证书》一份、武汉鸿麟电子有限公司销售单板机的湖北增值税专用发票两份。用以证明原告所在的公司对外销售的单板机销售价格。

(8)2005 年 12 月 26 日公证费发票一份,金额 1200 元;律师代理费收费收据两份,合计金额 8000 元；企业工商档案查询费定额专用发票两份，合计金额 100 元。用以证明原告石某为制止本案侵权而支出的费用。

被告质证意见：

被告某电子公司对原告石某提交的证据 4 有异议，认为该证据中原告提供的控制器主板虽系被告公司产品，但有磨损痕迹，怀疑被拆封过；对原告提交的证据 5 有异议，认为公证书载明的被告公司地址与实际登记地址不一致，另外公证保全进行了一个多小时，时间不合理；对原告提交的证据 6 有异议，虽然录音中受话人是被告法定代表人沈云泉之妻，但因原告委托的人谎称欲大量购买单板机，被告工作人员为促成交易过于夸大了单位生产能力和销售量，因此录音内容不能真实反映被告生产销售情况，不能作为被告生产和销售量的证据；对原告提交的证据 7 有异议，认为案外人武汉鸿麟电子有限公司没有软件开发的经营范围，属于超范围经营，该公司开具的增值税发票不能说明事实上发生了发票上载明的销售业务，不能证明原告主张的单板机的价格。被告对原告提交的其他证据的真实性没有异议。

鉴定意见：

原告石某向法院提出鉴定申请，要求对以下事项进行鉴定：(1)石某在本案中提供的软件源程序与其在国家版权局版权登记备案的软件源程序的同一性；(2)公证保全的华仁公司 HR－Z 型控制器系统软件与石某获得版权登记的软件源程序代码相似性或者相同性。由于被告拒绝提供其控制器软件源程序，原告遂提供其在国家版权局登记备案的软件源程序，申请对其与公证保全的控制器软件源程序进行比对鉴定。法院委托江苏省科技咨询中心进行鉴定，鉴定报告称，因被告的软件主要固化在美国 ATMEL 公司的 AT89F51 和菲利普公司的 P89C58 两块芯片上，而代号为“AT89F51”的芯片是一块带自加密的微控制器，必须首先破解它的加密系统，才能读取固化其中的软件代码。而根据现有技术条件，无法解决芯片解密程序问题，因而根据现有鉴定材料难以作出客观、科学的鉴定结论。

原告石某申请再次鉴定，由原告提供一份软件源代码和源程序与其在国家版权局登记的“S 型线切割机床单片机控制器系统软件”作版本相似或相同性鉴定，再将其提供的软件与公证保全的被告某电子公司的线切割机床数控控制器软件进行功能相同性或一致性鉴定。法院驳回了原告的鉴定申请，理由是，功能通常被认为是软件的思想、概念，任何人都不能排斥他人研发与自己功能相同的软件，软件功能相同并不等同于比对软件具有实质性相似或者相同，因此，不同软件实现了相同、相似的功能，不能当然得出一方软件侵权的结论。

被告某电子公司认为，被告销售的 HR－Z 型线切割机床控制器所采用的系统软件系被告独立自主开发完成，与原告石某 S 型线切割机床单片机控制系统应没有相同的可能，且被告的线切割机床控制器产品与原告生产的 S 型线切割机床单片机控制器的硬件及键盘布局完全不同。原告的诉讼主张没有事实根据，请求驳回原告的诉讼请求。

被告某电子公司为证明其事实主张提供了以下证据：

被告某电子公司销售的 HR－Z 型线切割机床控制器（单板机）1 台以及通过其他单位（也是原告石某的客户）购买的原告的单板机 1 台（没有开具发票），以证明原告、被告生产的单板机的外观、硬件布局以及键盘布局完全不同。

对被告提交的证据,原告石某根据单板机的外观,对其中一台进行了查验,认可该台单板机系原告所在公司销售,且单板机内主板为改进版。但认为,本案原告所诉侵权事项仅涉及原告软件著作权而不涉及相关产品的外观或版式设计,因此,被告提交这两台单板机作为证据,与本案没有任何关联性。

法院认证结论:原告石某提交的证据1,能证明本案原告为S型线切割机床单片机控制器系统软件V1.0的软件著作权人,亦为本案适格原告,该证据是合法有效的证据,予以确认。证据2,被告某电子公司虽未提出异议,但该证据与本案没有关联性,不予确认。证据3证明了被告主体身份及登记基本情况,予以确认。证据4中涉及的被告控制器主板的"HR线切割机床控制器1"反光封贴上确有破损痕迹,原告未能就此作出合理解释,不能作为本案与原告相关软件进行鉴定比对的材料。但对证据4中交易销售发票以及被告销售上述型号线切割控制器主板的事实,予以确认。证据5,被告虽提出公证书上公司的地址与其登记住所不一致、保全时间不合理等疑问,但没有提供足以推翻公证文书效力的证据,故对该证据予以确认。证据6,被告不否认其真实性、关联性,应予以确认,但被告提出原告方虚构向被告公司购买产品的事实,被告方工作人员为促成交易而夸大其生产能力和销售量的理由,具有一定的合理性,故仅凭证据6中部分通话内容尚不足以认定被告生产销售相关产品的数量及其获利数额,不能单独作为认定事实的根据。证据7中,由原告担任法定代表人的武汉鸿麟电子有限公司的企业法人营业执照副本、武汉市科学技术局认定上述公司为高新技术企业的《高新技术企业认定证书》两部分证据与本案没有关联性。对于武汉鸿麟电子有限公司销售单板机的湖北增值税专用发票,因被告否认有关交易事实的发生,原告亦未能提供原件与增值税专用发票复印件相核对,故对该证据不予确认。证据8是原告为诉讼而实际发生的一些支出费用凭据,真实有效,予以确认。被告当庭提交的证据,与被告生产、销售的控制器及主板的软件是否侵犯原告石某软件著作权无关,不予确认。

法院认为,石某起诉某电子公司侵害其软件著作权,石某应当对某电子公司存在侵权行为提供证据加以证明,不适用举证责任倒置。综观全案,石某虽提出了其享有涉案软件著作权的证据以及某电子公司生产、销售的线切割机床控制器,但经鉴定机构鉴定,却不能直接证明某电子公司控制器内置软件与石某软件源程序具有相同性或者实质相似性,因而无从对某电子公司有关生产、销售行为构成对石某软件著作权侵权进行判别,故根据现有证据尚不足以证明某电子公司相关行为对石某软件著作权构成侵犯。判决驳回石某的诉讼请求。

石某不服一审判决,提起上诉,其上诉理由,一是一审法院不应当拒绝上诉人提出的重新鉴定申请,从而导致认定事实错误;二是在分配举证责任方面适用法律错误,源程序是被上诉人拥有,上诉人对此无法获得,法院应当据上述规定要求被上诉人提供源程序,而不应将此项举证责任转移给上诉人。

某电子公司在二审答辩中对其不提供源程序的原因解释为,源程序是企业最大的商业秘密,一旦提供就需要经过多个专家对比,难免不造成泄密,而且上诉人对由此造成的损失还不赔偿，因此，被上诉人不同意提供源程序。

上诉人石某在二审期间提供的新证据：

（1）宁波市海曙松发电子有限公司（以下简称海曙公司）生产的 HX－Z 型微机线切割锥度控制器实物（以下简称 HX－Z 型控制器）及使用说明书一份。

（2）石某与海曙公司签订的技术协议一份，签订时间为 2004 年 6 月，内容为由石某向海曙公司提供线切割机床单片机控制器系统软件芯片，同时根据海曙公司要求进行修改，并提供主板硬件原理图、印制板图及使用说明书。

（3）增值税发票复印件一份，开票日期为 2004 年 6 月 28 日，售货单位是海曙公司，购货单位是泰州亚丰数控机床有限公司。

（4）海曙公司营业执照的复印件一份。

（5）海曙公司出具的证明一份，出具时间为 2007 年 3 月 15 日，内容为证明石某所提供的证据 1（HX－Z 型控制器实物）系海曙公司生产，该产品的系统软件是石某针对海曙公司要求，在其 S 系列软件的基础上改版完成的，产品说明书也是按石某提供的样本制作的。

（6）货物快递运单 8 份，发件人为石某，收件人为王某（海曙公司法定代表人）。

（7）汇款凭证六份，汇款人为王某，收款人为石某。

（8）石某从中国版权保护中心调取的 S 型线切割机床单片机控制器系统软件 V1.0 的源程序。

本案二审中，石某向法院申请海曙公司法定代表人王某出庭作证。王某出庭所作的证词与海曙公司出具的证明内容基本一致。

石某提供上述证据用以证明：HX－Z 型控制器的系统软件，系其享有著作权的 S 系列软件的改版，也是由其自身开发完成的。石某同时认为，将 HX－Z 型控制器与被控侵权产品比较，两者的使用说明书、整机外观及布局完全相同或相似；具体操作使用存在相同之处；具有相同的软件特征缺陷和漏洞错误。以上相同之处证明两者的软件代码序列完全相同。

被上诉人质证意见：

某电子公司对上述证据的形式真实性没有异议，但认为海曙公司与石某之间的技术服务协议系伪造的，主要理由是：海曙公司自 1998 年就开始生产该类产品了，而石某开发完成涉案软件的时间是 2000 年。关于证据 3 增值税发票，某电子公司认为该增值税发票的内容与证据 1HX－Z 型控制器实物并不能对应。关于证据 6 货物快递运单、证据 7 汇款凭证，某电子公司认为在缺乏税务发票的情况下，上述证据仅证明了海曙公司与石某之间进行过交易，但并不能得出交易内容与涉案软件有关的结论。

二审法院认证结论：二审法院对上述证据的形式真实性予以确认。关于证据 3 增值税发票，鉴于该增值税发票的内容与证据 1HX－Z 型控制器实物并不能对应，石某在庭审中亦认可该发票并非针对本案 HX－Z 型控制器所开具，二审法院认为该份证据与本案并无关联性。

被上诉人某电子公司在二审中提供的新证据：

（1）石某所在公司生产的 S 型线切割机床控制器，用以证明该控制器与某电子公司产品在键盘布局、操作过程及功能上均不一致。

(2)中国线切割网网页资料一份,内容为线切割 3B 代码格式说明,用以证明 3B 代码是通用程序,双方控制器系统软件均使用该代码,因此操作时显示的内容无法区分。

(3)增值税发票及泰州市电子同城票据交换贷方补充报单各一份,开票日期为 2004 年 12 月 21 日,销货单位是某电子公司,购货单位是泰州市科星电器仪表厂,货物名称是卡、单板机、电脑。用以证明其 2004 年就销售此类产品,并未侵犯石某计算机软件著作权。

(4)江苏省泰州市商业销售发票一份,开票日期为 2004 年 5 月 19 日,货物名称为 HR－Z 线切割控制器。用以证明其 2004 年就销售此类产品,并未侵犯石某计算机软件著作权。

(5)计算机软件著作权登记证书一份,发证日期为 2007 年 10 月 12 日,其中注明的开发完成时间是 2000 年 3 月 18 日,著作权人为李春梅,软件名称是 DX－Z 线切割控制器微处理器固件程序系统 V3.0。某电子公司称,该软件著作权是 2007 年六七月申请的,被控侵权的 HR－Z 软件即是该软件,著作权人李春梅与某电子公司法定代表人沈云泉系夫妻关系。因此,某电子公司使用的是其自身享有著作权的软件,并未侵犯石某的著作权。

上诉人质证意见:

石某对某电子公司提供的证据 1、2、3、5 的真实性并无异议,但认为:关于证据 1,S 型线切割机床控制器与被控侵权产品对比,仅是在键盘数量上存在区别。且该产品的改版 HX－Z 型控制器与被控侵权产品的外观布局基本一致;关于证据 2,3B 代码虽是通用代码,但是同样的 3B 代码用不同的程序运行,结果并不相同;证据 3 并未明确表明销售的产品型号,因此与本案并无关联性。证据 5 计算机软件著作权登记证书中的计算机软件与被控侵权的 HR－Z 软件是否一致,尚无法证明。同时,目前计算机软件登记审查的实践中,有关软件的开发完成时间是不作实质审查的,申请人可以随意填写时间。因此,该登记证书中的开发完成时间并不能视为实际开发完成时间。某电子公司在本案二审诉讼期间申请该软件著作权,其行为的诉讼目的明显。关于证据 4,石某对其真实性不予认可,主要理由是该发票上并无客户名称,且在整本发票上的装订顺序上有颠倒。

二审法院认证结论:二审法院对某电子公司提供的证据 1、2、3、5 的形式真实性予以确认。关于证据 4 销售发票,尽管存在一定瑕疵,但并不能足以否认该证据的形式真实性,二审法院对证据 4 销售发票的形式真实性亦予以确认。

二审法院依职权向一审鉴定机构调取的证据:

二审中,经二审庭审现场勘验,被控侵权产品 HR－Z 型控制器现有的内置芯片代号为 AT89S51,与一审判决书及一审鉴定报告所记载的代号 AT89F51 并不相符,对此,某电子公司提出异议,认为被控侵权产品 HR－Z 型控制器原有的系统软件已被他人更换。

对此,本院依职权向一审鉴定机构调查取证,并传唤相关鉴定参与人员出庭作证,形成以下证据:

证据 1,江苏省科技咨询中心出具的关于一审鉴定工作的情况说明,主要内容是在整个鉴定过程中,并未拆卸过被控侵权产品 HR－Z 型控制器的芯片,仅仅是鉴定参与人员马媛媛、黄辉记录下了芯片的代码。该控制器也一直锁在柜中,没有其他人接触过。关于代号不符的问题,可能是鉴定参与人员黄辉向鉴定负责人王晓忠电话告知 AT89S51 芯片无法解密时,王晓忠误将"S"听成"F"并写入鉴定报告。

证据 2,江苏省科技咨询中心工作人员(本案一审鉴定负责人)王晓忠的出庭证言,其内容与江苏省科技咨询中心出具的关于一审鉴定工作的情况说明基本一致。

证据 3,一审鉴定参与人员马媛媛、黄辉的出庭证言,上述两位证人均陈述其在鉴定过程中仅记录了芯片代号,并未将芯片从控制器上拆卸。

石某、某电子公司对上述证据的形式真实性均无异议,但某电子公司坚持认为被控侵权产品 HR－Z 型控制器原有的系统软件已被他人更换。

二审法院对上述证据的真实性予以确认。

二审鉴定形成的证据:

本案二审中,石某向本院提出申请,请求就以下事项进行技术鉴定:1. 石某提供的 HX－Z 软件源程序与石某享有著作权的 S 系列软件源程序是否相同或实质性相同;2. HX－Z 软件与被控侵权的 HR－Z 软件是否具有相同的软件缺陷及运行特征。

二审法院认为,石某的该项申请符合法律规定,应予准许。经双方当事人共同指定,本院委托中国版权保护中心版权鉴定委员会进行本次鉴定。

鉴于石某在中国版权保护中心登记的 S 系列软件源程序仅是该软件源程序的一部分,石某补充提供了 S 系列软件完整的源程序一份以供对比;又鉴于 HX－Z 型控制器内的系统软件是加载于其中的一块加密芯片上,且无法破译,石某补充提供了一份载有 HX－Z 软件源程序的软盘以供对比。

经鉴定,中国版权保护中心版权鉴定委员会于 2007 年 11 月 28 日出具鉴定报告,结论为:(1)石某在鉴定过程中提供的 S 系列软件源程序与 S 系列软件(登记号:2005SR03759)登记材料中的源程序相同。(2)S 系列软件源程序与 HX－Z 软件源程序实质性相同。(3)HX－Z 型控制器中原有目标程序与石某在鉴定过程中提供的 HX－Z 源程序编译生成目标程序相同。(4)通过运行安装 HX－Z 软件的 HX－Z 型控制器和安装 HR－Z 软件的 HR－Z 型控制器,发现二者在加电运行时存在相同的特征性情况。(5)通过运行二控制器,发现二者存在如下相同的缺陷情况:①二控制器连续加工程序段超过 2048 条后,均出现无法正常执行的情况;②在加工完整的一段程序后只让自动报警两声以下即按任意键关闭报警时,在下一次加工过程中加工回复线之前自动暂停后,二控制器均有偶然出现蜂鸣器响声 2 声的现象。

在本案二审第四次庭审中,中国版权保护中心版权鉴定委员会的鉴定人员出庭就相关问题接受双方当事人的质询。

经当庭质证,石某对该份鉴定报告并无异议,认为通过鉴定结果可以得出被控侵权软件与石某的软件实质性相同的结论。某电子公司认为鉴定报告显示 S 系列软件源程序与 HX－Z 软件源程序并不是完全相同,说明石某可能进行了修改。关于鉴定报告中关于 S 系列软件源程序与 HX－Z 软件源程序中的不同部分系由于程序参数变化造成的结论,某电子公司提出异议,认为也可能是操作方式不同所引起的。某电子公司同时认为 HX－Z 软件有可能是石某抄袭某电子公司软件形成的。对于鉴定报告其他部分,某电子公司未提出异议。

二审法院对该鉴定报告的真实性、合法性予以确认。

关于一审查明事实,根据公证机关出具的票据,石某一审公证费用为1200元,一审判决认定为1000元应系笔误,对此二审法院予以纠正。

二审法院另查明以下事实:

(1)石某HX-Z型控制器和被控侵权的HR-Z型控制器的使用说明书基本相同。两者对控制器功能的描述及技术指标基本相同;两者对使用操作的说明基本相同;两者在段落编排方式和多数语句的使用上基本相同。

(2)石某在一审中支付的案件代理费用为8000元。

(3)本案二审鉴定费用合计为21282元。

另,在本案二审期间,石某明确表示放弃要求某电子公司公开赔礼道歉的诉讼请求,对此,二审法院予以确认。

在本案二审期间,经法院多次释明,某电子公司始终拒绝提供被控侵权的HR-Z软件的源程序以供比对。直至某电子公司取得DX-Z线切割控制器微处理器固件程序系统V3.0著作权后,才在本案第四次庭审中表示可以考虑提供HR-Z软件的源程序进行鉴定。对此,法院又对双方当事人进一步释明以下内容:(1)如果某电子公司申请鉴定,应当在本院指定期限内提出鉴定申请并预先垫付鉴定费用。鉴定的内容应包括以下两方面,一是鉴定DX-Z线切割控制器微处理器固件程序系统V3.0与被控侵权的HR-Z软件是否属于同一软件;二是将HR-Z软件与HX-Z软件进行异同性对比。(2)在特定情况下,当事人可能需要进一步举证的内容。即在出现被控侵权的HR-Z软件既与DX-Z线切割控制器微处理器固件程序系统V3.0构成相同,又与HX-Z软件构成相同的情形下,双方当事人仍可能需就各自软件的实际完成时间或是否属于独立完成提供证据加以证明,以确定是否构成侵权。此后,在法院指定的期限内,某电子公司并未向法院提供HR-Z软件的源程序,也未向法院提出司法鉴定申请。

本案在二审中的争议焦点为:(1)某电子公司是否侵犯了石某享有的涉案计算机软件著作权;(2)如构成侵权,某电子公司应承担何种民事责任。

教学手册

教学对象及目标

本案例供法律硕士案例教学使用,法学本科(大四)、民法学硕士、诉讼法学硕士亦可以参酌试用。

本案例的讲授涉及民法和民事诉讼法两个学科,重点突出民事证据制度。通过该案例的分析,首先让学生了解民事案件的审理流程,对法官、当事人、诉讼代理人以及证人、鉴定人等诉讼参与人在诉讼中的角色分工有一个清晰的认识；其次让学生从当事人角度了解寻求民事诉讼救济的大致路径，从管辖法院的选择，到诉讼请求的拟定，再到事实主张与证据收集，最后是庭前准备与庭审技能发挥，使其掌握初步的诉讼实务技能；最后让学生从法官的角度了解如何进行证据评价、事实认定和法律适用，培养其解决具体法律问题的能力和素养。

教学内容

1. 软件著作权及侵权的构成要件

计算机软件著作权，是指软件的开发者或者其他权利人依据有关著作权法律的规定，对于软件作品所享有的各项专有权利。就权利的性质而言，它属于一种民事权利，具备民事权利的共同特征。

软件经过登记后，软件著作权人享有发表权、开发者身份权、使用权、使用许可权和获得报酬权。根据《国务院关于印发鼓励软件产业和集成电路产业发展若干政策的通知》第 32 条规定："国务院著作权行政管理部门要规范和加强软件著作权登记制度，鼓励软件著作权登记，并依据国家法律对已经登记的软件予以重点保护。"据此，软件著作权受到侵权时，对于软件著作权登记证书，司法机关可不必经过审查而直接作为有力证据使用；此外也是国家著作权管理机关惩处侵犯软件版权行为的执法依据。

软件著作权侵权构成要件适用一般民事侵权责任的构成要件。根据《侵权责任法》，侵权行为的构成要件包括侵权行为、损害事实、侵害行为与损害结果之间的因果关系以及行为人的主观过错。本案的重点在于被告是否实施了侵害原告著作权的侵权行为，即未经原告许可，非法复制并销售原告享有著作权的软件。

2. 证明责任及其分配

证明责任也称举证责任，是指法院在审理案件过程中，对案件的主要事实（法律要件事实）法院穷尽所有证据调查方法仍无法得到确信，在事实真伪不明的状态下，而作出的确定由哪一方当事人接受不利裁判的制度。

"证明责任"一词在民事诉讼法中有两种含义：一是主观上的证明责任，也称形式上的证明责任、行为意义上的举证责任、证据提出责任，是指对于待证事实，主张该事实的当事人有义务提出证据证明其存在或不存在，如不履行这一义务便要承担败诉的危险。主观证明责任的后果主要有两个：(1)法院要行使释明权，促使提出事实主张的当事人提供证据；(2)负有主观证明责任的当事人如不提供证据，法院可直接判决其败诉，而无须调查对方当事人提出的反证是否成立。二是客观上的证明责任，也称实质上的证明责任、真正的证明责任，是指对于待证事实，尽管法院进行了证据调查，但最终仍不能获得心证时，就要对负有举证责任的当事人作出不利的裁判。因此，客观上的证明责任又称"危险责任""结果责任"，代表的是在事实真伪不明的情况下，确定由哪一方当事人承担败诉风险的问题。

最高人民法院《关于适用〈中华人民共和国民事诉讼法〉的解释》（以下简称《民诉法解释》）第 90 条完整地对主观上的证明责任和客观上的证明责任加以规定：(1)主观上的证明责任，即

“当事人对自己提出的诉讼请求所依据的事实或者反驳对方诉讼请求所依据的事实,应当提供证据加以证明,但法律另有规定的除外”;(2)客观上的证明责任,即“在作出判决前,当事人未能提供证据或者证据不足以证明其事实主张的,由负有举证证明责任的当事人承担不利的后果”。该司法解释第101条还进一步规定,负有举证证明责任的当事人拒绝到庭、拒绝接受询问或者拒绝签署保证书,待证事实又欠缺其他证据证明的,人民法院对其主张的事实不予认定。

3. 民事诉讼的证明标准

证明标准,也称为证明度,是指证明案件事实要达到的法定程度,又称“证明程度”。证明标准要从两方面观察:一方面,从承担证明责任的主体角度观察是指负有证明责任的当事人就其主张的事实予以证明应达到的水平、程度。另一方面,从审判法官角度观察是指对被证明的事实在法官内心形成的“心证”程度。

确立证明标准,有助于判断当事人的证明是否成立,其所负担的证明责任能否解除;有助于法官确定是根据案件事实被证实的程度进行裁判,还是根据法律预先规定证明责任进行裁判。证明标准确定以后,一旦证据的证明力已达到这一标准,待证事实的真实就算是已得到证明,法官就应当认定该事实,并以该真实的存在作为裁判的依据;反之,就应当认为待证事实未被证明为真,或者案件事实仍处于真伪不明状态。

《民诉法解释》对证明标准的规定如下:

《民诉法解释》第108条规定:“对负有举证证明责任的当事人提供的证据,人民法院经审查并结合相关事实,确信待证事实的存在具有高度可能性的,应当认定该事实存在。对一方当事人为反驳负有举证证明责任的当事人所主张事实而提供的证据,人民法院经审查并结合相关事实,认为待证事实真伪不明的,应当认定该事实不存在。法律对于待证事实所应达到的证明标准另有规定的,从其规定。”

《民诉法解释》第109条规定:“当事人对欺诈、胁迫、恶意串通事实的证明,以及对口头遗嘱或者赠与事实的证明,人民法院确信该待证事实存在的可能性能够排除合理怀疑的,应当认定该事实存在。”

4. 证明妨碍及其法律后果

所谓证明妨碍,是指当事人妨碍对方当事人使用证据,故意将证据灭失、隐匿或增加证据使用难度,法院可以结合案件中的其他证据认定当事人主张事实的真实性。法谚云:“所有的事情应被推定不利于破坏者。”证明妨碍便是对毁灭、隐匿证据以妨害对方进行证明活动的当事人,课予其证据法上一定的不利效果的措施。

证明妨碍有以下两种情形:

(1)积极的证明妨碍,是指当事人为妨碍对方当事人使用证据而故意灭失、隐匿证据的情况。《民诉法解释》第113条规定了积极的证明妨碍及其法律效果,即“持有书证的当事人以妨碍对方当事人使用为目的,毁灭有关书证或者实施其他致使书证不能使用行为的,人民法院可以依照《民事诉讼法》第一百一十条的规定对其处以罚款、拘留”。

（2）消极的证明妨碍，指当事人没有正当理由而不协助法院取得证据的情况。《民诉法解释》第 112 条对消极的证据妨碍的法律效果作了规定，即"书证在对方当事人控制之下的，承担举证证明责任的当事人可以在举证期限届满前书面申请人民法院责令对方当事人提交。申请理由成立的，人民法院应当责令对方当事人提交，因提交书证所产生的费用，由申请人负担。对方当事人无正当理由拒不提交的，人民法院可以认定申请人所主张的书证内容为真实"。

总之，对积极证据妨碍和消极证据妨碍进行制裁，有利于当事人履行民事诉讼真实义务。

5. 法官自由心证

自由心证制度，是指不预先规定此证据的证明力和证据规则，对证据的取舍与证据的证明力的大小，以及对事实的认定，都由法官根据自己的良心和理性，在产生内心确信的基础上，自由地作出结论。自由心证要求法官根据良心与理性产生的内心确信，从法定证据制度的束缚解脱出来，按照自己的理性信念来判断证据以及认定事实。

一般认为，自由心证在民事诉讼中的运用具体有以下三个规则：（1）法官运用何种证据以及多少个证据来认定案件事实，法律不做限制；（2）法官应当结合全部证据材料、当事人法庭辩论的事实及法院调查的证据自由地判断案件的事实真伪；（3）法院调查的证据无论对当事人是否有利，法院可以自由地进行评价。

显然，只有在依循经验法则及逻辑法则之下，方有自由心证可言。采纳自由心证原则的积极方面是，使法官摆脱了形式主义的约束，使他们的主观能动性得到充分发挥；缺点则是法官的自由裁量权过大。

尽管我国《民事诉讼法》并没有关于自由心证的明确规定，但最高人民法院的规定与自由心证的基本含义是相合的。《民诉法解释》第 108 条对证明标准的规定，就带有鲜明的自由心证特点，该条规定："对负有举证证明责任的当事人提供的证据，人民法院经审查并结合相关事实，确信待证事实的存在具有高度可能性的，应当认定该事实存在。"此外，《民诉法解释》第 109 条的规定，也说明了我国民事诉讼是采行自由心证的，诉讼中对证据的审查判断仍要依赖于法官的知识经验与智慧，根据自由心证原则对全部的证据资料进行审查判断。

课堂时间安排

本案例可以作为专门的案例教学课来进行，整个案例课的课堂安排 6 个课时，每课时 45 分钟。

如下课堂设计，仅供参考。

1. 课前计划：安排学生阅读案例及相关参考资料，对案例所涉及的问题进行思考，撰写实践题答案。

2. 课中计划：介绍教学目的，明确讨论主题；分组讨论，回答各项思考题，讨论实践题的撰写要点；小组代表提出撰写要点，学生讨论和分析；教师归纳总结。

3. 课后计划：布置学生进一步思考举证责任分配与证明标准适用的问题，加深对法官由心证制度的认识。

思考题和实践题

思考题

1. 原告在提起诉讼之前,应当做好哪些准备工作?
2. 原告根据法律享有哪些调查取证的权利?
3. 原告申请重新鉴定应当具备哪些条件?
4. 对于原告承担证明责任的事实,被告是否有义务提供相关证据?
5. 法官应当在何种范围内进行证据的调查收集?
6. 本案中,就软件著作权侵权事实,如何在当事人之间分配证明责任?
7. 为了缓解一方当事人的举证困难,法官可否适当降低证明标准?
8. 一方当事人持有证据拒不提供,是否应当承担诉讼不利后果?如果要承担,应当承担何种不利后果?
9. 法官进行自由心证的依据和边界是什么?

实践题

7~9 人一组,进行模拟法庭演练,同时撰写起诉状、答辩状、代理词、判决书等相关法律文书。

参考文献

1. 杨立新:《侵权责任法》,法律出版社 2012 年版。
2. 王福华:《民事诉讼法学》,清华大学出版社 2015 年版。
3. 崔国斌:《著作权法:原理与案例》,北京大学出版社 2014 年版。
4. 邹忭、孙彦:《案说计算机软件保护条例》,知识产权出版社 2012 年版。
5. 李浩:《证明标准新探》,载《中国法学》2002 年第 4 期。
6. 张卫平:《证明标准建构的乌托邦》,载《法学研究》2003 年第 4 期。
7. 龙宗智:《印证与自由心证——我国刑事诉讼证明模式》,载《法学研究》2004 年第 2 期。
8. 毕玉谦:《试论民事诉讼证明上的盖然性规则》,载《法学评论》2000 年第 4 期。
9. 何家弘:《证据的审查与认定原理论纲》,载《法学家》2008 年第 3 期。
10. 胡学军:《推导作为诉讼证明的逻辑》,载《法学研究》2011 年第 6 期。
11. 周翠:《从事实推定走向表见证明》,载《现代法学》2014 年第 6 期。
12. 霍海红:《证明责任配置裁量权之反思》,载《法学研究》2010 年第 1 期。
13. 郑世保:《事实推定与证明责任——从"彭宇案"切入》,载《法律科学》2010 年第 3 期。
14. 陈科:《经验与逻辑共存:事实认定困境中法官的裁判思维》,载《法律适用》2012 年第 2 期。
15. 罗森贝克:《证明责任论》,庄敬华译,中国法制出版社 2002 年版。
16. 普维庭:《现代证明责任问题》,吴越译,法律出版社 2006 年版。
17. 安德森等:《证据分析》,张保生等译,中国人民大学出版社 2012 年版。
18. 新堂幸司:《新民事诉讼法》,林剑锋译,法律出版社 2008 年版。
19. 高桥宏志:《民事诉讼法——制度与理论的深层分析》,林剑锋译,法律出版社 2003 年版。
20. 李浩:《民事证明责任研究》,法律出版社 2003 年版。

21. 邱联恭:《程序制度机能论》,2008 年版。
22. 黄国昌:《民事诉讼理论之新开展》,北京大学出版社 2008 年版。
23. 段厚省:《证明评价影响因素分析》,法律出版社 2009 年版。
24. [美]约翰·W. 斯特龙:《麦考密克论证据》,汤维建等译,中国政法大学出版社 2004 年版。
25. [美]米尔建·R. 达马斯卡:《漂移的证据法》,李学军等译,中国政法大学出版社 2003 年版。

附件

最高人民法院指导案例 49 号
石鸿林诉泰州华仁电子资讯有限公司侵害计算机软件著作权纠纷案

（最高人民法院审判委员会讨论通　过 2015 年 4 月 15 日发布）

关键词

民事　侵害计算机软件著作权　举证责任　侵权对比　缺陷性特征

裁判要点

在被告拒绝提供被控侵权软件的源程序或者目标程序,且由于技术上的限制,无法从被控侵权产品中直接读出目标程序的情形下,如果原告、被告软件在设计缺陷方面基本相同,而被告又无正当理由拒绝提供其软件源程序或者目标程序以供直接比对,则考虑到原告的客观举证难度,可以判定原、被告计算机软件构成实质性相同,由被告承担侵权责任。

相关法条

《计算机软件保护条例》第三条第一款

基本案情

原告石鸿林诉称:被告泰州华仁电子资讯有限公司(以下简称华仁公司)未经许可,长期大量复制、发行、销售与石鸿林计算机软件“S 型线切割机床单片机控制器系统软件 V1.0”相同的软件,严重损害其合法权益。故诉请判令华仁公司停止侵权,公开赔礼道歉,并赔偿原告经济损失 10 万元、为制止侵权行为所支付的证据保全公证费、诉讼代理费 9200 元以及鉴定费用。

被告华仁公司辩称:其公司 HR－Z 型线切割机床控制器所采用的系统软件系其独立开发完成,与石鸿林 S 型线切割机床单片机控制系统应无相同可能,且其公司产品与石鸿林生产的 S 型线切割机床单片机控制器的硬件及键盘布局也完全不同,请求驳回石鸿林的诉讼请求。

法院经审理查明:2000 年 8 月 1 日,石鸿林开发完成 S 型线切割机床单片机控制器系统软件。2005 年 4 月 18 日获得国家版权局软著登字第 035260 号计算机软件著作权登记证书,证书载明软件名称为 S 型线切割机床单片机控制器系统软件 V1.0(以下简称 S 系列软件),著作权人为石鸿林,权利取得方式为原始取得。2005 年 12 月 20 日,泰州市海陵区公证处出具(2005)泰海证民内字第1146号公证书一份,对石鸿林以660元价格向华仁公司购买HR－Z线切割机床数控控制器(以下简称HR－Z型控制器)一台和取得销售发票(No:00550751)的购买过程,制作了保全公证工作记录、拍摄了所购控制器及其使用说明书、外包装的照片8张,并对该控制器进行了封存。

一审中,法院委托江苏省科技咨询中心对下列事项进行比对鉴定:(1)石鸿林本案中提供的软件源程序与其在国家版权局版权登记备案的软件源程序的同一性;(2)公证保全的华仁公司HR－Z型控制器系统软件与石鸿林获得版权登记的软件源程序代码相似性或者相同性。后江苏省科技咨询中心出具鉴定工作报告,因被告的软件主要固化在美国ATMEL公司的AT89F51和菲利普公司的P89C58两块芯片上,而代号为"AT89F51"的芯片是一块带自加密的微控制器,必须首先破解它的加密系统,才能读取固化其中的软件代码。而根据现有技术条件,无法解决芯片解密程序问题,因而根据现有鉴定材料难以作出客观、科学的鉴定结论。

二审中,法院根据原告石鸿林的申请,就以下事项组织技术鉴定:原告软件与被控侵权软件是否具有相同的软件缺陷及运行特征。经鉴定,中国版权保护中心版权鉴定委员会出具鉴定报告,结论为:通过运行原、被告软件,发现二者存在如下相同的缺陷情况:(1)二控制器连续加工程序段超过2048条后,均出现无法正常执行的情况;(2)在加工完整的一段程序后只让自动报警两声以下即按任意键关闭报警时,在下一次加工过程中加工回复线之前自动暂停后,二控制器均有偶然出现蜂鸣器响声2声的现象。

二审法院另查明:原告、被告软件的使用说明书基本相同。两者对控制器功能的描述及技术指标基本相同;两者对使用操作的说明基本相同;两者在段落编排方式和多数语句的使用上基本相同。经二审法院多次释明,华仁公司始终拒绝提供被控侵权软件的源程序以供比对。

裁判结果

江苏省泰州市中级人民法院于2006年12月8日作出(2006)泰民三初字第2号民事判决:驳回原告石鸿林的诉讼请求。石鸿林提起上诉,江苏省高级人民法院于2007年12月17日作出(2007)苏民三终字第0018号民事判决:一、撤销江苏省泰州市中级人民法院(2006)泰民三初字第2号民事判决;二、华仁公司立即停止生产、销售侵犯石鸿林S型线切割机床单片机控制器系统软件V1.0著作权的产品;三、华仁公司于本判决生效之日起10日内赔偿石鸿林经济损失79200元;四、驳回石鸿林的其他诉讼请求。

裁判理由

法院生效裁判认为:根据现有证据,应当认定华仁公司侵犯了石鸿林S系列软件著作权。

一、本案的证明标准应根据当事人客观存在的举证难度合理确定

根据法律规定,当事人对自己提出的诉讼请求所依据的事实有责任提供证据加以证明。本案中,石鸿林主张华仁公司侵犯其S系列软件著作权,其须举证证明双方计算机软件之间构成相同或实质性相同。一般而言,石鸿林就此须举证证明两计算机软件的源程序或目标程

序之间构成相同或实质性相同。但本案中,由于存在客观上的困难,石鸿林实际上无法提供被控侵权的 HR－Z 软件的源程序或目标程序,并进而直接证明两者的源程序或目标程序构成相同或实质性相同。1. 石鸿林无法直接获得被控侵权的计算机软件源程序或目标程序。由于被控侵权的 HR－Z 软件的源程序及目标程序处于华仁公司的实际掌握之中,因此在华仁公司拒绝提供的情况下,石鸿林实际无法提供 HR－Z 软件的源程序或目标程序以供直接对比。2. 现有技术手段无法从被控侵权的 HR－Z 型控制器中获得 HR－Z 软件源程序或目标程序。根据一审鉴定情况,HR－Z 软件的目标程序系加载于 HR－Z 型控制器中的内置芯片上,由于该芯片属于加密芯片,无法从芯片中读出 HR－Z 软件的目标程序,并进而反向编译出源程序。因此,依靠现有技术手段无法从 HR－Z 型控制器中获得 HR－Z 软件源程序或目标程序。

综上所述,本案在华仁公司无正当理由拒绝提供软件源程序以供直接比对,石鸿林确因客观困难无法直接举证证明其诉讼主张的情形下,应从公平和诚实信用原则出发,合理把握证明标准的尺度,对石鸿林提供的现有证据能否形成高度盖然性优势进行综合判断。

二、石鸿林提供的现有证据能够证明被控侵权的 HR－Z 软件与石鸿林的 S 系列软件构成实质相同,华仁公司应就此承担提供相反证据的义务

本案中的现有证据能够证明以下事实:

1. 二审鉴定结论显示:通过运行安装 HX－Z 软件的 HX－Z 型控制器和安装 HR－Z 软件的 HR－Z 型控制器,发现二者存在前述相同的系统软件缺陷情况。

2. 二审鉴定结论显示:通过运行安装 HX－Z 软件的 HX－Z 型控制器和安装 HR－Z 软件的 HR－Z 型控制器,发现二者在加电运行时存在相同的特征性情况。

3. HX－Z 和 HR－Z 型控制器的使用说明书基本相同。

4. HX－Z 和 HR－Z 型控制器的整体外观和布局基本相同,主要包括面板、键盘的总体布局基本相同等。

据此,鉴于 HX－Z 和 HR－Z 软件存在共同的系统软件缺陷,根据计算机软件设计的一般性原理,在独立完成设计的情况下,不同软件之间出现相同的软件缺陷机率极小,而如果软件之间存在共同的软件缺陷,则软件之间的源程序相同的概率较大。同时结合两者在加电运行时存在相同的特征性情况、HX－Z 和 HR－Z 型控制器的使用说明书基本相同、HX－Z 和 HR－Z 型控制器的整体外观和布局基本相同等相关事实,法院认为石鸿林提供的现有证据能够形成高度盖然性优势,足以使法院相信 HX－Z 和 HR－Z 软件构成实质相同。同时,由于 HX－Z 软件是石鸿林对其 S 系列软件的改版,且 HX－Z 软件与 S 系列软件实质相同。因此,被控侵权的 HR－Z 软件与石鸿林的 S 系列软件亦构成实质相同,即华仁公司侵犯了石鸿林享有的 S 系列软件著作权。

三、华仁公司未能提供相反证据证明其诉讼主张,应当承担举证不能的不利后果

本案中,在石鸿林提供了上述证据证明其诉讼主张的情形下,华仁公司并未能提供相反证据予以反证,依法应当承担举证不能的不利后果。经本院反复释明,华仁公司最终仍未提

供被控侵权的 HR－Z 软件源程序以供比对。华仁公司虽提供了 DX－Z 线切割控制器微处理器固件程序系统 V3.0 的计算机软件著作权登记证书,但其既未证明该软件与被控侵权的 HR－Z 软件属于同一软件,又未证明被控侵权的 HR－Z 软件的完成时间早于石鸿林的 S 系列软件,或系其独立开发完成。尽管华仁公司还称,其二审中提供的2004 年5 月19 日商业销售发票,可以证明其于2004 年就开发完成了被控侵权软件。对此法院认为,该份发票上虽注明货物名称为 HR－Z 线切割控制器,但并不能当然推断出该控制器所使用的软件即为被控侵权的 HR－Z 软件,华仁公司也未就此进一步提供其他证据予以证实。同时结合该份发票并非正规的增值税发票,也未注明购货单位名称等一系列瑕疵,法院认为,华仁公司 2004 年就开发完成了被控侵权软件的诉讼主张缺乏事实依据,不予采纳。

综上所述,根据现有证据,同时在华仁公司持有被控侵权的 HR－Z 软件源程序且无正当理由拒不提供的情形下,应当认定被控侵权的 HR－Z 软件与石鸿林的 S 系列软件构成实质相同,华仁公司侵犯了石鸿林 S 系列软件著作权。

(史长青,上海大学法学院副教授,shchq1127@126.com)

20 CASE 福建纵横公司等申请不予执行香港仲裁裁决案*

摘 要

本案例主要讨论承认和执行外国仲裁裁决中的公共政策违反的判断问题。涉及的知识点和执业技能包括:仲裁协议的签署及外国仲裁机构的选择,香港仲裁裁决在内地执行安排,拒绝承认和执行外国仲裁裁决的三级报告制度,《纽约公约》的适用范围,承认和执行外国仲裁裁决时如何判断违反公共政策等问题。涉及的实体问题包括:"VIE"结构安排,"对赌协议",强制性法律规定。

关键词

民事诉讼　香港仲裁裁决　承认与执行　公共政策

教学目标

本案例借助福建纵横公司、福建分众公司等申请不予执行香港仲裁裁决案例,着重让学生掌握三方面内容:(1)我国承认与执行外国仲裁裁决的相关程序与条件;(2)《纽约公约》承认与执行外国仲裁裁决的主要规定;(3)如何判断承认与执行外国仲裁裁决中公共政策违反等问题。

---

* 福州市中级人民法院执行裁定书(2014)榕执监字第51号,载 http://www.court.gov.cn/zgcpwsw/fj/fjsfzszjrmfy/zx/201412/t20141229_5688053.htm。

教学案例

一、引言

违反公共政策(或称公共利益),作为拒绝承认和执行外国仲裁裁决的理由,因其内容本身的不确定性,使法官在具体案件的认定上具有很大的自由裁量权。实践中,公共政策的含义以及判断违反公共政策的标准,一直比较模糊。福建纵横公司等申请不予执行香港仲裁裁决案并未明示确认“社会公共利益”的判断标准。福州市中级人民法院(以下简称福州中院)引用了最高人民法院于2005年在《关于瑞典仲裁裁决的复函》中所提出的一个“判断方向”,即“对于行政法规和部门规章中强制性规定的违反,并不当然构成对我国公共政策的违反”,作为本案驳回被执行人不予执行申请中所称的“违反社会公共利益”的论据。是否涉及“VIE”结构安排和“对赌协议”、是否违反国务院、信息产业部及商务部等部门规章并不当然构成违反我国公共利益。对社会公共利益的违反仅限于违背我国基本法律制度的情形。

二、具体案情

(一)案件当事方

申请人:史带开曼投资公司(以下简称史带公司),注册地:开曼群岛。

被申请人:中国高速传媒控股有限公司、福建纵横高速信息技术有限公司、福建分众传媒有限公司,注册地:中国。

(二)裁决经过

2009年年底,中国高速传媒控股有限公司(以下简称高速传媒)通过反向并购的方式在美国上市。2010年1月,史带开曼投资公司(以下简称史带公司)与高速传媒签订《股份购买协议》以及《投资者权利协议》,史带公司以3000万美元的价格从高速传媒购买了100万股可转换优先股,并以9999093.85美元的价格购买了1545455份认购权证。交割完成后,史带公司认为高速传媒创始人程征等人存在侵吞挪用投资款项等违反协议约定的情形,于是向香港国际仲裁中心提起仲裁。

2012年12月19日,香港国际仲裁中心作出HKIAC/A11030号及HKIAC/A11098号两份裁决书(以下简称仲裁裁决),裁决包括高速传媒、福建纵横高速信息技术有限公司(以下简称福建纵横公司)、福建分众传媒有限公司(以下简称福建分众公司)、程征在内的被申请人就其违约行为向申请人承担赔偿责任。

裁决生效后,史带公司向福州中院申请强制执行涉案仲裁裁决,福州中院于2013年8月12日作出(2013)榕执行字第511、512号执行裁定书。

被执行人高速传媒、福建纵横公司、福建分众公司、程征以在中国内地执行香港国际仲裁中心作出的仲裁裁决严重违反中国内地社会公共利益为由,依据最高人民法院《关于内地与香港特别行政区相互执行仲裁裁决的安排》以下简称《安排》)第 7 条的规定,向福州中院提出不予执行申请。福州中院组成合议庭并于 2014 年 10 月 9 日举行听证。

被执行人向福州中院申请不予执行香港国际仲裁中心 HKIAC/A11030 号及 HKIAC/A11098 号仲裁裁决的理由具体包括:(1)本案"VIE"结构安排,违反国务院《外商投资电信企业管理规定》、信息产业部《关于加强外商投资经营增值电信业务管理的通知》、商务部《实施外国投资者并购中国境内企业安全审查制度的规定》等中国内地强制性法律规范,以合法形式掩盖非法目的,适用中国内地法律应该无效;(2)本案"对赌"交易安排,损害高速传媒公司其他众多投资者和债权人的利益,适用中国内地法律应当无效;(3)本案仲裁协议约定适用美国法律,规避中国内地强制性法律规范,执行仲裁裁决将会严重违反中国内地社会公共利益。

申请执行人史带公司反驳称,对涉案仲裁裁决的执行不违反中国内地的社会公共利益,其有关理由具体如下:(1)最高人民法院在《关于不予承认日本商事仲裁协会东京 07-11 号仲裁裁决一案的请示的复函》(以下简称《关于东京 07-11 号裁决的复函》)中指出,"关于公共政策问题,应仅限于承认仲裁裁决的结果将违反我国的基本法律制度、损害我国根本社会利益情形"。另又根据《安排》第 7 条的规定,被执行人只能就内地法院对该仲裁裁决的执行结果是否违反内地社会公共利益提出异议,而不能就案件的实体问题提出异议。(2)内地法院执行仲裁裁决的目的是要求被执行人赔偿因其违约而给史带公司造成的损失,而不是要求被执行人继续履行投资合同。根据《关于东京 07-11 号裁决的复函》的精神,由于执行该裁决的结果是对合同信守原则的维护,因此不构成对内地社会公共利益的违反。(3)依照《关于东京 07-11 号裁决的复函》的要求,对社会公共利益的认定有其严格的含义,又根据最高人民法院《关于对海口市中级人民法院不予承认和执行瑞典斯德哥尔摩商会仲裁院仲裁裁决请示的复函》(以下简称《关于瑞典仲裁裁决的复函》)可知,"对于行政法规和部门规章中强制性规定的违反,并不当然构成对我国公共政策的违反",因此判断执行仲裁裁决的结果是否违反公共利益只能以我国基本法律制度为标准。

(三)裁判结果

福州中院认为,香港国际仲裁中心作出的 HKIAC/A11030 号及 HKIAC/A11098 号两份裁决书是要求被执行人就违反《股份购买协议》和《投资者权利协议》对申请执行人史带公司承担赔偿责任,并非要求被执行人与申请执行人继续履行相关协议。福州中院依据《安排》的规定,立案强制执行两份仲裁裁决,要求被执行人承担违约赔偿责任符合我国奉行的契约至上、诚实信用等法律基本原则。被执行人主张本案"VIE"结构安排和"对赌协议"违反了国务院、信息产业部及商务部的有关行政法规和部门规章,故符合《安排》第 7 条的规定,应裁定不予执行。但根据《关于瑞典仲裁裁决的复函》的精神,本案对部门规章的违反并不当然构成对我国公共利益的违反。故福州中院驳回了被执行人不予执行仲裁裁决的申请,2013 年 8 月 12 日作出(2013)榕执行字第 511、512 号执行裁定书,裁定冻结(划拨)被执行人中国高速传媒控股有限公司、福建纵横高速信息技术有限公司、福建分众传媒有限公司、程征应当履行义务部分的存款;或者查封(扣押、冻结)其相应财产。

教学手册

教学目标

本案例重点介绍了外国仲裁裁决承认与执行中的公共政策的识别问题。关于公共政策问题,应仅限于承认仲裁裁决的结果将违反我国的基本法律制度、损害我国根本社会利益情形。通过学生对案例的阅读、分析,结合授课教师的指导,使学生掌握我国承认与执行外国仲裁裁决中公共政策违反的审查范围。我国公共政策是否违反的审查范围不包括案件的实体问题,而仅限于承认仲裁裁决结果的审查,从而引出世界范围内各国承认与执行外国仲裁裁决时公共政策违反的识别标准或做法,并对之进行思考与检讨,为学生进一步学习与研究提供基本思路。

教学内容

(一)国际商事仲裁裁决承认与执行中公共政策的识别

1. 公共政策的国籍

公共政策作为仲裁裁决执行的抗辩由来已久。1927 年《日内瓦公约》第 1 条第 2 款第 5 项要求执行外国裁决时不得违反国内的"公共政策或法律原则"。《纽约公约》第 5 条第 2 款第 2 项也明确规定被申请地国法院可拒绝承认与执行损害本国公共政策的外国仲裁裁决。《联合国国际贸易法委员会国际商事仲裁示范法》(以下简称《UNCITRAL 示范法》)第 36 条第 1 款第 2 项也规定一国法院可拒绝承认与执行与内国公共政策相违背的外国裁决。可见,在国际商事仲裁领域,公共政策是有关国际公约和示范法明确规定为可以拒绝承认与执行外国仲裁裁决的理由之一。但是一国法院在对外国仲裁裁决进行司法审查时,应考虑的是法院地国的公共政策还是应该同时考虑合同准据法、裁决地国或其他相关国家的公共政策。首先,从《纽约公约》和《UNCITRAL 示范法》中使用的"the policy of that country"的措辞可知,承认与执行外国仲裁裁决中的公共政策是法院地国该国的公共政策。其次,公共政策的主要目的是维护法院地国重大利益、基本政策、法律或道德的基本原则,要求一国法官在对外国仲裁裁决进行司法审查时综合考虑合同准据法、裁决地国或其他相关国家的公共政策是不现实的。同时承认与执行外国仲裁中的公共政策是裁决承认与执行中的公共政策而非裁决作出时的公共政策。

2. 公共政策的审查范围

一国法院对涉及公共政策的外国仲裁裁决进行司法审查时,是只对程序内容的审查?还是包括对实体内容的审查?是只审法律方面的事项?还是包括对仲裁庭认定事实的审查?

一般认为,对国际商事仲裁进行司法审查时只涉及程序问题不涉及实体问题。但是公共政策抗辩事由却可能既涉及实体,又涉及程序。有学者认为,《纽约公约》第5条第1款规定的为外国仲裁裁决在程序上存在错误或违法,因此《纽约公约》只授予执行地国法院对外国仲裁裁决程序上而并非实体内容的审查权。首先,从条文表述来看,公约并没有明确法院地国法院审查的范围,它赋予法院地国对外国裁决进行审查的自由裁量权,当然也就赋予了法院地国对外国裁决实体及程序审查的自由。其次,从《UNCITRAL 示范法》中的规定可知,公共政策审查不仅包括程序审查还包括腐败、贿赂、欺诈等情形的实体审查。由此可见,公共政策的审查包括实体审查和程序审查。

(二)公共政策在各国国际商事仲裁裁决承认与执行中的适用

1. 公共政策在英美法系国家裁决承认与执行的适用情况概述

就整体情况来看,英美法系国家对公共政策采取相当谨慎的态度,对其做限制性解释。就英国法院而言,一项仲裁裁决只有在其存在重大不法行为(其第7项为欺诈)且对当事人造成实质性不公正的情形下才会被认定为违反英国的公共政策,而不仅仅是违反本国国内的公共政策。英国法律对仲裁裁决的可执行性作了如下规定:(1)裁决的送达依仲裁应适用的准据法是有效的;(2)裁决具有终局性;(3)在承认与执行外国仲裁裁决时,该裁决并未完全与公共政策相违背。英国要求法院严格按照《纽约公约》的规定对外国仲裁裁决进行司法审查。就美国来讲,按照联邦仲裁法即FAA规定,法院对涉及到欺诈、胁迫、贿赂或显然漠视法律的外国仲裁裁决可援引公共政策事由拒绝执行该项仲裁裁决。1981年,美国签署加入了一个有关美洲国家之间的商事仲裁协议,该协议第5条对拒绝承认与执行外国仲裁裁决做了规定,其中第2款为公共政策条款。该条款明确了违反正当程序将会被援引公共政策而拒绝承认与执行。援引公共政策事由拒绝承认与执行外国仲裁裁决应限定在"最基本的道德观念和正义理念"。

2. 公共政策在大陆法系国家裁决承认与执行中的适用情况概述

法国是少数采纳国际公共政策标准的国家,1981年《法国民事诉讼法》第1502条规定,法国法院只有在下列情形下才可以对仲裁进行干预:(1)仲裁协议无效;(2)仲裁庭的组成或仲裁程序与仲裁协议不符;(3)争议事项不可仲裁;(4)当事人未能提出申辩意见;(5)违反国际公共政策。德国法院和其他国家的法院一样对于公共政策采取严格适用的态度。《德国民事诉讼法》对公共政策作了如下规定,若承认与执行一项外国仲裁裁决将明显的、实质性的违反德国法律的基本原则,特别是宪法基本原则,则可拒绝承认与执行该裁决。在司法实践中,德国法院将违反基本的民事权利、根本公共秩序(含政治、经济、生活方面)、公平正义原则等三方面的内容归入公共政策范畴,并认为只有在严重影响德国公共的经济生活基础等极端情形时才认为是违反了公共政策。

3. 就各国立法趋势来看,公共政策在承认与执行外国仲裁裁决中具有以下特点:

(1)区分国际公共政策。仲裁在英美法系国家较大陆法系国家受到法院较大的监督和干预,英美法系国家注重从狭义上解释公共政策,并未对公共政策进行明确区分;大陆法系国家中,法国、荷兰等国均在立法中提到在审理国际商事仲裁案件时,可运用国际公共政策,德国的立法也强调了“结果”标准和“程度”标准,对仲裁进行的司法监督范围并不大,同时也对司法审查程序作出了具体规定。

(2)立法与司法的狭义解释。法院地国对公共政策在承认与执行外国仲裁裁决的审查标准要严于公共政策在承认与执行外国法院判决的标准。基于对仲裁自治性及仲裁裁决终局性的尊重,美国法院在司法审查中援引公共政策标准为“最基本的道德和公正的概念”。英国法院的索罗父子案也表明,违反了一国长期以来实行的基本政策、基本法律原则的强制性规定构成对承认与执行地法院公共政策的违反。

(3)采用客观标准或程度标准。各国在援引公共政策事由拒绝承认与执行外国仲裁裁决时,已舍弃主观标准,转而采用更为合理的客观标准或程度标准。如英国法院认为,只有一项裁决压倒性地违反了本国公共政策才会被拒绝承认与执行。

(4)公共政策内容的具体化。如荷兰的公共政策为“基本法律原则和公共正义”,美国的公共政策为“最基本的道德观念和正义理念”。

(三)公共政策在裁决承认与执行中的最新司法实践

1.《欧共体公约》规定可能成为其成员国的“公共政策”

一般认为,承认与执行外国仲裁裁决中的公共政策为被申请承认与执行地国的公共政策,但是在 Eco Swiss 案之后,《欧共体公约》规范可能成为其成员国的公共政策。其基本案情为:荷兰的 Benetton 公司、中国香港的 Eco Swiss 公司、美国纽约的 Bulova 公司(以下分别简称荷兰公司、香港公司及纽约公司)三方当事人于 1986 年签订了一项商标许可合同,合同期限为 8 年,合同中约定由荷兰公司授权香港公司在香港生产钟表,钟表的商标为 Benetton by Bulova,同时香港公司和纽约公司也在其相关协议中约定,在欧共体境内销售钟表时,纽约公司可销售的范围是在意大利,香港公司则是在其他区域内销售,并约定若发生争议则提交荷兰仲裁机构仲裁解决。1991(距合同到期还有 3 年)年荷兰公司中止了许可协议,纽约公司和香港公司将争议提请荷兰仲裁机构仲裁。荷兰仲裁机构认为:纽约公司单方中止合同的行为属于违约,并应赔偿香港公司和纽约公司所遭受的损失。

之后,在香港公司向荷兰法院申请执行该裁决时,荷兰公司却主张三方当事人签订的商标许可协议中有关在欧共体境内的销售范围进行地域分配的规定违反了《荷兰民事诉讼法》的规定,相关规定出现在欧共体条约第 81 条之中。荷兰最高法院认为,虽然该案为排除荷兰竞争法的适用将争议提交仲裁解决,但是承认与执行该仲裁裁决并不违背荷兰的公共政策,因此驳回荷兰公司的诉求。之后,荷兰最高法院将该案提交给欧洲法院,请求确认该裁决是否因为违反了欧共体条约的规定而应被撤销。欧洲法院认为,欧共体条约第 81 条是为了维护欧洲市场一体化和正常竞争市场环境,禁止成员国内的竞争者约定可能影响成员国间贸易、削弱欧共体内竞争的行为,这一禁止性规定属于国际私法上公共政策的范畴。因此,依据《欧共体条约》第 81 条第 2 款规定,该案中三方当事人间的许可合同是无效的,应撤销该裁决。

2. 一国外交关系不构成一国的公共政策

违反一国的外交政策是否构成对一国公共政策的违反?美国的司法实践很好地解释了

这个问题。在美国帕森斯案（Parsons Whittemore Overseas Co. v. Societe General de L'Industriedu Papier）中，美国法院指出，法官在对外国仲裁裁决进行公共政策审查时，应对公共政策的范围予以严格限制，违反美国的外交政策不等同于对美国公共政策的违反。该案基本案情为：美国帕森斯公司与埃及的一家公司订立了一份由美国公司负责在埃及修建纸厂，纸厂建成后由美国公司对其管理和督导的合同。但在合同履行过程中，阿拉伯与以色列爆发战争，埃及与美国两国关系恶化，除申请特别签证的美国人外，其他美国人都被驱逐离开埃及。于是美国公司向埃及公司发出因两国关系恶化的不可抗力而终止合同的通知。埃及公司却不认可这种说法，认为美国公司没有认真申领签证，其从埃及撤回工作人员致使工程中断的行为构成违约。之后，双方当事人将争议提交国际商会仲裁庭仲裁。仲裁庭支持埃及公司的意见，裁定美国公司因违约应赔偿埃及公司的损失。埃及公司遂向美国的相关法院申请承认与执行该裁决，美国公司辩称其从埃及撤回工作人员的行为是为了遵守美国相关命令，执行这样的裁决将违反美国的公共政策。法院却认为，按照《纽约公约》的宗旨，除存在法定抗辩事由外应尊重仲裁裁决的自治性和终局性，对裁决应持支持的态度，只有执行的外国裁决违反美国的重大利益、法律和道德的基本原则时，才构成对美国公共政策的违反，才可拒绝承认与执行。[1] 美国的公共政策反映的是美国道德和正义的基本概念，不应与纯粹的外交政策相混淆。

（四）对公共政策在国际商事仲裁裁决承认与执行适用的思考

各国普遍在理论和实践中采纳了公共政策，但在立法表述上并不完全一致，从明确的“国际公共政策”定义到国内规则的援用。归纳起来，主要分为以下几类：一是在国内立法中采用公共政策概念，通常表述为“某国公共政策”，这种立法模式为世界大多数国家所认可，如美国、英国等国家。二是区分国内公共政策与国际公共政策。如英国、葡萄牙等国家。三是在国内立法中适用“公共政策与公序良俗”概念表述。如日本、利比亚等国家。四是以其他相应概念如（某国根本原则、社会公共利益等词汇）代替“公共政策”用语。如奥地利、瑞典等国家。所有这些公共政策的规定都是概括性的规定，均未对公共政策的内涵与外延作出明确界定。

（五）公共政策在我国立法与司法实践中的适用

1. 我国立法中通常使用“社会公共利益”代替“公共政策”。如我国《民法通则》第 150 条规定，依冲突规范应适用外国法或者国际惯例时，该外国法和国际惯例不得违背我国的社会公共利益。《民法通则》有关公共政策的规定，确立了公共政策在我国涉外民商事立法中的重要地位。此后，公共政策可见之于我国民商事实体法和程序法中诸多规定中。

实体法方面，《中外合资经营企业法》《外资企业法》中规定，我国法律保护外国投资者在我国境内的投资以及投资获取的利润和其他合法权益，但是外国投资者必须遵守我国的法律、法规，不得损害我国的社会公共利益。此外，我国《合同法》《物权法》《对外贸易法》《海商法》中也都涉及社会公共利益的规定。

在程序方面，我国 2013 年修订的《民事诉讼法》第 274 条、第 276 条以及第 282 条都有涉

---

〔1〕 杨宏幕：《中国内地司法实践视角下的纽约公约问题研究》，法律出版社 2006 年版，第 357 页。

及社会公共利益的规定,人民法院依据我国缔结的国际公约或互惠原则对当事人申请承认与执行的外国法院判决、裁定或者仲裁裁决进行司法审查,只有该判决、裁定或者仲裁裁决不违背我国的基本原则、国家的主权、安全、社会公共利益的,才给予执行。我国《仲裁法》第58条规定,人民法院有权撤销违背我国社会公共利益的裁决。

2. 从我国公共政策的司法实践来看,公共政策通常被理解为"我国社会根本利益、法律基本原则或者善良风俗"[1]或者是"无法为我国法律秩序所容忍的情节"。[2] 本文将实行"内部报告制度"后由最高人民法院作出的与公共政策相关的批复归纳如表2.1所示,从中可以探寻出执行"公共政策"的司法边界。

表2.1　最高人民法院作出的公共政策批复归纳

	文号	推理	裁定	结论
1	他[1997]35号	演出活动不按报经我国文化和旅游部审批的演出内容进行演出,演出了不适合我国国情的"重金属歌曲",违背我国的社会公共利益。	拒绝承认与执行	公共政策=我国国情(社会观念)
2	[2003]民四他字第3号	违反我国法律的强制性规定不能完全等同于违反我国的公共政策。	承认与执行	公共政策≠强制性规则
3	[2005]民四他字第12号	合同违反了我国有关外债审批及登记的法律规定和国家的外汇管理政策。对于行政法规和部门规章中强制性规定的违反,并不当然构成对我国公共政策的违反。	承认与执行	公共政策≠强制性规则
4	[2005]民四他字第56号	有关合同的签订与执行并不存在违背社会公共利益以致无法为国法律秩序所容忍的情节。	承认与执行	社会公共利益=仲裁程序上的公平=国家根本法律秩序
5	[2008]民四他字第11号	侵犯了中国的司法主权和中国法院的司法管辖权。	以违反"公共政策"为由拒绝承认与执行	公共政策=司法主权与司法管辖权
6	[2008]民四他字第18号	原审法院认为,执行仲裁裁决会有违我国公共政策。其一,仲裁裁决上客观上促成了日本企业向中国市场大举低价倾销;其二,合同价格违反法律的基本原则——公平原则。	最高人民法院对此不置可否,以《纽约公约》第5条第1款为由拒绝承认与执行	公共政策≠特定行业的损害公共政策≠公平原则
7	[2008]民四他字第48号	不能以仲裁实体结果是否公平合理作为认定承认和执行仲裁裁决是否违反我国公共政策的标准。	承认与执行	公共政策≠仲裁实体结果公正

---

〔1〕 承认和执行本案所涉仲裁裁决并不构成对我国社会根本利益、法律基本原则或者善良风俗的违反",参见最高人民法院《关于GRD Minproc有限公司申请承认并执行瑞典斯德哥尔摩商会仲裁院仲裁裁决一案的请示的复函》,最高人民法院(2008)民四他字第48号。

〔2〕 "有关合同的签订与执行并不存在违背社会公共利益以致无法为我国法律秩序所容忍的情节",参见最高人民法院民事审判第四庭关于能否裁定不予执行(2003)贸仲裁字第0138号仲裁裁决的请示的答复,最高人民法院(2005)民四他字第45号。

在商事仲裁领域中，我国针对公共政策制定的法律比较全面，无论是在程序方面，还是在实体方面，都对公共政策作出了规定。法院对外国仲裁裁决进行司法审查时，只有承认与执行该裁决结果会明显违反我国的重大利益、法律或道德基本原则时，才不予执行该裁决。但是，我国立法并未明确界定内涵，它是一个宽泛的概念，包含国家主权、安全、法律或道德的基本原则等。与其他各国的公共政策发展趋势相比，我国公共政策在发展中还存在一些明显的缺陷。

（六）我国国际商事仲裁裁决承认与执行中运用公共政策存在的问题

我国《民法通则》《民事诉讼法》等实体法、程序法或司法解释均未对公共政策进行明确界定，其内涵和外延是什么？其适用范围是什么？适用标准是什么？在司法实践中也是任法官自有裁量决定如何适用。可以那么说，在外国仲裁裁决承认与执行领域中我国公共政策的适用上存在不少问题，具体表现为：

1.“社会公共利益”表述不清

首先，我国立法中有关公共政策的措辞不严格，不同的法律法规中对其有不同的解释。综上所述，适用“社会公共利益”代替“公共政策”是不妥的，因为“社会公共利益”的概念是个政治概念，不同于法律概念。就司法实践来讲，我国行政、司法以及立法机关等都没有对公共政策进行司法解释，有些法院对“社会公共利益”进行单一解释，以某个部门、地区的经济利益代替“社会公共利益”。

其次，我国的《仲裁法》和《民事诉讼法》中有关社会公共利益的内容规定不一致。《仲裁法》没有“社会公共利益”的规定，在司法实践中法院是否能以违反社会公共利益对外国裁决进行司法审查是没有明文规定的。

2.适用公共政策标准单一

根据我国2013年新修改的《民事诉讼法》的规定，人民法院认定执行外国仲裁裁决与我国社会公共利益相违背的，可不予执行该裁决。由此可知，我国《民事诉讼法》对公共政策的适用采用的是“客观标准”，这与《民法通则》采用的“主观标准”不同。这种适用标准的差异性致使在司法实践中适用的随意性。另外，在我国立法中，有关公共政策适用的规定中缺少如“严重”“明显”等限制性措辞，这与当今国际社会对公共政策限制适用的趋势不相符。[1]

3.与《纽约公约》规定有所出入

我国对《纽约公约》采取在法律体系中并入有关公约内容的做法。虽然最高人民法院对适用该公约发布了司法解释，但是在司法实践中法院在对外国仲裁裁决进行司法审查时如何援引《纽约公约》的规定进行审查，仍然存在困难。我国《民事诉讼法》以及《民法通则》等相关的法律法规对有关条款表述不严谨，《纽约公约》第5条中的“may”拒绝承认和执行被译为“亦得”，在司法实践中，常被认为“应当”拒绝承认与执行。

---

〔1〕 马德才：《从公共秩序的限制适用趋势析我国有关立法之完善》，载《法学杂志》2012年第5期。

(七)完善公共政策在我国国际商事仲裁裁决承认和执行中的适用

1.完善"公共政策"的内涵

我国现行立法中没有明确规定有关公共政策概念的内容,多使用"社会公共利益"代替"公共政策"。对"公共政策"的含义和范围规定的也十分笼统,没有明确的规定。所以在我国现行立法中,取消"社会公共利益"这种表达方式,使用"公共政策"的称谓,是较为妥当和谨慎的。理由如下:首先,过去,解决争议采用行政方式,如今在解决各类争议时,采用仲裁、诉讼等方式。制定更为明确和透明的公共政策规定,并与国际条约和国际通行做法保持一致。其次,我国当事人会在外国申请承认与执行裁决或判决,其他国家当事人也会向我国有管辖权的法院提出申请承认与执行仲裁裁决或司法判决的请求。因此,为充分维护我国及我国当事人的合法权益,我国应该完善我国仲裁及司法制度,并符合国际通行做法。这既可以使我国仲裁判决获得较高的质量,也有利于裁决的执行,防止受到其他国家公共政策的不利影响,同时也为我国提供法律依据,在必要时不予执行裁决,以免落下故意制造麻烦的口柄,还可以进一步提高我国仲裁机构的民商事争端解决服务的国际竞争力。

故而有必要借鉴各国的相关实践经验和国际上的最新做法,加强"公共政策"审查机制的相关研究,将我国现行立法中的"社会公共利益"法律名称在适当的时机里转换为"公共政策",与现行的《纽约公约》等国际公约和国际法律概念相一致,以促使我国公共政策理念得到进一步完善和发展。

2.区分国际公共政策与国内公共政策

国际公共政策是对传统的公共政策理论的质的突破,综上所述,"国际公共政策"已在国际上得到了普遍的认可,多个国家均已在立法和实践上对国内公共政策和国外公共政策加以区分,将国际商事仲裁裁决司法审查上的公共政策纳入到国际公共政策的范围内。将"一般(国内)公共政策"和"国际公共政策"加以区别,有助于将依据《纽约公约》实施的拒绝承认和执行外国裁决行为严格限制在严重案件的范围里。[1]

3.确定公共政策的适用标准

在进行公共政策司法审查时严格解释公共政策成为了国际趋势,各国都已倾向于对于公共政策使用严格解释标准,譬如美国法院曾在多起判决中将公共政策抗辩解释为只有违反了执行国最基本的道德和公正观念时才可以拒绝执行外国仲裁裁决。故我国有必要对公共政策适用标准作出必要的限制。"客观标准"是适用公共政策的首要标准,其强调的是裁决执行所造成的结果和影响。一国法院不能仅以仲裁裁决的适用法律与本国的公共政策不一致就拒绝承认与执行裁决,只有执行该裁决的结果将损害本国的重大利益、法律的基本原则或道德的基本理念等才援引公共政策进行抗辩。"客观标准"在维护法院地国的公共利益与限制公共政策适用方面发挥着重要作用,因此,在国际仲裁实践中,选择采用"客观标准"的国家数量日益增多。我国民诉法也将"客观标准"作为了适用公共政策的标准,故我国法院在进行国

[1] 李晓琳:《论国际商事仲裁裁决司法审查中的公共政策》,华东政法大学2008年硕士学位论文。

际民商事仲裁裁决司法审查时,也应当据此标准来决定是否适用公共政策抗辩。适当增加“程度”标准。“程度”标准适用的前提是承认与执行外国裁决严重损害国内的公共政策,它注重的是结果的严重性。法院在对外国仲裁裁决进行司法审查时要同时考虑承认与执行该裁决带来的危害结果以及危害的严重性,如增加“明显地违背本国公共政策”措辞。我国法院在审查外国仲裁裁决时,既要考虑执行该裁决的是否危害我国的重大利益、法律基本原则或道德的基本理念等我国公共利益,也要考虑这种危害的严重性,经过综合考量后才决定适用公共政策。

4. 参考《纽约公约》修改我国法律规定

我国应当从促进仲裁裁决顺利执行的角度出发,借鉴各国的相关立法以及《纽约公约》第5条的规定,把“应当”更改为“可以”不予执行,以此赋予我国法院可根据案件的实际情况及其具体因素来综合考虑是否承认和执行的自由裁量权。[1] 此举不但可与国际普遍做法保持一致,还有利于我国仲裁制度的发展。目前,我国是以仲裁机构所在地作为判断仲裁国籍的标准,这与《纽约公约》的规定是不一致的。应当采取与《纽约公约》规定相一致的做法,以仲裁裁决机构所在地来判定国籍的标准,改为以仲裁地作为判断仲裁国籍的标准。

教学计划

本案例可以作为专门的案例教学课进行讲授,整个案例课安排 6 个课时,每课时 45 分钟。

课堂时间安排

1. 课前计划:安排学生阅读案例及相关参考资料,熟悉整个案例内容,对案例中提出的问题进行思考。

2. 课中计划:介绍教学目的,明确讨论主题,分组讨论问题及观点,告知发言要求。小组代表发言,提出自己的观点,对其他小组的观点进行评述。教师进行引导性分析,最后做归纳总结。

3. 课后计划:要求学生课后进一步熟悉拒绝承认和执行外国仲裁裁决的具体事项,分析并判断各种情形下公共政策的识别问题。

思考题和实践题

1. 国际商事仲裁裁决承认与执行中公共政策如何识别。
2. 思考拒绝承认与执行外国仲裁裁决的程序与条件。
3. 我国司法实践对承认与执行外国仲裁裁决中公共政策违反的识别的发展与趋势。
4. 思考公共政策在我国国际商事仲裁裁决承认和执行中适用的完善。

---

〔1〕 杜新丽:《仲裁裁决在我国的承认与执行——兼论〈纽约公约〉在中国的适用》,载《比较法研究》2005 年第 5 期。

参考文献

1. 杜新丽:《仲裁裁决在我国的承认与执行——兼论〈纽约公约〉在中国的适用》,载《比较法研究》2005 年第 5 期。
2. 张宪初:《外国商事仲裁裁决司法审查中公共政策理论与实践的新发展》,载《仲裁与法律》2005 年第 1 期。
3. 许中缘:《论法国公共秩序理论的新发展——对我国相关的立法与司法实践的启示》,载《当代法学》2008 年第 2 期。
4. 杨玲:《国际商事仲裁公共政策司法界定的实践与发展》,载《政治与法律》2010 年第 11 期。
5. 贾楠:《公共政策在国际商事仲裁裁决承认与执行中的运用》,中国政法大学 2007 年硕士学位论文。
6. 叶丹:《公共秩序保留在我国涉外商事司法实务之适用》,法律出版社 2011 年版。
7. 马德才:《国际私法中公共秩序研究》,法律出版社 2010 年版。
8. 高晓力:《国际私法上公共政策的运用》,中国民主法制出版社 2008 年版。

(袁杜娟,上海大学法学院副教授,yuandujuan@ i. shu. edu. cn)

21 CASE

A公司罗泾油库诉B海运公司船舶触碰损害责任纠纷案

摘　要

本案例为一起真实的船舶触碰码头损害责任纠纷案，经历了一审、二审和再审，涉及了作为海事案件中最有代表性的船舶触碰损害责任纠纷的多个环节。本案件涵盖海事赔偿责任限制基金的成立、限制性债权与非限制性债权的认定标准、是否丧失海事赔偿责任限制权利、船舶触碰与船舶碰撞的区别、船舶触碰损害程度的确定等内容。本案对于理解和把握海商法的有关原理和理念，了解海事案件的有关特性，有一定的启示。

关键词

船舶触碰　海事赔偿责任限制　限制性债权　非限制性债权　海事赔偿责任限制基金

教学目标

让学生着重把握三方面内容：

(1)掌握海事赔偿责任限制的认定、设立过程中要注意的问题；

(2)船舶触碰案件中，损害范围和损害程度认定应注意的问题；

(3)掌握海事诉讼的基本要求，体会海事诉讼的特点。

教学案例

一、案件情况

2011 年 1 月 31 日,“RK”轮由秦皇岛载煤 34383 吨开航,计划 2 月 3 日 02:00 时靠泊上海港罗泾煤炭码头 3 号泊位。船舶驶离秦皇岛后,船长通过电话向 B 海运公司(以下简称 B 公司)申请引航员引航,该公司即委托 F 省驻沪办事处航运营业部为该轮安排引航,该营业部联系孙永涛准备上船引航。

2011 年 2 月 2 日 12:40 时许,“RK”轮到达长江口水域抛锚。当日 19:00 时许,“RK”轮起锚续航。在航行途中,船长通过与孙永涛及码头、拖轮等方面沟通,商定将靠泊计划提前至 2 月 3 日 01:00 时。2 月 3 日 00:06 时许,孙永涛登上“RK”轮,其登轮时没有携带该航段最新海图资料和其他助航设备,“RK”轮船长程新原未对孙永涛的引航资质情况进行确认。00:10 时许,孙永涛在向船长了解船舶的基本操纵性能和载货量等情况后,开始操纵船舶。此后,“RK”轮驶入宝山进口航道上行,航向约 300 度,航速约 11 节。00:39 时许,孙永涛错认 74 号灯浮,“RK”轮误入宝山北航道,至 01:37 时许掉头驶回宝山南航道,准备趁涨潮靠泊罗泾煤炭码头 3 号泊位。此后潮汐处于涨末,流速 1.5 节。01:52 时许,“RK”轮航向约 286 度,航速约 9.4 节,船位在罗泾油库码头北端下游 400 米处,有触碰码头的危险,孙永涛遂下令停车,改用“退车三”档位,但由于“RK”轮船速较快,拖轮无法顶推。01:54 时许,船长立即将车钟拉至全速倒车,并通知大副抛锚。01:55 时许,“RK”轮以约 5 节的船速,船艏向 208.3 度,呈约 86 度夹角触碰罗泾油库码头北端。事故造成罗泾油库码头北端东段约 74 米损毁并倒塌沉入江底,码头上所建综合楼一同损毁,楼内 2 名值班人员一死一伤,码头上架设的 3 台输油臂落水受损。

二、涉事船舶及有关人员情况

“RK”轮为钢质散货船,总吨位 22417 吨,系国内沿海运输船舶,船舶登记所有人为 B 公司。孙永涛,男,1966 年 3 月 4 日出生,持有上海海事局 2006 年 12 月 12 日签发的丙类一等船长适任证书,并持有江苏海事局 2008 年 3 月 28 日签发的海船船员内河航线行驶资格证明(上海至南京),未持有引航员适任证书。罗泾油库码头于 1993 年建造,1995 年基本成型,在本案一审判决作出前尚未投入营运。码头呈“F”形,可靠泊 2.5 万吨级船舶,码头泊位总长度 273 米,宽 24 米,南北两端各建一幢综合楼。夜间码头的照明依靠综合楼上的探照灯和码头两端的警示灯。事故发生时,码头的探照灯和警示灯均正常使用。

三、事故认定情况

2011 年 3 月 4 日,上海海事局出具《上海“2.3”“RK”轮碰撞上海港罗泾油库码头事故调查报告》,认定涉案事故为“RK”轮航行期间触碰固定码头的单方责任事故。事故发生后,为保障通航水域安全,防止发生次生事故,上海宝山海事处对事故现场水域采取了安全防护措施,设立了专用浮标,委托上海浦江打捞疏浚工程有限公司对受损码头附近水域进行水下探摸,并派遣船舶守护事故现场,由此产生事故现场及航道看护费用和设标费用。

2011 年 6 月 16 日,上海海事局向罗泾油库发出《海事行政强制措施决定书》,要求罗泾油库限期对影响航道的码头残骸进行打捞清除,罗泾油库遂与上海大润打捞工程有限公司签订合同,委托其清除码头残骸,从而产生清障费用。

因“RK”轮触碰 A 公司罗泾油库,致罗泾油库码头及相关财产受损。A 公司罗泾油库(原告)就此向法院提起诉讼,要求 B 公司(被告)依法承担船舶触碰码头的损害责任。

一审中,经 A 公司罗泾油库、B 公司共同选定上海中九工程检测有限公司(以下简称中九公司)与中船第九设计研究院工程有限公司(以下简称中九研究院)作为鉴定评估机构对涉案事故以及码头受损情况进行鉴定评估,中九公司出具了《A 公司罗泾油库 2.5 万吨级油码头“2011.2.3”受损事故综合检测报告》,中九研究院出具了《A 公司罗泾油库 2.5 万吨级油码头工程海损修复方案设计》,鉴定评估结论为受损码头修复费用为人民币 1622.78 万元。A 公司罗泾油库、B 公司共同委托上海双希海事发展有限公司(以下简称双希公司)对输油臂损失进行鉴定评估,双希公司出具了检验报告,鉴定评估结论为受损输油臂修复费用为 200 万元。

一审庭审中,A 公司罗泾油库、B 公司确认受损码头清障费用为 560 万元,事故现场及航道看护费用为 250 万元(其中 200 万元已由 B 公司支付),设标费用为 65 万元,倒塌综合楼内财物损失为 3 万元。同时,A 公司罗泾油库、B 公司也均确认以中九公司与中九研究院的鉴定评估结论作为确定受损码头修复费用的最终依据,以双希公司的鉴定评估结论作为确定受损输油臂修复费用的最终依据。此外,因码头综合楼毁损,罗泾油库向上海快捷活动房有限公司购置集装箱活动房等用作临时值班房,实际支付费用为 211567.09 元。

2011 年 2 月 22 日,B 公司向一审法院申请设立海事赔偿责任限制基金,该院于 5 月 3 日作出(2011)沪海法限字第 1 号民事裁定予以准许,基金数额为 1913569.5 特别提款权[1][按裁定生效之日(2011 年 5 月 19 日)的兑换率换算为人民币 19805444.33 元]和利息 362093.03 元[自事故发生之日(2011 年 2 月 3 日)起,按中国人民银行确定的金融机构同期一年期贷款基准利率计算至基金设立之日(2011 年 5 月 20 日)],共计 20167537.36 元。5 月 20 日,B 公司向一审法院提交了中银保险有限公司广东分公司的担保函,担保海事赔偿责任限制基金的

---

〔1〕 特别提款权(Special Drawing Right,SDR),最早发行于 1970 年,是国际货币基金组织(IMF)根据会员国认缴的份额分配的,可用于偿还 IMF 债务、弥补会员国政府之间国际收支逆差的一种账面资产。目前特别提款权的价值由美元、欧元、英镑和日元这四种货币所构成的一篮子货币的当期汇率确定。2015 年 11 月 30 日,IMF 正式宣布人民币 2016 年 10 月 1 日加入特别提款权。我国《海商法》采用了特别提款权作为赔偿金额等的计算单位,并在第 277 条规定:“本法所称计算单位,是指国际货币基金组织规定的特别提款权;其人民币数额为法院判决之日、仲裁机构裁决之日或者当事人协议之日,按照国家外汇主管机关规定的国际货币基金组织的特别提款权对人民币的换算办法计算得出的人民币数额。”

设立。

四、当事人提交证据情况

原告为支持其诉请主张提交的证据材料、被告质证意见和法院认证如下：

（1）上海港口岸线使用许可证，以证明受损的罗泾油库码头系原告专用。

（2）“RK”轮船舶国籍证书，以证明“RK”轮系被告所有。

（3）中国船级社检验报告。

（4）被告致上海宝山海事处的保证函。

（5）码头受损相关照片，以证明触碰事故的发生。

被告对上述证据的真实性、合法性、关联性无异议，法院对上述证据予以确认。

（6）上海海事局水上交通事故责任认定书，以证明被告应对涉案事故承担全部责任，无引航资质人员孙永涛对“RK”轮非法引航是造成事故的直接原因。

被告质证对该证据的真实性无异议，但对该事故责任认定书认定被告承担事故全部责任有异议。因该证据由海事行政主管机关出具，法院对该证据的证据效力予以确认，对事故责任将结合其他证据综合分析认定。

（7）事故通报会宣传信息，以证明被告公司管理不力，默认非法引航。

被告认为该信息内容系引述某领导人讲话，不能作为证据。法院认证认为，该宣传信息在无其他证据印证的情况下，不能单独证明上述证明内容，故对其证明力不予确认。

（8）船旗国监督检查报告，内容为“RK”轮在例行检查中发现部分海图不是最新版、驾驶台应变部署表未及时更新等，以证明“RK”轮船长对安全和航行管理上存在不足，被告公司在管理上存在重大疏忽。

被告确认该证据的真实性、合法性、关联性，但认为检查报告中提出的问题不影响船舶适航。法院认证认为，检查报告不能认定被告公司管理上存在重大疏忽，故对该证据的证明力不予确认。

（9）中交第三航务工程勘察设计院有限公司（以下简称三航设计院）出具的海损事故损失初步估算报告，以证明原告码头修复损失初步估算为人民币5000万元。

被告确认该项损失以共同选定评估机构的鉴定评估结论为准。因原告、被告共同选定评估机构进行了鉴定评估，故法院对该证据无须认定。

（10）输油臂询价报价材料和马辉的证人证言。

（11）输油臂采购、运输、安装合同。

（12）输油臂维护保养协议书和保养费用发票，以证明受损输油臂购置运输安装费用为734150欧元，且不应计算折旧。

被告确认该项损失以共同选定评估机构的鉴定评估结论为准。因原、被告共同选定评估机构进行了鉴定评估，故法院对上述证据无须认定。

（13）上海宝山海事处要求出具担保的函和原告交纳担保款凭证。

(14)上海浦江打捞疏浚工程有限公司守护探摸工程费结算。

(15)上海海事局海事行政强制措施决定书。

(16)上海罗泾油库码头残骸清障施工合同。

(17)航标工程预算。

(18)航标动态公告。

(19)倒塌综合楼内办公财物损失明细表和单据,以证明原告发生受损码头清障费用、事故现场及航道看护费用、设标费用、倒塌综合楼内财物损失等。

原、被告在庭审中对上述费用已协商一致,故法院对上述证据无须认定。

(20)2011年度罗泾油库费用预算文件,以证明罗泾油库2011年的维持费用为3713200元,按两年计算,维持费用为7426400元。

被告质证认为,该项费用与船舶触碰码头无关联。法院认证认为,即使未发生船舶触碰码头事故,原告也需产生码头维持费用,原告不能说明该项预算系船舶触碰码头造成的原告损失,在原告不能举证码头投入运营的情况下,该项费用明显过高,故对该证据的证据效力不予认定。

(21)人身损害善后费用明细表和单据,以证明发生人身损害善后费用为人民币44367.99元。

被告认为,其已举证就人身损害赔偿已达成调解协议,并一次性支付了赔款,故不应再支付该笔费用。法院认证认为,该笔费用争议系人身损害赔偿纠纷,并非本案审理范围,且被告已按调解协议进行了赔付,故对该证据的证据效力不予确认。

(22)码头临时值班房购置合同和发票,以证明原告因购置临时值班房发生费用为人民币211567.09元。

被告质证认为,购置合同中的买受人为中国石油化工股份有限公司上海石油分公司和上海动力燃料有限公司,并非原告,对证据的真实性和关联性不予确认,且集装箱式临时值班房可重复使用,故被告无须赔偿。法院认证认为,购置合同中的买受人为原告投资方,该临时值班房已交付原告实际使用,值班房长期使用或拆除另用将存在较大损耗,被告对值班房购置费用应予赔偿,故对该证据的证据效力和证明力予以确认。

(23)码头值班用品发票,以证明原告为购置值班用品发生费用为人民币6373元。

被告认证对该证据真实性不予确认,且该损失属重复计算。法院质证认为,倒塌综合楼内办公财物损失已包含码头值班用品,故对该证据的证明力不予确认。

(24)上海海事局事故调查报告。

(25)水上交通事故调查询问笔录。

(26)上海市杨浦区人民检察院起诉书。

(27)上海海事公安局刑侦支队询问笔录。

此组证据由原告申请法院调查取得,以证明事故经过和责任认定,原、被告对证据的真实性、合法性、关联性及所证明的事故经过均无异议,但对事故责任认定存有争议,故法院对此组证据的证据效力予以确认,对事故责任将结合其他证据综合分析认定。

(28)上海中九工程检测有限公司出具的罗泾油库 2.5 万吨级油码头“2011.2.3”受损事故综合检测报告。

(29)中船第九设计研究院工程有限公司出具的罗泾油库 2.5 万吨级油码头工程海损修复方案设计,此组证据系原、被告共同委托评估鉴定机构对码头受损进行检测并提出修复方案,以证明受损码头修复费用为人民币 16227800 元。中九公司检测师蒋卫方作为司法鉴定人员到庭接受质询,原告邀请了三航设计院工程师张学忠、邹顺作为专家证人参与质询。原告对检测报告和修复方案总体认可,但提出部分费用估价低于国家文件发布的价格。被告对该证据无异议。蒋卫方解释部分费用系按市场需求进行评估,比文件发布价格更接近实际情况。

法院认证认为,中九公司和中九研究院系双方当事人共同选定的鉴定评估机构,双方均确认以鉴定评估结论作为受损码头修复费用的最终依据,故对该组证据予以确认。

(30)输油臂损失评估鉴定初步报告。

(31)输油臂损失评估鉴定报告,此组证据系原告、被告共同委托评估鉴定机构对受损输油臂损失进行评估,以证明受损输油臂修复费用为人民币 200 万元。上海双希海事发展有限公司咨询验船师裘泓作为司法鉴定人员到庭接受质询。

原告、被告对评估结论均无异议。法院认证认为,双希公司系双方当事人共同选定的鉴定评估机构,双方均确认以鉴定评估结论作为受损输油臂损失费用的最终依据,故对该组证据予以确认。

(32)三航设计院出具的罗泾油库 2.5 万吨级油码头海损修复设计技术评估报告,以证明受损码头修复费用为人民币 17821200 元。

被告质证对该证据的合法性不予认可。法院认证认为,该评估报告系原告在双方当事人已共同选定的鉴定评估机构后,单方委托三航设计院对受损码头修复费用进行评估,在被告不确定其证据效力的情况下,对该证据不予认定。

再审期间,罗泾油库补充提供以下三份证据:(1)上海海事局主办的期刊《上海海事》(2011 年第 2 期)刊登报道《上海海事重拳打击非法引航》,拟证明“RK”轮所有人为保证船期,默许非法引航;(2)上海市杨浦区人民法院(2012)杨刑初字第 59 号刑事判决书,拟证明涉案非法引航情节严重,孙永涛被法院以交通肇事罪判处有期徒刑 4 年;(3)上海海事局网站于 2011 年 8 月 24 日发布的信息《上海宝山海事处组织召开罗泾油库码头清障打捞通航安全协调会》,拟证明罗泾油库清障工程系上海海事局为维护公共利益、保障通航安全所强制采取的措施。

经质证,B 公司认可上述期刊和判决书的真实性,但认为上述三份证据均不属于新的证据,也与本案无关,且都是传来证据,带有推测性内容,不足以证明罗泾油库所称事实。

经再审法院审核,证据 1 所载内容是一种宣传信息,并非上海海事局正式作出的责任认定;上海海事局于 2011 年 8 月 9 日就涉案事故作出的《水上交通事故责任认定书》,并无

"RK"轮所有人默认非法引航的认定，罗泾油库提供该证据所拟证明的内容缺乏其他证据印证，法院不予认定。证据2没有认定B公司本身过错程度的内容，其所证明的事实并不影响B公司所应承担的民事赔偿责任（包括能否享受海事赔偿责任限制的权利），该证据与本案争议无关，法院不予采纳。证据3所载相关信息可由上海海事局于2011年6月16日向罗泾油库发出的《海事行政强制措施决定书》相印证，法院予以认定。

被告为支持其抗辩主张提交的证据材料、原告质证意见和本院认证如下：

（1）"RK"轮船舶国籍证书、船舶所有权登记证书、船舶最低安全配员证书、国际吨位证书、国际载重线证书、国际防止油污证书、安全管理证书、安全管理体系符合证明、船舶营运证、入级证书、货船构造安全证书、货船设备安全证书、货船无线电安全证书、国际防止生活污水污染证书、国际防止空气污染证书、油污责任保险证书、船舶电台执照、散装固体准运证书、危险货物准运证。

（2）水路运输许可证。

（3）"RK"轮船舶户口簿。

（4）"RK"轮船员程新原等船员适任证书，以证明"RK"轮适航适员情况。原告对该组证据的真实性、合法性、关联性无异议，法院对该组证据予以确认。

（5）水上交通事故报告书。

（6）上海悦之保险公估有限公司事故询问调查记录，内容为船长程新原陈述事故经过，以证明码头灯光不足。

原告对该组证据的真实性、合法性、关联性无异议，但对其中陈述内容持有异议。因原告对证据真实性、合法性、关联性无异议，法院对该组证据的证据效力予以确认，对船长陈述内容和事故责任将结合其他证据综合分析认定。

（7）罗泾油库码头照片和夜拍视频，以证明码头缺乏足够的照明和警示标志。

原告质证认为，因拍摄时间并非事发当时，故对证据的真实性、关联性不予确认。法院认证认为，由于拍摄对象不能反映事发当时情况，故对该组证据的证据效力不予认定。

（8）输油臂打捞上岸放置图。

（9）工业企业固定资产分类折旧年限，以证明输油臂受损和折旧情况。

原告质证对该组证据证明力不予确认，认为证据9仅适用于固定资产做账，输油臂实际赔偿金额不应计算折旧。因原、被告共同选定评估机构对输油臂损失费用进行了鉴定评估，故法院对上述证据无须认定。

（10）守护探摸费结算函和复函，以证明被告已垫付了航道看护、探摸费用人民币200万元，该笔费用应在实际赔款中予以扣除。

原告对该节事实予以确认。法院亦对该证据予以认定。

（11）和解协议书和支付凭证，以证明被告与船舶触碰码头造成的人员伤亡已进行赔付，纠纷已经解决。

原告对该证据予以确认。法院亦对该证据予以认定。

教学手册

教学对象及目标

本案例供法律硕士案例教学使用,法学本科(大四)、国际法学硕士、民商法学硕士也可以参酌试用。

本案例主要就船舶触碰造成财产损害责任纠纷认定问题进行讲授。具体要解决的问题包括:(1)船舶触碰造成财产损害范围和程度的认定;(2)律师在办理此类案件时,就申请海事赔偿责任限制基金,以及如何确认海事赔偿责任限制请求权项目所要注意的事项;(3)船舶触碰及相关船舶碰撞等海事案件的举证责任。

教学内容

1. 关于对罗泾油库因触碰事故遭受的实际损失认定问题。

被告认为关于B公司应向罗泾油库赔偿的损失金额应正确认定。涉案码头受损前从未投入运营,将损失费用等同于重建一个合格码头的费用不合理,即使将该码头视为一个合格码头,在评估损失时也应依法扣除已经使用年限的折旧费,故在罗泾油库不能提供码头建造、验收合格和建造费用等依据的前提下,不应采信评估报告中关于受损码头修复费用的结论;事故现场及航道看护费用、设标费用系因为罗泾油库未能积极履行减损义务而产生,让B公司承担前述费用于法有悖;码头临时值班房购置费用属于重复索赔,此项请求不应支持。

原告认为涉案鉴定评估机构系罗泾油库与B公司共同委托,鉴定评估公司针对码头实际受损状况评估得出将受损码头修理恢复原状需要产生的费用,该鉴定评估结论已经得到罗泾油库与B公司的共同认可,采信该鉴定评估结论并无不当;事故现场及航道看护费用、设标费用都是为了防止次生事故的发生而产生的合理费用,属于本案损害赔偿的范围;码头临时值班房购置费用属于实际发生的单独损失,并非重复索赔。

一审法院认为,根据当事人自愿协商达成的合意、双方当事人共同选定评估鉴定机构作出的结论意见、认定的有效证据,以及考虑损失的关联性、合理性,确定原告损失金额为:受损码头修复费用为人民币16227800元、受损输油臂修复费用为人民币2000000元、受损码头清障费用为人民币5600000元、事故现场及航道看护费用为人民币500000元(已扣除被告支付的2000000元)、设标费用为人民币650000元、倒塌综合楼内财物损失为人民币30000元、码头临时值班房购置费用为人民币211567.09元。鉴于前述费用均为原告的支出性费用,其损失利息应从费用产生之日起计算。原告举证目前实际支付的费用仅有码头临时值班房购置费用为人民币211567.09元,故可从该项费用最后一笔付款的2011年10月13日起计算该款项的利息。因原告未提供贷款购置码头临时值班房的证据,其主张按贷款利率标准计息不予支持,该利息应按照中国人民银行同期活期存款利率标准,计算至本判决生效之日止。原告损失中,受损码头修复费用、受损输油臂修复费用、倒塌综合楼内财物损失、码头临时值班房购置费用及利息为限制性海事请求;受损码头清障费用、事故现场及航道看护费用、设标费用为非限制性海事请求。因限制性海事请求总额未超过基金及设立期间利息的数额,故被告应全额赔偿原告损失。

二审法院认为,委托中九公司与中九研究院作为鉴定评估机构对涉案事故以及码头受损情况进行评估,系B公司与罗泾油库在原审中经协商后共同选定,鉴定评估程序合法,且鉴定评估结论已在原审中被双方当事人确认,故原审法院依据该鉴定评估结论认定受损码头的修复费用并无不妥。B公司主张涉案事故现场及航道看护费用与设标费用系因为罗泾油库未能积极履行减损义务而产生,应由罗泾油库自行承担。而根据原审法院查明的事实,涉案触碰事故发生后,系上海宝山海事处为了保障通航水域安全、防止发生次生事故,对事故现场的水域采取了安全防护措施,设立了专用浮标,委托疏浚公司进行水下探摸,并派遣船舶守护事故现场,由此产生了前述两笔费用。故这两笔费用系为公共安全、公共利益而发生,非罗泾油库怠于履行减损义务而产生。B公司认为码头临时值班房购置费用属于重复索赔,但罗泾油库主张购置该码头临时值班房是替代在事故中被损毁的码头综合楼的功能,被损毁的码头综合楼的功能是未坍塌码头部分的那栋综合楼所不能替代的。故二审法院认为罗泾油库对外支付该笔码头临时值班房购置费用是必需的。综上所述,B公司关于原审法院错误认定罗泾油库因触碰事故遭受的实际损失的主张,缺乏事实依据,二审法院不予采纳。

再审法院对此认为:罗泾油库码头因“RK”轮单方过失触碰致损,B公司应承担全部赔偿责任。对于船舶触碰事故损失,双方当事人在一审中共同选定鉴定评估机构进行鉴定评估,并确认以中九公司与中九研究院的鉴定评估结论作为确定受损码头修复费用的最终依据,以双希公司的鉴定评估结论作为确定受损输油臂修复费用的最终依据,一审、二审判决据此认定有关修复费用损失并无不当。涉案码头于1995年建造基本成型,在一审判决作出前尚未投入营运,码头属于罗泾油库所有并经营管理,罗泾油库在诉讼中没有提供该码头竣工验收的文件,但涉案码头的修复方案主要是根据码头受损前的状况进行恢复原状,并没有明确提出以修建一个合格码头的标准进行修复重建,码头受损前无论是否竣工验收,B公司均负有恢复原状的义务,B公司以一审、二审判决按照重建一个合格码头的费用认定修复费用为由否定其该项赔偿义务,没有事实依据,再审法院不予支持。涉案码头没有投入营运,一审、二审判决认定损失时没有扣除折旧费用并无不当。

涉案码头被“RK”轮触碰后,码头北端上面所建综合楼一同损毁,该综合楼原本具有其特定用途,可安置值班人员,并为码头提供夜间照明。鉴于涉案码头需要一定时间修复,罗泾油库在修复期间购置集装箱活动房用作临时值班房,产生费用211567.09元,是必要的临时替代费用,罗泾油库同时请求该码头临时值班房购置费用与码头修复费用,并不构成重复索赔。罗泾油库根据上海海事局限期打捞清除的行政决定立即委托打捞作业人清除码头残骸,由此产生的清障费用属于为保障航道畅通所必然发生的费用，本案没有证据表明罗泾油库在清除码头残骸方面有违反合理减损义务的行为。涉案码头触碰事故发生后，为防止发生次生事故而在现场水域设立专用浮标并派船守护事故现场，由此产生事故现场及航道看护费用和设标费用，均是为保障水域航行安全所采取必要措施的费用。清障费用、事故现场及航道看护费用和设标费用均是罗泾油库因码头被触碰所遭受的损失，B公司应予以赔偿。B公司认为其不应赔偿上述费用损失，没有事实和法律依据，再审法院不予支持。一审、二审判决认定事故损失，具有充分事实和法律依据，再审法院予以维持。

2. 关于被告是否应当承担事故全部责任问题？

原告认为，罗泾油库码头系按有关主管机关核准的规划建设，其位置在海图上有明确标识，事故发生时，码头探照灯和警示灯均正常使用，原告没有任何过错。涉案事故是一起单方责任事故，被告应承担事故全部责任。

被告认为，码头缺乏足够的照明和警示标志，不足以引起警戒，对驾驶人员观察和判断岸型造成困难，事故发生时，值班人员未处于值守状态，未及时发现险情并警告"RK"轮。故被告不应承担事故全部责任，原告应分担事故10%的责任。

一审法院认为，罗泾码头建造手续齐备并符合设计要求，码头位置已刊印在海图上，码头的照明设施和警示标识的配备未违反相关规定，原告并无过错。涉案触碰事故系"RK"轮在没有引航资质人员的引领下，错走航道后，为赶靠泊时间未使用安全航速，且靠泊时船舶操纵不当所致，与码头值班情况无涉，属单方责任事故，被告应当承担事故全部责任。

3. 关于被告是否丧失海事赔偿责任限制权利问题？

原告认为，事发水域属于长江内河，根据《内河交通安全管理条例》（以下简称《内河条例》）规定，"RK"轮进入该水域航行，应当向引航机构申请引航，即强制引航，而被告公司同意或默许无引航资质的孙永涛上船引航并操纵船舶，属于故意或重大过失；"RK"轮未配备最新海图和电子海图导航仪，船舶处于不适航状态；船旗国监督检查报告中，"RK"轮存在驾驶台应变部署表未及时更新等问题，说明被告公司在航行和安全管理上存在重大疏忽。因此，涉案事故是被告在明知的情况下，因故意或重大疏忽造成，其不能享有海事赔偿责任限制权利。

被告认为，事发水域并非内河，"RK"轮无须强制引航，且被告公司并未知晓引航人员资质情况；"RK"轮海图已经过改正，海图改正后作用等同于新海图，电子海图导航仪并非要求强制配备，这些以及船旗国监督检查报告中存在的问题均不影响"RK"轮的适航性，也不能证明被告公司在航行和安全管理上存在重大疏忽，故被告应当享有海事赔偿责任限制权利。

一审法院认为，首先，根据《上海港口章程》规定，事发水域属长江口海港水域，不适用《内河条例》，"RK"轮不属于强制引航船舶，且无证据表明船长就孙永涛的引航资质情况向被告公司报告，也无证据表明被告公司知晓孙永涛资质情况并同意其提供航行技术服务；其次，船用海图可按规定进行修改，"RK"轮未配备电子海图导航仪、船旗国监督检查报告中查出船舶存在安全隐患等问题,并不能由此证明船舶不适航或被告公司在航行和安全管理上存有重大疏忽。因此,没有证据证明涉案事故是由于被告公司的故意或者明知可能造成损失而轻率地作为或者不作为造成,被告不应丧失海事赔偿责任限制权利。

再审法院对此问题认为,涉案事故系 B 公司委托的船务代理人安排非法引航、引航人员与船长船员驾驶船舶过失、船长安全管理船舶过失所致。本案没有证据证明涉案事故损失是由于 B 公司的故意或者明知可能造成损失而轻率地作为或者不作为造成的,一审判决认定 B 公司不应丧失海事赔偿责任限制的权利,并无不当。罗泾油库在一审判决后没有对此提出上诉,其在再审答辩中认为 B 公司不应享受海事赔偿责任限制的权利,没有提出足以推翻一审判决相关认定的证据和事由,再审法院不予支持。

4. 关于原告支付的清障等费用是否属于限制性海事请求的问题?

原告认为,最高人民法院《关于审理海事赔偿责任限制相关纠纷案件的若干规定》第 17 条规定,可以限制赔偿责任的海事赔偿请求不包括因沉没、遇难、搁浅或者被弃船舶的起浮、清除、拆毁或者使之无害提起的索赔,或者因船上货物的清除、拆毁或者使之无害提起的索赔。由于船舶碰撞致使责任人遭受前述索赔的,责任人就因此产生的损失向对方船舶追偿时,被请求人主张限制赔偿责任的,人民法院应予支持。该条款中的"责任人"应理解为负有海事事故赔偿责任的主体,即事故责任人,如果原告码头方不承担任何事故责任,就不是该条款中所指的责任人,就不能适用该条款,对被请求人主张限制赔偿责任的,法院不应支持。这有利于对无过错受害方的保护,体现了法律的公平原则。因此,原告支付的清障等费用属于非限制性海事请求。

被告认为,最高人民法院《关于审理海事赔偿责任限制相关纠纷案件的若干规定》第 17 条中的"责任人"应理解为负有打捞义务的沉物所有人或经营人,而无论其在海事事故中是否承担责任。该责任人支付了清障打捞费用后,该项追偿就转化为一般债权,不受对清障打捞主体的特殊保护,相反,对方船舶可按规定享受责任限制,这体现了对航运业的适当保护。因此,原告支付的清障等费用属于限制性海事请求。

一审法院认为,最高人民法院《关于审理海事赔偿责任限制相关纠纷案件的若干规定》第 17 条第 2 款关于起浮、清障等费用的追偿规定,不适用于单方责任的船舶触碰事故,该条款中的"责任人"应理解为负有一定海事事故赔偿责任的主体,即事故责任人。原告码头方在船舶触碰事故中不承担事故责任,其向肇事船舶追偿清障等费用损失,肇事船舶不能享受责任限制,这体现了对无过错方权益的保护,也体现了对码头、航道等航运设施业主权利的保护,有利于保障港口的通航便利和安全。因此,原告支付的因受损码头残骸的起浮、清除、拆毁或者使之无害的费用,包括受损码头清障费用、事故现场及航道看护费用、设标费用均属于非限制性海事请求,被告对原告追偿前述损失主张限制赔偿责任,本院不予支持。

二审法院认为,本案系船舶触碰撞码头引发的纠纷,因触碰码头事故引起的沉船、沉物的清障打捞费用的赔偿请求,不属于《海商法》第十一章规定的可以限制赔偿责任的海事赔偿请求,故原审法院对仁科公司关于涉案受损码头清障费用、为清障而产生的事故现场及航道看护费用、设标费用均属于限制性海事请求的抗辩未予支持,并无不妥。

再审法院对此进行了改判。就B公司是否有权对受损码头清障费用、事故现场及航道看护费用、设标费用的请求主张限制赔偿责任问题,再审法院认为,《海商法》第207条对限制性海事赔偿请求作出了规定,其中第1款第1项规定为:“在船上发生的或者与船舶营运、救助作业直接相关的人身伤亡或者财产的灭失、损坏,包括对港口工程、港池、航道和助航设施造成的损坏,以及由此引起的相应损失的赔偿请求。”“RK”轮触碰罗泾油库码头,产生码头修复费用、输油臂修复费用、倒塌综合楼内财物损失、码头临时值班房购置费用及利息、事故现场及航道看护费用、设标费用等损失,这些损失的赔偿请求属于上述法律规定的限制性海事赔偿请求。根据《海商法》第207条第1款规定的立法本意,最高人民法院《关于审理海事赔偿责任限制相关纠纷案件的若干规定》第17条第1款规定:“海商法第二百零七条规定的可以限制赔偿责任的海事赔偿请求不包括因沉没、遇难、搁浅或者被弃船舶的起浮、清除、拆毁或者使之无害提起的索赔,或者因船上货物的清除、拆毁或者使之无害提起的索赔。”同时,该条第2款规定:“由于船舶碰撞致使责任人遭受前款规定的索赔,责任人就因此产生的损失向对方船舶追偿时,被请求人主张依据海商法第二百零七条的规定限制赔偿责任的,人民法院应予支持。”该条的规定仅涉及沉没、遇难、搁浅或被弃船舶和船上货物清除打捞费用的请求以及船舶之间碰撞所引起的相关追偿。在船舶触碰码头责任事故中就码头限期清障的费用向船舶追偿,要求船舶所有人承担触碰损害赔偿责任,应适用《海商法》第207条第1款第1项的规定,认定为限制性海事赔偿请求。一审、二审判决认定受损码头清障费用、事故现场及航道看护费用、设标费用为非限制性海事赔偿请求,不符合法律规定。B公司对此申请再审有理,应予支持。B公司有权对罗泾油库提出的全部码头触碰损害赔偿请求主张海事赔偿责任限制。罗泾油库的全部损害赔偿请求(含B公司已经支付的事故现场及航道看护费用200万元),应在B公司设立的海事赔偿责任限制基金20167537.36元及其设立期间的利息(按中国人民银行确定的金融机构同期一年期贷款基准利率计算)范围内受偿。罗泾油库系唯一申请债权登记的债权人,B公司已经赔偿事故现场及航道看护费用200万元,故B公司在本案中的损害赔偿责任应相应扣减,罗泾油库经本判决认定的损害赔偿请求,应在上述基金扣减200万元后的余额18167537.36元及基金设立期间的利息范围内受偿。

预期效果

通过本案例的讲授、讨论和模拟庭审,使学生对海事案件有比较清楚的感性认识,了解海事案件的处理流程与方式,培养学生对海事诉讼案件的兴趣和热情。

教学计划及课堂时间安排

本案例可以作为专门的案例教学课来进行,整个案例课的课堂安排6个课时,每课时45分钟。

如下课堂设计，仅供参考。

1. 课前计划：安排学生阅读案例及相关参考资料，对案例所涉及的问题进行思考，酝酿案件处理的思路，查找与案件有关的法律依据，撰写案件处理方案。

2. 课中计划：介绍本案例的教学目的，明确案例讨论的主题；分组讨论，回答各项思考题，讨论本案争议焦点及应注意的事项；小组代表提出方案要点，学生讨论和分析；教师归纳总结。

3. 课后计划：布置学生进一步思考海事法官和海事律师在海事诉讼活动中的职能，以及如何发挥其职能。

思考题和实践题

思考题

1. 海事诉讼的特点有哪些？
2. 《海事诉讼特别程序法》与《民事诉讼法》之间是什么关系？
3. 船舶碰撞（船舶触碰）案件具有哪些特点？
4. 如何确定船舶碰撞（船舶触碰）案件的财产损害范围和金额？
5. 海事司法鉴定的效力如何认定？
6. 申请海事赔偿责任限制的案件应注意些什么问题？
7. 如何认定海事赔偿责任限制中的限制性债权和非限制性债权？
8. 海事赔偿责任限制权利在哪些情形下会丧失？
9. 如何向法院申请主张海事赔偿责任限制权利？
10. 引航是怎么回事？有何法律意义？法律上如何看待引航行为？什么叫非法引航？
11. 船舶适航是怎么回事？船舶适航和船舶碰撞（船舶触碰）之间有何因果关系？如船舶不适航对认定船舶碰撞（船舶触碰）损害责任的认定之间会有什么关系？
12. 如何确定特别提款权（SDR）与人民币换算的具体金额？

实践题

1. 撰写"设立海事赔偿责任限制基金申请书"。
2. 撰写法院出具的扣押船舶令、扣押船舶裁定书。
3. 撰写申请扣船担保案。

参考文献

1. 万鄂湘主编：《最高人民法院关于审理海事赔偿责任限制相关纠纷案件的若干规定条文理解与适用》，大连海事学院出版社 2013 年版。
2. 何丽新、谢美山：《海事赔偿责任限制研究》，厦门大学出版社 2008 年版。
3. 陈金平：《海事赔偿责任限制制度研究》，华东政法大学 2012 年博士学位论文。
4. 何明华：《海事法要论》，法律出版社 2009 年版。
5. 胡正良：《海事法》，北京大学出版社 2012 年版。
6. 杨良宜：《海事法》，大连海事大学出版社 1999 年版。

7. 贺万忠:《当代国际海事诉讼的理论与实践》,知识产权出版社 2006 年版。
8.《中华全国律师协会律师承办海商海事案件业务操作指引》(说明:本指引由全国律协海商海事专业委员会负责起草,主要执笔人有:陈歆、安寿志、周明达、肖东升、周之棣)。

(沈秋明,上海海事大学法学院,shenqiuming@163.com)

22 CASE 北京某医药连锁有限责任公司与张某医疗损害责任纠纷案

——医疗损害责任纠纷诉讼实务

摘 要

本教学案例采用被称为“天价医疗损害赔偿案”的司法样本,围绕医疗损害责任的归责原理、构成要件、请求权基础的发现以及医疗损害、医疗过错及因果关系的认定、举证责任分配等基本问题进行分析,引导学生理解医疗损害责任纠纷诉讼中的“损害参与度”以及“鉴定依赖症”等疑难问题进行讨论,以提升学生的法律思维能力。同时,就医疗损害责任纠纷诉讼实务的诉讼方案设计、法律文书写作、举证与质证、司法鉴定等主要程序问题予以展开,着眼于培养学生的法律实践操作能力。主要采用案例研习教学法,旨在引导学生积极融入案件情境中,展开互动式讨论,模拟设计诉讼方案,撰写案例分析报告和法律文书,重在法律智慧与技能培养。

关键词

医疗损害责任　民事诉讼　案例研习　侵权责任　法律技能

教学目标

本案例教学的目标定位于医疗损害责任纠纷的法庭实务,重在从实体与程序两个面向培养学生的实务操作能力、法律思维能力。具体来说,本案例教学要解决的主要问题包括:

(1)理解医疗损害责任的归责原理,尤其是对构成要件中的损害认定、因果关系判断等实体法焦点的法律分析;

(2)围绕自身疾病或特异体质等在侵权责任中的参与度、医疗损害责任纠纷中的“鉴定依赖症”等问题,引导学生争鸣,进行法律思维训练;

(3)医疗损害责任纠纷的诉讼实务程序指引,包括代理词、答辩状等诉讼文书的书写、举证责任及其操作、司法鉴定程序的启动与鉴定意见的质证和采信。

教学案例

一、引言

2011年10月25日,张某前往北京某医药公司的王府井中医诊所治疗,经诊断为“肝血虚、胸痹、心肾不交”,并开具7日处方一个,处方内容为:“半夏40g、薤仁20g、丹参20g、瓜蒌30g、炒枣仁20g、元肉10g、山栀子15g、甘粉10g、生龙牡各30g、夏枯草20g、生赭石30g、桂枝15g、茯苓10g、陈皮10g、白芍30g、生姜3片。”2011年11月1日,张某再次前往北京某医药公司王府井中医诊所就医,经诊断为“气虚气滞、胸闷气短、动则加重”,并开具3日处方一个,处方内容为:“党参15g、黄芪30g、瓜蒌30g、薤仁20g、三七粉(冲)6g、水蛭6g、莪术10g、半夏12g、山栀子15g、炙生甘草各5g、白芍30g、大云30g、生赭石30g、草决明30g、生龙牡各30g、元肉10g、红景天10g”,嘱其“如效不显及时去医院就医。”2011年11月15日,张某急诊入北京协和医院进行检查,结果为肌酐755μmol/L(参考范围59-104μmol/L)、双肾轻度弥漫性病变。2011年12月16日,张某入石家庄肾病医院接受住院治疗,初步诊断为:慢性肾小球肾炎、慢性肾功能不全(尿毒症期)、肾性贫血、肾性高血压。此次,张某共计住院33天,并于2012年1月18日出院。2012年3月20日张某就诊于北京大学人民医院,行彩色多普勒超声检查,超声提示为:双肾弥漫性病变,请结合肾功。2012年8月28日,张某入京东誉美中西医结合肾病医院接受住院治疗,诊断为:慢性肾功能衰竭期、慢性肾小球肾炎、慢性肾脏病(CKD)5期、肾性高血压、肾性贫血。此次,张某共计住院142天,并于2013年1月17日出院。2013年6月8日,张某入北京医院急诊并留观,初步诊断为肾衰、尿毒症期、高血压病。北京医院急诊留观首程录中记载:完善相关化验检查、请肾内科会诊、行血透治疗。2013年6月21日,张某入首都医科大学附属北京朝阳医院接受住院治疗,诊断为:慢性肾功能不全尿毒症期、肾性贫血、肾性骨病、高血压Ⅱ期。此次,张某共计住院5天,并于2013年6月26日出院。自2013年6月12日起,张某在中国人民解放军空军航空医学研究所附属医院进行每周3次的规律血液透析。自2013年11月起,改为每周4次血透及血滤透等治疗。

二、诉辩争议

2012年7月,张某诉至北京市东城区人民法院,认为北京某医药公司违反诊疗常规,在未认真鉴别诊断的情况下,将其的病情误诊为“肝血虚、胸痹、心肾不交”和“气虚气滞、胸闷气短、动则加重”。同时,北京某医药公司在明知药方中夏枯草、生赭石等药物具有肾毒性的情况下,不仅未进行充分告知说明,而且在未进行肾脏功能检测的前提下,超剂量用药。北京某医药公司上述一系列过错行为直接导致其肾损伤,造成尿毒症的不良后果。故请求判令被告赔偿医疗费(截至2014年8月)461335.35元、误工费281219.28元、护理费36200元、交通费26267.45元、住院伙食补助费9050元、残疾赔偿金564494元、后续治疗费(按20年计算)

3770860.1 元(其中包含后续治疗所需交通费 171627.7 元)、营养费(按 20 年计算)967283.38 元、被抚养人生活费 220710 元、鉴定费 4950 元、复印费 11 元及精神损害抚慰金 100000 元。

北京某医药公司辩称:张某到我公司王府井中医诊所就医,初诊自诉胸闷、胸背痛、气短、乏力、失眠、便结。我公司王府井中医诊所张炜医生诊断为:张某心脏和肾都有问题,但目前心脏状况更为严重。无论心衰或心梗,随时可以危及其生命,必须重视。此诊断正确无误。张某存在多种病症,本着中医急则治其标,缓则治其本的原则,我公司对张某当时情况进行了紧急治疗,并在二诊时强调要去医院治疗,因此我公司在主观、客观上均无任何过错。慢性肾小球肾炎、尿毒症的演化需要较长时间,并非单一因素且能在短短 20 天造成,即便是药物造成肾炎也应该是急性肾炎。张某的诉讼请求没有法律依据。综上所述,我公司不同意张某的诉讼请求。

三、案件审理情况

北京市东城区人民法院在一审中,委托北京博大司法鉴定所就北京某医药公司的诊疗行为是否存在医疗过错、医疗过错与张某损害后果是否存在因果关系及参与度、张某的伤残等级、后期医疗费用及护理依赖进行法医学鉴定。2013 年 2 月 27 日,北京博大司法鉴定所出具(2012)临鉴字第 0836 号司法鉴定意见书,鉴定意见为:(1)北京某医药公司王府井中医诊所对张某的医疗行为存在过失,其与张某的损害后果间的因果关系不能排除,具体参与度无法明确给出;(2)目前尚不符合伤残评定的时机,需待病情稳定后再做伤残评定;(3)目前未构成护理依赖;(4)关于后期医疗费,建议以实际发生的合理费用为准。2013 年 5 月 14 日,北京博大司法鉴定所出具回复函称:“医方的医疗行为已构成医疗过失,其与张某损害后果之间具有一定因果关系的可能性不能排除,我所的评估意见倾向于具有一定因果关系。具体因果关系参与度无法评估。由于张某在前往北京某医药公司治疗时,没有进行过肾功能情况的检查,即北京某医药公司治疗前对其肾功能的情况不清楚,无法与治疗后的肾功能情况形成比较,为此因果关系参与度无法评估,无法给予明确。”2013 年 5 月张某申请鉴定人出庭接受质询。2013 年 6 月 13 日,鉴定人出庭接受质询。质询中鉴定人称:考虑北京某医药公司对张某的医疗行为存在过失,其与张某的损害后果间有因果关系,由于无就诊前张某肾功能情况的数据,故无法判断参与度。

上述鉴定结论作出后,北京某医药公司持有异议,认为本案鉴定结论是不排除因果关系,但是并没有明确认定具有因果关系。值班医师为张某开的处方不存在问题,不会造成肾功能的损害;《中华人民共和国药典》规定的饮片用量是指导用量,即成人一日常用剂量,不是对最大用量的强制性规定;医生在诊疗过程中可以根据病人情况酌情增减。为证明其主张,北京某医药公司向本院提交如下证据:证据 1,《中华人民共和国药典》“凡例”部分第 27 条;证据 2,《国家中医药管理局关于印发中药处方格式及书写规范的通知》第 9 条第 7 款;证据 3,北京大学首钢医院中医科退休中医孙正和、中医葛延春、中医王哲英书写的对药方的评价。张某对北京某医药公司提交的证据 1 与证据 2 的质证意见为:《中华人民共和国药典》规定的本意是在出现极其特殊的情况,且在必要时,医务人员可以酌情增减,而非北京某医药公司所称的医生在诊疗过程中可以根据病情随意增减,北京某医药公司医师仅在超剂量半夏上方签字,并未在其他超剂量药品上方再次签字,北京某医药公司的上述行为违反了相应的法律规定。张某对北京某医药公司提交的证据3的质证意见为:证据3属证人证言,而证人并未出庭接受质询,且证据3中称北京某医药公司使用的为"法半夏",这与事实情况不相符,故张某对证据3的真实性、合法性、关联性均不予认可。

因张某自2013年6月开始进行规律透析,病情趋于稳定。原审法院又于2013年12月委托北京法源司法科学证据鉴定中心对张某伤残等级、目前是否存在医疗依赖、医疗依赖期限、医疗依赖费用、是否需要增强营养及增强营养的标准进行鉴定。2014年3月20日,该鉴定中心作出(京)法源司鉴(2014)临鉴字第66号法医学鉴定意见书,鉴定意见为:(1)被鉴定人张某现肾功能不全失代偿期评定为四级残疾,今后接受肾移植术后的残疾等级评定,需要结合移植肾功能检测结果以确定。(2)被鉴定人张某现有病情存在特殊医疗依赖,即今后需要持续性定期透析治疗。该医疗期限,一般至接受同种异体肾脏移植术为止,肾移植术后被鉴定人存在需长期服用抑制免疫排斥反应药物的医疗依赖,该服用免疫抑制药物的具体情况,有待术后评价。(3)被鉴定人张某今后医疗依赖费用,因涉及因素较多且复杂,具有动态特点而难以做出具体、明确的评定,建议对被鉴定人提交法庭的相关费用经质证确定后,以被鉴定人在本次鉴定之前半年或每月确认的相关费用数额作为计算参考基数,从而确定评定今后医疗依赖费用的依据和标准。(4)被鉴定人张某因需要定期接受透析治疗(主要为血液透析),透析后具有接受营养剂的需要。鉴于营养剂标准确认的专业性,建议可依据临床营养师制定的方案确定具体标准(如摄入营养剂类型、量和相关费用)。

原审法院经审理认为:患者在诊疗活动中受到损害,医疗机构及其医务人员有过错的,由医疗机构承担赔偿责任。关于因果关系,北京博大司法鉴定所作出的鉴定意见为:北京某医药公司王府井中医诊所对张某的医疗行为存在过失,其与张某的损害后果间因果关系不能排除。该鉴定机构在复函及鉴定人出庭接受质询时发表的意见为:北京某医药公司的医疗行为存在过失,其与张某的损害后果间有因果关系。另外,庭审中北京某医药公司向法院提交的证据3(北京大学首钢医院中医科退休中医孙某某、中医葛某某、中医王某某书写的对药方的评价)属证人证言,由于三位证人均未出庭作证,故法院对该证据不予采信。关于北京某医药公司向法院提交的证据1及证据2,均不能直接且充分的证明其医疗行为与张某损害后果之间不存在因果关系。故法院认定北京某医药公司的医疗行为与张某的损害后果之间有因果关系。关于参与度,由于无就诊前张某肾功能情况的数据,故鉴定机构无法判断具体参与度。北京某医药公司在对张某进行诊疗时亦未对其肾功能情况进行具体明确的检查。庭审中,北京某医药公司抗辩称尿毒症的演化需要一个较长时间,并非单一因素且在短短20天造成,但未能举出充分证据予以证明,故应承担举证不能的不利后果,即北京某医药公司应对张某的损害后果承担100%的赔偿责任。对于张某的各项诉讼请求法院逐一进行论述:(1)医疗费。医疗费根据医疗机构出具的医药费、住院费等收款凭证,结合病历和诊断证明等相关证据予以确定。法院根据张某提交的票据(票据日期截至 2014 年 8 月)逐一进行核算,其中第 1 项至第 7 项医疗费共计 307297.44 元,由于上述费用有门诊病历、住院病历、诊断证明、医疗费收据等予以证明,故对该部分医疗费用予以支持;关于第 8 项、第 9 项医疗费用,由于张某未提交处方、门诊病历、诊断证明等相关就诊记录,故法院对该医疗费用不予确认;关于第 10 项医疗费用,由于该项医疗费用系张某间接损失,对此法院将在精神损害抚慰金中予以考虑,但张某坚持在医疗费一项中予以主张,于法无据,法院不予支持。(2)误工费。北京某医药公司对张某提交的关于误工费的证据的真实性均不予认可,但其未提供反证予以证明,故法院对北京某医药公司的抗辩不予采信。张某虽未提交证据直接证明北京楼外轩日用百货店系其所有、经营,但其提交的证据已经可以形成一个完整的证据链,证明北京楼外轩日用百货店系张某之妻与他人合伙,张某与其妻子共同经营。张某于 2012 年 1 月 18 日出院时,石家庄肾病医院即为张某出具医嘱,建议病休。另外,结合张某提交的合作协议等,其主张自 2012 年 11 月 1 日至定残前 1 日(共计 504 天)期间存在误工损失,有充分的事实依据,对此法院予以确认。综上所述,关于误工费,张某的诉讼请求有充分的事实和法律依据,法院将根据医嘱、烟草行业零售利润率、北京楼外轩日用百货店进货量、误工期限、实际经营情况、经营人数、利润等酌情确定误工费具体数额为 100254 元。(3)护理费。经鉴定,张某目前尚不构成护理依赖,且其亦未提交相关护理医嘱,故对于护理费,张某的诉讼请求缺乏充分依据,法院对此不予支持。(4)交通费。本案中,张某为治疗肾病自 2011 年 11 月至 2014 年 8 月,曾前往北京协和医院、石家庄肾病医院、北京大学人民医院、京东誉美中西医结合肾病医院、卫计委北京医院、首都医科大学附属北京朝阳医院、中国人民解放军空军航空医学研究所附属医院、煤炭总医院等多家医院就医,且其自 2013 年 6 月起至今,每周均在中国人民解放军空军航空医学研究所附属医院进行规律透析。虽张某仅提交了部分出租汽车专用发票,但考虑到张某的实际就医情况,其关于交通费的诉讼请求有事实和法律依据,法院将根据张某就医次数、地点、距离等实际情况酌情确定交通费(截至 2014 年 8 月)具体数额为 20580 元。关于后续治疗交通费,由于该项费用受张某住址、就医地址、就医次数、后续治疗情况等多种因素影响,无法准确判断,故对该部分费用法院不予处理,待实际发生后张某可另行主张。(5)住院伙食补助费。张某自 2011 年 11 月至 2014 年 7 月共计住院 180 天,住院伙食补助费的诉讼请求于法有据,法院根据张某住院天数、伙食补助标准等确定张某的住院伙食补助费为 9000 元。(6)伤残赔偿金。经鉴定,张某目前为四级残疾。由于张某实际居住地及主要经济来源地均为北京市内,故法院以 2013 年度北京市居民人均可支配收入 40321 元为标准,根据张某伤残赔偿指数 70%,自定残之日起按二十年计算,张某伤残赔偿金为 564494 元。(7)被扶养人生活费。张某提交的黑龙江省兰西县人民法院作出的(2000)兰郊民初字第 83 号民事判决书中显示,张某系 1968 年 12 月 22 日出生。而本案中张某提交的身份证明中显示其于 1970 年 5 月 7 日出生。张某提交其长子身份证及户口本,其上显示长子姓名为张立某,但张某提交的黑龙江省兰西县人民法院作出的(2000)兰郊民初字第 83 号民事判决书中显示,张某之子姓名为张力某。由于张某提交的证据之间存在相互不一致的情形,故法院对其提交的证据不予采信。张某主张其长子张立某1996年2月8日出生,在张某定残之日(2014年3月20日)张立某已满18周岁,故不符合支付被扶养人生活费的法定条件。另外,张某妻子张某某已怀孕数月,但截至张某定残之日胎儿仍未出生,且北京某医药公司对张某的诊疗行为发生在2011年11月,当时张某妻子还未怀孕,故张某主张未出生胎儿的生活费,亦不符合支付被扶养人生活费的法定条件。由于张某提出的被扶养人生活费的诉讼请求缺乏事实和法律依据,法院不予支持。(8)后续治疗费。经鉴定,张某现有病情存在特殊医疗依赖,即今后需要持续性定期透析治疗。该医疗期限,一般至接受同种异体肾脏移植术为止,肾移植术后张某仍存在需要长期服用抑制免疫排斥反应药物的医疗依赖。根据鉴定意见,张某主张后续治疗费用的诉讼请求,有充分的事实和法律依据,法院予以支持。关于具体数额,张某目前具有持续性定期接受透析治疗的特殊医疗依赖情况,其可能涉及的医疗费用包括:①定期肝肾功能、血常规等辅助检查费用;②透析治疗需要的直接费用;③纠正贫血或促进造血的相关药物费用;④调解血清离子相关治疗的费用;⑤治疗期间感染等相关抗生素治疗费用;⑥肾性高血压治疗药物等。由于涉及因素较多且复杂,具有动态特点,故法院将根据法律规定的精神及鉴定意见,以张某2014年1月至8月的透析治疗综合费用作为计算参考依据,同时考虑张某本人的身体状况、年龄、医疗情况等多种因素,酌情确定张某自2014年9月至2034年8月的治疗费用为3000000元。(9)营养费。经鉴定,张某透析后具有接受营养剂的需要。故自2013年6月张某接受透析后确需加强营养,张某主张的营养费有充分的事实和法律依据,法院予以支持。关于具体数额,由于营养剂标准确认的专业性,故法院将根据法律规定的精神、鉴定意见,综合参考营养评估报告、医疗情况、张某本人的身体情况、年龄等多种因素,酌情确定张某自2013年6月至2033年5月的营养费为730000元。(10)精神损害抚慰金。虽然张某要求精神损害抚慰金符合法律规定,但其请求数额过高,法院根据法律规定的精神和实际生活水平等,结合审判实践和本案实际情况酌情确定精神损害抚慰金为40000元。(11)复印费。张某的诉讼请求于法无据,法院不予支持。(12)鉴定费。张某的诉讼请求于法有据,法院予以支持。另外,由于张某经济困难,无法承担高额的治疗费用,法院已3次作出先予执行裁定,共计先予执行400000元。即张某已经先行获得400000元赔偿款。

据此,北京市东城区人民法院于2014年9月作出(2012)东民初字第09304号民事判决:(1)北京某医药连锁有限责任公司于判决生效后10日内赔偿张某医疗费307297.44元、误工费100254元、交通费20580元、住院伙食补助费9000元、残疾赔偿金564494元,以上共计人民币1001625.44(已执行40万元);(2)北京某医药连锁有限责任公司于判决生效后10日内赔偿张某后续治疗费300万元、营养费73万元,以上共计人民币373万元;(3)北京某医药连锁有限责任公司于判决生效后10日内赔偿张某精神损害抚慰金4万元;(4)驳回张某的其他诉讼请求。如果未按判决指定的期间履行给付金钱义务,应当依照《民事诉讼法》第253条之规定,加倍支付迟延履行期间的债务利息。

北京某医药公司不服,向北京市第二中级人民法院提起上诉。

教学手册

教学目标

教学目标定位于医疗损害责任纠纷法庭实务训练,重在从实体与程序两个面向培养学生的实务操作能力、法律思维能力。具体来说,要解决的主要问题包括:(1)理解医疗损害责任的归责原理,尤其是对构成要件中的损害认定、因果关系判断等实体法焦点的法律分析;(2)围绕自身疾病或特异体质等在侵权责任中的参与度、医疗损害责任纠纷中的"鉴定依赖症"等问题,引导学生争鸣,进行法律思维训练;(3)医疗损害责任纠纷的诉讼实务程序指引,包括代理词、答辩状等诉讼文书的书写、举证责任及其操作、司法鉴定程序的启动与鉴定意见的质证和采信。

教学内容

1. 医疗损害责任如何归责？对其构成要件如何分析？如何确定请求权基础？

在诉讼实务中,医疗纠纷分为医疗服务合同纠纷与医疗损害责任纠纷两种案由。2011 年 4 月 1 日起施行的最高人民法院《民事案件案由规定》在第 120 个三级案由"服务合同纠纷"项下明确把"医疗服务合同纠纷"作为第四级案由,在第 351 个三级案由"医疗损害责任纠纷"项下列了"侵害患者知情同意权责任纠纷、医疗产品责任纠纷"作为第四级案由。前者与违约责任相联系,适用合同法;后者与侵权责任相关,适用侵权责任法。尚需注意,医疗服务合同纠纷的法律适用是《民法通则》和《合同法》等一般民事立法,但不能适用《消费者权益保护法》。两种案由存在的差异反映了合同责任与侵权责任的不同。

在侵权责任法上,归责即寻找特定损害的责任归属,本质上是对损害的公平分配。在这个损害分配体系中,归责原则、归责基础和构成要件是三个核心内容。归责原则是归责的指导要素,表现为自己责任和公平责任,过错和危险是两个基本归责基础,并由此产生过错责任和危险责任(无过错责任)两种侵权责任类型。医疗损害责任也分为这样两种类型,前者适用于一般的医疗损害责任,后者适用于医疗产品损害责任(虽然医院和通常的产品生产者或销售者存在区别)。前者的构成要件包括医疗机构的加害行为、医疗过错、损害事实、加害行为与损害事实之间的因果关系,请求权基础以《侵权责任法》第 54 条为核心。后者在构成要件上则不要求被告医疗机构的过错,请求权基础为《侵权责任法》第 59 条。

2. 对本案中的医疗损害、过错及因果关系如何认定？

本案被媒体称为"天价医疗损害赔偿案",涉及医疗损害、过错和因果关系等方面的认定问题。

《侵权责任法》已经改变了过去《医疗事故处理条例》的做法,以"医疗损害责任"取代"医疗事故责任"的称谓,以"医疗过错""医疗损害"取代"医疗事故""医疗事故损害"的界定。

"医疗事故"的概念应归于医疗行政关系领域,"医疗损害"才是私法领域的概念。所谓医疗损害,是指医疗机构及其医务人员在诊疗活动中对患者造成的人身上或财产上的损害后果。医疗损害具有损害的一般特征,如不利性(生命丧失、身体残疾、健康受损、自由丧失、人格贬损、精神痛苦以及财产毁损或减少等)、确定性(一般是指已经出现的具体损害,但根据当下的医疗水平足以认定损害未来一定发生时,也可以认为存在法律上的损害,如后续治疗费)、实质性(损害本身必须达到依据社会一般观念的相当程度)等。根据可否通过金钱来计量,医疗损害可以分为财产性损害和非财产性损害。根据损害的对象,医疗损害可以分为人格损害、身份损害。根据诊疗行为与损害之间的远近,医疗损害可以分为直接损害和间接损害。在本案中,医疗损害主要表现为医疗技术损害、人格损害,财产性损害和非财产性损害、直接损害和间接损害均同时存在。应引导学生对本案的各项损害加以判断。

医疗过错的判断主要采取客观标准,违法(诊疗常规)视为过错。医疗过错通常是过失,但也存在故意的可能性,如故意侵占产妇的胎盘组织、故意篡改或销毁病例资料等。过错通常由原告证明,但也包括推定的过错,即《侵权责任法》第58条规定的推定医疗机构有过错的三个情形。张某在北京某医药公司就医时,北京某医药公司确未详细了解记录张某的既往病史、中医四诊情况,也没有进行必要的体格检查和辅助检查;而且北京某医药公司在了解到张某肾可能存在问题的情况下,没有进一步进行有针对性的检查,用药依据欠充分,导致患者发生肾功能损害。这属于典型的医疗过错。

民法上的因果关系,是指加害行为与损害事实之间的引起与被引起的关系。因果关系有事实上因果关系与法律上因果关系的区分,前者考察损害与行为是否存在事实上的联系,后者考察损害是否过于遥远以及原告能否因此而获得法律上的赔偿。对因果关系的法律判断,多采"相当说",即在通常情形,依社会一般见解亦认为有发生该项结果之可能性,始得认为有因果关系。就本案而言,医疗行为与医疗损害之间具有法律上的因果关系。北京某医药公司认为本案鉴定结论是不排除因果关系,但是并没有明确认定具有因果关系。这种抗辩不能成立。

3. 如何理解医疗损害责任中的"损害参与度"问题?

在实践中,医疗损害赔偿坚持完全赔偿、过错相抵和责任比例等原则。司法实践中,在过错相抵原则适用时,主要是要比较双方行为的过错程度及其原因力的大小。目前,在司法实践中法院往往委托第三方机构对患者自身疾病或特异体质作"损伤参与度"鉴定,根据鉴定结论所建议的责任比例,减轻医疗机构的赔偿责任。在本案以及"林某某诉张某某等人身损害赔偿纠纷案"中,即作了侵权赔偿责任扣减。但在2014年年初发布的最高人民法院指导案例24号"荣宝英诉王阳、永诚财产保险股份有限公司江阴支公司机动车交通事故责任纠纷案"中,终审法院认为过错相抵不能适用,受害人体质状况对损害后果的发生即使存在一定程度的影响,也不属于可以减轻侵权人责任的法定情形。对于这些司法样本,可以引导学生从事实、规范、实证、价值、伦理、比较法等多层面、多视角进行讨论。

4. 如何看待医疗损害责任纠纷中的"鉴定依赖症"问题?

实践中,法院存在"鉴定依赖症",即只要出现医疗纠纷,往往就要委托进行鉴定,并根据鉴定结论尤其是其给出的参与度、伤残或事故等级、护理依赖程度，甚至责任比例等进行裁判。对此也应反思，这在一定程度上表现了裁判者对医疗技术领域进行司法判断的不自信，以及裁判者对潜在风险的有意识规避，但客观上却将司法判断权拱手相让。究其本质，鉴定结论只是法庭上的证据之一种（甚至在一个案件中也可能出现几个不同的鉴定意见），其采信与否甚至还有待法庭上鉴定人的质证，法官应根据案件的综合事实进行裁量。尤其是有关责任比例的判断，本质上是由裁判者才能作出的法律判断。

5. 医疗损害责任纠纷诉讼实务的程序怎样展开？

医疗损害责任纠纷的解决主要有双方和解、第三方调解（行政调解、人民调解、司法调解）、行政处理、仲裁以及诉讼等几种途径。和解是最容易平息医患双方对立情绪的方式，效率也高。但是，由于和解协议不一定完全具有强制执行力，所以其约束力是有折扣的。第三方调解尤其是人民调解目前正发挥着重大作用，调解协议往往经法院进行司法确认，从而具有了执行力。因仲裁所具有的司法执行力，医疗仲裁也受到欢迎（尤其受到涉外医疗纠纷患方）。

医疗纠纷的诉讼解决具有更强的对抗性，但也最具有规范性、权威性，在目前我国也具有普遍性。在医疗损害责任纠纷诉讼实务程序方面，重点是把握好证据的搜集、固定、提交和质证，代理词、答辩状等诉讼文书的书写，举证责任及其操作，司法鉴定程序的启动与鉴定意见的质证和采信等内容。

“谁主张，谁举证”是一般民事诉讼的举证原则。医疗损害责任诉讼则相对复杂，分为三种情形：一是《侵权责任法》第 54 条规定的通常的医疗损害责任，即过错责任，由患者一方对医疗损害、医疗行为、医疗过错、医疗行为与损害结果之间存在因果关系进行举证；二是《侵权责任法》第 58 条规定的特定情形，属于过错推定责任，应对医疗机构进行过错推定，由其负责举证自己不存在医疗过错；三是《侵权责任法》第 59 条规定的医疗产品损害责任，由医疗机构及生产者承担无过错责任，对《产品质量法》第 41 条规定的免责事由承担举证责任。此外，《侵权责任法》第 60 条特别规定的免责事由，亦应由医疗机构负责举证。鉴于《侵权责任法》对医疗侵权诉讼的举证责任有了明确规定，最高人民法院《关于民事诉讼证据的若干规定》（法释〔2001〕33 号）第 4 条规定（因医疗行为引起的侵权诉讼，由医疗机构就医疗行为与损害结果之间不存在因果关系及不存在医疗过错承担举证责任），自然不能再适用。不过，医疗损害责任在特殊情况下，特别是在医疗产品损害责任时，应当对原告的举证责任要求予以降低，甚至可以在原告初步举证之后，适当将证明责任转移至被告，或进行因果关系推定。《侵权责任法》第 58 条规定了三种医疗技术损害责任中推定医疗机构有过错的情形，即如果患者能够举证证明医疗机构存在这三种过错推定情形之一的，也应根据具体情况（尤其是“隐匿或者拒绝提供与纠纷有关的病历资料”“伪造、篡改或者销毁病历资料”），可以同时推定患者损害与医疗机构的违法行为之间具有因果关系。以上还仅是原则性的规定，在司法实践中，还存在较为特别的情形。

目前，几乎每一个案件都要进行医疗事故技术鉴定或医疗司法鉴定（医疗损害鉴定、医疗产品质量鉴定)。前者由医学会负责,内容主要为是否属于医疗事故,如果构成医疗事故其级别如何,以及医疗机构的责任大小。医疗司法鉴定由司法鉴定机构进行,内容主要是院方对患者的医疗行为是否存在司法过错,以及过错的大小和是否具有因果关系。前者因可能存在的行业保护倾向而颇受诟病,应使其回归医疗事故行政处理领域;后者才属于私法救济领域的妥当措施,可以更好地保持司法鉴定的客观性、独立性和公正性。

教学计划

1. 课时安排

本案例教学除课前准备和课后评价阶段外,课堂时间安排为6课时,每课时45分钟。

2. 教学方法

主要采用案例研习教学法,旨在引导学生积极融入案件情境中,展开互动式讨论,撰写案例研习报告,重在法律智慧与技能培养。

3. 教学过程

(1)教学准备:案例与材料的精心选择与简要指引。教师要控制好案例研究所涉领域和内容的深广度,以与学生认知能力相适应。

(2)课前安排:学生阅读案例及推荐书目或参考文献,提炼案件的焦点问题,查找相关资料进行法律分析,尝试撰写有关诉讼文书或法律分析报告初稿。

(3)课堂实施:由学生自主研究并分组报告,同时在教师引导下展开争鸣,在思维交锋中获取真知灼见,得到法律技能训练。教师必要时主动控制研习进程,不断补充新材料,随着案件事实的变化而引发学生法律思维的突破。

(4)技能检测:要求学生完成相应的课后作业,修改完善案例研习报告。

(5)预期效果:合理激励、积极评价与思维升华。必须肯定每一个参与的同学的努力和对思考结果的分享过程。除了在训练学生的法律智慧和技能之外,案例研习教学还培养学生的口头辩论和书面表达能力、合作与分享意识、职业伦理与礼仪等。这些收获都应让学生自己体会,并从中获得反思、自我评价和认知满足感。

4. 教学反思

根据教学对象和实际效果,检讨教学目标、教学方法、过程控制等是否得当,案例、材料的深度和广度是否合理。

思考题和实践题

思考题

1. 如何理解医疗损害责任的归责原理?
2. 医疗损害、医疗过错及二者之间的因果关系如何认定或判断?
3. 患者自身疾病、特异体质等能否/应否减轻医疗机构的责任?“损害参与度”如何把握?
4. 医疗损害责任纠纷中举证责任如何分配?
5. 医疗机构在医疗损害责任纠纷中如何提出责任抗辩?

实践题(前三题可任选一个)

1. 如果你是被告律师,会提出怎样的上诉方案?请根据本案情况设计诉讼计划并撰写上诉状。
2. 如果你是原告律师,如何进行法律应对?请根据本案情况撰写上诉应对方案及答辩意见。
3. 如果你是法官,如何认定本案的事实以及怎样归责?请根据本案情况撰写终审判决书。
4. 根据本案事实,依据举证责任的分配原理,整理并分析双方的证据材料。
5. 就本案司法鉴定程序的启动、质证过程,以律师或法院身份撰写有关法律文书。

参考文献

1. [荷]米夏埃尔·富尔、[奥]赫尔穆特·考茨欧主编:《医疗事故侵权案例比较研究》,丁道勤、杨秀英译,中国法制出版社2012年版。
2. 王泽鉴:《侵权行为》,北京大学出版社2009年版。
3. 刘士国等:《侵权责任法重大疑难问题研究》,中国法制出版社2009年版。
4. 王康主编:《医疗纠纷案例精析》,上海交通大学出版社2016年版。
5. 林某某诉张某某等人身损害赔偿纠纷案(福建省厦门市思明区人民法院民事判决书,[2006]思民初字第5968号),载最高人民法院应用法学研究所编:《人民法院案例选》(第70辑),人民法院出版社2010年版,第146~155页。
6. 荣宝英诉王阳、永诚财产保险股份有限公司江阴支公司机动车交通事故责任纠纷案(无锡市中级人民法院民事判决书,经[2013]锡民终字第497号),载《人民法院报》2014年1月29日,第3版。

附件

1. 本案来源及终审判决结果

本案例来自于北京市第二中级人民法院民事判决书,(2014)二中民终字第11726号。

北京市第二中级人民法院于2015年3月13日对本案作出终审判决:确定医疗机构是否应该对患者承担侵权责任,应以医疗机构的医疗行为有无过错、与患者的损害后果有无因果关系为依据。因医疗行为涉及医学专业知识,系专业性较强的技术性问题,应由专家对此进行评判,故鉴定机构的鉴定是处理医疗损害责任纠纷案件的重要依据。张某在北京某医药公司就医时,北京某医药公司确未详细了解记录张某的既往病史、中医四诊情况,也没有进行必要的体格检查和辅助检查;而且北京某医药公司在了解到张某肾可能存在问题的情况下,没有进一步进行有针对性的检查,用药依据欠充分,违反了医方应尽的谨慎注意义务,存在过错,该过错与张某目前的损害后果之间具有一定的因果关系。此外,鉴定意见认为,由于无张某在北京某医药公司就诊前的肾功能情况数据,所以无法判断具体的参与度。北京某医药公司上诉则主张张某在北京某医药公司看病服药至其被确诊为慢性肾功能损害(尿毒症期)只有2个月时间,据此推断张某在北京某医药公司就诊前即存在慢性肾功能疾病,该疾病与北京某医药公司开具的药方无关,原审法院判决其承担100%的赔偿责任,缺乏依据。对此,本院认为,首先,根据鉴定专家出庭质询的意见,服药时间的长短并非界定诊断急性、慢性肾功能损害的标准,故北京某医药公司认为距服药仅2个月时间,张某便被诊断为慢性肾功能损害,即该损害一定与服药无关的推断,不能成立;其次,关于北京某医药公司提出张某在就诊于北京某医药公司前即可能患有肾功能疾病的问题。由于张某对此予以否认,北京某医药公司也未提供其他证据加以证明张某既往病史等情况,故根据现有证据无法确定张某既往肾脏疾病情况。而造成目前无法查清这一事实的原因是北京某医药公司接诊程序不规范,没有详细询问病情及书写病历,在张某曾询问其肾脏有无问题的情况下,也未对张某进行各项有关指标的检查,故无法判断张某在北京某医药公司就诊前身体状况的责任在于北京某医药公司,北京某医药公司应对此承担相应的不利后果,即在由此造成其诊疗过错对张某损害后果参与度无法判断的情况下,对张某的损害后果承担全部赔偿责任。综上所述,判决驳回上诉,维持原判。

2. 终审法院对本案损害及有关证据的分析

截至2014年8月,张某支出的医疗费如下:(1)2011年11月15日,张某在北京协和医院就诊支付医疗费591.67元;(2)2011年12月16日至2012年1月18日,张某在石家庄肾病医院接受住院治疗33天,共计支付医疗费29784.6元;张某自石家庄肾病医院出院后,先后六次遵医嘱处方在该院购药共计支付28806元;(3)2012年8月28日至2013年1月17日,张某在京东誉美中西医结合肾病医院接受住院治疗142天,共计支付医疗费67239.83元;张某自京东誉美中西医结合肾病医院出院后,先后六次遵医嘱在该院购药共计支付3780.6元;(4)2013年6月21日至26日,张某入首都医科大学附属北京朝阳医院接受住院治疗5天,共计支付医疗费2891.1元;(5)自2013年6月起至2014年8月止,张某在中国人民解放军空军航空医学研究所附属医院进行规律血液透析,支付医疗费166272.28元;(6)张某于2012年8月24日、2013年6月8日、2013年6月11日三次至卫计委北京医院就诊,支付医疗费3424.16元;(7)张某于2012年7月25日、2012年8月1日两次至煤炭总医院就诊,支付医疗费4507.2元;(8)张某自2011年11月至2014年7月,曾先后在隆福医院、军都医院、北京同仁堂王府井中医医院、广慈中医研究院、北京圣德堂中医诊所、京东中美医院、燕郊人民医院、紫禁城中医门诊部就诊共计支付医疗费14217.72元;(9)张某自2011年11月至2014年8月,先后在北京某医药公司、北京同仁堂连锁药店有限责任公司、本溪龙宝(集团)参茸有限公司、惠民药房、王府井医药商店外购药品(其中包含冬虫夏草)共计130992.21元;(10)张某自2011年11月至2014年8月,多次到北京大学第六医院就诊,共计支付医疗费792.88元。上述第1项到第7项医疗费有门诊病历、住院病历、医疗费收据等予以证明;上述第8项医疗费,张某仅提交医疗费收据,未提交处方、门诊病历等相关就诊记录;上述第9项医药费,张某仅提交购买凭证、发票、销售清单等相关证据,未提交相关诊疗机构出具的外购药处方;上述第10项医疗费,张某提交北京大学第六医院门诊病历手册、门诊收费票据。

关于交通费。张某主张因到河北、北京等地多家医院就诊以及血液透析共实际支付交通费26267.45元,并提交部分出租汽车专用发票。北京某医药公司对该证据的真实性、合法性、关联性均有异议。其抗辩称交通费应当以正式票据为凭证,且应与就医时间、地点、次数相符合,张某提交的交通费证据无法逐一核实、判断。

关于误工费。张某主张其患病前与他人合伙经营北京楼外轩日用百货店,主要销售烟草。自其患病后于2012年10月关闭该百货店,误工时间自2012年11月1日至2014年3月20日,共计504日,误工损失为281219.28元。张某为证明其主张向本院提交如下证据:证据1. 北京楼外轩日用百货店营业执照。其上显示:执行事务合伙人为韩某某;主要经营场所为北京市东城区南河沿大街69号;合伙企业类型为普通合伙;经营范围为销售百货、定型包装食品、工艺品、服装、零售卷烟、雪茄烟。证据2. 合作协议。其上显示:合作方(甲方)为韩某某;合作方(乙方)为张某某(系张某之妻);甲方与乙方经友好协商达成友好协议,双方合作方式为甲方出房、乙方投资;南河沿大街69号商业用房,使用面积21平方米，乙方不得经营违法、违章、违规的事情，如出现和甲方无关，都由乙方负责，甲方会解除与乙方合作协议，房租不退；合作期限为自2011年3月10日起至2014年3月10日；每年度租金为60000元。证据3. 韩某某与张某某签订的委托书。其上记载：兹委托张某某女士全权负责北京楼外轩日用百货店一切事务，经营场所北京市东城区南河沿大街69号。证据4. 张某与张某某的结婚证。证据5. 张某某书写的证明。其上显示："本人张某某签署的南河沿大街69号楼外轩日用百货店系我爱人张某经营管理。"证据6. 2010年、2011年、2012年北京楼外轩日用百货店进货单。其上显示：2010年卷烟进货量为615284元、2011年卷烟进货量为983762元、2012年卷烟进货量为1285683.5元。证据7. 合作协议。该协议记载：2012年10月10日，甲方（张某某）与乙方（王华）签订合作协议，在合作期间，甲方提供东城区南河沿大街69－1号1门面房28平方米作为合作场地，并负责办理所经营项目的证照手续。乙方负责经营管理，按时交纳各种税费、水、电及社会所增加的与经营相关费用，乙方每年向甲方交纳人民币85000元，合作期限自2012年10月10日至2014年10月9日。证据8. 王华身份证复印件。北京某医药公司对上述证据的真实性、合法性及关联性均不予认可，但其未提供反证予以证明。北京某医药公司抗辩称合作协议及北京楼外轩日用百货店营业执照均未体现出张某本人，张某无直接证据证明北京楼外轩日用百货店为其所有，且无证据证明该店已停业。

关于营养费。张某主张患病后身体受到伤害，特别是每周四次透析需要加强营养，根据中国人民解放军空军航空医学研究所附属医院出具的营养评估报告中制定的膳食营养计划为标准，按20年计算，营养费为967283.38元。为证明其主张，张某向法院提交如下证据：证据1. 2014年4月17日，中国人民解放军空军航空医院研究所附属医院出具的营养评估报告（共10页）。北京某医药公司对该证据的真实性无异议，但其抗辩称营养评估报告并不是诊疗机构明确出具的需要营养的诊断意见。证据2. 网上（我买网、一号店等网站）下载并打印的21种食品的价格查询单。北京某医药公司对该证据的真实性不予认可。

关于被扶养人生活费。张某主张其有两名子女：其一，张某与胡某某共同育有一子（非婚生子女），名为张立某（1996年2月8日出生）；其二，张某之妻张某某现已怀孕，预产期为2014年9月25日。为证明其主张，张某向法院提交如下证据：证据1. 黑龙江省兰西县人民法院作出的（2000）兰郊民初字第83号民事判决书。其上显示：原告胡某某；被告张某（男，1968年12月22日出生）；案由为解除同居关系。该民事判决书判决内容为：（1）解除双方同居关系；（2）同居后生育一男孩张力某由张某自费抚养；（3）同居后的家庭财产……证据2. 张立某户口本复印件。证据3. 张立某身份证复印件。证据4. 北京妇产医院产科超声检查报告单。证据5. 产前检查记录。证据6. 首都医科大学附属北京同仁医院超声影像诊断报告。北京某医药公司对证据1、证据2、证据3的质证意见为，判决书中记载的张某出生日期与本案中张某的出生日期不一致，判决书中张某之子"张力某"与本案中张某之子"张立某"的名字不一致，故无法确认张立某是否为张某的被抚养人。北京某医药公司对证据4、证据5、证据6的质证意见为，胎儿现未出生，而法律规定证明抚养关系必须提供婚姻关系证明及婴儿的出生证明，故胎儿与张某之间的被扶养关系无法确定，且法律规定能成为被扶养人的前提条件是必须具有民事法律主体资格的人。

本院审理中，北京某医药公司对鉴定报告仍持有异议，并提交2份专家意见，一份为积水潭医院主任中药师翟某某出具，另一份为北京中医药大学东直门医院副院长晏某出具，该两份专家意见内容完全一致，专家未出庭作证。上述专家意见的主要内容为：北京某医药公司开具的药方无毒性，接诊医师实施的诊疗行为和出具的诊断结论正确；张某2011年10月25日首次到北京某医药公司寻诊，2011

年12月16日由石家庄肾病医院出具慢性肾病的诊断证明。如因中医药物在此期间产生的肾损害，一定是急性肾损害，不可能是慢性肾损害。依据上述病理特征和医学常规，张某在北京某医药公司就诊前即已身患肾病。张某对该2份专家意见不予认可，称证据形式上不符合证人证言的相关法律规定，内容上2份意见完全一致，显系造假。因北京某医药公司提交的专家意见涉及医学专业知识，北京博大司法鉴定所的郭某法医出庭接受质询，北京某医药公司的质询问题集中在以下两个方面：第一，张某服含半夏中药后，仅两月就被查出为慢性肾功能不全(尿毒症期)。如果是药物中毒，应当是急性肾炎，而非慢性。这是否说明张某在服药前肾功能就存在问题。第二，根据《北京市中药饮片调剂规程》的规定，处方上如果写药名为“半夏”，实际应付为“法半夏”，而“法半夏”是经过炮制之后的半夏，是无毒的。所以，是否是该付药方导致了张某的尿毒症。郭某法医针对北京某医药公司质询的答复为：(1)不好从时间上来区分急性和慢性，由于无张某在北京某医药公司就诊前的检查记录，无法确定张某是否在服药前肾功能就存在问题。(2)“法半夏”虽经过炮制，但是减毒，而非完全无毒。鉴定中没有检测张某实际服用的汤药，亦无法判断北京某医药公司实际拿的半夏种类。

另外，张某以经济困难，无法承担高额的治疗费用为由，先后于2013年7月4日、2014年3月27日、2014年8月5日3次向原审法院提出先予执行申请。原审法院分别于2013年7月30日、2014年3月31日、2014年8月12日作出先予执行裁定，共计先予执行400000元。张某在本院审理过程中，再次申请先予执行医疗费200000元。本院作出(2014)二中民终字第11726号民事裁定，先予执行150000元。

上述事实，有双方当事人陈述及(京)法源司鉴(2014)临鉴字第66号法医学鉴定意见书及鉴定费发票、北京博大司法鉴定所(2012)临鉴字第0836号司法鉴定意见书及鉴定费发票、北京某医药公司王府井中医诊所处方笺、北京协和医院检验报告单、北京协和医院门诊病历手册、北京协和医院超声诊断报告、石家庄肾病医院住院病历、石家庄肾病医院诊断证明书、北京大学人民医院彩色多普勒超声检查报告单、京东誉美中西医结合肾病医院住院病历、京东誉美中西医结合肾病医院出院证明、北京医院检验报告单、北京医院门诊病历手册、北京医院急诊首诊病历、北京医院急诊留观首程录、首都医科大学附属北京朝阳医院住院病历、首都医科大学附属北京朝阳医院出院诊断证明书、煤炭总医院诊断证明书、中国人民解放军空军航空医学研究所附属医院病历摘要、中国人民解放军空军航空医学研究所附属医院检验报告单、北京大学第六医院门诊病历手册、合伙企业营业执照、合作协议、身份证复印件、委托书、证明、结婚证复印件、合伙合作协议、北京楼外轩日用百货店进货单、中国人民解放军空军航空医学研究所附属医院营养评估报告、网上(我买网、一号店等网站)下载并打印的21种食品的价格查询单、黑龙江省兰西县人民法院(2000)兰郊民初字第83号民事判决书复印件、户口本复印件、北京妇产医院产科超声检查报告单、产前检查记录、首都医科大学附属北京同仁医院超声影像诊断报告、北京市出租汽车专用发票、中国人民解放军卫生医疗收费专用票据、中央医疗门诊收费票据、发票、收据、北京市门诊收费专用收据、河北省石家庄市医院门诊费用收据、挂号费专用收据、北京市医疗服务门诊收费专用发票、北京同仁堂王府井中医医院门诊收费收据、北京市医疗服务收费专用发票、河北省地方税务局通用机打发票、河北省门诊统一收费收据、中国人民解放军卫生医疗收费专用票据、河北省石家庄市石家庄肾病医院住院费用收据、北京市住院收费专用收据、《中华人民共和国药典》“凡例”部分第27条、《国家中医药管理局关于印发中药处方格式及书写规范的通知》第9条第7款、北京大学首钢医院中医科退休中医孙某某、中医葛某某、中医王某某书写的对药方的评价、企业法人营业执照、医疗机构执业资格证书、营业执照、医师执业证书、积水潭医院主任中药师翟某某出具的专家意见，北京中医药大学东直门医院副院长晏军出具专家等在案佐证。

3. 林某某诉张某某等人身损害赔偿纠纷案简介

2005 年 4 月 17 日下午，原告之子曾某某在其办公司遭到被告张某某殴打，致曾某某头部受伤倒地，血流满面，是时原告林某某进入办公室，见此情形，当即昏厥，被送医院救治，住院 12 天。原告请求被告赔偿医疗费、护理费、住院伙食补助费、营养费，共计 8371.15 元。并请求精神损害抚慰金 10000 元。被告以原告原罹患有病态窦房结综合症、高脂血症、老年性退行性心瓣膜病等疾病，昏厥与被告无关；且原告不能证明被告对原告实施了侵权行为以及损害后果与被告行为有因果关系为由抗辩。法院审理认为，近亲属在此类案件中受到的损害与侵权行为存在多大程度上的关系，需综合考虑。原告由于自身原患有疾病是为主要原因，目睹儿子受伤是为外因，因此，被告应承担原告损失的 20%，计 1554.23 元。另外，原告目睹儿子血流满面，精神必定痛苦，有抚慰之必要，法院酌定精神损害抚慰金 2000 元。综上所述，根据《民事诉讼法》第 64 条第 1 款、第 130 条、《民法通则》第 106 条第 2 款、最高人民法院《关于审理人身损害赔偿案件适用法律若干问题的解释》第 18 条第 1 款、第 19 条第 1 款、第 21 条第 1 款、第 23 条、第 24 条的规定，判决被告张建保支付原告人身损害赔偿金 1554.23 元及精神损害抚慰金 2000 元。[福建省厦门市思明区人民法院(2006)思民初字第 5968 号民事判决书]

4. 荣宝英诉王阳、永诚财产保险股份有限公司江阴支公司机动车交通事故责任纠纷案简介

2012 年 2 月 10 日，王阳驾驶轿车碰擦行人荣宝英致其受伤，道路交通事故认定书认定王阳负事故的全部责任，荣宝英无责。原告、被告一致确认荣宝英的医疗费用为 30006 元、住院伙食补助费为 414 元、精神损害抚慰金为 10500 元。荣宝英经司法鉴定，左桡骨远端骨折的伤残等级评定为十级，左下肢损伤的伤残等级评定为九级，损伤参与度评定为 75%，其个人体质的因素占 25%。一审法院据此确认残疾赔偿金 27658.05 元扣减 25% 为 20743.54 元。无锡市中级人民法院于 2013 年 6 月 21 日作出终审判决，认为《侵权责任法》第 26 条规定的“被侵权人对损害的发生也有过错的，可以减轻侵权人的责任”不能适用于本案。虽然原告荣宝英的个人体质状况对损害后果的发生具有一定的影响，但这不是侵权责任法等法律规定的过错，荣宝英不应因个人体质状况对交通事故导致的伤残存在一定影响而自负相应责任。虽然荣宝英年事已高，但其年老骨质疏松仅是事故造成后果的客观因素，并无法律上的因果关系。因此，受害人荣宝英对于损害的发生或者扩大没有过错，不存在减轻或者免除加害人赔偿责任的法定情形。原审判决以伤残等级鉴定结论中将荣宝英个人体质状况“损伤参与度评定为 75%”为由，在计算残疾赔偿金时作相应扣减属适用法律错误，应予纠正。[无锡市中级人民法院经(2013)锡民终字第 497 号民事判决书，最高人民法院指导案例第 24 号]

(王康，上海政法学院副教授，kangwang@ live. com)

23 CASE 长投公司、绿城公司股权转让仲裁案

摘 要

本案例以两起真实股权转让仲裁的关联案例为蓝本，围绕股权转让案件商事仲裁的整个过程，涉及知识点和执业技能包括：仲裁机构和仲裁员如何受理和审理商事仲裁案件，股权转让案件的证据收集、事实认定以及商事仲裁比较独特的法律适用等。两起关联案例涉及的实体问题包括：商事仲裁中除了法律适用一般常见的法解释学方法，针对商事仲裁更加重视契约自由、商业惯例和市场规则等极为独特的思维，还可以从法经济学、法社会学的角度，更大程度地充分发挥商事仲裁自身优势，提出或集结多元化的思路，在尽可能周延地考虑各种影响因素对各种待选方案进行总体的、边际的、替代的甄选之后，根据当事人的经济理性这一市场机制构建权利安排的最优格局，或者在有限理性、信息不对称及合约不完全对等条件下进行次优的配置。涉及事实和证据问题包括：股权转让仲裁案件的证据收集、协议效力和先履行抗辩权证据认定等问题。

关键词

股权转让　商事仲裁　法解释学　法经济学　法社会学　特定方法论

教学目标

（1）仲裁委员会决定对商事仲裁申请案件决定立案后，应从事哪些法律活动。

（2）商事仲裁员被选定后，应如何从事各项法律活动。

（3）以股权转让案件为例，除了法解释学思路，如何从法经济学、法社会学的多维视角，紧密结合商事仲裁的特征，提出处理案件的思路、基本步骤、事实认定和法律分析之间的基本框架。

教学案例

鉴于商事仲裁案件的保密性特征，以下案情概要及当事人名称均加以虚化。同时，为便于掌握两起关联案件的整体原貌，拟将内容和争点进行合并梳理。

一、商事仲裁的兴起

中国的《仲裁法》已颁行二十载，这部曾经一度被海外评论为与国际做法接轨最为密切的法律，为不断走向成熟的中国市场经济改革立下功勋。不过一向视为“朝阳产业”的仲裁，在中国至今仍然面临区域之间仲裁业务发展不平衡、仲裁业务份额与诉讼不成比例等棘手难题。除了当事人残留的长期仰赖官府的惰性思维，尚不习惯也不善于运用更多社会力量消化矛盾，同时，源于缺少仲裁文化的积淀而固守滞后的封闭式仲裁思路，也使不少仲裁拘泥于两造对垒的模式去解决争端，导致原本旨在强调“消化和共容”的仲裁过程反而加剧了对立，仲裁裁判反而激化了情绪。相应地，以往这种“正面对抗式”的中国仲裁也在相当程度上被矮化为“第二法院”。

变化正在发生。以上海仲裁委员会遴选的近年所受理具有典型指导意义的数十起股权转让商事仲裁案件为样本，所涉覆盖了股权转让纠纷的主要类型。初步分析可以发现，无论是集中于非上市公司股权转让中指向人合性的“其他股东同意权”、股权善意取得、违反章程转让的认定，还是股权转让实践中适用跨度最大、问题最为突出的出资不到位和抽逃出资之类瑕疵出资股权转让的补充清偿责任承担及主体锁定，抑或关涉外资企业股权转让行政审批与合同效力、国有股权转让未执行入场交易规则，股权转让缴纳税收等强制性规则“禁区”，以及扩展到家室股权的资格和权利行使、尚未完成过户情形下的股东身份确认、颇多争议的“隐名股东”股权转让后代持与涉嫌非法经营、非法集资区分的难题破解，已实际上程度不同地以直接或间接方式体现了“且当权利的边界基本清晰之后，商事仲裁可以充分发挥自身优势而集结多元化的思路，在尽可能周延地考虑各种影响因素对待选方案进行总体的、边际的、替代的甄选之后，根据当事人的经济理性这一市场机制构建权利安排的最优格局，或者在有限理性、信息不对称及合约不完全等条件下进行帕累托次优的配置。”

毫无疑问，原本即应迥异于法院裁判的商事仲裁之特定方法论正在当下中国悄然回归原位。但是，相对更多剑拔弩张的法院裁判侧重于使用已比较圆熟的法教义学方法，以及更进一步面对疑难案件时所选择的繁芜曲折又极为精致的法解释学路径，更为强调灵活、快捷、兼容，以及更多遵循商业惯例和市场游戏规则的商事仲裁，在中国由于是把事先设计好的仲裁制度植入到一个社会转型、变迁发展的过程中去，因而具有“先天的植入性”，倒逼使仲裁与现实的对接和融合变得极为关键。问题在于，商事仲裁作为受理案件类型对应的“专家裁判”方式，是从专业领域内临时选的仲裁者，其专业知识结构及所在领域内的复杂思维能力一般会超越法官,本应公信力更高,只是源于在商事仲裁方法论上缺乏梳理和研究而流于简陋乃至粗糙,导致不少商事仲裁的合法性与正当性及两者的协同仍存在不少问题。仲裁的过程和裁决非此即彼地要么呈现为一个缺少合法性的“纯粹专家意见”,要么干脆回到趋同于法官裁判的法教义学老路,让仲裁需要更多借助正当性化解冲突的特定功能折损耗殆,尤其是后者情况比较明显。因此,并非“第二法院”的商事仲裁方法论亟待进一步正本清源。

为了更为彻底地澄清和解决这一问题,拟以上海仲裁委甄选的两起比较典型的股权转让仲裁关联案件为切入点,在明确案件涉及当事人权利边界的基础上,立足于作为仲裁优势所在的多元化思路,以法解释学为出发点,延展到法经济学以及法社会学进路作深度的剖析,仔细探讨不同进路的成本效益及利弊得失,除了收到条分缕析、简洁明了的效果,并试图把个案意义中所蕴含的商事仲裁之特定方法论,借助于“推及效应”进行比较系统的分析和讲授。

二、案情概要

该案申请人为长投公司,被申请人为绿城公司,双方均为“目标公司”股东。2009 年 5 月 8 日,双方签订股权转让协议,约定长投公司将持有的目标公司股权全部转让给绿城公司,转让对价为 2.26 亿元人民币,并约定了各自的权利和义务。

涉及案件争议的,是以上股权转让协议中有关部分转让价款支付条件的约定。主要包括:(1)鉴于目标公司投资建设的平阳高速项目中 A、B、C 三条连接支线涉及向政府缴纳补偿费用的问题,至今尚未与政府部门达成共识,协议约定转让方长投公司应承担上述费用,由受让方绿城公司代为偿还,并在转让对价中暂扣 1500 万元。根据政府文件或协议,若该费用实际发生额高于 1500 万元,差额部分由转让方承担;若低于 1500 万元,则差额部分退还给转让方。(2)长投公司负责配合解除目标公司与某石油公司之间关于加油站经营权转让的合同,并于股权转让协议生效后一周内提供给目标公司,绿城公司应在目标公司认可后 5 日内支付 1% 价款。(3)长投公司配合目标工作完成在建工程竣工验收工作,绿城公司在竣工验收完成之日起 5 日内支付 10% 价款。(4)长投公司负责取得目标公司投资建设的平阳高速所需的房地产权证,以及将原件正式交付目标公司,绿城公司应在目标公司认可后 5 日内支付 1% 价款。(5)自股权转让协议生效后两周内,长投公司负责清理目标公司的劳动用工,协商解除目标公司与超编人员的劳动关系,使用工人数符合政府相关规定,绿城公司应在目标公司认可完成这一事项后 5 日内支付 0.5% 价款。

以上股权转让协议签订后,股权转让方长投公司依约将原持有的股权变更登记在绿城公司名下,作为股权受让方的绿城公司支付了 1.49 亿元,剩余款项尚未支付。

三、双方请辩

2011 年 7 月 11 日,长投公司根据股权转让协议约定的仲裁条款,向上海市仲裁委提交仲裁申请,称申请人长投公司已依约履行股权变更登记义务,被申请人绿城公司支付部分款项后,以长投公司没有依约先期履行部分条款为由,遂不再支付剩余款项。

申请人长投公司认为,尚未履行的部分条款属于违法及应予撤销的条款,因此请求绿城公司继续支付股权转让价款。具体理由:(1)债的产生有合同之债、不当得利、无因管理和侵权行为,而在本案中目标公司与当地政府就三条连接支线不存在以上任何一种债的关系,所以原协议有关绿城公司暂扣1500万元用以抵充补偿费的约定不成立。(2)依据《合同法》第93条、第94条规定,加油站经营权解除合同的主体只能是合同当事人即目标公司与某石油公司,长投公司无权解除而仅负有提供移交资料这一配合义务,绿城公司以经营合同没有解除为由拒付于法无据。(3)同样,长投公司对在建工程的竣工验收只负有配合义务,不影响绿城公司依约付款。(4)依据《土地管理法实施条例》第5条和《房地产管理法》第61条的规定,申请办理房地产权证的主体应是实际使用人。因此股权转让协议约定由"转让方负责取得目标公司投资建设的平阳高速所需的房地产权证"属于违法应为无效。(5)依据《劳动合同法》第36条、第37条规定,协商或单方面解除劳动关系的主体只能是用工单位和劳动者,股权转让协议约定由"转让方负责清理目标公司的劳动用工"属于无效条款。退一步讲,目标公司拒不采纳长投公司提出的超编人员的裁员方案,反而与超编人员签订劳动合同,致使超编人员的问题没有解决,反证了长投公司已经尽到清理义务。

被申请人绿城公司辩称,股权转让协议是双方充分协商后签订的,真实意思表示,所涉条款均合法有效,且长投公司只是在仲裁事实和理由中简单提及协议的有关条款"违法及应予撤销",并没有明确在仲裁请求中单独对协议条款提出撤销或确认无效,因此仲裁庭不应予以认定。基于此,绿城公司认为在协议约定的股权转让对价支付条件中,因长投公司未能先履行绝大部分约定义务,绿城公司享有先履行抗辩权,有权不付相关款项:(1)绿城公司暂扣三条连接支线补偿款1500万元有充分事实和法律依据。该三条连接支线建设作为平阳高速建设的辅助工程,已报政府批准,是长投公司遗留下来的重大未完成义务;该义务已在股权转让义务中明确,且长投公司在协议签订后甚至还向绿城公司申请过支付100万元补偿费。根据政府会议纪要,仅其中B支线就缺口补偿费1800万元,为此政府曾明确向目标公司催索。所以,当长投公司不能举证三条连接支线不应支付或应少付补偿费时,绿地公司有权暂扣相应对价。(2)长投公司解除与某石油公司加油站经营合同的纠纷另案处理尚未审结,申请人仍有继续配合义务,亦未达到付款条件。(3)竣工验收是一个客观的、必须逐步实施的过程。本案中目标公司档案验收及其必需的土地证、环保验收、竣工审计、质量鉴定至今未完成,既有基建验收程序规定的工程运行检验期间问题,也有政府验收延迟问题,更有长投公司未完成工作及前期管理混乱造成的竣工资料不全、工程施工存在诸多问题等因素,使得绿城公司难以付款。(4)长投公司至今尚未交付作为竣工验收必要条件的房地产权证,导致目标公司资产仍有瑕疵,不符合协议约定的对应付款条件。(5)长投公司在协议约定的生效时间两周后才提出用工定编方案,且自此又无任何实际行动,没有清理任何超编人员。相反,绿城公司接手目标公司后,本着承担央企社会责任角度,不得不继续与大部分超编人员保留劳动关系,致使长投公司所承诺义务客观上已无法完成,依此绿城公司有权拒付相应对价。

四、审件的延续

面对以上争议,第一次仲裁裁决作出后,2013 年 7 月 19 日,长投公司再次依据 2009 年 5 月 8 日股权转让协议,认为其在首次仲裁裁决后继续履行股权转让协议业已达到约定付款条件,遂以第一次仲裁涉及的第(1)~(3)项内容提起新的仲裁。对此,第二次另行组成的仲裁庭认为:(1)1500 万元暂扣款涉及的 A、B、C 三条连接支线,经查其中 A、B 已列入平阳高速的建设和验收范围,C 尚处不确定状态而暂不认定,根据诸多间接证据综合认定 B 支线实际补偿金为 800 万元,遂裁决低于 1500 万元的差额 700 万元,依约应由绿城公司退还给长投公司。(2)涉及加油站经营权的合同争议另案终审未能实现解除的目的,丧失了支付该对应股权转让对价的条件,但为了及时彻底解决这一争议,又酌情裁决绿城公司减半支付。(3)既然竣工验收业已完成,绿城公司即应依据股权转让协议支付相应对价,以所谓 1500 万暂扣款尚不足以解决连接支线补偿,需从其他股权转让款中弥补的理由不能成立。

教学手册

教学对象及目标

本案例供法律硕士案例教学使用,法学本科(大四)、所有专业方向的法学硕士也可参酌试用。

本案例主要针对商事仲裁的独特程序和特定方法论,以及股权转让案件的常见认定问题进行讲授。具体要解决的问题包括:(1)仲裁委员会决定对商事仲裁申请立案后,应从事哪些法律活动;(2)商事仲裁员被选定后,应如何从事各项法律活动;(3)以股权转让案件为例,除了法解释学思路,如何从法经济学的二维视角,紧密结合商事仲裁的特征,提出处理案件的思路、基本步骤、事实认定和法律分析之间的基本框架。

教学内容

1. 上述案例涉及两次相关性仲裁的争议焦点分别是什么,以及争点反映了商事仲裁的什么取向?

两次仲裁庭归纳的争议焦点涉及股权转让协议的效力,以及先履行抗辩权的行使是否恰当。实际上,恰如其分地评判这两个问题,必须先弄清楚更为重要、更为本质的争议,即契约中敲定选择仲裁而不是诉讼,作为纠纷解决方式的当事人,签订股权转让协议时的付款条件和履行顺位约定,其根本定位到底是倾向“法律防卫意义上向后看”的权利义务合法性分配,抑或出于股权转让这一同质性目标所对应的相对平等化意识,只是为消化可能发生的对立性紧张提供正当性资源的“共识备忘意义上向前看”。

2. 商事仲裁对于完全落入双方约定的争点事项可以采取哪些比较灵活的评判原则? 案

例涉及的两起仲裁到底是如何更好体现“案件管理者”这一角色的？

面对协议规定得事无巨细、极尽完备的条款，一旦商事仲裁事项完全落入约定范围内，仲裁庭是否可以完全根据约定进行仲裁，即在没有法律乃至惯例适用的情况下根据“友谊仲裁”原则进行自由处分。此时，审理争议的仲裁员所需做的就是力图根据协议的措辞确定当事人实际表达的意愿并付诸实施。基于这一立场，仲裁庭所应做的就是努力让当事人约定的合同目的这一精髓得以实施，毕竟这才能体现商事仲裁对当事人意思自治的“包容性”尊重和执行。

借此延伸的问题是，商事仲裁领域内当事人之间的纠纷本为私权事项，诉之司法终究是公权介入，而商事仲裁作为最为成熟的 ADR，所依赖的则主要是“掌握公平的权威力量”。因此，对于具有专业知识作为权威符号的仲裁员来说，一般不会出现因外行人断案而产生令双方当事人匪夷所思的结果；同时这种天然地对案件结果的相对稳定预期，又反过来让仲裁员拥有了更多主导权。假如让他们只能像“第二法院”的法官那样被动接受当事人的证据与争辩，然后只能挑选其一，往往是比较痛苦的，他们可能另有想法或知道双方争辩都不对或不是真相。那么，商事仲裁之特定方法论是否可以允准仲裁员在当事人请求范围内，较之法院更大程度上运用公平合理原则，异于当事人请辩提出自己的另一种想法，让仲裁员在这种情形下更像一个“案件管理者”。当然，作为“商事仲裁程序的超级主人”，除了以当事人同意加以制衡，仲裁员还必须遵守最低的准则或原则，如起码的自然公正以及避免不必要的延误与浪费等。

3. 围绕归纳的两起仲裁案件的争议焦点，商事仲裁庭是如何展开事实认定和法律适用的？

以列举的股权转让案件为例。对于股权转让协议部分条款的效力，仲裁庭认为如果协议条款存在两种合理的解释，一种是让协议难以执行或违法，另一种反之，就应采用使之能执行且合法的方式加以解释。借此，仲裁庭提出股权转让方长投公司承担办理房地产权证义务的约定，需还原签约时的原意进行“目的解释”，即目标公司只是承担配合义务，以保证长投公司完成申请流程，如作为土地使用者向政府部门提出申请，并按要求提供各项所需的文件和委托手续等；长投公司则应承担主要义务，如申请资料的准备和递交、与政府部门的沟通和协调、房地产权证的颁发和接收等。所以，毋宁说《房地产管理法》第 61 条并未限定办证主体，《土地管理法实施条例》第 5 条也只是规定了申请土地证应以“土地使用者”名义提出，并未强制规定整个申请过程应全部由土地使用者办理。因此，以上目的解释不违反任何强制性规定。同理，约定让转让方长投公司解除加油站经营合同，对于长投公司是一项配合性义务，即使其并非经营权转让合同的主体，无法直接行使解除权，但法律并不禁止作为目标公司的配合方参与到上述合同解除的过程之中；约定并非劳动合同主体的长投公司作为责任方，参与劳动用工的清理，同样不违反禁止性规定。据此，仲裁庭认定以上协议约定合法有效。

4. 面对本案第一个争议焦点，商事仲裁庭的法律解释方法到底有什么独特性？它所遵循的理论依据和现实意义是什么？

当案件上中出现压倒性的正当性理由，商事仲裁即应转向对合同解释的“可循性”(predictability)特质。商事仲裁不同于法院，除了恪守法律的肯定性(certainty)，所援引或解释的规则还须印刻上对权利、责任与有了争议的可循性，以让商业人士及其法务顾问知道怎样在草拟与谈判时考虑交易风险及有所应对，如股权转让中的付款担保、风险投保和条文表述上的谨慎注意等。针对商事仲裁来说，对合同的解释能做到可循性，乃是来自长期无数先例累积而成的特定“游戏规则”，它们也只能做到可循性，而不应一味仿照法院那样做到无可挑剔的肯定性。恰是这一区别对商事仲裁具有重要意义，否则商事仲裁时刻像“第二法院”那样以坚守法律适用的肯定性为第一要务，就会大大削弱仲裁的优势及赋予商法适用的灵活性。

诚然让商事仲裁解释合同具有可循性的优选方案，还是根据文字和措辞给予客观和一般性解释。正如本案中股权转让方长投公司认为，股权转让协议约定的许多付款条件系要求目标公司完成，但此时已由受让方绿城公司而非出让方实际控制，因此约定继续让出让方申请土地证、解除加油站经营合同和清理用工超编，不符合相关法律规定而应认定无效。不过这一观点虽然表面上公平合理，可从另一角度分析结论完全相反。因为可能会出现受让方基于交易信息不对称、履约环境不熟悉、决策有限理性等原因，过度承担股权转让约定对价之外的额外成本而产生极大损失，本案中解除加油站经营合同另案历经法院两审复又申请再审均未成功，以及受让方基于转让方怠于履行义务而不得不承担起清理用工超编的义务，即为明证。一旦这样，实际上就让股权转让协议失去了可循性，受让方在事先没有对上述约定有替代履行预期的情况下，约定条款被认定无效后不知道该做什么，就会导致打一场甚至几场昂贵漫长的仲裁或诉讼官司。很显然，这种情况下的仲裁员就不能僵硬地局限于以往的文义解释，而是需要依赖多元化路径进行公平合理的“结构解释”。简单地说，就是找出双方以文字所表达的订约意图、所能享有的权利、作出过的承诺与所接受要承担的责任。正是基于这一考虑，上述案件中的仲裁庭认为:“推定合同的每一条款具有的意思与意义并且不违法，这是还原双方当事人订立合同当初的目的方式，当初双方肯定不是希望将无意义的条款或违法的条款加入到合同中。”可以说，这种还原订约意图的正当性认定，不仅恢复了股权转让协议的可循性，而且正是商事仲裁特定的内部解释合约的一个主要规则。

其理论依据在于:从法学方法论的理论上看，根据法与实践理性的外部证立规则，法律解释的一般顺位从文义解释依次推向目的解释、衡量解释和体系解释。那么，何以该案仲裁可以改变顺位迳行选择“目的解释”来认定协议条款的效力? 答案很简单，肯定是出现充分到足以压过文义解释的正当性理由。

其现实意义在于:许多商事仲裁案件中的当事人从事交易时会普遍认为，即使由律师参与或草拟的协议早已假设文字是有法律的定义，也仍然难以摆脱涉及交易因素的不确定性，纠缠于合约文字无休止的分歧、条款之间陷入的循环论证以及可循性理由的无穷倒退等极为复杂的因素，客观上会对交易过程产生潜移默化的影响。所以，通常情况下如果不是最终依照“明希豪森方式”那样依赖于某个特殊理由来武断结束论证的链条，则终究不能走出困境而致使商业交易或谈判本身失去意义。因此，商事仲裁独有的大尺度柔韧性使仲裁员可以也应当尽量支持这种生意上的协议有效，以让协议产生“可循性”，而不是一味埋首于法律适用的“肯定性”去挑骨头，甚至只是出于不太肯定而归于无效。可以与之印证的是，在最近的30年，传统解释合约的做法有了很大改变。这倒不是解释合约要考虑什么有了改变，而主要是在侧重点方面有所转移。现在的侧重点是在订约时的背景/语境与合约的本质等方面，比文书合约中的条文/文字更加重要。另外，传统做法必须是条文/文字有了含糊才接受外来证据，但现在即使是条文/文字毫不含糊，也要考虑背景/语境与合约的本质。

以上的商业协议可循性论证，使商事仲裁即使面对的并非疑难案件，也能更为灵活地根据订约背景/语境，直接运用目的解释以及衡量解释、体系解释等这些结构解释的方法。这一独特方法甚至已被直接冠之以“商业解释”，其目标就是尽量令协议有效而不是无效。

5. 面对本案第二个争议焦点，股权转让协议中约定的顺序履行问题从证据上应当如何认定？

因两起案件的股权转让协议系争条款均明确规定了债务履行的先后顺序，双方应依约适当履行。第一起仲裁庭依此支持了作为股权受让方的被申请人绿城公司以上第1～4项观点，而对于第5项则支持了申请人长投公司的请求。

针对1500万连接支线的补偿款问题，两起关联仲裁案件中的解释有一个递进过程。在第一起仲裁的裁决中，仲裁庭认为：“虽然申请人辩称该笔费用不应属于法律意义上的补偿款，但在申请人不愿意支付该笔费用，而政府又发函催讨的情况下，此种状态属于股权转让协议约定的尚未与政府部门达成一致意见，补偿费用数额也尚未确定的情形。”仲裁进而认定“申请人并未完全履行其义务，被申请人享有先履行抗辩权，有权暂扣1500万元费用”。这里，仲裁庭排除了双方约定向政府缴纳补偿费在债法中的法律地位认定，实际上是以潜在的方式认为政府提出的就连接支线进行补偿已是一种商业惯例，暗含了商事习惯做法上不言自明的默示地位，更何况本案中又有股权转让协议专门针对此的付款条件约定，以及之后长投公司要求绿城公司实际支付100万元补偿费的事实加以佐证。

面对同一问题，第二起仲裁裁决中涉及C连接支线补偿金的分析比较精彩：一是连接支线已正式列入平阳高速建设和验收范围，作为补偿费是否纳入本案处理的标志，以此排除了未在此范围内的C线；二是对C线补偿金数额上的争议，已向政府缴纳的款项到底是已全部付完，抑或停工不再建设，还是有待商定后继续支付，存在多种可能；三是鉴于以上两点，认定绿城公司不能以一个不确定状态暂扣股权转让价款，但又不妨碍待补偿金确认后，绿城公司另行主张。对于C线未纳入平阳高速建设范围，第一次仲裁就已知晓而未予认定，相隔两年后第二次仲裁又何以作了“悬挂”认定而让绿城公司支付转让对价呢？仲裁庭的履约认定关键在于，本案中包括A、B两条连接支线在内的平阳高速已作为一个整体通过竣工验收，建设依据和验收范围并未包含C线；同时也并无证据表明，C线的补偿金协议已经签署或必然会签署；另外即便是面对C线的前期付款，也存在多种解释可能，所以最终认定绿城公司无权继续暂扣款项入情入理。

6. 两起商事仲裁案件中对于市场规则、商业惯例和契约自由的尊重又是如何具体体现出来的?

(1)面对该案第二个争议焦点,仲裁庭援用了一个重要并经常遇到的极为独特的商事仲裁解释规则,即“凭借清晰的文字去排除对法律地位的认定”。通常法律地位被视为公平合理,但当商业协议约定的事情与之相悖,只要不是违背作为“禁区”的法律强制性规定,仲裁员就可以根据对商业惯例的判断,适当排除对法律地位的认定。当然,约定于法相悖而越不合理的事情,就要阐释得越清楚且只能有一种说得过去的解释,而不能滥用这种商事仲裁上的独特方法论去恣意妄为。

(2)比较复杂的商业协议往往未约定所有承诺/责任的履约标准、履约时间、履约对价,使得商事仲裁更为灵活运用商业习惯上涉及合理标准、时间和对价的默示这一方法论上的特定解释规则,变得尤为重要。此时的仲裁员只能根据当事人已达成的协议条文本身与协议签订及履行时的背景和环境,默示该协议的履行标准、时间和对价。当然这会带来相当的不确定性,毕竟即使是亲自签约的协议各方对什么是“合理性”的理解,也时常会有出入,付诸仲裁后更是如此;让仲裁员进行裁决又须经过一个昂贵与缓慢的过程,正如本案中只有时隔数年后,认定条件逐步成熟才能作出相对合理的判断那样;加上即使违反了支付的合理时间,法律的救济也只会是利息的损失。所以,对一些重要的履约标准、时间和对价,以商业上的默示应对并不理想。

7. 两起商事仲裁中先履行抗辩权的举证责任移转是如何体现的?它反映出商事仲裁的举证责任移转有什么特定性?

(1)原两起仲裁都涉及到以目标公司竣工验收作为股权受让方绿城公司支付相应价款的前设条件及先履行抗辩权的恰当行使。一方面,第一起仲裁庭采纳了绿城公司提出竣工验收未完成时,可以拒付约定的相应价款;另一方面,当竣工验收完成后,第二起仲裁庭又不赞同绿城公司把拒付理由扩展到连接支线补偿款尚有缺口(即使这一事实能够成立)另一事项上。可以说仲裁庭对于协议中的这一约定,只是简单以竣工验收时间作为付款条件,而不去判断长投公司在竣工验收中是否已尽义务,符合商事仲裁的特定方法论。因为协议中约定的这一付款条件是要求目标公司完成一定事项,而此时已由受让方而非转让方实际控制目标公司,所以被要求的转让方长投公司协助或合作已并不是该协议履行下所必须,商事仲裁也就不应强行要求一定这样做,只是依照协议双方约定的付款条件作出简单的判断即可。正是基于这一倾向,第二起仲裁庭不允许在竣工验收的付款条件出现后,绿城公司又扩展到另一事项行使所谓“先履行抗辩”乃至“不安抗辩权”。

(2)现实的合同约定和履行中,双方必须给予协助或合作以让对方顺利履约的情形时有发生。法院通常会根据约定或合理性,适用《合同法》第67条规定的顺序履行抗辩权,即后履行一方可一时中止自己债务的履行,对抗先履行一方的履行请求,以此保护自己的期限利益、顺序利益;在先履行一方采取了补救措施、变违约为适当履行的情况下,顺序履行抗辩权消失,后履行一方须履行其债务。然而,商事仲裁面对这种情形判断先履行权是否存在的程度会有所不同。除非协议详尽约定先履行一方的义务,否则应判断这一协助或合作义务是否是该合约的履行所"必需"。只有在必需的情况下先履行抗辩权才能成立,所以光靠合理不合理的判断是不足够的。

其实,除了本文所引案件的"约定付款符号式"情形,实际中还会经常遇到甚至没有约定,但需要对方合作才能履行的情形。这种要求各种各样,包括金钱上加价或减价,或是提供一些文件或资料,或是延误一方要求对方去延长销约期或其他期限,甚至是做合约不要求或与合约不符的事情等,同时被要求的一方又往往对自己的法律地位不了解(如可否拒绝),加上怕事或一厢情愿地去合作,就会贸然答应,但事后又反悔而造成可能是禁止翻供的行为或是毁约。这样商事仲裁方法很重要的一点,就是上述被要求的一方应了解对方提供的协助或合作要求,是否为该协议履行下所必需。

8. 基于商业案件的特殊性,商事仲裁中是否可以引入法经济学的二维思维?请充分结合两起仲裁案件具体加以详细说明。

以上对两起仲裁的法解释学分析及归纳的仲裁之特定方法论,能够明显发现脱胎和茁壮于行政体制内的中国商事仲裁"去公权化"色彩渐趋增强,越来越重视契约自治、商业惯例和市场规则。它们之所以需要遵循,是由于它们"提供了维持重复博弈均衡的合适的规则"。从更加本质的意义上说,这些规则不是像法律的肯定性那样,需要基于"目的论功利主义",以立法者作为理想观察者,其偏好就是所有人平均的或加总的偏好,其效用函数就可以作为整个社会的福利函数,法院应是这一思路的最忠实执行机构。与之不同,同依赖于一套公理概括出来的先验"共同善"相比,商事仲裁因为需要更多地考虑商业交易中的当事人乃至更多的实际利益相关方及相应的责任承担,因此更注重只要有可能,就可以从最基本的概念出发来为社会构造一个福利函数,就像冯·诺依曼和摩根斯坦从个人对彩票的偏好出发构造了个人效用函数一样。但是,这种"非目的论方法"必须克服如何进行效用的情景比较及相应进行法经济学意义上的利益衡量这一难题。

两起股权转让关联仲裁案件中,双方签订时都应明知因控制权转移而产生部分协议约定义务的实际履行主体变更,可能会引起法解释学意义上的效力认定麻烦;同样,1500 万元暂扣款难以归入法律的债之类别,也会让协议的履行一旦产生争议后出现不确定。那么,为何双方当初仍然签订这样一份协议呢?通常在带有竞争性的市场交易中,任何市场参与主体在追求商业利益最大化时,一般均会考虑交易本身的合法性,并注意规避法律风险。然而,由于市场竞争中商业主体会面临各种转瞬即逝的机会,因而股权交易双方常常会在协议中作出一些"特别设计"。法律对此有不少强制性规定,如不违反股权转让的先买权规则。只要"特别设计"不违反法律强制性规定,协议不应轻易被认定无效。毕竟公司创新成本极其高昂,投资者通常又会对创新作出负面的揣测,对公司的股权支付过低的价格。所以,法律的强制性规定正是从整体上以传递有利于公司创新的信号为导向。比如,法定股权拍卖会对"其他股东"相对于"股东以外的第三人"采取"跟价法",就是充分保证了先买权的实现。上面两起关联仲裁案件中,双方约定控制权转移后的目标公司仍需转让方尽配合义务,不仅是转让方借此抬高转让价格的策略,也是受让方支付被高估的股权转让价格后,又试图借此降低机会主义上的实际成本。当该约定被认定无效后,就从根本上就阻断了商业计算的正当性链条,甚至严重影响到受让方收购的 PE 倍数构成。同时,转让方又无须承担为提高自己股权转让受益而鼓吹泡沫所带来的全部损失,衍生出"赢者通吃"的法经济学达尔文主义。其结果必是违背常理甚至陷入荒谬,极不利于商事问题的恰当处置,进而从根本上削弱目标公司借助于资本优化配置而产生的持续创新驱动力。

因此,商事仲裁相对于法院而言,更应"回到科斯"坚守法经济学有关冲突权利有效配置的原创性思想,不宜过分以法律的肯定性这种"有形之手"不当干预,贸然把商人在利益最大化目标引导下的合法自愿交易认定无效,以否定市场竞争"无形之手"的结果,否则就有越俎代庖甚至恣意裁断之嫌。无疑法律体系的目标之一就是建立起清晰的权利界限,使权利能在此基础上通过市场进行转让与重新组合。但进入交易成本并非为零的真实世界后,商事仲裁的效用就会立即体现出来,它需要建立起一个可循性的资源优化配置规则王国,把个人拥有的权利以及他们的责任和特权加以更优的配置。正是这种市场交易出现的时间和谈判成本博弈后的纳什均衡,便于长久地让当事人在经济理性引导之下通过自愿交易实现权利和资源配置最优化,而非总是通过法律直接或强制配置权利和资源。就像上述两起仲裁案件中那样,受让方和转让方在股权转让协议中的特别设计,就是从利于目标公司发展与创新这一权利义务分配原则,抛弃"如果市场交易成本过高,那么权利应赋予那些最珍视它们的人"的波斯纳法经济学一根筋思维。假如无法一一对应补偿受损方的损失,则可以借助于约定控制权转让、股权附条件支付以及面向利益第三方政府的连接支线补偿款暂扣 1500 万元等多元化方式,予以间接的补偿和平衡。因为涉及权利和义务配置,即使是商业交易中的"针锋相对战略",不仅包含着"他人如何待你,你也如何待人"的一次性博弈均衡,而且它也支持协议达成后在实际履行中又可以"不间断合作"作为不确定次数重复囚徒困境的一个纳什均衡。

实际上,商事仲裁的法经济学视角规则之一,就是当权利边界不清楚时,仲裁员们不能类似作为法律的代言人法院那样,"模拟市场交易机制配置权利和资源,即将权利赋予那些最珍视它们的人",因为这象征着一种公权力对商事私权领域的强硬干预。商事仲裁只能是在尽可能周延地考量各种因素对不同待选方案的影响和反复权衡后,以及秉持张五常所谓"局限条件下之合约选择"的审慎:假如这样的决策损害既定的合法权利,那么应当花费尽可能少的代价;假如这样的变化别无选择,也要尽可能补偿受害方的损失;假如无法补偿或者不能实际补偿,则尽可能减少这样的干预行为。

可见,独特的商事仲裁领域中涉及《合同法》第 52 条关于以合法形式掩盖非法目的的合同无效之规定,只能适用于形式合法、目的非法的交易合同,不能扩及形式非法、目的合法的交易合同。本案中股权转让方原来长期掌控目标公司形成了相当的信息优势,当受让方考虑到交易的"信息不对称",在股权变更前后短期内难以改变的情况下,约定中提出即使在控制权转移后受让方仍应尽配合义务。面对这种商业上的考量,需要商事仲裁员们对股权转让的实际情况拥有更为精深的理解。比如,为了恢复股权转让双方不对称的信息交易平衡,本案双方在协议中采取的这种"私力救济"意义上约定,就是博弈构建出了基于转让对价、方式和间接补偿的最优交易方案。所以不宜轻易认定交易或合同无效,以免阻碍交易自由且不利于维护正常稳定的交易秩序。可见,传统的法解释学与新兴的法经济学分析方法具有殊途同归、相映成趣的功效,不会出现南辕北辙的情况,除非哪个环节出现了问题,或者出现了逻辑推理错误。

9. 两起商事仲裁案件在法经济学方法的“简单”运用上,应当如何精确地把握法经济学思维下的权衡边界?

沿着以上的科斯而非波斯纳的法经济学路线,还可以进一步深入分析两起关联仲裁案件中的另外两个涉及运用法经济学方法边界的问题:

原两起仲裁的第2项都涉及转让方长投公司负责另行解除加油站经营权合同问题。第一起案件仲裁期间,因另案处理加油站经营权合同尚未审结,故而仲裁裁决绿城公司可以行使先履行抗辩权;第二起案件仲裁期间,另案终审判决该合同不能解除后,绿城公司提出再审旋又撤回。对此,长投公司以对方不正当放弃司法救济的最后手段为由,认为绿城公司阻止了条件成就,即应视为条件已成就;绿城公司则认为出现了导致再审已无实际意义的情况,故而撤回再审申请,同时提出不应支付所对应的股权转让价款。仲裁庭认为,长投公司理由不成立,但又基于加油站合同难以解除,权衡裁夺绿城公司应减半支付原约定的相应股权转让对价。

这是一种比较少见的情况,即双方约定了需要其中一方花很大费用和精力才能做到的事情,或者不太可能做到的事情。商事仲裁一般应避免对此加以解释,因为这并不合理。其实这样的问题如果越复杂,就越不容易得到订约双方异口同声的同意。而双方竟然在协议中加以约定,从法经济学意义来看,它从本质上就是一种“一次性博弈”中的纳什均衡的体现。需要承认的是,方法论上一次性囚徒困境与不确定期限的重复囚徒困境不同。后者的博弈双方会在每个博弈回合中引入随机因素,并且一直博弈下去直到概率趋于零为止,中间会出现多个纳什均衡。而本案股权转让协议的约定目标,原本期待的是借助一次性博弈达到纳什均衡。但是,又在超出涉及股权转让协议的囚徒困境博弈规则之外,又加入了转让方应承担解除加油站经营权合同的承诺,这一与完成股权转让并不直接相关的新的变量,让博弈变得更加复杂起来,甚至涉及尼格尔·霍华德的“元博弈”理论,出于篇幅所限,下面拟以杰维斯、卡森和冯·丹米等对于“猎鹿博弈”的讨论,简要分析当两起仲裁关联案件中的股权转让双方加入这一并不直接相关的新的因素,产生了就此按确定方式行动的“偏好”后,到底又如何改变了在一次性博弈中的理性合作过程。

根据“猎鹿博弈”的逻辑,该案涉及的博弈合作目的是解除目标公司与某石油公司已签订的加油站经营权合同。对此,除非股权转让双方长投公司和绿城公司都尽一份力,否则就必定不能实现目标。如果双方约定分头执行解除加油站合同,他们都有可能在尝试艰难后放弃这个计划,就像本案中的长投公司另案诉讼两审败诉,绿城公司申请再审后又撤回那样。可以设想一下绿城公司历经签约后较长时间对目标公司逐渐熟悉,已初步具备了不需要长投公司协助而另外寻找其他路径解决这一问题的可能,何况又能以此行使先履行抗辩权而提出不予支付对应的股权转让价款。在这种情况下,如果双方都想继续履行解除经营权合同,彼此反而都会成为对方的妨碍。

显而易见,商事仲裁中往往会发现履行这样一个约定并没有像当初达成约定那样容易。比如,面对解除加油站经营权,股权转让双方订约时试图借助各自优势共同努力实现的合作均衡,应该是订约时就放弃这一合作计划所致均衡的“帕累托改进”,因为相比之下双方肯定更愿意看到前一种结果。但一旦协作失败,那么选择合作战略的一方在博弈结束时会一无所获,因此订约时相互选择合作与共同选择放弃相比是稳定的均衡。当然,选择不合作战略的一方至少会得到部分价款,而不论对手如何选择。就像本案中转让方可以宁愿放弃适当降低股权转让对价,而绝不承诺另案解除经营权合同,就不会产生一旦不能解除合同后失去约定的全部相应对价的风险。

从这个角度来看,第二起仲裁庭令人颇为意外地裁决受让方减半支付约定对价,违背了市场规则决定了的博弈精练均衡原理。因为,从商事仲裁的这一裁决进行逻辑倒推,转让方长投公司实际上在订约时产生了两个“决策结”。一是针对解除加油站经营权问题,与其选择“不合作战略”,不如选择“合作战略”,反正最终的博弈不会是一无所获的囚徒博弈,如此已让作为受让方的绿城公司毫无防线可言;二是当长投公司进一步精细地认识到,采取合作战略支付的成本与约定获得股权转让对价之比的效益,从概率上又低于采取不合作战略所能得到的支付,同样也会选择适度降低转让对价,弱化对方要求解除经营权合同这一“显性偏好”。

10. 两起商事仲裁案件在法经济学方法的“复杂”运用上,又应如何进一步恰当把握法经济学思维下的权衡边界?

面对第一起仲裁第5项涉及超编人员清理的处置,仲裁庭认为,虽然长投公司存在迟延履行的违约行为,但绿城公司理应敦促继续履行,而不是“继续与大部分超编人员保留劳动关系”,致使长投公司“所承诺的工作在客观上已根本无法完成”,剥夺了请求支付股权转让对价的权利,因而裁决绿城公司应支付相应价款。当然,此处又增添了更多的随机变量,让问题变得更为复杂。新增的第一个随机变量就是,收购完成后目标公司的内部结构,以及外在形式都会随之发生变化,在影响员工方面,除了本案中约定的超编裁员,还会存在对未裁人员减少福利、降低薪酬、更换岗位等降低就业条件的可能,因而需要配套进行心理契约、关键员工挽留以及薪酬上的改进措施等,否则就会引发比较严重的并购后风险,因此应充分加大权重评估。新增的第二个随机变量是,《劳动合同法》对“裁员”问题有比较强硬的裁员条件和程序规定,依此规模性裁员非经长期消化而难以短时间内完成。第三个新出现的随机变量为转让方长投公司还存在迟延履行的违约行为。

这三个新增的随机变量是如何发生作用的呢?“讨价还价”可以较好说明这一问题。本案中长投公司在决定出售目标公司时,只要不是漫天要价,绿城公司就会买下。绿城公司的保留价格 a 元是其愿为被收购对象支付的最高价格,这一出价使其在买与不买之间没有差异。同样,长投公司的保留价格 e 元是其愿出售目标公司的最低价。当 $a<e$,他们无法就这一交易达成共识,因为这时目标公司对长投公司比对绿地公司更有价值。但当 $a\geqslant e$ 时,双方

达成股权转让共识就可带来(a－e)元的剩余。因此,双方会在这部分剩余空间中进行讨价还价的磋商,新增的三个随机变量即是在这样的磋商中被放大或缩小功效。在订约时的一次性博弈中,针对清理超编用工这一棘手难题,双方都会以特定方式向对方发出表达自己意思的信号。比如,约定转让方的清理承诺及受让方的比例对价,以此消弭可能会使对方都付出代价的"双输"局面。但是,该案订约后实际履行中的三个随机变量都以各自的方式发生了作用,其显性结果是转让方迟延履行违约而让裁员久拖不决时,受让方不得不与大部分超编员工续约,因而拒绝支付相应对价。其中无疑存在转让方浅尝知难的犹豫乃至放弃,同样不能排除受让方主动续约的其他动机。不过有一点是共通的,就是他们都想借此扩张原约定的利益,只不过欲望之剑如此锋利以致在这个问题上都砍伤了自己。正是基于这一点,仲裁庭认定双方都存在过错。

问题在于,本案仲裁庭在认定过错后的责任分担上,随着新增的随机变量出现,肯定意识到了难以模拟现实的多重均衡博弈,并以此还原剩余空间中的讨价还价真实过程,所以简单选择了恪守原来一次性囚徒博弈规则,断然认定受让方不应与超编员工续约而使转让方继续履行不能。其背后的逻辑就是:即使对方有错,你也不能把事情做绝,断了对方继续履行的可能。可以说,协议约定转让方在控制权转移后仍负责清理超编员工问题,恰恰是商业活动中常见的"廉价磋商"导致合同不完备现象的体现。换句话说,订约时双方实际上是用"掷硬币"来解决这一博弈合作问题,即以清理超编员工是否完成来决定受让方是否应付款。毫无疑问,硬币落下之后每个参与人的最优选择,当然是遵守诺言。但是,如果受让方的利益在硬币落下之时受到损失,其为什么不能拒绝这个协议并要求再次掷硬币?落实到案件里,就是在转让方违约尚未完成这一义务时,受让方何以不能替代履行,以及替代的边界在哪里?

虽然没有任何理由支持合同可以随意变更,而是应当像本案仲裁认定的那样:"受让方正确的做法应是让转让方继续履约。"但是,实际状况的不稳定性又产生了一定条件下应当允许违约责任替代的规则。涉及这一点的法经济学考量,两大法系都持一致态度,中国的《合同法》第110条也规定了违约责任替代的三种情形。本案中转让方在约定期满后除了提交一份裁员名单,长期也并未作任何进一步的安排,甚至在受让方迫于压力不得不与超编员工续签的整个期间也未提出过异议,这已不是迟延履行一言蔽之,而是订约后发生了未预料到的意外情势而不能履行,抑或是权衡后认为履行成本超过所获收益的不愿履行。面对前一种情况,受让方替代履约无可厚非。即使在第二种情况下,转让方无论是单独就实际履行与否进行成本对比,还是其衡量了受让方被迫续签后的损失比较,都肯定会指向"违约比履约更有效"这一结论。也就是说,没有人因违约而亏损,却至少有一人能得利。只有在这样的条件下,因为强制履行费用过高而"替代履行的边界"才能被确定。然而在这种情况下,该案仲裁的言下之意却是"强制让转让方在合理期后仍应承担一项其实不能或根本不愿意承担的已经承诺的义务",这就武断干预了"违约的自由"本质,甚至反而让转让方因"投机取巧"的违约过错而获得额外的回报。

由此反观商事仲裁法经济学的边界是,其为之努力的应是由允诺之作成而产生的合理预期,说到底它是为尽可能增加经济价值和财富而设计的。这里法律的强制,应被理解为是为促使将来价值最大化的行为创造动因。因为商事仲裁较之法院裁判而言,更加需要机变地尊重不同当事人在整个法律过程中的意愿,以确保当事人期待从契约中获得利益,并因而使价值更高。所以,如果一个人不愿意承担一项已经承诺的义务,那么强制执行该义务便是不合理的;如果一方当事人发现另一笔交易即使在支付了这笔交易的赔偿金的情况下,仍可赚取更多的利益,则该当事人有违约之自由;如果关于契约期待利益的最初判断是错误的,而且一方当事人会因为完结这笔交易而遭受损失,那么在损害赔偿少于履行费用的情况下,应当认定他可以自由地违约,而且应该违约。

11. 引入法社会学的三维方法后,商事仲裁的特定方法论又会有什么新视角,请结合两起仲裁案件加以简要说明?

在法社会学的方法论意义上,商事仲裁同样较之于法院在法律的"二阶观察"上更加关注市场规则、契约自治和商业惯例;同时商事仲裁员的专家身份,也更容易让其获得"一阶观察"的盲点和潜在结构,以及避免陷入法官作为传统的"二阶观察"中观察者的绝对先验和法教义误区。前文分析足以明显看出,无论是法解释学还是法经济学,商事仲裁事实上更接近于卢曼的系统功能主义,催生了仲裁员们在系统同它们的"环境"之间所展开的观察多阶化与观察视野交叉化之特定方法论思路。换句话说,商事仲裁已不像法院那样每一次观察都受制于所挑选的"区别"(如合法或非法),因为这种"观察只能看到那些藉由区别之助所能看到的事物"。随着交易形态日趋复杂化、商事领域的私法形式性要求与当事人的实质要求之间正在不断产生冲突,受制于"合法与非法"区别之助的法官二阶观察,已难以贴合当事人的主观期待。商事仲裁就是在面对具体的商事纠纷时,能更灵活出于可循性等考虑选择远离法律的肯定性,形成方法论上的特定多元自由主义。因为在很多情况下相对于法律上的权利主张,当事人选择商事仲裁而不是诉讼,就是更加看重相互之间长期形成的信赖关系。甚至可援引施米特的话,以后商事仲裁的"自由主义问题的命运取决于多元主义的程度"。

当然正如罗尔斯所言,自由主义首先要回应的问题是"在多元主义的现实情况下如何维护社会的稳定"。同理,商事仲裁的二阶观察毕竟不是"一阶观察",可以根据实际情况拥有无限想象的空间。因为二阶观察的另一功能,仍在于尽可能有助于法律系统保持裁决的前后一致性,以及借此缩减日常生活世界的复杂性。因此,探讨商事仲裁之特定方法论接下去还需研究的是,认真考量法律外部环境"效率要素"结构之角色,须知这些结构是某一特定法律出现的重大变数,否则往往不能一针见血地指出问题的真正症结所在。

12. 根据商事仲裁的特定方法论,当下中国影响股权转让案件处理的法经济学和法社会学要素主要包括哪些?

并非"第二法院"的商事仲裁,随着中国市场经济发育的成熟度不断提升,已越来越彰显出极为深远的现实意义。从微观上来看,它绝不是对抗性解决争议,因为那会大伤元气,无疑不是最佳选择。商事仲裁是以独特的专业知识及权威所附随的公信力,来产生一种特定方法,去营造适合解决纠纷的氛围;以最大限度地维护当事人利益而又未必局限于仲裁请求的是非黑白,来启发当事人冷静地权衡利弊,而不是不惜代价的争财斗气。从更为宏观的视野分析,商事仲裁是在已发生的冲突解决中促进资金、技术、人员、信息等生产要素和商品在快速自由流动,以寻求资源最有利配置的绝佳方式。

以股权转让为例,近年来中国海外并购在国外正面对国际化人才准备不足、海外企业工会被低估、权力圈管理模式差异、国外劳动法律不熟悉、核心员工的留任、购买核心技术难及民族沙文主义等一系列棘手难题;同样,中国很多中小企业的并购在国内也受到相当多的垄断集团控制,以及面临中国式股权分置改革、过多外商投资审批许可、国有股权交易入场制度等限制,以致于难以顺利实现自己的价值诉求。可以说,中国并购市场已到了一个非常严峻的时刻。而商事仲裁不仅在解决国际贸易争端方面有悠久的历史和独特的作用,而且其在权利界定清晰后的多元自由主义风格,越来越能把法律外部环境“效率要素”吸引进入法律内部,让人感觉到比诉讼具有更大利益,这种效率及成本背后的商事仲裁之特定方法论,已成为左右当事人选择解决纠纷战略的核心竞争力,乃至于构造成一个“完全竞争市场”的替代性纠纷解决版图。

预期效果

1. 让学生精熟掌握商事仲裁的特定方法论。

2. 让学生开拓视野地学会商事仲裁在法解释学、法经济学和法社会学不同层面的宽阔思维方式。

3. 让学生掌握仲裁的基本程序。

4. 让学生娴熟掌握商事仲裁基于共识的争点归纳、超级案件管理的特性、法律不同视角的灵活适用等。

教学计划

1. 让学生们对所选的商事仲裁进行课前的充分阅读。

2. 让学生们分组进行课前的讨论,归纳争点和法律适用问题。

3. 让学生们分组陈述课前准备材料,教师帮助统一归纳争点,提示商事仲裁方法的特定之处。

4. 教师完整点评所有分组讨论情况,以及根据思考题逐一讲授本案所展示的商事仲裁要点。

课堂时间安排

本案例可以作为专门的案例教学课来进行,整个案例的课堂安排为 6 个课时,每课时 45 分钟。

如下课堂设计,仅供参考。

1. 课前计划:安排学生阅读案例及相关参考资料,对案例所涉及的问题进行思考,撰写实践题答案。

2. 课中计划:介绍教学目的,明确讨论主题;分组讨论,回答各项思考题,讨论实践题的撰写要点;小组代表提出撰写要点,学生讨论和分析;教师归纳总结。

3. 课后计划:布置学生进一步思考商事仲裁员们在仲裁程序中的职能,以及基于不同维度的特定方法论。

思考题和实践题

思考题

1. 根据商事仲裁的特定取向,两起商事仲裁案件的争议焦点经过梳理、归纳及合并后,主要应当包括哪些?

2. 商事仲裁的法解释学方法

(1)法解释学的方法主要包括哪些?它们的优先适用顺序是什么,以及什么时候可以出现顺序适用的例外?

(2)两起商事仲裁案件中是否存在根据现行合同法的约定条款无效的情形?对其是否应采取与法院诉讼完全一致的评判标准?

(3)根据现行相关法律规定,两起商事仲裁案件中涉及的股权转让协议是否违反法律上的强制性规定?

(4)根据现行房地产管理法和土地管理法实施条例的相关规定,本案中的申请办理平阳高速土地证的法定主体应该是谁?其他主体对此又应承担什么样的义务?

(5)两起商事仲裁庭在认定股权转让协议是否有效时,为何在理由阐释中要进行“应当尽量令协议有效而不是无效”这样的表述,它反映了商事仲裁的什么特定性?

(6)根据现行合同法规定,顺位履行或称先履行抗辩的基本规则是什么?其与不安抗辩有什么区别?两起商事仲裁案件中又是如何体现的?

(7)本案的申请人认为双方约定受让方绿城公司暂扣1500万元,用以代位支付待发生的向政府缴纳的平阳高速三条连接支线的补偿费用,不符合债产生的任何一种形式,应当认定无效。那么,仲裁庭又是依据什么加以考量和认定的?

(8)商事仲裁对契约自由、市场规则和商业惯例的尊重这一特定性在两起商事仲裁案件中是如何体现出来的?

(9)两起商事仲裁案中涉及先履行抗辩权适用恰当与否过程中的举证责任移转法律依据是什么?

3. 商事仲裁的法经济学方法

(1)科斯和波斯纳的法经济学思想有什么不同?法经济学方法更多强调“回到科斯”的深刻含义是什么?

(2)以博弈论中常见的“猎鹿逻辑”为主线,就本案股权转让协议涉及“转让方负责解除与某石油公司的加油站经营权合同”的约定,分析股权转让双方在签约时及履行中,分别是如何渗入了法经济学的考量的?

(3)涉及协议中“转让方负责解除目标公司超编劳动用工”的约定条款,仲裁庭认为,劳动权虽然长投公司存在迟延履行的违约行为,但绿城公司理应敦促继续履行,而不是“继续与大部分超编人员保留劳动关系”,致使长投公司“所承诺的工作在客观上根本无法完成”,剥夺了请求支付股权转让对价的权利，因而裁决绿城公司应支付相应价款。根据法经济学原理，仲裁庭的这一认定是否适当？可能会产生什么样的连锁性反应？

4. 商事仲裁的法社会学方法

从法社会学角度，法律外部因素是以什么样的视角和方式影响商事仲裁的法律适用？结合本案若从法社会学角度来认定，评判标准和结论又会有什么不同？

实践题

1. 如果你是当事人的代理律师，接受申请人或被申请人的委托后，在两起仲裁案件中应分别从事哪些法律工作，请拟定相应的代理工作计划。
2. 如何你已被指定担任第一起或第二起仲裁案件的首席仲裁员后，请择一拟定开庭提纲。
3. 请为两起关联仲裁案件中的申请人或被申请人择一拟定代理词。
4. 请为以商事仲裁员身份，为第一起仲裁案件撰写仲裁裁决书。

参考文献

1. 杨良宜：《合约的解释》，法律出版社2007年版。
2. [英]肯·宾默尔：《博弈论与社会契约》，王小卫、钱勇译，韦森审订，上海财经大学出版社2003年版。
3. [美]罗伯塔·罗曼诺：《公司法基础》（第二版），北京大学出版社2013年版。
4. [美]罗纳德·科斯：《论生产的制度结构》，盛洪、陈郁译校，三联书店上海分店、上海人民出版社1994年版。
5. 吴建斌：《上海外滩"地王"案的二维解析》，载《法学》2013年第7期。
6. [美]迈克尔·贝勒斯：《法律的原则》，中国大百科全书出版社1996年版。
7. 顾祝轩：《民法系统论思维》，法律出版社2012年版。
8. [加]大卫·戴岑豪斯：《合法性与正当性：魏玛时代的施米特、凯尔森与海勒》，刘毅译，商务印书馆2013年版。
9. 洪镰德：《法律社会学》，台湾扬智文化事业股份有限公司2001年版。

（杨力，上海交通大学凯原法学院教授，bbldavid@163.com）

非诉讼实务

24 CASE “国美事件”股东滥用公司控制权的法律问题分析

摘　要

公司是现代文明社会发展的标志之一，也是《公司法》研究的主要对象，作为社会化的产物，需要满足社会各方面的利益，而对于公司来说包括控制股东、中小股东等各方利益，由于控制股东在公司中处于强势地位，所以对规范股东控制权和保护中小股东的理论研究越来越多，也是公司治理改革中不可忽视的一个问题。可以说任何一家公司都存在被某种利益团体或者个人控制的现象。本案例从全国有影响力的国美控制权纠纷一案入手，从法理上分析股东控制权滥用的表现方式及常用手段，并揭示出这种现象的深层次的原因和制度缺陷。在中国上市公司股权结构及治理改革的大背景下，本案例对于认识公司股权结构及公司治理中的股东权益法律保障方面具有参考意义。

关键词

控制股东　控制权　滥用

教学案例

一、背景介绍

20 世纪末以来,中国融入世界范围内地针对公司治理结构的改革浪潮中,理论界和政府都在致力于探索如何有效地规范公司控制股东和董事行为的问题,而越来越多的被媒体曝光的公司控制股东滥用控制权而损害中小股东利益的现象更是引起了社会的广泛关注。世纪之交的数年中发生了许许多多的大股东掠夺上市公司的案例,如大庆联益、万家乐、银广夏等,而在有限责任公司中的大股东超越权限侵害中小股东的情况更是比比皆是,制度建设又跟不上,公司有效管理陷入了危机。于是政府出面利用经济手段加以宏观调控,证监会、财政部、商务部通过一系列积极的行政干预,发布了一些指导性的文件来规范公司控股股东和董事的行为,弥补了公司法的缺憾,产生了一定的效果。但由于行政色彩过浓,针对性过强,对策性应急突出而失却长远周延性,且大多数排除了对有限公司的适用,难以成为公司法层面的制度规范。

而随着创业板和中小板进军证券市场,规范大股东控制权的理论探讨就更加具有了现实意义。股东将自己的主要精力放在控制权的争夺上,而不是怎样提高公司的业绩,这从根本上背离了设立公司的初衷,而面临着大批民营企业蜂拥一样地进入证券市,却没有基本的制度构建和理念支持,没有良好的信托责任和对上市公司的理解,仅仅看到上市的融资功能,而忽视了上市公司的社会功能,所以大量的控股股东操纵上市公司管理层以达到控制公司的目的,从而更有利地谋取个人利益。这种不正当行使控制权行为侵害中小股东的利益,将风险留给社会承担,是极不负责任的公司治理观念。

控制股东滥用控制权必然损害公司、中小股东的利益,同时也降低公司的信用。而中小股东别无他法,只能通过“用脚投票”的方式选择退出公司,如果导致公司不符合法定人数,公司将面临解体,而解体后的一系列问题又要交给社会来解决。因此,只有当股东滥用控制权的行为得到有效的规制,才可能避免上述情形的发生。

二、案例概述及反映的问题

(一)事件过程

国美控制权之争的起因是因控股股东黄光裕操纵股价内幕交易接受调查而入狱,原永乐主席陈晓接任国美董事局主席进行改良,通过一系列的措施来拯救国美,其中包括引进贝恩资本,而这在事实上稀释了黄氏的股权,而大股东根据议事规则否决贝恩资本的三位非执行董事提名,而以陈晓为首的董事会随即召开紧急会议一致否决股东投票结果,由此进入到矛盾激化阶段——国美董事会状告黄氏于 2008 年 1 月至 2 月,在回购公司股份过程中,违反了公司董事的信托责任及义务,要求其赔偿公司损失,随即黄氏方面要求召开特别股东大会罢免陈董事局主席职务,到最后股东大会投票结果宣布陈留任董事局主席,黄氏方面所推荐的人员未能进入董事会,宣告了黄氏方面彻底丧失对国美的控制权。[1] 随着2010年9月28日下午国美特别股东大会投票结果的公布,国美控制权之争暂时告一段落,但黄氏方面不甘心,意欲重新夺回控制权,而此后国美电器发布公告,陈晓因个人原因辞任国美董事会主席职务,并不再担任执行董事,张大中将担任国美董事会主席,并任非执行董事,未来国美电器的实际管理权将由以总裁王俊洲为首的管理层执掌,因而也有分析人士指张大中出任董事局主席只是过渡期。

（二）反映的问题

按照我国《公司法》第3条的规定:公司是企业法人,有独立的法人财产,享有法人财产权。公司以其全部财产对公司的债务承担责任。有限责任公司的股东以其认缴的出资额为限对公司承担责任;股份有限公司的股东以其认购的股份为限对公司承担责任。也就是说股东出资后,就变成了公司的财产。2004年国美在香港上市后,其社会公共性更为显著,已经不是某个人或某个团队的私人财产了。所谓的"国美是某个人的公司"从法律上讲是不成立的,但尽管黄终审获刑,但其合法权益仍受法律保护。从法律上讲是看谁更有控制权,或者说谁控制公司的。当时黄氏仍然是国美的第一大股东,他可以通过行使表决权等方式,来影响公司经营,对公司产生影响。但以公司董事为核心的公司管理层是为公司所有股东服务的。由于现代公司中出现了所有者与经营者分离的情形,不同程度地出现了经营者不为股东、公司利益服务的现象,这种控制权的滥用现象被称为"道德风险"。因此,国美的这场控制权之争一定程度上可以贴上道德的标签,但其实质还是控制权的争夺。

任何公司的高管都是依据股东的委托而产生的,作为一个职业经理人,维护公司股东的利益既是一种法律要求,也是一种道德要求。2005年修订的《公司法》赋予了公司更大的自治权,很多方面减少了法律上的强制性或义务性规定,而交由公司通过公司章程加以规定。如果公司章程规定不明,在实际运作中就容易产生矛盾和纠纷。因此,董事会直接否决和改变股东大会决议的做法是否正当取决于国美公司章程有无此规定,即以"家法"来判断。公司章程就是规范公司的设立、股东义务等的一个公司法律文件,它可以扩大董事权利也可以限制,只要不违反公司法的强制约定,公司章程就可以优先适用,所有的公司纠纷先依据章程处理。企业要发展,完成这部体现全体股东意志的"公司宪法"非常重要。而黄也正是利用其控制权修改公司章程,然后用章程来保障其控制地位,这些获得控制权的手段后面会具体讲述。

由此可以看出,国美的纠纷不仅是单纯的控制权的争夺,在深层次上更反映了我们对制约公司控制权的制度漏洞及监管不力问题。

---

〔1〕 国美控制权之争:国美控制权之争(解说) 国美控制权之争。来源:http://www.qb5200.com/content/2015-12-23/131679.html。

三、国美事件中滥用控制权的若干表现形式

(一)内幕交易

虽然证券法禁止内幕交易并且规定了公司短线交易的归入权,但是内幕交易屡禁不止。内幕交易与贪污、诈骗等行为具有一些共同特征,但是它又似贪非贪、似骗非骗,是一种独特的不正当行为。[1] 控制股东利用其特殊影响力,容易获得内幕信息,在利益驱动下,他们常常凭借该信息卖出或买进所持上市公司的股票,从中谋取不当利润,损害了广大股民的利益。

黄光裕作为北京中关村科技发展(控股)股份有限公司的实际控制人、董事,于2007年4月至6月28日,利用职务便利,进行内幕交易,2008年3月28日和4月28日中国证监会分别对三联商社、中关村股票交易异常立案稽查。调查发现,在涉及上市公司重组、资产置换等重大事项过程中,北京鹏润投资有限公司有重大违法违规嫌疑,鹏润投资的实际控制人为黄光裕先生。[2] 这种违规行为损害了广大投资者的利益。其实在证券市场上,大多数违法案件都与内幕交易有关,可以说只要证券市场存在,内幕交易就是一个永恒的主题,需要建立更加完善的法律制度对内幕交易行为进行规制。[3]

(二)关联交易

黄氏家族以百慕大设立离岸公司香港买壳的方式实现国美电器上市,通过反复多次的定向增发和回购股份,在取得丰厚的现金回报的同时,也将自己的绝对控股地位变为相对控股甚至失去控制权。香港证监会对于黄氏家族在2008年年初的股份回购的调查,这是典型的非公允关联交易,香港高等法院提起请求索赔16亿港元并冻结黄氏相应股份的诉讼。2010年8月4日黄光裕家族提出召开临时股东大会动议后,国美电器董事会主席陈晓代表公司起诉黄光裕家族背信,其针对的也是其非公允关联交易。

“关联交易,实质上是上市公司及其子公司,与关联人之间进行的交易。”[4] 上市公司通过关联交易操纵利润,粉饰财务报表,损害中小股东和债权人的利益。一是当上市公司经营业绩不佳时,为保住上市公司的配股资格或实现扭亏,避免停牌和摘牌,母公司通过关联购销、资产置换、股权转让等多种手段,向上市公司输入利润,人为地虚增上市公司当期经营业绩,掩盖投资风险,从而影响外部投资者对公司前景的判断,导致投资者个人投资失误。二是控股股东将上市公司作为“提款机”“垃圾箱”,通过关联交易肆意处置自身的不良资产、套取现金,无偿占用上市公司资源,损害上市公司特别是中小股东的利益。2005年《公司法》的一个亮点,是首次对公司关联交易进行规制,但是对于非公允公司关联交易的规制却没有得到鲜明的体现。在我国,由于上市公司是所有公司群体中资产相对优良者,故各种关联交易的

---

〔1〕 白建军:《证券欺诈及对策》,中国法制出版社1996年版,第10页。
〔2〕 孙燕君、孙琳:《黄光裕的不归路——国美帝国的兴衰与危局》,企业管理出版社2009年版,第221页。
〔3〕 赵万一:《公司治理法律问题研究》,法律出版社2004年版,第257页。
〔4〕 于江:《上市公司关联交易法律规制研究》,安徽大学2005硕士学位论文,第37页。

法律问题也最集中地体现在上市公司中。当然,规范的目的并非一味限制或者禁止关联交易,而是为了规制非公允关联交易。

根据《上海证券交易所股票交易规则》(2008 年 9 月修订)的规定,关联交易需要通过严格的法定审批程序,且充分的信息披露予以监督。若关联交易的发生额超过一定数额或比例,则须经股东大会的审议。尽管法律对关联交易行为作了非常严格的限制,但是实际中还是存在上市公司违规进行关联交易,这种"滥用关联交易"行为在我国上市公司中也很常见,主要是因为其背后存在巨大的利益诱惑。而监管部门处罚力度不够以及法制的不完善,也为这种现象的存在提供了生存的空间。

(三)操纵修改公司章程,以实现自身利益最大化

综观整个事件,其导火索还是因为以董事局主席陈晓为首的董事会强行否决股东大会决议。按照《公司法》理论,在公司组织结构中,股东(会)大会是公司的最高权力机关,董事会是公司的执行机关,负责执行股东大会的决议。可偏偏国美电器的董事会就能否决股东大会的决议,为什么呢？它何来如此大的权利,要想回答这个问题,需要从公司章程说起。

公司章程作为公司的"根本大法",被誉为"公司的宪法",是公司设立最基本、最重要的法律文件,是设立公司的必备要素之一,具有重要的法律地位和实际意义。公司章程是公司依法约定公司内外部法律关系、确定公司内部管理体制和股东基本权利义务的法律文件。[1] 学者顾功耘认为,公司章程是记载公司组织规范及其行动准则的书面文件。

我国绝大多数投资者和经营者的章程意识是非常淡薄的。大多公司章程基本都是简单照抄照搬公司法的规定,没有根据自身的特点和实践情况制定切实可行的章程条款,几乎千篇一律,对许多重要事项未进行详细的规定造成公司章程可操作性不强,制定出来后往往被束之高阁。而且章程中有些条款的内容明显不符合《公司法》的精神,甚至有剥夺或者变相剥夺股东固有权的情形,对董事、监事和高级管理人员的诚信义务强调不够,对公司管理层权限界定不够清晰,不能有效的保护中小股东的权益。

国美电器在香港联合交易所上市,适用香港特区的法律法规。但无论是英美法系还是大陆法系,对公司章程的地位和作用的认识都是一致的。很显然,国美电器为了满足公司运营管理的需要,根据公司实际情况对公司章程作出了特殊的设计,"据报道,2006 年 5 月 10 日,黄光裕对国美电器公司章程进行了最为重大的一次修改。当天,在香港中环香格里拉大酒店召开的那次股东周年大会上,持有国美电器约 70% 股权的黄光裕,授予了国美电器董事会如下权力:国美电器董事会可以随时任命董事,而不必受制于股东大会设置的董事人数限制;国美电器董事会可以以各种方式增发、回购股份,包括供股、发行可转债、实施对管理层的股权激励,以及回购已发行股份。事实上,此等授权,为黄光裕之后以国美电器为平台实施的资本运作提供了无尽的便利。"但是,其对管理层权限的肆意扩张,是否符合《公司法》精神,在学

---

〔1〕 江平:《中国公司法原理与实务》,科学普及出版社 1994 年版,第 156 页。

理上仍存在争议。

所谓成也萧何败也萧何,黄光裕利用公司章程的自治性,赋予管理层广泛的权力,而后利用董事局主席的地位为其之后的资本运作提供了便利,而导致此次控制权之争并最终落败的事由也正是因为公司章程赋予了管理层这种广泛权力。

(四)控制股东滥用控制权的其他形式

控制股东利用其控股地位不正当行使控制权,侵占上市公司资产,将具有独立法人资格的公司变成个人的私有财产,违背了公司法的初衷,也打击了广大中小股东的投资热情和影响了中国证券市场的良好发展,以下就其他几种常见的滥用控制权的现象加以整理:

1. 占用资金

目前,我国上市公司治理中存在许多问题,其中大股东及其他关联方占用上市公司资金的现象由来已久且金额极其巨大,这是上市公司治理的致命风险之一,已经严重威胁到我国上市公司的生存及可持续发展能力。早在2002年年底,中国证监会曾对1175家上市公司进行了普查,发现有676家公司存在大股东占款现象,占款总额高达967亿元;2003年,共有623家公司的资金被占用,总额577亿元;2004年,被占用资金额虽有所下降,但仍在500亿元以上。截至2005年6月底,两市仍有480家上市公司存在大股东占用资金的问题,累计近480亿元,相当于全部上市公司2005年上半年净利润的一半。从占款方式看,可分为经营性占款与非经营性占款;而从占款时间划分,又可分为长期占款、短期占款;从占款方法看,既有大股东虚假出资、关联交易、强行划转,还有上市公司为大股东担保等;从占款的账面表现看,既体现于应收账款、其他应收款、预付账款,也包含在或有事项及重大诉讼中,更有一些则在上市公司公告中难以体现。

我国上市公司股权结构分割为非流通股和流通股两大部分。股权结构的人为割裂造成同股同权同利基础的丧失,利益的差别导致非流通股股东和流通股股东各自追求不同的目标,而国有股一股独大的股权结构则为国有股股东凭借其控股地位来攫取相关者的正当利益提供了现实可能性。使得大股东及其关联方占用上市公司资金的情况时有发生。且看那些被大股东占用资金的典型事件中,“猴王”“三九”“轻骑”等,都存在“一股独大”的现象。[1]正是由于大股东的绝对控制,使中小股东缺乏参与公司治理的途径,流通股股东很难给公司的决策和管理施加重大影响,挫伤了中小股东参与公司治理的积极性,因而缺乏对控股股东有效的制衡。上市公司俨然成了“唐僧肉”,利益的驱使和制度的滞后使近年来上市公司大股东掏空公司的现象时有发生,对此,我国政府部门也做了大量的努力。2005年,中国证监会下发《关于集中解决上市公司资金被占用和违规担保问题的通知》,国务院批转《证监会关于提高上市公司质量的意见》,提出清理资金占用工作的最后时限,要求确保在2006年年底全部偿还所占用资金。2006年又发布了《关于进一步做好清理大股东占用上市公司资金工作的

---

〔1〕 王宛秋、毛春华:《上市公司大股东占款现象的分析与对策》,载《会计之友》2004年第2期。

通知》,强调清理上市公司资金占用是提高上市公司质量的一项重要工作,必须切实做好,要求各有关方面积极配合,抓紧解决清欠问题。

2. 操控利润

控制股东往往会为了自身利益考虑,操纵股东大会进行利润分配,按照自身的需要对利润进行分配,或者不分配,或者只用股票红利进行分配,从而使中小股东不能得到现金,控制股东则可以从公司中得到其他形式的利益。在我国,年终不分配红利的上市公司越来越多,原因很多,一些公司因为业绩差确实无力分配;一些公司账面利润可能不实;一些公司由于各种原因可能缺乏现金流量。但是有些公司明显具备分配能力的绩优股也不分配。广大投资者通过购买股票,是希望能够获取一定收益,这也是投资者投资股票市场的根本动力。而大股东根据自己的利益需要,或者为将来可能获取更多的利益的考虑来操控利润的分配,损害了中小股东的利益,也打击了投资者的积极性。

《公司法》第47条和第38条规定,董事会制订的公司利润的分配方案,最终由股东会审议通过。我国上市公司利润分配,通常包括派发现金股利、送红股、资本公积金转增股本以及上述三种形式的不同组合。[1] 采取什么样的方式来进行利润分配,对上市公司资产的增加或减少,以及决定如何再投资等都有重大的影响,尤其且对于控股股东来说影响更大,因为他们持有大量股份,这也为他们操纵股利分配方案提供了可能。

教学手册

教学对象及目标

本案例供法律硕士非诉讼案例教学使用,法学本科(大四)、商法学硕士也可以参酌试用。

本案例主要就《公司法》中相关公司治理及股东权益保护进行讲授。具体要解决的问题包括:(1)明确股份有限公司与有限责任公司的区别;(2)资本多数决与股东权利滥用的背后原因;(3)《公司法》对防治控股股东权利滥用有哪些救济条款;(4)滥用控制权的表现形式有哪些;(5)小股东在公司中的地位及权利保护措施;(6)现行《公司法》中针对大股东权利滥用需要进行哪方面的改进。

教学内容

1. 如何理解公司控制权?

公司控制权是经济性权利,它是依附于公司的独立人格而派生出来的、具有利益内容的权利。不同的公司表现形式也不同,控制权的表现形态和行使模式也各不相同:董事会控制公司、大股东控制公司以及职业经理人(CEO)控制公司等。由于公司负载了众多社会成员的

---

[1] 夏丹:《上市公司利润分配法律制度研究》,载《南昌航空工业学院学报》2001年第12期。

现实利益和预期利益,控制权能否正当行使对各方利益的公平保护都至关重要,因此需要在公司特别是现代公司中构建法人治理结构,而其中的核心就是控制权的适当配置和监督权机制的合理安排。控制股东的公司控制权也是实现其控制利益的一种力量。

权利,是主体依从自己的意愿进行活动的法律空间。权利的社会支配性决定其产生的社会根源是冲突。企业作为一种集中体现财富积累与分配的交易场合,其中利益的存在与冲突的发生是紧密联系在一起的。现代股份公司随着股权越来越分散、公司所有权和控制权出现了相分离的现状,从而公司经营者实际上控制了公司,拥有了公司的控制权,也就是所谓的“经理革命”,从此公司控制权问题的研究开始引起理论界的重视。控制权是一种实际的选择权,通过行使法定权力或对董事会施加影响,来选择董事从而控制公司的决策和经营;北京大学国家发展研究院院长周其仁认为,企业控制权就是可以排他性利用企业的资产,来从事市场营运和投资的决策权。

我国《会计准则》第36号第3条规定:控制,是指有权决定一个企业的财务和经营政策,并能据以从该企业的经营活动中获取利益。共同控制,是指按照合同约定对某项经济活动所共有的控制,仅在与该项经济活动相关的重要财务和经营决策需要分享控制权的投资方一致同意时存在。重大影响,是指对一个企业的财务和经营政策有参与决策的权力,但并不能够控制或者与其他方一起共同控制这些政策的制定。可见,公司控制权是一种对企业的排他性支配权,对公司的人事安排和利润分配各方面都有决定权,这种权力一旦被滥用肯定会对其他股东造成侵害,需要有效的监督机制来制约。

2. 什么是控股股东?

控股股东在公司的设立过程中以及以后的存在期间,都是不可缺少的。根据《公司法》第217条第2项的规定:控股股东,是指其出资额占有限责任公司资本总额50%以上或者其持有的股份占股份有限公司股本总额50%以上的股东;出资额或者持有股份的比例虽然不足50%,但依其出资额或者持有的股份所享有的表决权已足以对股东会、股东大会的决议产生重大影响的股东。

目前,实践中我国的公司规模不同,数量多样,差别相当明显。股东只能通过持有公司的股份来获得收益,因此持有股东多也就预示着享有更多的方便和权利。在现代化的公司组织结构中,公司的经营权与所有权是相互分开的。所以公司的发起者不一定掌握公司的控制权,恰恰是那些拥有多数股份的控股股东掌握了公司。控股股东对公司的投资和利润分配决策等行为,关系着公司的未来和前途。而由于公司的发展环境和制度范围也不尽相同,所以世界各国对于规范公司控制权的法律并不完全一样。比如,我国,因为发展的环境不同,历史遗留问题比较多,普遍存在股权集中度较高的现象,因此我国上市公司中广泛存在控股股东一股独大的现象。不像西方国家由于历史传统不同,公司中股权结构是很分散的,基本很少出现几个少数股东持有大部分股份的情况。

3. 什么是控制股东与实际控制人?

我国《公司法》(2018)对实际控制人的定义为:虽不是公司股东,但通过间接投资关系、协议或其他法律安排，能够实际支配公司行为的人。控制股东是表现在对公司有支配的影响力，并不一定表现在表决权上，也可以通过其他的方式，主要是在于控制的权力而并不仅限于股份的多少。由两者的表述可知，实际控制人并不是公司的股东，通过一定的关系或中间途径来间接控制公司的。而控制股东就是公司的股东，表现在直接的控制。在实践中，社会零散投资者一般很关注某个上市公司的控股股东是谁。但对上市公司的实际控制人是谁则不知或很难知道。从大的意义上来说，实际控制人可能是某控股股东，也可能是控股股东的实际控制人或股东，甚或是其他法人、自然人或组织。实践中根据证券交易所的有关要求，企业在披露信息时，对上市公司实际控制人的披露一般要追溯到个人、国有资产管理部门或其他最终的实际控制人。

4. 什么是控股股东与大股东？

大股东是相对于小股东而言的，是从各股东间持有股份的多少而判断的，没有严格的法律意义，是一个相对的概念，内容比较宽泛。一些控股股东也可以叫作大股东，但大股东不一定就是控股股东，也就是说某股东所持股东比其他大部分的股东多，就可称其为大股东。控股股东和大股东都是公司的股东，只是分类上的不同而已，两者也没有明显的非此即彼的关系，应该说大股东的范围更广泛一些，并且也没有明显的规定持股多少才是大股东，而对于控股股东法律则有明确的持股比例规定。

5. 司法实践中应当如何准确理解《公司法》对一人公司的规定？

传统的公司法注重有限责任公司的社团法人地位，排斥一人组成法人社团的可能，并在法理上推理认为公司在只有一个成员的情况下不会形成相互监督的局面。这样对其他相对人包括债权人来说是不公平的。但在实践中导致了大量的虚假注册的现象，并引发了不少本不应该发生的股权纠纷。于是新公司法直接承认了一人公司，规定了法人独资的一人公司和自然人独资的一人公司两种情况。这是一次重大的制度创新，但是为了防止一人股东的任意行为可能给公司的债权人造成损害，还设定了若干门槛条件和制约措施。包括严格的法定资本制，且规定最低的注册资本为10万元，一个自然人只能设立一个一人公司等。并在诉讼时规定举证责任倒置由一人有限责任公司来证明其行为的合法性。因此司法机关在审理时应当全面拿捏，注意分寸，在保护债权人利益方面做足功夫，以更为严厉的标准审视公司控制权行使的正当性。

6. 如何完善独立董事制度？

独立董事是不在公司内部任职，并且独立于其他股东，与公司也没有重要的业务往来和专业联系，从中立的角度来独立地判断公司事务的董事。独立董事应该界定为只在上市公司担任独立董事而不再担任该公司任何其他职务，并与上市公司及其大股东之间不存在妨碍其独立作出客观判断的利害关系的董事。独立董事制度在保护中小股东，在限制控制股东滥用控制权方面发挥了很大的作用，但该制度还存在一些瑕疵，在独立董事的选聘上可以由董事会或监事会或持有1%以上发行在外的全部有表决权股份的股东推荐，这就为大股东提供了操作的空间，因为董事会大多由控制股东来控制。另外，对于独立董事的职业素质也没有硬性的考量,实际的判断只能靠他自己的专业能力和认识能力来决定。独立董事的一项重要的职责就是及时发现并阻止公司中对中小股东利益不利的一切行为和决定,但如果他并不这么认为,或者他没有认识到问题的本质从而导致独立董事就没有了存在的意义。所以面对独立董事制度的消极性,还应当从理论和实践立法中给予一定的探讨或寻求其他方向来更好地维护公司和中小股东的合法权益。

7. 如何理解监事制度的作用?

监事制度的设置是现代公司中一个非常重要的突破,哪里有权利,哪里就需要监督。但在我国的实践中,无论是从立法角度的制度构造,还是公司运作中的实际情况,监事及监事制度好像并没有起到应该有的作用。在好多上市公司出现了这样那样的问题,几乎没有一个是由监事会来发现的。其实深层次的原因是我国的上市公司改革并没有真正完成,只是在框架层面完成了模仿,而在制度的理念培养和理论研究方面还没有太大的起色,从而导致了上市公司在出现了问题的时候监事会还会为董事会开脱责任,本来是来监督的,最后却成了维护者了,中小股东依靠监事来维护自身合法利益的道路也走不通了。这样使公司完全成了大股东的财产,而缺乏有效制约的权力一定会肆意的扩张。所以有效地制止滥用公司控制权的行为,合理完善的监事制度肯定是不可缺少的。从监事的选任及责任承担等方面要加大法制建设力度,明确分工,改变监事会的集体责任制度。并对监事的工作性质加以明确,完善监事的奖励和惩罚措施,所谓的集体负责在实际运用层面就是没有人负责。另外还要协调监事和独立董事的职责范围和权限,使其各尽其职,避免出现职责重复导致无人负责,而在监事的提名问题上要限制控制股东的权限,保持监事的人格独立性。

8. 如何理解股东平等原则?

平等原则是人类历史上最为进步的原则,每个人都有平等追求幸福的权利,也是民事法律中的一项最重要的基本原则,每个人都希望自己受到别人的尊重,当然如果这种要求得不到满足时,就会有一种失落感,所以说资本主义先前的倡导者都一直倡导自由的平等,只有平等才能保证正义的实现,才能使这个社会更加和谐自然,平等是人类的最重要的权利。这种平等原则反映在公司法层面上就是股东之间的平等。股东根据所拥有的股份平等地享受权利和承担义务。它是民商法当事人地位平等原则在股份公司法中的具体体现。它要求股份公司的股东应在股份基础上而非人数基础上,平等地享有股息红利分派请求权、表决权和剩余财产分配请求权,平等地承担出资义务。因股份有限公司人数众多,相互联系松散,重大事项都实行多数票决定原则,具体经营管理又委托给董事会等机关负责。因此,股东平等原则对于维护一般股东利益,防止董事、监察人或少数股东独断专横,具有重要意义。但其并非毫无例外,公司法和公司章程对持有后配股、优先股等股份的股东权利,可给予差别待遇,如限制其股息、红利分派、剩余财产分配的时间和表决权等。但公司是典型的营利性法人,以成员对公司的投资数额作为标准来分配权利和义务,即在股东之间实现一种比例平等,借助于这种比例平等可以提高公司的决策效率,保护大股东的投资热情。但是,股份平等,必然要求少数资本服从多数资本,使小股东的表决权丧失意义,控制股东与少数股东之间存在事实的不平等，控制股东对公司事务有着决定支配权，少数股东的意志往往为控制股东所征服。这就产生了控制股东利益与少数股东利益相冲突的问题。如果控制股东合理行使控制权，其意志拟制为公司意志，并无不当。但如果控制股东滥用其控制权，把只反映其自身利益的意志拟制为公司意志，迫使少数股东接受和服从，则会有违股东平等原则的基本要求，基于此，当股份平等破坏了股东平等原则时，为确保股东之间实质平等的实现，应对股份平等原则加以限制和约束，对控制股东可以适当的法律约束当属必然。

9. 如何理解资本多数决原则？

现代公司立法中，由于股东人数众多，且又不可能统一到齐的客观现象存在，所以在制度构建上资本多数决就成了决定公司重大事项的有效表决方式。但是，此制度极容易被某些不良分子所利用，以此作为合法的手段来损害中小股东的权益。控股股东因为占有多数的股份，从而获得了很多的表决权，他们通过行使这些表决权来决定董事会的成员，很明显这些成员都是代表他们的利益的，这样的情况下，董事会就成了那些控制股东随意出入的场所，可以随意地来决定一些对自己有利的事项，而做出对中小股东不利的事情来。并且利用自己的优势排挤少数股东进入董事会，资本多数决原则在实践中已经成为控制股东操纵上市公司的有力武器。这样就使大股东和中小股东在事实上是不平等的，不符合股东平等原则的要求。在法律上来说，拥有多数股份的股东的意思基本上视为公司的意思，而作为持有多数股份股东意思的公司意思对其他少数股东是有约束力的，这就是所谓的“资本多数决”，或者叫作股份多数决。资本多数决是公司制度的一个基本的原则，根据这个原则股东持有股份的比例不同决定了其意志在公司的影响力也有所不同。直接后果是公司全体股东产生了分化，即多数股东或者是控股股东和少数股东。其实多数股东并不是说人数多，而是持有的股份多，现实中往往表现为极个别大股东持有公司大多数的股份，他们要么持有公司一半以上的股份，要么没有超过一半但能够控制公司重大事项的表决结果。对于股权相对分散的公司来讲，广义的“多数”指相对多数，就是那些持股不过半数但能够控制公司股东，只有表决权能够达到法定的多数，才能控制公司。

资本多数决制度是随着股东大会制度的产生和发展而逐步确立的。1807 年的《法国商法典》比照政治上的民主制度确认了资本多数决制度。资本多数决制度的创立，合乎风险与利益相平衡的理念，有利于调动公众投资和议事的积极性，具有合理性。所以现代各国公司法都确认了该制度。很显然，资本多数决原则的滥用违背了股东平等原则，少数股东的权益得不到保护，并且被多数股东所支配。如果控制股东仅就其所持有股份的比例来正当地行使权利是受到法律保护的，但是他们已经超出了自己的权利范围，几乎控制整个公司，支配公司的所有财产。即使通过资本多数决形成的决议，也并不是公司所有表决权多数决的结果。不是每个股东都愿意去行使表决权。股东大会的决议只需要符合法定最低要求的出席股东大会的股东所持有的表决权的多数同意，就可以获得通过。股东大会完全形式化了，支配公司的股东或者经营者能够忽视其余很多股东的意志而使公司完全私有化。

10. 如何理解诚实信用原则与股东的诚信义务?

传统公司法理论认为,与公司董事不同,股东只对自己的股份责任,不用对公司和其他股东负责。因为股份也是股东的一种财产,可以由股东自己独自支配和控制。所以股东在行使其股东权利的时候只需追求自身利益最大化,不需要对其他事项负责。股东只有遵守公司章程、缴纳股款以及承担所持有股份为亏损的义务。然而,随着大量控制权的滥用现象的出现、控制股东损害少数股东权益事件不断发生,众多股东的"集体行动"问题无法克服,资本多数决原则不可被推翻。于是,理论界开始逐渐将诚信义务的承担扩展到控制股东。现今大陆法系和英美法系在公司法上基本都确认了控制股东的诚信义务。诚信义务包括注意义务和忠实义务。注意义务要求受信人对所托之事必须履行一个善良管理人或者普通谨慎的人应尽的注意去从事活动,不得消极履行职责,它要求受信人必须作为,是一种积极义务;忠实义务则要求受信人在处理相关事务时遇到自己利益与受托人的义务冲突的,不得优先考虑个人利益而损害或牺牲受托人或受益人的利益,它要求受信人不得作为,是一种消极义务,是法律化的道德义务。人们对控制股东对公司和少数股东负担忠实义务的认识比较统一。当利益相矛盾时,就需要忠实义务来约束相对人,这是一种客观的义务,控制股东不得在自己的利益和公司或者少数股东的利益相冲突时,优先考虑自己的利益而忽视他人的利益甚至损害少数股东的利益。当行使表决权时会导致控制股东的利益和公司的利益发生冲突时,公司的利益必须放在首位。

如果通过的决议事项关系到少数股东利益,那么控制股东就应该向少数股东负担忠实义务。而在承担法定义务的时候,肯定有相应的责任来保护义务的有效实施,也就是如果控制股东没有尽到忠实的义务,而使公司和小股东的利益受到侵害,这时就应当承担相应的法律责任。不管是大陆法系还是普通法系,公司法都在保护小股东及限制控制股东方面做了相应的规定,并设置了许多相应的救济程序。只要存在客观利益损害事实,并不需要对控制股东的主观心理状态予以证明,法院就应当按规定的程序判决其承担责任。

11. 对有限责任公司的思考。

有限责任公司控制权正当行使的制度建设,其宗旨是对小股东利益给予周到的保护。有限责任公司存在的基础是各个股东之间的相互信任和彼此的合作关系,是资本合作基础上的人合组织。不同于股份有限公司,它具有一定的封闭性。法律上规定股东平等原则,要求每一股份所代表的股东的权益应当是平等的。不能有所偏向。但是实际操作中,公司的实际掌权者往往把权利用到极限,远远超出了其股份所代表的权利。资本多数决原则的滥用使大股东在实际上控制了公司,而大股东还不会满足于在股权方面的优势,利用自己的权利对人事调配上也作了调整,他们往往将公司的各个业务部门特别是财务和人事部门的负责人选聘权力掌握在自己手中,使主要部门领导人对大股东产生人身依赖关系,如此一来整个公司的运作从表面到内容上都成为了控制股东的私有财产了。这样很有趣的现象就产生了,就是在好多公司中小股东的地位还不如一个中层业务部门负责人的地位高。使小股东的利益被损害时如果没有大股东的帮助或者允许是得不到补偿和救济的。而且查看公司账目程序繁杂,当选择“用脚投票”撤回资金时也要满足一定的条件，操作起来十分复杂，而且常常会涉及公司诉讼。2005年《公司法》在股东权保护方面完成了在中国现实环境条件下的实质进步，甚至说做到了极致，这对完善有限责任公司控制权的监督机制奠定了坚实的制定法基础。

12. 对股东控制公司行为的监督机制的思考。

在设立公司前，各个股东根据相互的信任和合同关系共同组建设立公司，其中有个别股东成为了大股东，或者相互结合成为了大股东，在公司成立后根据资本多数决的原则实际上控制公司。这种客观现象对小股东来说是会预料到的，但是小股东并没有因此退出公司而终止合作，相反还是继续合作下去，说明小股东并不关心控制权的问题，而是基于对大股东的信任，因为有限公司是相对封闭的，股东间的信任会显得尤为重要。如果大股东违背诚信义务，小股东对其不再信任时这种封闭的局面就会被打破，还可能会引入司法程序来解决，双方对簿公堂，此时公司存在的基础已经消失。所以应当从法律上对控制权的行使和规范加以梳理，保证小股东的权益和对大股东的持续信任，这样才有利于有限公司的长久发展。2005年《公司法》中大规模的规定中小股东利益保护的内容，给了投资者一定的启示，公共权力非常关注公司社会中的弱势利益群体，而股东利益的最佳状态的建立绝对离不开股东自身的觉醒。中小股东与控制股东联手投资，除了依据信任产生的压力之外，还应当从构造公司章程入手，以规制布局利益，以特殊的否决权防范滥权。

13. 公司的诉讼程序与法官的自由裁量权。

股东利益的全方位保护显然不能指望政府，诉讼必将担负起公平维护股东利益的主要职责。伴随我国现代化建设的深入发展，法治化进程也在逐步完善，公司的法制观念也在加强，生活的许多层面都有法院的介入。表现在公司方面也出现许多的股东诉讼案件，情况越来越复杂，这就要求法律要完善，而且法官的素质和自由裁量权的度也要把握好。2005年修订的《公司法》的宗旨之一就是结合中国实际，全面制定对中小股东利益保护的法律制度，公司法已经尽其可能地作了规定，如股东的知情权、请求召开临时股东会议的权利、股份回购请求权等，要求公司采取适当措施向加害人追索损失的请求权，以及对违法、违反公司章程的股东会会议决议、董事会会议决议提起宣告无效和撤销的诉讼的权利。但由于《公司法》不可能对每一类案件的实质标准作出细致的规定，且不适宜对特殊的派生诉讼程序作出规定，而最高人民法院未能及时出台内容全面的司法解释，法官的自由裁量权就不得不予以认可。保护公司和中小股东的利益，规范董事、监事、高管人员和控制股东的行为是2005年修订公司法的一项重要宗旨，依循这样的旨意，法官沿着争讼利益适度偏向中小股东一方的路径行使自由裁量权是合理的。

14. 公司法的强制性规范与控制权的限制。

我国的公司制度起步晚，也没有良好的信托责任机制，而且我国是成文法国家，再加上法制建设还不太完善，如果没有强制性规范作为支撑的话，许多行为就无法得以规范。另外，我们司法机关不具备创设法律的职能，在判案过程中主要以成文的规定为依据，强制性规范可以更好地来保护各方的利益，在我们现行的公司法体系内，具有强制性规范的条款并没有对投资者和其他利益相关者造成不便,恰恰还有效地保护了投资者和中小股东的利益。在《公司法》中,应当剔除那些妨碍投资和公司运营的强制性规范,对于股份公司特别是那些上市公司则从《公司法》和《证券法》上增加较多的强制性法律规范,这是因为上市公司与社会公众联系紧密,股东人数众多,集合的资金数量巨大,与公众利益息息相关。

课堂时间安排

本案例可以作为专门的案例教学课来进行,整个案例课的课堂安排为 8 个课时,每课时 45 分钟。

如下课堂设计,仅供参考。

1. 课前计划:安排学生阅读案例及查阅相关参考资料,熟悉案例基本情况,并根据理解罗列几点讨论,撰写实践题答案。

2. 课中计划:介绍教学目的,明确教学主题,引导学生思考案例中的法律问题;分组讨论,回答各项思考题,讨论实践题的撰写要点;小组代表提出撰写要点,学生讨论和分析;教师归纳总结。

3. 课后计划:布置学生进一步思考现代公司制中控制权滥用与中小股东利益保护之间的关系并进行辨析。

思考题和实践题

思考题

1. 股份有限公司与有限责任公司的区别?
2. 上市公司与股份公司的区别?
3. 对完善我国公司控制权正当行使制度的思考?
4. 健全对控制股东控制公司行为的监督机制思考?
5. 什么是内幕交易?
6. 关联交易及其表现形式?
7. 控制股东滥用控制权的主要形式?
8. 独立董事制度对预防控制权滥用有哪些实践意义?
9. 什么是股东平等原则,实践中如何实现这种原则?
10. 资本多数决及其在实践中的运用?

实践题

1. 如果你是黄氏一方的律师,在回购股份时,你会给什么样的法律意见?
2. 如果你是国美的独立董事,你会用什么样的方式行使你的权利?
3. 通过国美的案例,如果让你给企业做一个培训,你会从哪些方面入手?
4. 如果你是国美公司的董事会秘书,结合本案案情,在对外发布信息时,你会从哪些方面把握?
5. 如果你是法官,遇到滥用控制权损害中小股东利益的情况下,你会从哪些方面把握运用自己的自由裁量权?

参考文献

1. 赵万一:《公司治理法律问题研究》,法律出版社 2004 年版。
2. 甘培忠:《公司控制权的正当行使》,法律出版社 2006 年版。
3. 沈乐平:《母子公司法律问题研究》,经济科学出版社 2007 年版。
4. 蒋泽中:《公司收购与兼并》,中国人民大学出版社 2004 年版。
5. 苗壮:《美国公司法制度与判例》,法律出版社 2007 年版。
6. 张维迎:《产权、政府与信誉》,三联书店 1994 年版。
7. 赵旭东编:《公司法学》,高等教育出版社 2006 年版。
8. 汤欣等编:《控股股东法律规制比较研究》,法律出版社 2006 年版。
9. 黄汉江编:《公司控制权依存状态及其治理机制研究》,上海财经大学出版社 2006 年版。
10. 顾功耘:《公司法》,北京大学出版社 2004 年版。

(王景斌,华东师范大学法学院教授;张战坡,华东师范大学法学院,zhanpolawyer@163.com)

25 CASE 公司股权融资与公司治理

摘 要

本案例主要研究公司股权融资中容易引发的公司控制权分散问题,讨论公司为求发展而进行股权融资对公司股权构架、公司治理的影响。通过案例学习,了解公司股权融资中股权构架设计的重要性,把握融资协议条款设计中的法律风险点及特别注意事项,认识公司股权融资中不同的股权构架对公司治理的正反双方面影响,从而引导学生全面熟悉我国公司股权融资中的实务问题,启发学生深入思考公司治理现代化的理论问题。

关键词

公司金融　股权融资　股权构架　公司治理　公司控制权

教学目标

(1)从案例教学的角度,借助实践中出现的公司股权高度集中与公司股权相对分散两个截然不同的股权构架实例,全面介绍公司股权融资中股权构架设计的意义、价值和融资协议条款设计的法律风险点,重点探讨公司股权构架对公司治理的影响及其相互之间的关系。

(2)通过学生对案例的阅读、分析,结合授课教师的指导,使学生对公司股权融资设计的整体方案以及不同公司不同股权融资设计所要求的法律框架有较为全面的了解和把握,从而对公司股权融资过程中股权比例设计这一高端复杂的公司非诉业务有个更为深刻的理解。

(3)以案例的讲授作为切入点,引出公司股权融资中股权构架设计相关的理论问题,如公司控制权问题、公司治理问题、公司表决权问题等。

(4)对公司金融理论与实务问题进行思考与检讨,为学生进一步学习提供方向。

教学案例

引 言

频频被曝光于大众视野之下的餐饮企业俏江南，融合了当下社会吸引眼球的诸多元素：号称中餐女王的张兰，京城四少之一的汪小菲，台湾明星大S，还有高端餐饮，顶级会所，俏江南有着足够的气场和光环，但它为什么最终走到了卖股求生、卖盒饭救市的地步？作为一个家族企业，创始人张兰及其家族又是如何一步步地失去对俏江南的股份控制权的？从引入外部资本首次上市失败之后，俏江南陆续被转手，而张兰最终脱离与俏江南的直接关系，俏江南不幸沦为了餐饮企业转型失败的典型案例。但前面刚有败者，后面又有来者：2015年11月，又爆出"饿了吗"引入滴滴出行作为战略投资者[1]。可以说，引入资本、股权众筹正成为当下餐饮企业日渐青睐的融资选择，并正逐渐成为风潮。但如何与门口的"野蛮投资人"打交道，值得餐饮企业，也值得其他行业意欲引入资本者的深思。前车之辙后车之鉴，有了俏江南这种引入资本痛失控制权的反面案例，后来者中有的开始在资本引入方面倍加小心，如京东的刘强东，在公开发行股份融资之际，设计了1股拥有20份投票权的特殊股以牢牢把握公司的控制权，但由此而带来的公司表决权高度集中后公司决策如何纠偏之新问，则为此次股权融资中的双层股权构架设计留下了进一步探讨思考的空间。

第一部分 案 情 介 绍

【反面案例】以俏江南股权融资案为例，讨论公司股权融资方案在设计上的法律风险

（一）公司简介

俏江南起家于2000年。其创始人张兰，在20世纪的出国潮中，海外淘金两年带回2万美元，先是创办了其第一家餐馆阿兰酒家。之后，又开了一家烤鸭大酒店和一家海鲜大酒楼，2000年，张兰卖掉前面创业的三家餐厅，用所得6000万元现金创建了俏江南。凭借精准的市场定位和营销，俏江南很快风生水起，2005年，世界著名企业菲亚特集团提议以10亿美元入股俏江南，被张兰拒绝，这也使她错过了高端餐饮连锁发展的黄金时机。彼时的张兰，一心想要扩大经营，先走了加盟扩张之路，为后来的食品质量安全埋下了隐患；另外，公司经营基本

---

[1] 记者孟凡泽：《滴滴出行入股饿了么》，载《京华时报》2015年11月26日。（2015年11月26日饿了么宣布，滴滴出行入股饿了么的协议签署和股权交割，已于11月24日完成。）

依赖于场地租赁,没有经营场所的产权,[1]这也为公司后期扩张发展带来了风险。2006年10月,张兰和其独子汪小菲在北京黄金地段创设了一家顶级时尚会所LAN CLUB,总投资超过3亿元人民币,年租金高达2400万元;2008年,俏江南又在上海开了一家LAN CLUB。两大会所的开设,花费了俏江南几年的净利润,影响它后期的扩张和经营。

(二)公司的股权融资与股权变动

2008年,为了支持门店扩张计划,张兰引入了国内知名投资方鼎晖投资,当时,俏江南被估值约20亿元,2008年12月俏江南宣布向鼎晖投资和中金公司出让10%的股份,融资3亿元,最终鼎晖出资2亿元成交。鼎晖以2亿的价格换取了俏江南10.53%的股权,并与张兰签署了"对赌协议":如果俏江南不能在2012年实现上市,俏江南必须花高价从鼎晖投资手中回购股份。结果,俏江南未能上市,对赌失败,俏江南必须从鼎晖手中回购股份,而彼时的俏江南又无力回购股份,从而触发了一系列股权融资中签订的协议条款执行,最终导致张兰从俏江南出局。可以说,从创立俏江南到助推上市,再到失去控制权,创始人张兰之俏江南败局的形成,与其2008年的股权融资有直接密切的联系。张兰也曾明确承认,俏江南的转折,就是从引入鼎晖投资开始的。

2014年,陷入资金难题的俏江南不得不选择卖身,私募基金Cvc Capital Partners(以下简称CVC)以3亿美元购入俏江南82.7%的股权,另有13.8%及3.5%的股权分别由张兰及员工持有,至此,张兰彻底失去了对俏江南的控制权。2015年7月16日,俏江南官方发出声明,创始人张兰已不再担任公司董事会成员,至此,张兰彻底退出俏江南。[2]

(三)案例引发的思考

从最早的股权融资开始到最后的被踢出局,这一结果,可以说是由一系列的融资决策及反映决策的合同(协议)条款以及依照条款的执行行为所决定的。

在俏江南的股权融资中,最显而易见的问题就是"对赌条款"的设计出现了较大的漏洞。那么,在对赌条款的设计上,如何才能保证创业者既能融到资,又不被风投所订立的不合理条款过分限制?如何防止公司股权被迫转让?如何保障公司创始人对公司的控制权?

【正面案例】以京东的双重股权结构为例,讨论股权集中可能存在的问题

2014年5月,京东在美国纳斯达克证券交易所正式挂牌上市。根据京东上市时披露的IPO文件,京东商城董事长兼CEO刘强东持有该公司21%的股权,虽然其持股不算高,但是依靠所持有的特殊股,即1股拥有20份投票权的特殊股,刘强东控制着这家公司高达83.7%的投票权。这也意味着,如果没有刘强东在场,京东商城董事会就不能举行正式的会议,无法

---

〔1〕 闽南在线编辑:《俏江南资产冻结之殇:详情解读俏江南上市张兰为何同时股权》,http://www.minnanwang.cn/news/20150320/c_89588.html。

〔2〕 刘巍:《难忘俏江南:鼎晖投资快消版图之痛》,载《时代周报》2015年7月21日。

形成有效的决议。而现实中,近年在美国 IPO 的中国公司都采用了类似的双重股权结构。

这种相对集中的股权结构,从根本上讲使得公司控制权牢牢掌握在公司创始人刘强东的手中,任何情况下都不会发生控制权争端,保证了创始人的绝对控制权,防范了恶意收购,有利于公司的稳定发展。但是,另一些问题也同时显现出来,最为突出的就是如何保证公司决策的正确性。按照《公司法》规定公司重大事项需 2/3 以上股东表决同意,京东在股权设计上予以刘强东 83.7% 的投票权,即他本人的意见就是公司意见,那么当他决策出现偏差时,其他股东如何行使权利否定其意见？其他小股东的权益如何保障？对刘强东的各项决策如何进行监督？如何进一步吸引其他投资者？

第二部分 案件焦点问题分析论证与归纳总结

一、俏江南股权融资引发的问题——俏江南股权失控的风险点在哪里？

从俏江南的张兰一直避而不谈持股比例问题,到其不得不承认失去公司控股权,股权是俏江南问题争议的焦点。

2008 年张兰引入鼎晖投资,向其出让 10.53% 的股权融资 2 亿元,后因对赌失败,必须回购鼎晖手中的股份,而为了筹集资金回购股份,张兰不得不再次卖股,跟着鼎晖一起售出股份,从而使俏江南走上了一条被收购的不归之路。根据媒体报道,私募基金 CVC 第一次计划收购俏江南,双方达成的协议是收购 69% 的股份,随后收购意向被解约;2014 年 1 月交割的收购案,CVC 收购了俏江南投资有限公司 82.7% 的股权,剩余股权是张兰持有 13.8%,员工持股 3.5%。而在此次发布声明之前,张兰方面一直未曾正面承认相关的股份占比。

控股权决定着一个企业的发展走向。随着企业的发展,创始人最终脱离企业并失去控制权的情况,在商业市场环境中并不少见。作为俏江南的创始人,面对俏江南股份控制权旁落他人之手的局面,张兰也只能表示,“无论谁买了俏江南,我都无条件地支持。为了企业,为了员工,只要俏江南需要我,我义无反顾”。但结果是 CVC 得到俏江南的控制权后,一看餐饮行业不景气,公司发展前景不好,转手又把俏江南的股份抛出,新东家香港保华接手后又把创始人张兰踢出了董事会。

可见,俏江南股权的几次转手,是张兰失去对俏江南的股份控制的重大因素。第一次是张兰为融资而主动出让给鼎晖 10.53%;第二次是对赌失败后的鼎晖抛股实现投资退出,鼎晖手中的俏江南股权转入至 CVC,张兰被迫跟售,手中部分股权转入至 CVC;第三次是 CVC 股权质押收购俏江南后,质押的俏江南股份再次转让至债权人香港保华。

问题是,俏江南为什么会由于 2008 年的那次股权融资而导致如此结局？俏江南是否就错在不该进行股权融资？还是由于股权融资中未能充分考虑融资可能导致的风险而致最后被动结局？具体而言,是否是因为股权融资协议条款的制定未能充分考虑未来合约履行的风险而致？事后证明,张兰在出让 10.53% 的股权进行股权融资时,与鼎晖投资签下了对赌上市的协议,结果俏江南未能上市,对赌失败,首先触发了股权融资协议中的股份回购条款,接着又触发协议中的领售权条款,领售权条款又进一步触发清算优先权条款,导致最终被逼出局。既然如此,在股权融资协议的签订中,如何设计条款,既充分保障投资方顺利实现股权退出,又不至于让公司创始人痛失股份控制权?融资方和投资方在利益博弈的过程中如何实现双赢?尤其是股权融资方,如何在融资过程中保住自己的主动权,不让投资方牵着鼻子走,从条款设计上注意风险的防范,这是股权融资中不得不考虑的重要方面。

二、俏江南股权融资的几步败笔——俏江南股权失控的风险点详解

(一)俏江南错在哪里?——错在股权融资?否!

有评论焦点对准俏江南的融资,认为俏江南不该引入资本市场的“狼”,俏江南错就错在“引狼入室”。真是这样吗?俏江南错就错在去融资?错在拿股权去融资?否!

讨论一:俏江南要不要融资?

结论:要。

理由:资金链的紧张,是俏江南扩张发展中的最大牵制,而俏江南也总是在关键节点上摔跤。作为高端餐饮品牌,俏江南的上市并非空穴来风,要想实现扩张必定需要大量的资金,每家店面的前期硬件投入都十分巨大,只有通过资本运作,实现迅速扩张、形成规模效应之后,经营成本才会降下来。[1]

(1)企业发展需要资金。不管是上市融资还是引入资本,核心目的都是让企业进行更大规模的发展,餐饮企业由于自身财务状况和盈利模式限制面临上市难,但并不代表餐饮企业不能融资或是引入资本。

(2)行业环境趋紧更需要资金。行业环境趋紧,俏江南或将面临业绩下滑、现金流紧张等困境,而此时俏江南也正需要资金及时进行转型。

讨论二:俏江南可运用的融资手段有哪些?

结论:可运用的融资手段有限。

理由:俏江南作为非上市公司,融资手段有限,用股权来融资,即以出售股权为代价换取发展资金成为其迫不得已的选择。

公司的融资方式,即公司的融资渠道,它可以分为两大类:债务性融资和权益性融资,债务性融资包括银行贷款、发行债券和应付票据、应付账款等,其主要融资渠道有亲朋好友、银行及其他金融机构等;权益性融资主要指股权融资。其中,通过银行等金融媒介的融资,通常称作为间接融资;通过发行股票、债券等面向资本市场投资者的融资,称为直接融资。

债务性融资构成负债,公司负有到期偿还约定本息之义务,债权人享有要求债务人到期还本付息之请求权,债权人一般不参与企业的经营决策,对资金的运用也没有决策权。

权益性融资,是指向其他投资者转让公司的所有权,即用所有者的权益来换取公司运行

---

[1] 《失落的俏江南:风口浪尖下 高端餐饮业的败局之殇》,载道本商业地产2015年4月8日,http://m.winshang.com/news464399.html。

所需要的资金。这将涉及在公司的发起人、所有者和投资者之间分派公司的经营和管理责任。权益性融资可以让公司创办人不必用现金来回报其他投资者,而是与它们分享企业发展利润并承担公司治理责任,投资者以红利形式分得公司利润。权益资本的主要渠道有自有资本、亲朋好友的投资加入或风险投资公司的入股。

当一个身处发展中的公司需要额外的资本加入来使其经营计划获得成功,却又发现缺少抵押品或相关信用、能力来进行债务性融资时,一般会转而开展权益性融资。但在公司创始人及原股东可投入的资本已近极限、亲朋好友的投资加入又十分有限的情况下,公司可选择的较好的权益性融资方式,可能即为风险投资资本。但风投资本的要求普遍十分苛刻,他们总在努力寻找那些勇于开拓进取、经营方式积极向上的企业家和企业。而且,风投资本一般要求持有公司一定的股权,要求参与董事会,要求公司提供详细的财务报告和公司发展计划,列明公司的财务规划、发展计划、产品或服务的特征及市场竞争力、管理层能力等。在股本结构上,还要求公司管理层必须投入一定比例的资金,以约束管理层对公司的承诺。

俏江南作为一家以轻资产运行的公司,无自有房产物权作为抵押而获得较大额度的抵押贷款,也无知识产权等用来质押以换取贷款,只能通过让渡股权的方式来换取资金。股权融资成为其迫不得已的不二选择。

(二)俏江南败在哪里?——业绩下滑+投机

俏江南的股权融资之路,始发于向公开市场融资,即面向资本市场投资者公开发行股份募集资本,但受制于公开发行股份并上市的条件限制,未能成功募股,转而引入风险投资资本,再次谋求上市,再次受阻……走上了一条公司资本扩张、公司创始人股份渐失的不归路。

因素一:受制于上市条件——俏江南的业绩下滑

公司的发展壮大,离不开资金的支持;一旦公司受困于资金"瓶颈",公司业务的发展寸步难行。而公司要向公开市场融资,又离不开其业务基础及其所体现的盈利能力(尤其是持续盈利能力)。从这一角度而言,公司的业务状况,是公司发展的基础,是公司融资的基础,是公司最为根本的问题。

1. 俏江南的经营困局与公司上市

有公开资料显示,俏江南谋划上市期间,其经营困局就已经逐渐浮出水面,并被曝出。这或许是俏江南谋划上市失败的主要原因。

【理论学习】公司上市的条件——盈利标准

《证券法》第13条　公司公开发行新股,应当符合下列条件:

(1)具备健全且运行良好的组织机构;

(2)具有持续盈利能力,财务状况良好;

(3)最近三年财务会计文件无虚假记载,无其他重大违法行为;

(4)经国务院批准的国务院证券监督管理机构规定的其他条件。

上市公司非公开发行新股,应当符合经国务院批准的国务院证券监督管理机构规定的条件,并报国务院证券监督管理机构核准。

【法条释义】本条是对公司成立后公开发行新股条件的规定。具体有以下条件:

(1)具备健全且运行良好的组织机构。是指符合公司法关于公司组织机构的规定,且各机构运行状况良好。根据公司法的规定,股份有限公司应当设立股东大会、董事会、经理、监事会;上市公司还应当设立董事会秘书,设立独立董事。所以申请发行新股的公司应当设有这些机构,且这些机构能够依照《公司法》及公司章程的规定行使职权。

(2)具有持续盈利能力,财务状况良好。这是对公司经营状况、财务状况的概括性规定,目的是保护公众投资者的利益。

(3)最近三年财务会计文件无虚假记载,无其他重大违法行为。这是对公司守法情况的规定。一是最近三年公司财务会计文件符合《会计法》的有关规定,其内容真实、准确、完整,没有虚假记载。二是在其他方面,最近三年公司无重大违法行为。

(4)经国务院批准的国务院证券监督管理机构规定的其他条件。本条只是对公开发行新股应当具备的主要条件作了规定,为了适应实践的需要,本条采取了授权条款的形式,授权国务院证券监督管理机构规定其他条件,报国务院批准。

2. 俏江南的持续盈利能力与公司上市

俏江南门店扩展速度不达预期,加盟店经营亏损,甚至拖欠员工工资,这些问题均成为增加盈利的障碍。相关资料显示,在鼎晖入股俏江南的2008年,俏江南仅有40余家门店,而截至2012年年底,俏江南共有71家直营店和4家加盟店,2013年又新开了10余家门店,但这样的速度显然无法满足张兰每年开店百家的预期。另外,房子租金、人工费用等都在持续上升,就连上菜的服务员工资都要5000多元,还要交足社会保险,俏江南的利润率已降到历史低点。而其持续盈利能力不强之问题,真真实实成为了公司谋求上市的绊脚石。

3. 俏江南的客户结构与公司上市

俏江南凭借其高端餐饮品牌形象,曾吸引了不少“三公”消费客户。限制“三公”消费之后,俏江南门店的人流量明显下滑。2013年,全国餐饮业陷入寒冬,行业23年来首次由两位数增长降为个位数增长,有的餐饮企业甚至陷入收入负增长。有记者曾在俏江南门店外随机采访,没有选择俏江南的顾客大部分认为其价格昂贵,还有不少消费者认为味道尚可,但没特色,性价比不高,而进去就餐的,大部分是团购顾客。俏江南为谋求新的利润增长点,于2014年5月开始推出盒饭业务。但它走大众化路线能否成功又有待观察:一是大众餐饮领域本身利润水平偏低,竞争相当激烈;二是转型后与其原来的高端餐饮定位、门店、人才资源相差太大,不利于充分利用已有资源,故存在一定风险。

因素二:引入外部资本,对赌上市失败——俏江南的股权融资风险失控

俏江南向公开市场融资不成,转而引入投资者,计划通过风险投资者的加入,做大做强企业,再次谋求上市,故而签下对赌上市的股权融资协议。然而,由于未能充分预估股权融资的风险,尤其是对赌条款的风险,未能充分考虑投资方为保证股权顺利退出而设计的系列保护

条款对融资方的影响,不幸对赌失败,被迫跟售股份,进一步痛失股权,走进了一条被步步紧逼失去股权的死胡同。

1. 败局七部曲之第一步:引入鼎晖投资、对赌失败

2008年,张兰决定为大举扩张俏江南而引入外部投资者。据报道,当时鼎晖投资开出了3倍于一位潜在竞争对手的价钱,顺利赢得了张兰的首肯。2008年11月,鼎晖向俏江南注资2亿元人民币,占其10.53%的股权。

据多家媒体报道,鼎晖入股时,投资条款中设有"对赌协议":如果非鼎晖方面的原因造成俏江南无法在2012年年底上市,那么鼎晖有权要求俏江南以股份回购的方式让其实现股权退出。

【理论学习】什么是对赌协议?

对赌协议(valuation adjustment mechanism,VAM),最初被翻译为"对赌协议",或因符合中国本土"好赌"之文化形象,故一直沿用至今,实际上与赌博无关,其直译意思为"估值调整机制","估值调整"更能体现其本质含义。本质上,对赌协议是期权的一种形式,它通过股权估值条款的设计,达到有效保护权益性投资人投资利益的目的。在国外投行对国内企业的投资中,对赌协议已有应用。[1]

股权融资中的对赌协议,就是投资方与融资方在达成股权融资协议时,对未来不确定的情况进行一种约定。如果约定的条件出现,投资方可以行使一种权利;如果约定的条件不出现,融资方则行使一种权利。所以,对赌协议实际上就是期权的一种形式。

在俏江南引入鼎晖投资的股权融资方案中,二者约定的条件是俏江南在2012年年底前实现上市。此条件成就,投资方鼎晖在二级市场抛出手中持有的俏江南股份,实现投资退出;条件不出现,投资方鼎晖无法在二级市场抛出俏江南股份,则有权以回购方式退出,俏江南有义务回购鼎晖手中的股份,助其实现投资退出。

【理论学习】什么是股份回购?

股份回购,是指公司按照一定程序购回发行或流通在外的本公司股份之行为。是通过大规模买回本公司发行在外的股份来改变公司资本结构的方法。

《公司法》第142条 公司不得收购本公司股份。但是,有下列情形之一的除外:

(1)减少公司注册资本;

(2)与持有本公司股份的其他公司合并;

(3)将股份用于员工持股计划或股权激励;

---

〔1〕 摩根士丹利等机构投资蒙牛,是"对赌协议"在创业型企业中应用的典型案例,融资方:蒙牛乳业,投资方:摩根士丹利等三家国际投资机构,签订时间:2003年,主要内容:2003年至2006年,如果蒙牛业绩的复合增长率低于50%,以牛根生为首的蒙牛管理层要向外资方赔偿7800万股蒙牛股票,或以等值现金代价支付;反之,外方将对蒙牛股票赠与以牛根生为首的蒙牛管理团队。结果:双赢——2004年6月,蒙牛业绩增长达到预期目标,摩根士丹利等机构"对赌"的期权价值得以实现,给予蒙牛管理层的股份奖励也得以兑现。

(4)股东因对股东大会作出的公司合并、分立决议持异议,要求公司收购其股份的。

公司因前款第1项至第3项的原因收购本公司股份的,应当经股东大会决议。公司依照前款规定收购本公司股份后,属于第1项情形的,应当自收购之日起10日内注销;属于第2项、第4项情形的,应当在6个月内转让或者注销。

【讨论分析】鼎晖投资设置股份回购条款的合法性、合理性如何?

(1)合法性:在俏江南引入鼎晖投资的股权融资方案中,二者约定:若俏江南无法在2012年年底前上市,鼎晖有权以回购方式退出俏江南。这属于《公司法》第142条中规定的"要求公司收购其股份"之情形,双方自由约定、约定合法的情况下,此约定当为有效。

(2)合理性:按照风险投资基金PE的运作方式,其每个项目的投资周期均为现金投入、现金退出,投入之际即需要谋求退出通道。投资人的退出通道最典型的有两个,一为IPO即上市;二为并购,即被第三方收购,投资人顺势套现退出。鼎晖要求俏江南在2012年年底前实现上市,基本合理。因为通常一个有限合伙制基金的存续期间为10年左右,从它募集资金、对外进行项目投资,再到资金回笼、基金清盘,需要10年左右时间。在这10年中,前4年处于投资阶段,一般是募集到资金后找项目投资,第5年开始则会要求退出,第5~7年会把投资项目陆续要求退出,以保证第10年时实现所有项目变现,然后把收回的现金归还其有限合伙人。鼎晖是在2008年投资的,要求俏江南在4年之内必须上市,按照这个时间表,若一切顺利,上市之后还有1年左右的锁定期,这样5年就过去了,5年过后,他要套现不能一次性把股票抛掉,还有个持续的过程,可能持续一年半载,这就需要6~7年时间,所以鼎晖设置这个回购条款是为了保障其顺利实现股权退出,设立4年上市也是相对比较合理的时间点。

2. 败局七部曲之第二步:冲刺A股H股上市受挫[1]

俏江南引入鼎晖投资后,双方曾经有过一段美好的"蜜月期",且俏江南在2011年3月向中国证监会递交了A股上市申请,但在2012年1月证监会披露的终止审查企业名单中,俏江南赫然在列。对此,俏江南曾表示,考虑到中国证券监督管理委员会就餐饮行业相关审核政策至今尚未颁布,且公司递交材料均已超过6个月有效期。结合当前资本市场状况,公司决定就上市方案做进一步的研究,因此主动提出申请撤回首次公开发行A股的上市申请材料。

A股IPO谋求失败后,在明知港股估值更低的情况下,俏江南还是不得已将上市的目标转向了H股的港交所。在转战H股途中,俏江南又碰到了新壁垒"10号文"。在10号文颁布前,中国国籍人士在中国所经营的企业,将股权从境内转入自己成立的境外公司,比较容易通过审批。10号文颁布后,[2]中国公民境内资产转移到自己的境外公司持有,需要去外管局审批登记。为求顺利上市,张兰不得已更改国籍至加勒比岛国,2012年年中,俏江南通过了香港联交所聆讯,获准于香港上市,但之后,俏江南一直未能实现挂牌交易。对此,张兰的解释是港股市场投资者对中餐标准化有疑义,而外界的推测则是当时的俏江南已经身陷财务泥沼

[1] 桂小笋:《张兰资产被冻结 俏江南IPO屡次受挫》,载《证券日报》2015年3月23日。

[2] 《关于外国投资者并购境内企业的规定》,商务部2006年第10号文件。

难以自拔。

3. 败局七部曲之第三步:对赌失败

引入鼎晖投资之后,因金融危机后经济复苏缓慢,高端餐饮发展模式不明确,俏江南并未完成注资时的业绩许诺,使鼎晖陷入僵局,双方矛盾剑拔弩张。张兰一度对媒体抱怨说,引进鼎晖投资是俏江南最大的失误,媒体又对此进行了夸大宣传,导致双方关系紧张。顶着资金压力剧增的俏江南,多次与鼎晖发生“口水战”,最终以鼎晖的退出而告一段落。鼎晖投资靠对赌协议的保护,实现被动退出,其实现的回报率还不到一倍;而张兰则因为俏江南最终没能实现在2012年年底上市的目标,触发了“股份回购条款”的启动条件。假设鼎晖投资在协议中要求每年有20%的内部回报率的话,从2008年至2013年,5年正好翻倍,即2008年2亿元的原始投资,2013年要求4亿元退出,俏江南必须拿出4亿元回购鼎晖投资持有的10.53%俏江南股份。

4. 败局七部曲之第四步:被迫出售股权

而当时的俏江南,处于经营非常困难的时期,它的门店从70个缩减至50个,根本就拿不出4亿元现金去回购鼎晖所持有的股份。如若这样,鼎晖投资就无法实现股权投资退出了。

鼎晖的股份回购条款看似无法实现了!此时,它亮出了撒手锏——领售权条款。该条款的宗旨,就是让公司的大股东抛出手中持有的公司股份,以此回笼现金支付给投资方。

【理论学习】什么是领售权条款?

领售权,是指风险投资基金强制公司原有股东参与投资者发起的公司出售行为的权利,风投有权强制公司的原有股东(主要是指创始人和管理团队)和自己一起向第三方转让股份,原有股东必须依风投与第三方达成的转让价格和条件,参与到风投与第三方的股权交易中去。通常是在有人愿意收购、而某些原有股东不愿意出售时运用,这个条款使得风投可以强制出售投资股权实现退出。在这里,领售,即领衔出售,领售权条款,也被称作强制随售权条款,这个条款一旦触发,会强制公司创始人股东随领售人一起出卖股份。该条款一般表述如下:在公司符合IPO之前,如果多数A类优先股股东同意出售或者清算公司,剩余的A类优先股股东及普通股股东应该同意此交易,并以同样的价格和条件出售他们的股份。

领售权条款意味着,公司出售与否的投票表决,并不按照股东持股的多少来进行。换句话说,公司是否被卖之命运,并不掌握在持股比例最高的股东手中,也不掌握在创始人股东手中,而是掌握在领售权人手中。可以说,领售权条款是对股份公司按持股比例进行表决的表决机制的特殊破解,它对风投而言,具有重要意义,即保证其在合适的时机实现顺利退出!但它对公司的创始人而言,堪比一把带血的刀子,公司创始人为融资而刀口舔血,面临巨大的风险!因为从法理上讲,公司的创始人理应保障股权投资人的合理退出要求,即在保证入股自由的时候亦应保证退出自由,无退出自由则无进入,只有退出自由才能吸引投资者进入。因此,对公司的创始人而言,必须通过精心的条款细节设计,来控制领售权条款可能给自身带来的风险。

在俏江南的案例中,当俏江南无力回购鼎晖投资所持有的俏江南股份之际,鼎晖启动了“领售权条款”。按照领售权的标准条款,如果说多数A类优先股股东同意出售或清算公司,则其余股东都必须同意此交易,并且以相同的价格和条件出售他们手中的股份。情景切换到俏江南案例中,如果鼎晖同意卖俏江南,张兰只能同意,不能不执行该条款。所以当时鼎晖投资就找到了欧洲最大的一家私募股权基金公司CVC capital partners(CVC),相关消息最早在2013年10月被媒体报道。

至2014年4月底,CVC宣布,已获得相关监管部门批准,完成对俏江南控股权的收购。而且该公司在俏江南持股比例已达82.7%,[1]成为俏江南的第一大股东。这高于此前媒体报道的张兰3亿美元出让69%的股权。其中,鼎晖投资转让10.53%的股份,张兰跟随出售72.17%的股份,整个是82.7%。

媒体亦报道此举背后的原因,是张兰为了履行和鼎晖投资的“对赌协议”,不得已贱卖股权向鼎晖支付股权回购款。张兰触发了股份回购条款,鼎晖投资退出俏江南。

讨论:为什么俏江南的卖价只增加3亿元,却让张兰丧失了72.17%的股份?

鼎晖投资转让10.53%的股份,张兰跟随出售72.17%的股份,整个是82.7%,这个股份数量已经超过50%,股份转让超过50%,可以视作为一个清算事件。清算事件又会触发鼎晖投资俏江南时所签订的清算优先权条款。

【理论学习】什么是清算优先权条款?它会导致什么后果?

根据双方约定,出售股份的钱要优先保证鼎晖2倍的回报,如果有多余才可以分给张兰,如果没有多余,张兰就是颗粒无收。2008年鼎晖入股俏江南时,俏江南的估值是19亿元多一点,鼎晖投资以2亿元换得10.53%的股权;到2013年,俏江南卖给CVC,估值才22.1亿元,鼎晖持有的10.53%的股份只值2亿多元,张兰出售72.17%的股份,才能获得15.95亿元不到,鼎晖所要求的2倍回报不足部分由大股东张兰补上,张兰拿出4亿元补偿鼎晖,实际她自己套现约为12亿元。

5.败局七部曲之第五步:股权被质押

CVC接手鼎晖投资抛过来的俏江南股权,事实上它也知道是“烫手山芋”,作为有经验的私募股权基金,它首先为自己的投资设置了“安全阀”以控制投资风险。

安全阀之一,是压低股权交易价格,它给俏江南的股权估值才22.1亿元,比鼎晖投资2008年时19亿多元的估值才增加了3亿元。

安全阀之二,是采用“杠杆收购”的方式,用尽可能少的现金去收购俏江南的股权,用尽可能少的自有资金去收购俏江南,剩余的收购资金则依靠外部债权融资来完成,且日后的还款依靠其收购的公司所产生的内部现金流去偿还。

CVC为了收购俏江南,设立了一个特殊目的壳公司“甜蜜生活美食集团控股有限公司”

[1] 赵卓:《俏江南困局:屡次上市碰壁 张兰痛失控股权》,载《时代周报》2014年8月7日。

（以下简称“甜蜜生活”），以达成并购目的，CVC 把壳公司的股份质押给银行，拿到银行融资后，加上自有资金，支付现金给鼎晖和张兰，鼎晖和张兰把他们 82.7% 的股份转给“甜蜜生活”。之后，壳公司再把俏江南吸收合并，成为其内部一分子，注销原有的俏江南，再将“甜蜜生活”更名为“俏江南”，这样，壳公司欠银行的钱就变成俏江南所欠的钱了，日后还款也就依靠俏江南所产生的现金流了。

CVC 收购俏江南，总共只花了 3 亿美元（22.1 亿元），CVC 通过“杠杆收购”，将俏江南的股份质押给银行，获得银行贷款 1.4 亿美元，再发行债券募集 1 亿美元，而它自己只掏了 6000 万美元，就完成了并购，有效地将风险控制在了最小范围之内。由于俏江南是被 CVC 设立的特殊目的公司“甜蜜生活”所吸收合并的，所以最终被质押到银行的所有股份，包括张兰的少部分股份。

6. 败局七部曲之第六步：股权被债权人银行所接管

CVC 收购俏江南之后，原指望用俏江南所产生的现金流偿还贷款，但其于 2014 年 4 月完成俏江南的收购之后，整个高端餐饮行业不景气，俏江南的经营状况未能好转，最终无法用其现金流去偿还贷款，只好由 CVC 自己掏钱去还，但它又不想陷得太深，所以就不偿还 1.4 亿美元的贷款，干脆放弃俏江南的股权由银行接管。最终，银行团派香港保华接管了俏江南。张兰提请仲裁说 CVC 未经其同意就质押了包括她持有的 13.8% 股份在内的俏江南全部股权，该理由是不能成立的——因为，俏江南是被 CVC 所设立的“甜蜜生活”吸收合并的，“甜蜜生活”用公司全部股份质押融资，质押股份在先，质押后再吸收合并俏江南，所以，被质押到银行的所有“甜蜜生活”股份，包括它所吸收的俏江南张兰的少部分股份。而且，在 CVC 收购俏江南之际，应该早就设计好了并购俏江南的具体方案及“一揽子”协议，其中必定包括以股权融资获取并购资金的方案及股权质押条款，张兰同意签字后方能办下银行贷款，否则后续不可能进展下去。

7. 败局七部曲之第七步：张兰被踢出董事会

早在 CVC 拿下俏江南之际，就有业内人士分析，此举对俏江南而言吉凶难料，虽然 CVC 内有着红筹教父梁伯韬之类的资本高手，或许能完成俏江南的上市梦，但 CVC 对企业的投资一般只有几年，如果转型不成功，俏江南可能面临再次易主或拆分的可能，大股东的变更，将给俏江南的发展带来很大的不确定性。

而在 2014 年 CVC 收购俏江南时，其大中华区主席梁伯韬曾经表示，随着入股俏江南，配合该公司原有的管理团队，相信将进一步发挥俏江南的品牌实力；交易完成后，张兰将继续担任俏江南董事长一职，负责公司策略性的发展。当时张兰也表示：“作为品牌创始人，我与俏江南有着很深的感情，但是我真诚相信这一合伙关系将在后面的日子，带给俏江南一个光明的未来。”然而好景不长，2015 年 7 月就布满了“CVC 倒手卖掉俏江南，传张兰被踢出董事会”的传言〔1〕。对于张兰的“离开”，外界有评价是“被出局”，张兰发布律师声明对此否认。不

〔1〕 陈俊宏：《急躁的俏江南：中国餐饮业拥抱资本失败启示》，载网易财经 2015 年 7 月 28 日，http://www.cb.com.cn/deep/2015_0728/1145782.html。

过,其辩护律师称,张兰重返俏江南董事会已不太可能。[1]

最终,俏江南在冲击 IPO 无果之后,股权几经易主,今后能代表俏江南的人将不再是其创始人张兰,而是新主人香港保华顾问有限公司(下称“保华”)。同时,俏江南也由最初的纯民营企业变为外商投资企业。[2]

纵观俏江南的案例,从最早的股权融资开始到最终被踢出局,实际上是由一系列的股权交易条款决定的。首先是触发了股份回购条款,接着又触发了领售权条款,领售权条款又进一步触发了清算优先权条款。之后,迫于无钱偿付鼎晖投资的 2 倍收益,又不得不再卖股份,从而一步步地痛失股权,痛失对公司的控制权。

第三部分 俏江南的失败给予我们的启示

餐饮企业,以及由此扩大至所有企业,在自身发展过程中,必须直面发展到一定阶段后遭遇的资金“瓶颈”和由此带来的融资需求,但绝不能只闻到“融资”这只大饼的诱人香味而无视融资的法律风险。对于任何一家企业而言,苦练内功,改善公司治理,提升公司盈利能力和信用基础,才是真正的出路。

针对我国餐饮企业的特点,即规模比较小,标准化程度比较低,地域性比较强,它要想做大做强,必定要借助资本力量的参与、支持和推动才能快速扩张。

目前,针对中小企业融资而推出的股权托管交易中心,其目的是吸引风险资本投入,引入战略投资者。北京严氏麻辣香锅餐饮有限公司、魏老香餐饮管理(北京)有限公司、安徽尚京餐饮集团和广州海记餐饮企业管理有限公司等餐饮企业,均于 2015 年上半年在北京股权托管交易中心挂牌寻求融资。对此,业内专家提示,风险依然存在。北京特许经营交易所董事长、北京现代金融研究院院长刘文献表示,众筹模式最大的风险在于投资人之间的关系并不稳定,商业项目的运作能力也参差不齐,在企业管理和决策上都有很大风险。[3]

可以说,没有夯实公司治理基础就进行大规模的扩张,对俏江南这样的餐饮企业,无论从租金成本、人力成本而言都是巨大挑战,而在高速的发展中如何保证商品(餐饮企业的商品则是菜品)的质量,保证供应链的完善,保证单店的持续盈利能力,保证食品安全不出纰漏,保证内部管理不掉链子,这些都是俏江南这样的企业,不得不回答的公司问题。从表层次看,这些是公司管理问题;而从深层次看,这些即为公司治理问题。因为公司的整个管理,与公司掌控在谁的手中,公司的掌门人贯彻什么样的经营理念和管理理念,以及制定什么样的公司规章等密切相关,说白了,就是由谁来制定公司经营方针,由谁来贯彻执行,由谁来监督执行的问

---

〔1〕 苏龙飞:《张兰鼎晖 CVC 博弈背后:从打黑工到俏江南 最终净身出户》,载中国经济网,http://finance. ifeng. com/a/20151124/14088027_0. shtml。

〔2〕 记者金彧、刘素宏:《曝光俏江南张兰被出局疑云:重回不太可能》,载《新京报》2015 年 7 月 24 日,http://epaper. bjne ws. com. cn/html/2015 -7/24/content_589568. htm。

〔3〕 《中国餐饮业拥抱资本失利俏江南并非个例》,载《发展导报数字报》2015 年 7 月 28 日,http://epaper. sxrb. com/shtml/fzdb/20150728/242430. shtml。

题。在一个股权变动频繁、股份控制权又旁落于追求短期投资收益的风投手中的俏江南案例中,我们看到了公司治理的明显缺失。这对于公司的未来发展,极为不利。

反观在美国上市的京东,由于它采用了双重股权结构,有效保住了公司创始人对公司的控制权,这对创业企业而言,十分关键。创业企业一方面需要引入资金发展壮大,另一方面更需要有专业的创始人团队、理性的管理团队对公司进行有效的治理,才能确保企业从根基上良性、健康地发展。可以说,股权结构设计的好坏,将直接影响公司的长期持续稳健发展,合理安排股权结构,就是要处理好从外部进行股权融资与公司创始人团队、管理团队之间的关系,实现公司中不同利益主体之间的利益平衡。但是,京东那样的双重股权结构,由于它不会赋予投资者太大的话语权,遭到了主张优良公司治理人士的批判。他们认为,大量权力集中在少数人手里,是不民主的做法,与保护股东权益原则相违背。也正是由于它违背股东权益保护原则,容易引发投资者的担忧,伦敦、香港等证券交易所已对双重股权结构下达了禁令,这也是使阿里巴巴当初与港交所谈判失败,转赴美国上市的原因。

总之,公司发展中离不开融资,而在股权融资中,必然绕不开由融资而引起的股权构架变动及其背后的公司控制权变化。在我国现行《公司法》背景下,还允许设计 Facebook、京东那样的表决权不同的 A 类股和 B 类股之双重股权结构;在我国,只能在股权融资中,掌握好融资总额及与此相对应的持股比例设计,防止由股权融资而引起原股东股权过度稀释、从而丧失公司控制权。未来,对于推动“大众创业、万众创新”而言,修改《公司法》,推出种类股,或许是不错的选择。虽然目前对双重股权结构有争议,但通过实践,通过不断地质疑,才能更加清楚地认识到制度存在的理由,并进一步地予以修正、更改和完善,才能实现更为良好有效的公司治理,才能最大程度地平衡和保护好公司创始人和公司投资者的利益。

教学手册

教学对象及目标

本案例可供法学、金融学教学使用,主要适用于民商法学硕士、法律硕士、金融学硕士(资本市场方向)的案例教学课程使用。

本案例借助实践中真实发生的公司股权融资实例,重点介绍了我国公司股权融资方案的设计及其法律风险的防范,和对公司治理的影响。其中深入探讨了对赌协议的本质及设计、股份回购条款、领售权条款、清算权条款的设计及运用,并且也广泛涉及了企业公开上市发行股票的法定条件、流程及相关法律关系主体的义务。通过学生对案例的阅读、分析,结合授课教师的指导,使学生对公司股权融资的方案设计及不同条款在方案中的运用有个较为熟悉的把握,从而对股权融资这一复杂的融资过程及其伴随的法律风险有更为深刻的理解;同时,以案例的讲授为切入点,引出公司股权融资过程中相关的理论问题(如股权转让规则、股份回购制度、股权质押融资、公司控制权问题、资本市场融资权利保障问题等),从而对此进行思考与检讨,为学生进一步学习提供方向。

教学内容

1.《公司法》规范的公司行为,主要是什么行为?为什么?

主要是公司的投融资行为。《公司法》规范有两条主线,一是公司的组织行为,即公司股东会、董事会、监事会为标志的公司治理结构的构架;二是公司的资本行为,从公司设立之际的出资,到公司扩张发展中的再融资(如增资扩股等),直至公司清算时剩余财产清理分配等,《公司法》着重对公司的出资行为、融资行为、对外投资行为、对外担保行为等进行规范。所有这些行为,均牵涉到公司与公司股东之间,股东与股东之间,公司与债权人之间等公司利益主体之间的利益平衡问题,并与公司信用密切相关。

2. 在我国,公司的融资方式主要有哪几种?各有什么特点?

主要介绍以下几组融资方式及其特点:

(1)直接融资、间接融资;

(2)股权融资,债券融资;

(3)公募,私募;

(4)IPO,公司债券。

3. 股权转让与股份回购有什么区别?

(1)股份转让及股份转让规则:《公司法》第 71 条。

(2)股份回购及股份回购限制:《公司法》第 142 条。

4. 什么是对赌协议?对赌协议的常见主要类型有哪些?其效力如何?

对赌协议(Valuation Adjustment Mechanism,VAM),又称估值调整协议,是私募股权投资(PE)中常用的一种价值调整机制与合同安排。"对赌协议"并不是简单的赌博合同,而是近几年在我国资本市场上新兴的一类以"估值调整机制"为基础的融资方式,其核心条款是对于目标公司是否可以实现某种业绩或目标,作出正反两种或然性的约定。

对赌协议的常见主要类型有:(1)按照投资方式的不同,分为基于增资的对赌和基于股权转让的对赌;(2)按照对赌主体的不同分为:投资方与目标企业大股东、实际控制人对赌与投资方与目标企业的对赌;(3)按照对赌标的的不同 分为:"赌业绩""赌上市"和其他对赌;(4)按照对赌筹码的不同分为:现金对赌(现金补偿),股权对赌(股权回购或转让)和其他对赌。其对对赌双方的利弊作用,参见前述案例资料中有关对赌协议的理论学习部分。

关于对赌协议的效力问题,要求同学们课外查阅最高人民法院关于 PE 对赌协议效力的审判案例。

5. 什么是领售权?领售权条款的启动带来什么影响?

参见前述案例资料中的理论学习部分。

6. 什么是清算权优先权条款?它会导致什么后果?

参见前述案例资料中的理论学习部分。

7. 什么是杠杆收购?

参见前述案例资料中的理论学习部分。

8. 中小企业由于自身轻资产、低信用等特质,从银行间接融资难度大,应否保障中小企业的融资权利? 如何保障?

中小企业的发展,往往受困于金融即资金"瓶颈",中小企业要发展,就必须要融资。所以说,金融权利也是一种发展的权利,如果中小企业享受金融权利并实现金融权利,那么也就意味着相应地获得了发展的权利。金融界应建立一种有效、全方位为社会各阶层和群体提供金融服务的体系,有必要推行普惠金融。贷款权、融资权是普惠金融的关键性权利。

要求同学们课外拓展思考中小企业融资权问题,以及融资权平等问题。

9. 什么是股票发行审核制? 什么是股票发行注册制?

提醒同学们课外多关注我国证券市场的变化,《证券法》的修订进展,关注股票发行审核制到注册制的变化。

预期效果

通过本案例的学习,帮助学生了解和掌握公司股权融资方案设计的重要性,初步掌握股权融资方案的设计中必须注意把控的法律风险点,以利于学生在今后类似的公司非诉业务中,能够从自己所代表的利益方出发,去设计股权融资中的融资方方案条款和投资方方案条款,学会去识别股权交易中对手方方案可能给己方造成的风险,以充分发挥法务工作者在风险投融资业务中的风险把控工作价值。

教学计划

本案例可以作为专门的案例教学课进行讲授,整个案例可安排 4 个课时,每课时 45 分钟。如下课堂设计,仅供参考:

1. 课前计划:安排学生阅读案例及相关参考资料,熟悉整个案例流程,对案例中提出的问题进行思考。

2. 课中计划:介绍教学目的,明确讨论主题;分组讨论问题及解决对策,告知发言要求;小组代表发言,提出解决方案,并对其他小组提出的方案进行评述;教师进行引导性分析,并做最后归纳总结。

3. 课后计划:布置学生课后进一步细化了解股权融资的方案设计要点,并参与实习,了解实践中所涉及的相关法律问题,学会方案书的制作。

课堂时间安排

1. 案例学习(1 个课时)

了解案情,掌握案例中股权融资协议条款设计细节,尤其是股份回购条款、领售权条款、清算权条款等。

2. 理论学习(1 个课时)

对案例涉及的股权融资中的重点概念,如股权融资、股份回购、对赌协议等加以学习。

3. 深入讨论(2 个课时)

讨论一:为求上市融资而引入资本、扩张门店等,能否真正改善企业经营,从而保证公司融资目的的实现?

结论:不能。

理由:俏江南冲击 IPO 未果,事实上与其存在以下问题相关:①盈利问题:餐饮业不景气,公司持续盈利能力成问题;②财务问题:财务不透明,资金进出缺乏相应的凭证;③现金问题:收入不明和安全问题;④标准问题:餐饮行业在各方面缺乏定性的标准;⑤食品安全问题:食品安全问题对餐饮行业的影响很大;⑥信息传递问题:对店面信息掌控的不及时;⑦管理问题:缺乏合理有效的管理。在上述问题中,管理问题十分必要,这一问题再上升一步而言,就是俏江南这样的家族企业如何提高综合管理水平、实现现代化的公司治理,对于提升公司信用,提升以信用为基础的融资能力,十分必要且重要。但是,俏江南在没有真正花大力气改善公司治理的情况下,盲目求大,急于引进外部资本,留下了较大的风险敞口,以至于当约定的上市条件没有成就之际,痛失股权,并一步步陷入泥沼。

事实上,盲目引入资本、扩张门店,隐含巨大的风险点:

(1)公司控制权旁落他人手中。俏江南与鼎晖投资签订的是股权融资协议和股权对赌(股权回购)协议,俏江南必须以约定的价格转让给投资方鼎晖一定比例的股权,"赌输"的话又必须回购投资方鼎晖持有的全部俏江南股份,而回购对价往往是投资方投资款本金加上某种表现形式的高额固定收益之总和。当融资方无法偿付巨额回购款时,投资方又事先预设了领先抛售股权、融资方跟售的方案以保护自身利益,由此,融资方被拖入逐渐地扩大丧失公司股权的不归路,直至公司控制权旁落他人手中。

(2)公司的经营管理失控。风投的长处,多数在于提供资本而非良好的公司经营管理方案及团队。鼎晖投资董事长吴尚志曾在公开场合坦承,鼎晖强在金融、法规、产品设计等,但在企业管理方面是弱项。甚至鼎晖内部也曾有观点认为:"好的 PE 不应该过多去掺和企业自身的管理",这种说法助长了鼎晖内部对投后管理业务的不够重视。因此,俏江南在引入鼎晖投资之后,在公司治理方面未能得到鼎晖的通力协助而大幅提升。后期俏江南引入 CVC,曾寄希望于随着 CVC 的加入,相继从财务、管理等方面给其以助力及提升,并在战略上能从不同角度给予指导,从而将俏江南品牌的潜力充分发挥出来,在品牌的多元化和品牌本身的受众群体上做出相应调整。但结果如前文所述,CVC 一看俏江南业务不行,立马就想全身而退,它依然和其他风险投资者一样,追求的是短期投资收益而非长期经营公司获得盈利。

(3)为求财务指标达标而伪造账款失信。俏江南因为是非上市公司,没有对外公布过财务报表,但外界推测,为了 IPO 的财务达标,其存在财务造假嫌疑。餐饮企业多数不主动开具发票,收入成本无法量化(如采购无法提供发票,没有稳定的价格,难以数据化);所以对财务数据、销售业绩等进行人为操纵的空间较大,而且在俏江南,资金进出无相应凭证,财务核算又缺乏全面的财务数据,再加财务信息不透明,很容易走上为短期达标而忽视公司长期信用的偏路。

(4)资金链断裂。俏江南、重庆小天鹅等餐饮企业面临的问题,都伴随上市失败而来。这些餐饮企业过多地将希望寄托在上市成功融资上,为此不惜冒着资金链断裂的风险,大规模扩张或是调整店面,甚至伪造账款。可以说,导致问题出现的根本原因是忽略企业发展,抱着投机的心理押宝上市融资。而餐饮企业又普遍地上市困难。

讨论二:案例中公司控制人是如何一步步失去公司控制权的?

(1)股权融资协议中的"对赌条款"埋下隐患。公司为求发展,选择了股权融资的道路,于2008年引入鼎晖投资,转让10.53%的股份融资2亿元。如果仅仅只是出让10%左右的股份,还不至于丧失公司的控制权。但是,在2008年股权融资方案的设计中,设置了上市对赌和股份回购,这给俏江南的公司创始人张兰留下了巨大的隐患。

(2)去家族化改造进一步让出股权。为实现公司上市目标,俏江南加强现代化公司治理,进行去家族化改造,在鼎晖投资的建议下,张兰让利约8000万元人民币,将不到10%的股份转让给了时任高管,导致其对公司的控制权进一步下降。

(3)对赌失败导致股权进一步丧失。客观上,2013年,全国餐饮业陷入寒冬,行业23年来首次由两位数增长降为个位数增长,低迷一直延续到2014年,俏江南上市更加遥遥无期,这为张兰在2014年失去俏江南的控股权埋下了现实祸根。而从法律角度来看,俏江南在2012年年底前上市未果,触发股份回购条款,张兰无足够的现金支付股份回购款,又进一步触发领售权条款,领售权条款又触发公司清算权条款,条款执行步步被动、步步被逼后退,最终导致82.7%的股权落入CVC手中。

(4)被股权质押融资收购后再遭抛弃。CVC从鼎晖投资手中受让俏江南的股权,已经做好了对自身投资风险的预设和控制,其通过设立子公司、采用杠杆收购的方式,用大部分的股权融资款加少量的自有资金完成了对俏江南的收购,其后,俏江南经营低迷,干脆直接放弃俏江南的股权,由股权质押贷款的债权人银行接管股权。张兰持有的公司股份再次易主,落入到银行手中;而张兰自身,亦被踢出公司董事会,只剩下少量的俏江南持股。

其他讨论:参见前述案例资料中的讨论部分。

思考题和实践题

1. 公司利用股权融资,应如何防范公司控制权旁落他人手中的法律风险?
2. 案例二中,京东的刘强东牢牢把控住了对公司的控制权,会否引发难保公司决策始终正确之问题?
3. 以公司的集体决策即集体意思之形成和对外表意为基础的公司治理结构,如何与股权融资联动改良?
4. 股权转让与股票上市、一级市场与二级市场之间有何关系?如何有效运用股权实现从资本市场的融资?

参考文献

(一)著作类

1. 刘俊海:《现代公司法》(第三版)(上下册),法律出版社2015年版。

2. 范健、王建文:《公司法》(第四版),法律出版社2015年版。

3. 施天涛:《公司法论》(第三版),法律出版社2014年版。

4. 赵旭东:《公司法论》(第二版),中国政法大学出版社2013年版。

5. 赵万一:《公司治理的法律设计与制度创新》,法律出版社2015年版。

6. 邓峰:《代议制的公司:中国公司治理中的权力和责任》,北京大学出版社2015年版。

7. 徐志新:《公司设立与股权纠纷》,中国民主法制出版社2014年版。

8. 韩慧博:《上市公司股权融资:现状、问题与展望》,经济日报出版社2014年版。

9. 李占英:《公司章程制定实务与条款设计指引》(修订版),法律出版社2014年版。

10. 闫屹:《我国公司债券市场发展滞后的制度因素研究》,人民出版社2012年版。

(二)论文类

1. 姚宏、王范、张晓红:《家族企业股权结构的影响因素研究——以希望集团为例》,载《管理案例研究与评论》2011年第3期。

2. 陈文、王飞:《负债融资约束与中国上市公司股权融资偏好》,载《投资研究》2013年第7期。

3. 王正位、朱武祥:《股权融资管制与公司融资行为》,载《投资研究》2013年第11期。

4. 原雪梅、何国华:《股权结构、公司治理与公司绩效——基于家电行业上市公司的实证研究》,载《上海金融》2007年第7期。

5. 刘林:《股权融资偏好模型分析与治理改进设计》,载《金融研究》2006年第10期。

(三)报纸类

1. 刘巍:《难忘俏江南:鼎晖投资快消版图之痛》,载《时代周报》2015年7月21日。

2. 金彧、刘素宏:《曝光俏江南张兰被出局疑云:重回不太可能》,载《新京报》2015年7月24日。

(四)网络资料类

1. 苏龙飞:《从刷盘子到创建俏江南,最终被净身出户! 张兰与资本间的互博全程解读》,2015年11月20日,http://mp. weixin. qq. com/s? __biz = MzAwNDQwODYxMg = = &mid = 400898070&idx = 3&sn = a1b5a552451c45bc1b67aa7159624e7f&scene = 2&srcid = 1120TG24WjMIl cC MxW7VinDR&from = timeline&isappi nstalled = 0#wechat_redirect。

2. 中国产业信息研究网:《俏江南之殇:中国餐饮业拥抱资本失败启示》,2015年11月19日,http://www. china1baogao. com/news/20150724/8418848. html。

3.《失落的俏江南:风口浪尖下 高端餐饮业的败局之殇》,2015年11月18日,http://m. winshang. com/news464399. html。

4.《俏江南资产冻结之殇详情解读 俏江南上市张兰为何痛失股权?》http://www. minnanwang. cn/news/20150320/c_89588. html。

5. 石剑:《在京东即将上市之际,AB股权结构究竟意味着什么?》,http://cn. technode. com/post/2014 - 05 - 20/jingdong - shuangcengguquanjiegou/。

6. 和讯网 - 创投频道 - 专题:《对赌之殇——首个对赌协议被判无效》,http://pe. hexun. com/2012/sxd-dwx/。

附件

俏江南大事记

2000 年:俏江南首家餐厅在北京 CBD 开业,2002 年俏江南餐厅进驻上海。

2005 年:众多投资者上门谈合作。

2008 年:店面扩张计划遭遇金融危机,引入风险投资鼎晖创投 2 亿元,占俏江南总股本的 10.55%。并与鼎晖创投签订了挂钩 IPO 的对赌协议,从此上市成为双方共同目标。

2011 年:俏江南试图 A 股上市,但最终登上了证监会披露的 2012 年度 IPO 申请终止审查企业名单,无缘 A 股。

2012 年:作为政协委员的张兰被曝变更国籍,有分析称其是为赴港上市铺路。虽已通过聆讯,但最终还是告吹。

2013 年:俏江南被传资金链紧绷,全年开店仅 10 家。同时,自 2012 年开始"八项规定""六项禁令"等政策也让整个高端餐饮行业陷入冰点。

2014 年:俏江南及张兰本人均证实,俏江南易主,CVC 收购俏江南从而获得控股权。

2015 年 7 月:俏江南公告称,保华接手 CVC 掌管俏江南,张兰不再担任俏江南董事会成员,且不再处理或参与俏江南的任何事务。

参考法律法规和判例

1.《公司法》(2013 年修订)

2.《证券法》(2005 年)

3.《担保法》(1995 年)

4.《首次公开发行股票并上市管理办法》(2015 年修订)

5.《关于外国投资者并购境内企业的规定》(2006 年)等

6. 最高人民法院关于 PE 对赌协议效力问题的再审判决书(2012)民提字第 11 号

(李立新,上海大学法学副教授,民商法教研室主任,treesky99@163.com)

26
CASE

"西京公司提请开证行据理拒付信用证案"

摘　要

信用证纠纷多数表现为"单证不符",进入诉讼或仲裁的单证不符而拒付的案件所占比例较小,而以非诉讼方式解决的居多。本案典型地反映了律师代表开证申请人处理信用证纠纷时,通过援引国际商会的惯例,以律师函方式代表开证申请人向开证行表达了应当以"单证不符"拒付信用证的理由,并得到开证行的认可进而合理拒付,从而避免了以诉讼保全方式止付信用证的烦琐程序,也避免了当事人通过其他程序追讨额外费用的海外程序。

关键词

信用证　单单不符　单证不符　提请拒付

教学目标

理解律师参与诉讼前纠纷处理的业务流程,正确判断不同的纠纷解决方式的利弊和适宜个案的省时、省钱的针对性方案。准确判断信用证"单单不符""单证不符"的类型和依据。引导学生理解信用证交易的单据交易特点,并善于从国际贸易交易涉及到不同法律关系性质的分析入手,寻求对当事人最具性价比的方案。

教学案例

一、国际货物买卖合同的签署

2015 年 6 月 20 日，中国的西京对外贸易有限公司（以下简称西京公司）与印度 Simon Steel Private Ltd（以下简称印度公司）签订国际货物买卖合同，约定由西京公司向印度公司购买 4 万公吨轧钢产生的氧化皮（Mill Scale），数量允许 10% 的溢短装，单价为每公吨 CFR 上海 65 美元，装运港为印度坎德拉港（Port of KANDLA），最迟装船日为 2015 年 7 月 15 日。合同还约定，西京公司应当在 2015 年 7 月 5 日前经由国际一流的银行开立不可撤销的即期信用证支付货款，货款分两批支付：首批款为总额的 95%，在买方提交首批单据后立即支付；尾款 5% 在买方提交第二批单据后立即支付。合同还约定了印度公司应当交付的单据类型和数量。合同约定在新加坡国际仲裁中心仲裁解决本合同的纠纷。

二、信用证的开立

2015 年 7 月 7 日，西京商业银行开立以印度公司为受益人、编号为"221LC1500092"的不可撤销、公开议付信用证。该信用证的 46A 条规定了需要兑付首批款和尾款所需提交的单据，该条关于兑付尾款所需单据的规定如下：

FINAL PAYMENT：

THE BALANCE AMOUNT AFTER PROVISIONAL PAYMENT SHALL BE PAYABLE AGAINST BENEFICIARY'S DRAFT (S) AT SIGHT AND THE FOLLOWING DOCUMENTS WHICH MUST BE PRESENTED WITHIN THE VALIDITY OF THIS CREDIT BUT NOT EARLIER THAN THE PRESENTATION OF THE DOCUMENTS AS STIPULATED IN PROVISIONAL PAYMENT :

1. SIGNED FINAL INVOICE IN 1(ONE) ORIGINAL AND 1 (ONE) COPY BASED ON CERTIFICATE OF QUALITY AND CERTIFICATE OF WEIGHT ISSUED BY CIQ AT THE DISCHARGE PORT WITH THE NECESSARY PRICE ADJUSTMENT AND LESS THE AMOUNT OF PROVISIONAL DRAWING AND ALL CCIC CHARGE (INCLUDING QUALITY/WEIGHT/PRE – SHIPMENT INSPECTION CERTIFICATES OF CCIC/CCIC STOCK YARD INSPECTION TEST REPORT AT LOADING PORT).

2. CERTIFICATE OF QUALITY IN ONE PHOTO COPY/ SCAN COPY ISSUED BY CIQ AT THE DISCHARGE PORT IN CHINA.

3. CERTIFICATE OF WEIGHT IN ONE PHOTO COPY / SCAN COPY ISSUED BY CIQ AT THE DISCHARGE PORT IN CHINA.

三、履行与索款

西京公司委托 CCIC（中国检验认证集团）在装运港对货物的装船数量和质量进行检验，

并于2015年7月7日向CCIC支付检验费共78976美元。货物实际装船数量42766公吨。

印度公司在货物装船后即向印度当地银行议付获得了95%的货款,其后于2015年9月10日第二次向印度当地银行提交单据议付尾款。印度当地银行向印度公司办理议付后,于2015年9月14日将单据递交到西京商业银行索偿。

四、争执

在收到西京商业银行的信用证下到单通知后,西京公司发现印度公司出具的最终发票显示扣除的CCIC检验费金额为“NIL”(“0”),遂要求西京商业银行拒付该批款项,但西京商业银行不同意,认为该最终索款发票扣除了首批款项的发票额且显示为扣除了CCIC金额,尽管该项扣除金额为“0”。为此,西京公司拟打算提起诉前保全,要求止付信用证下该尾款款项的支付,并于2015年9月15日就止付信用证款项征询律师意见。

五、出具初步法律意见

2015年9月15日当日下午,西京市京锚律师事务所向西京公司出具书面的意见如下:

信用证纠纷处理的初步意见

西京市对外贸易有限公司:

就贵司咨询的与Simon Steel Private Ltd.(“Simon公司”)买卖合同项下,西京商业银行出具的信用证相关问题,经过对贵司提供的文件资料进行审查及研究。我们提供如下初步答复:

一、初步法律分析

(一)Simon公司的行为被法院认定为信用证欺诈的可能性相对较低

根据最高人民法院《关于审理信用证纠纷案件若干问题的规定》(以下简称《规定》),在存在信用证欺诈时,开证申请人可申请止付令。与本案系争信用证相关的可能构成欺诈的情形为《规定》第8条第1项“受益人……提交记载内容虚假的单据”。

Simon公司向西京商业银行出具的发票中关于CCIC检验费用一栏为零,在数值上与事实不符,但是否构成“虚假”情形,人民法院有裁量权,在实践中,人民法院对“内容虚假”的认定较为严格。

我们认为法院认定系争信用证项下的发票构成“内容虚假”的可能性相对较低。

(二)系争信用证项下的单据可以认定为“单单不符”及“单证不符”

系争信用证“46A/Documents Required”一栏,对支付尾款的单据,明确要求受益人提供发票,该发票必须“减去CCIC的费用”,且信用证对该费用的内容进行了描述,即“包括装运前检验费用”,“CCIC在装货港码头检测证书费用”。

系争信用证并未明确CCIC的费用为零,即使从文义上解释,也应认定CCIC的费用应当为零以上,否则该段信用证记载内容就没有任何实际意义。

此外,CCIC 的报告本身并未注明为免费,从合理性角度看,CCIC 的报告也不可能免费出具。

综上所述,我们认为银行完全可以如下理由拒付信用证:(1)单单不符,即 CCIC 的报告与发票不符;(2)单证不符,即发票内容与“46A/Documents Required”一栏记载内容不符。

二、下一步的处理意见,我们建议按照如下思路处理系争纠纷:

1. 向西京商业银行发送律师函,详细陈述 UCP600 以及相关国际惯例的内容、案件的事实,以及具体的法律适用意见,传递贵司强硬立场,明确如果信用证项下款项释放,贵司将和西京商业银行就是否应当释放信用证项下款项发生法律纠纷,贵司将会寻求法律救济。以此给西京商业银行施加压力,促成西京商业银行拒付信用证;

2. 如贵司在我们提供了前述分析意见的基础上,仍决定申请法院止付令,可尝试向有管辖权的人民法院申请止付令。

三、关于律师收费

我们的收费在综合考虑案件难度、工作量和工作的专业性的基础上,我们的服务内容和拟收取的律师费如下:

服务内容	收费(人民币)
出具律师函、与招商银行进行沟通和谈判	*X.Y* 万元
申请法院止付令	*Z* 万元
申请复议(如有)	*A* 万元
系争信用证终止止付纠纷一审诉讼	*B* 万元
系争买卖合同纠纷仲裁	*C* 万元

鉴于贵司与我们尚未建立委托关系,以上意见不构成我们的正式法律意见,仅供贵司参考。

李鸣律师、张博律师

西京市京锚律师事务所

2015 年 9 月 15 日

六、出具律师函

2015 年 9 月 16 日,西京公司同意委托西京市京锚律师事务所处理该纠纷,并签署法律服务协议,委托西京市京锚律师事务所就此事向西京商业银行出具律师函。西京市京锚律师事务所于当日通过电子邮件、传真和快递方式向西京商业银行发出律师函。律师函内容如下:

律　师　函

编号:JM2015 – F – FS091023 – LM

致:西京商业银行国际业务部

西京市滨江大道988号18楼

刘大江经理

关于要求贵行停止支付信用证(编号:221LC1500092)项下余款的律师函

商业银行:

西京市京锚律师事务所接受西京对外贸易有限公司(以下简称西京公司)委托,指派邓旭律师就题述事宜向贵行致律师函如下:

一、背景事实

根据西京公司的陈述,及其提供的相关资料和信息,我们了解到如下事实:

1. 西京公司作为申请人,以 Simon Steel Private Ltd.(“Simon 公司”)为受益人,向贵行申请开立信用证,贵行于2015年7月7日开具了编号为“221LC1500092”的信用证。根据该信用证的记载,信用证项下的付款分为前期付款(provisional payment)和余款(final payment)两个部分,前期付款目前已支付完毕。

2. 对于余款的支付,该信用证中“46A/Documents Required”要求:受益人 Simon 公司应提供如下单据:(1)发票;(2)CIQ 质检报告;(3)CIQ 重量检测报告。其中,信用证对余款的发票内容作了详细描述,即发票的金额必须是“减去前期付款和所有 CCIC 费用(包括出具质量、重量、装运前检验证书的费用,以及装货港堆场检测报告的费用)”。

3. 目前,西京公司接到贵行的通知,称 Simon 公司已经向贵行提出兑付申请,Simon 公司提供的“46A/Documents Required”项下的发票中,关于 CCIC 费用一栏为零(NIL)。

4. 但事实上,西京公司已支付的 CCIC 费用为78,976美元,西京公司已将该等费用支付情况告知贵行,并已将费用支付凭证提交贵行。

二、Simon 公司提供的发票构成信用证项下的不符点

基于如上事实,我们认为,Simon 公司提供的发票构成信用证项下的不符点,贵行应当予以拒付。

第一,Simon 公司提供的单证构成“单单不符”。在前期付款的单证中,Simon 公司已向贵行提供了 CCIC 的质量、重量、装运前检验证书,及装货港堆场检测报告(见信用证46A 第1、2项),CCIC 的检测活动是客观的,已发生的事实。CCIC 的报告本身并未注明为免费,从商业合理性角度看,CCIC 的报告也不可能免费出具。然而,Simon 公司现提供的发票中 CCIC 检测费用为零,显然与前期付款单证中的 CICC 检验证书和检测报告不符。

第二,Simon 公司提供的单证构成“单证不符”。信用证明确要求,发票必须扣除 CCIC 费用,如果 CCIC 费用为零,则该段信用证记载内容就没有任何意义。因此,从文义上理解,也应认定 CCIC 的费用应当为零以上。但 Simon 公司提供的发票载明的 CCIC 费用为零,显然与信用证不符。

第三,UCP600 的操作实践也支持了前述“单单不符”和“单证不符”的结论。国际商会745号出版物《关于审核跟单信用证项下的单据的国际标准银行实务(ISBP)》(2007年修订版,ISBP745)第59条、第60条均要求发票中的描述必须反映实际的货物、服务、履约行为的

价值。Simon 公司提供的发票将 CCIC 的检测费用写为零，显然未能反映履约行为的价值。

三、西京公司的请求

基于以上事实和法律分析，我们代表西京公司认为，根据 UCP600 及 ISBP745，Simon 公司提供的单据不符合题述信用证的要求。我们代表西京公司请求贵行对 Simon 公司的付款请求予以拒绝。如贵行坚持支付系争信用证项下付款，西京公司保留依法追究贵行违约责任的权利。

特此函告！

李鸣律师、张博律师

西京市京锚律师事务所

2015 年 9 月 16 日

七、开证行拒付

2015 年 9 月 17 日 15 时许，西京商业银行电话通知西京对外贸易有限公司：经西京商业银行内部讨论，决定以单证不符拒付该信用证下的尾款兑付，且已经发出拒付电文至印度公司的议付银行。

2015 年 9 月 18 日，印度公司的议付银行回电西京商业银行称：收悉拒付通知，并已经告知信用证受益人印度公司。

2015 年 9 月 23 日，印度公司通过电子邮件致函西京公司表示放弃利用信用证，不再基于信用证主张索款，同意扣除西京公司实际支付的 CCIC 检验费后另行结算余款。至此，纠纷结束。

教学手册

教学目标

理解律师参与诉讼前纠纷处理的业务流程，正确判断不同的纠纷解决方式的利弊和适宜个案的省时、省钱的针对性方案。准确判断信用证“单单不符”“单证不符”的类型和依据。引导学生理解信用证交易的单据交易特点，并善于从国际贸易交易涉及不同法律关系性质的分析入手，寻求对当事人最具性价比的方案。

教学内容

本案在法律上涉及信用证欺诈的认定、信用证下的严格相符原则。在程序法上，涉及止付信用证以及终止支付信用证的关系。在实务中，涉及如何选择纠纷处理方案，如何通过初步法律分析意见建立起客户对律师的专业信赖。

1. 信用证欺诈的认定

信用证交易的基石在于其独立性原则和单证相符原则。独立性原则是指信用证一经开立即独立于其赖以存在的基础合同,即使信用证中包含有对合同及其条款的援用,开证行也与基础合同无关,不受合同内容的约束。

开证行在收到受益人提交的单据后,经审核只要其表面上与跟单信用证条款相符,开证行就负有无条件的第一性的付款责任。开证行既不能因当事人之间存在合同纠纷而拒绝付款,也不能因开证申请人破产等其他原因对抗受益人的付款要求。

单据交易原则是指跟单信用证交易所处理的是单据,而不是与单据有关的货物、服务等,体现的是单据与款项的对流过程。开证行在决定是否要付款时唯一的依据就是单据是否符合信用证的规定。开证行只审核单据的表面相符及表面真实性。只要受益人提交的单据合格,开证行就必须付款,即使这些单据所代表的货物、货物等与合同中的规定实质不相符。

我国对信用证欺诈采取了"信用证交易本身欺诈"和"信用证涉及的基础交易欺诈"均可以构成信用证欺诈的双标准,与美国模式一致,有别于只将"信用证交易本身欺诈"才构成信用证欺诈的英国模式。

按照最高人民法院《关于审理信用证纠纷案件若干问题的规定》第 8 条的规定:"凡有下列情形之一的,应当认定存在信用证欺诈:(一)受益人伪造单据或者提交记载内容虚假的单据;(二)受益人恶意不交付货物或者交付的货物无价值;(三)受益人和开证申请人或者其他第三方串通提交假单据,而没有真实的基础交易;(四)其他进行信用证欺诈的情形。"

2. 信用证的严格相符原则

正是因为独立性原则和单据交易原则,兑付信用证下的款项必须提交与信用证相符的单据,这也是 UCP600 所规定的"相符提示"。一般认为,"相符提示"就是信用证的严格相符原则的另一种表述。严格相符原则的内容包括:受益人或单证合法持有人交付的单据必须与信用证的要求相符,即"单证相符";二是受益人或单证合法持有人交付的单据之间必须相互一致。即"单单相符"。

信用证下的纠纷超过半数为单据不符导致的。为此,自 UCP500 以来,国际商会基于国际银行界审核单据的经验和做法,制定了 UCP500 所指出的"国际银行标准实务":《关于审核跟单信用证项下单据的国际标准银行实务》(International Standard Banking Practice for the Examination of Documents under Documentary Credits, ISBP),作为信用证单据制作和审核所应该遵循的一般原则,因其出版物编号为第 681 号,简称 ISBP681。2007 年颁布 UCP600 后,国际商会又颁布了 ISBP 的修订本,即第 745 号出版物,简称 ISBP745。

3. 止付信用证与终止支付信用证的关系

止付信用证,是中止支付信用证款项的简称,是最高人民法院《关于审理信用证纠纷案件若干问题的规定》创设的财产保全措施之一。财产保全的目的是避免"对于可能因当事人一方的行为或者其他原因,使判决难以执行或者造成当事人其他损害"。

终止支付信用证也是最高人民法院《关于审理信用证纠纷案件若干问题的规定》规定的

措施。它是指人民法院经过实体审理后,判决终止信用证项下款项。

止付信用证作为财产保全措施(通常为诉前财产保全),只是暂时性冻结信用证,并不能从根本上解除开证行的付款义务。只有经过实体审理并判决终止支付信用证,才能解除开证行在信用证下的付款义务。

简言之,止付信用证是程序措施,终止支付信用证才是实体结果。

4. 初步法律分析意见与律师函之间的关系

商事案件中,当事人需要建立起对律师的专业信赖,才可能委托处理其法律事务。律师与当事人交流后,通过书面的初步法律分析意见表达自己对案件的看法,正是进一步体现自身在这个领域专业能力和经验的机会,从而使当事人建立起对律师的专业信赖并进而委托律师处理案件。

律师在出具初步法律分析意见之时,通常还未能全面审查案件材料,因而只能是通过当事人的介绍及部分材料得以了解案情,因此律师在初步法律分析意见中需要谨慎表达,更多表明的是案件处理的可能方向。

律师函指律师事务所接受客户的委托后,指派承办律师就客户委托事项的有关事实或法律问题进行披露、评价,进而提出要求以达到一定效果而制作的法律文书。律师函多用于发送给客户委托事项的相对人,用途广泛,包括阐明事态、提出主张、指明法律后果等。

律师函中阐述的事实需要基于全面审核资料,且需要准确援引法律依据,分析法律后果,告知对方立场。

预期效果

掌握信用证欺诈的构成要件以及实践运用。理解法律上如何认定信用证下的单证“严格相符”。从规范律师业务流程的角度,基于客户利益最大化而设计纠纷处理的方案。

教学计划

背景介绍与理论要点提示不宜超过一半时间,学生自我分析和文书写作,不应少于 1/3 时间,点评不应少于 1/3 时间。

课堂时间安排:建议采用 3 ~ 4 课时。1 课时介绍案情及可能涉及的法律要点;1 课时用于学生讨论法律方案。1 ~ 2 课时用于比较方案利弊及点评。

思考题和实践题

1. 理论上和我国司法实践中如何理解信用证欺诈的构成要件?
2. 除 ISBP 外,判断单证与信用证相符还需要依赖哪些惯例? 进一步而言,信用证的法律渊源包括哪些?
3. 提前止付信用证申请,需要准备哪些证据和材料?
4. 评析本案律师做法的经验和失误。

参考文献

1. 杨良宜:《信用证》,中国政法大学出版社 1998 年版。

2. 金赛波、李健:《信用证法律》,法律出版社 2004 年版。

3.《国际商会银行委员会意见汇编(2005—2008)》,中国法制出版社 2009 年版。

4. 邓旭:《跟单信用证法律与实践》,学林出版社 2010 年版。

5. Richard Kind, *Gutteridge and Megrah's Law of Bankers' Commercial Credits*, 8th Edition, Europa Publications Limited, 2001.

(邓旭,上海对外经贸大学法学院副教授,dengxu@ suibe. edu. cn)

27 CASE 深圳市易图资讯股份有限公司在全国中小企业转让系统挂牌并公开转让案例

摘　要

本案例主要讨论全国中小企业股份转让系统(新三板)挂牌并公开转让中法律意见书的出具问题。通过真实案例分析,了解和掌握法律意见书的框架结构、主体内容和法律意见书的核心要素。深刻理解全国中小企业股份转让系统挂牌并公开转让的实质要件:包括但不限于依法设立且存续满两年;业务明确,具有持续经营能力;公司治理机制健全,合法规范经营;股权明晰,股票发行和转让行为合法合规等。通过学习法律意见书的出具规范,以及在实务中如何审核企业具备挂牌和公开转让的条件,对出现的法律问题如何回应及如何发表法律意见。通过案例学习,对我国中小企业股份转让系统挂牌法律制度相关理论和实务问题达到更为深刻的理解。

关键词

全国中小企业股份转让系统　(新三板)挂牌　公开转让　法律意见书

教学目标

本案例主要围绕中小企业股份转让系统挂牌并公开转让的法律意见书展开,通过学生对案例的阅读、分析,结合授课教师的指导,达到下述教学目标:(1)明确律师在中小企业股份转让系统中出具法律意见书的框架结构、主体内容;(2)掌握中小企业股份转让系统中上市挂牌及公开转让的实质条件,以及律师应当核验的证据材料及分析方法;(3)知悉挂牌公司的独立性等挂牌核心要素,以及律师如何核验公司独立性问题;(4)了解公司在中小企业股份转让系统挂牌的程序;(5)知悉中小企业板挂牌的实质条件与主板、中小企业板和创业板等资本市场上市的区别;(6)思考中小企业股份转让系统作为多层次资本市场的一部分,与主板、中小企业板、创业板等资本市场的区别与联系。

教学案例

背景资料

为更好地发挥金融对经济结构调整和转型升级的支持作用,进一步拓展民间投资渠道,构建多层次资本市场,充分发挥全国中小企业股份转让系统(以下简称全国股份转让系统)的功能,缓解中小微企业融资难,按照党的十八大、十八届三中全会关于多层次资本市场发展的精神和国务院第十三次常务会议的有关要求,2013 年 12 月 14 日国务院发布了《关于全国中小企业股份转让系统有关问题的决定》(国发〔2013〕49 号)。自此,全国中小企业股份转让系统诞生,其具有下述目的与意义:

1. 充分发挥全国股份转让系统服务中小微企业发展的功能。全国股份转让系统是经国务院批准,依据《证券法》设立的全国性证券交易场所,主要为创新型、创业型、成长型中小微企业发展服务。境内符合条件的股份公司均可通过主办券商申请在全国股份转让系统挂牌,公开转让股份,进行股权融资、债权融资、资产重组等。申请挂牌的公司应当业务明确、产权清晰、依法规范经营、公司治理健全,可以尚未盈利,但须履行信息披露义务,所披露的信息应当真实、准确、完整。

2. 建立不同层次市场间的有机联系。在全国股份转让系统挂牌的公司,达到股票上市条件的,可以直接向证券交易所申请上市交易。在符合《国务院关于清理整顿各类交易场所切实防范金融风险的决定》(国发〔2011〕38 号)要求的区域性股权转让市场进行股权非公开转让的公司,符合挂牌条件的,可以申请在全国股份转让系统挂牌公开转让股份。

3. 简化行政许可程序。挂牌公司依法纳入非上市公众公司监管,股东人数可以超过 200 人。股东人数未超过 200 人的股份公司申请在全国股份转让系统挂牌,证监会豁免核准。挂牌公司向特定对象发行证券,且发行后证券持有人累计不超过 200 人的,证监会豁免核准。依法需要核准的行政许可事项,证监会应当建立简便、快捷、高效的行政许可方式,简化审核流程,提高审核效率,无须再提交证监会发行审核委员会审核。

4. 建立和完善投资者适当性管理制度。建立与投资者风险识别和承受能力相适应的投资者适当性管理制度。中小微企业具有业绩波动大、风险较高的特点,应当严格自然人投资者的准入条件。积极培育和发展机构投资者队伍,鼓励证券公司、保险公司、证券投资基金、私募股权投资基金、风险投资基金、合格境外机构投资者、企业年金等机构投资者参与市场,逐步将全国股份转让系统建成以机构投资者为主体的证券交易场所。

深圳市易图资讯股份有限公司(以下简称易图资讯)是深圳市投资控股有限责任公司以下简称深投控下属的一家国有企业,2015 年 6 月 18 日易图资讯召开 2015 年第一次临时股东大会审议通过了易图资讯董事会提交《关于深圳市易图资讯股份有限公司申请股票在全国中小企业股份转让系统挂牌公开转让、纳入非上市公众公司监管的议案》,2015 年 11 月 5 日全国中小企业转让系统有限责任公司核准易图资讯在全国中小企业转让系统（新三板）挂牌并公开转让。

主体内容：

第一部分　公司与股份挂牌基本情况

一、公司概况

（一）公司基本情况

中文名称：深圳市易图资讯股份有限公司

法定代表人：隆颢

股份公司设立日期：2015 年 1 月 13 日

注册资本：7000 万元

住所：深圳市福田区香林路 36 号九润大厦 2 层至 5 层

邮编：518001

信息披露事务负责人：刘磊

电话号码：0755－83662577

传真号码：0755－83680527

电子信箱：liugzhe@ foxmail. com

组织机构代码：70847554－6

（二）公司简介

深圳市易图资讯股份有限公司成立于 1999 年 1 月，前身为易图有限，原隶属于深圳市规划国土房产信息中心，2008 年 9 月正式从规划局划转到深圳市国资委，成为深圳市投资控股有限公司下属的一家直属国有企业。公司现阶段的主营业务包括“深圳房地产信息网”（www. szhome. com）、“家在深圳”（bbs. szhome. com）、“咚咚找房”（zf. szhome. com）等网站业务及地图编制业务（www. 51emap. com），在互联网及地图编制专业领域形成了很强的市场竞争力和盈利能力。

（三）公司业务概况

易图资讯目前的经营范围为：“计算机软件及相关数据的技术开发、应用（不含限制项目）、购销（不含专营、专控、专卖商品）；房地产经纪、房地产信息咨询（不含限制项目）、房地产价格评估（凭相关部门颁发的资质证书经营）；档案数字化处理的技术开发；自有物业租赁、物业管理。”

易图资讯目前的主营业务为：线上网络营销业务，线下劳务业务及其他，易图资讯的主营业务在其《公司章程》列示的范围之内。根据公司确认,易图资讯并未实际从事如下业务:房地产经纪、房地产信息咨询(不含限制项目)、房地产价格评估(凭相关部门颁发的资质证书经营);自有物业租赁、物业管理。

(四)公司控股股东和实际控制人

深投控持有易图资讯60%的股份,为易图公司的控股股东。深投控系由深圳国资委100%控股的国有独资公司,因此,深圳市国资委为公司的实际控制人。

(五)所属行业

根据中国证监会发布的《上市公司行业分类指引》(2012年修订),公司所处行业为"互联网和相关服务(I64)"。根据《国民经济行业分类》(GBT 4754—2011),公司所处行业为"信息传输、软件和信息技术服务业"大类中的"互联网和相关服务"下面的"互联网信息服务(I6420)"。根据全国股份转让系统公司发布的《挂牌公司管理型行业分类指引》,公司所处行业为"信息传输、软件和信息技术服务业"大类中的"互联网和相关服务"下面的"互联网信息服务(I6420)"

二、股份挂牌的基本情况

(一)股票代码、股票简称、股票种类、挂牌日期等

股票代码:略

股票简称:易图资讯

股票种类:人民币普通股

每股面值:每股人民币1.00元

股票总量:70000000股

挂牌日期:略

转让方式:公司股东大会已于2015年6月18日依法作出决议,决定公司股票挂牌时采取协议转让方式。

(二)股东所持股份的限售安排及股东对所持股份自愿锁定的承诺

根据《全国中小企业股份转让系统业务规则(试行)》的相关规定,深投控直接持有的42000000股属于控股股东和实际控制人直接持有的股份,因此分三批解除转让限制,每批解除转让限制的数量均为其挂牌前所持股票的1/3,解除转让限制的时间为挂牌之日、挂牌期满一年和两年。

股票锁定期:

《公司法》第141条规定:"发起人持有的本公司股份,自公司成立之日起一年内不得转让。公司公开发行股份前已发行的股份,自公司股票在证券交易所上市交易之日起一年内不

得转让。公司董事、监事、高级管理人员应当向公司申报所持有的本公司的股份及其变动情况，在任职期间每年转让的股份不得超过其所持有本公司股份总数的百分之二十五；所持本公司股份自公司股票上市交易之日起一年内不得转让。上述人员离职后半年内，不得转让其所持有的本公司股份。公司章程可以对公司董事、监事、高级管理人员转让其所持有的本公司股份作出其他限制性规定。"

根据《公司法》的规定，发起人深投控、易图人投资、世联评估、芜湖创投、优房网络持有的公司股份，自公司成立之日 1 年内不得转让。2013 年 12 月 20 日，深投控、易图有限与世联评估、芜湖创投、优房网络以及易图人投资签订了《深圳市易图资讯有限公司增资协议》，按照该增资协议的约定："其自持有易图资讯股权之日起 3 年内，不会转让、质押所持全部或部分易图资讯的股权"。因此，2016 年 12 月 20 日前，全部股东不会转让、质押所持全部或部分易图资讯的股权。

（三）挂牌股票

根据《公司法》《业务规则》《公司章程》《深圳市易图资讯有限公司增资协议》等法律法规、制度及协议的规定，公司挂牌时可进入全国中小企业股份转让系统转让的股份数量如下：

序号	股东名称	持股数量（股）	持股比例（%）	本次可转让的股份数
1	深圳投控	42000000	60	0
2	易图人投资	10500000	15	0
3	世联评估	7000000	10	0
4	芜湖创投	7000000	10	0
5	优房网络	3500000	5	0
	合计	70000000	100	0

第二部分　关于深圳市易图资讯股份有限公司在全国中小企业股份转让系统挂牌并公开转让的法律意见书

致深圳市易图资讯股份有限公司：

北京市金杜律师事务所（以下简称金杜或本所）接受深圳市易图资讯股份有限公司（以下简称易图资讯或公司）委托，作为公司股票进入全国中小企业股份转让系统挂牌并公开转让（以下简称本次挂牌）的专项法律顾问，根据《证券法》《公司法》《管理办法》《业务规则》等中国法律以及中国证券业协会的有关规定，为公司本次挂牌出具本法律意见书。

为出具本法律意见书，金杜依据《管理办法》和《执业规则（试行）》等有关规定，编制和落实了查验计划，亲自收集了证据材料，查阅了法律、法规规定的需要查阅的文件以及金杜认为必须查阅的其他文件。在易图资讯保证提供了金杜为出具本法律意见书所要求其提供的原始书面材料、副本材料、复印材料、确认函或证明,提供给金杜的文件和材料是真实、准确、完整和有效的,并无隐瞒记载、虚假陈述和重大遗漏之处,且文件材料为副本或复印件的,其均与正本或原件一致和相符的基础上,金杜合理、充分地运用了包括但不限于面谈、书面审查、实地调查、查询、函证、复核等方式进行了查验,对有关事实进行了查证和确认。

金杜及经办律师依据《证券法》、《管理办法》和《执业规则(试行)》等规定及本法律意见书出具之日以前已经发生或存在的事实,严格履行了法定职责,遵循了勤勉尽责和诚实信用原则,进行了见分的核查验证,保证本法律意见书所认定的事实真实、准确、完整,所发表的结论性意见合法、准确,不存在虚假记载、误导性陈述或者重大遗漏,并承担相应法律责任。

对于出具本法律意见书至关重要而又无法得到独立证据支持的事实,本所律师依据有关政府部门、公司或其他有关机构、人员出具的证明文件或提供的证言,或者政府部门官方网站的检索信息出具法律意见。本法律意见书仅供易图资讯为本次挂牌之目的使用,不得用作任何其他目的。金杜同意将本法律意见书作为易图资讯申请本次挂牌所必备的法律文件,随同其他材料一同上报,并承担相应的法律责任。金杜同意易图资讯在其为本次挂牌所制作的《公开转让说明书》中自行引用或按照中国证券业协会的审核要求引用本法律意见书的相关内容,但易图资讯作上述引用时,不得因引用而导致法律上的歧义或曲解,并需经本所律师对其引用的有关内容进行审阅和确认。

金杜按照律师行业公认的业务标准、道德规范和勤勉尽责精神,出具法律意见如下:

释义:

在本法律意见书中,除非文义另有所指,下列简称和词语具有以下含义:

简称	释义
易图资讯/公司	深圳市易图资讯股份有限公司
易图有限	深圳市易图资讯有限公司,系易图资讯的前身
易图中心	深圳市易图资讯开发中心,系易图有限的前身
深投控	深圳市投资控股有限公司
易图人投资	深圳市易图人投资管理企业(有限合伙)
世联评估	深圳市世联土地房地产评估有限公司
芜湖创投	芜湖海岸基石创业投资合伙企业(有限合伙)
优房网路	深圳市优房网络有限公司
中国	中华人民共和国(为本法律意见书之目的,不包括香港特别行政区、澳门特别行政区及台湾地区)
本次挂牌	公司股票进入全国中小企业股份转让系统挂牌并公开转让
股转公司	全国中小企业股份转让系统有限责任公司
深圳市国资委	深圳市国有资产监督管理委员会
深圳市市监局	深圳市市场监督管理局
主办券商/财通	财通证券股份有限公司

续表

简称	释义
立信	立信会计师事务所(特殊普通合伙)
德正信	德正信资产评估有限责任公司
金杜/本所	北京市金杜律师事务所
《公开转让说明书》	易图资讯为本次挂牌制作的《公开转让说明书》
《审计报告》	立信会计事物所(特殊普通合伙人)2015年6月1日出具的信会师报字[2015]第310603号《审计报告》以及经审计的财务报表
《公司法》	2013年12月28日中华人民共和国第十二届全国人民代表大会常务委员会第六次会议修订,自2014年3月日施行的《中华人民共和国公司法》
《证券法》	2005年10月27日中华人民共和国第十届全国人民代表大会常务委员会第十八次会议修订,自2006年1月1日施行的《中华人民共和国证券法》
《管理办法》	《律师事务所从事证券法律业务管理办法》(证监会令第41号)
《执业规则(试行)》	《律师事务所证券法律业务执业规则(试行)》(中国证券监督管理委员会中华人民共和国司法部 公告[2010]33号)
《业务规则》	《全国中小企业股份转让系统业务规则(试行)》
中国法律	中国现行有效的法律、法规、规章及其他规范性文件
《公司章程》	易图资讯现行有效的公司章程(经易图资讯2014年12月19日召开的创立大会审议通过)
《公司章程(草案)》	根据《公司法》等中国法律制定并经易图资讯2015年第一次临时股东大会通过,将于本次挂牌后生效的《深圳市易图资讯股份有限公司章程(草案)》
报告期	2013年1月1日至2015年4月30日
元、万元	人民币元、人民币万元

正文:

一、本次挂牌的批准和授权

(一)2015年6月2日,易图资讯召开第一届董事会第四次临时会议审议通过了下述议案:

1.《关于深圳市易图资讯股份有限公司申请股票在全国中小企业股份转让系统挂牌公开转让、纳入非上市公众公司监管的议案》。

2.《关于提请股东大会授权董事会全权办理深圳市易图资讯股份有限公司股票在全国中小企业股份转让系统挂牌公开转让、纳入非上市公众公司监管具体事宜的议案》;

3.《关于审议深圳市易图资讯股份有限公司章程(草案)的议案》及《关于确认深圳市易图资讯股份有限公司在全国中小企业股份转让系统挂牌后股票转让方式的议案》。

(二)2015年6月18日,易图资讯召开2015年第一次临时股东大会审议通过了易图资讯董事会提交的下述议案:

1.《关于深圳市易图资讯股份有限公司申请股票在全国中小企业股份转让系统挂牌公开转让、纳入非上市公众公司监管的议案》。

2.《关于提请股东大会授权董事会全权办理深圳市易图资讯股份有限公司股票在全国中

小企业股份转让系统挂牌公开转让、纳入非上市公众公司监管具体事宜的议案》,授权董事会:

(1)向股转公司提交本次申请股票挂牌的申请材料,签署本次申请股票挂牌过程中需公司签署的各项文件;

(2)全权回复股转公司等监管机构关于本次申请股票挂牌的反馈意见;

(3)为本次挂牌聘请及委任相关中介机构,并签署聘用或委任协议;

(4)办理本次申请股票挂牌有关的其他各项事宜。

本项授权的有效期为6个月,自股东大会审议通过本议案之日起算。

3.《关于审议深圳市易图资讯股份有限公司章程(草案)的议案》。

4.《关于确认深圳市易图资讯股份有限公司在全国中小企业股份转让系统挂牌后股票转让方式的议案》。

综上所述,金杜认为,易图资讯申请本次挂牌已获得公司股东大会的批准并授权董事会全权办理本次挂牌相关事宜;易图资讯本次挂牌,尚需获得股转公司出具同意挂牌的审查意见。

二、本次挂牌的主体资格

(一)依法设立的股份有限公司

易图资讯现持有深圳市市监局于2015年1月13日核发的440301103640653号《企业法人营业执照》,公司类型为非上市股份有限公司,法定代表人为隆颢,住所为深圳下福田区香林路36号九润大厦2层至5层,经营期限为永续经营,根据金杜在深圳市市监局商事主体信用信息平台(http://www.szscjg.gov.cn/)上的核查,易图资讯的经营范围为"一般经营项目:计算机软件及相关数据的技术开发、应用(不含限制项目)、购销(不含专营、专控、专卖商品);劳务派遣;档案整理(经档案行政管理部门备案后方可经营);房地产经纪、房地产信息咨询(不含限制项目)、房地产价格评估(凭相关部门颁发的资质证书经营);档案数字化处理的技术开发;自有物业租赁、物业管理;设计、发布、代理各类广告;平面设计、图文设计;市场营销策划、品牌推广策划;会议展览策划。许可经营项目:互联网信息服务。"

(二)依法有效存续

经金杜核查以及公司的书面说明,截至本法律意见书出具之日,易图资不存在根据法律、法规、规范性文件及公司章程规定需要终止的情形,为有效存续的股份有限公司。

据此,截至本法律意见书出具之日,金杜认为,易图资讯系依法设立并有效存续的股份有限公司。

三、本次挂牌的实质条件

经核查,易图资讯已具备《公司法》《证券法》《业务规则》等中国法律规定的申请本次挂牌的实质条件,具体如下:

(一)公司依法设立且存续满两年

易图资讯已于2015年1月13日获得深圳市市监局核发的《企业法人营业执照》,公司类型为股份有限公司,易图资讯为依法设立的股份有限公司;如本法律意见书第四章"易图资讯的设立”及第七章“易图资讯的股本及其演变”所述,易图资讯的前身易图有限成立于2008年9月26日,易图资讯系由易图有限按照截至2014年6月30日经审计的净资产值折股整体变更而来,截至本法律意见书出具之日,易图资讯持续经营时间已达两年以上,符合《业务规则》第2.1条第1项之规定。

(二)公司业务明确,具有持续经营能力

根据《公司章程》《审计报告》及公司确认并经本所律师核查,易图资讯主要从事线上网络营销业务、线下劳务业务及其他,具有完整的业务体系和直接面向市场独立经营的能力。易图资讯2013年度、2014年度、2015年1~4月的主营业务收入分别为84,811,532 .97元、93,554,917. 10元、24,961.261. 52元,2013年度占年度营业收入的99.99%,2014年度占年度营业收入的99.97%,2015年度1~4月占营业收入的99.96%。

根据《公司章程》《审计报告》及公司的书面确认,易图资讯近二年一直持续经营,不存在终止经营的情况。

据此,金杜认为,易图资讯业务明确,具有持续经营能力,符合《业务规则》第2.1条第2项之规定。

(三)公司治理结构健全,合法规范经营

如本法律意见书第十四章“易图资讯股东大会、董事会、监事会议事规则及规范运作”所述,易图资讯已依法建立健全了包括股东大会、董事会、监事会、高级管理层等相关内部管理机构。同时,易图资讯还制定了《股东大会议事规则》《董事会议事规则》《监事会议事规则》《关联交易管理制度》《对外担保管理制度》《对外投资管理制度》等内部管理制度。

公司目前已取得税务、工商、安监、国土、规划、社保、住房公积金等相关政府主管机关出具的无违规证明,该等政府主管机关确认公司在报告期内无重大违法违规行为。

据此,金杜认为,截至本法律意见书出具之日,易图资讯具备健全的公司治理结构,能够合法规范经营,符合《业务规则》第2.1条第3项之规定。

(四)公司股权明晰,股票发行和转让行为合法合规

如本法律意见书第四章“易图资讯的设立”及第七章“易图资讯的股本及其演变”所述,除已披露的事项外,易图资讯股票发行及历次股权转让、增资均依法履行了相关法律程序并签署了相关法律文件,股票发行和转让、增资行为符合当时法律、法规的规定,符合《业务规则》第2.1条第4项之规定。

(五)公司已与主办券商签订推荐挂牌并持续督导协议书

如本法律意见书第十九章“本次挂牌的推荐机构”所述,易图资讯于2015年7月13日与财通签订了《推荐挂牌并持续督导协议书》,聘请财通担任本次挂牌的推荐券商并履行持续督导义务,符合《业务规则》第2.1条第5项之规定。

综上所述,金杜认为,易图资讯具备本次挂牌的实质条件。

四、易图资讯的设立

易图资讯的前身为易图有限,易图资讯系由易图有限按照截至2014年6月30日经审计

的净资产值折股整体变更而来。易图资讯设立的具体情况如下(略)。

综上所述,金杜认为,公司从有限责任公司整体变更为股份有限公司的过程中,履行了相应的法定程序,并已办理了相应的工商设立登记手续,符合法律、法规的规定。

五、易图资讯的独立性

(一)业务独立

根据易图资讯现行有效的《公司章程》、营业执照及重大业务合同,易图资讯的经营范围已经在深圳市市局核准登记,易图资讯可自主开展有关业务活动。易图资讯具备与经营有关的运营管理体系,该等运营管理体系独立于控股股东、实际控制人及其控制的其他企业。

(二)资产独立完整

易图资讯系由易图有限整体变更设立,易图资讯的各发起人以其各自拥有的易图有限的股权对应的净资产作为出资投入易图资讯,该等出资经《验资报告》验证,已足额缴纳。

根据易图资讯有关资产权属证明文件和《审计报告》,易图资讯合法拥有开展业务所需的房屋所有权、专利权、著作权等财产的使用权或所有权,具体情况详见本法律意见书第十章“易图资讯的主要财产及对外投资”。

根据《审计报告》、易图资讯的确认并经金杜核查,截至本法律意见书出具之日,易图资讯不存在资产被控股股东、实际控制人及其控制的其他企业占用的情形。

(三)人员独立

根据易图资讯的说明及承诺,并经金杜核查,易图资讯有独立的劳动、人事和工资管理制度,独立于控股股东、实际控制人及其控制的其他企业。

根据易图资讯的说明及承诺,并经金社核查,易图资讯已依法与公司全体员工签订了《劳动合同》,并独立为员工发放工资。

根据易图资讯的说明及承诺,易图资讯股东大会、董事会、监事会会议记录,并经金社核查,易图资讯现任董事、监事和高级管理人员的产生符合法律、法规及《公司章程》的规定;截至本法律意见书出具之日,易图资讯的高级管理人员不存在在控股股东、实际控制人及其控制的其他企业中领薪的情况。

(四)财务独立

根据易图资讯承诺并经金社核查,易图资讯设立有独立的财务部门,建立了独立的财务核算体系,能够独立作出财务决策,具有规范的财务会计制度和对子公司的财务管理制度;易图资讯在银行独立开立账户,独立纳税,不存在与控股股东、实际控制人及其控制的其他企业共有银行账户的情形。

(五)机构独立

易图资讯根据公司章程设置了股东大会、董事会等组织机构,设置了独立、完整的组织管理及生产经营机构,且各机构的设置及运行均独立于控股股东、实际控制人控制的其他企业。

经公司的书面确认及本所律师的核查,易图资讯已经建立内部经营管理机构,独立行使经营管理职权,不存在与控股股东、实际控制人控制的其他企业间机构混同、合署办公的情形。

综上所述,金杜认为,易图资讯业务独立、资产独立完整,人员、财务、机构独立,不存在资产被控股股东、实际控制人及其控制的其他企业占用的情形。

六、发起人、股东和实际控制人

(一)发起人

1. 发起人

易图资讯系由易图有限依法整体变更设立的股份有限公司,公司变更设立时发起人为深投控、易图人投资、世联评估、芜湖创投、优房网络,前述5名发起人的基本情况及持股比例如下:(略)

2. 现有股东

根据易图资讯的说明以及本所律师的核查,易图资讯自设立至本法律意见书出具之日,未发生股权变动,易图资讯现有股东仍为易图资讯设立时的发起人。

金杜认为,易图资讯的发起人和股东,在中国境内均有住所,具有中国法律规定的担任股份有限公司发起人和股东的主体资格,发起人人数、住所、出资比例符合中国法律之要求。

(二)发起人的出资

根据《发起人协议》《公司章程》及本所律师的核查,易图资讯系由易图有限按照截至2014年6月30日经审计的净资产值折股整体变更而来。根据立信于2014年12月20日出具《验资报告》(信会师报字[2014]第310682号)验证,易图资讯整体变更后的注册资本为人民币7000万元,股份总数为7000万股。

金杜认为,各发起人已投入易图资讯的资产的产权关系清晰,各发起人将该等资产投入易图资讯不存在实质性法律障碍。

(三)控股股东和实际控制人

根据公司提供的资料并经本所律师核查,深投控持有易图资讯60%的股份,为易图资讯的控股股东。

深投控系由深圳市国资委100%控股的国有独资公司,因此,深圳市国资委为公司的实际控制人。

根据公司提供的资料并经本所律师核查,易图资讯的实际控制人最近两年未发生变化。

七、易图资讯的股本及其演变

(一)1999年1月,易图有限的前身易图中心的设立(略)。

(二)2006年12月,易图中心的划转(略)。

(三)2008年9月,易图有限设立、增加注册资本(略)。

(四)2014年2月,易图有限增加注册资本、新股东入股(略)。

易图有限的股权结构如下:

序号	股东名称	出资金额(万元)	出资比例(%)
1	深投控	2000.0000	60
2	易图人投资	500.0000	15
3	世联评估	333.3333	10
4	芜湖创投	333.3333	10
5	优房网络	166.6667	5
合计		3333.3333	100

综上所述,金杜认为,除本法律意见书已披露的内容外,易图有限上述历次变更已经通过登记核准,并履行了必要的法律手续,易图有限上述历次股权变动合法、合规、真实、有效。

(五)易图有限整体变更为股份公司后的历次股权变更

截至本法律意见书出具之日,易图有限整体变更为股份有限公司后,未发生股权变更。

(六)股份质押

根据易图资讯股东的承诺并经本所律师核查,截至本法律意见书出具之日,不存在股东将其持有的易图资讯的股份进行质押的情形。

八、易图资讯的业务(略)

九、关联交易及同业竞争

(一)关联方与关联关系

本法律意见书关联方主要依据《公司法》《企业会计准则第36号一关联方披露》(财会[2006]3号)规定的标准进行认定。

报告期内,公司主要关联方及关联关系的具体情况如下:

1. 控股股东、实际控制人及其他持有5%以上股份的股东

易图资讯的控股股东为深投控,实际控制人深圳市国资委,其他持有5%以上股份的股东为易图人投资、世联评估、芜湖创投和优房网络,具体情况详见本法律意见书正文“六、发起人、股东和实际控制人”。

2. 控股股东直接或间接控制的除公司全资子公司以外的主要企业:

根据公司提供的资料,并经本所律师核查,公司控股股东深投控直接或间接控制的除公司全资子公司以外的主要企业如下(略)。

3. 公司现任董事、监事、高级管理人员

根据公司提供的资料,并经本所律师核查,易图资讯现任董事、监事、高级管理人员的名单如下(略)。

4. 公司现任董事、监事、高级管理人员及其控制或担任公司现任董事、高级管理人员的其他企业

截至本法律意见书出具之日,公司现任董事7名。分别是董事长隆某,董事李某、宋某、向某、吴某、李某、宋某;公司现任监事3名,分别为监事会主席罗某、张某、钟某;公司现任高

级管理人员3名，分别为总经理隆某，副总经理鄂某、齐某。

根据公司提供的资料，易图资讯现任董事、监事、高级管理人员在其他企业担任董事、高级管理人员的情况如下(略)。

5. 易图资讯直接或间接控股的子公司

子公司名称	关联关系
深圳市易图广告有限公司	公司全资子公司

根据易图资讯提供的《企业注销通知书》《注销税务登记通知书》《全国组织机构代码废置通知书》，并经本所律师所在深圳市市监局商事主体信用平台(http://www.szscjg.gov.cn)的核查，易图广告已于2015年6月26日办理了注销手续。

6. 其他关联方

上述所涉及的所有关联自然人、其他关系密切的家庭成员(包括父母、配偶、年满18周岁的子女及其配偶、兄弟姐妹及其配偶、配偶的父母、兄弟姐妹，子女配偶的父母)以及其控制的其他企业均为关联方。

(二)关联交易

根据《审计报告》并经本所律师核查，报告期内公司与各关联方之间发生的重大关联交易如下：

1. 关联方之间出售商品/提供劳务

根据《审计报告》，公司自2013年1月1日至2015年4月30日向关联方出售商品/提供劳务的情况如下：(略)。

2. 关联方应收应付账款

根据《审计报告》，公司自报告期末无关联方应收应付款项。

3. 关联方资金拆借

根据《审计报告》，公司自2013年1月1日至2015年4月30日与关联方之间的资金拆借情况如下(略)。

(三)规范关联交易的制度

经金杜核查，易图资讯已在其《公司章程》《股东大会议事规则》《董事会议事规则》和《关联交易管理办法》中明确规定了关联方和关联方关系、关联交易的定义，并明确规定了关联交易的决策程序，该等规定符合中国法律的规定。

(四)同业竞争

1. 控股股东。实际控制人及其控制的其他企业与本公司同业竞争情况：

根据公司及其控股股东、持有公司5%以上股份的股东、董事、监事、高级管理人员的书面确认，并经过本所律师适当核查，目前公司控股股东、持有公司5%以上股份及公司董事、监事和高级管理人员均没有从事与公司主营业务相同、相似业务，不存在同业竞争。

2. 公司控股股东、实际控制人作出的避免同业竞争的承诺(略)。

十、易图资讯的主要财产及对外投资

(一)房屋所有权

根据公司提供的资料并经本所律师核查,截至本法律意见书出具之日,易图资讯拥有的自由房产的具体信息如下(略)。

(二)租赁物业(略)

(三)在建工程

根据公司说明、提供的文件并经本所律师核查,截至本法律意见书出具之日,易图资讯未拥有任何在建工程。

(四)知识产权

1. 计算机软件著作权

根据公司提供的资料并经本所律师核查,截至本法律意见书出具之日,公司共拥有12项计算机软件著作权。具体情况如下(略)。

2. 注册商标

根据公司提供的注册商标证书并经本所律师核查,截至本法律意见书出具之日,易图资讯拥有的专利权共4项,具体情况如下表所示(略)。

3. 申请中专利

根据公司提供的专利受理通知书并经本所律师核查,截至本法律意见书出具之日,易图资讯拥有申请中的专利共一项。具体情况如下:

专利名称	申请人	申请日	专利类型	申请号
智能房屋管理系统	易图有限	2013年6月26日	发明	201310260324.4

4. 域名

根据公司提供的《顶级国际域名证书》《中国国家顶级域名证书》并经本所律师核查,截至本法律意见书出具之日,易图资讯取得的域名如下(略)。

5. 地图产品

截至本法律意见书出具之日,易图资讯制作的地图产品共计33个,根据广东省国土资源厅核发的地图审核通知书及公司的确认,该等地图产品的相关信息具体如下(略)。

(五)主要固定资产

根据《审计报告》,截至2015年4月30日,公司拥有的固定资产主要是房屋建筑、机器设备、电子设备、办公设备和其他设备,扣除累计折旧后的账面价值为人民币3063788.78元。

(六)公司对外投资

截至本法律意见书出具之日,易图资讯拥有1家全资子公司,其基本信息如下:

公司名称	深圳市易图广告有限公司
住所	深圳市福田区香林路16号九润大厦501、502、503、504、505
注册资本	150万元
法人代表	隆颢
成立日期	2000年4月28日
经营范围	设计、制作国内外广告、代理报刊、影视、印刷品、礼品、广告业务;企业形象设计

根据易图资讯提供的《企业注销通知书》《注销税务登记通知书》《全国组织机构代码废置通知书》,并经本律所在深圳市市监局商事主体信用信息平台(http://www. szscjg. gov. vn/)的核查,易图广告已于2015年6月26日办理完成了注销手续。

十一、易图资讯的重大债权债务

根据公司提供的合同及公司的说明和承诺,截至本法律意见书出具之日,公司正在履行的标的额在100万元以上或者对公司的生产经营有实质影响的重大合同如下(略)。

十二、易图资讯重大资产变化及收购兼并

(一)易图资讯自设立以来的重大资产变化

根据公司的说明及承诺并经本所律师核查。易图资讯及其前身易图有限自设立至本法律意见书出具之日,除本法律意见书第七章"易图资讯的股本及其演变"中已披露的情形外,没有发生过其他合并、分立、增资扩股、减少注册资本、资产置换、重大资产出售或收购等行为。

(二)拟进行的资产置换、资产剥离、重大资产出售或收购行为

根据公司的说明及承诺,截至本法律意见书出具之日,公司没有拟进行资产置换、资产剥离、重大资产出售或收购的计划或安排。

十三、易图资讯公司章程的制定与修改

经本所律师核查,易图资讯的现行章程系于2014年12月19日创立大会通过,并已在深圳市市监局进行备案。该《公司章程》的制定程序及内容符合相关中国法律的规定。

为本次挂牌之目的,易图资讯2015年第一次临时股东大会通过了《公司章程(草案)》,经核查《公司章程(草案)》是根据《公司法》及其他中国法律制定并修改的,该章程将自公司在全国中小企业股份转让系统挂牌并公开转让之日起生效实施。

十四、易图资讯股东大会、董事会、监事会议事规则及规范运作

(一)易图资讯的组织机构

根据公司的说明及承诺并经本所律师核查,公司已根据其现行章程的相关规定,依法建立健全了包括股东大会、董事会、监事会等在内的组织结构和治理结构,能满足公司日常管理和生产经营活动的需求。

(二)股东大会、董事会、监事会议事规则及其他内部控制制度

经本所律师核查,易图资讯按照《公司法》及《公司章程》等规定制定了《股东大会议事规则》《董事会议事规则》《监事会议事规则》《关联交易管理制度》《对外担保管理制度》《对外

投资管理制度》等内部控制制度,并经易图资讯创立大会审议通过,另外,易图资讯还制定了《信息披露事务管理制度》《投资者关系管理制度》,经易图资讯2015年第一届董事会审议通过,将于公司股票在全国中小企业股份转让系统挂牌后生效实施。

(三)易图资讯历次股东大会、董事会、监事会的召开、决议内容及签署

经本所律师核查,2015年1月13日以后的历次股东大会、董事会、监事会会议资料,易图资讯能够依据《公司章程》及其他治理制度规范运作,会议记录齐备,会议程序和决议内容及签署合法、有效。

综上所述,金杜认为,易图资讯的组织机构健全,股东大会、董事会、监事会议事规则及其他相关制度内容均符合中国法律的规定,股东大会、董事会、监事会的组成和运作合法、合规。

十五、易图资讯董事、监事和高级管理人员及其变化

(一)易图资讯董事、监事和高级管理人员组成(略)

(二)易图资讯近两年来董事、监事和高级管理人员的变化(略)

(三)易图资讯董事、监事及高级管理人员的诚信情况

根据公司管理层出具的关于诚信状况的书面说明,易图资讯高级管理人员不存在下列违反诚信的情况:

1. 最近二年内因违反国家法律、行政法规、部门规章、自律规则等受到刑事、民事、行政处罚或纪律处分的情况;

2. 存在因涉嫌违法违规行为处于调查之中尚无定论的情形;

3. 最近二年内对所任职(包括现任职和曾任职)的公司因重大违法违规行为而被处罚负有责任的情形;

4. 存在个人负有数额较大债务到期未清偿的情形;

5. 有欺诈或其他不诚信行为等情况。

十六、易图资讯的税务

(一)公司的税务登记

经本所律师核查,易图资讯持有深圳市国家税务局和深圳市地方税务局于2015年1月19日核发的《税务登记证》(编号:深税登字440300708475546号,国税纳税编码:02615671;地税纳税编码:20075994)。

(二)公司所执行的税种、税率

根据《审计报告》并经本所律师核查,公司目前执行的主要税种及税率如下:

税种	计税依据	税率
增值税	按税法规定的销售额和征税率计算应交增值税	6%
营业税	按应税营业收入计征	5%
城市维护建设税	按实际缴纳的营业税、增值税计征	7%
文化事业建设税	广告服务应税销售额	3%
企业所得税	按应纳税所得额计征	15%

根据《审计报告》并经本所律师核查，公司已办理税务登记，目前执行的税种、税率符合现行中国法律的要求。

十七、易图资讯的环境保护和产品质量、技术等标准（略）

十八、诉讼、仲裁或行政处罚

本所律师对已经存在的诉讼、仲裁或行政处罚的调查和了解受到如下因素的限制：

根据《中华人民共和国民事诉讼法》诉讼管辖的有关规定，基于中国法院、仲裁机构的案件受理程序和公告体制，本所律师对于公司、持有公司5%以上股份的股东、发行人董事、监事、高级管理人员已经存在的重大诉讼、仲裁及行政处罚案件情况的核查尚无法穷尽。本所律师的结论是基于确信下述各方所提供的书面说明是按照诚实和信用的原则作出的。

（一）公司

根据公司的说明及承诺，截至本法律意见书出具之日，公司不存在其他尚未了结的重大诉讼、仲裁或行政处罚。

（二）持有公司5%以上股份的股东

根据本所律师对全国法院被执行人信息查询网站（http://zhixing. court. gov. cn/search/）的查询，持有公司5%以上股份的股东作为被执行人的案件如下：

序号	被执行人	执行法院	立案时间	案号	执行标的
1	深投控	乳源县人民法院	2009年1月7日	（2009）乳法执字第00025号	1560200元
2	深投控	罗湖区人民法院	2008年11月17日	（2009）深罗法执一字第00030号	1179014.4元
3	深投控	深圳市中级人民法院	2008年7月10日	（2008）深中法执字第00006号	199730元
4	深投控	乳源县人民法院	2006年12月20日	（2007）乳法执字第00006号	600000元
5	深投控	乳源县人民法院	2006年12月20日	（2007）乳法执字第00007号	600000元

2015年8月21日，深投控出具《确认函》，确认"自2013年1月1日至本函出具之日。确认人依法开展经营活动，经营行为合法、合规，不存在受刑事处罚的情形，不存在因违法违规行为而被行政主管部门处罚的情况，不存在涉嫌犯罪被司法机关立案侦查而未有明确结论意见的情形，且不存在重大或对本次挂牌构成实质影响的尚未了结或可预见的重大诉讼、仲裁"。

除上述之外，根据其他持有公司5%以上股份的股东的确认并经本所律师查询全国法院被执行人信息查询网站（http://zhixing court. gov. cn/search/），截至本法律意见书出具之日，未发现其他持有易图资讯5%以上股份的主要股东存在尚未了结的重大诉讼、仲裁或行政处罚。

(三)公司的董事、监事和高级管理人员

根据公司的董事、监事和高级管理人员的说明和承诺,截至本法律意见书出具之日,公司的董事、监事和高级管理人员个人不存在尚未了结的重大诉讼、仲裁或行政处罚。

十九、本次挂牌的推荐机构

经本所律师核查并根据易图资讯的确认,易图资讯已聘请财通作为本次挂牌的推荐机构。经本所律师核查,并根据股转公司于2013年11月8日出具的《主办券商业务备案函》(股转系统函2013[942]号),金杜认为,财通具备担任本次挂牌主办券商及推荐机构的资格。

二十、结论性意见

基于上述事实,本所律师认为,截至本法律意见书出具之日,除本法律意见书第一章所述本次挂牌尚需获得股转公司审查并出具同意挂牌的意见外,公司符合股票在全国中小企业股份转让系统挂牌并公开转让的法定条件,不存在实质性法律障碍和重大法律风险。

本法律意见书正本一式三份,本法律意见书经本所律师签字并加盖本所会章后生效。

二〇一五年八月二十六日

结　尾

2015年11月5日全国中小企业转让系统有限责任公司做出《关于同意深圳市易图资讯股份有限公司股票在全国中小企业股份转让系统挂牌的函》[股转系统函(2015)7393号]

深圳市易图资讯股份有限公司:

你公司报送的《深圳市易图资讯股份有限公司关于股票在全国中小企业股份转让系统挂牌的申请报告》[深易图(2015)40号]及相关文件收悉。根据《中华人民共和国公司法》《中华人民共和国证券法》《国务院关于全国中小企业股份转让系统有关问题的决定》《非上市公司监督管理办法》《全国中小企业股份转让系统业务规则(试行)》等有关法律法规、部门规章及相关业务规则,经审查,现同意你公司股票在全国中小企业股份转让系统挂牌,转让方式为协议转让。

你公司申请挂牌时股东人数未超过200人,按规定,中国银监会豁免核准你公司股票公开转让,你公司挂牌后将纳入非上市公众公司监管。请你公司按照有关规定办理挂牌手续。

全国中小企业转让系统有限责任公司

(盖章)

2015年11月5日

教学手册

教学对象及目标

1. 教学对象

本案例可供法学、金融学教学使用,主要适用于民商法学硕士、法律硕士、金融学硕士(资本市场方向)的案例教学课程使用。

2. 教学目标

本案例主要围绕中小企业股份转让系统挂牌并公开转让的法律意见书展开,通过学生对案例的阅读、分析,结合授课教师的指导,达到下述教学目标:(1)明确律师在中小企业股份转让系统中出具法律意见书的框架结构、主体内容;(2)掌握中小企业股份转让系统中上市挂牌及公开转让的实质条件,以及律师应当核验的证据材料及分析方法;(3)知悉挂牌公司的独立性等挂牌核心要素,以及律师如何核验公司独立性问题;(4)了解公司在中小企业股份转让系统挂牌的程序;(5)知悉中小企业板挂牌的实质条件与主板、中小企业板和创业板等资本市场上市的区别;(6)思考中小企业股份转让系统作为多层次资本市场的一部分,与主板、中小企业板、创业板等资本市场的区别与联系。

教学内容

一、企业申请挂牌的实质条件有哪些?

《全国中小企业股份转让系统业务规则(试行)》第 2.1 条规定:股份有限公司申请挂牌应当符合下列条件:

(1)依法设立且存续满两年。有限责任公司按原账面净资产值折股整体变更为股份有限公司的,存续时间可以从有限责任公司成立之日起计算;

(2)业务明确,具有持续经营能力;

(3)公司治理机制健全,合法规范经营;

(4)股权明晰,股票发行和转让行为合法合规;

(5)主办券商推荐并持续督导;

(6)全国股份转让系统公司要求的其他条件。

二、新三板中股票公开转让如何理解?

股东人数未超过 200 人的公司申请其股票公开转让,中国证监会豁免核准,由全国中小企业股份转让系统进行审查。

股东人数超过 200 人的公司申请其股票公开转让,应当按照中国证监会有关规定制作公开转让的申请文件。

三、新三板中定向发行是什么含义?

所称定向发行包括向特定对象发行股票导致股东累计超过200人,以及股东人数超过200人的公众公司向特定对象发行股票两种情形。

前款所称特定对象的范围包括下列机构或者自然人:

(1)公司股东;

(2)公司的董事、监事、高级管理人员、核心员工;

(3)符合投资者适当性管理规定的自然人投资者、法人投资者及其他经济组织。

公司确定发行对象时,符合上述第2项、第3项规定的投资者合计不得超过35名。

四、如何理解挂牌企业依法设立且存续满两年?

1. 依法设立,是指公司依据《公司法》等法律、法规及规章的规定向公司登记机关申请登记,并已取得《企业法人营业执照》。

(1)公司设立的主体、程序合法、合规。

①国有企业需提供相应的国有资产监督管理机构或国务院、地方政府授权的其他部门、机构关于国有股权设置的批复文件。

②外商投资企业须提供商务主管部门出具的设立批复文件。

③《公司法》修改(2006年1月1日)前设立的股份公司,须取得国务院授权部门或者省级人民政府的批准文件。

(2)公司股东的出资合法、合规,出资方式及比例应符合《公司法》相关规定。

①以实物、知识产权、土地使用权等非货币财产出资的,应当评估作价,核实财产,明确权属,财产权转移手续办理完毕。

②以国有资产出资的,应遵守有关国有资产评估的规定。

③公司注册资本缴足,不存在出资不实情形。

2. 存续两年是指存续两个完整的会计年度。

3. 有限责任公司按原账面净资产值折股整体变更为股份有限公司的,存续时间可以从有限责任公司成立之日起计算。整体变更不应改变历史成本计价原则,不应根据资产评估结果进行账务调整,应以改制基准日经审计的净资产额为依据折合为股份有限公司股本。申报财务报表最近一期截止日不得早于改制基准日。

五、如何理解挂牌企业业务明确,具有持续经营能力?

1. 业务明确,是指公司能够明确、具体地阐述其经营的业务、产品或服务、用途及其商业模式等信息。

2. 公司可同时经营一种或多种业务,每种业务应具有相应的关键资源要素,该要素组成应具有投入、处理和产出能力,能够与商业合同、收入或成本费用等相匹配。

(1)公司业务如需主管部门审批,应取得相应的资质、许可或特许经营权等。

(2)公司业务须遵守法律、行政法规和规章的规定,符合国家产业政策以及环保、质量、安全等要求。

3. 持续经营能力，是指公司基于报告期内的生产经营状况，在可预见的将来，有能力按照既定目标持续经营下去。

（1）公司业务在报告期内应有持续的营运记录，不应仅存在偶发性交易或事项。营运记录包括现金流量、营业收入、交易客户、研发费用支出等。

（2）公司应按照《企业会计准则》的规定编制并披露报告期内的财务报表，公司不存在《中国注册会计师审计准则第1324号——持续经营》中列举的影响其持续经营能力的相关事项，并由具有证券期货相关业务资格的会计师事务所出具标准无保留意见的审计报告。

财务报表被出具带强调事项段的无保留审计意见的，应全文披露审计报告正文以及董事会、监事会和注册会计师对强调事项的详细说明，并披露董事会和监事会对审计报告涉及事项的处理情况，说明该事项对公司的影响是否重大、影响是否已经消除、违反公允性的事项是否已予纠正。

（3）公司不存在依据《公司法》第181条规定解散的情形，或法院依法受理重整、和解或者破产申请。

六、如何理解挂牌企业股权明晰，股票发行和转让行为合法合规？

1. 股权明晰，是指公司的股权结构清晰，权属分明，真实确定，合法合规，股东特别是控股股东、实际控制人及其关联股东或实际支配的股东持有公司的股份不存在权属争议或潜在纠纷。

（1）公司的股东不存在国家法律、法规、规章及规范性文件规定不适宜担任股东的情形。

（2）申请挂牌前存在国有股权转让的情形，应遵守国资管理规定。

（3）申请挂牌前外商投资企业的股权转让应遵守商务部门的规定。

2. 股票发行和转让合法合规，是指公司的股票发行和转让依法履行必要内部决议、外部审批（如有）程序，股票转让须符合限售的规定。

（1）公司股票发行和转让行为合法合规，不存在下列情形：

①最近36个月内未经法定机关核准，擅自公开或者变相公开发行证券；

②违法行为虽然发生在36个月前，目前仍处于持续状态，但《非上市公众公司监督管理办法》实施前形成的股东超200人的股份有限公司经中国证监会确认的除外。

（2）公司股票限售安排应符合《公司法》和《全国中小企业股份转让系统业务规则（试行）》的有关规定。

3. 在区域股权市场及其他交易市场进行权益转让的公司，申请股票在全国股份转让系统挂牌前的发行和转让等行为应合法合规。

4. 公司的控股子公司或纳入合并报表的其他企业的发行和转让行为须符合本指引的规定。

七、如何理解挂牌企业公司治理机制健全，合法规范经营？

1. 公司治理机制健全，是指公司按规定建立股东大会、董事会、监事会和高级管理层（以下简称“三会一层”)组成的公司治理架构,制定相应的公司治理制度,并能证明有效运行,保护股东权益。

(1)公司依法建立“三会一层”,并按照《公司法》《非上市公众公司监督管理办法》及《非上市公众公司监管指引第3号——章程必备条款》等规定建立公司治理制度。

(2)公司“三会一层”应按照公司治理制度进行规范运作。在报告期内的有限公司阶段应遵守《公司法》的相关规定。

(3)公司董事会应对报告期内公司治理机制的执行情况进行讨论、评估。

2. 合法合规经营,是指公司及其控股股东、实际控制人、董事、监事、高级管理人员须依法开展经营活动,经营行为合法、合规,不存在重大违法违规行为。

(1)公司的重大违法违规行为是指公司最近24个月内因违犯国家法律、行政法规、规章的行为,受到刑事处罚或适用重大违法违规情形的行政处罚。

①行政处罚是指经济管理部门对涉及公司经营活动的违法违规行为给予的行政处罚。

②重大违法违规情形是指,凡被行政处罚的实施机关给予没收违法所得、没收非法财物以上行政处罚的行为,属于重大违法违规情形,但处罚机关依法认定不属于的除外;被行政处罚的实施机关给予罚款的行为,除主办券商和律师能依法合理说明或处罚机关认定该行为不属于重大违法违规行为的外,都视为重大违法违规情形。

③公司最近24个月内不存在涉嫌犯罪被司法机关立案侦查,尚未有明确结论意见的情形。

(2)控股股东、实际控制人合法合规,最近24个月内不存在涉及以下情形的重大违法违规行为:

①控股股东、实际控制人受刑事处罚;

②受到与公司规范经营相关的行政处罚,且情节严重;情节严重的界定参照前述规定;

③涉嫌犯罪被司法机关立案侦查,尚未有明确结论意见。

(3)现任董事、监事和高级管理人员应具备和遵守《公司法》规定的任职资格和义务,不应存在最近24个月内受到中国证监会行政处罚或者被采取证券市场禁入措施的情形。

3. 公司报告期内不应存在股东包括控股股东、实际控制人及其关联方占用公司资金、资产或其他资源的情形。如有,应在申请挂牌前予以归还或规范。

4. 公司应设有独立财务部门进行独立的财务会计核算,相关会计政策能如实反映企业的财务状况、经营成果和现金流量。

八、申请挂牌公司在财务规范方面需要满足哪些要求?

1. 申请挂牌公司财务机构及人员独立并能够独立作出财务决策、财务会计制度及内控制度健全且得到有效执行、会计基础工作规范,符合《会计法》《会计基础工作规范》以及《公司法》《现金管理条例》等其他法律法规要求。

2. 申请挂牌公司财务报表的编制符合企业会计准则和相关会计制度的规定,在所有重大方面公允地反映了申请挂牌公司的财务状况、经营成果和现金流量,财务报表及附注不得存在虚假记载、重大遗漏以及误导性陈述。

3. 申请挂牌公司存在以下情形的应视为财务不规范，不符合挂牌条件：

（1）报告期内未按照《企业会计准则》的要求进行会计处理且需要修改申报报表；

（2）控股股东、实际控制人及其控制的其他企业占用公司款项未在申报前归还；

（3）因财务核算不规范情形被税务机关采取核定征收企业所得且未规范；

（4）其他财务不规范情形。

九、申请挂牌公司及其子公司的环保应满足哪些要求？

1. 推荐挂牌的中介机构应核查申请挂牌公司及其子公司所属行业是否为重污染行业。重污染行业认定依据为国家和各地方的相应监管规定，没有相关规定的，应参照环保部门、证监会等有关部门对上市公司重污染行业分类规定执行。

2. 申请挂牌公司及其子公司所属行业为重污染行业，根据相关法规规定应办理建设项目环评批复、环保验收、排污许可证及配置污染处理设施的，应在申报挂牌前办理完毕；如公司尚有在建工程，则应按照建设进程办理完毕相应环保手续。

3. 申请挂牌公司及其子公司所属行业不属于重污染行业但根据相关法规规定必须办理排污许可证和配置污染处理设施的，应在申报挂牌前办理完毕。

4. 申请挂牌公司及其子公司按照相关法规规定应制定环境保护制度、公开披露环境信息的，应按照监管要求履行相应义务。

5. 申请挂牌公司及其子公司最近 24 个月内不应存在环保方面的重大违法违规行为，重大违法行为的具体认定标准按照《全国中小企业股份转让系统股票挂牌条件适用基本标准指引（试行）》相应规定执行。

教学计划、课堂时间安排

本案例可以作为专门的案例教学课进行讲授，整个案例可安排 6 个课时，每课时 45 分钟。

如下课堂设计，仅供参考：

1. 课前计划：安排学生阅读案例正文及相关附件，熟悉整个案例流程，对案例中提出的问题进行思考。

2. 课中计划：介绍教学目的，明确讨论主题；分组讨论问题及解决对策，告知发言要求；小组代表发言，提出解决方案，并对其他小组提出的方案进行评述；教师进行引导性分析，并做最后归纳总结。

3. 课后计划：布置学生课后进一步细化掌握全国股份转让系统挂牌及公开转让的法律意见书出具的框架结构，主要核查内容，通过分析其他案例，布置学生起草一份法律意见书，从而更全面深入理解和掌握法律意见书及相关法律法规和实践操作能力和水平，进一步提高学生出具法律意见书的水平。

思考题和实践题

1. 中小企业股份转让系统与主板、创业板的区别与联系？

2. 挂牌企业要满足哪些资质,具备什么实质条件?

3. 企业在中小企业股份转让系统挂牌并公开转让与企业首次公开发行股票(IPO)有什么区别?

4. 挂牌企业如何定向发行?

5. 律师如何审核挂牌企业的独立性?

6. 律师如何审核挂牌企业的关联交易及同业竞争?

7. 律师如何审核挂牌企业的重大债权债务?

8. 律师如何审核挂牌企业的重大资产变化及收购兼并符合规定?

9. 律师如何审核挂牌企业章程的制定与修改符合规定?

10. 律师如何审核挂牌企业的股东大会、董事会、监事会议事规则及规范运作符合规定?

11. 律师如何核查挂牌企业董事、监事和高级管理人员及其变化符合规定?

12. 企业纳税情况对挂牌的影响?

13. 挂牌企业应针对同业竞争作出哪些披露?

14. 企业的资产状况对挂牌有什么影响?

15. 挂牌企业为国有企业,律师如何核查国有企业设立相关程序是否合法合规,及增资、改制程序是否合法合规?

16. 律师如何核查挂牌企业的业务开展符合法律法规规定?

17. 律师如何核查挂牌企业劳动用工是否合法合规?

18. 报告期内申请挂牌公司发生实际控制人变更或者主要业务转型的是否可申请挂牌?

参考文献

1. 隋萍:《新三板上市操作实务与图解》,法律出版社 2015 年版。

2. 彭丁带:《新三板上市实务:难点攻破及案例分析》,中国法制出版社 2014 年版。

3. 申林平:《新三板:挂牌操作指引与实务解析》(第二版),法律出版社 2015 年版。

4. 高慧:《中小企业资本梦:新三板挂牌实务操作指南》(第二版),法律出版社 2015 年版。

5. 投行小兵:《新三板挂牌解决之道》,法律出版社 2015 年版。

6. 季节:《新三板:资本市场的基石》,载《经济导刊》2010 年第 8 期。

7. 陈颖健:《非公众股份公司股权交易问题研究——兼论我国新三板扩容面临的制度变革》,载《证券市场导报》2011 年第 8 期。

8. 林安霁:《"新三板"市场的发展模式与对策研究》,载《经济体制改革》2011 年第 5 期。

9. 汤蕙:《"新三板"与中小企业融资》,载《中国外资》2012 年第 24 期。

10. 贺川:《循序渐进推出新三板转板制度》,载《中国金融》2011 年第 12 期。

参考法律法规

1.《公司法》

2.《证券法》

3.《律师事务所从事证券法律业务管理办法》

4.《律师事务所证券法律业务执业规则(试行)》

5.《国务院关于全国中小企业股份转让系统有关问题的决定》
6.《非上市公众公司监督管理办法》
7.《全国中小企业股份转让系统业务规则(试行)》

(孙艳军,上海海事大学法学院副教授,weimen5746@163.com)

图书在版编目(CIP)数据

法律硕士教学案例指引. 第一辑 / 上海市法律专业学位研究生教育指导委员会编. -- 北京 : 法律出版社, 2021
ISBN 978-7-5197-5263-7

Ⅰ. ①法… Ⅱ. ①上… Ⅲ. ①法律-教案(教育)-研究生 Ⅳ. ①D9-42

中国版本图书馆 CIP 数据核字(2020)第 262962 号

法律硕士教学案例指引(第一辑)
FALÜ SHUOSHI JIAOXUE ANLI ZHIYIN (DI-YI JI)
上海市法律专业学位研究生教育指导委员会 编
责任编辑 丁小宣 陆帅文
装帧设计 凌点工作室

出版 法律出版社
总发行 中国法律图书有限公司
经销 新华书店
印刷 北京玺诚印务有限公司
责任校对 王沁陶
责任印制 胡晓雅
编辑统筹 法律教育出版分社
开本 787 毫米×1092 毫米 1/16
印张 26.75
字数 586 千
版本 2021 年 1 月第 1 版
印次 2021 年 1 月第 1 次印刷

法律出版社/北京市丰台区莲花池西里 7 号(100073)
网址/www.lawpress.com.cn
投稿邮箱/info@lawpress.com.cn
举报维权邮箱/jbwq@lawpress.com.cn
销售热线/400-660-8393
咨询电话/010-63939796

中国法律图书有限公司/北京市丰台区莲花池西里 7 号(100073)
全国各地中法图分、子公司销售电话:
统一销售客服/400-660-8393/6393
第一法律书店/010-83938432/8433 西安分公司/029-85330678 重庆分公司/023-67453036
上海分公司/021-62071639/1636 深圳分公司/0755-83072995

书号:ISBN 978-7-5197-5263-7 **定价:**68.00 元
(如有缺页或倒装,中国法律图书有限公司负责退换)